서양인들이 관찰한 후기 조선

김학준

1943년 중국 심양에서 태어났다. 인천대학교 총장 및 동아일보사 사장-회장을 역임했으며, 한국과학기술원(KAIST) 문화과학대학 김보정석좌교수로 봉직했다. 최근의 저서로 『북한의 역사』(1~2), *The Domestic Politics of Korean Unification*, 『독도 연구』 등이 있다.

2017년 2월 현재 단국대학교 석좌교수이면서 한동대학교 석좌교수이며, 한국과학기술원(KAIST) 과학저널리즘대학원에도 출강하고 있다.

서강학술총서
017

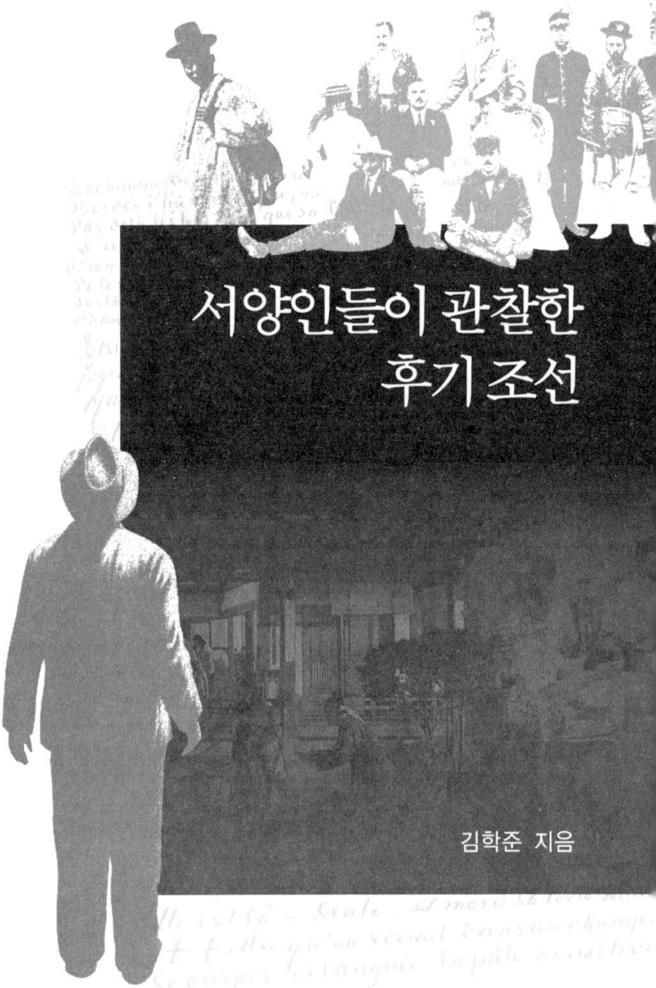

서양인들이 관찰한 후기 조선

김학준 지음

서강대학교출판부

서강학술총서 017
서양인들이 관찰한 후기 조선

초판 1쇄 발행 | 2010년 6월 22일
2쇄 발행 | 2016년 12월 20일

지 은 이 | 김학준
발 행 인 | 유기풍
편 집 인 | 우찬제
발 행 처 | 서강대학교출판부
등록 번호 | 1978년 9월 28일 제313-2002-170호

주 소 | 서울특별시 마포구 백범로 35(신수동)
전 화 | (02) 705-8212
팩 스 | (02) 705-8612

ISBN 978-89-7273-166-5 94300
ISBN 978-89-7273-139-9(세트)

값 35,000원

* '서강학술총서'는 SK SUPEX 기금의 후원으로 제작됩니다.

2010년은 남(南)과 북(北)의 한민족 또는 조선민족으로 하여금 자신이 걸어온 길을 돌이켜보게 만든다. 대한제국이 일본에 국권을 빼앗긴 경술국치(庚戌國恥) 100주년의 해이면서 남과 북이 국제냉전의 흐름 속에서 동족상잔에 들어간 6 · 25전쟁 60주년의 해이고 최초의 남북정상간 공동성명 10주년의 해이며, 남에서의 민주주의 발전과 관련해 4월혁명 50주년의 해이면서 광주민주화운동 30주년의 해이기 때문이다.

이 뜻 깊은 해를 앞두고 저자로서는 우선 경술국치를 깊이 공부하기로 마음먹었다. 그렇게 결심하게 된 배경은 다음과 같았다.

저자는 미국 스탠포드대학교 동아시아연구소가 2008년 가을학기에 개설한 '비교정치의 관점에서 본 남북한'이라는 강좌를 맡았다. 이 강좌의 초점은 "사람들은 흔히 남한은 흥기(興起)했음에 비해 북한은 쇠락(衰落)했다고 말하는데, 이 명제를 그대로 받아들이는 경우, 그 원인들은 어디에 있는가?"라는 데 있었다. 이 물음에 대한 해답을 찾는 작업은 결국 조선왕국이 일본에 의해 멸망한 원인들을 구명하는 작업으로부터 시작됐으며, 그리하여 수강생들과 함께 조선의 후기(後期)를 관찰했던 서양인들의 저술들을 읽게 됐다.

처음에는 그 저술들이 얼마 되지 않으리라고 생각했다. 그러나 그것들이 저자의 예상을 뛰어넘어 참으로 많다는 사실을 깨달았다. 단행본만 놓고 보아도 적어도 일흔 권이 넘었다. 그렇지만 시간의 제약으로 그 많은 책들 가운데 열 권밖에는 읽지 못했다.

비록 그렇다고 해도 놀라움을 금할 수 없었다. 그 책들 모두 지도층의 부패와 무능으로 말미암아 조선은 결국 주변열강들 가운데 어느 한 나라에 의해, 특히 일본에 의해, 독점지배되거나 어느 두 나라에 의해, 특히 일본과 러시아에 의해, 공동통치될 것이라고 예언한 사실을 처음 알았기 때문이었다. 조선의 지도층이 부패하고 무능해 백성들의 지지를 잃었을 뿐만 아니라 외세의 간섭과 침탈에 적절히 대응하지 못했음을 모르지는 않았지만, 이 나라는 제국주의 열강의 각축 그리고 특히 휼계를 쓰는 가운데 무력을 동원한 일본의 침략으로 멸망했다고 굳게 믿었던 저자에게 그 책들은 새로운 지적(知的) 자극이었다.

저자는 귀국한 이후 주말마다 그 책들을 하나하나 읽어나가기 시작했다. 다행히 국회도서관과 명지대학교 그리고 한국기독교역사박물관이 그 책들 가운데 거의 모든 책들을 모아놓았다. 명지대학교의 경우, 전 이사장 유영구(俞榮九) 박사가 LG그룹과의 제휴로 그 책들을 꾸준히 구입해 명지대학교-LG연암문고(蓮岩文庫)를 세웠다.

명지대학교-LG연암문고의 설립은 확실히 선구적 노력의 산물로 칭찬을 받기에 충분했다. 그것에 못지않게 칭찬받아야 할 곳은 경기도 이천시(利川市) 대월면(大月面) 초지리(草芝里)에 위치한 한국기독교역사박물관이었다. 북한을 소련군이 점령한 직후의 어느 시점에, 20대의 청년으로 월남한 한영제(韓永濟)라는 한 개인이 홀로 평생에 걸쳐, 1880년대 이후 조선에 기독교를 전파한 선교사들을 비롯한 서양인들이 그때의 조선에 관해 쓴 책들 그리고 기독교에 관련된 그 밖의 서적들을 꾸준히 수집했으며 이 모든 것들을 중심으로 하나의 박물관을 세웠다는 사실은 경이로웠다. 이 박물관이 소장한 책들은 한국기독교역사박물관 엮음, 『푸른 눈에 비친 백의민족(白衣民族)』(경기도 이천시: 한국기독교역사박물관, 2008)에 소개됐다.

이 세 기관들 이외에, 서울특별시 마포구 마포동에 위치한 경인문화사(景仁文化社)는 그 책들 가운데 거의 모두를 '근세동아세아서양어자료총서'라는 이름 아래 영인본으로 재간(再刊)했다. 그 영인본들은 모두 국회도서관에서 찾을 수 있다. 뜻밖에도, 주한영국대사 마틴 유든(Martin Uden)은 이 주제와 관련된 책들과 잡지들을 상당히 많이 모아놓았다. 그 자료들은 그의 저서 『코리아의 지나간 시대』(*Times Past in Korea: An Illustrated Collection of Encounters, Events, Customs and Daily Life Recorded by Foreign Visitors*, London: Korea Library, 2003)에 소개됐다.

러시아인들의 저술들 가운데 어떤 것들은 한국국제교류재단의 지원 아래 러시아과학아카데미의 동방학연구소 그리고 모스크바의 삼일문화원(三一文化院)이 공동으로 2008년에 한국학총서 제5권으로 모스크바에서 간행한 『러시아인에 비친 조선(1895~1945)』(러시아어)에 수록됐다. 따라서 그 저술들에 대한 접근이 쉬웠다. 이상에서 지적한 기관들이 소장하지 않은 책들은 미국 워싱턴대학교 국제학대학원 석좌교수 하용출(河龍出) 박사가 구해주었다.

그 책들을 읽어나가면서 저자는 건국대학교 정치외교학과 명예교수 신복룡(申福龍) 박사를 떠올리지 않을 수 없었다. 한국정치학회 회원들 가운데 어느 회원보다도 그 책들에 관해 관심을 쏟고 번역과 연구를 수행한 개척적 학자가 바로 신 교수이기 때문이다. 저자는 궁금한 사항에 대해서는 신 교수로부터 도움을 받았다. 저자는 또 단국대학교 사학과 명예교수 김원모(金源模) 박사 그리고 서울대학교 교육학과 교수 김기석(金基奭) 박사로부터도 도움을 받았다.

그 책들을 모두 읽은 뒤, 저자는 그 내용을 동학(同學)들에게 소개하고 의견을 얻고 싶어 「서양인들이 관찰한 조선의 모습들」이라는 제목 아래 『한국정치연구』 제18집 제1호(2009년 2월)와 제18집 제2호(2009년 6월) 및 제18집 제3호(2009년 10월)에 분재했다. 이 논문집은 그 글들의 분량이 많았는데도 모두 게재해주었다. 호의적인 반응에 힘입어, 저자는 이 글들을 묶어 단행본으로 출판할 계획을 세웠다. 마침 대한민국학술원 회원이면서 한림대학교 한림과학원 원장인 김용구(金容九) 교수는 저자를 서강학술총서를 간행하는 서강대학교출판부에 추천해주셨다.

이 추천에 용기를 내 제출한 출판계획안이 서강대학교출판부로부터 심사를 통과했다는 통고를 받은 뒤, 저자는 기존의 원고를 완전히 고쳤다. 이 과정에서 저자는 구범모(具範謨) 은사님으로부터 격려를 받았다. 주말마다 선생님을 모신 북한산(北漢山) 산행 때 쉬는 자리에서 저자가 지난주에 읽은 책에 대해 발표를 하면 선생님께서 좋은 가르침들을 주셨다. 동행의 이서항(李瑞恒) 교수와 이종은(李鍾殷) 교수 역시 좋은 논평들로써 저자에게 자극을 주었다. 이 자리에는, 자기들 나름대로 등산길에 올랐던 은사님의 제자들 또는 각계의 후배들이 때때로 합류했다. 그들은 저자가 몸담은 『동아일보』에 대해, 그리고 시국에 대해, 귀한 의견들을 제시했다. 저자는 그들의 의견들을 『동아일보』의 편집회의에 소개하기도 했다.

이제 감사의 뜻을 표시할 차례가 됐다. 저자에게 스탠포드대학교의 강좌를 맡긴 이 대학교 아시아태평양연구소 소장 신기욱(申起旭) 교수와 동아시아연구소 소장 차오휀순(Chaofen Sun: 孫朝奮) 교수에게, 그리고 저자의 글을 게재해준 『한국정치연구』 편집인들에게, 고마움을 표시하고자 한다. 특히 이 책의 산파역을 맡아주신 김용구 교수와 서강학술총서기획위원회 및 서강대학교출판부에 감사의 말씀을 드리고자 한다. 저자의 졸고를 읽고 귀중한 논평들을 제시해주신 익명의 두 교수님들에 대해서도 감사의 말씀을 드리고자 한다. 또 자료 수집과 집필 및 출판의 모든 과정에서 저자를 도운 동아일보사 부설 화정평화재단(化汀平和財團) 연구원 윤영섭(尹寧涉) 학사에게 고마움을 표시하고자 한다. 그러나 이 책에 대한 모든 책임은 저자에게만 있다.

저자는 이 책을 저자의 모교들 가운데 하나로, 올해(2010년) 9월 27일에 개교 100주년을 맞이하는 미국 오하이오주 켄트시 소재 켄트주립대학교(Kent State University) 정치학과의 은사님들에게 봉정하고자 한다. 저자에게 생활비를 포함한 장학금을 지급해 저자가 이 학교에서 1969년 1월부터 12월까지 석사학위과정을 무사히 마칠 수 있도록 도와주신 리처드 테일러(Richard W. Taylor) 교수님, 아담 볼리슬로 보첵(Adam Boleslaw Boczek) 교수님, 그리고 스티븐 브라운(Steven R. Brown) 교수님에게 감사의 뜻을 표시하고자 한다. 특히 석사학위논문을 지도해주셨던 케네스 콜튼(Kenneth E. Colton) 교수님에게 감사드리며 동시에 명복을 빌고자 한다. 유학생활의 첫 해여서 힘들어하던 저자를 따뜻한 마음으로 늘 격려해주셨던 이 대학교 철학과의 이광세(李光世) 교수님에게도 감사의 뜻을 표시하고자 한다.

2010년 입춘에

저자 씀

차례

第2부 서양열강이 조선으로 항해를 개시한 이후의 시기에 조선을 관찰한 서양인들의 기록들

일러두기

1. 이 책에서 '조선'이라고 할 때, 그것은 엄격히 1392년 7월 17일(음력)에 성립되고 1910년 8월 29일(양력)에 멸망한 조선왕조에 국한된다. 1897년 10월 12일(양력)에 성립이 선포된 '대한제국' 역시 '조선'에 포함된다. 그러나 '대한제국'은 이 책에서 '대한제국'으로 표기되기도 하고 '조선'으로 표기되기도 한다.
2. 조선의 '후기'라면 어느 시기를 말하는 것일까? 한국사를 전공한 학자들의 다수설(多數說)에 따르면, 임진왜란(壬辰倭亂)이 끝난 1598년부터 조선이 멸망한 1910년 8월까지가 조선의 '후기'다. 그러나 소수설(小數說)에 따르면, 임진왜란 그리고 임진왜란에 이어 일어난 병자호란(丙子胡亂) 등 이른바 양란(兩亂)이 끝난 1637년 이후가 '후기'의 시작이다.

   그런데, 다시 한국사를 전공한 학자들의 통설에 따르면, 이 '후기'에서 조선이 개항한 1876년부터 조선이 멸망한 1910년 8월까지의 34년을 조선의 '말기'로 규정할 수 있다. 1897년 10월부터 1910년 8월까지의 대한제국의 시기는 조선의 '말기'에 포함된다.

이 책의 초점은 그 '후기' 가운데도 서양세력이 조선에 의도적으로 진출하기 시작한 1787년 5월 이후, 곧 제22대 국왕 정조(正祖) 재위기(1777~1800) 이후부터 조선 또는 대한제국이 멸망한 1910년 8월까지의 123년에 맞춰졌다.

이 책의 초점은 서양인들이 후기 조선을 어떻게 보았느냐에 있다. 따라서 이 시기에 발생한 사건들과 그리고 그 사건들에 연계된 인물들 그 자체에 대한 설명은 줄였다.

3. 후기의 조선을 나라마다 다르게 불렀다. 중국은 조선으로, 일본은 조선 또는 한국으로, 러시아는 코레야(Корея : Korei)로, 미국과 영국은 코리아(Corea 또는 Korea)로, 프랑스는 코레(Corée)로, 독일은 코레아(Korea)로 각각 불렀다. 이 책은 각국이 사용했거나 원저자가 사용한 호칭을 존중하기로 한다.
4. 중국의 인명과 지명은 중국어 발음대로 표기한다. 그러나 수(隨) · 당(唐) · 송(宋) · 원(元) · 명(明) · 청(淸) 등 왕조들의 이름은 한국인들에게 친숙한 한국어 발음대로 표기한다. 만주의 경우도, 중국어 발음인 '만저우'로 표기하지 않고 한국어 발음인 '만주'로 표기한다.
5. 일본인은 분명히 서양인이 아니다. 그러나 일본인의 저술들을 『서양인들이 관찰한 후기 조선』이라는 제목의 이 책에 포함시켰다.
6. 원저자들의 관찰들이 반드시 정확한 것은 아니다. 그 관찰들에는 분명히 틀렸거나 부정확한 것들이 있다. 조선을 잠시 여행하면서 사람들에게 들었거나 이미 출판된 책들에 포함된 얘기들을 깊이 검토하지 않은 채 되풀이한 경우들도 있다. 또 서양인의 우월감에서 동양인을 낮춰보고 멸시한 인종주의적 시각이 때때로 나타난 것도 사실이다. 다른 한편으로, 조선을 비하하고자 했던 일본정부의 선전을 무비판적으로 수용한 사례(事例)들도 있다. 그러나 일단 그것들을 원전(原典) 그대로 소

개하기로 한다.

7. 원저자들의 뜻을 전문적인 학자들에게 보다 더 정확히 전달하기 위해 어떤 특정한 단어들, 그리고 문장들의 원문들을 ( ) 안에 넣어 소개하기로 한다. 토론의 초점이 될 수 있는 특정한 단어들이나 문장들의 경우, 번역어가 아니라 원어에 따라 토론의 방향이 달라질 수 있기 때문이다. 이러한 맥락에서, 특히 중요한 토론의 주제들 가운데 하나인 고종[광무황제]의 성격과 민비[명성황후]의 성격에 대한 설명들은 원문들을 함께 소개하기로 한다.

8. 한국어 또는 조선어의 문장에서 복수(複數)는 거의 쓰이지 않는다. 그러나 뜻을 보다 더 정확히 전달하기 위해 복수를 사용하고자 한다. 한국어 또는 조선어의 문장에서 수동태(受動態)는 거의 쓰이지 않는다. 이 점을 잘 알면서도, 원전에서 수동태로 쓰여진 문장은 수동태로 번역한다. 띄어쓰기의 경우, 가독성(可讀性)을 높이기 위해 단어들을 경우에 따라서는 붙이기로 한다. 예컨대, 보조동사는 앞의 본동사(本動詞)에 붙이기로 하며, 복합명사 역시 모두 붙이기로 한다.

서론

1. 이 책의 목적

돌이켜보면, 오늘날 한민족 또는 조선민족이 겪는 고통과 불행의 원인들 가운데 하나는 분단이다. 미국의 저명한 미래학자 허만 칸(Herman Kahn)은 1970년대에, 분단이 남과 북 사이에 체제경쟁을 불러일으켰고 그것을 통해 남한이 크게 성장했다는 주장을 제기했었다. 그러나 민족 전체로 보아 분단은 전쟁과 이산가족을 낳았고 상호간에 불신과 적대감 및 군비경쟁을 존속시켰다. 오늘날 한반도에서는 물론 아시아태평양지역에서 평화와 안정을 심각하게 위협하는 요소들 가운데 하나로 지목되면서 국제사회에서 논란을 불러일으키는 북한의 핵개발도 분명히 분단의 산물인 것이다.

그러면 이 분단은 어디서 시작된 것인가? 그것은 열강에 둘러싸인 한반도의 지정학적 위치에 뿌리를 두었음이 사실이다. 러시아와 중국으로 대표되는 대륙세력 그리고 일본과 미국으로 대표되는 해양세력 사이에 위치한 한반도는 대륙세력과 해양세력의 이해(利害)가 수렴되거나 각축하는 전략적 요충지였기에, 열강은 자신이 한반도를 독점지배하지 못하는 경우 한반도를 분할해 자신도 일정한 부분을 차지하고자 했던 것이다. 한반도를 분할하자는 구상이 역사적으로 여러 차례 제기됐던 사례들이 그 점을 웅변한다.

그러나 오늘날의 이 분단은 조선이 1910년 8월 29일에 일본에 강제로 합병된 데서 비롯됐다. 일본이 조선을 강제로 합병한 때로부터 31년 3개월 남짓 지난 1941년 12월 8일(일본 시간)에 일본은 미국을 상대로 이른바 태평양전쟁을 일으켰다. 전승을 거듭하던 일본은 1943년 봄을 계기로 패퇴의 길에 들어섰고, 이때부터 미국을 중심으로 하는 연합국들은 일본 및 일본식민지들의 장래를 구상하는 가운데 한반도에 대해서는 '국제신탁통치'안과 더불어 '분할점령'안을 고려했으며, 1945년 8월 초에 일본의 항복이 임박하자 우선 '분할점령'안을 채택한 것이다. 이렇게 볼 때, 한반도 분단의 원인(遠因)은 바로 조선의 망국이었다고 하겠다.

그러면 조선이 멸망한 원인들은 무엇인가? 이 물음에 대해 일제는 그 원인들이 조선 내부에 있었다고 선전했다. 조선의 지도층은 부패하고 무능해 국가를 자활자립시킬 능력을 잃었고 민중은 그러한 지도층의 착취에 시달렸으며 그 결과 지도층과 민중 사이에 갈등이 확대돼 국가 전체가 멸망했다는 논리를 전개했다. 이 내인론(內因論)에 맞서 국내학계에서는 외인론(外因論)이 제시됐다. 조선이 후기에 들어서면서 '자본주의의 싹'을 키우는 가운데 '근대국가'로 발돋움할 소지(素地)를 마련함으로써 '내재적 발전'의 길을 걷고 있었음에도, 제국주의 열강이 조선에서 각축을 벌이던 상황에서 승리한 일본이 무력으로 조선을 병탄했다는 것이 조선이 멸망한 원인들을 구명하는 노력에 있어서 압도적인 설명이었다. 특히 김용섭(金容燮) 교수가 자신의 『조선후기농업사연구』(전2권, 서울: 지식산업사, 1970~1971)를 통해서, 이어 강만길(姜萬吉) 교수가 자신의 『조선후기상업자본의 발달』(서울: 고려대학교출판부, 1973)을 통해서, 그리고 송찬식(宋贊植) 교수가 자신의 『이조후기수공업에 관한 연구』(서울: 서울대학교 한국문화연구소, 1973)를 통해서, 일제 학자들의 주장을 식민지사관이라고 비판하며 이 설명을 제시했다.

이 설명은 국내학계의 일각에서 반론을 불러일으켰다. 조선은 이미 후기 이후 또는, 더욱 좁혀서 말해, 말기 이후 지도층의 부패와 무능 그리고 국민의 나태와 무기력이 겹쳐지면서 내부적으로 무너지고 있었다는 내인론이 등장한 것이다. 이영훈(李榮薰) 교수가 내인론을 강조한 대표적인 학자로, 그는 자신이 편집한 『수량경제사(數量經濟史)로 다시 본 조선후기』(서울: 서울대학교출판부, 2004)를 통해 이 견해를 제시했다.

이 외인론과 내인론 가운데 내인론을 강조하는 것은 비애국적(非愛國的)인 언설인 듯한 느낌을 준다. '강도(强盜) 일본'의 조선침략을 규탄하지 않고 조선민족 스스로에 망국의 책임이 있는 것처럼 말하는 것은 '강도 일본'의 죄악을 덮어주려는 언설처럼 여겨질 수 있기 때문이다. 특히 일본 그리고 일본을 지지한 당시의 제국주의국가들은 조선이 내부적 요인들로 말미암아 일본에 합병될 수밖에 없었다고 설명했기 때문에, 내인론에 대한 지지는 그들에 대한 지지와 동일시될 수 있기 때문이다. 바로 이러한 위험 때문인지, 한국의 국사학은 망국의 책임을 조선 내부에서 찾는 일에 정당한 노력을 기울이지 않았다. 신복룡 교수는 이 점에 대해 자신의 『한국사 새로 보기』(서울: 풀빛, 2001)에서 '망국의 책임을 묻지 않는 역사학'이라고 비판했다.

저자는 이 주제에 관한 전문가가 아니다. 이 주제에 관해 1차 자료들을 중심으로 깊이 연구하지 못했으며, 다만 이 주제에 관한 전문가들의 저술들을 읽었을 뿐이다. 이 과정에서, 저자는 서양인들이 후기 조선을 관찰한 뒤 남긴 기록들을 읽게 됐으며 내인론에 상당한 근거가 있음을 인정하게 됐다.

이렇게 말한다고 해서, 저자가 외인론을 무시하거나 배척하는 것은 결코 아니다. 조선의 멸망에 있어서 제국주의 열강의 각축과 특히 일본의 침략주의적 정책들이 차지하는 비중이 압도적임을 인정한다. 그렇지만, 비극의 역사가 되풀이되는 것을 막으려면 조선의 멸망에 작용한 조선 내부의 요인들을 공평하게 구명하는 노력은 계속돼야 한다고 믿는다. 저 유명한 스페인 출신의 미국 철학자인 조지 산타야나(George Santayana)가 경고했듯, 역사의 교훈을 망각하는 민족은 역사의 과오를 되풀이하게 마련이기 때문이다.

이러한 믿음으로부터, 저자는 서양인들이 후기 조선을 어떻게 인식했던가를 살피고자 한다. 보다 구체적으로, 서양인들의 눈에 비친 조선의 병폐들이 무엇이었던가를 살피고자 한다. 분단을 극복하고 통일을 성취하는 길도, 지난날 조선이 보였던 병폐들이 남과 북 모두에서 다시 나타나고 있다면, 그것들을 개혁하는 일로부터 시작돼야 할 것이다. 이 책은 그러한 목적에서 쓰여졌다.

2. 이 책의 구성

이 책은 크게 보아 여섯 부분으로 구성됐다. 제1부는 서양열강이 조선에 의도적으로 진출하기 시작한 시점인 1787년 5월 이전의 시기에 오늘날 우리가 코리아라고 부르는 영토 위에 존재한 왕국들에 관해 언급한 서양인들의 기록들을 살핀다. 제1부는 이 책의 초점이 아니라, 이 책의 주제를 다루는 제2부로부터 제6부까지를 이해하기 위한 배경 설명이다. 또 제1부는 저자의 독창적 연구의 결과가 아니라 다른 학자들이 출판한 저술들의 요약이다. 따라서 제1부는 다른 부(部)들에 비해 짧다.

제2부는 서양열강이 조선에 의도적으로 진출하기 시작한 1787년 5월 직후부터 이 나라가 1876년 2월에 개항하기 직전까지의 시기를 다룬다. 이 89년 동안의 시기에 이 나라를 방문했거나 탐사한 서양인들의 기록들을 살핀다.

이 시기를 다음과 같이 셋으로 나누기로 한다. 첫째, 아편전쟁에서 중국이 패배하고 영국이 승리한 1842년 이전의 시기다. 바꿔 말해, 조선에 대한 중국의 '종주권'이 확고해 서양열강이 조선에 대한 진출의 의도를 덜 가졌던 시기다. 둘째, 1842년부터 프랑스가 조선을 침공했던 1866년 직전까지의 시기다. 이 시기에 서양열강의 조선에 대한 진출은 그 이전 시기에 비해 훨씬 적극적이었다.

셋째, 1866년부터 조선이 서양열강의 압력을 받아 마침내 문호를 개방한 1876년까지의 시기다. 이 시기에 서양열강은 이 나라에 대해 무력으로 공격하면서 개항을 요구했다.

제3부는 조선이 개항한 1876년 2월로부터 조선에 대한 패권을 둘러싼 청일전쟁이 일어난 1894년 6월 직전까지의 시기를 다룬다. 이 18년 동안의 시기에 이 나라에 관해 설명한 서양인들의 기록들을 살핀다.

이 시기를 다음과 같이 둘로 나누기로 한다. 첫째, 조선이 일본과 수교한 때로부터 미국과 수교하기 직전까지의 시기다. 둘째, 조선이 미국을 시발로 서양의 주요한 국가들과 수교하던 시기다.

제4부는 청일전쟁이 발발한 때로부터 러일전쟁이 끝난 직후 이 전쟁들의 승리자인 일본이 조선을 '피보호국'으로 만든 1905년 11월까지의 시기를 다룬다. 이 11년의 시기에 이 나라에 관해 설명한 서양인들의 기록들을 살핀다.

이 시기를 다음과 같이 둘로 나누기로 한다. 첫째, 청일전쟁의 발발을 전후한 시점으로부터 대한제국의 성립을 전후한 시점까지의 시기다. 둘째, 대한제국의 성립을 전후한 시점으로부터 러일전쟁의 발발을 전후한 시점까지의 시기다.

제5부는 조선이 1905년 11월로부터 1910년 8월까지 일본의 '피보호국'이던 시기를 다룬다. 이 5년의 시기에 이 나라에 관해 설명한 서양인들의 기록들을 살핀다.

제2부로부터 제5부까지에서 검토되는 기록들은 몇몇 한국어 번역본들을 제외하고는 거의 전적으로 원전들에 의존했다. 그러나 원전을 구하기 어렵거나 이해하기 어려운 국내독자들의 편의를 위해, 한국어 번역본이 있는 경우에는 그것을 각주에 소개했다.

제6부는 서양인 관찰들의 요약, 그리고 관찰들에 대한 저자 나름의 평가다.

제1부

서양열강이 조선으로 진출하기 이전 시기에 신라 · 고려 · 조선을 언급한 서양인들의 기록들

제1장
신라와 고려를 언급한 서양인들(885~1311)

1. 누가 한반도의 왕국들에 대해 처음 언급했나?

한민족 또는 조선민족의 첫 국가는 기원전 10세기 경(傾)에 단군왕검(檀君王儉)이라는 직함을 가진 최고통치자를 시조로 건국된 단군조선(檀君朝鮮)이었다. 이 단군조선을 시발로, 기원전 108년까지 랴오허(遼河: 요하) 유역으로부터 한반도의 서북부지역까지의 일정한 강역에 존속한 한민족의 국가들을 흔히 고조선(古朝鮮)이라고 부른다. 고조선의 시대는 곧 고구려(高句麗) · 백제(百濟) · 신라(新羅)가 정립했던 삼국시대로 이어졌으며, 고조선시대 말기와 삼국시대 초기 사이의 일정한 기간에 한반도의 남쪽과 중부에 걸쳐 마한(馬韓) · 진한(辰韓) · 변한(弁韓)의 삼한시대가 병존했다. 신라는 그 이웃의 가야(伽倻)를 흡수한 데 이어 서기 660년에 백제를 흡수했고, 668년에 고구려를 멸망시키면서 고구려의 일부를 흡수했다. 고구려의 유민들은 말갈족과 제휴해 699년에 만주를 중심으로 하는 고구려의 나머지 부분에서 발해(渤海)를 건국했다.

신라의 말기에 신라의 판도 안에서 후백제와 후고구려가 출현해 신라와 함께 후삼국시대를 열었다. 그러나 서기 918년에 후고구려에서 성장한 왕건(王建)이 세 나라를 통합해 고려(高麗)를 건국했다. 비슷한 시기인 926년에 발해는 거란족에 의해 멸망했다.

고려는 활발한 해상활동과 대외무역 덕분에 유럽과 중동에 널리 알려졌다. 오늘날 한국 또는 조선을 지칭하는 코리아(Korea)라는 단어는 고려에서 나온 것이다. 그러나 이 나라는 몽골의 침략으로 시달렸으며 마침내 그 지배 아래 들어가게 되면서 국력이 크게 쇠퇴했다. 서기 1392년에 고려의 무신 이성계(李成桂)는 쿠데타로 고려를 멸망시키고 조선을 건국했다.

마르코 폴로였을까?

한민족의 이 왕국들에 관해 책에서 처음 언급한 서양인은 누구였을까? 영국의 여행가 아놀드 헨리 새비지-란도(Arnold Henry Savage-Landor)는 1895년에 출간된 자신의 저서에서 마르코 폴로(Marco Polo)가 최초였다고 주장했다. 이 이탈리아인이 자신의 유명한 여행기에서 코리아(Coria)에 대해 언급한 것이 이 나라에 대한 서양인의 첫 언급이었다고 새비지-란도는 한 문장으로 짧게 썼다.[1]

베니스 출신의 마르코 폴로는 쿠빌라이칸이 몽골제국을 통치하던 때인 1274년에 그의 신하가 됐다. 몽골제국의 창건자 칭기스칸의 손자인 쿠빌라이는 몽골제국의 5대 황제이지만 몽골제국을 원(元)으로 명명했기에 원의 초대 황제가 된다. 마르코 폴로는 1291년에 쿠빌라이가 이란으로 파견하는 사신의 자격으로 중국을 떠났다. 그는 사명을 마친 뒤 중국으로 돌아가지 않고 콘스탄티노플을 거쳐 1295년에 귀향했다. 그러나 그는

---

1 Arnold Henry Savage-Landor, *Corea or Cho-sen: The Land of the Morning Calm* (New York: Macmillan and Co., 1895), p. 30.

1298년에 제노아의 감옥에 갇혔다. 그는 이 감옥에서 감방친구이면서 작가인 루스티첼로(Rustichello da Pisa)로 하여금 자신의 중국에서의 경험담을 받아쓰게 함으로써 이탈리아어로 쓰여진 자신의 견문록을 탄생시킬 수 있었다. 그것이 뒷날 미국에서 『마르코 폴로의 여행들』(*The Travels of Marco Polo*)로 번역되면서 세상에 널리 알려지게 됐으며, 그 책이 일본에서 『동방견문록』(東方見聞錄)으로 번역되면서 조선에도 널리 알려지게 됐다.[2]

그런데 새비지-란도의 주장은 적어도 두 가지 점에서 정확하지 않다. 첫째, 마르코 폴로는 코리아(Coria)가 아니라 카울리(Cauli)라고 썼다. 카울리는 고려를 호칭한 몽골사람들의 발음을 옮긴 것이다. 마르코 폴로가 카울리에 대해 몽골제국에 복속한 나라들 가운데 하나라고 짧게 언급한 것은 사실이나, 고려를 방문한 일은 없었다.

2. 신라에 대한 언급

둘째, 마르코 폴로 이전에 이 왕국들에 대해 언급한 서양인들은 적잖다. 예컨대, 오늘날 터키의 직접적 조상인 돌궐(突厥)의 왕 무칸이 572년에 사망하자 고구려가 돌궐에 조문사절을 파견했다는 기록이 돌궐의 한 비문(碑文)에 기록됐다. 그때 고구려와 돌궐은 동서 양쪽으로 팽창정책을 쓰던 중국의 수(隋)나라에 대항하기 위해 동맹관계를 유지했다.[3]

2 김호동(金浩東) 역주, 『마르코 폴로의 동방견문록』(서울: 사계절, 2000), 25~26쪽 및 47쪽.

3 국가보훈처, 『형제의 나라, 한국과 터키』(서울: 국가보훈처, 2007), 3쪽.

신라를 좋아했던 중동사람들

그러나 책에서 처음 언급한 사람은 페르시아의 지리학자 이븐 쿠르다드빈(Ibn Khurdadbin)이었다. 신라후기에 해당되는 885년에 간행한 자신의 저서 『도로들과 왕국들에 관한 책』에서 신라왕국에 대해 언급하며 그는 이 나라에는 산(山)과 금(金) 및 인삼이 많고 이 나라를 찾아가는 회교도들은 가끔 여러 혜택을 받으며 정착하곤 한다고 썼던 것이다.[4] 800년대에 중동인들은 신라를 직접 왕래했으며 그들 가운데 신라사람들과 결혼해 신라에 정착한 사람들도 있었다. 따라서 중동인의 책에 신라가 등장한 것은 자연스러웠다.

이븐 쿠르다드빈에 이어 중동의 여러 여행가들과 지리학자들이 신라에 대해 언급했다. 여기서 공통적인 것은 신라는 공기가 맑고 물이 좋으며 땅이 비옥해 사람이 살기 좋은 곳이라는 설명이었다. 국토의 대부분이 사막이라는 열악한 자연환경에서 생활하던 그들에게 신라의 쾌적한 자연환경은 매력적이었음에 틀림없다. 그들은 또 신라에는 금을 비롯한 귀중한 보석들을 포함해 지하자원이 풍부하다고 지적했으며, 특히 금을 가공해 여러 금제품들을 만들어내는 신라인들의 공예술을 칭찬했다.

신라에 대한 관심이 확산되는 흐름 속에서, 이슬람세계에서 지리학의 거장으로 꼽히던 알 이드리시(Al Idrisi)는 1154년에 저술한 『하늘의 끝까지 가고 싶어하는 사람의 산책』 속에 세계지도를 그리면서 신라를 중국의 동남해에 위치한 섬나라로 기입했다. 신라를 섬나라로 파악한 것은 물론 무지에서 비롯된 것이었다. 그러나 이것이 현존하는 세계지도에 신라가 기입된 첫 사례였다. 그 역시 신라가 아름다운 산천경개와 금을 비롯한

---

4 김정위(金定慰), 「중세 중동문헌에 비친 한국상(韓國像)」, 『한국사연구』(한국사연구회), 제16집(1977), 29~50쪽. 정수일 교수는 이븐 쿠르다드빈을 이븐 쿠르다지바(Ibn Khurdazibah)라고 썼다. 정수일, 『문명교류사 연구』(서울: 사계절, 2002), 290쪽 및 294쪽.

많은 보석들을 지닌 나라라고 설명하면서, 신라에서는 개를 묶는 사슬조차 금으로 만든다고 덧붙였다.[5]

3. 고려에 대한 언급

중동인들 다음으로 한반도에 대해 언급한 서양사람은 프랑스 리옹에 자리잡은 프란체스코회 수도사 카르피니(Giovanni da Plano Carpini, 프랑스어로는 Jean de Piano de Carpino)였다. 그는 몽골제국과의 친선 및 연합을 희망하는 뜻을 담은 교황 이노켄티우스 4세의 친서를 몽골제국의 제3대 황제 구유크칸에게 전달하기 위해 1246년에 몽골제국의 수도 카라코룸을 방문했다. 이로써 그는, 기록으로만 따질 때, 몽골제국을 공식 방문한 최초의 유럽인이 됐다. 그러나 구유크가 교황의 무조건 복종을 요구하면서 교황의 친서 그 자체를 거부함에 따라 카르피니는 빈손으로 돌아올 수밖에 없었다.

"무지개가 뜨는 나라"

그렇다고 해서 카르피니의 여행이 무위로 돌아간 것은 아니었다. 그는 1247년에 리옹에 도착한 뒤 자신의 견문을 바탕으로 『몽골인의 역사』를 저술했다. 이 책에서 그는 자신이 카라코룸에서 만난 외국사신들의 이름들을 열거하는 가운데 솔랑게스(Solanges)의 왕자들을 포함시켰다. '무지개가 뜨는 나라' 또는 '무지개가 뜨는 나라의 사람'이라는 뜻의 이 솔랑게스가 몽골어로 고려 또는 고려인을 지칭했다. 그러나 고려의 사료에는

---

5 위와 같음, 217~218쪽 및 296~303쪽.

그 시점에 고려의 왕자들이 카르피니를 또는 서양인을 만났다는 기록이 없다.

카르피니에 이어 13세기 프랑스의 학자 뱅상 드 보베(Vincent de Beauvais)도 몽골의 역사를 다룬 책을 썼다. 카르피니를 인용한 이 책에서 드 보베 역시 솔랑기(Solangi)에 대해 언급했는데, 솔랑기는 만주어로 무지개라는 뜻으로 고려를 지칭했다.[6]

카르피니와 드 보베에 이어 프란체스코회 수도사 기욤 드 루브룩(Guillaume de Rubruck) 역시 몽골제국에 대한 책을 쓰면서 고려에 대해 언급했다. 그는 오늘날 프랑스와 벨기에 및 네덜란드의 접경지대에 위치했던 공국(公國)인 플랑드르(Flanders) 출신의 수도사였다. 그는 프랑스 국왕 루이 9세의 사신 자격으로 1253년부터 1255년까지 몽골제국과 그 주변 국가들에 대한 여행을 끝낸 뒤 귀국하고 『몽골제국 여행기』라는 책을 쓰면서 중국의 동쪽에 카울(Caule)이 있다고 말한 것이다. 카울은 물론 고려를 뜻했다.

"폐쇄된 채 몽골제국에 복속된 나라"

드 루브룩은 카울이 몽골보다 더 먼 곳에 있으면서 산으로 둘러싸인 섬이라고 설명한 뒤, 카울은 춥고 폐쇄된 나라로 몽골에 엄청난 양의 금은 궤를 조공으로 바침으로써 독립성을 지키고 안녕(安寧)을 깨뜨리지 않으려고 노력한다고 부연했다. 그는 이어 자신이 솔랑가(Solanga)의 외교사절들을 만났다고 밝히면서, "그 사람들은 체구가 작고 피부색이 스페인 사람들처럼 까무잡잡하며 까만 니스를 칠해 빳빳해진 갓을 쓰고 다닌다"고

6 오인동(吳寅東), 『꼬레아, 코리아: 서양인이 부른 우리나라 국호의 역사』(서울: 책과함께, 2008), 32~33쪽.

썼다. 솔랑가는 고려를 가리켰다.

한국외국어대학교 교수인 프레데릭 불레스텍스(Frédéric Boulesteix) 박사에 따르면, 드 루브룩은 고려에 대해 반복해서 말한 최초의 인물이었다. 동시에 그는 당시의 유럽 성직자들과 지식인들에게 고려에 대한 최초의 이미지를 심어준 사람이었다. 그렇다면 그가 심어준 고려의 이미지는 어떤 것이었나? 불레스텍스는 "그것은 '미개한' 그러면서도 '문명화된', 지리적으로 멀고 폐쇄되었기에 더욱 멀게 느껴진 나라라는 이미지였다"고 평가했다.[7]

유럽계 사람들뿐만 아니라 이슬람계 사람들 역시 고려에 대해 언급했다. 그 대표적인 보기가 1311년에 편찬된 라시드 앗 딘(Rashid-ad-Din)의 『집사』(集史)(영어번역 제목은 *Collected History*)였다. 몽골제국을 구성한 네 개의 칸국(汗國: 한국)들 가운데 하나로 오늘날의 이란과 소아시아 일대에 자리잡았던 일칸국의 총리이자 의사였던 그는 몽골제국을 건설하고 통치하던 여러 칸들의 연대기를 쓰면서, 몽골제국의 일부로 카오리(Kao-li)가 있다고 쓴 것이다.

그는 카오리가 왕(王)이라고 부르는 군주가 통치하는 나라이기는 하지만 실제에 있어서 그 왕은 몽골황제의 사위라고 지적했다. 그는 카오리가 몽골제국의 부마국(駙馬國)에 지나지 않는다고 암시한 것이다.[8]

---

7 프레데릭 불레스텍스 지음, 이향 · 김정연(金靜延) 옮김, 『착한 미개인 동양의 현지: 서양인이 본 한국인 800년』(서울: 청년사, 2001), 26쪽. 역자들은 이 역서의 원서 이름이 무엇인지 밝히지 않았다.

8 오인동, 『꼬레아, 코리아』, 46~49쪽.

제2장
조선왕조 전기에 코리아를 언급한 서양인들(1516~1625)

『집사』를 마지막으로 서양인들의 저술에서 카울 또는 카오리에 대한 언급은 사라졌다. 『집사』가 편찬된 시점으로부터 200여년이 지난 시점에 이르러서야, 서양인들의 저술들 가운데 고려왕조를 대체하고 창건된 조선왕조에 대한 언급이 활발해졌다.

그 첫 사례는 오스만제국의 학자이며 여행가인 알리 아크바르(Ali Akhbar)가 중국을 방문한 뒤 1516년에 페르시아어로 쓴 『중국서』(中國書)였다. 그는 여기서 조선왕조에 대해 언급하며 국명을 카오리(Kao-li)라고 표기했다. 고려를 지칭하던 이름인 카오리가 조선에 대해서도 그대로 사용된 것이었다.[1] 이때는 조선왕조를 제12대 국왕 중종(中宗)이 통치하던 때였다.

---

1 오인동, 『꼬레아, 코리아: 서양인이 부른 우리나라 국호의 역사』(서울: 책과함께, 2008), 54~56쪽.

1. 임진왜란 이전에 조선에 대해 행해진 잘못된 설명들

조선인들을 '흉악한 사람들'로 묘사하다

조선왕조에 대한 서양인들의 관심은, 그들의 저술들만을 놓고 볼 때, 『중국서』가 카오리를 언급한 때로부터 32년이 지난 1548년 이후 두드러지게 나타났다. 주로 포르투갈의 식민지 인도의 고아(Goa)에서 시무하거나 예수회의 천주교 포교를 허용한 일본에서 시무하던 예수회의 선교사들이 꼬레(Coree) 또는 꼬리아(Coria 또는 Corea) 또는 꼬라이(Coray)에 대해 쓴 것이다.

예컨대, 스페인 출신의 코스메 토레스(Cosme Torres) 신부와 이탈리아 출신의 니콜로 란칠로토(Nicolo Lancillotto) 신부는 1549년께 고아에서 "일본인들은 중국보다 더 동쪽에 있는 꼬레라고 부르는 나라의 사람들과 교역을 한다"는 편지를 써서 로마교황청에 보낸 것이다. 이 꼬레가 카울레 또는 카울리 또는 카오리 등 중국인들의 발음을 따른 표음이 아닌 로마자로 표기한 최초의 경우이다.

이어 스페인 출신의 가스빠르 빌렐라(Gaspar Vilela) 신부는 1571년에 쓴 편지들에서 일본과 중국 사이에 꼬레아 또는 꼬라이라는 왕국이 있다고 썼다. 한반도에 위치한 나라가 꼬레아로 표기된 첫 사례다. 그는 이 왕국의 건장한 남자들과 전사들은 활을 잘 쏘고 창과 칼을 잘 쓰는 훌륭한 기마병들이라고 덧붙였다.[2]

그들의 뒤를 이어, 이탈리아 출신의 안토니오 프레네스티노(Antonio Prenestino) 신부는 『1578년에 일본으로 가던 포르투갈 선박들의 표류와 항해에 관한 기록들』에서 일본과 중국 사이에 꼬레아라는 나라가 있다고

---

2 위와 같음, 76~78쪽.

썼다. 그런데 그는 꼬레아를 일본보다 미개한 타타르인들이 사는 곳이라고 비하한 뒤, 이 나라에 대해 매우 좋지 않은 인상을 주는 다음과 같은 기록을 남겼다:

> 1578년 6월 5일에 우리들은 마카오를 출발했다. 모두들 근래 일어나지 않던 태풍의 해라고 해서 적잖이 불안했다. [……] 7월 21일에 우리는 육지 가까이 있었지만 그곳은 우리들이 기대한 일본 육지가 아니고 꼬레아라는 것을 알았다. 안내자는 "거기에는 야만적이고 잔인한 백성이 사는데, 다른 나라 사람들과 통상을 바라지 않는다. 몇 해 전에 포르투갈인의 정크선이 그곳 해안에 도착했을 때, 이 흉악한 주민들은 그 배의 소정(小艇)을 빼앗고 그 안에 탄 사람을 죽였다. 그래서 전원이 학살되지 않기 위해 적잖이 고생했다"고 말했다. 그 말을 듣자 새삼스럽게 의아하고 두려워서 불안을 느끼기 시작했다.[3]

1578년이면 조선을 제14대 국왕 선조(宣祖)가 다스리던 때였다. 이 사건은 조선의 기록에는 전혀 나오지 않는다.

비슷한 시기에, 조선을 타우시안(Taucian) 또는 차우시엔(Chausien)이라고 부른 사람도 나타났다. 스페인 출신의 수도사 마르틴 데 라다(Martin de Rada)가 바로 그 사람이다. 그는 멕시코와 필리핀에서 선교하다가 1575년에 중국 푸젠성(福建省: 복건성) 아모이(廈門: 하문)를 방문한 뒤 스페인으로 귀국해 1576년에 『중국에 관한 보고서』를 국왕에게 제출했다. 이 보고서

---

3 박철(朴哲), 『예수회신부 세스뻬데스: 한국방문 최초 서구인』(서울: 서강대학교출판부, 1987), 218~223쪽. 이 책은 저자의 1985년도 스페인 마드리드국립대학교 문학박사학위 논문에 기초하고 있다. 이 논문은 스페인 외무부 문화국에서 스페인어로 1986년에 출판됐다. 인용된 부분은 박천홍(朴天洪), 『악령이 출몰하던 조선의 바다: 서양과 조선의 만남』(서울: 현실문화연구, 2008), 96~97쪽에 있다.

에서 그는 일본 북쪽에 타우시안이 있다고 썼으며, 중국에 조공을 바치는 나라들의 명단에 차우시엔을 포함시켰다. 앞의 것은 푸젠성의 발음이었고, 뒤의 것은 조공을 받는 중국의 수도 베이징의 발음이었던 것이다. 조선을 현대 중국어 발음인 차오시엔(Chao-hsien)에 가깝게 표기한 것은 이것이 처음인 것 같다.[4]

여기서 우리는 다음과 같은 사실에 주목하게 된다. 종전에 한반도에 위치한 왕국들에 대해 언급한 사람들은 프랑스인들 또는 이탈리아인들이었거나 중동인들이었다. 그들은 또 몽골제국을 포함한 중국을 여행하고 거기서 들은 내용에 기초해 한반도에 위치한 왕국들을 언급했다. 그러나 1548년 이후에 조선에 대해 언급한 사람들은 압도적으로 포르투갈과 스페인 등 이베리아반도의 사람들이었으며 그들은 대체로 일본을 통해 이 나라에 대한 지식을 얻었다.

이 차이는 어디서 나오는 것일까? 우리는 그 답을 유럽역사의 큰 변화에서 찾을 수 있다. 포르투갈이 1510년에 인도 서해안의 고아를 점령하고 그것을 자신의 식민지로 삼은 데 이어 1511년에 오늘날의 말레이시아 남부에 위치한 말라카를 정복한 것을 시발로 유럽의 역사에는 이른바 대항해시대(大航海時代)가 열린 것이다. 포르투갈은 곧 동북아시아까지 진출해 일본과의 교역을 개시했고 일본에 천주교를 전파하는 데 성공했으며, 그 성공을 기반으로 조선에 대한 교역과 선교에 관심을 쏟았다.

포르투갈보다 반세기 늦게 스페인 역시 대항해시대에 참여하면서 동북아시아에서는 포르투갈이 선점했었던 일본을 거점으로 삼아 조선에 진출하고자 했다. 특히 1580~1581년에 포르투갈을 통합함에 성공한 스페인

4 정성화(鄭城和), 『서양의 한국: 이미지의 탄생과 변화』(서울: 명지대학교출판부, 2005), 39~43쪽.

은 아시아 그리고 아메리카신대륙에 걸친 범세계적 해양무역제국을 건설하면서 조선에 대해서도 그 이전 시기에 비해 훨씬 더 많은 관심을 기울였다.

조선에는 야만적인 사람들이 산다고 묘사하다

그런데 여기서 유의해야 할 것은 조선에 대한 그들의 인식에 오류들이 적잖았다는 사실이다. 그 오류들을 지적하면 다음과 같다.

첫째, 그들은 "일본에서 조선에 가려면 바닷길로 약 10일이 소요된다"거나 또는 "일본에서 아주 멀리 떨어진 곳에 조선이 있다"고 썼다. 프레네스티노 신부는 조선을 섬이라고 썼으며, 빌렐라 신부는 "일본인들은 조선을 지나면 알레마뉴(Allemagne)에 이른다고 말한다"고 썼다. 알레마뉴는 오늘날의 독일이다. 둘째, 그들은 조선이 타르타리아(Tartaria)가 시작되는 부분이라고 썼다. 그때 서양인들은 몽골제국을 타르타리아 또는 타타르(Tartar)의 나라라고 불렀는데, 타타르는 성경의 『요한 묵시록』에 나오는 전쟁도발세력이면서 동시에 야만적 식인종이라는 매우 부정적인 이미지를 지녔다. 대조적으로, 빌렐라 신부는 조선인들은 백인들이라고 썼다.

셋째, 그들은 조선이 타르타리아의 일부라고 생각했다. 그리하여 그들은 "조선에는 미개하고 야만적이며 난폭한 사람들이 산다"고 썼다. 넷째, 그들은 조선에 사자들이 산다고 썼다. 오늘날에도 그러하지만 그때도 조선에는 사자들이 없었다. 다섯째, 빌렐라 신부는 조선에서 전쟁이 벌어지고 있다고 썼다. 이것 역시 사실이 아니었다.

그러면 왜 이러한 오류들이 발생했을까? 조선에 대한 연구와 탐사가 거의 없었기 때문에 발생했을 수 있다. 그러나 일본인들의 의도적인 왜곡이 개입돼 발생했을 개연성이 높다. 유럽인들과의 무역을 독점하고 싶어

한 일본인들은 유럽인들이 조선에 대해 관심을 갖지 못하게 하려고 조선의 이미지를 왜곡시켰을 것이라고 학자들은 추측했다.[5]

2. 조선에 대한 인식의 변화를 유도한 임진왜란

일본 예수회의 보고서: 조선사람들을 칭찬하다

1592년 임진년(壬辰年) 4월에 일본의 최고 권력자 도요토미 히데요시(豊臣秀吉: 풍신수길)가 주도한 조선침략이 시작됐다. 이것이 이른바 임진왜란이다. 이 전쟁과 더불어 조선의 사정이 일본에 훨씬 자세히 드러나기에 이르렀다. 그 결과, 조선에 대한 서양인들의 인식은 자연히 과거의 인식에 비해 훨씬 정확해졌다. 『1592년 일본예수회의 연례보고서 부록편』은 일본 가까이에 꼬라이라는 나라가 있으며 꼬라이는 중국에 연결됐다고 쓰면서 꼬라이의 일본 및 중국과의 거리를 대체로 정확히 기록했다. 또 꼬라이의 동북쪽에 타타르족과 오랑캐들이 산다고 썼는데, 이것은 조선인들이 동북야인(東北野人)이라고 부른 여진족(女眞族)을 지칭한 것이다.

이 책은 또 "꼬라이에는 다양한 농산물들과 동물들이 있고 [……] 꼬라이는 매년 중국에 조공을 바친다"는 사실도 정확히 기록했다. 그것들뿐만이 아니었다. 이 책은 "꼬라이의 사람들은 매우 온순하고, 그곳에서 가져온 우수한 물건들에서 볼 수 있듯이, 훌륭한 재능을 지녔다"고 칭찬한 데이어 "꼬라이의 사람들은 중국어와는 다른 매우 훌륭한 언어를 가졌다"고 써서 미개하고 야만적이며 난폭한 꼬라이 사람들이라는 종전의 인식에서 상당히 많이 벗어났음을 보여주었다. 그러나 "꼬라이에는 지나가기

---

5 박철, 『예수회신부 세스뻬데스』, 224쪽.

매우 어려운 거대한 사막이 있다고 한다"는 부정확한 전문(傳聞)을 덧붙였다.[6] 이러한 구절은 물론 조선은 여행하기 어려운 나라라는 종전의 부정확한 인식을 강화시켰을 것이다.

스페인 신부 세스뻬데스의 보고서들: 조선에서 약탈을 자행한 일본사람들을 비난하다

앞에서 언급된 저자들 가운데 어느 누구도 조선을 방문하지 않았다. 그들은 중국이나 일본을 방문하고 거기서 조선에 대해 듣고 그것을 자신들의 책에 썼을 뿐이다.

그들과 대조적으로 조선을 방문하고 글을 쓴 서양인들이 나타나기 시작했다. 조선 땅을 밟은 최초의 서양인으로 조선의 역사책에 기록된 사람은 포르투갈인으로 추정되는 마리(Mari: 한문 표기로는 馬里伊)였다. 그러나 그는 1582년 봄에 중국인들과 함께 제주도에 표류했을 뿐이며 곧바로 중국으로 추방됐고 어떠한 글도 남기지 않았다.[7] 그러한 까닭으로, 이 나라를 방문하고 글을 쓴 최초의 사람으로 스페인의 선교사 그레고리오 데 세스뻬데스(Gregorio de Céspedes)를 꼽는다.

한때 세스뻬데스는 포르투갈인으로 알려졌으나 그것은 사실이 아니다. 그는 스페인의 수도 마드리드의 시장 아들로 1551년에 태어나 예수회 신부가 된 것이다. 그는 주로 일본에서 선교하다가 임진왜란 때인 1593년 12월에 열렬한 천주교신자로 아우구스티누스라는 영세명을 가졌던 고니시 유키나가(小西行長: 소서행장)의 비호 아래 대마도를 거쳐 경상도 웅천(熊川)에 들어와 1년 동안 포교했다. 이때 일본군은 자신들이 '고문가이'

6 위와 같음, 224~242쪽.

7 박천홍, 『악령이 출몰하던 조선의 바다』, 98~99쪽.

라고 부른 웅천에 요새를 형성하고 있었다. 웅천은 오늘날 경상남도 진해시(鎭海市) 안에서 하나의 동(洞)을 구성하고 있다.

그러나 이 사실을 고니시 유키나가와 경쟁관계에 있던 가토 기요마사(加藤清正: 가등청정)가 도요토미에 밀고함에 따라, 세스뻬데스는 1595년 초에 일본으로 되돌아갈 수밖에 없었다. 그 1년 남짓한 기간에, 세스뻬데스는 웅천에 머물며 약 2,000명의 일본인 장병들에게 세례를 주고 강론을 하는 등 신부로서의 활동을 은밀히 전개하면서 예수회 일본준관구(日本準管區)의 장(長)에게 편지를 보냈다. 그것들 가운데 네 통의 스페인어 편지들이 포르투갈어로 번역된 상태로 전해온다.

이 편지들을 통해 세스뻬데스는 우선 자신의 선교활동에 대해 자세히 보고했다. 이 부분은 논외로 하고, 그가 조선에 대해 쓴 부분을 보도록 하자.

첫째, 그는 조선을 꼬라이로 표기했다. 둘째, 그는 조선에서 싸우는 일본과 중국 사이에 평화협상이 진행되지만 성사될 것 같지 않다고 보았다. 셋째, 그는 웅천의 혹한에 대해 거듭 강조했다. "조선의 추위는 매우 혹독하여 일본의 것과는 비교도 되지 않는다. 하루종일 손발이 반쯤은 마비되어 아침에 겨우 미사를 집례한다. 그러나 나는 즐거우며 일과 추위를 괘념하지 않는다"고 썼다.

넷째, "이곳의 천주교신자들은 매우 불쌍하며 굶주림과 추위와 질병 등 다른 곳의 상태와는 다른 매우 어려운 불편함을 겪는다"고 썼다. '이곳의 천주교신자들'은 주로 일본인들을 말하는 것이겠으나 조선인들의 형편 역시 같았을 것이다. 다섯째, 그는 일본인들이 이 나라에서 많은 전리품들을 획득했다고 쓰면서 분노를 표시했다. 그는 1611년에 일본의 고쿠라(小倉: 소창)에서 별세한다.[8]

---

8 박철, 『예수회신부 세스뻬데스』, 19~30쪽 및 68~84쪽.

세스뻬데스의 설명들은 모두 사실에 부합된다. 그러나 전쟁이 쉽게 끝날 것 같지 않다는 전망, 그리고 혹한을 비롯한 생활조건의 열악함에 관한 묘사들은 조선이 사람들이 살기에 매우 힘든 곳이라는 인상을 주었을 것이다.

포르투갈 신부 프로이스의 설명들

세스뻬데스처럼 조선을 직접 방문하지는 않았으나 일본에서 조선에 관해 들었거나 일본으로 끌려온 조선인 포로들을 직접 만났던 예수회 선교사들 역시 조선에 대한 기록들을 남겼다. 그 대표적인 선교사가 포르투갈 출신으로 예수회에 소속돼 일본에서 포교했던 루이스 프로이스(Luís Fróis)였다. 1532년에 포르투갈의 수도 리스본에서 태어난 그는 1548년에 신부가 됐다.

그는 곧 포르투갈의 식민지 고아로 가서 예수회 창시자들 가운데 한 사람인 스페인 출신의 신부 프란시스코 자비에르(Francisco de Xavier)의 제자가 됐다. 그는 곧 마카오에서 포교하다가 일본으로 파송돼 28년에 걸쳐 선교활동을 했다. 일본어에 능통했으며 일본정부의 고위층과 가까웠기에 일본의 국내사정에 밝은 서양인이라는 평가를 받았던 그는 1597년에 일본에서 별세한다.

프로이스는 1549년부터 1594년까지의 시기를 대상으로 편년사 형식의 『일본사』를 집필했는데, 임진왜란 시기의 조선에 대해서도 기술했다. 그의 설명들은 그때까지 서양인들이 조선에 관해 제시한 설명들 가운데 가장 구체적이므로, 여기에 자세히 소개될 가치가 있다.

조선의 국내상황: "조선에는 호랑이가 많다"

프로이스는 우선 조선을 일본인들은 꼬라이(Coray)의 땅이라고 부르고 포르투갈인들은 꼬리아(Coria)라고 부른다고 지적했다. 우선 조선의 국내 상황에 대해, 그는 국왕은 가장 좋으면서도 가장 중요한 도시에 세운 매우 큰 궁전들에서 생활하며 귀족들과 부자들은 기와로 덮인 좋은 집들에서 살지만 평민들은 짚으로 덮인 매우 더러운 집들에서 산다고 설명했다. 귀족들과 부자들이 사는 집들은 기와로 덮인 좋은 집들이며 서민들이 사는 집들은 짚으로 덮인 초라한 집들이라는 대비는, 우리가 앞으로 보게 되듯, 서양인들의 기록들에서 되풀이된다.

둘째, 생산물들에 대해, 그는 양곡으로는 쌀과 밀이, 과일로는 배 · 호두 · 무화과 · 밤 · 사과 · 잣이, 옷감으로는 비단 · 면화 · 아마가 각각 많이 수확된다고 설명했다. 꿀이 많이 생산된다는 사실도 지적한 뒤, 그러나 이 나라에서 금과 은은 부족하다고 덧붙였다. 그는 이 생산물들은 모두 국왕의 소유로, 국왕이 필요한 것만큼 쓰고 나머지를 모두 인민들에게, 특히 농민들에게 나눠준다고 설명했다.

셋째, 조선의 동물들에 대해, 그는 말 · 소 · 조랑말 · 나귀가 많다고 지적하고 특히 호랑이들이 많다고 역설했다.[9] 그 이후 서양인들은 조선의 호랑이들에 대해 자주 언급하며, 어떤 서양인들은 호랑이사냥의 목적으로 이 나라를 방문한다.

조선인들의 특성들에 대해, 그는 "그들은 하얗고 명랑하며 대식가들이고 힘이 세다"고 설명했으며, "그들은 활과 화살을 잘 다루며 때때로 독을 바른 화살들을 사용한다"고 덧붙였다. 이 대목은 우리가 앞에서 살폈던 빌렐라 신부의 기록을 연상시킨다. 빌렐라가 조선인들을 백인종이라

9 루이스 프로이스 지음, 강병구(姜炳求) 옮김, 『포르투갈 신부가 본 임진왜란 초기의 한국: 「일본사」내 16세기 한국에 관한 최초의 세부적인 기술(記述)』(서울: 주한포르투갈문화원), 36~37쪽. 이 책은 또 다음과 같이 한국어로 번역됐다. 정성화 · 양윤선(梁允瑄) 옮김, 『임진난의 기록: 루이스 프로이스가 본 임진왜란』(서울: 살림출판사, 2008).

고 표현했던 것이 프로이스에서는 조선인들은 하얗다는 표현으로 등장한 것이다. 또 빌렐라가 조선인들이 활을 잘 쏜다고 썼던 것이 프로이스에서도 되풀이됐다. 프로이스가 조선인들을 대식가라고 묘사한 부분이 흥미롭다. 조선인들은 기회가 주어진다면 엄청나게 많이 먹는다는 설명은, 우리가 앞으로 보게 되듯, 뒷날 이 나라에서 생활했던 서양인들의 관찰에서 되풀이된다.

그는 또 조선인들이 수공(手工)으로 잘 장식된 화려한 돗자리를 잘 만든다고 칭찬했다. 그는 이것들 가운데 일부를 국내에서 귀족들과 부자들만이 사용하며 그 많은 나머지를 일본인들과 포르투갈인들이 구입한다고 설명했다. 그는 조선인들이 수공품들에서 뛰어난 솜씨를 보여준다고 칭찬했다.[10] 조선인들이 수공에 능하다는 관찰 역시 우리가 앞으로 살필 서양인들의 기록들에서 되풀이된다.

프로이스는 조선인들의 무기들에 대해 주목할 만한 견해들을 제시했다. 그는 조선인들의 전선(戰船)들은 강하며 그 전선들의 무기들은 파괴력이 크다고 칭찬했다. 그가 말한 전선들은 조선수군의 총사령관 이순신(李舜臣) 제독이 발명한 거북선들을 의미한 것이 분명하다. 그러나 그는 그 전선들과 무기들을 제외한 나머지 무기들은 약하다고 말했다.[11]

우리가 앞으로 보게 되듯, 조선의 군사적 준비는 점점 부실해진다. 서양의 관찰자들 가운데 호전적인 군인들은 조선의 군사력이 취약함에 주목하면서 조선을 무력으로 침공할 계획을 구상한다.

조선의 대외관계: "조선은 대외무역을 금지한다"

프로이스의 설명들은 조선의 대외관계에 대한 설명들로 이어졌다. 첫

10 강병구 옮김, 『포르투갈 신부가 본 임진왜란 초기의 한국』, 36쪽.

11 위와 같음, 36~37쪽.

째, 그는 우선 조선의 중국과의 경계지역인 북부는 매우 춥다는 사실을 상기시켰다. 강(江)들은 자주 얼어붙으며 한번 얼면 얼음은 매우 두껍다고 역설했다. 그는 추위로부터 자신들을 보호하기 위해 사람들은 난로들을 사용한다고 덧붙였다. 그는 또 "조선인들은 북쪽과 동북쪽으로 타타르 및 오랑캐와 경계를 이루고 있다. 조선인들은 그들을 해도 없고 달도 없는 사람들로 여긴다. 타타르 및 오랑캐는 한때 동맹을 맺고 조선을 상대로 싸웠으나 조선인들은 잘 이겨냈다"고 설명했다.

그는 또 "조선인들이 중국에 공물을 바치는 데도 중국인들은 조선인들을 두려워한다"고 지적했다. 이어 그는 조선인들이 중국문자를 사용한다고 지적하면서도, "조선인들의 말은 중국인들의 말보다 발음하기가 더 쉽다. 학자들과 궁중귀족들이 쓰는 말은 평민들이 쓰는 말보다 교양있고 세련됐다"고 칭찬했다.

둘째, 일본과의 관계에 대해, 그는 "조선에서 대마도를 경유해 일본으로 오는 가장 흔한 상품들 가운데 하나는 매우 아름답고 큰 호랑이가죽이다"고 지적한 뒤, "조선은, 상품을 팔기 위해 매년 그곳으로 가는 300명의 일본인들을 제외하고는, 어떤 경우에도 외국과의 무역을 허락하지 않는다"고 설명했다. 그는 다음과 같이 부연했다: "만일에 일본으로 오던 포르투갈의 배들이 바람이나 조류로 말미암아 방향을 잃고 항로를 벗어나면서 조선의 항구에 도착하면, 즉시 많은 무장선박들이 나와서 그들과 전투를 하며 어떤 이유나 변명도 받아들이지 않고 어떤 방법을 써서라도 그들을 조선의 항구와 땅에서 완전히 내쫓는다. 이러한 경우에 대비해, 조선은 일본에 면한 해안요새들을 잘 준비시켜놓았다."[12]

이 마지막 대목은 조선의 '배외정책' 또는 '쇄국정책'의 한 단면을 보

---

12 위와 같음, 35~38쪽.

여준다. 프로이스가 제시한 이 설명은 그 이후 이 나라를 방문한 서양인들의 관찰들에 다시 나타난다.

임진왜란 직전의 조선-일본간 협상

프로이스는 임진왜란이 일어나기 직전에 벌어졌던 일본과 조선 사이의 외교교섭에 대해서도 기술했다. 그의 기술을 이해하기 위해, 우리는 우선 1589년 음력 6월에 대마도 도주(島主) 소오 요시토모(宗義智: 종의지)가 승려 겐소(玄蘇: 현소)와 함께 서울에 도착해 8월 28일에 선조를 알현한 사실, 이에 대한 답방으로 1590년 음력 11월에 조선의 정사 황윤길(黃允吉)과 부사 김성일(金誠一)이 교토에서 도요토미 히데요시를 회견한 사실을 상기할 필요가 있다.

프로이스는 우선 "조선의 사절들이 일본인들의 개념으로는 빛을 발하지 못했다"고 썼다. 그는 이어 "1591년 음력 6월에 소오 요시토모가 부산에 도착해 일본은 중국을 정복하기로 결정했으며 일본군이 조선을 통과할 수 있도록 조선 국왕이 허락해줄 것을 요청한다"는 도요토미의 뜻을 전달한 사실, 그러나 조선 국왕은 자신과 자신의 선조들은 언제나 동맹과 우의로써 중국 황제와 연합해왔고 그에게 공물을 바쳐왔으며 어떤 경우에도 그에게 그렇게 부당한 짓과 배반을 할 수 없고 그러한 통과에 동의할 수 없다고 대답한 사실 등을 기술했다.[13]

조선 국왕의 거부를 구실삼아 도요토미는 조선침공을 개시했다. 프로이스는 전황을 자세히 기술하면서 조선 군인들의 용맹을 높이 평가했다. "조선인들은 훌륭한 무사들이고 그들의 임금에 대한 충성심이 많아서 거의 전부가 죽을 때까지 싸웠다"고 칭찬한 그는 포로로 잡혔던 한 조선장

13 위와 같음, 38~39쪽.

수의 꼿꼿한 자세를 하나의 사례로 소개했다. 이 조선장수는 살려주겠다는 일본인들의 회유를 뿌리치고 자신을 빨리 죽이라고 고집해 결국 죽임을 당했다는 것이다.[14]

프로이스는 조선의 수군이 용맹하게 싸워 일본함대들을 '완전히 격파'시킨 사례들도 기록했다. 그러나 조선수군의 총사령관으로 거듭된 승전을 이끌었던 이순신의 이름 그 자체를 기록에 남기지는 않았다. 프로이스는 조선여성의 정절에 대해서도 다음과 같이 높이 평가했다:

> 고귀하고 정절한 여인들은 예쁜 용모를 감추려고 일부는 솥과 냄비의 그을음을 얼굴에 칠하였는데, 그러면 일본 병사들의 손아귀에서 벗어날 수 있을 것으로 여겼던 것이다. 다른 여인들은 천하고 열등한 의복으로 가장했다. [……] 동래(東萊)에서, 몇 달 전에 23살가량의 임금의 한 조카딸하고 결혼한 이 요새의 장군이 전사했다. 이 여인은 죽은 사람 위에 뛰어들어 서럽고도 감탄할 만하게 통곡을 했다. 이 여인은 포로가 되어 도요토미에게 선물로 보내어졌으나, 도중에 극도로 심한 저항을 하고 도요토미 앞에서 아주 엄청나게 통곡을 하는 바람에 그녀를 불쌍히 여겨 조선으로 돌려보냈다.[15]

임진왜란 도중의 중국-일본간 협상

프로이스는 전쟁도중인 1592년 여름에 그때 중국을 통치하던 명(明)왕조가 조선에 원군을 보내 일본군과 싸우게 했으며, 이것을 계기로 중국과 일본 사이에 평화협상이 진행된 사실에 대해 자세히 소개했다. 평화교섭과 관련해 흥미 있는 대목은 명나라 대표 선웨이징(沈惟敬: 심유경)이 일본

14 위와 같음, 41쪽 및 47~48쪽.

15 위와 같음, 41~42쪽.

대표 고니시 유키나가에게 한 말이다.

선이 "중국과 일본 사이에 평화가 이룩될 수만 있다면, 조선땅을 일본인들이 차지하거나 원래의 조선인들이 차지하거나의 문제는 중국인들에게는 별로 중요하지 않다"고 말함으로써 사실상 조선을 일본에 할양할 뜻이 있는 것처럼 비쳤다는 것이다. 같은 맥락에서, 선은 "중국인들은 조선인들을 아주 탐탁하게 여기지 않으며 오래전부터 그들을 조선 밖으로 내쫓고자 했다"고 덧붙이면서, "도요토미가 원한다면 도요토미가 마음대로 처리할 수 있도록 조선 국왕을 일본으로 보내겠다"고 제의했다. 프로이스는 "선의 이러한 발언들은 끝이 없는 이런저런 거짓말들이었다"고 논평했다.[16]

그러나 조선을 완전히 무시하고 한낱 흥정의 대상으로 여기는 선웨이징의 발언들이 일본을 속이기 위한 거짓말들로 일관했던 것만은 아니었던 것 같다. 프로이스에 따르면, 1593년 음력 4월 20일에 명나라 원군의 사령관 리루쑹(李如松: 이여송)은 서울에 입성한 직후, "이번 기회에 조선 왕국을 중국에 합병시켜서, 다른 많은 왕국들에서 관습적으로 하는 것처럼, 중국의 대신들이 다스리게 하고 조선임금에게는 어떤 지역을 주어 거기서 안락한 생활을 하게 하자는 얘기들을 중국인들이 한다"고 말했다.[17] 이 얘기들의 근거가 무엇인지 프로이스는 밝히지 않았다. 그러나 이 얘기들의 바탕에는 중국인들이 조선을 완전히 무시하는 태도가 깔렸었음이 사실이다.

선웨이징이 거짓말을 계속했는데도 도요토미는 그를 믿었다. 프로이스에 따르면, "도요토미는 조선의 반을 그에게 넘겨주는 평화협상이 마무

---

16 위와 같음, 70~71쪽.

17 위와 같음, 83쪽.

리되도록 초조히 기다렸다." 이 평화협상이 성사되면, 도요토미는 자신에게 할양될 조선의 절반에 일본인들을 이주시키고 일본인들의 이주로 공백이 발생한 지역들에는 자신의 부하들을 보내 통치하게 하려고 했다는 것이다.[18]

그러나 이 협상은 성사되지 않았으며, 결국 1597년에 전쟁은 다시 시작됐다. 협상과정에서 명나라 황제의 이름을 내세워 일본인들에게 거짓말들을 자주 했으며 심지어 황제에게 허위의 보고를 올린 것이 드러난 선은 본국 정부로 송환돼 처형됐다. 이듬해에 도요토미가 병사함과 동시에 일본군은 철수했다. 이로써 7년 동안 계속된 이 전쟁은 막을 내렸다.

스페인과 포르투갈 및 이탈리아 선교사들의 설명들

이러한 기록들에 세스뻬데스의 편지들, 세스뻬데스 이전에 조선에 대한 전문들을 담은 선교사들의 편지들, 그리고 인도와 중국 및 일본 등지에서 활동한 선교사들의 보고서들을 중심으로 스페인 출신의 예수회 신부 루이스 데 구스만(Luis de Guzman)은 1601년에 『선교사들의 이야기』를 출판했다. 이 책에서 구스만 신부는 "꼬라이 사람들은 온순하고 영리하며 피부가 희고 활을 쏘는 데 능숙하다"고 썼다.[19]

이 책은 또 조선인 포로들을 상대로 선교사들이 강론하고 영세를 베푼 사실에 대해서도 자세히 썼다. 특히 고니시 유키나가의 딸로 대마도 도주의 아내가 된 독실한 천주교신자 도냐 마리아(영세명)의 선행을 자세히 소개했다.[20] 그녀가 조선인 포로들 가운데 조선 국왕의 신하의 아들로 알려진 어린이를 자신의 자식처럼 길렀고 마침내 신학교로 보내 신부로 만들

18 위와 같음, 79쪽.

19 박철, 『예수회신부 세스뻬데스』, 93쪽.

20 정성화, 『서양의 한국』, 37~39쪽.

었다는 것이다.

기자동래설 및 임나부경영설의 서양으로의 전파

구스만에 이어 조선에 대해 언급한 또 한 사람의 예수회 신부는 포르투갈 출신의 로드리게스(Tsuzu Joao Rodrigues)였다. 그는 일본어 구사가 뛰어나 도요토미 히데요시 그리고 그의 후계자인 도쿠가와 이에야스(德川家康: 덕천가강)의 통역을 맡기도 했다. 그는 일본에서 활동하다가 마카오에 정착한 때인 1620~1621년과 1633년에 필생의 역작인 『일본에서의 교회의 역사』를 집필했다. 이 책은 그 이전의 책들에 비해 조선에 대해 훨씬 정확히 설명했다.

우선 조선의 지리에 대해, 그는 "조선은 맑은 날에는 일본에서도 보이며 순풍만 분다면 일본에서 하루 안에 도달할 수 있는 거리에 있다"고 언급했다. 그는 중국이 주변국들을 야만국들로 보며 그래서 조선을 동이(東夷)라고 부른다는 사실도 언급했다. 그는 또 중국의 문화가 조선에 유입됐고 그래서 두 나라의 문화에는 비슷한 점들이 많다고 지적했으며, 일본의 문화는 조선으로부터 전수받아 성장했다고 지적했다. 그는 대마도가 지금은 일본에 속하지만 원래는 조선의 영토였다는 사실도 덧붙였다. 그는 또 일본인들은 서양인들에게 친절하고 그들로부터 배우고자 함에 비해 조선인들은 서양인들을 경멸하며 외국인들이 자신들의 나라에 들어오는 것을 두려워한다고 썼다.

그러나 조선의 역사에 대한 그의 다른 서술들은 부정확했다. "고대 중국의 왕족 기자(箕子: Kishi)가 동쪽으로 와서 조선에서의 첫 국가를 세웠다"고 쓴 것이 그 대표적인 보기였다. 이 서술로써 로드리게스는 이른바 기자동래설(箕子東來說) 또는 기자조선설(箕子朝鮮說)을 유럽에 알린 최초의 서양인이 됐다. 중국의 역사학계는 고대중국의 갑골문자(甲骨文字)에서 기후(箕侯)라는 귀족의 이름이 나타났음을 내세우며 그가 바로 조선에서의 첫 국가를 세운 기자라고 주장한다. 그러나 남한과 북한의 역사학계는 모두 이 설(說)이 왜곡된 것임을 설득력 있게 논증했다.

로드리게스는 또 "일본은 한때 신라왕국의 이웃에 위치했던 가야(伽倻)에 임나부(任那府)를 세워 통치했다"고 썼다. 이 서술로써 그는 이른바 임나부경영설(任那府經營說)을 유럽에 알린 최초의 서양인이 됐다. 이 설(說) 역시 전혀 사실이 아니다. 남한과 북한의 역사학계는 모두 이 설이 근거가 없음을 설득력 있게 논증했다.

로드리게스는 기자조선설에 관해서는 중국인들의 얘기를 듣고, 그리고 임나부경영설에 관해서는 일본인들의 얘기를 듣고, 그것들을 아무런 비판없이 소개했던 것이다. 이로써 그는 그 이후 서양인들이 코리아의 역사를 틀리게 이해하게 만드는 데 결정적인 역할을 수행했다는 비판을 받는다.[21]

명과 청 사이에서 고민하는 조선

위에서 살폈듯, 임진왜란을 계기로 조선은 일본에서 활동하던 스페인 및 포르투갈 선교사들의 책들을 통해 서방세계에 알려졌다. 그들에 이어, 포르투갈 출신의 예수회 선교사로 중국에서 포교하던 알바로 세메도(Alvaro Semedo)는 1640년에 포르투갈어로 『중국사』를 출판했다. 이 책에서, 그는 만주에서 활동하던 만주족이 한족(漢族)의 명나라를 멸망시키기 위해 중국 본토를 공격하던 때 조선의 제15대 국왕 광해군(光海君)이 어느 편에 서야 할 것인지의 외교적 문제로 고민하던 모습을 담았다. 이 책의 영역본이 1655년에 출판되면서 조선의 그러한 형편이 영어권에 알려졌다.

---

21 위와 같음, 62~79쪽.

비슷한 얘기는, 만주족이 명왕조를 무너뜨리고 세운 청(淸)왕조에서 활동하던 예수회 소속 이탈리아 선교사 마르티노 마르티니(Martino Martini)가 1654년에 라틴어로 출판한 『만주족의 중국침략사』에서 되풀이됐다. 거기에는 조선을 제16대 국왕 인조(仁祖)가 통치하던 1627년에 만주족이 조선을 침략함으로써 일어난 정묘호란(丁卯胡亂) 그리고 역시 인조가 통치하던 1636~1637년에 만주족이 조선을 침략함으로써 일어난 병자호란(丙子胡亂)이 언급됐다. 그는 1655년에 『새 중국전도(中國全圖)』를 출판하면서, 중국의 이웃나라들에 조선을 포함시키고 이 나라를 '풍요로운 땅'이라고 묘사했다. 밀과 쌀 및 인삼이 풍부하게 산출되며 금과 은이 풍부하게 매장됐고 동해안에서는 진주를 채집할 수 있다고 부연했다.[22]

이탈리아 무역상의 관찰들

선교사가 아닌 무역상 역시 임진왜란 때 일본으로 끌려온 조선인들에 대한 기록을 남겼다. 이탈리아 피렌체의 유서 깊은 상인집안의 안토니오 카를레티(Antonio Carletti)와 프란체스코 카를레티(Francesco Carletti) 부자가 그들이다. 그들은 1594년부터 스페인을 떠나 중남미를 거치면서 주로 노예와 은괴를 사고팔았다. 그들은 거기서 일본으로 들어가고자 했는데 이 시점에서 일본은 오직 포르투갈인들에게만 교역을 허용했으므로 밀항선을 타고 1597년 6월에 나가사키에 도착했다. 그들은 1598년에 거기서 조선인 소년 다섯을 싼값에 사서 세례를 받게 한 뒤 함께 마카오로 갔다. 거기서 아버지가 죽자 아들은 귀국을 결심했다. 그는 포르투갈의 식민지 고아로 가서 넷을 풀어주었는데 그들의 행방에 대해서는 남은 기록이 없다.[23]

22 위와 같음, 162~163쪽; 박천홍, 『악령이 출몰하던 조선의 바다』, 103~104쪽.

23 곽차섭(郭次燮), 『조선청년 안토니오 코레아, 루벤스를 만나다』(서울: 푸른역사, 2004), 제3장.

프란체스코는 나머지 한 소년을 데리고 1606년에 고향 피렌체로 돌아와 그에게 안토니오 코레아(Antonio Corea)라는 이름을 지어줌과 아울러 자유인으로 만들어주었다. 프랑드르 출신의 화가로 17세기 바로크 화풍을 대표했던 루벤스(Peter Paul Rubens)는 「한복을 입은 남자」라는 드로잉을 남겼었다. 1983년 11월 29일에 이 드로잉이 런던의 한 경매장에서 비싼 가격으로 팔렸다. 이것을 보고 서울의 신문들은 남한의 몇몇 전문가들의 논평들을 근거로 이 드로잉에 나타난 남자가 바로 안토니오 코레아인 것 같다고 보도했다. 이 보도들은 남한에서 큰 관심을 불러일으켰다.[24]

프란체스코는 자신의 여행기를 써서 피렌체의 통치자에게 바쳤다. 필사본으로 전승되어오던 이 여행기는 95년 뒤인 1701년에야 『나의 세계일주기』로 출판됐다. 여기서 그는 조선을 코레아(Corea) 또는 치오시엔(Cioscien)이라고 불렀다. 그런데 그는 조선을 이 나라의 왕도(王都)라고 불러 나라의 이름과 수도의 이름을 혼동하는 오류를 보여주었다.[25]

3. 영국과 네덜란드가 새 강대국으로 떠오른 이후 등장한 설명들

그사이 강대국들 사이의 제국주의적 패권경쟁에는 커다란 변화가 일어났다. 1588년에 영국은 스페인의 무적함대를 격파함으로써 스페인의 패권에 결정적 타격을 입혔으며, 이 역사적 사건을 계기로 영국과 네덜란드는 새로운 강대국들로 떠오르기에 이르렀다. 이미 아시아국가들과의 무

24 예컨대, 『동아일보』, 1983년 12월 1일, 11쪽.
25 곽차섭, 『조선청년 안토니오』, 127~145쪽.

역을 추진해온 이 두 해양국가들은 더욱 활발히 아시아로의 진출을 도모했으며 아시아로의 진출을 단축시킬 수 있는 새로운 항로들의 개발에 많은 노력을 기울였다.

이 과정에서 우선 네덜란드인 반 린스호턴(Jan Huygen van Linschoten)이 개척적인 역할을 수행했다. 스스로 새로운 항로의 탐사에 나서기도 했으며, 『포르투갈인의 동방으로의 항해기』(*Travel Document of the Navigation of the Portuguese to the Orient*) 및 『반 린스호턴의 동방으로의 항해기』(*Itinerary of the Voyage by Ship from J. H. van Linschoten to the East or the Portuguese Indies*)를 각각 1595년과 1596년에 출판해 유럽항해사에 커다란 전기를 마련했다.

그는 이 책들에서 조선에 대해서도 언급했다. 앞의 책에서는 일본이 교역하는 일본 북쪽의 나라로 코오라이(Cooray)가 있다고 썼으며, 뒤의 책에서는 이 나라를 섬으로 묘사하기도 했고 반도로 묘사하기도 했다. 이 나라에 대한 지식은 여전히 제한됐던 것이다. 이 나라가 섬이라는 인식은 1705년의 지도를 마지막으로 사라지고 그 이후 반도라는 인식이 고정된다.[26]

영국의 경우, 리처드 해클루트(Richard Hakluyt)가 1589년에 출판한 『영국국민의 중요한 항해들과 여행들 및 발견들의 기록들』(*Principal Navigations, Voyages, Traffiques and Discoveries of the English Nation*)을 통해 조선을 코레아(Corea)라는 이름으로 유럽전역에 알렸다. 옥스퍼드대학교에서 지리학을 전공했으며 일생을 통해 아시아와 아메리카신대륙 개척에 깊은 관심을 보였던 그는 아시아 시장이 영국의 모직물 수출에 크게 이바지할 수 있다고 판단하고 이 지역에 대한 일반인들의 관심을 고취시키기

26 위와 같음, 48~50쪽.

위해 중국을 비롯한 동아시아에 관해 서술된 스페인과 포르투갈의 책들을 번역하거나 편집해 출판했다. 거기에는 물론 우리가 앞에서 살핀 프로이스 신부의 글들도 포함됐다.

결론적으로, 이 책은 코레아라는 이름을 영어권에 널리 알리는 데 결정적인 역할을 수행했다. 이때로부터 11년이 지난 1600년에 영국은 아시아 지역에 대한 무역의 총괄기관으로 동인도회사를 세우면서 코라이의 나라(Country of Coray)에 대해 설명했다.[27]

해클루트에 이어 또 한 사람의 영국인 새뮤얼 퍼커스(Samuel Purchas) 역시 여행기를 출판했다. 『퍼커스: 그의 순례기 또는 세계의 관계』(*Purchas: His Pilgrimage or Relations of the World*)가 그것이다. 그는 1613년과 1617년에 각각 출간했던 이 책을 1625년에 개정해 새 판을 출간하면서 거기에 코레아에 대해 설명했다. 그러나 그 설명들은 우리가 앞에서 살핀 예수회 선교사들의 편지들을 되풀이한 것에 지나지 않았다.[28]

---

27 오인동, 『꼬레아, 코리아』, 122쪽.

28 위와 같음, 162쪽.

제3장
조선왕조 후기 가운데 앞부분 시기에 조선을 설명한 서양인들(1668~1756)

1. 네덜란드 선원 하멜의 『파선일지』

『파선일지』에 관한 기존의 출판물들

앞 장(章)들에서 보았듯, 서양인들이 동아시아의 여러 나라들을 설명하면서 그 가운데 하나로 짤막하게 조선에 대해서도 언급하는 방식으로 이 나라는 서방세계에 알려졌다. 그러나, 마침내 조선 하나만에 대해 설명한 서양인의 책이 등장했다. 그것은 1668년에 출판된 네덜란드인 하멜(Hendrick Hamel)의 『퀠파트섬의 해안에서의 네덜란드 선박의 파선(破船)에 관한 일지: 부록 코레아왕국에 대한 설명』이다. 퀠파트섬은 제주도를 말한다. 이 섬을 네덜란드 선원들이 퀠파트(Quelpart)라고 부른 것을 시발로 그 이름이 서양에 정착된 것이다.

널리 알려져 있듯, 이 책은 하멜이 자신의 동료들과 함께 파선을 당한 뒤 조선에서 약 13년에 걸쳐 죄수들처럼 생활하다가 탈출한 뒤 작성한 기록이다. 이 책이 오로지 조선 하나를 다룬 책이라는 점에서 정수일 교수는 이 책을 서양인에 의해 쓰여진 조선에 관한 최초의 전서(全書)라고 불

렀고, 주로 다른 얘기들을 쓰는 가운데 조선을 언급한 조선에 관한 부분서(部分書)와 구별했다.[1]

무엇보다도 이 책은 서양인들의 조선에 대한 인식형성에 결정적인 영향을 미쳤다. 우리가 앞으로 보게 되듯, 서양인들은 조선에 대해 설명할 때 대체로 이 책을 인용하곤 한다. 이 점은 우리로 하여금 이 책에 대해 어느 다른 책들보다 훨씬 자세히 살피게 만든다.

그러면 이 책은 어떤 배경에서 쓰여졌던가? 이 물음에 대답하기에 앞서 우리는 이 책의 판본들에 대해 이해해야 할 것이다. 당시 네덜란드는 세계제일의 해양무역대국이어서 네덜란드 선원들의 미지의 나라에서의 유수(幽囚)와 탈출은 큰 화제가 됐다. 그리하여 탈출 그 다음해인 1668년에 네덜란드의 두 출판사가 앞을 다퉈 그들의 진귀한 경험을 책으로 펴냈다. 하멜에 앞서 조선에 표류했던 서양인으로 포르투갈 상인 조앙 멘데스(Joao Mendes)가 있었다. 선조 37년에 해당되는 1604년 6월에 경상도 앞바다에 표류하다가 붙잡혔던 그는 4개월 만에 중국으로 호송됐는데, 아무런 기록을 남기지 않았다. 그에 대한 짧은 기록이 조선의 문헌들에 남아 있을 뿐이다.[2]

그런데 여기서 유의할 것은 이 책을 하멜이 출판을 목적으로 쓴 것이 아니라는 사실이다. 그가 조선을 탈출해 일본의 나가사키에 체류하던 때 부교(奉行: 봉행)라는 직명을 지닌 행정관의 신문(訊問)에 응하면서 기억에 의존해 쓴 것이다. 그는 자신이 조선에 유수됐던 기간에 대해 자신의 소속회사가 봉급을 지불해야 한다고 주장하면서 그 원고를 『스페르베르호가 퀠파트섬(조선국왕 소유)에서 실종된 1653년 8월 16일부터 이 배의 승무

1 정수일, 『문명교류사 연구』(서울: 사계절, 2002), 283쪽.

2 박천홍, 『악령이 출몰하던 조선의 바다: 서양과 조선의 만남』(서울: 현실문화연구, 2008), 101~103쪽.

원 8명이 일본 나가사키로 탈출한 1666년 9월 14일까지 이 배의 생존자들인 장교들 및 선원들이 겪었던 일들과 조선왕국에서 겪었던 일들, 그리고 그 나라 민족의 풍습과 그 나라에 대한 일지』라는 긴 제목으로 구성한 뒤 자신의 소속회사인 네덜란드동인도회사의 바타비아(Batavia: 오늘날의 자카르타) 주재대표에 제출했다. 로테르담과 암스테르담의 출판사들은 바로 이것들을 근거로 책을 펴냈던 것으로, 로테르담판에 뒤따른 암스테르담판은 자의적 편집으로써 원본으로부터 꽤 많이 이탈됐다는 평을 들었다. 우리는 이 책을 『파선일지』라고 약칭하기로 한다.

이 책은 곧바로 커다란 인기를 불러일으켰으며 이에 따라 네덜란드의 다른 두 출판사가 1669년에 새 제목으로 다시 출판했다. 번역이 뒤따랐다. 1670년에 프랑스어판이 파리에서 출판됐으며, 1671년에 독일어판이 뉘렌베르크에서 출판됐고, 1704년에 프랑스어판을 번역한 영어판이 런던에서 출판됐다.[3] 그 뒤에도 1700년대에 프랑스어판 두 종이 출판됐고 독일어판이 새롭게 출판됐다. 1800년대에는 영어판 세 종이 출판됐다. 그것들 가운데 널리 알려진 것은 미국인 선교사 윌리엄 그리피스(William E. Griffis)의 번역이다.[4] 1900년대에는 후틴크(B. Hoetink)판으로 널리 알려진 새로운 네덜란드어판이 출간됐고, 영어판 세 종이 출판됐으며 일본어판 한 종이 출판됐다. 영어판들 가운데 널리 인용된 것은 미국인 교수 게리 레드야드(Gari K. Ledyard)의 번역이다.[5]

---

3 영어본으로 대표적인 것은 *An Account of the Shipwreck of a Dutch Vessel on the Coast of the Isle of Quelpaert, Together with the Description of the Kingdom of Corea* (1668)이다. 이 책보다 훨씬 널리 읽힌 영역본은 다음이다. *Narrative of an Unlucky Voyage and Shipwreck in the Coast of Corea*. 이것은 Awnsham Churchill (ed.), *A Collection of Voyages and Travels* (London: John Walthoy, 1732)에 포함됐다. 이 책을 흔히 처칠판이라고 부른다.

4 이 번역은 다음에 포함되어 있다. William E. Griffis, *Corea, Without and Within* (Philadelphia, P. A.: Presbyterian Board of Publication, 1885).

이렇게 경쟁적으로 여러 언어들로 출판되는 과정에서, 독자들의 흥미를 자극하기 위해, 하멜이 쓰지 않은 얘기들도 들어갔고 과장도 포함됐다. 어떤 판본은 조선과는 전혀 관계없는 동남아시아의 어떤 왕의 식사에 관한 내용을 포함시켰으며, 조선에 살지 않는 동물들인 악어와 코끼리가 이 나라에서 사는 것처럼 묘사한 삽화를 게재했다. 심지어 하멜이 하지도 않은 '어린아이들을 잡아먹는 악어'의 얘기도 포함시켰다. 그래서 이 책들을 정밀하게 검토한 학자들 사이에서는 하멜이 과연 조선에 갔었느냐는 의문이 한때 제기되기도 했다.[6]

국내에서는 암스테르담판의 프랑스어 번역판을 대본으로 삼고 처칠의 영역판을 대조하면서 이병도(李丙燾) 교수가 처음으로 한국어 번역본을 출판했다.[7] 이어 박윤희(朴允熙)와 신복룡이 레드야드 교수의 영문판을 대본으로 각각 한국어 번역판을 출판했으며, 작가 강준식(姜埈植)이 후틴크판을 토대로 삼되 관련 자료들을 살피며 해설서를 출판했다.[8] 이들은 모

---

5 Gari Ledyard, *The Dutch Come to Korea* (Seoul: Royal Asiatic Society, Korea Branch in Conjunction with Taewon Publishing Company, 1971). 가장 최근의 영역판은 다음이다. Jean Paul Buys, *Hamel's Journal and A Description of the Kingdom of Korea, 1653~1666* (Seoul: Royal Asiatic Society, Korea Branch, 1994).

6 정성화, 『서양의 한국: 이미지의 탄생과 변화』(서울: 명지대학교출판부, 2005), 85~93쪽.

7 이병도, 『란선(蘭船) 제주도 난파기: 부(附) 조선국기(朝鮮國記)』(서울: 일조각[一潮閣], 1954 및 1975). 이 교수는 1934년부터 세 차례에 걸쳐 『진단학보』(震檀學報)에 역재했으며, 이것이 1946년에 박문서관(博文書館)에서 단행본으로 출간됐다. 이 교수는 자신의 1954년 역본을 개역해 1975년에 다시 출판했는데, 개역의 저본으로 그리피스의 영역본을 사용했다. 이 개역본에는 그리피스의 영역본 전문이 포함되어 있다.

8 박윤희, 『하멜표류기: 조선왕국견문록』(서울: 삼중당[三中堂], 1975). 이 책은 삼중당문고 125권이다. 신복룡, 『하멜표류기』(서울: 집문당[集文堂], 1999). 이 책은 뒤 알드 지음 신복룡 역주, 『조선전』 및 홀 지음, 신복룡 · 정성자(鄭聖子) 역주, 『조선서해탐사기』와 합본되어 있다. 강준식, 『우리는 코레아의 광대였다: 하멜의 조선기행』(서울: 웅진출판, 1995) 및 강준식, 『다시 읽는 하멜표류기: 350년 전 네덜란드와 코레아의 운명적인 만남』(서울: 웅진닷컴, 1995 초판, 2002년 재판).

두 하멜이 조선에 표착한 것이 사실이었다는 전제 아래 역주(譯註)했다. 대조적으로, 해군장교 출신의 최두환(崔斗煥) 교수는 하멜은 조선에 표착한 것이 아니라 중국에 표착했다는 해석 아래 기존의 『하멜표류기』를 정면으로 뒤집는 책을 출간했다.[9] 정성화 교수는 여러 판본들을 비교한 논문을 발표했다.[10]

하멜의 포로로서의 생활

하멜은 1630년을 전후한 어느 시점에, 또는 1630년에, 네덜란드의 호르쿰(Gorccum)에서 태어났다. 그때 네덜란드는 유럽에는 홀랜드(Holland)라는 이름으로 널리 알려졌으며, 일본과 중국 및 조선에는 아란타(阿蘭陀) 또는 하란타(河蘭陀) 또는 하란(荷蘭)으로 알려졌다. 홀랜드는 네덜란드를 구성하는 몇몇 지역들 가운데 가장 큰 지역으로 네덜란드의 서부에 위치한 해외무역의 중심지였다.

하멜은 네덜란드가 경영하던 세계적 보석 및 향료 무역회사인 동인도회사에 소속된 직원이었다. 그는 그때 네덜란드의 주요한 무역 거점들 가운데 하나였던 바타비아와 타이완(그때는 포르투갈어로 '아름답다'는 뜻의 Formosa라는 이름으로 더 널리 알려졌다)을 왕래하던 스페르베르(Sparwer: 영어로는 '새매'라는 뜻의 스패로우 호크[Sparrow Hawk])라는 이름의 상선에서 장교급인 서기로 근무했다. 엄청난 가치의 다양한 화물들을 싣고 대포 등으로 무장한 이 배는 바타비아를 떠나 타이완에 도착했다가 다시 바타비아로 돌아가기 위해 그때 일본이 서양세계에 개방했던 유일한 항구인 나가사키를 향해 항해를 계속했다. 그러나 1653년 8월 중순에 동중국해의

---

9 최두환, 『신 하멜표류기』(서울: 도서출판 우석[宇石], 2003).

10 정성화, 「하멜표류기의 서지적 해석」, 정성화, 『서양의 한국』, 85~93쪽.

어느 곳에서 며칠에 걸쳐 태풍을 만났다. 그 결과, 이 배는 표류를 거듭하다가 결국 난파했다. 선원 64명 가운데 28명은 익사했고 하멜을 포함한 36명이 8월 15일에 어느 한 섬에 표착했다.

그들은 곧 나침반을 통해 자신들이 켈파트라고 불러온 섬에 상륙했음을 알았다. 이 섬은 조선에서의 가장 큰 섬인 제주도였으며, 그들이 난파한 지점은 오늘날의 제주도 서귀포시(西歸浦市) 안덕면(安德面) 산방산(山房山) 앞바다, 쉽게 말해, 모슬포(摹瑟浦) 앞바다인 것으로, 또는 제주지 한경면(翰京面) 고산리(高山里) 앞바다인 것으로 추정된다.[11] 그들은 곧 제주도 관청에 구금됐으며 조사를 받았다. 말이 서로 통하지 않은 상태에서 그들은 '나가사키'를 거듭 외치며 나가사키로 보내줄 것을 간청했으나 받아들여지지 않았다. 제주도 관청이 이들에 대해 중앙정부에 보고하자 중앙정부는 1627년에 조선에 표착한 이래 조선조정을 위해 일하던 네덜란드인 얀 얀스 벨테프레(Jan Janse Waltevree)를 현지에 보내 통역을 하게 했다.

박연(朴燕 또는 朴延 또는 朴淵)이라는 조선식 이름을 갖고 조선여성과 결혼해 자녀까지 두고 살던 벨테프레는 이들이 네덜란드인들인 것을 알았다. 조선에 표착한 때로부터 무려 26년 만에 처음으로 동포들을 만난 것이다. 벨테프레로서는 참으로 놀라운 일이어서 어떤 식으로라도 감정을 표시했을 터인데, 하멜은 이 점과 관련해 아무런 기록도 남기지 않았다. 그러나 정조(正祖) 시절에 이조판서를 역임한 윤행임(尹行恁)의 글에 따르면, "연(延)은 그 사람들을 만나 이야기를 나눠본 뒤에 눈물을 떨어뜨리며 자기 옷깃이 다 젖을 때까지 울었다."[12]

11 이러한 지점들에 대해서는 동아일보사 제주주재 임재영(任宰永) 차장으로부터 도움을 받았다.

12 강준식, 『다시 읽는 하멜표류기』, 40쪽.

하멜과 그의 동료들은 벨테프레에게 지금 어디에서 살며 어떤 배경에서 이 나라에 왔느냐고 물었다. 벨테프레는 자신은 지금 코레아왕국의 수도에서 산다고 대답하면서, 자신은 국왕에게 여러 차례 이 나라를 떠나 일본으로 가고 싶다고 간청했지만 국왕은 "네가 새라면 그곳으로 날아가도 좋다"는 대답으로써 거절하곤 했다고 덧붙였다.[13] 실제로 벨테프레는 조선을 떠나지 못한 채 별세한다. 그는 이 나라에 대해 아무런 기록도 남기지 않았는데, 그가 언제 별세했는지 알려지지 않았다.

벨테프레는 그들에 대해 곧바로 중앙정부에 보고했으며, 이들은 1654년 5월 하순에 전라도와 충청도 및 경기도를 거쳐 수도 서울로 압송됐고 결국 궁정에 들어가 제17대 국왕 효종(孝宗)을 알현했다. 이들은 효종에게 나가사키로 보내주면 본국으로 돌아갈 수 있다고 설명하면서 출국을 간청했으나 효종은 이 나라에 일단 들어온 외국인은 절대로 출국할 수 없다고 답변했다. 이들은 곧 훈련도감(訓鍊都監)에 편입돼 군인으로 복무하면서 왕을 호종(護從)했다. 다른 한편으로, 서양인에 흥미를 가진 고관대작의 집들에 불려다니며 춤도 추고 노래도 불러주기도 하는 등 광대노릇을 하기도 했다.

이처럼 처량한 생활 속에서 늘 죄수 취급을 받으며 살게 되자 몇몇은 탈출을 시도했다. 1655년 3월에 청나라사신이 한양에 도착한 계제를 이용해 그에게 자신들의 신원을 밝히고 중국으로 보내줄 것을 호소했던 것이다. 청나라사신은 그들의 호소를 받아들이는 듯한 자세를 취했다. 그러나 조선조정으로부터 뇌물을 받자 아무런 조치를 취하지 않았다. 그것이

---

13 W. J. Boot, "If You Were Birds, You Might Fly There: Hendrik Hamel in Japan, 1666~1667," in Vibeke Roeper and Boudewijin Walraven (eds.) with the collaboration of Jean-Paul Buys, *Hamel's World: A Dutch-Korean Encounter in the Seventeenth Century* (Amsterdam: SUN Publishers, 2003), pp. 59~78.

빌미가 돼 그들의 생활조건은 더욱 나빠졌다. 효종의 다음 국왕인 현종(顯宗) 때인 1655년 여름에 전라도의 여수 · 순천 · 남원 · 강진 등지로 분산 유배된 것이다. 하멜은 강진으로 유배됐다. 그사이 20명은 이런저런 이유들로 죽었으며, 결국 16명만 남았다.

그들 가운데 하멜을 포함한 8명은 탈출을 결심하고 여러 해에 걸쳐 품팔이도 하고 구걸도 해서 돈을 모아 작은 배 한 척을 샀으며, 마침내 감시자들을 속이고 1666년 9월 4일 밤에 여수에서 배를 띄워 9월 6일에 나가사키 부근의 한 섬에 도착할 수 있었다. 칼을 찬 몇몇 원주민들은 곧바로 그들을 나가사키의 행정당국에 넘겼으며, 나가사키의 행정당국은 그들을 신문한 뒤 나가사키에 개설된 네덜란드의 상관(商館)으로 인계했다.

그들은 배를 수선하는 등 여러 일들을 하며 나가사키에 머문 뒤 10월에 바타비아로 돌아갔다. 하멜을 제외한 7명은 거기에 머물렀다가 귀국길에 올라 1668년 7월에 암스테르담에 도착했다. 조선에 남아 있던 8명 가운데 귀국을 희망하지 않은 한 명을 제외한 7명도 일본정부의 강력한 요청에 따라 1668년 6월에 일본에 인도된 뒤 7월에 암스테르담에 도착했다. 하멜은 1670년에 귀국한 것으로 보인다. 그는 1692년에 고향에서 별세하는데, 그때까지 조선에 대해서는 어떤 글도 남기지 않았다.

하멜의 설명들

그러면 하멜은 이 책에서 조선을 어떻게 묘사했던가? 우선 지적돼야 할 것은 이 책이 약 50~60쪽의 적은 분량이라는 사실이다. 그것 가운데 절반 정도는 난파와 표착과 탈출의 경위에 관한 설명이어서, 조선 그 자체에 대한 설명은 결코 길지 않다.

그러나 몇몇 전문가들은 다음과 같은 이유들을 들어 이 책의 가치를 충분히 인정하고 있다. 첫째, 하멜이 사실상 죄수의 신분으로 13년을 보냈기에 아래로부터의 관찰이 가능했다. 둘째, 그가 왕실을 비롯해 지방의 감영에 이르기까지 그리고 상류층의 생활에서 서민들의 생활까지 살필 수 있었기에 결혼과 장례 등 백성들의 관습은 물론 고관들의 생활양식을 포함해 광범위한 관찰이 가능했다. 셋째, 그가 교육수준이 높지 않은 사람이었기에 뭣을 알은 체하며 따로 덧붙이거나 논평한 것이 없어 관찰의 원자료적 성격이 살아 있다.

이러한 점을 염두에 두고 하멜의 관찰들 가운데 중요한 것들을 특히 조선의 국내정치와 국제관계와 관련해 지적하기로 한다. 첫째, 그는 중국의 황제가 조선의 국왕보다 높다고는 하지만 조선의 국왕이 국내에서는 절대권력을 지녔다고 단언했다. 그는 국가의 형벌이 엄하다고 보면서, 특히 왕에 반역하는 범죄에 대해서는 심한 고문과 극형이 뒤따른다고 보고했다. 둘째, 그는 조선이 중국의 지배를 받는다고 보았다. 그런데 그는 그때 만주족이 지배하던 중국을 타타르인들이 지배한다고 말했다. 그는 타타르인들이 1년에 두세 차례 조선에 와서 공물을 받아갔다고 진술하면서, 동시에 조선인들은 일본에게도 공물을 바친다고 진술했다. 그는 조선의 무역은 대부분 일본 그리고 대마도와 이뤄진다고 지적했다. 그는 자신의 동포인 벨테프레를 논외로 할 때 타타르인들과 중국인들 및 일본인들을 빼놓고는 어떤 외국인에 대해서도 언급하지 않았다. 이것은 그때 조선이 철저한 쇄국정책을 썼음에 비추어, 그리고 서방세계의 어떤 나라도 조선에 대해 자세히 알지 않았음에 비추어, 당연한 결과였다고 하겠다.

셋째, 그는 중국과 일본 밖에 꼭 한 차례 포르투갈에 대해 언급했다. 담배를 비롯한 몇몇 포르투갈 물품들이 일본을 거쳐 조선에 들어왔고 조선인들이 담배를 즐겨 피웠기 때문이다. 넷째, 그는 조선에서 인삼이 많이 생산되며, 조선은 이것을 중국에 공물로 바치고 일본 및 중국과의 무역품으로 삼는다고 진술했다. 다섯째, 조선은 과학을 발전시키지 못했으며 회계장부의 대차계정기록을 이해하지 못했다고 진술했다. 여섯째, 조선에서 여성의 지위는 매우 낮다고 진술했다.[14]

하멜의 설명들은 유럽에서 조선에 대해 어떤 인식을 갖게 했을까?

그러면 이 책은 서방세계의 독자들에게 조선에 대해 어떤 인식을 심어주었을까? 이 물음에 대해 우리는 정확히 대답할 수 없다. 그러나 다음과 같은 추측들은 가능할 것이다.

첫째, 조선인들의 자녀교육열이 대단히 높으며 조선인들은 예의범절이 바르다고 설명한 부분은 좋은 인상을 주었을 것이다. 조선은 효율적인 행정제도를 갖춘 나라라고 설명한 부분 역시 좋은 인상을 주었을 것이다.

둘째, "조선인들은 절도와 사기 그리고 거짓말에 능해 그들을 믿을 수 없다"고 설명한 대목,[15] 그리고 조선인들은 미신을 믿는다고 설명한 대목은 부정적인 인식을 심어주었을 것이다. 더구나 "호란 때 조선인들은 적에 의해 죽임을 당하는 것보다 숲으로 도망쳐서 거기서 죽고자 하며, 겁이 많음을 부끄러워하지 않고, 싸우지 않으면 안 되는 사람들에 대해 그것은 그들의 비운이라고 탄식한다"고 벨테프레가 말했다는 하멜의 증언을 그대로 믿은 서양인들은 조선인들을 깔보기조차 했을 것이다.

여기서 우리는 벨테프레의 관찰과 프로이스의 관찰을 대조하게 된다. 앞에서 보았듯, 프로이스는 왜란 때 조선인들이 자신들의 목숨들을 걸고 용감히 싸웠다고 썼다. 대조적으로, 벨테프레는 호란 때 조선인들이 도망치는 길을 택했다고 썼다. 왜란과 호란 사이에는 약 40년의 시차가 있다. 조선인들은 전쟁들을 겪으면서 용기를 잃고 유약해진 것인가? 하멜의 책

14 "The Description of the Kingdom of Corea," in Ledyard, *The Dutch Come to Korea*, pp. 205~226.

15 위와 같음, 221쪽.

은 이러한 의문을 제기시킨다.

셋째, 하멜은 조선에서 산악은 험준하고, 중국으로 가는 경우 육로는 매우 위험하다고 진술함과 아울러 겨울이면 춥고 여름이면 맹수들이 출몰하는 탓에 해로를 많이 이용한다고 진술했다. 이 부분과 관련해 프레데릭 불레스텍스 교수는 다음과 같은 의견을 제시했다: "조선이 섬이라는 인식이 사라지고 난 후에도 여전히 산으로 가로막혀서 통로가 없는 나라, 대부분 산으로 뒤덮인 반도, 따라서 접근이 매우 어려운 나라로 묘사됐다. 야생동물은 험준한 지형과 혹독한 추위에 첨가되는 또 하나의 요소로, 조선의 '맹수들'이라는 주제는 19세기 말까지 반복해서 등장하게 된다. 이렇게 해서, 통과하기 어려운 길, 야생동물, 그리고 매서운 추위라는 세 가지 요소는 산으로 덮인 폐쇄된 나라 조선의 최초의 이미지를 형성하게 된다."[16]

넷째, 하멜은 자신들이 조선의 왕과 신하들에게 여러 차례 석방을 요청했지만 그때마다 어떤 외국인도 돌려보내지 않는다는 대답만 들었을 뿐이며 그들은 자신들의 나라가 다른 나라들에게 알려지는 것을 바라지 않는다고 그 이유를 설명했다고 진술했다. 이 진술 역시 고립과 폐쇄라는 이미지를 각인시켰다.

다섯째, 조선을 코레아(Corea) 또는 카올리(Caoli)라고 표기하면서 동시에 조선국(朝鮮國)의 발음에 따라 티오센국(Tiozencouk)이라고 표기함으로써 조선의 이름을 다시 서방세계에 알리는 데 이바지했다. 실제로 이 책에 처음 등장한 티오센(Tiozen)은 그 이후 다른 지도학자들에 의해 채택됐다. 그는 이 나라의 수도가 시올(Sior)이라고 표기했는데,[17] 이것이 아마도

16 프레데릭 불레스텍스 지음, 이향 · 김정연 옮김, 『착한 미개인 동양의 현자: 서양인이 본 한국인 800년』(서울: 청년사, 2001), 34쪽.

17 "The Description of the Kingdom of Corea," p. 205 and p. 217.

조선의 수도 이름이 오늘날의 서울에 가깝게 표기된 첫 사례였을 것이다.

하멜이 묘사한 '지리적으로 폐쇄적이며 험난하고 맹수가 우글대는 코레아'의 모습은 그의 『파선일지』가 처음 출판된 때로부터 15년이 지난 1683년에 출판된 페르디낭 베르비스트(Ferdinand Verbiest) 신부의 『중국 황제의 만주여행』에서 되풀이됐다. 벨기에 출신의 이 선교사는 1682년에 청나라 황제 캉시디(康熙帝: 강희제)를 따라 황제의 고향인 만주를 여행하다가 선양(瀋陽: 심양)에서 조선인들을 만났다. 조선인들은 자신들이 포획한 바다표범을 갖고 황제를 알현하고자 했던 것이다. 이 계제에, 그는 조선과의 국경지대까지 여행했다. 그는 그 일대가 산과 골짜기로 막혔고 호랑이와 곰을 비롯한 맹수들이 득실대는 곳으로 설명했다.[18]

2. 프랑스 신부들의 기록들

뒤 알드 신부의 「코레의 왕국」: 중국적 관점을 되풀이하다

하멜과 베르비스트에 이어, 프랑스인 뒤 알드(du Hald) 역시 조선을 언급한 책을 출판했다. 프랑스어로 써서 네 권으로 1735년에 출판한 『중국제국 및 타타르제국의 지리와 역사 연대(年代) 그리고 자연에 관한 서술』의 제4권 가운데 「코레의 왕국」이 바로 그것이다. 책제목에 등장한 타타르제국은 청나라를 말한다. 이 네 권 전부가 1736년에 영역됐는데, 코레는 코리아로 번역됐다.[19]

---

18 불레스텍스, 『착한 미개인 동양의 현자』, 45쪽.

19 Père Jean-Baptiste du Hald, *Description géographique, historique, chronologique et physique de l'Empire de la Chine et la Tartarie Chinoise* (A La Haye: Chez Henri Scheurleer, 1735). Translated by Richard Brookes, *The General History of China: Containing a Geographical, Historical, Chronological, Political and Physical*

하멜이 조선에서의 생활을 근거로 책을 썼고, 베르비스트는 비록 조선을 방문하지는 않았으나 만주에서 조선인들을 만났으며 또 만주와 조선의 국경지대를 방문한 경험을 근거로 조선에 대해 설명했다. 이들에 비해, 뒤 알드는 조선을 방문한 일도 조선인을 만난 일도 없었다. 예수회의 파리본부에서 시무하는 신부로서, 예수회가 중국으로 파송한 신부 장 밥티스트 레지스(Jean-Baptiste Régis) 신부가 집필해서 보낸 원고들을 편집해 「코레의 왕국」을 서술한 것이었다. 레지스 신부 역시 조선을 방문한 일도 조선인을 만난 일도 없었다. 중국에서 만난 중국인들 또는 만주인들로부터 들은 얘기들 그리고 그들이 저술한 책들을 근거로 이 원고들을 집필한 것이다. 그러했기 때문에, 「코레의 왕국」은 전적으로 중국적 관점들을 반영했다.

그 점은 우선 이 책이 고조선으로부터 삼국시대와 고려를 거쳐 조선왕조에 이르기까지 조선인들의 강역에 존재한 역대 왕국들의 역사를 설명함에 있어서 명백히 드러났다. 이 책은 고조선의 첫 국가 단군조선에 대해서는 전혀 말하지 않았다. 그 대신에, 이 책은 고조선이 중국인 기자에 의해 세워졌다는 이른바 기자조선설을 제시함과 아울러 기자가 중국의 법제를 근거로 살인과 절도 및 간통 등을 금지한 여덟 조항의 법률, 이른바 팔조금법(八條禁法)으로 나라를 잘 다스렸다고 썼다. 조선인들은 이러한 범죄들을 저지르지 않기 때문에 사람들은 문을 열어놓고 살았다고 쓴 이 책은 자연히 조선은 다른 나라들에게 모범이 됐다고 칭찬했다.[20]

Description of the Empire of China, Chinese-Tartary, Corea, and Tibet, Including an Exact and Particular Account of Their Customs, Manners, Ceremonies, Religion, Arts and Sciences (4 vols.: London: J. Watts, 1736), p. 56. 이 책 가운데 조선에 관한 부분이 한국어로 번역됐다. 뒤 알드 지음, 신복룡 역주, 『조선전』(서울: 집문당, 1999).

20 Brookes, "Geographical Observation on the Kingdom of Corea," p. 387, pp. 396~397 and pp. 423~424.

이 책은 기자조선 이후의 모든 역대 왕국들을 중국에 조공을 바친 중국의 '속방'(屬邦)으로 파악했다. 고구려에 대해서는 중국의 몇 차례의 침략들을 물리쳤음을 인정하면서도 전쟁이 끝났을 때마다 조공을 바쳐 더 이상 전쟁이 일어나지 않게끔 했다고 썼다. 신라와 백제 역시 중국에 조공을 바쳤다고 썼다. 고려왕조에 대해서는 몽골의 부마국(駙馬國)으로 몽골에 충성을 바친 나라로 묘사했으며, 조선왕조에 대해서는 국왕이 등극할 때마다 중국황제의 승인을 받은 나라로 묘사했다.

같은 맥락에서, 이 책은 조선이 여러 많은 제도들에서 중국의 것들을 전래받았거나 모방했다고 보았다. 한 보기로, 그는 조선인들은 중국의 방식을 따라 정부의 형태를 결정하고 성(城)을 쌓았으며 중국의 복식을 따른 옷을 입었다고 설명했다. 조선의 언어는 중국어나 만주어와 다르다고 말하면서도 조선에서 사용하는 문자는 중국문자라고 지적했다.[21]

이 책은 조선의 지리와 조선인들의 생활상(生活相)에 대해서도 설명했다. 조선과 중국 사이에 압록강과 두만강이 있으며 이 두 강은 모두 중국인들은 창바이샨(長白山: 장백산)이라고 부르고 만주인들은 창알랭(Chanalin)이라고 부르는 높은 산에서 발원한다고 설명한 뒤, 이 책은 창바이샨과 창알랭은 모두 '늘 하얀 산'이라는 뜻이라고 덧붙였다. 이 책은 북쪽의 조선인들이 남쪽의 조선인들보다 더 건장하고 호전적이며 강용(强勇)하다고 지적했다. 이 책은 이어 조선인들의 집은 단층이며 상당히 허술하게 지어졌다고 설명하고 나서, 조선인들은 음악과 춤에 능하며 '쾌활하고 유순한 기질'(sweet and tractable disposition)을 가졌다고 칭찬했다. 그러나 조선인들은 미신을 따른다고 덧붙였다.[22]

21 위와 같음, 384~386쪽 및 409쪽.

22 위와 같음, 423쪽.

이 책은 임진왜란에 대해서도 자세히 설명했다. 특히 조선의 국왕 선조가 의주로 피신하면서 명나라의 원군이 압록강을 건너 조선에 들어오고 일본과의 평화교섭을 맡은 명나라의 선웨이징이 평양에 도착한 직후의 시점에서 드러난 두 나라 군대 내부의 동향에 대해 흥미로운 사실을 지적했다. 일본군총사령관 도요토미 히데요시의 두 장군들 가운데 하나인 고니시 유키나가가 "일본이 평양 그리고 평양을 관류하는 대동강(大同江) 이하를 차지하고 조선이 평양의 동쪽지역 전체를 차지하는 조건 아래 이 전쟁을 매듭지을 것"을 도요토미에게 제의한 반면에, 중국군의 한 장군은 "이 기회에 승전을 거둬 조선을 중국 대대(代代)의 통치령(the hereditary Dominion)으로 만들자"고 말했다는 것이다.[23]

고니시의 제의의 내용이 이 책의 기술만으로는 확실하지 않다. 예컨대, '일본이 차지해야 할 영토'의 경계가 어디까지인지 또 '조선이 차지할 평양의 동쪽지역 전체'는 어디를 말하는지 확실하지 않다. 또 고니시의 제의에 대해 도요토미는 어떻게 반응했는지, 그리고 이 제의가 명나라에 전달된 것인지 알 수 없다. 마찬가지로, 중국군장군의 발언이 중국정부의 의견을 대변한 것인지 아니면 중국군인들의 사기를 올려주려는 뜻에서 나온 것인지 알 수 없다.

이 책은 조선이 물산이 풍부한 나라임을 강조했다. 이 나라는 산악국가지만 남반부의 경우 토지가 비옥해 농작물들이 많이 생산되며, 특히 인삼이라는 신령스러운 약재가 생산된다는 사실 등을 적시했다. 이 나라에서는 금과 해산물이 풍부하며, 검은색의 담비를 비롯한 여러 동물들의 모피와 종이가 뛰어나고, 유약이 발달되어 도자기가 아름답다는 사실들을 적시했다. 이 책은 또 이 나라에서는 왕족과 귀족의 장례 때, 많은 부장품들

23 위와 같음, 413~414쪽.

을 함께 묻는다고 적시했다. 이러한 내용은 1747년에 출판된 영국인 토머스 애스틀리(Thomas Astley)의 『항해들과 여행들』(*Voyages and Travels*) 제4권에 포함되면서 서양에 널리 알려진다.[24] 신복룡 교수는 "이러한 기록들이 서구의 모험가들에게 무한한 약탈심을 유혹했음에 틀림없으며 [……] 조선의 왕릉은 약탈의 첫 순위로 떠오르게 되었다"고 평가했다.[25]

프레보 신부의 『여행의 역사』

프랑스 신부들의 조선에 관한 저술은 계속돼, 아베 프레보(l'Abbé Prévos)는 1748년에 『여행의 역사』를 출판했다. 이 책은 15세기 이후 유럽에서 출판된 모든 기행문들을 수록하면서, 그때까지 잘 알려지지 않았던 지역들, 예컨대 시베리아와 캄차카 및 그린란드 등을 포함시켜 커다란 관심을 불러일으켰다. 이미 1731년에 『마농 레스코』(*Manon Lescault*)라는 소설을 출판함으로써 문명을 떨쳤던 이 승정원장(僧正院長)은 『여행의 역사』로써 더 큰 인기를 모았다.

프레보는 이 책의 제6권과 제7권에서 조선을 소개했다. 그러나 그것은 그의 독자적인 관찰에 근거한 것이 아니라 하멜 그리고 레지스 및 뒤 알드의 관찰들을 편집한 것이다. 한 대표적 보기는 조선에서의 형벌에 관한 다음과 같은 설명이다:

> 이 나라에서의 형벌은 별로 가혹하지 않다. 다른 나라에서는 중죄로 여겨지는

24 이 책은 뒷날 다음으로 복간됐다. *New General Collection of Voyages and Travels: Comprehending Everything Remarkable in Its Kind in Europe, Asia, Africa and America*, Collected by Thomas Astley (4 Vols.: New York: Frank Cass and Company Limited, 1968). 이 책 제4권의 Book II, Chapter 1이 "Geographical Observations, and History of Korea"다.

25 신복룡, 『이방인이 본 조선 다시 읽기』(서울: 풀빛, 2002), 33쪽.

죄들도 여기서는 가까운 섬으로 추방하는 정도로 벌한다. 그러나 자신의 어머니나 아버지에게 험한 말을 하는 아들은 머리를 베어버린다. 가벼운 잘못의 경우, 죄인은 매를 맞는다. 벌을 받게 될 사람에게 주머니를 씌워 발까지 내려오게 하는데, 수치심을 완화시키기 위해서이기도 하고 마음대로 벌을 주기 위해서이기도 하다.[26]

조선에서의 형벌은 별로 가혹하지 않다는 프레보의 설명은 조선에서 형벌은 매우 가혹하다는 하멜의 설명과 대조된다. 그러나 부모에 대한 자녀의 불경(不敬)을 엄하게 다스린다는 프레보의 설명은 하멜의 설명과 일치한다.

프랑스 신부들의 조선에 대한 설명들은 18세기 프랑스의 대표적 계몽주의철학자들 가운데 한 사람인 볼테르(Voltaire)에게 직접적인 영향을 미쳤다. 볼테르는 1755년에 출판한 『중국의 고아(孤兒)』와 1756년에 출판한 『세계풍속사론』에서 조선을 중국의 한 속국으로 취급하면서 독자들로 하여금 이 나라가 매우 오래된 나라이면서 몽골보다도 더 먼 나라라는 인상을 갖게 만들었다. 불레스텍스 교수의 표현으로, 볼테르는 '어둡고, 뭔가에 싸여 있는 곳의 이미지, 그래서 훗날 수많은 침투와 탐험을 불러일으킬 곳으로서의 이미지'를 만든 것이다.[27]

26 불레스텍스, 『착한 미개인 동양의 현자』, 58~59쪽에 인용되어 있다.
27 위와 같음, 70쪽.

제2부

서양열강이 조선으로 항해를 개시한 이후의 시기에 조선을 관찰한 서양인들의 기록들

제4장
아편전쟁에서 영국이 승리하기 이전의 시기(1787~1842)

이제까지 우리가 살펴보았듯, 조선에 대해 관심을 갖고 자발적으로 방문했거나 저술한 사람들은 거의 모두가 예수회 신부들이었다. 그들은 포교의 목적에서 그렇게 했던 것이다. 대조적으로, 1787년 이후에는 조선에 대해 새로운 의도를 갖고 방문하는 새로운 사람들이 나타났다. 그들은 탐사의 목적에서, 또는 원정의 목적에서, 함대나 선박을 이끌고 조선을 찾았던 사람들이다. 이로써 조선에 대한 서양인들의 탐험과 원정은 본격적으로 전개됐다. 그리고 그들의 탐험과 원정은 자신의 문(門)들을 굳게 닫은 이 작은 왕국으로 하여금 1876년 2월에 자신의 항구들을 열게 만든다.

이 '쇄국정책' 또는 '배외정책'의 89년은 크게 세 시기로 나눌 수 있다. 그 중요한 분기점은 1840년에 시작돼 1842년에 영국의 승리와 중국의 패배로 귀결된 아편전쟁이었다. 이 역사적 사건 이전의 시기에 서양의 선박들은 동아시아지역을 항해하는 과정에서 일시적으로 조선을 방문하거나 탐사했다. 1787년부터 1842년까지의 약 55년이 제1기에 해당된다.

그러나 중국이 패전한 이후, 열강은 조선에 대한 중국의 영향력이 격감할 것이라는 전망을 갖고 조선에 대한 진출을 그 이전 시기에 비해 훨씬 활발하게 전개한다. 그렇지만 이 나라에 대한 무력침공을 계획하지는 않는다. 1842년부터 1856년까지의 약 14년이 제2기에 해당된다.

이 시기는 곧 끝난다. 열강은 1856년부터 1876년까지 조선을 무력으로써 침공할 계획을 세우거나 실제로 침공하기에 이른다. 이 20년이 제3기에 해당된다.

1. 프랑스 해군대령 라 페루즈의 탐사기

프랑스 국왕의 아시아탐험 명령

아편전쟁 이전의 시기에, 조선에 대한 탐사를 위해 함대를 파견한 첫 번째 나라는 프랑스였다. 1776년에 시작되어 1782년에 사실상 끝난 미국의 영국을 상대로 한 독립전쟁과 관련해 영국과 프랑스는 1783년 9월에 파리의 베르사유궁전에서 조약을 맺었다. 이 조약을 계기로 프랑스 국왕 루이 16세는 해상무역과 해외식민지 확보에서 프랑스에 앞선 영국을 제압하기로 결심했다. 그 목표들을 달성하기 위해, 그는 프랑스해군이 새로운 항로들을 개척하고 미지의 지역들을 탐험해야 한다고 결론을 내렸다. 그러한 테두리 안에서, 그는 1785년에 라 페루즈 백작(Jean-François de Galaup, Comte de la Pérouse)에게 아시아와 아메리카의 해안들을 탐험하라는 임무를 부여했다. 여기서 반드시 기록돼야 할 것은 국왕은 탐험대상의 지역들에 조선을 명시적으로 포함시켰다는 사실이다.[1]

탐험대의 대장 라 페루즈는 해군에서 장교로 20년의 경험을 쌓는 가운

1 라 페루즈와 그의 항해에 관한 상세한 설명은 다음에서 읽을 수 있다. 이진명(李鎭明), 『독도, 지리상의 재발견』 개정증보판(서울: 도서출판 삼인[三寅], 2005), 39~57쪽.

데, 1770년에 오스트레일리아를 발견한 영국의 탐험가이면서 해군장교인 제임스 쿡(James Cook)을 향한 존경심을 품고 대규모의 해외탐험에 관심을 키워왔다. 그는 해군대령의 신분으로 부솔(Boussole)호와 아스트롤라브(Astrolabe)호라는 이름의 범선(帆船)들을 이끌고 1785년 8월 1일에 프랑스의 해군기지 브레스트(Brest)항을 출발했다. 승무원의 수는 모함(母艦) 부솔호가 122명 그리고 아스트롤라브호가 119명으로, 모두 241명이었다. 이 함대에는 그때의 기준으로 프랑스의 정상급 과학자들이 승선했다. 그들은 이 함대가 정박하거나 발견할 섬들이나 육지들 그리고 항해할 바다들에 대해 과학적으로 정밀하게 연구하고 그 결과들을 기록으로 남길 임무를 부여받았다.

탐험대는 대서양을 항해해 아프리카의 남단인 희망봉을 돌아 칠레의 남쪽에 도착했다. 탐험대는 그곳을 출발해 하와이의 많은 섬들 가운데 두 번째 큰 섬인 마우이(Maui)에 도착했다. 이때 하와이의 섬들은 하나의 정치적 연합체를 형성하지 못한 채 서로 떨어져 생활했다. 거기서 탐험대는 북상해 그때 서양인들이 개척을 시작한 알래스카에 도착했으며 그곳의 모피들을 사들였다. 탐험대는 남하해 영국의 식민지 캐나다의 서해안 그리고 스페인의 식민지 캘리포니아의 서해안을 탐사했다. 탐험대는 태평양을 횡단해 마카오에 도착해 알래스카의 모피들을 팔아 큰 이익을 남겼다. 이때 마카오는 중국정부를 압박해 정박권(碇泊權)과 거주권을 얻어낸 포르투갈인들의 중국에서의 활동중심이었다. 마카오는 1887년에 결국 포르투갈의 식민지가 된다.

탐험대는 곧 마닐라를 거쳐 타이완과 류큐(Ryukyu: 琉球)를 잠시 방문했다. 많은 섬들로 구성된 류큐는 그때 하나의 왕국이었으나 중국과 일본의 영향 아래 놓여 있었다. 이 왕국은 명치유신으로부터 11년 뒤인 1879년에 일본정부에 의해 일본에 편입되면서, 중국식 이름인 류큐 대신에 오키

나와(沖繩: 충승)라는 일본식 이름으로 불린다. 오키나와는 일본이 제2차 세계대전에서 패전하면서 미군의 점령통치를 받았으나, 1972년 이후 다시 일본에 귀속된다.

제주도에 대한 상반된 인상들

이 함대는 출발한 때로부터 1년 10개월이 지난 1787년 5월 20일에 조선의 남해안에 접근했다. 라 페루즈의 일기에 따르면, 바람은 대단히 시원하게 불었으며 날씨는 흐리고 희끄무레했다. 바다에는 풍랑이 몹시 심하게 일었다.

이 함대는 5월 21일에 제주도에 접근했다. 라 페루즈는 섬으로부터 약 11킬로미터 떨어져 항해하면서 망원경을 통해 이 섬을 관측했다. 날씨가 아주 맑아 관측이 쉬웠다. 그는 우선 "이토록 아름다운 모습을 보여주는 섬은 찾기 어려울 것이다"는 구절로써 찬탄을 표시했다. 그는 이 섬의 가운데에 우뚝 솟은 산으로부터 좋은 인상을 받았다. 그는 이 산의 높이가 약 1,000토아즈가 될 것이라고 추산했다. 1토아즈(toise)는 1.949미터이므로 1,000토아즈는 1,949미터가 된다. 실제로 이 산의 높이는 1,950미터다. 이렇게 볼 때, 그는 이 산의 높이를 제일 처음 정확히 파악한 사람으로 인정될 수 있다. 그는 이 산의 이름을 몰랐기에 밝혀놓지 않았으나 그것은 한라산(漢拏山)이었음에 틀림없다. 그는 이 산의 정상에는 큰 못이 있을 것이라고 추측했다. 실제로 한라산 정상에 백록담(白鹿潭)이 있음에 비춰 그의 추측은 정확한 것이었다.

라 페루즈는 이 산 아래 위치했으며 바다에 접한 평지에 부락들이 계단식 극장을 닮은 채 형성되어 있음을 보았다. 그는 또 "이 섬의 아주 높은 곳까지 토지가 개간되어 있는 것 같았다. 밭들이 아주 작게 나뉘었음에 비춰 이 섬이 사람이 많이 사는 곳이라고 느꼈다. 색깔이 다채로운 여러

종(種)의 농산물들을 경작하는 모습은 이 섬에 대해 더욱 기분 좋게 만들어주었다"고 덧붙였다.[2]

그는 제주도로부터 두 척의 작은 배들이 자신의 함대를 향해 다가오는 것을 보았다. 그는 그 배들이 외국인들의 배들을 향해 빨리 떠나라는 신호들을 보내는 것처럼 느꼈다.

이 신호들이 없었다고 해도, 탐험대는 제주도에 상륙할 생각을 전혀 갖지 않았다. 라 페루즈는 하멜의 『파선일지』를 떠올리면서, "외국인들과의 모든 종류의 통신을 금지시키고, 자신의 해안에 난파되는 불운에 빠졌던 사람들을 노예로 삼은 뒤 그들을 자주 심하게 매질했던 나라에 속한 이 섬에 상륙하고 싶은 마음이 없었다"고 썼다. 제주도가 아름다우면서 기분 좋게 느껴지는 섬이라는 좋은 인상이 난파선원들을 13년 동안 죄수들로 삼고 학대했던 사실에 대한 좋지 않은 기억에 의해 깨진 것이다.

울릉도를 발견하다

함대는 곧 남해안 앞에서 일련의 연쇄를 이룬 섬들과 바위들을 보았다. 짙은 안개가 걷히면서, 조선반도가 나타났다. 함대는 육지에 정박하지 않았다. 그러나 이 일대의 경도와 위도를 측정하면서 지도에 기록했다. 함대는 남해안을 지나 5월 25일 저녁에 우리가 오늘날 대한해협이라고 부르는 해협을 통과했다. 이 해협을 유럽의 선박이 지나간 것은 이때가 처음이었다. 이 해협을 지나면서, 라 페루즈는 조선의 해안을 따라 산꼭대기들이 '요새화'되어 있음을 보았다. 그는 그것들이 유럽의 요새들에 비슷하다고 느꼈으며 일본의 침략에 대비한 것이라고 짐작했다. 조선의 남

---

2 *The Voyage of La Pérouse: Round the World in the Years 1785, 1786, 1787, and 1788, with the Nautical Tables*, arranged by M. L. A. Milet Mureau (2 vols.: London: Printed for John Stockdale, Piccadilly, 1798), II, p. 15.

해안을 본 뒤, 그는 이 나라가 산이 많고 아주 메마른 나라인 것 같은 인상을 받았다. 그는 어떤 산골짜기에는 눈이 여전히 남아 있음을 보았으며 그 사실로부터 토지가 경작하기에 적합하지 않다는 결론을 내렸다. 자연 조건이 그러한데도 집들이 많은 것으로 보아 사람들이 많이 모여 사는 것 같다고 그는 덧붙였다.[3]

해안을 따라 항해를 계속하면서 그는 어부들과 어선들을 보았다. 어부들은 만일 탐사대가 의심스러운 행동을 취하면 추격을 당하기에 앞서 육지에 닿을 수 있다고 계산한 때문인지 이방인들의 선박들에 대해 두려움을 표시하지 않았다. 그는 조선인들이 가까이 다가오기를 바랐으나 조선인들은 이방인들에 관심을 보이지 않는 것 같았다. 그러나 몇 시간 뒤에 조선인들은 어선 두 척을 몰고 접근해왔다. 그러나 두 시간 정도 지나자 항구로 돌아갔다. 곧 모든 산봉우리들에서 봉화가 타올랐다. 이방인들의 선박들이 출현한 것을 보고 조선당국은 해안에 경계령을 내린 것 같았다.

해협을 지나 동북쪽으로 항해를 계속하던 함대는 5월 27일에 어떤 해도에도 나타나지 않은 한 섬을 발견했다. 발견자는 프랑스육군사관학교 천문학 교수로 모함 부솔호에서 천문관측사로 일하던 르포트 다줄레(Lepaute Dagelet)였다. 라 페루즈는 그의 이름을 따서 이 섬을 다줄레섬(Isle Dagelet)이라고 명명했다. 그는 "섬의 북동 첨단부는 북위 37도 25분 동경 129도 2분이었다"고 자신의 항해일지에 기록했다. 이 섬은 바로 조선왕국의 강원도 울진현(蔚珍縣)에 소속된 울릉도(鬱陵島)였다. 프랑스해군성해도국은 1864년에 지도를 만들면서 울릉도 옆의 작은 섬 죽서(竹嶼)에 대해 라 페루즈가 함장이던 부솔호를 기념해 부솔이라는 이름을 붙여 준다.

3 위와 같음, 17쪽.

여기서 지적돼야 할 것은 부솔호의 울릉도에 대한 지리학적 조사가 매우 정확했다는 사실이다. 경도와 위도는 물론이고 섬의 둘레 그리고 본토와 섬 사이의 거리를 과학적으로 정밀하게 조사하고 해도에 올려 울릉도에 대한 유럽의 인식이 확실해졌다. 그 해도가 출판된 때로부터 약 150년 동안 이 섬은 다줄레섬으로 세계에 알려진다. 그 뒤, 대체로 1950년대 이후 오늘날에 이르기까지 이 섬은 세계 각국이 쓰는 해도에 Ullung-do 또는 Ulleung-do로 표기된다.[4]

울릉도를 다줄레섬이라는 이름으로 지도에 올림으로써 서양세계에 널리 알린 것은 확실히 이 함대의 공로였다. 그러나 아쉬운 점이 하나 있다. 그때까지 서양에서 통용되던 지도에는, 오늘날의 강원도 삼척시(三陟市)와 경상북도 울진군(蔚珍郡) 앞바다에 판링(Fanling)과 챵찬(Tchiang-chan)이라는 섬들이 그려져 있었다. 조선에서 제작된 지도에는 그곳에 조선의 영토로 울릉도(鬱陵島)와 우산도(于山島)가 그려져 있었는데, 이 섬들이 중국의 지도에는 때때로 반릉(礬陵)과 천산(千山)으로 오기(誤記)됐다. 이 우산도가 오늘날의 이름으로 독도다. 중국인들은 울릉을 반릉이라는 오기에 따라 판링으로 우산을 천산이라는 오기에 따라 챵찬으로 표기했던 것인데, 서양인들은 그 중국발음을 그대로 사용했던 것이다.

라 페루즈의 함대는 해도에 그려진 판링이 자신이 발견한 다줄레 섬임을 몰랐기에, 판링을 해도에서 지우지 않았다. 챵찬 역시 지우지 않았다. 그래서 일정한 기간에 걸쳐 서양의 해도에는 판링과 다줄레가 별개의 섬인 것처럼 그려졌다.

라 페루즈는 울릉도에 접근하고자 했다. 그러나 이 섬을 바람의 중심이

4 이진명(李鎭明), 「프랑스 라페루즈 탐험대의 울릉도 탐사기」, 『신동아』, 1997년 6월호, 549쪽. 울릉도 전체의 정확한 좌표는 북위 37도 14분~37동 33분 동경 130도 48분~130도 52분이다.

정확히 감싸고 있었다. 다행히 밤을 계기로 강풍이 약화된 것을 보고, 대원 부탱(Boutin)으로 하여금 보트를 내려 수심을 측량하게 했다. 부탱은 해안이 펼쳐지면서 물결이 시작하는 곳의 수심이 약 140미터임인 것을 알아냈다.

라 페루즈는 이 섬으로부터 좋은 인상을 받았다. 바닷가에서 섬의 꼭대기까지 아주 좋은 나무들이 빽빽하게 심어졌으며, 또 벽처럼 깎아지른 것 같은 장엄한 암벽이 섬을 둘러쌌기 때문이었다. 그는 섬 전체가 절벽으로 되어 있었으나, 일곱 개의 작은 만(灣)들에서는 상륙이 가능하다는 사실을 알아냈다.

라 페루즈는 곧 조선인 목수들이 배 몇 척을 만드는 것을 보았다. 그에게 그 배들은 중국의 배들을 닮은 것으로 보였다. 그는 육지에 사는 조선인 목수들이 식량을 갖고 이 섬으로 와서 여름 동안 배를 만든 뒤 육지에 가져다 파는 것으로 이해했다. 그 목수들은 낯선 함대를 보고 깜짝 놀라 작업장에서 50걸음 정도 떨어진 숲속으로 달아났다. 라 페루즈가 보기에, 작업장 일대에는 몇 채의 움막집들이 있을 뿐이고 촌락이나 경작물은 없었다.

라 페루즈는 정박할 곳을 찾으면서 계속해서 섬 주위를 돌았다. 어느 지점에서, 똑같은 일이 벌어졌다. 배를 만들던 목수들이 함대를 보고는 숲으로 달아난 것이다. 다행히 두세 사람은 달아나지 않았다. 그는 그들에게 선물을 줘서 자신들이 선량한 사람들이며 그들의 적들이 아님을 믿게 하고 싶었다. 그러나 거센 조류로 말미암아 닻을 내리지 못하고, 탐험대는 이 섬을 떠나 일본으로 향했다.[5]

이러한 배경에서, 라 페루즈는 조선인들과 접촉할 기회를 갖지 못했으

---

5 *The Voyage of La Pérouse*, II, p. 20.

며 자연히 그들에 대한 기록을 남기지 못했다. 마찬가지 이유에서, 그는 울릉도를 발견하고도 거기서 그렇게 멀리 떨어져 있지 않은 섬 독도를 발견하지 못했다.

비록 그렇다고 해도, 울릉도에 대한 라 페루즈의 기록들은 그때 조선사회의 한 단면을 보여준다. 조선인들이 본토로부터 120킬로미터 떨어진 울릉도에서 거주하기 시작한 때는 신석기시대부터이며, 역사의 기록을 기준삼아 아무리 늦춰 잡는다고 해도 이미 신라왕국 때다. 그러나 조선조정은 초기부터 사람들이 외진 섬에서 살지 못하게 하고 따라서 섬을 비우게 하는 공도정책(空島政策)을 썼다. 그런데도 본토에서 생활하기 어려운 사람들은 관청의 감시를 피해 이곳으로 흘러들어왔다. 이렇게 볼 때, 조선인 목수들이 낯선 배들을 보고 숲으로 달아났다는 것은 관청에서 관리들이 온 것으로 착각해 달아났던 것으로 해석할 수 있다.

다른 한편으로, 정조(正祖) 11년의 시점에서 조선인들이 외진 섬으로 건너가 거기서 배를 만들었다는 사실은 조선인들의 항해술과 조선술이 일정한 수준에 이르렀음을 보여주었다. 울릉도에는 질이 좋은 재목들이 풍부해 배를 건조하기가 좋았을 것이다.[6]

무엇보다 중요한 것은 라 페루즈의 기록들이 울릉도가 조선의 고유한 영토였음을 확인해주었다는 사실이다. 그는 자신의 함대가 울릉도에 접근할 때 "조선해안의 가장 흥미로운 부분에 접근한다"고 썼으며, 울릉도에서 배를 만드는 사람들을 보고는 그들을 "조선인 목수들"이라고 쓴 것이다.

---

6 이 점을 강조한 이는 이진명 교수다. 그의 「프랑스 라페루즈 탐험대의 울릉도 탐사기」, 549쪽. 또 이진명, 『독도』, 56~57쪽.

지도첩과 조선

탐험대는 1787년 9월에 오늘날 일본에 속한 홋카이도(北海道: 북해도)를 방문한 뒤 쿠릴열도와 캄차카반도를 방문했다. 현주민들은 대원들을 따뜻하게 맞이했다. 이 시점에서 러시아의 크론슈타트(Kronstadt)에 주재하는 프랑스부영사로 이 탐험대에 통역으로 참여한 바르텔레미 드 르셉스(Barthélemy de Lesseps)는 탐험대의 기록들 그리고 본국정부로 보내는 편지들을 휴대하고 시베리아와 러시아를 횡단해 1년 뒤 파리에 도착한다. 그의 조카가 뒷날 수에즈운하를 세운 페르디낭 드 르셉스(Ferdinand de Lesseps)다.

탐험대는 1787년 9월 말에 캄차카반도를 출발해 남태평양을 거쳐 1788년 1월에 당시 영국의 식민지이면서 영국죄수들의 유형지인 오스트레일리아의 시드니에 도착했다. 거기서 식량과 음료수를 공급받은 탐험대는 1788년 3월에 다시 남태평양으로 항해를 시작했다. 그러나 오늘날의 솔로몬(Solomon) 군도 부근에서 탐험대로부터의 연락이 끊겼으며 배들은 물론 승무원들 모두 다시 나타나지 않았다. 수색작업이 여러 차례 뒤따랐다. 1826년에 이르러, 한 수색대는 난파된 것으로 추정되는 함대의 유물들을 남태평양의 산타 크루즈(Santa Cruz) 섬들에서 발견했다. 탐험대가 처음 출발할 때 당시 16세의 육군 소위이던 나폴레옹이 승선을 자원했으나 선발되지 않았다. 이때 그의 자원이 받아들여졌다면 그 역시 실종의 비운에 빠졌을 것이다. 만일 나폴레옹의 운명이 그렇게 바뀌었다면, 프랑스의 역사도 유럽의 역사도 일정하게 바뀌지 않았을까?[7]

그사이 라 페루즈가 본국정부에 보낸 보고문들이 루이 16세의 명령에

7 위와 같음, 47~48쪽. 또 이진명(Li Jin-Mieung), 『서양 자료로 본 독도: Les îlots Tok-do (Take-shima, Liancourt) d'aprés les documents occidentaux』(파리: 민속분석회, Pour l'Analyse du Folklore, 1998), 30쪽.

따라 1797년에 파리의 프랑스국립인쇄소에서 『라 페루즈의 세계여행』이라는 제목 아래 4권의 책과 1권의 지도첩으로 출판된다. 그 책은 경쟁국 영국을 자극해, 1798년에 『라 페루즈의 항해』(*The Voyage of La Pérouse*)라는 이름으로 영역된다.

지도첩에는 조선에 관련된 것이 여덟 점이나 수록됐다. 제주도의 남해안, 한반도의 남해안 및 동해 등이 그 보기들이다. 제주도는 켈파트로, 울릉도는 다줄레로, 각각 표기된 채 그려졌다.

2. 영국 상선선장 콜넷의 탐사기

프랑스에 뒤이어 영국이 조선을 탐사했다. 해군사관후보생으로 제임스 쿡의 항해에 참가했었고 해군장교로 진급한 제임스 콜넷(James Colnett)의 항해가 그것이다. 그는 1700년대 말과 1800년대 초 사이의 13년 동안 다섯 차례에 걸쳐 태평양항해에 참여한 경력을 지녔다. 특히, 해군에서 휴직하고 상선의 선장으로 1786년부터 1789년까지 북아메리카의 북서쪽 해안을 항해하면서 여러 섬들을 발견한 것으로 유명해졌다.

그러나 그는 오늘날 캐나다 서해안에 위치한 뱅쿠버섬(Vancouver Island) 연안의 눗카 사운드(Nootka Sound)에 접근하면서 영국과 스페인 사이에 분쟁을 일으킨 장본인으로 더 널리 알려졌다. 이 시기에 그가 작성한 항해일지는[8] 그가 유럽인으로서는 처음 만난 캐나다 서쪽해안 원주민들의 생활상을 상세히 보여주었다.

---

8 Robert Galois ed., *A Voyage to the North West Side of America: The Journals of James Colnett, 1786~89* (Vancouver: University of British Columbia Press, 2003).

콜넷은 1789년 4월 26일부터 1791년 11월 3일까지 아르고노트(Argonaut)라는 상선을 타고 대서양과 태평양을 횡단한 뒤 주로 조선의 남해와 동해 일대 및 일본 근해를 탐사했다. 그의 일차적 목적은 상업적인 것이었다. 고래를 포함한 어업자원, 그리고 무역의 대상지역들을 조사하는 것이 주된 임무였던 것이다. 이 점은 그가 작성한 항해일지에[9] 뚜렷하게 나타났다. 그는 항해의 과정에서 여러 나라들을 살피며 어느 나라가 영국의 무역상대로 적합한 것인가 스스로 자주 묻고 그 장단점을 기록한 것이다.

콜넷의 항해일지에서 코레아(Corea)에 대한 언급은 1791년 8월 9일과 9월 6일 사이에 간간이 나타났다. 우선 8월 9일의 일지에서, 그는 자신의 배가 오늘날의 제주도를 의미하는 퀠파트에 속한 어떤 섬들을 출발해 남해를 항해했다고 썼다.[10] 이것에 미뤄, 이 배는 제주도에 정박했었음이 확실하다. 그러나 그는 제주도에 관한 자신의 관찰을 기록으로 남기지 않았다.

배는 남해를 거쳐 일본 나가사키 앞바다에 도착했다. 거기서 배는 동쪽으로 떠났다. 그는 이 과정에서 자신들이 사용하는 해도에 전혀 나타나지 않는 몇 개의 섬들을 보았다. 그는 일본의 해안을 따라 여섯 곳에 차례로 정박하고 원주민들과의 무역이 가능한지를 탐색했다. 그러나 그것이 어렵다는 것을 깨달았다.[11]

---

9 F. W. Howay ed., *The Journal of Captain James Colnett abroad the Argonaut: From April 26, 1789 to November 3*, 1791 (Toronto: The Champlain Society, 1940). 이 책은 미국의 Greenwood Press에 의해 1968년에 재간됐다.

10 위와 같음, 242쪽.

11 위와 같음, 249쪽.

부산에 상륙하다

여기서 콜넷은 배를 코레아로 돌렸다. 그는 8월 25일에 '북위 35.04도 동경 128.45도(Latitude 35도 04분 N., Longitude 128도 45분 E.)에 위치한 코레아'에 정박했다.[12] 그는 이곳의 지명을 써놓지 않았다. 그러나 경도와 위도로 보아 그곳은 오늘날의 부산임이 틀림없다.

콜넷은 원주민들이 조금도 주저함이 없이 배로 올라왔으며 자신을 조금만큼의 두려움도 표시하지 않은 채 팔들을 활짝 펼치고 맞이했다고 썼다. 원주민들은 그에게 항구를 가리키면서 자신들이 이 배를 입항시키겠다는 뜻을 표시했다. 그의 통역은 원주민들의 말을 전혀 이해하지 못했다. 그는 그들의 친절이 지나치다고 느꼈으며 그리하여 의심을 갖게 돼 방어태세를 취했다. 실제로 승선한 원주민들이 해변의 원주민들과 서로 빠르게 신호들을 교환할 뿐만 아니라 해변의 원주민들이 각자의 집들 앞에 관목들로 방책들을 세우는 것을 보면서, 그는 의심을 더욱 키우기에 이르렀다. 그래서 그는 선원들에게 주의하도록 명령했다.[13]

그는 곧 원주민들의 행동이 이방인들의 선박으로 하여금 빨리 입항시키려는 데 목적이 있다고 판단했다. 그는 원주민들에게 물이 있는 곳으로 안내해달라고 요청하면서 몇몇 선원들로 하여금 원주민들의 보트를 뒤따라가게 했다. 그러나 말이 서로 통하지 않는 상태에서 오해가 커지면서 그는 선원들을 무장시켰다. 오후가 되면서 그들은 모두 배로 돌아갔다. 그러나, 그에 따르면, 어떤 원주민들은 배를 타고 따라오면서 몽둥이를 휘둘렀다. 그는 원주민들을 향해 총을 쏘게 했으며 접근해온 배는 부서졌다. 그는 어떤 한 사람은 부상당한 것 같았다고 쓰면서 자신의 이 명령이

---

12 위와 같음.

13 위와 같음.

지나쳤음을 시인했다. 이러한 과정을 거쳐, 그는 이곳을 떠났다.[14] 그는 자신이 아르고노트를 이끌고 북쪽으로 항해했으며 수도 근처에까지 갔다고 썼다. 이로써 그는 조선을 방문하고 조선인들과 접촉한 최초의 영국인이 됐다. 평생 미혼이었던 그는 1806년에 향년 53세로 런던에서 별세한다.

"남쪽의 코리언들은 야만인들이다"

콜넷은 자신의 항해일지의 말미에서 조선인들에 대해 좋지 않게 썼다. 중국인들은 "남쪽의 조선인들"(the Southern Coreans)을 해적들로 여겼다고 쓴 것이다. 그는 또 남쪽해안의 사람들이 "야만인들보다 나을 게 거의 없는 사람들"(people little better than savages)이라고 쓰면서 남해안에서 교역을 하고자 할 때는 반드시 무장을 해야 한다고 권고했다.[15]

그는 뒷날 귀국한 뒤 자신이 동해를 항해했을 때 어느 지점에서 섬을 발견했으며 그 섬에 자신이 운행한 배의 이름을 따서 아르고노트라는 이름을 붙였다는 취지로 발언했다. "이 잘못된 증언 때문에 동해의 강원도 고성군(高城郡) 앞바다쯤 되는 위치에 아르고노트라고 하는 가공(假空)의 섬이 등장하게 된다."

이 섬은 1810년대에 서양의 해도들과 지도들에 나타나지만 실존하지 않음이 밝혀진 1860년 이후 사라진다. 그 과정에서 이 섬이 울릉도였으며 콜넷이 라 페루즈에 이어 울릉도를 발견했다는 잘못된 설명도 나타났다가 사라진다.[16]

---

14 위와 같음, 249~251쪽.
15 위와 같음, 279~280쪽.
16 이진명, 『독도』, 104쪽.

3. 영국 해군장교 브로턴의 탐사기

콜넷이 조선의 남해안과 동해안을 항해한 것은 사실이나 그의 일차적 목적이 군사적인 것은 아니었다. 그렇기에, 조선을 군사적으로 탐사한 첫 영국인으로 학자들은 해군대령 윌리엄 로버트 브로턴(William Robert Broughton)을 꼽는다. 그는 범선 프로비던스(Providence)호를 이끌고 1797년부터 1798년까지 북미의 태평양연안과 동아시아를 탐사하던 과정에서 조선의 동해안을 군사적 시각에서 탐사한 것이다. 그는 항해를 마친 뒤 자신의 항해기 『북태평양으로의 발견의 항해』(*A Voyage of Discovery to the North Pacific Ocean*)를 1804년에 출간한다.[17]

영흥만을 탐사하다

함포 열여섯 문으로 무장한 프로비던스호는 115명의 승무원들을 태우고 2년간의 항해에 필요한 물품들을 실은 채 1795년 2월 15일에 영국의 플리머스(Plymouth)를 출발했다. 이 배는 대서양을 횡단해 오스트레일리아를 거쳐 그때로서는 하나의 왕국을 형성한 하와이에 도착했다. 이 배는 이어 북아메리카의 몬터레이(Monterey)에 도착했다. 이곳은 오늘날 미국 캘리포니아주에 속한다. 여기서 브로턴은 항해의 방향을 동북아시아로 돌렸다. 자신이 존경했던 영국의 탐험가들이 일본과 중국 사이의 해안을 어느 누구도 제대로 탐사하지 않았음을 상기시키면서 앞으로 이 지역으로의 탐험이 절실히 요청된다고 말했기 때문이었다. 특히 영국의 배링턴(Daines Barrington)은 "코리아의 해안, 일본의 북부, 그리고 류큐열도는 탐

---

17 출판사는 런던의 T. Cadell and W. Davies in the Strand였다. 이 책은 '근세동아세아서양어자료총서 10'으로 서울의 경인문화사에서 2000년에 영인본으로 출판됐다. 조선에 대한 기록들은 이 책의 제7장과 제8장에 있다.

사돼야 한다"고 강조했던 것이다.[18]

영국탐험가들의 가르침들을 염두에 두면서, 브로턴은 프로비던스호를 이끌고 태평양을 횡단해 1796년 9월 6일에 일본 혼슈 북단해상의 한 지점에 당도했으며 곧 쿠릴열도를 조사했다. 이어 류큐열도를 거쳐 중국의 마카오에 도착했다. 브로턴은 부속선 헨리왕자(Prince William Henry)호를 구입한 뒤 1797년 4월에 마카오를 떠나 일본 쪽으로 방향을 잡았다. 불행히도 류큐열도에서 본선이 난파했다. 그는 부속선 헨리왕자호를 프로비던스호로 개명하고 북상해 사할린해역을 탐사했다. 프로비던스호는 곧 캄차카반도 남단을 따라 계속 남하했으며, 1797년 10월 3일에 함경도의 청진(淸津) 근해를 탐사하고 거기서 남하해 원산(元山)을 낀 영흥만(永興灣)에 당도했다. 동북아시아에서 전략적으로 중요하게 간주되는 만들 가운데 하나인 영흥만은 뒷날 그를 기념해 브로턴만(Broughton Bay)이라고 명명된다.

동래의 용당포를 탐사하다

프로비던스호는 조선의 동해안 일대를 측정하면서 남쪽으로 항해했다. 10월 12일 새벽에 승무원들은 남서쪽 방향에 유인도가 있고 섬 주변에서 몇 척의 어선들이 조업하는 것을 확인했다. 브로턴은 이 섬에 안전한 피난처가 있다고 판단하고 정박하기로 결심했다. 어선 한 척이 가까이 오라고 손짓하는 것을 보고, 그는 그 배의 신호에 따라 움직였으며 13일 저녁에 모래투성이의 만에 정박했다. 그 만에서 승무원들은 경작이 잘된 큰 마을을 볼 수 있었다. 밤이 되면서 비는 그칠 새 없이 내렸다. 14일 아침에 비는 멈췄고 날씨는 상쾌해졌다. 이곳은 경상도 동래부(東萊府) 용당포

18 Broughton, *A Voyage of Discovery*, ix.

(龍塘浦), 곧 오늘날의 부산광역시 남구(南區) 용당동(龍塘洞) 신선대(神仙臺) 부두였다.[19] 브로턴은 여기서 육안으로 대마도가 분명하게 보였다고 썼다.

프로비던스호를 둘러싸고 많은 사람들이 호기심을 지닌 채 모여들었다. 브로턴은 그들이 남자들과 여자들 및 어린이들이었다고 쓰면서 여자들은 모두 노인들과 어린이들이었으며 젊은 여자들은 한 사람도 없었다고 덧붙였다. 그는 그들의 용모와 피부가, 특히 작은 눈이, 중국인들을 닮았다고 보았으며, 성인 남자들이 머리에 튼 상투에 주목했다.[20]

동래부사는 서양인 함대와 군인들의 도착을 중앙정부에 보고했다. 그의 장계는 『조선왕조실록』 가운데 『정조실록』 정조 21년에 해당되는 1797년 9월에 다음과 같이 기록됐다. 이것은 조선인이 영국인을 보고 적은 최초의 기록이다:

> 이국(異國)의 배 한 척이 동래 용당포 앞바다에 표류해 이르렀습니다. 배 안의 50인이 모두 머리를 땋아 늘였는데, 어떤 사람은 뒤로 드리우고 머리에 백전립(白氈笠)을 썼으며, [……] 그 사람들은 모두 코가 높고 눈이 파랗습니다. 역관을 통해 그들이 어느 나라에서 왔고 표류하게 된 경위는 무엇인지 물었더니, 한어(漢語) 청어(淸語) 왜어(倭語) 몽고어(蒙古語)를 모두 알지 못하였습니다. 붓을 주었더니 구름과 산과 같은 그림을 그려 알 수 없었습니다.[21]

19 위와 같음, 324~329쪽. 용당포의 현 위치를 정확히 알려준 사람은 동아일보사 사회부 조용휘(趙鏞輝) 차장이었다.

20 Broughton, *A Voyage of Discovery*, pp. 329~331.

21 오인동, 『꼬레아, 코리아: 서양인이 부른 우리나라 국호의 역사』(서울: 책과함께, 2008), 177~178쪽에 인용되어 있다.

정조는 곧 대신들과 가진 회의에서 이 사건을 화제에 올렸다. 정조가 "이 배에 탄 사람들이 아란타(阿蘭沱) 사람인 것 같은데 아란타는 어느 지방 오랑캐냐"고 묻자, 한 고위관리는 "아란타는 하란(賀蘭)으로 대만이 바로 그곳입니다"라고 설명했다. 질문이나 답변이나 모두 사실에 어긋났다. 이 배에 탄 사람들은 아란타 사람이 아니라 영국인들이었고, 아란타는 대만이 아니라 네덜란드였다. 확실히 그들의 바깥나라들에 대한 지식에는 한계가 있었던 것이다.

비록 그렇다고 해도, 조선조정은 영국인들이 요청하는 땔나무와 식수를 현지의 행정기관들이 공급해주도록 허가했다. 그러나 현지에서 땔나무는 부족했던 것 같다. 브로턴은 현지의 주민들이 항아리들에 물을 가득 싣고 배로 날라다주었다고 썼을 뿐 땔나무에 대해서는 쓰지 않았다. 어떻든 이 사실은 영국인들이 조선정부로부터 조난자의 취급을 받았던 것을 의미했다.[22] 조선정부는 "먼 곳에 사는 백성들에게 부드러움으로써 위로한다"는 뜻의 이른바 유원지의(柔遠之義)를 베풀었던 것이다.

프로비던스호 주변에는 곧 조선의 배들이 몰려들었다. 그 배들에는 많은 조선인들이 타고 있었다. 브로턴을 비롯해 대원 일행이 상륙하자 마을사람들이 따라다녔다. 다른 마을로 들어가려 하자 마을사람들이 가로막으면서 더 이상 가지 말아달라고 간청했다. 그래서 그들은 배로 돌아왔다. 곧 이 지방의 고관들이 쌀과 김 그리고 소금에 절인 생선 등을 선물로 들고 찾아왔다. 양자 사이에 대화가 시도됐으나 언어의 불통으로 조선관리들은 배를 떠났다. 반면에 영국인들에게는 통행을 금지시켰다. 이처럼 외국인들을 꺼리면서 출국을 요청하는 조선인들의 행태는 브로턴의 짧은 기록에 무려 다섯 차례 등장했다. 그 행태는 "그들의 모든 관심은 우리의

---

22 한상복(韓相復), 『해양학에서 본 한국학』(서울: 해조사[海潮社], 1988), 318쪽.

출국을 촉진하는 일에 쏟아졌다"는[23] 그의 한 문장에 압축됐다.

여기서 우리는 8년의 시차를 두고 부산의 조선인들을 상대했던 콜넷과 브로톤의 관찰들이 사실상 똑같았음에 주목하게 된다. 조선인들은 이방인들의 접근에 대해서는 우선 호의적으로 대했으며, 그러나 그들이 식수와 식량을 공급받은 뒤에는 될 수 있는 대로 빨리 떠나도록 압박을 가했던 것이다.

조선조정의 배외정책

비록 통행을 금지당했지만, 브로턴은 주민들의 주거환경을 쉽게 관찰할 수 있었다. 그는 "그들의 집들은 작고 모두 단층이며 짚으로 지붕을 이었다"고 썼다. 그러나 이것보다 더 중요한 사실을 그는 관찰할 수 있었다. 그것은 자신이 관찰한 지역 안에 공격적인 무기들이 없었다는 사실이다.[24]

이상에서 살핀 브로턴의 관찰들로부터 우리는 다음과 같은 네 개의 결론들을 끌어낼 수 있다. 첫째, 조선인들은 서양인들에 대해 높은 호기심을 보였다. 둘째, 조선조정은 외국인들에 대한 경계심에 기초한 배외정책을 철저히 집행하고 있었다. 셋째, 조선조정은 배외정책을 채택하면서도 외국의 침략을 예방할 수 있는 군사력을 갖추기 위한 노력을 소홀히 했다. 넷째, 조선의 조정이나 백성은 그러한 틀 안에서이지만 조난자들에 대해 구휼을 아끼지 않았고 친절을 베풀었다. 이것은 하멜과 그의 동료들이 조난했을 때와 대조됐다. 우리가 이미 자세히 살폈듯, 조선조정은 그들을 억류하고 포로처럼 대우했다. 그들은 탈출로써만 조선을 벗어날 수

23 Broughton, *A Voyage of Discovery*, p. 343.
24 위와 같음.

있었다.

이러한 차이는 어디서 온 것일까? 조선조정의 정책이 바뀐 것일까? 하멜과 그의 동료들은 아무런 무기도 갖지 못한 난파자들의 비참한 상태에서 조선군인들에게 붙들렸다. 이들에 비해, 브로턴과 그의 대원들은 대포들을 갖춘 군함을 배경으로 총들로써 무장했다. 그러했기에, 조선조정은 그들을 억류할 수 없다고 판단했을 것이다.

다시 브로턴의 일기로 돌아가기로 한다. 그와 대원들은 10월 21일에 오늘날의 부산에 해당하는 이 지역의 해도를 작성했다. 여기서 그들은 자신들이 정박한 항구를 제산항(Tshesan Harbor)으로 표기했으며, 남해안의 한 부분을 조상(Thosang)으로 표기했다. 그들은 조선의 수군으로부터 조선국(Chosan-go)이라는 말을 듣고 그것을 제산 또는 조상으로 표기했던 것이다. 또 자신들이 현지에서 들은 조선말들 가운데 몇 단어들을 영어로 표기하고 표를 만들었다. 이 표를 보면, '눈'은 'Noon'으로, '입'은 'Yeep'으로, '소나무'는 'Sonamo'로, '물'은 'Mool'로, '불'은 'Pool'로 표기됐다.[25]

브로턴 일행은 조선반도의 남해안으로 탐사항해를 계속해, 어느 한 섬에 잠시 정박했다. 브로턴은 이 섬의 이름을 기록해놓지 않았다. 그러나 학자들은 이 섬을 오늘날의 전라남도 여수시에 속하는 어떤 섬일 것이라고 추정한다. 군함은 거기서 항해를 계속해 10월 26일에 한 섬에 닿았다. 브로턴은 이 섬이 퀠파트일 것이라고 추측했다. 그는 29일까지 이 섬의 서북해안을 조사했다. 그러나 그는 이 섬에 상륙하지 않았다.[26]

---

25 위와 같음, 341쪽 및 390쪽.

26 한상복, 『해양학에서 본 한국학』, 365~366쪽.

4. 영국 해군장교 맥스웰과 홀의 탐사기

조선에 대한 영국해군의 탐사는 계속됐다. 정조 다음인 제23대 국왕 순조(純祖) 15년에 해당되는 1816년 2월에 영국정부는 중국과의 무역체제를 수정하기 위해 특사 제프리 윌리엄 피트 애머스트 경(Lord Jeffrey William Pitt Amherst)을 중국에 파견했다. 애머스트 경은 머레이 맥스웰(Murray Maxwell) 대령이 지휘하는 알세스트(Alceste)호와 바실 홀(Basil Hall) 대령이 지휘하는 리라(Lyra)호의 호송을 받으며 8월에 톈진(天津: 천진) 북쪽 롄허커우(蓮河口: 연하구)에 도착했다. 애머스트 경이 베이징을 방문하는 기간을 이용해, 맥스웰과 홀은 우선 9월 1일부터 10일까지 조선의 서해안과 남해안을 탐사하고 이어 류큐해역을 탐사했다. 홀, 그리고 그를 동행한 군의관 존 매클러드(John McLeod)는 뒷날 각각 자신의 탐사기를 출판한다.[27]

서해 5도를 탐사하다

그러면 이 영국인들은 조선에서 무엇을 보았던가? 홀의 탐사기와 매클러드의 탐사기를 따라가 본다. 9월 1일 아침 9시에 맥스웰과 홀 일행은 서해안에 위치한 세 개의 높은 섬들 근방에 닿았다.

---

27 Basil Hall, *Account of a Voyage of Discovery to the West Coast of Corea and the Great Leo-choo Island* (London: John Murray, 1818). 이 책은 '근세동아세아서양어자료총서 11'로 서울의 경인문화사에서 2000년에 영인본으로 출판됐다. 이 책 가운데 조선에 관한 부분은 다음으로 역간됐다. 신복룡 · 정성자 역주, 『조선서해탐사기』(서울: 집문당, 1999) 및 김석중(金石中) 엮음, 『10일간의 조선항해기』 개정판(서울: 도서출판 삶과꿈, 2003). 초판은 2000년에 출판됐다. John McLeod, *Voyage of His Majesty's Ship Alceste to China, Corea and the Island of Lewchew, with an Account of Her Shipwreck* (London: John Murray, 1819).

이 섬들은 어떤 섬들이었을까? 가장 큰 섬이 오늘날 인천광역시 옹진군(甕津郡)의 백령면(白翎面)을 형성하는 백령도(白翎島)며 다른 두 개의 작은 섬들은 대청도(大靑島)와 소청도(小靑島)다. 이 세 섬들에 연평도(延坪島)와 소연평도(小延坪島)를 합쳐 오늘날 우리는 서해 5도라고 부른다. 홀은 9월 1일자 일기에서 맥스웰 대령이 이 섬들을 에딘버러왕립학사원 원장의 이름을 빌려 제임스 홀 군도(Sir James Hall's Group)라고 명명했다고 기록한 데 이어 그 섬들은 동경 124도 46분, 북위 37도 50분에 위치하고 있다고 덧붙였다.[28] 제임스 홀 경은 스코틀랜드 출신의 지리학자 겸 화학자로 케임브리지대학교 크라이스트칼리지 교수였으며, 이 일기를 쓴 홀의 아버지다. 아들은 고향 스코틀랜드의 명문인 에딘버러대학교를 졸업했다.

여기서 우리는 6 · 25전쟁 때 서해 5도를 자신이 차지하기 위해 남한과 북한이 얼마나 치열하게 싸웠던가, 그리고 남한이 차지한 이후 북한이 그것을 빼앗기 위해 얼마나 심각하게 도전했던가를 상기하게 된다. 대한민국정부는 서해 5도와 그 주변해역이 서해에서 대한민국의 목구멍과 같은 역할을 수행하며 이것을 절대로 북한에 빼앗길 수 없다고 주장한다. 이것은 서해 5도가 갖는 전략적 가치를 입증하는 것이다.

영국해군이 서해 5도에 접근했을 때, 그들은 이 섬의 전략적 가치를 알고 의도적으로 접근했던 것일까 아니면 중국의 산둥성(山東省: 산동성)해안에서 조선의 서해로 항해를 하다가 자연스럽게 접근하게 됐던 것일까? 홀의 탐사기나 매클러드의 탐사기는 이 물음에 대한 답을 주지 않았다. 홀의 탐사기를 보면, 황해의 동쪽해역에서 이제까지 거의 알려지지 않았거나 아무런 정확한 정보가 없는 '어떤 장소들의 조사'를 위해 항해를 시

28 Hall, *Account of a Voyage*, pp. 2~7.

작했다가 이 섬들이 보여 그 섬들 가운데 하나에 정박했을 뿐이다. 말하자면, 어떤 특별한 의도를 지니지 않은 채 이 섬들에 접근했다고 그는 쓴 것이다. 매클러드의 탐사기 역시 같은 취지를 나타냈다. 산둥성해안을 떠나 동쪽으로 항해하다보니 육지가 보였고 바람이 가벼워 그 섬에 정박했다고 쓴 것이다.[29]

이들의 진술들은 사실일 것이다. 매클러드의 탐사기에 따르면, 그들이 조선을 향해 항해하기로 결심했을 때 그들이 이 나라에 대해 가진 지식은 거의 없었으며 약간의 지식도 중국에서 시무하던 예수회 선교사들의 저술들로부터 얻은 것이었다. 1) 이 나라를 중국인들은 '차우치엔'(Chautsien)이라고 부르고 만주족은 '솔호'(Solho)라고 부른다는 것, 2) 조선은 중국의 황제에게 조공을 바치는 나라지만 조선의 국왕은 절대권을 갖고 자신의 나라를 통치한다는 것, 3) 조선은 쌀과 밀을 대량으로 생산한다는 것, 4) 조선에는 몸집이 작은 말들이 있다는 것, 5) 조선의 해역에는 어종이 풍부하며 동북쪽에는 고래들이 많다는 것, 6) 조선은 섬이 많은 나라여서 조선의 국왕은 '10,000개 섬들의 왕'으로 불린다는 것, 7) 외국인들과의 교제를 금하는 법은 아주 엄격하게 집행된다는 것 등등이 그것들이다.[30]

이렇게 볼 때, 맥스웰과 홀이 서해 5도에 접근하기에 앞서 그 섬들의 전략적 가치를 알았던 것 같지는 않다. 비록 그렇다고 해도, 전략적 가치가 높은 이 섬들을 영국해군이 이미 1816년에 서양열강 가운데 처음으로 탐사했다는 사실은 흥미로운 일이다. 라 페루즈와 브로턴이 조선의 동해안과 남해안을 탐사했을 뿐 서해안을 탐사하지 않았음에 비춰 맥스웰과

---

29 위와 같음, 2쪽; McLeod, *Voyage*, p. 43.

30 위와 같음, 61~64쪽.

홀이 서양인으로서는 처음으로 서해안을 탐사했다는 점에서 이들의 항해는 의미를 갖는다. 게다가 그들은 이 섬들을 중심으로 매우 정밀한 해도를 작성했다.

"더럽고 쓸쓸한 농촌"

영국인들은 그 섬들 가운데 하나를 향해 남쪽으로 항해해, 소청도의 어느 한 좋은 만에 정박했다. 영국인들이 정박을 끝내자마자 5~6명의 원주민들을 태운 배가 접근해왔는데 원주민들은 모두 호기심과 불신의 표정을 지었다. 영국인들은 곧 한 마을 부근에 상륙했다. 그러자 곧바로 원주민들이 떼를 지어 몰려왔다. 홀의 관찰에 따르면, "그들의 피부는 짙은 구릿빛이었고 그들의 외모는 험했으며 약간 야만스러웠다."[31]

원주민들 가운데 상관으로 보이는 몇몇 사람들은 빨갛고 노란 구슬들이 꿰어진 큰 모자를 썼다. 원주민들은 처음에는 영국인들의 옷을 살펴본 뒤 놀라는 것 같았다. 그러나 그들은 이 이방인들이 될 수 있는 대로 빨리 떠나라고 여러 방식들로 요청했다. 예컨대, 이 이방인들이 마을로 들어가려고 하자 다른 길을 가르쳐주었으며, 그래도 계속 가려고 하면 거칠게 팔을 붙들고 밀어냈다. 다른 한편으로, 그들은 이 이방인들에게 자신들이 이 이방인들의 상륙을 막지 못하면 자신들은 목이 잘리게 된다는 뜻에서 자신들의 손으로 목을 자르는 행동을 보였다. 영국인들은 인내심을 보이면서 원주민들을 설득하고자 했으나 성사되지 않았다. 동행한 중국인 통역도 소용이 없었다. 그는 조선인들의 말을 전혀 알아듣지 못했으며, 조선인들이 한자로 쓴 것도 읽지 못했다.[32]

---

31 Hall, *Account of a Voyage*, pp. 2~3.

32 위와 같음, 3~6쪽; McLeod, *Voyage*, p. 44.

영국인들은 마을에 들어가는 것을 포기하고 이 섬에서 가장 높은 산으로 등정했다. 그들은 그 과정에서 마을의 몇몇 모습들을 관찰할 수 있었다. 첫째, 영국인들이 상륙하는 것을 보고 마을을 떠났던 여성들이 돌아와 아이들을 등에 업은 채 절구에 쌀을 찌었는데, 여성들은 중국에서와는 달리 전족을 하지 않았다. 둘째, 마을은 마흔 개의 집들로 구성됐다. 그 집들은 갈대와 진흙으로 '거칠게' 지어졌으며 지붕은 짚으로 덮였다. 이 오막살이들은 '말끔함'이나 '깨끗함'이라고는 전혀 없었다. 이 오막살이들 사이의 공간은 쓰레기와 진흙탕물로 메워져 있었다. 셋째, '이 쓸쓸한 마을'이 위치한 계곡에는 나무가 없었으나 꼭대기 부분은 풀들과 꽃들로 뒤덮여 있었다. 전반적으로 계곡은 꽤 아름다웠다. 넷째, 마을에는 소들과 가금들이 있었다. 영국인들은 자신들의 화폐를 포함해 자신들이 내놓을 수 있는 모든 것을 내놓으며 그것들을 사려고 했으나 거절당했다.[33]

이 관찰들에서 두드러지게 나타난 단어들은 '거칠게', '쓸쓸한', '말끔함이 없는', '깨끗함이 없는', '쓰레기', '진흙' 등이다. 당시 조선농촌의 생활상을 그대로 보여주는 이 단어들은 그 뒤 조선을 관찰한 서양인들의 기록들에서 되풀이된다.

조선인들로부터 빨리 떠날 것을 요구받다

맥스웰과 홀 일행은 9월 1일 저녁 8시에 이 섬을 떠나 9월 3일 아침에 북위 36도 30분 동경 126도 가까이에 이르렀다. 이 지점은 오늘날 충청남도 태안군(泰安郡) 안면읍(安眠邑)에 소속된 안면도(安眠島)와 태안군 근흥면(近興面)에 소속된 격렬비열도(格列飛列島)의 중간지점이었다.[34] 일행

33 Hall, *Account of a Voyage*, pp. 4~6.

34 신복룡 · 정성자 역주, 『조선서해탐사기』, 19쪽 각주 3.

의 항해는 계속됐다. 2시쯤 격렬비열도의 어느 섬에 닻을 내렸는데, 원주민들은 그들을 향해 온갖 종류의 고함과 몸짓을 통해 될 수 있는 대로 빨리 이 섬을 떠나라고 요구했다.

정박한 지점 일대에 대한 조사를 마치고, 영국인들은 항해를 계속하다가 어느 한 작은 만에 정박했다. 이곳은 오늘날 충청남도 보령시(保寧市) 오천면(鰲川面) 외연도리(外煙島里)에 위치한 외연열도(外煙列島) 가운데의 외연도였다. 이곳은, 집과 집 사이에 나무들이 심어졌기에, 앞에서 관찰했던 마을에 비해 훨씬 좋아 보였다. 이곳에서도 원주민들은 이방인들에게 온갖 종류의 고함과 몸짓을 통해 될 수 있는 대로 빨리 이 섬을 떠나라고 요구했다. 우리가 앞에서 살핀 브로턴 일행의 동래 체류 때 나타났던 조선인들의 배외적 언행이 여기서도 되풀이된 것이다.

영국인들의 눈에 비친 원주민들은 설명하기 불가능한 '괴상한 분위기'를 형성하고 있었다. 그들은 곧 시계를 보고, 특히 초침을 보고, 놀라움을 표시했다. 그들은 관심을 시계로부터 도장들과 열쇠들로 돌렸는데, 도장에 대해서는 익숙한 것 같았다. 맥스웰 대령은 이 섬을 스코틀랜드의 지질학자 허튼 박사(Dr. James Hutton)의 이름을 따서 '허튼섬'(The Hutton's Island)이라고 명명했다.[35]

조선인들에게 성경을 주다

맥스웰과 홀 일행은 9월 4일 오후 3시쯤 어느 만을 발견하고 거기에 알세스트호와 리라호를 정박시켰다. 이 만을 홀은 자신의 이름을 따 바실만(Basil's Bay)라고 명명했다. 이 만은 오늘날 장항만(長項灣)이라고 불리고 있다. 이 일대에 대해 설명한다면, 오늘날 충청남도 서천군(舒川郡) 비인

---

35 Hall, *Account of a Voyage*, pp. 9~12.

면(庇仁面) 비인만(庇仁灣) 마량(馬梁) 포구(浦口) 그리고 서천군 장항읍 일대다.

일행이 가까운 동네 쪽으로 갔을 때, 그들은 큰 배 안에서 우산 아래 좌정한 '멋있는 가부장적 인물'을 보았다. 그들은 '수장'(首長)으로 보이는 그와의 대화를 시도했다. 그러나 언어가 불통이어서 대화는 전혀 이뤄지지 않았다. 홀은 수장에게는 체리브랜디 몇 병을 주고 그의 부하들에게는 럼주를 나누어줌으로써 드디어 그들을 기분 좋게 만들 수 있었다. 이 해후에 관해 『조선왕조실록』의 『순조실록』은 자세한 기록을 남겼다. 충청수사(忠淸水使) 이재홍(李載弘)은 마량진(馬梁鎭) 첨사 조대복(趙大福) 그리고 비인 현감 이승렬(李升烈)이 '영길리국(英吉利國) 수사관원(水師官員)'을 만났다는 장계를 중앙정부에 올린 것이다.[36] 홀이 말한 수장이 바로 비인 현감이었다.

양측의 친교는 빠르게 이뤄져, 현감은 알세스트호를 방문했다. 맥스웰과 홀은 알세스트호에서 그를 영접했으며, 양측 사이에 수화(手話)가 교환됐다. 맥스웰은 현감과 첨사에게 각각 성경을 주었으며,[37] 홀은 현감으로부터 큰 갓과 장죽 등 토산품을 선물로 받았다. 홀은 9월 5일의 일기에서 현감이 예의바른 사람이었다고 기록했다.

맥스웰과 홀은 곧 장항만을 떠나, 9월 8일에 오늘날 전라북도에 속한 고군산열도(古群山列島)의 어느 섬에 잠시 상륙했다. 그들은 마을이 '꽤 황량하다'는 느낌을 받았다. 여기서도 원주민들은 이방인들이 될 수 있는 대로 빨리 떠날 것을 요구했다. 영국인들은 산 정상에서 다도해의 장면을 즐겼고 곧 신안해협(新安海峽)을 통과해 9월 10일 아침에 제주도의 해안

36 위와 같음, 14~18쪽; 신복룡 · 정성자 역주, 『조선서해탐사기』, 26~27쪽.

37 McLeod, *Voyage*, p. 54.

에 잠시 머물렀다. 그러나 상륙하지는 않았다. 일기는 여기서 끝났으나, 홀은 부록에 「조선의 서해안 주민들에게서 전해들은 단어들」을 기록했다.

나폴레옹, "내가 조선을 찾아보리라"고 말하다

홀은 1817년 초에 한 범선의 선장으로 귀국하는 길에 대서양의 세인트 헬레나(St. Helena) 섬에 들려 이곳으로 유배된 프랑스의 황제 나폴레옹을 알현했다. 나폴레옹은 홀의 아버지가 졸업한 파리의 브리엔느왕립군사학교(l'Ecole royale militaire de Brienne)의 후배였다. 나폴레옹은 예비사관학교에 해당되는 이 학교를 졸업한 뒤 최고위급 사관학교인 파리군사대학(l'Ecole militaire de Paris)을 졸업하고 소위로 임관됨으로써 직업군인의 길에 들어섰다.

이 무렵, 프랑스의 적국이었던 영국의 탐험대원들은 기회가 마련되면 세인트 헬레나를 방문하고 나폴레옹을 알현했다. 애머스트 대사와 맥스웰 역시 매클로드와 함께 귀국하던 과정에서 1817년 6월에 나폴레옹을 알현하고 기록으로 남겼다.[38] 영국인들은 나폴레옹을 예방하는 형식을 통해 이미 한 차례 유배지를 탈출한 경력을 지닌 이 야심 많은 황제의 동향을 감시했을 것이다.

홀은 나폴레옹을 알현하고 자신이 조선이라는 나라를 탐사하고 오는 길이라고 설명하며 장죽과 큰 갓을 보여주면서 조선의 풍물을 소개했다. 홀은 "이 나라는 평화를 사랑하는 민족이어서 이제까지의 유서깊은 역사에도 불구하고 남의 나라를 침략해본 적이 없는 선량한 민족이다"고 설명했다. 이에 대해 나폴레옹은 "이 세상에 남의 나라를 쳐들어가보지 않은

---

38 위와 같음, 318~323쪽.

민족도 있다더냐? 내가 다시 천하를 통일한 다음에는 반드시 그 조선이라는 나라를 찾아보리라"고 말했다.[39] 그러나 나폴레옹은 그때로부터 4년 뒤인 1821년에 향년 52세로 이 섬에서 별세함으로써 '다시 천하를 통일한다'는 꿈도 '조선을 찾아보리라'는 꿈도 펼치지 못했다.

홀과 나폴레옹이 나눈 이 대화에서 우리는 앞에서 살폈던 하멜의 『파선일지』 가운데 한 구절을 떠올리게 된다. 조선인들은 겁이 많고 그러한 사실을 부끄러워하지 않는다는 지적, 특히 조선인들은 전쟁을 좋아하지 않는다는 지적 등이 그것이다.

나폴레옹을 알현한 직후 영국으로 돌아온 홀은 그 이후에는 주로 북미와 남미에서 근무했으며, 1825년에는 영국의 스페인총독 존 헌터(John Hunter) 경의 딸과 결혼했다. 그는 1831년 이후 런던에 정착했으며 왕립천문학회를 비롯해 유서 깊은 몇몇 왕립학회들에서 정회원으로 활동했다.[40] 반면에 조대복 첨사와 이승렬 현감은 파면을 당했다.

5. 영국 상인 린지와 독일 선교사 귀츨라프의 탐사기

서양인들이 관찰한 조선인들의 특징들은 맥스웰과 홀 일행이 조선의 서해안을 탐사한 때로부터 꼭 16년이 지난 1832년(순조 31년) 7월에 영국 상선 로드 애머스트(Lord Amherst)호가 조선의 서해안을 탐사했을 때 다시 나타났다. 중국을 거쳐 조선해역에 나타난 이 배에는 영국동인도회사의 중국광둥주재수석화물관리인 휴 해밀턴 린지(Hugh Hamilton Lindsay), 그

39 신복룡, 『이방인이 본 조선 다시 읽기』(서울: 풀빛, 2002), 39쪽. 또 http://en.wikipedia.org/wiki/Basil_Hall.

40 http://www.electricscotland.com/history/other/hall_basil.htm.

리고 중국어에 능통하면서 의사이기도 한 독일의 개신교 선교사 칼 프리드리히 아우구스트 귀츨라프(Karl Friedrich August Gützlaff) 등 67명이 타고 있었다. 린지는 영국 모직물의 판매시장을 개척한다는 목적을 지녔고, 귀츨라프는 기독교를 전파한다는 목적을 지녔다.

조선에 대해 문호개방을 요구하다

여기서 중요하게 상기돼야 할 것은 18세기와 19세기에 제국주의 서양 열강이 아프리카와 아시아를 침공해 들어갈 때 그것에 앞서 우선 파견된 사람들이 군인들과 상인들 및 선교사들이었다는 사실이다. 이제 조선에 군인들의 뒤를 이어 상인과 선교사가 들어온 것이다. 특히 귀츨라프는 조선을 찾아온 최초의 개신교 선교사였다. 그들은 모두 각자의 여행기를 남겼다.[41]

린지와 귀츨라프는 홀의 탐사기와 매클러드의 탐사기를 읽은 뒤 그 탐사기들이 모두 '조선 또는 코리아'에 대해 '아주 좋지 않은 인상'을 남긴 사실을 상기했다. 귀츨라프의 경우, 하멜의 『난파일지』를 떠올렸다.[42]

린지 일행은 양력으로 1832년 7월 17일 오전 10시께 조선의 서해 5도 북쪽에 접근했으며 오후 5시께, 린지의 표기로 'Chang-shan'의 'Lok-

---

41 H. H. Lindsay, *Report of Proceedings on a Voyage to the Northern Ports of China in the Ship Lord Amherst: Extracted from Papers, Printed by Order of the House of Commons, Relating to the Trade with China*, 2nd. ed. (London: R. Clay, Printer, Bread-Street-Hill, 1834). 이 책은 '근세동아세아서양어자료총서 11'에 Hall, *Account of a Voyage of Discovery to the West Coast of Corea*와 함께 영인되어 있다. Karl Friedrich Gutzlaff, *Journal of Three Voyages along the Coast of China, in 1831, 1832, and 1833, with Notice of Siam, Corea, and the Loo-Choo Islands* (London: R. Clay, Printer, Bread-Street-Hill, 1834). 이 책은 '근세동아세아서양어자료총서 14'(서울: 경인문화사, 2000)로 영인됐다. 원전에는 귀츨라프가 Gützlaff가 아니라 Gutzlaff로 표기되어 있다.

42 Lindsay, *Report of Proceedings*, p. 215; Gützlaff, *Journal of Three Voyages*, p. 293.

tau'라는 섬에 정박했다. 이 섬은 황해도 장연현(長淵縣) 몽금포(夢金浦) 장산곶(長山串) 녹도(鹿島)였다. 원주민들은 이방인들에 대해 강한 적대감을 표시했다. 한문을 쓸 수 있었던 린지는 한문을 아는 한 청년과 간단한 필담을 나눴다. 그러나 거기에는 한계가 있었으며, 린지는 '사람들 사이의 교제를 싫어하는 이 인종'과 헤어지기로 결심했다. 다만 그는 '조선 국왕'에게 영국과의 통상을 허락해줄 것을 청원하는 서신을 써서 조선의 관리에게 전달하고자 했다.[43] 그렇지만 뜻을 이룰 수 없었다. 비록 성사시키지는 못했으나, 그는 조선을 상대로 문호개방을 요구한 최초의 서양인이 됐다.

녹도의 주민들로부터 빨리 떠나라는 신호를 받은 이 배는 7월 22일에 장산곶을 떠나 남쪽으로 향했다. 이 배는 곧 오늘날의 충청남도 논산시(論山市) 강경읍(江景邑)에 닿았다. 린지 일행은 거기서 마침내 조선의 한 관리에게 청원서를 전달했다. 배는 곧 충청도 홍주(洪州)의 고대도(古代島)에 당도했다. 홍주는 오늘날의 충청남도 홍성군(洪城郡)에 해당되지만, 이 섬은 충청남도 보령시 오천면 고대도리(古代島里)에 속한다.

한글로 번역된 성경을 나눠주다

린지 일행은 홍주 목사를 비롯해 이 지역의 관리들을 만날 수 있었다. 이때 귀츨라프는 한글로 번역된 주기도문과 성경을 주민들에게 나눠줬다. 린지 일행과 조선관리들은 비교적 우호적인 분위기 속에서 대화를 나눴다. 이 계제에 린지는 다시 조선과의 교역을 희망한다는 뜻을 표시하면서, 수도(首都)로부터 빨리 회답을 받고 싶다는 뜻도 아울러 전달했다. 그러나 그는 매우 소극적이거나 부정적인 대답만 들었다. 이 과정에서 귀츨

43 위와 같음, 215~224쪽.

라프는 조선의 관리들이 거짓말을 예사로 한다는 사실을 확인했다. 여기서 그는 "우리가 애걸해서는 아무것도 허용 받지 못할 것이다. 우리가 요구할 때 모든 것이 얻어질 것이다"(When we beg, nothing is granted; when we demand, every thing is obtained)는 결론에 도달했다.[44]

"관리들은 잘살지만 백성들은 가난하게 산다"

조선의 관리들은 일행이 마을을 돌아보는 일을 여전히 금지했다. 이 사실과 관련해, 린지는 조선인들은 어떤 아주 강력한 이유 때문에 그리고 무서운 형벌 때문에 '아주 강력하고 보편적인' 외국인 공포증을 지닌 것 같다고 썼다. 그는 이어, "조선인들은 천성적으로 의심이 많은 인종인 것 같다"고 결론을 내렸다. 비슷한 맥락에서, 그는 "조선인들은 외국인들에 대해 질투 섞인 두려움을 가졌다"고 썼다.[45] 대조적으로, 귀츨라프는 시간이 지나면서 조선인들의 태도가 바뀌어 이방인들에게 친절하게 대해주었다고 썼다.

며칠이 지나서야 금지가 풀려 일행은 정박지 일대를 돌아볼 수 있었다. 대체로 마을은 황폐해 보였고, 주민들의 생활환경은 열악했다. 귀츨라프의 표현으로, "조선인들은 불결과 빈곤으로 자신의 생애를 보내야 하는 끔찍한 거처 속에서 생활한다." 그는 또 "조선인들은 아주 비참한 상태에서 살고 있었다"고 회상했다.[46]

귀츨라프가 만난 많은 사람들의 피부는 어김없이 때로 뒤덮여 있었다. 많은 사람들이 몇 달 동안 씻지 않아서 이 따위의 해충들이 득실댔다. 어

---

44 위와 같음, 336쪽.

45 Lindsay, *Report of Proceedings*, pp. 226~234.

46 Gützlaff, *Journal of Three Voyages*, p. 345; Lindsay, *Report of Proceedings*에 첨부된 귀츨라프의 보고서, 293쪽.

떤 사람들은 이 이방인들이 보는 앞에서 해충을 잡아 죽이는 짓을 주저하지 않았다. 진흙으로 빚어진 살림도구는 상상할 수 있는 가장 조잡한 종류라는 인상을 줄 정도로 서툴게 만들어진 것들이었다.[47] 반면에 관리들은 잘사는 것처럼 보였다. 옷을 우아하게 입었고 생활에 편리한 물건들을 이 나라가 공급할 수 있는 범위 안에서 충분히 갖고 있었다. 관리들은 잘살지만 백성들은 가난하게 산다는 귀츨라프의 관찰은 그 이후 이 나라를 방문한 서양인들의 기록들에서 되풀이된다.

"조선인들의 게으름에 대한 책임은 조선정부에 있다"

섬을 둘러보면서 귀츨라프는 중요한 사실을 확인할 수 있었다. 그것은 토지가 비옥해서 나무들이나 꽃들이 잘 자라고 있다는 사실이었다. 이러한 사실로부터 그는 "주민들이 열심히 일하면 이 황야를 에덴동산으로 바꿀 수 있다"는 믿음을 갖게 됐다. 주민들의 '수치스런 게으름'이 그들의 삶을 열악한 상태로 몰아넣었다고 본 것이다.

그러면 주민들은 왜 게을렀던 것인가? 귀츨라프는 다음과 같이 썼다: "우리는 주민들이 게으르다고 비난할 수는 없었다. 그러나 그들이 힘을 쓰는 데 필요한 자극이 부족하다는 사실을 두려워하지 않을 수 없었다. 정부는 주민들이 노동의 열매를 즐기도록 허용하지 않았다. 그들은 겨우 하찮은 생필품 이외에는 어떠한 물건도 소유하는 데 무관심했다."[48]

바꿔 말해, 귀츨라프는 조선인들의 게으름과 가난의 책임을 노동의 대가를 허용하지 않는 조선조정에 돌린 것이다. 귀츨라프의 이 지적은 그 이후 이 나라를 방문한 서양인들의 기록들에서 되풀이된다.

---

47 Gützlaff, *Journal of Three Voyages*, p. 345.

48 위와 같음, 346쪽.

귀츨라프는 조선인들이 잘살 수 있으려면 외국들과의 거래를 열어야 한다고 생각했다. 조선을 외국들로부터 배제시키는 현재의 국가정책으로는 이 나라가 잘살기 어렵다고 판단한 것이다. 그는 조선조정이 기독교의 전파를 허용해 조선인들로 하여금 복음을 배우게 하면 조선인들이 게으름에서 벗어날 수 있을 것이라는 기대도 표시했다. 조선인들에게 연민을 느낀 그는 린지와 함께 감자를 심어주고 감자재배법을 가르쳐주었다.[49]

조선조정, 문호개방요구를 거부하다

린지는 영국이 조선과 교역하고 싶으며 조선조정이 이것을 허락해주기 바란다는 뜻을 반복적으로 표시했다. 마침내 일행과 조선조정의 관리 사이에 이 주제를 놓고 대화가 열렸다. 그 관리는 "우리나라는 이제까지 우리의 상국(上國)인 대청제국(大清帝國)에 예속되어 있다"고 말하고, "어떻게 속국이 감히 비밀리에 다른 나라와 교제에 들어갈 수 있느냐"고 반문했다. 린지는 시암(Siam)과 코친(Cochin)도 중국에 조공을 바치는 나라지만 영국과 교역한다고 설명했다. 시암은 오늘날의 태국(泰國)이며, 코친은 오늘날의 베트남의 남부를 차지한 채 코친차이나(交趾支那: 교지지나)로 불렸다.

이에 대해, 조선의 관리는 "우리나라는 중국제국과 밀접하게 접경한 까닭으로 우리의 상국의 명령과 재가가 없이는 큰 일이건 작은 일이건 새로운 관행을 세운다는 것은 감히 상상할 수 없다"고 대답했다. 린지는 시암과 코친이 모두 중국과 밀접하게 접경했으나 외국인들과의 교류를 거절하지 않는다고 대답했다. 그러나 조선의 관리는 처음의 입장에서 한걸음도 물러서지 않았다.[50]

---

49 위와 같음.

50 Lindsay, *Report of Proceedings*, pp. 245~253.

영국인들, 제주도를 동북아시아 교역의 최적지로 간주하다

린지 일행은 결국 소기의 목적을 전혀 달성하지 못한 채 남쪽으로 떠났다. 다도해를 지나 9월 17일에 제주도를 보았다. 귀츨라프는 이 섬이 잘 경작됐으며 조선 · 일본 · 북부 중국 · 만주 등과 교역하기에 최적의 위치를 차지한다고 썼다. 그들은 이 섬에 상륙하지는 않았으며 거기서 류큐로 갔다. 다른 한편으로, 조선조정은 조정의 허가 없이 린지 일행과 접촉한 관리들을 엄벌했다.

제5장
아편전쟁에서 영국이 승리한 때로부터 서양열강의 조선침공이 시작되기 직전까지의 시기(1842~1856)

1. 영국 해군장교 벨처의 탐사기

앞에서 이미 설명했듯, 아편전쟁에서 영국이 승리한 1842년을 계기로, 이양선(異樣船)이라고 불린 유럽열강의 군함들 또는 선박들이 중국의 속방으로 알려진 조선의 해역에 훨씬 많이 나타나기 시작했다. 그것이 갖는 함의(含意)는 컸다. 유럽열강은 조선에 대한 중국의 이른바 종주권(宗主權)은 약화됐으며 따라서 자신들이 이 나라에 대한 영향력을 확보할 기회를 얻게 됐다고 계산한 것이다.

사마랑호의 동아시아 항해

이러한 배경에서, 조선의 해역에 출현한 유럽열강의 군함들 가운데 첫 사례가 1845년 6월과 7월 사이의 37일에 걸쳐 조선의 남해안 일대를 탐사한 영국군함 사마랑(Samarang)호였다. 이렇게 말한다고 해서 이 군함이 전적으로 조선 하나만을 탐사하는 데 항해의 목적을 두었다는 것을 뜻하는 것은 아니다. 이 군함의 항해대상지역은 조선을 넘어서서 동아시아의 많은 나라들을 포함했다. 달리 말해, 이 군함의 조선탐사는 광범위한 동아시아 탐사원행(探査遠行)의 일환으로 이뤄졌던 것이다.

여기서 우리는 아편전쟁에서 승리한 결과, 영국은 1842년 8월에 패전국 중국을 상대로 난징(南京: 남경)에서 조약을 맺은 사실을 상기할 필요가 있다. 불평등조약의 대표적 사례로 꼽히는 이 조약을 통해 영국은 우선 중국으로부터 막대한 배상금과 함께 홍콩을 할양받았다. 그것들에 더해, 영국은 상하이(上海: 상해)·광저우(廣州: 광주)·닝보(寧波: 영파)·푸저우(福州: 복주)·아모이(廈門: 하문, 중국어로 '샤먼'이라고도 발음한다) 등 다섯 항구들을 열게 만들었으며 그 항구들에 영사들을 배치할 수 있는 권리를 획득했다. 영국의 영사들은 곧 자신들이 관할하는 지역들에서 치외법권을 확보하게 된다. 이처럼 영국이 중국으로부터 많은 특권들을 확보하는 것을 보고, 미국과 프랑스 역시 중국을 압박해 각각 1844년 7월과 10월에 비슷한 특권들을 얻어낸다. 이때는 조선을 제24대 국왕 헌종(憲宗)이 다스렸다.

중국을 상대로 한 열강의 각축이 본격적으로 전개되자, 영국정부는 1843년 1월에 사마랑호로 하여금 영국을 출발해 난징조약을 통해 열린 중국의 해안들과 항구들 및 수로들을 탐사하게 했다. 이 지시에 따라, 이 군함은 1843년 9월 15일에 홍콩에 도착했다. 이때 중국의 수도 베이징에 파견된 영국의 전권대사는 중국을 자극하지 않도록 하기 위해 광둥성(廣東省: 광동성) 이북의 중국 영토에 접근하지 말라는 지시를 내렸다. 이에 따라 이 군함은 싱가포르와 보르네오 및 필리핀 등을 측량하고 홍콩으로 귀환한 뒤, 거기서 류큐로 항해해 이 왕국의 섬들을 탐사했으며, 1845년 6월 21일에 퀠파트를 향해 류큐를 떠났다.

사마랑호의 함장은 1799년에 그때 영국의 식민지던 캐나다의 노바 스코샤(Nova Scotia)에서 출생했고 1812년에 영국해군에 입대한 에드워드 벨처(Edward Belcher) 대위였다. 그의 전공은 측량으로, 아프리카의 해안들과 남북아메리카의 태평양연안들을 측량했으며 태평양을 횡단해 귀국한 경력을 지녔다. 그는 아편전쟁에 참전한 용사이기도 해서 그를 평가하는 사람에 따라서는 호전적인 군인으로 비치기도 했다. 뒷날 북극으로 항해하려다가 군함들을 잃어 군법회의에 의해 퇴역을 명령받기도 했으나 결국 제독으로 승진한다. 그는 영국해군성을 통해 자신의 항해기를 남긴다.[1]

제주도를 탐사하다

함장 벨처는 1845년 6월 25일 아침 6시에 제주도의 남쪽 만에 군함을 정박시켰다. 벨처는 대원들과 함께 천막 및 장비를 갖추고 머스킷총을 든 채 동쪽의 작은 섬 우도(牛島)에 상륙했다. 그는 우도를 해군성 수로국(the Hydrographic department)의 장(長)을 기념해 보포트섬(Beaufort Island)이라고 명명했다. 곧바로 원주민들이 모여들었으나, 양측 사이에 적대감은 나타나지 않았다. 그는 원주민들이 '불결하다'고 느껴 거리를 두었다.

여기서 강조돼야 할 점은 벨처가 제주도를 방문했을 때 이 섬에 대해 꽤 자세히 알고 있었다는 사실이다. 이 사실은 그의 일행과 대화를 나눈 제주도의 관리들이 중앙정부에 올린 보고서들에 잘 나타났다. 영국인들은 "이 섬이 조선의 탐라(耽羅)이며 전주(全州)에 소속된 제주(濟州)가 아니냐"고 물었던 것이다.[2] 그때 이 섬은 전라도의 수도 전주부(全州府)의 관할

1 Edward Belcher, *Narrative of the Voyage of H. M. S. Samarang During the Years 1843~46* (2 vols.: London: H. M. Admiralty, 1848). 이 책은 '근세동아세아서양어자료총서 15'와 '16'으로 각각 서울의 경인문화사에서 2000년에 영인본으로 출판됐다. 조선에 대한 기록은 제1권의 제10장에 있다.

2 박천홍, 『악령이 출몰하던 조선의 바다: 서양과 조선의 만남』(서울: 현실문화연구, 2008), 344쪽.

아래 놓여 있었다.

이 섬의 이름을 알면서도, 벨처는 자신의 중국인 통역을 통해 원주민들에게 이 섬의 이름을 물었다. 원주민들은 그가 나라의 이름을 묻는 것이라고 생각했는지 '오초산'(O-tcheou-san)이라고 대답했다. 벨처가 자신의 항해기 뒷부분에서 조선을 '초산'(Tcheousan)이라고 표기한 것을 보면, '오초산'은 '조선'을 뜻했음이 확실하다. 조선정부의 기록에 따르면, 벨처는 자신들이 홍모국(紅毛國) 또는 대영국(大英國)이라고 불리는 나라에서 왔다고 설명했다. 벨처의 회상에 따르면, 자신은 여왕의 명령에 따라 많은 나라들을 방문하면서 해도를 정확히 만드는 과정에 이 섬을 방문하게 됐다고 설명했다. 그는 해도를 정확히 만들어야 어느 나라 선박이건 안전하게 항해할 수 있다고 설명하고 따라서 이 일은 모든 나라 사람들을 위한 일이라고 덧붙였다. 자신의 제주도 방문목적이 그러한 만큼 자신의 선원들이 제주도에 상륙해 표지(標識)들을 세워도 방해하지 말아달라고 그는 부탁했다.[3]

벨처는 이 섬이 매력적이라고 느꼈다. 구릉과 계곡이 멋진 다양성을 보여주고, 소나무 숲이 우거졌으며, 토지는 깨끗하게 개간되어 있었다. 그는 이곳을 기지로 삼아 7월 14일까지 제주도탐사를 끝내고 해도를 작성했으며 한라산을 오클랜드산(Mount Auckland)이라고 명명했다.

약 3주 동안 체류하면서 벨처는 제주도의 주민들과 그들의 생활여건에 대해 다각적으로 파악할 수 있었다. 첫째, 그는 주민들이 상위계급과 군인들 및 하위계급으로 나뉘어졌다고 느꼈다. 그들 사이에는 복장과 얼굴색 및 언어행태에서 차이가 나타났다. 그들 가운데 벨처가 특히 주목한 사람들은 어부들이었다. 벨처는 그들이 자신이 만나본 다른 나라들의 어

3 Belcher, *Narrative of the Voyage*, pp. 332~344.

부들에 비해 더 더러우며 "그들이 보유한 어선들은 수도 적을 뿐만 아니라 아주 빈약하게 만들어졌다"고 썼다. 둘째, 그는 제주도에서 생산되는 농산물은 쌀 · 밀 · 보리 · 고구마 · 옥수수, 러시아식의 긴 무 등이라고 지적하면서 그러한 생산물들의 양이 주민들의 수요를 충족시키기에는 부족해 보였다고 썼다. 셋째, 그는 제주도가 조선의 유형지들 가운데 하나임을 파악할 수 있었다. 유배된 사람들은 서울에서 관리로 일했던 사람들로 농사에 익숙하지 않을 뿐 아니라 유형이 끝나면 서울로 돌아간다는 생각에서 생산에 열성을 보이지 않았다고 그는 덧붙였다. 그는 주민들에게 멜론 · 오이 · 왕귤나무 · 자두 · 호박 · 귤 · 겨자 · 상추 등의 씨앗들을 나눠 주었다.[4]

영국수병들과 제주도민들 사이에 충돌이 일어나다

제주도를 탐사하는 과정에서, 벨처는 이 지역의 관리들 및 주민들과 친교를 맺었다. 벨처는 관리들과의 대화를 통해 그들이 아편전쟁과 그 결과에 대해 아는 것이 전혀 없음을 깨달았다. 벨처의 중국인 통역이 이 전쟁의 결과 중국이 영국에게 배상금을 지불했다고 설명하자, 그들은 중국인이 '야만인들'인 서양인들을 위해 일한다는 사실에 불신감을 표시하면서 그가 '진실이 아닌 것들을 말한 아주 나쁜 사람'이라고 규정한 것이다.

벨처는 조선의 관리들 가운데 수장(首長)을 군함으로 안내했는데, 이 사람은 군함의 여러 무기들과 장비들 그리고 영국수병들의 여러 물건들을 둘러보면서 감탄을 거듭했으며 특히 악기들의 소리를 들으며 즐거워했다. 벨처는 그가 '다른 세계'를 발견하고 몸을 떠는 것처럼 보였다고 썼

4 위와 같음, 345~350쪽.

다. 벨처는 이 사람과 함께 사탕과자와 포도주를 나눴다.[5]

그러나 쌍방 모두가 상대방에 대해 의심을 갖게 된 일이 벌어졌다. 영국인들의 어떤 행동들이 조선측에게는 '추악한 무리들이 행패를 부리는 것'으로 비쳤고, 무기를 든 조선인들의 견제는 영국인들에게는 자신들을 살해하려는 것이 아닌가 하는 의심을 자아냈기 때문이었다. 그 결과 양측 사이에 포화(砲火)가 교환됐고 영국군이 잠시 조선인 관리를 인질로 잡는 불상사가 일어났다. 영국군이 대포와 장총 등 근대식 무기들을 보유했음에 비해 조선군은 화승총과 횃불 및 돌 등 전근대식 무기들을 보유했을 뿐이었다. 벨처는 조선군의 병기들이 부실하다는 사실을 파악하고는 경멸감을 표시했다. 다행히 상황은 더 악화되지 않았으며, 양측은 이번에는 선물들을 교환했다.

이러한 사실은 조선왕조의 학자이며 서예가인 김정희(金正喜)의 글에서도 확인된다. 그 무렵 제주도에서 유배생활을 하던 그는 아우에게 보낸 편지에서 "이 때문에 제주도 전역에 소요가 일어났다. 지금까지 무려 20여 일 동안 진정되지 못하고 있다"고 쓴 것이다. 그가 편지의 말미에 쓴 "이제야 비로소 배를 출항시킨다고 한다. [……] 무척 마음이 쓰인다"는 구절은[6] 그때 제주도 주민들이 외양선의 출현에 얼마나 놀랐던가를 잘 보여주었다.

조선조정은 이 사건을 심각하게 받아들였다. 그리하여 우선 현지의 관리들을 문책했다. 이어 중국정부와 일본정부에 대해서도 이 사건을 통보했다. 통보를 받은 중국정부는 베이징에 파견된 영국의 전권대사에게 조선이 중국에 조공을 바치는 나라이며 따라서 독립국이 아니라는 자신의

5 위와 같음, 331~346쪽.
6 박천홍, 『악령이 출몰하던 조선의 바다』, 353~354쪽에 인용되어 있다.

해석을 상기시킨 뒤 이러한 지위의 조선은 스스로 외국과 통상을 시도할 수 없다고 역설했다. 중국정부는 또 조선은 너무나 가난해서 영국이 조선과 무역하는 것은 아무런 이익이 없을 것이라고 덧붙였다.[7]

여기서 주목되는 것은 중국정부가 조선을 '너무나 가난한' 나라로 평가한 구절이다. 조선은 '너무나 가난한' 나라라는 표현은 이미 귀츨라프의 탐사기에서 나왔는데, 이 표현은 앞으로 우리가 읽게 될 수많은 서양인들의 저술들에서 되풀이된다.

거문도를 탐사하다

벨처는 제주도 탐사가 끝나자 남해의 다도해를 향해 북쪽으로 항해했다. 그는 곧 오늘날 전라남도 완도군(莞島郡) 금일읍(金日邑)에 속한 평일도(平日島) 앞을 지나갔으며, 7월 16일에 세 개의 섬들을 발견했다. 하나는 작았고 둘은 컸다. 해안선 안으로 깊이 들어가 있는 그 섬들은 안으로는 '아주 완전한 항구'를 형성했으며 밖으로는 '아주 아늑한 만'을 형성했다. 그는 그 섬들 가운데 어느 섬에 자신의 배를 정박시켰는지 쓰지 않았다. 그는 그저 "배는 바깥 만에 닻을 내렸다"고 썼다.[8]

벨처는 다음날 대원들과 함께 섬에 상륙해 하루종일 탐사했다. 그는 주민들이 네 개의 마을들을 형성해 살며 '공손했다'고 회상한 데 이어 그들이 자신의 보좌관들을 산꼭대기로 안내했다고 덧붙였다. 그는 주민들의 생업은 오로지 어업 하나로, 잘 건조된 선박들을 보유했으며 그들 가운데 군인은 없었다고 회상했다. 그는 "그들은 모두 아주 빈약한 재료들로써 집에서 만든 질긴 천의 옷들을 입었다"고 덧붙였다. 벨처는 이곳을 당시

7 위와 같음, 349~353쪽.

8 Belcher, *Narrative of the Voyage*, p. 331 and p. 352.

의 영국해군성장관 해밀턴을 기리기 위해 해밀턴항(Port Hamilton)이라고 명명했다.[9]

이 섬은 당시에는 삼도(三島)라고 불렸으며 오늘날에는 전라남도 여수시 삼산면(三山面)에서 거문리(巨文里)를 형성하는 거문도(巨文島)였다. 그는 나흘 동안 이 섬을 측량하고 해도를 작성한 뒤 '문명의 아주 작은 흔적도 지니지 않은' 곳이라고 기록했다.[10] 벨처는 곧 우도로 돌아갔으며, 8월 1일에 일본의 나가사키를 향해 그곳을 떠났다.

벨처의 기록에 남겨진 그의 이 표현에 대해서는 우리로서 다툴 만하다. 이 섬들에는, 비록 초라한 집들에서 엉성한 옷들을 입은 채 가난하게 살고 있었다고 해도, 문명의 중요한 척도들 가운데 하나인 글에 능한 사람들이 많았다. 1885년 4월에 영국해군이 이 섬을 불법점령했을 때 그것에 항의하기 위해 청나라 제독 딩루창(丁汝昌: 정여창)은 군함을 이끌고 이 섬에 와서 그 사실을 깨닫고 이 섬을 '거문도', 곧 '큰 글의 섬'이라고 명명했던 것이다.

거문도에 대한 영국해군의 전략적 관심은 그 이후에도 계속된다. 예컨대, 1855년에는 측량선 사라센(Saracen)호가 이 섬을 측량하며, 마침내 1885년부터 1887년까지 영국해군이 이 섬을 점령한다. 이때 영국해군이 사용한 해도가 바로 벨처의 해도였다. 이 이른바 거문도점령사건에 대해서는 우리가 앞으로 다시 살필 것이다.

---

9 위와 같음, 352쪽.

10 위와 같음, 355쪽.

2. 프랑스 해군장교 세실의 탐사기

조선의 천주교박해와 프랑스의 개입

아편전쟁에서의 승리를 계기로 영국이 중국을 비롯한 동북아시아로 진출의 폭을 넓히는 것에 크게 자극된 나라는 프랑스였다. 국왕 루이 필립(Louis Philip)은 프랑스도 중국에서 특권들을 확보해야 하겠고 거기서 한 걸음 더 나아가 류큐와 조선을 원정해야 한다는 야심을 갖기에 이르렀다. 마침 조선에서는 프랑스정부가 원정의 명분으로 삼기에 편리한 사건이 일어났다. 조선조정은 1801년 신유년(辛酉年)에 이어 1839년 기해년(己亥年)에도 천주교를 사학(邪學)으로 단정하고 조선의 천주교도들과 함께 세 명의 프랑스 신부들을 처형한 것이다. 이것을 기해박해(己亥迫害)라고 부른다.

프랑스정부는 이 사실을 모르는 채, 장 페레올(Jean Joseph Ferréol) 신부를 포함해 몇몇 프랑스 신부들을 조선에 파송했으며, 그들은 조선에 들어가기에 앞서 마카오를 거쳐 상하이에 도착했다. 조선교구의 주교자격을 지닌 페레올 신부는 거기서 1845년 8월에 김대건(金大建)을 신부로 임명했으며, 이로써 김대건은 조선인으로서는 최초로 천주교 신부가 됐다. 1821년 8월에 오늘날의 충청남도 당진군(唐津郡) 우강면(牛江面)의 독실한 가톨릭 집안에서 태어난 김대건은 마카오의 성바오로학원에서 주로 파리 외방전교회 신부들로부터 신학을 공부했다.

페레올 신부와 김대건 신부 등은 라파엘(Raphaél)호를 타고 상하이를 떠나 제주도를 거쳐 1845년 10월에 당시 충청도 은진군(恩津郡) 강경리(江景里)에 속한 나암(羅岩)에 잠입했다. 비밀리에 각지를 순방하며 전도하던 김대건은 프랑스 신부들의 입국을 위한 비밀항로를 찾기 위해 1846년 6월에 당시 황해도 옹진군에 속한 백령도 부근을 답사하다가 붙들려 서울로

압송됐다.[11]

서해안을 탐사하다

김대건 신부가 체포되기 한 달 전쯤에야 비로소 프랑스정부는 자기 나라의 신부들이 조선에서 몇 해 전에 처형됐다는 소식에 접했다. 프랑스정부는 곧바로 중국 및 인도양 주둔 해군기지사령관 세실(Tomas Cecil) 제독에게 조선으로 원정해 '학살'의 책임을 물으라고 지시했다. 이에 따라 세실 제독은 클레오파트르(La Cleopatre)호를 이끌고 1846년 5월 20일에 마카오를 떠나 나가사키를 거쳐 8월 2일에 제주도 남쪽을 통과하고 21일에 오늘날 전라남도 신안군(新安郡) 흑산면(黑山面)에 속한 소흑산도(小黑山島)에 당도했다. 클레오파트라호는 북쪽으로 항해를 계속해 8월 6일에 오늘날의 충청남도 보령시와 서천군 일대의 몇몇 섬들에 접근했다. 그러나 섬들 사이의 통로를 찾기가 쉽지 않았다. 그래서 오늘날의 보령시 오천면 녹도리(鹿島里)에 속한 길산군도(吉山群島)를 끼고 돌아서 육지와 길산군도 사이로 진입했고, 밤이 되기 전에 진흙이 많은 모랫바닥 위 해상에 닻을 내렸다.

이튿날 아침에, 세실은 항구에 약 예순 척의 조선 배들이 선단을 형성한 채 움직이는 것을 보았다. 세실은 "이 배들이 유럽함대의 위력과 능력을 알지 못하고 우리를 공격하는 만용을 부리려 한다"고 비웃으면서도 대원들에게 전투준비를 명령했다. 다행히 그 배들은 아무런 도전이나 시위 없이 남쪽으로 항해했다. 여기서 주목되는 것은 세실이 조선수군을 대수롭지 않게 보았다는 사실이다. 자신의 함대는 세 척으로 구성됐고 조선의 선단은 스무 배가 넘는 수의 배들로 구성됐으나, 근대적 무기들과 장비들

11 『두산세계대백과사전』, 제5권(서울: 두산동아[斗山東亞], 1996), 259~260쪽.

을 갖춘 자신의 함대가 전근대적인 조선의 선단을 제압할 수 있다는 확신을 가졌던 것이다.[12]

세실은 곧 해안을 따라 남진하면서 오늘날의 보령시 오천면에 속한 외연도 근처에 정박했다. 그는 8월 9일에 동승한 프랑스 신부 1명과 중국인 신부 1명 및 프랑스 장교 1명을 외연도에 상륙시켜 자신의 서한을 이 섬의 관리들에게 전달하게 했다. 그 서한의 핵심은 "조선정부가 죄 없는 프랑스 신부 3명을 살해한 것은 대불랑서국(大佛朗西國) 황제를 크게 모욕한 행위인 만큼 원한을 초래하게 될 것"이라고 경고하는 데 있었다. 중국인 신부 아우구스틴(Augustine)이 세실의 서한을 한문으로 번역하고 조선관리들 및 현지유지들과 필담을 나눴다. 세실은 이 작은 섬에 외국인들과 필담에 응할 수 있을 정도로 학식이 높은 사람이 있다는 사실에 무척 놀랐다. 그는 조선의 무(武)는 그 수준이 낮다고 보았으나 조선의 문(文)은 그 수준이 높다고 본 것이다.

세실은 함대원들이 오랜 항해로 말미암아 지쳐 있을 뿐만 아니라 이 일대의 해로가 복잡하고 풍랑이 격심한 만큼 오래 머무는 것이 바람직하지 않다고 판단했다. 그래서 그는 자신의 서한이 조선의 중앙정부에게 전달되고 내년에 다른 프랑스군함이 왔을 때 회신을 받게 될 것을 희망한다는 뜻을 밝힌 뒤 이곳을 떠났다. 이 사건은 조선조정을 격앙시켰다. 조선조정은 현지의 지방관들과 유지들을 징계함과 아울러 김대건을 처형했다.

라피에르의 난파와 조선조정의 구조

세실이 자신의 함대를 이끌고 물러난 때로부터 1년이 지난 1847년 여름에 프랑스의 중국 및 인도양 주둔 해군기지사령부 산하 분함대장(分艦

12 박천홍, 『악령이 출몰하던 조선의 바다』, 366~371쪽.

隊長) 라피에르(Lapierre) 해군대령이 모함 글루아르(La Gloire)호와 소함 빅토리외즈(La Victorieuse)호를 이끌고 조선을 찾아왔다. 세실이 전달했던 서한에 대한 조선정부의 답장을 받기 위해서였다. 7월 28일에 마카오를 떠난 이 함대는 8월 9일에 제주도를 지났으며, 곧 소흑산도를 지나 북상했다. 그러나 안개와 강풍 속에서 두 배는 곧 좌초했다. 라피에르는 8월 12일에 모든 승무원들로 하여금 어느 한 섬으로 철수하도록 명령했다. 이곳은 당시 전라도 고군산진(古群山鎭)의 관할에 속한 부안화도(扶安火島)의 어느 한 지점이었다. 난파한 배들은 그 근방의 만경신치(萬頃薪峙) 무영구미(茂永仇味)에서 가라앉고 있거나 신치도(新峙島)의 풀밭에 묻혀 있었다. 이 섬은 오늘날 전라북도 군산시(群山市)와 부안군(扶安郡) 사이에 있으며 신시도(新侍島)로 불린다.

고군산진의 관리들과 병사들이 현장에 갔을 때, 약 600명의 프랑스 승무원들은 신치산 아래 모래밭에 천막을 쳐놓고 무기들을 든 채 경계태세를 취하고 있었다. 라피에르는 우선 현장을 방문한 조선관리들을 상대로 간곡한 어조로 구제를 요청했다. 조선정부는 그 요청을 받아들여 쌀과 고기와 채소 등 식량을 공급해주었다. 다른 한편으로, 라피에르는 자신의 함대에 속한 보트 두 척을 상하이로 보내 그곳의 영국영사에게 구조선을 보내줄 것을 요청했다. 영국영사는 이에 응해 배 세 척을 보냈으며, 이 구조선들은 라피에르를 비롯한 함대원 전원을 싣고 9월 12일에 조선을 떠나 결국 10월 3일에 마카오에 도착했다. 이 시점에서, 상하이에 영국은 영사관을 개설하고 있었으나 프랑스는 그렇지 못했다.

프랑스 신부 3인의 '살해'를 '응징'하겠다는 뜻에서 시작된 세실 및 라피에르의 조선항해는 결국 실패로 귀결됐다. 그러나 프랑스정부는 원래의 뜻을 포기하지 않았다. 해군성의 한 고위장교이며 함장인 줄리엥(E. Julien)은 1848년 4월에 조선해안을 탐색할 계획을 상부에 건의하면서

"조선의 다도해와 해안은 프랑스의 이해관계에 중요한 곳이다"고 역설했다. 그러나 그의 건의는 받아들여지지 않았다. 왜냐하면 프랑스에서 1848년 2월에 일어난 혁명과 6월에 일어난 폭동으로 프랑스정부가 극동의 한 작은 나라에 관심을 기울이는 것 자체가 불가능했기 때문이다.[13]

리앙쿠르호의 독도 발견

그렇다고 해서 프랑스의 배들이 조선의 해역에 전혀 나타나지 않았던 것은 아니다. 조선을 제25대 국왕 철종(哲宗)이 통치하던 때인 1849년 1월 27일에 프랑스의 포경선 리앙쿠르(Liancourt)호는 동해에 진출했다. 그때 동해는 고래들이 많이 서식하는 곳으로 널리 알려졌기에, 서양의 포경선들은 앞을 다투며 동해로 진출했다. 리앙쿠르호의 선장은 본명이 가로르트 드 수자(Galorte De Souze)였으나, 흔히 장 로페즈(Jean Lopez)라는 이름으로 불렸다.

그는 1849년 1월 24일에 대마도 북쪽을 통과한 뒤, 그의 표현으로 '다줄레섬'으로 향했다. 1월 27일에, 배가 다줄레섬이 북동 2분의 1 북 방향으로 보이는 위치에 이르렀을 때, 그는 동쪽에 큰 암석(roche) 하나가 있음을 보았다. 그의 표현으로, "이 암석은 어떤 지도와 책자에도 나타나 있지 않았다." 그는 그것의 위치를 북위 37도 2분 동경 131도 46분으로 기록했다. 그는 그것을 자신의 이름을 따서 '리앙쿠르 바위섬'(Rocher du Liancourt 또는 Rochers Liancourt)이라고 명명했다. 이 명칭이 영어로 '리앙쿠르 록스'(Liancourt Rocks)로 번역됐다. 그것이 바로 독도였다.

프랑스해군성해도국은 1851년에 발간한 『태평양전도』에 독도를 정확한 위치에 올려놓았다. 이것을 계기로 독도는 서방세계의 해도들에 '리

13 위와 같음, 394~438쪽.

앙쿠르 록스,' 곧 '리앙쿠르 열암(列岩)' 또는 '리앙쿠르 암초'로 기록되기에 이르렀다.[14]

3. 러시아 소설가 곤차로프의 방문기

영국과 프랑스에 이어 조선의 해역에 자신의 함대를 파견한 나라는 러시아였다. 아편전쟁의 결과로 중국이 영국과 프랑스 및 미국에 항구들을 열도록 허락하는 것을 보고, 러시아는 자신도 중국과의 무역에 참여해야 하겠으며 이어 일본과 무역의 문을 열어야겠다는, 뜻을 굳히게 됐다. 특히 일본과의 정상적 관계수립은 러시아의 숙원이었다.

이 무렵인 1852년 3월에 미국정부가 일본을 개항시키기 위해 1852년에 매튜 칼브레이스 페리(Matthew Calbraith Perry) 제독을 함장으로 하는 함대를 일본에 파견한다는 사실이 알려졌다. 실제로 페리 제독은 1853년 7월에 이른바 흑선(黑船)을 몰고 오늘날의 도쿄(東京: 동경)항에 인접한 우라가(浦賀: 포하)항에 들어와 도쿠가와바쿠후(德川幕府: 덕천막부)를 위협한다. 도쿠가와바쿠후는 흑선이 오늘날의 요코스카(横須賀: 횡수하)항인 구리하마(久里濱: 구리빈)항에 정박하도록 허락하고 페리가 제출한 미국 대통령의 개항요구서를 접수한다. 두 나라는 외교관계수립을 위한 협정을 1854년 3월 31일에 가나가와(神奈川: 신나천)에서 체결한다. 이로써 제국주의시대를 상징하는 '함포를 앞세운 외교'(Gunboat diplomacy)의 전형이 확립된다.

---

14 이진명(李鎭明), 『독도, 지리상의 재발견』 개정증보판(서울: 삼인[三寅], 2005), 59~65쪽.

전함 팔라다호, 조선을 탐사하면서 독도를 발견하다

미국정부의 움직임에 발을 맞춰, 러시아정부는 1852년 5월에 니콜라이 1세의 시종무관장 에브피미 바실리예비치 푸챠친(Evfimi Vasilievich Putyatin) 해군중장을 동아시아전권순회대사로 임명해 그로 하여금 중국 및 일본을 포함한 관련국들과 교섭할 수 있는 권한을 부여했다. 그는 1852년 10월 19일에 함대를 이끌고 발틱해 연안의 군항 크론슈타트(Kronshdadt)를 떠났다. 그의 함대는 기함 팔라다(Pallada)호, 증기선 보스토크(Vostok)호, 포함 올리부차(Olivutsa)호, 수송선 멘시코프공(Prince Menshikov)호 등 네 척으로 구성됐다. 그는 대서양을 남하해 아프리카해안을 돌고 인도양과 남중국해를 거친 뒤 중국에 도착했다. 그는 중국정부를 상대로 교섭을 개시했으나 성사시키지 못했다. 그러나 그는 1853년 8월에 일본의 나가사키에 도착하면서 교섭을 재개해 1855년 1월에 양국관계의 수립을 위한 조약을 성사시키며 이 공로로 백작의 작위를 받는다.[15]

그러면 푸챠친은 어떤 배경에서 조선을 방문하게 됐던 것인가? 그는 도쿠가와바쿠후를 상대로 러시아정부의 의사를 전달한 뒤 나가사키를 떠나 1854년 2월 28일에 스페인의 통치를 받던 필리핀의 수도 마닐라에 도착했다. 그 무렵 영국과 프랑스를 한편으로 하고 러시아를 다른 한편으로 하는 이른바 크림전쟁의 분위기가 고조되고 있었다. 이것을 보고 스페인 총독은 푸챠친에게 퇴거를 명령했다. 이 명령을 받아들일 수밖에 없었던 푸챠친은 크림전쟁의 발발을 예상하면서 캄차카반도와 오오츠크해 연안의 방어를 강화하기 위해 올리부차호를 그 일대로 보냈다. 동시에 그는 보스토크호를 류큐로 보내 그 일대의 해도를 작성하게 했으며, 멘시코프

15 아끼스끼 도시유끼(秋月俊幸: 추월준행), 「푸챠친과 일본의 개항」, 주영하(朱永夏) 감수, 『19세기 후반의 한 · 영 · 러관계: 거문도사건』(서울: 세종대학교출판부, 1987), 125~147쪽.

공호를 상하이로 보내 정보를 수집하게 했다. 그는 기함 팔라다호를 이끌고 거문도로 가면서 보스토크호와 멘시코프공호에게 각자의 임무가 끝나면 거문도로 집결하라고 지시했다.

이때 올리부차호는 캄차카로 북상하다가 1854년 4월 6일에 독도를 형성하는 두 개의 섬, 곧 동도(東島)와 서도(西島)를 발견했다. 올리부차호의 항해일지에 따르면, 이 두 개의 바위섬들은 흰 새똥으로 덮여서 멀리서도 알아볼 수 있었다. 리앙쿠르호의 발견에 이은 두 번째 발견이었다. 올리부차호는 동도에 자신의 흑대함대 시절의 이름을 따서 메넬라이(Menelai)라는 이름을 부쳐주었고 서도에 올리부차라는 이름을 부쳐주었다.[16]

이듬해인 1855년 4월 25일에 영국함대 호넷(Hornet)호가 이 두 바위섬들을 보았다. 함장 찰스 코브링턴 포시드(Charles Cobrington Forsyth)는 다음과 같은 기록을 남겼다: "나는 이 섬에서 약 5.5킬로미터까지 접근해보았는데, 어떠한 위험도 발견하지 못했다. 섬 주변의 바다는 매우 깊은 것으로 보였다. 섬은 완전히 불모였고 바윗돌 틈 사이에 몇 개의 잡초더미만 보였다. 바다가 조용하지 않고서는, 이 섬에 내리는 것은 어려울 것으로 보인다."[17] 그때로부터 약 7개월 뒤인 1855년 11월 17일에 프랑스함정 콩스탕틴(La Constantine)호가 동해를 통과하며 28킬로미터 떨어진 곳에서 독도를 목격했으며, 한 승무원이 독도를 그림으로 그렸다. 이 그림은 프랑스해군성이 1856년에 출판한 『수로지(1854~1855)』에 수록됐다.[18]

곤차로프, 편견들을 갖고 관찰하다

푸챠친의 계획대로, 팔라다호는 양력으로 1854년 4월 9일에 거문도에

16 이진명, 『독도』, 71쪽.

17 위와 같음, 72쪽.

18 위와 같음, 68쪽.

도착했으며 19일까지 11일간 체류했다. 이때 푸챠친은 조선왕국을 상대로 개항을 요청하는 공문을 제출했다. 조선을 제25대 국왕 철종이 통치하던 때였다. 이 문서는 러시아인이 조선을 상대로 개국을 요구한 최초의 문서로 평가된다.

이처럼 뜻깊은 항해에, 푸챠친 제독은 모스크바대학교 졸업생으로 그 무렵 러시아에서 문명을 떨치던 작가 이반 알렉산드로비치 곤차로프(Ivan Aleksandrovich Goncharof)를 비서로 대동했다. 곤차로프는 항해를 끝내고 귀국한 1854년 8월부터 4년 뒤인 1858년에 『전함 팔라다호』(전2권)를 출판해 이 함대의 항해과정을 자세히 알렸다. 그는 이 책에 조선에 대한 자신의 관찰들을 포함시켰다. 『전함 팔라다호』 가운데 조선에 관한 부분은 한국어로 번역됐다.[19] 팔라다호의 조선상륙은 러시아인에 의한 최초의 이 나라 방문이었다는 점에서 의미가 큰 만큼, 이 관찰기는 자세히 검토될 가치가 있다.

우선 상기돼야 할 것은 곤차로프가 조선을 방문하기에 앞서 이 나라에 관한 여러 책들을 읽었으며 그것들로부터 영향을 받았다는 사실이다. 그 책들은 다음의 세 부류로 나눌 수 있다.

첫째, 라 페르주의 탐사기와 벨처의 탐사기다. 라 페루즈는 조선이 이국의 난파선원들을 죄수로 붙잡아 학대한 사실을 회상했었고, 벨처는 조선인들이 불결하며 거칠고 문명과 거리가 멀다고 평가했었다. 둘째, 일본인 린시페이(林子平: 림자평)가 1786년에 일본어로 썼고 독일인 클라프로트(Klaproth)가 1832년에 프랑스어로 번역하면서 자신의 의견들을 추가한 『중국 류큐 홋카이도 코레아』다. 이 책은 "조선인은 대단히 교활하고 게

19 박태근(朴泰根) 옮김, 「논픽션 1854년의 조선」, 『신동아』 1974년 8월호, 268~298쪽. 이것은 같은 제목 아래 다음에 재수록됐다. 주영하 감수, 『19세기 후반의 한 · 영 · 러관계』, 209~262쪽.

으르며 게다가 고집이 세고 노동하기를 싫어한다"고 써서 조선인에 대해 부정적인 인상을 확산시켰다.[20]

셋째, 베이징에서 시무한 경험을 지녔으며 중국역사에 조예가 깊은 러시아 정교신부들의 설명들이다. 곤차로프는 비추린 이아킨프(Bichurin Iakinf)의 『청제국의 통계학적 기술(記述)』(1842년) 및 『고대중앙아시아의 여러 민족들에 관한 자료집성(資料集成)』(1851년)을 읽었으며, 팔라다호에 동승해 푸챠친 제독의 중국어통역을 맡은 아와 쿰(Otets Avva Kum)으로부터 조선역사에 대한 설명들을 들었다. 이 사실은 곤차로프가 중국적 시각으로부터 조선을 이해했음을 의미했다. 실제로 그는 자신의 여행기에서 조선인을 만주인과 중국인의 혼혈이라고 불렀으며 조선을 중국이 문화를 가르쳐준 중국의 속국이라고 썼다.

곤차로프, 조선인들을 겁쟁이로 묘사하다

이러한 책들로부터 형성된 선입견들 탓인지, 곤차로프의 여행기에는 조선에 대한 폄하나 조롱이 적잖게 등장했다. 첫째, 거문도에서 현주민들이 쓴 모자를 보고, 그는 "꼭대기는 겨우 상투가 감추어질 정도로 작고 그 대신에 테두리는 마치 우산을 펼친 것같이 넓은 모자는 털로 만든 것 같이 보이지만 실제로는 갈대를 머리털 같이 가늘게 짜서 만든 것으로, 빛깔이 검다"고 설명한 뒤, "그것은 투명하여 비나 햇빛이나 먼지로부터 머리를 보호하는 것이 못 된다"라고 평가했다. 그는 모자를 '괴상한 물건'이라고 비웃고, "그들이 어째서 이런 쓸모없는 모자를 쓰는지 도무지 알 수가 없었다"고 덧붙였다. 곤차로프는 이 나라에서 모자가 지위의 상징이었다는 사실을 모르는 채 서양모자가 지닌 기능이라는 측면에서만

20 곤차로프, 「논픽숀 1854년의 조선」, 273쪽.

접근했던 것이다.[21]

둘째, 그는 조선인들을 겁쟁이들로 묘사했다. 거문도에 상륙한 러시아 수병들이 마을 안으로 들어갔을 때 "아녀자들의 한 떼가 공포의 빛을 여실히 나타내고 쏜살같이 산 쪽으로 도망쳤다." 아녀자들과는 달리, "남자들은 떼를 지어 팔과 몽둥이를 휘두르며 상륙한 러시아인들이 더 이상 들어오지 못하도록 했다."[22] 러시아수병들이 힘으로 맞서자, "그들은 곧바로 점잖아졌다." 이것을 보고, 그는 "그들의 모양은 마치 물어뜯고 싶은 욕구에 사로잡혀 행인의 뒤를 쫓아가다가 그렇게 하지 못하는 개와 같았다"고 비웃었다.[23]

러시아인들은 한자(漢字)로 "부녀자들은 안심하라. 우리 러시아인들은 해안을 조사하고 얼마간 산책하기 위해서 왔다"고 써보였다. 이 글을 보고 주민들은 러시아인들의 통행을 방해하지는 않았으나 러시아인들을 마을 밖으로 쫓아내려고 고심했다. 곧 마을의 몇몇 어른들이 상민(常民)들을 데리고 이방인들에게 다가왔다. 곤차로프의 눈에, "상민들 가운데는 맨발에 머리털이 텁수룩하고 불결한 사람들이 많았다." 신분이 높아 보이는 사람들은 '청결한 백색'의 옷들을 입었으나 신분이 낮아 보이는 사람들은 '때 묻은 백색'의 옷들을 입었고, 신분이 높은 사람들의 손들은 깨끗한 반면에 노동자들의 손들은 그렇지 않았다고 그는 회상했다.

셋째, 조선인들을 배로 초청해 홍차 · 빵 · 비스킷 · 럼주 등을 대접한 러시아인들은 조선인들에 대해 험담을 늘어놓았다. 그들을 대변해 곤차로프는 "조선인들 가운데 어떤 사람은 손으로 버터를 찍어보기도 하고

---

21 박태근, 「러시아 푸챠친 제독의 거문도 내항」, 주영하 감수, 『19세기 후반의 한 · 영 · 러관계』, 158쪽.

22 곤차로프, 「논픽숀 1854년의 조선」, 270~271쪽.

23 위와 같음.

어떤 사람은 빵을 약간 물어뜯고는 나머지를 러시아인들의 입에 넣어주기도 했다. 어떤 사람은 럼주를 스트레이트로 두 잔을 거듭 마셨다"고 썼다. 러시아인들이 필담을 통해 조선인들에게 "만약에 우리에게 암탉이나 야채 또는 생선을 제공한다면 돈을 지불할 것이며 럼주나 삼베 또는 그 밖의 물건들로 교환해도 좋다"고 제의하자, 조선인들은 닭이 없다고 대답했다. 이미 마을에서 닭들을 보았던 러시아인들은 그 대답이 거짓말임을 곧바로 알아챘다. 곤차로프는 "조선인들의 손님대접은 똑같은 중국문명에 속해 있으면서 일본인들이나 류큐인들의 그것보다 거칠다"고 단언했다.[24]

조선인들은 선실들에 걸린 예수의 성상을 보면서 그가 누구냐고 물었다. 러시아인들이 그가 구세주라고 설명하자 조선인들은 자리에서 일어나 공손히 고개를 숙이며 절을 했다. 이 무렵 배 위로 약 100명의 조선인들이 몰려들자 러시아인들은 그들이 더 이상 몰려들지 않도록 봉쇄했다.

넷째, 조선인들은 자신들이 러시아인들을 어떻게 할 수 없음을 깨닫자 러시아인들이 마음대로 움직이도록 내버려두는 것보다는 자신들에게 유리한 쪽으로 자진해서 안내하는 것이 낫겠다고 판단했다. 그래서 그들은 러시아인들을 마을의 변두리 쪽으로 안내했다. 곤차로프는 자신이 동료 러시아인들과 함께 돌담 사이를 돌아다녔다고 쓰면서, "류큐인들의 돌담은 꼼꼼하고 끈질기고 질서있고 예술적임에 비해, 이곳 돌담은 태만과 조잡 그리고 무능 그 자체였다. 조선인들은 정말 노동을 싫어하는 것이 틀림없다"고 단언했다.[25] 이 마지막 부분은 조선인들은 게으르고 노동을 싫어한다는 린시페이의 견해를 뒷받침한 것이었다.

---

24 위와 같음, 271~274쪽.

25 위와 같음, 274쪽.

러시아인들이 마을을 떠나 언덕에 오르기 시작하자 조선인들은 친절해졌다. 편리한 샛길을 가르쳐주기도 하고 꽃도 꺾어주고 아름다운 경치를 보여주기도 했다. 여기서 상기돼야 할 점은 보스토크호의 함장 림스키-코르사코프(Rimski Korsakov)는 거문도의 경치가 매우 아름답고 물이 매우 깨끗하며 맑았다고 회상했다는 사실이다.[26] 곤차로프 역시 그 사실에 공감하면서도, "주민들의 생활은 엉성하고 가난하고 비참했다. 집들은 오두막집들이었고 그들이 가진 식량은 아사(餓死)를 면할 수 있는 양이 될까 말까 했다"고 덧붙였다.[27]

"화장을 하고 좋은 옷을 걸친 노파와 같다"

팔라다호는 4월 19일에 거문도를 떠나 남해안을 거쳐 동해안으로 방향을 돌리면서 잠시 영일만(迎日灣)에 상륙한 뒤 북상을 계속했다. 곤차로프는 그 과정에서 동해안의 여러 곳들을 '침울하다', '초라하다', '벌거숭이다', '답답하다', '가난하다' 따위의 부정적인 형용사들로써 묘사했다. 팔라다호가 강원도 양양부(襄陽府) 초진(草津) 앞바다를 지날 때, 작은 배를 탄 조선인 일곱이 함대에 접근하자 러시아인들은 그들의 승선을 허락했다. 그들은 모두 술에 취해 있었다. 그들에게 건빵을 주어 돌려보낸 뒤 러시아인들은 조선인을 발틱 연안의 러시아식민지인 리투아니아의 사람(Lithuanian)보다도 못한 인종이며 중앙아시아 코카서스 종족인 체르케스인(Circassian)보다 못한 인종이라고 비웃었다.[28]

---

26 이희수(李禧受), 「곤차로프의 여행기 『전함 팔라다』에 비친 한국」, 이규수(李圭洙) · 임경석(林京錫) · 진재교(陳在敎) 외, 『근대전환기 동아시아 속의 한국』(서울: 성균관대학교출판부, 2004), 320쪽.

27 곤차로프, 「논픽숀 1854년의 조선」, 274~275쪽.

28 위와 같음, 286쪽.

항해의 과정에서 선원들은 브로턴의 해도에 정확하지 않은 사실들이 적잖음을 확인해 여러 곳들을 수정했다. 팔라다호는 북상을 계속해 함경도 안변부(安邊府) 화등해진(火燈海津)에 정박했다. 곤차로프와 그의 동료들은 해안가의 언덕에서 마을을 바라보았다. 곤차로프는 해안풍경을 바라보면서 "아름답지만 기괴하다. [……] 마치 화장을 하고 좋은 옷을 걸친 노파와도 같다"고 말했다. 주민들은 욕설을 퍼부으며 마을에 들어오지 말라고 신호를 보냈다.

곤차로프는 조선인들에 대해 "키가 크고 건장한 민족이었다. 검붉은 얼굴과 투박한 손을 가진 운동선수 같았다. 태도에서는 조금의 연약함도 찾아볼 수가 없고, 일본인의 우아함과 간사함도, 류큐인의 소심함도, 중국인의 영민함도 없었다. 이들로부터는 아마도 훌륭한 군인이 나올 수 있었을 것이다"고 평가했다.[29] 이 평가는 조선인들에 대한 곤차로프의 인식이 개선됐음을 뜻했다.

원산을 라자레프항으로 명명하다

러시아함대는 북상을 계속해 5월 초순에 함경도 영흥부(永興府) 대암진(大巖津)에 도착했다. 아늑한 내항(內港)을 발견한 푸챠친은 지난날 자신의 상관이던 고(故) 라자레프(Mikhail Petrovich Lazarev) 제독을 기념해 라자레프항(Port Lazarev)이라고 명명했다. 이 항구가 바로 오늘날의 원산항(元山港)이다.

하루가 지나자 많은 조선인들이 함대로 찾아왔다. 이때 고 라자레프 제독의 아들로 이 함대에 동승한 미샤가 피아노를 쳤다. 13세이던 그는 피아노연주로 승무원들을 즐겁게 해주곤 했다. 그런데 피아노에서 소리가

29 이희수, 「곤차로프의 여행기」, 314쪽에서 다시 인용.

나는 것을 듣자 한 조선인은 너무나 놀라 마룻바닥에 쓰러졌다.

"조선은 재교육이 필요하다"

그사이 조선과 조선인들에 대해 경멸감을 표시했던 곤차로프는 더 이상 조선을 관찰하고 싶지 않았다. 조선인들을 '어린애들' 또는 '야만인들'이라고 부른 그는 "이러한 어린애들과 함께 있는 것은 지루하다. 무엇 때문에 이곳에 오래 체재할 필요가 있겠는가"라고 반문했다. 그래서 팔라다호의 조선여행이 끝날 때까지 선실 안에서 머물렀다.

곤차로프의 여행기를 종합하면 거기에는 아시아를 문명이 뒤진 일종의 미개지역으로 여기는 러시아적 문명우월론이 깔려 있다. 곤차로프는 우선 중국과 일본 그리고 다른 동남아시아국가들에 대해 '유럽문명국가들의 파종을 기다리는 처녀지 또는 황폐한 전답'에 비유했다.

곤차로프는 조선에 대해 "조선인들은 아직 경험을 통해서 다른 나라들과의 상품교역 같은 것들을 배우지 못했다. 외적인 생활을 한 일이 없으므로 정치성(政治性)을 양성할 수가 없었다"고 진단했다. 그러한 진단에 근거해 그는 "조선인들은 신속하게 유럽에 접근함으로써 자신의 재교육(再教育)이라는 불가피한 과정의 첫걸음을 내딛는 것이 좋을 것이다"고 권고했다.[30] 조선에 대한 서양인들의 관찰기록들만을 놓고 볼 때, 조선이 유럽과 같은 문명국이 되기 위해 '재교육'을 받아야 할 것이라는 구상이 제기된 것은 이 경우가 처음이었다.

30 곤차로프, 「논픽숀 1854년의 조선」, 276~290쪽.

제6장
프랑스와 미국이 조선을 침공하고 독일이 조선왕릉을 도굴하던 시기(1856~1876)

1. 프랑스 해군제독 게렝의 「코레의 사회적 상태」

영국함대와 프랑스함대에 이어 러시아함대가 조선해역에 출현했다는 것은 조선이 서양열강의 각축의 대상으로 확실하게 등장했음을 의미했다. 그리고 서양열강이 무력행사를 통해 중국을 개항시킨 데 이어 일본을 개항시켰다는 것은 그들이 조선을 개항시키기 위해 무력을 행사할 것임을 예고했다.

프랑스정부, 조선을 식민지로 만들 계획을 세우다

조선에 대해 무력을 행사한 첫 서양국가는 프랑스였다. 우리는 앞에서 프랑스가 1848년에 일어난 혁명과 폭동으로 대외문제에 관심을 기울일 수 없었다고 지적했다. 이 상황은 1852년 이후 크게 바뀌었다. 나폴레옹 1세의 조카로 쿠데타를 통해 1852년에 이 나라의 황제로 등극한 나폴레옹 3세는 적극적인 대외팽창정책을 추구하기로 결정한 것이다. 이 정책의 하나로, 프랑스의 식민성장관은 1855년 10월 19일에 인도차이나해역

함대사령관 게렝(Del Guerin) 제독에게 "코레를 식민지화하기 위한 조건과 기회를 조사해서 보고하라"는 비밀지령을 내렸다. 서양열강 가운데 조선을 자신의 식민지로 만들겠다는 뜻을 정부의 공식문서로써 밝힌 사례는 이것이 처음이다. 이 비밀지령에 따라 게렝은 1856년 7월 16일부터 9월 30일까지 2개월 남짓하게 동해안의 영흥만에서 출발해 남해안을 거쳐 서해안의 덕적군도(德積群島)에 이르기까지 이 나라의 해역을 탐사하면서 주민들과 대화를 나누기도 했다. 덕적군도는 오늘날 인천광역시 옹진군의 덕적면을 형성하고 있다.

조선을 무력한 나라로 간주하다

이 탐사를 마친 뒤 게렝 제독은 본국의 식민성장관에게 「코레의 사회적 상태」라는 이름의 보고서를 제출했다. 여기서 그는 이 나라의 국내외상황을 날카롭게 지적했다. 첫째, 이 나라의 관리들이 백성들로부터 부당하게 세금을 징수하고 백성들을 공포에 떨게 함으로써 정부와 백성 사이가 분열되어 있다고 보았다. 둘째, 이 나라를 무력한 나라라고 보았다. 그래서 그는 "관리들이 군함 한 척 앞에서 떨거나 달아날 줄밖에 모르는 이런 나라는 처음으로 점령하려고 생각하는 유럽열강의 야심에 희생이 될 것이 확실하다"고 내다보았다. 셋째, 이제까지 중국이 코레의 보호자 역할을 수행했으나 중국은 더 이상 그러한 능력을 갖지 못할 것이며, 이 점을 간파한 러시아가 이 나라에 야심을 품고 이 나라를 정복할 준비를 갖추고 있다고 분석했다. 넷째, 러시아의 그 야심과 계획을 좌절시키려면 그것에 앞서 프랑스가 군사력을 동원해 코레를 정복해야 한다고 건의했다. 그는 보병 6,000명과 기마병 300명 및 경포병 1개 중대를 동원하면 이 나라를 큰 어려움 없이 정복할 수 있다고 덧붙였다. 그는 상륙작전을 벌일 지점은 함경도의 영흥만이 가장 적합하다고 건의했다.[1]

조선에 러시아공포증을 전파하다

게랭의 보고서에서 특히 중요하게 지적돼야 할 점들은 두 가지다. 첫째, 조선을 깊이 경멸했다는 사실이다. 어느 무엇보다도, 이 나라를 '군함 한 척 앞에서도 겁을 먹고 달아나는 무기력한 나라'로 평가했다. 우리가 앞에서 이미 보았듯, 하멜도 세실도 그렇게 판단했었다. 이제 조선은 전쟁을 겁내는 나라라는 인식이 서양세계에 확산되고 있었다. 둘째, 조선에 대한 러시아의 '야심'을 지적했다는 사실이다. 이제까지 우리가 읽은 서양인들의 조선관찰기들 가운데 그 점을 지적한 사례는 이것이 처음이다. 러시아에 적대적이거나 경쟁적인 서양국가들은 앞으로 자주 러시아공포증(Russophobia)을 전파하며 조선사회는 그것을 수용하게 된다.

프랑스정부는 게랭의 건의를 묵살했다. 중국문제에 골몰한 끝에 1857년에는 영국과 공동으로 중국의 광둥성을 공격한 상황에서 자신의 힘을 분산시킬 수 없었기 때문이다. 그러나 프랑스의 민간선박들은 때때로 동해안과 서해안에 나타나 주민들을 협박하고 가축들을 탈취했다.

2. 프랑스 해군장교들의 코레 원정기들

영국과 프랑스의 공동공격에서 보였듯이, 영국 · 프랑스 · 러시아 · 미국 등 서양열강은 중국을 압박해서 특권들을 더 많이 얻어내기 위해 중국을 침공하는 제국주의적 행동들을 그 이전의 시기에 비해 훨씬 자주 나타냈다. 영국과 프랑스는 연합군을 형성해 1860년 10월에 중국의 수도 베이징을 점령한 뒤 황실의 별궁을 파괴하고 중국의 보화들을 약탈하기도

1 김원모(金源模), 『개화기 한미교섭관계사』(서울: 단국대학교출판부, 2003), 20쪽.

했다. 이러한 흐름 속에서, 조선의 문을 열려는 서양열강의 의도적인 시도들은 훨씬 더 활발해졌으며 그들의 선박들이 이 나라의 해안에 우연히 난파하는 횟수도 늘어났다.

조선에서는 자연히 서양열강에 대한 공포가 더욱 확산됐다. 영국과 프랑스의 연합군이 베이징을 점령한 해인 1860년에 최제우(崔濟愚)가 천주교를 서학(西學)으로 규정하고 그것에 반대한다는 취지에서 동학(東學)을 세워 포교를 시작한 것은 그러한 분위기의 한 반영이었다. 동학이 빠르게 확산되던 때인 1864년 1월에 철종이 죽고 제26대 국왕 고종(高宗)이 아버지 흥선대원군(興宣大院君) 이하응(李昰應)의 섭정 아래 즉위했다. 흥선대원군은 철저한 쇄국정책으로써 서양열강의 조선침략에 대비하고자 했다. 그 일환으로, 그는 1866년 병인년(丙寅年) 1월에 천주교금압정책을 강화한다는 뜻을 보이기 위해 베르뇌(Siméon-François Berneux)를 비롯한 프랑스인 신부들과 조선인 신도들을 처형했다.

이 이른바 병인박해(丙寅迫害) 또는 병인사옥(丙寅邪獄) 때 중국으로 탈출한 프랑스인 신부 리델(Felix Clair Ridel)은 벨로네(Henri de Bellonet) 중국주재프랑스공사와 로즈(Pierre Gustave Roze) 중국해역주둔프랑스함대사령관에게 이 사실을 알리고 원정을 통해 조선정부를 응징하고 조선신도들을 구제할 것을 요청했다. 이 요구를 받아들여,1866년 10월에 로즈 사령관이 이끈 프랑스함대는 리델 신부를 태우고 오늘날의 인천광역시 안에서 강화군(江華郡)을 형성하는 강화도(江華島)에 상륙했다.

"코레앙들은 반야만적이다"

여기서 중요하게 상기돼야 할 것이 있다. 그것은 로즈 제독이 조선에 대한 중국의 이른바 종주권이 사실상 소멸됐다고 판단하고[2] 작전을 펼쳤다는 사실이다. 조선에 대한 군사적 정복을 건의했던 게랭 제독이 이미

10년 전에 판단했듯, 로즈 제독 역시 중국은 조선의 '보호'를 위해 어떤 형태의 군사적 개입도 하지 못할 것이라고 판단했던 것이다. 그리하여 프랑스군은 자신만만하게 '황제 만세'를 외치며 해안을 점령한 뒤 진격을 거듭해 무기고를 점령했다. 프랑스군은 한걸음 더 나아가 이 섬의 외규장각(外奎章閣) 서고에 소장된 조선왕조의 고문서들을 약탈했다. 프랑스군은 이 '거대한 도서관'에 소장된 책들과 지도들 및 현판들이 '매우 귀한 것들'임을 깨달았던 것이다.

10월 26일에 마침내 양측 사이에 교전이 이뤄졌다. (이 과정에서 프랑스함대는 오늘날 인천광역시 앞의 섬 월미도[月尾島]에 잠시 정박했고, 이것을 계기로 서양인들의 해도에 이 섬은 함대사령관의 이름을 따서 로즈섬이라고 표기됐다.) 조선측의 저항은 예상 밖으로 완강해, 프랑스군은 11월 11일에 중국으로 후퇴했다. 이것이 조선에서는 병인양요(丙寅洋擾)로 명명된 사건이다.

귀국한 대원들 가운데 몇몇은 1867년부터 조선에 관한 글들을 출판했다. 이 글들에 공통적으로 나타난 것은 "코레는 폐쇄적이며 코레앙들은 반야만적(半野蠻的)이다"는 것이었다. 예컨대, 함대의 참모장이던 앙리 주앙(Henri Jouan)은 1871년에 출판한 『1866년의 코레원정기: 중국해역주둔 해군의 경험』에서 "항해에도 엄청난 어려움이 있는데다가 최근의 유명한 난파사건들로 말미암아 코레는 선원들에게 공포의 대상이었다. 바다의 위험에서 가까스로 살아난 사람들을 기다리는 것도 끔찍한 죽음뿐이었기 때문이다"라고 쓰고, "코레의 주민들은 외국인을 고립시키려는 습관을 지녔다"고 덧붙였다. 그는 여기서 한걸음 더 나아가 "프랑스의 원정은 반야만적인 나라에 유럽과의 접촉을 위한 물꼬를 터준 사건이었다"고 높이

2 프레데릭 불레스텍스 지음, 이향 · 김정연 옮김, 『착한 미개인 동양의 현지: 서양인이 본 한국인 800년』(서울: 청년사, 2001), 92쪽.

평가했다.[3]

"코레앙들은 독서를 좋아한다"

그러나, 예외적으로, 한 젊은 군인은 이 나라를 긍정적으로 평가했다. 해군소위후보생이던 앙리 주베르(Henri Zuber)는 1873년에 출판한 『1866년의 코레원정』에서 코레앙들이 놀라울 정도로 민첩하며 산을 잘 탄다고 칭찬한 데 이어 독서를 좋아한다고 덧붙였다. 그는 "글을 읽을 줄 모르는 사람은 매우 드물고 다른 사람들의 멸시를 받기 쉽다. 문맹인에 대해 그토록 엄격한 태도를 취한다면 프랑스에는 멸시받을 사람이 상당히 많을 것이다. [……] 아무리 가난한 집이라도 종이와 책은 갖추고 있다"고 부연했다.[4] 이 구절은 하멜이 자신의 『파선일지』에서 이미 지적했던 것과 맥을 같이 한다.

3. 프랑스 신부 달레의 『코레의 교회의 역사』

이 원정기들의 뒤를 이어 조선에 관한 또 하나의 책이 파리에서 출판됐다. 파리외방전교회에 소속된 달레(Père Claude Charles Dallet) 신부가 1874년에 출판한 『코레의 교회의 역사』가 바로 그것이다.[5] 달레 신부는 1829

---

3 위와 같음, 113~114쪽.

4 위와 같음, 115~116쪽.

5 Père Claude Charles Dallet, *Histoire de l'Eglise de Corée* (Paris: Victor Palmé, 1874). 이 책은 다음과 같이 재간됐다. Reprinted ed., Seoul: Kyung-In Publishing Company, 1975. 이 책의 첫 한국어 번역본은 이능식(李能植) · 윤지선(尹志善) 공역의 『조선교회사』(서울: 대성출판사[大成出版社], 1947)이다. 이 한국어 번역본은 달레의 책의 서론만을 번역한 것이다. 이 한국어 번역본에 이어 정기수(丁奇洙)의 『조선교회사서론』(서울: 탐구당)이 1966년에 '탐

년에 프랑스에서 태어나 1852년에 사제가 됐으며 인도에서 선교를 시작했다. 그는 파리외방전교회의 역사를 쓰기 위해 자료를 수집하고자 미국과 캐나다를 여행했으나 조선을 방문하지는 않았다. 그는 파리로 돌아와 주로 중국에서 시무하는 선교사들이 보낸 자료들을 근거로 두 권으로 구성된 이 책을 펴낸 것이다. 그는 그 이후 일본과 중국을 순방하고 베트남을 여행하던 1878년에 거기서 49세를 일기로 병사한다.

코레에 대한 지리학적 설명들

달레는 이 책을 통해 주로 천주교가 조선에서 수용되고 박해받은 과정을 상세히 설명했다. 그러나 그는 이 설명들에 앞선 「서론」에서 이 나라에 대해 백과사전식으로 설명했다. 우선 이 나라의 역사에 대해 그는 중국이 끼친 영향을 반복적으로 지적했다. 이 나라의 최초의 국가는 중국인 기자가 세웠으며 '코레'라는 이름은 중국어 '카올리'(Kaoli)에서 왔고 '조선'(Tsiosien)이라는 이름 역시 중국어에서 왔다고 그는 주장했다. 그러나 그는 이 나라의 언어는 중국어와 다르며 인도 남부의 드라비다어(langues dravidiennes: 영어로는 Dravidian)에 비슷하다고 썼다.[6]

이어 그는 조선의 지리에 대해 설명했다. 이 나라에는 산이 많고 산에는 은과 동이 많이 매장된 것 같으며 금은 쉽게 발견된다고 그는 썼다. 그러나 채광은 정부에 의해 엄격히 금지된다고 그는 덧붙였다. 이 나라의 인구에 대해 그는 자세히 썼다. "정부의 공식통계로는 30년 전에 170만 이상의 가구에 인구가 약 750만명이었다. 그러나 명단이 소홀히 꾸며졌

구신서 101'로 출판됐다. 이 한국어 번역본은 1975년에 개역됐다. 마지막으로, 안응렬(安應烈)·최석우(崔奭祐) 역주, 『한국천주교회사』(전3권: 서울: 분도출판사), 상권(1979)·중권(1980)·하권(1980)이 있다. 이 책의 개판본이 한국교회사연구소에서 1987년에 출판됐다.

6 Dallet, *Histoire*, II and XII–XCIX.

기 때문에 그것을 믿을 수는 없다. 한 가구에 평균 거의 여섯 명으로 쳐서 총인구를 1,000만명으로 잡으면 별로 틀리지 않을 것이다. 최근의 몇몇 지리학자들은 조선의 인구를 1,500만명으로 추산하지만 이 추산은 과장된 것이다"고 그는 설명했다.[7]

여기서 우리가 관심을 두게 되는 부분은 조선의 인구에 관해서다. 달레가 말한 '30년 전의 정부의 공식통계'란 무엇을 말하는 것일까? 그것은 『조선왕조실록』 가운데 『헌종실록』(憲宗實錄)을 말한 것일 것이다. 이 책의 권7 20장(張) 헌종 6년 12월 병술조(丙戌條)에 따르면, 순조와 철종 사이의 국왕인 헌종 6년에 해당되는 1840년 현재 조선의 호구 수는 1,560,774호이며 인구는 남자가 3,308,012명, 여자가 3,309,985명, 계 6,617,997명이다.[8] 아마도 달레는 이것에 근거해 이 나라의 인구에 대해 썼을 것이다.

그는 조선인들의 성격을 자세히 소개했다. 우선 그는 "코레앙들의 또 하나의 큰 결점은 폭식이다"라고 지적했다. 이어 그는 "과식(過食)에는 자연히 과음(過飮)이 따르게 된다. 그러므로 음주벽은 이 나라에서 매우 영예로운 일로 되어 있으며, 만약에 누가 정신을 잃도록 술을 마셔도 그를 탓하는 사람은 아무도 없다"고 썼다. 조선인들의 생활환경에 관해, 그는 "집들에는 이 · 벼룩 · 빈대 등 사람을 괴롭히는 벌레들이 많아 사람들은 호랑이들이 가까이에 있는 것을 알면서도 밖에서 자려고 한다. 어떤 병들은 이 나라에서 재앙이 되는데, 그 가운데도 천연두가 그렇다. 이 병에 걸리지 않은 사람이 아마 100명도 안 될 것이다. 특히 어른들이 걸리는 병들 가운데 일종의 페스트와 티푸스를 들어야 하겠다"고 썼다.[9]

---

7 위와 같음, X.

8 안응렬 · 최석우 역주, 『한국천주교회사』 상(1987년 개판본), 35쪽. 각주 31.

9 Dallet, *Histoire*, VIII–IX.

코레의 정치제도들과 부패에 대한 설명들

달레는 조선의 정부조직 및 왕실에 관해 다양하게 설명했다. 그 과정에서, 그는 "코레에서, 동양의 다른 모든 나라들과 마찬가지로, 정부형태는 절대군주제(la monarchie absolue)다. 왕은 나라 안의 모든 것을 사용하고 남용할 수 있는 전권을 가졌다. 그는 사람들과 물건들과 기관들에 대해 제한 없는 권력(autorité)을 누린다"고 썼다.[10] 그러나 이 진술들은 정확하지 않다. 조선의 국왕은 절대군주가 아니었으며, 사헌부(司憲府)·사간원(司諫院)·홍문관(弘文館) 등 이른바 삼사(三司)에 의해 상당한 견제를 받았다. 달레는 조선의 국왕을 절대군주라고 정의하면서도, 최근에 와서 그의 권한은 많이 약해졌다고 평가했다. 이른바 세도집안의 귀족들이 국왕을 사실상 무력화시키고 실권을 장악했다는 것이었다.

달레는 조선의 왕궁을 '파리의 좀 넉넉히 사는 연금생활자라면 살려고 하지 않을 초라한 집들(miserables maisons)'이라고 폄하했다. 그는 이어 조선조정의 부정부패에 대해 매우 신랄하게 비판했다. 그는 "고위관리들과 귀족들이 위로는 국왕을 피폐하게 만들고 아래로는 백성의 피를 빨아먹는다"고 지적했다.[11] "지배계급이 백성의 피를 빨아먹는다"는 표현은, 우리가 앞으로 보게 되듯, 조선이 개항한 이후에 이 나라를 관찰한 서양인들의 기록들에 자주 등장한다.

달레는 이어 조선에서 보편적인 관행이 된 매관매직과 가렴주구에 대해 자세히 썼다. 그는 또 지방관청의 아전(衙前)들과 사령(使令)들의 횡포와 부패에 대해서도 상세히 기술했다. 공금을 횡령하고 백성을 수탈하는 그들의 노회한 방식 앞에서 그들의 상관들이 혹시 양심적으로 행정을 하

10 위와 같음, XXIV.

11 위와 같음, XXVII.

려고 해도 실패하고 만다는 사실도 지적했다. 이렇게 공직사회의 기강이 무너지자 국방의 준비태세도 크게 흔들려 무기고는 텅 비었거나 오직 낡아빠진 무기들로 채워졌을 뿐이라고 그는 개탄했다.

달레는 과거제도에 대해서도 자세히 설명했다. 그는 "지난날에는 인재 등용의 좋은 수단이던 이 제도가 오늘날에는 아주 타락한 것이 확실하다"고 썼다. 과거시험의 합격은 "가장 돈 많은 사람들과 가장 강력한 후원자들이 밀어주는 사람들에게 주어진다"는 것이다. 그는 문객(門客)의 폐해에 대해서도 자세히 썼다. 생산적인 일이라고는 전혀 하지 않으면서 오직 대관들의 사랑방들을 출입하면서 그들의 심부름을 해주며 그들에게 아첨을 하고 다른 사람들을 모해하는 등의 농간을 부려 관직을 얻으려는 사람들을 문객들이라고 부른 그는 그들을 '탐욕스런 거지 떼'라고 비웃었다.[12]

코레의 산업에 대한 설명들

조선의 산업에 대해서도 달레는 상세히 설명했다. 그는 우선 이 나라의 과학연구는 보잘것없다고 지적한 뒤, 다만 선조의 어의(御醫) 허준(許浚)이 선조의 후계자인 광해군 때이던 1613년에 완간한 『동의보감』(東醫寶鑑)은 중국에서도 존중되며, 다른 어떤 조선 책도 이런 명예를 누린 적이 없었다고 칭찬했다. 그는 이어 제지업을 제외하고는 어떠한 분야에서도 이 나라의 공업과 기술은 몇 세기에 걸쳐 후진상태에 머물러 있다고 보았다. 마지막으로, 그는 이 나라에서는 국내상업이 별로 발달하지 못했다고 지적한 뒤, 상업발전의 큰 장애들로 상업천시사상의 팽배와 화폐제도의 불비 및 교통로의 빈약 등을 꼽았다.[13] 이 관찰들은 하멜의 관찰들과 흐름

---

12 위와 같음, LXXIV–CV.

13 위와 같음, CLXXIX–CLXXXIV.

을 같이 한다. 앞에서 이미 보았듯, 하멜은 조선에서 과학과 공업 및 상업은 발달되지 않았다고 평가했던 것이다.

달레는 이어 "조선의 이웃나라들과의 무역관계는 거의 없다. 이웃의 두 강국인 중국과 일본에 대하여 자기의 독립을 더 잘 보존하기 위하여, 이 나라는 스스로를 완전히 격리시켰다"고 썼다. 그러나 이 진술의 내용은 정확하지 않다. 이 시대를 연구한 역사학자들에 따르면, 조선은 17세기 중엽 이후 대청무역(對淸貿易)과 대일무역(對日貿易)을 활성화시키고 있었다.[14]

달레는 대원군이 섭정을 하던 때인 1871년과 1872년에 조선이 겪었던 무서운 기근에 대해 설명하면서 다음과 같은 비참한 사례들을 소개했다:

> 너무 곤궁해지자 서해안 주민들은 중국의 밀수업자들에게 자신들의 어린 딸들을 한 사람당 쌀 한 말에 팔았다. 북쪽 국경의 숲을 지나 요동(遼東)으로 온 몇몇 조선인들은 선교사들에게 처참한 국내 상태를 묘사하면서, 길마다 시체들이 널려 있다고 말했다. 그러나 서울의 정부는 중국이나 일본에서 식량을 사들이는 것을 허락하기보다는 차라리 백성의 절반을 죽게 내버려둘 것이다.[15]

조선정부는 왜 이러한 길을 택하고 있는가? 달레에 따르면, 조선정부는 자신의 안전을 위해 쇄국이 필요하다고 믿기 때문이라는 것이다. 그러한 맥락에서, 그는 "어떠한 이해나 인정의 고려도 그로 하여금 쇄국을 포기하게는 하지 못할 것이다"라고 단언했다.

달레의 이 관찰은 오늘날의 북한상황을 연상시킨다. 개혁과 개방의 길

---

14 안응렬 · 최석우 역주, 『한국천주교회사』 상, 268쪽의 각주 15.

15 Dallet, *Histoire*, CXCI.

을 걸으면 인민을 살릴 수 있겠으나 정권의 안전은 위협을 받는다는 계산에서 폐쇄적인 길을 고집하는 북한지도부를 연상시킨다는 뜻이다. 달레는 '힘만이' 조선정부의 선택의 '변경'을 강요할 것이라고 단언했다. 이것 역시 북한정권의 노선변경을 유도하기 위해서는 결국 무력을 행사해야 할 것이라는 국내외 일각에서의 주장을 연상시킨다.

4. 미국 외교관들 및 군인들의 관찰들

프랑스가 조선의 개항을 시도하고 종국적으로 원정을 감행하던 시점인 1866년에 미국 역시 조선의 개항과 원정을 시도했다. 미국의 배가 조선해역에 처음 나타났던 때는 그때보다 14년 앞선 1852년 12월 21일이었다. 고래잡이배가 폭풍에 휩쓸려 동래부 용당포 앞바다에 표류한 것이다. 동래부의 관리들이 그 배의 선원들과 접촉했으나 언어가 불통이었다. 날씨가 좋아지자, 이 배는 열흘 뒤 스스로 떠났으며 그 뒤 조선에 대해 어떠한 기록도 남기지 않았다. 4년 뒤 미국의 또 다른 고래잡이배의 선원들 가운데 넷이 선장의 학대를 피해 보트를 타고 탈출했다가 강원도의 앞바다에 표류했다. 현지의 조선인들은 그들을 따뜻하게 보살펴주었으며 조선조정은 그들을 베이징으로 호송했다.

그때로부터 10년 뒤 출현한 배는 앞의 것들과 그 성격이 전혀 달랐다. 1866년 8월에 미국 상선 제네럴 셔먼(General Sherman)호는 평양의 대동강을 항해하면서 약탈을 개시한 것이다. 현지의 조선인들은 당연히 저항했으며, 이에 따라 9월 초에 양자 사이에 전투가 벌어지고 마침내 이 배가 주민들에 의해 소파(燒破)됐다.

조선인을 열등하다고 인식하다

이 사건에 관련된 미국인들은 몰살됐으며 어떠한 기록도 남기지 않았다. 따라서 그들이 그때 조선을 어떻게 보았는지 우리는 알 수 없다. 그러나, 미국의 외교관 호레이스 뉴튼 알렌(Horace Newton Allen)이 뒷날 인정하듯, 셔먼호의 미국인들이 취한 행위들은 확실히 그들이 조선인들을 '약하고 열등한 인민들'(a weak and inferior people)으로 취급하고 있었음을 증명한다.[16] 바꿔 말해, 동양인들에 대해 인종적 우월감을 가진 백인들이 조선을 미개하고 나약한 나라로 경멸했기에 국제법을 무시하면서 대동강 안으로 침입했던 것이다.

사건의 성격이 그러했는데도, 미국정부는 달리 보았다. 그때 중국주재 미국공사 앤슨 벌링게임(Anson Burlingame)은 국무부에 보낸 서한에서 "개명된 서방국민의 눈으로 볼 때 통상교역을 위해 코리아를 방문한 한 상선을 파괴한 이 나라 정부의 행동은 정당하지 않다"고 주장했다. 미국이 '개명된 나라'임을 앞세운 이 구절에서 보이듯, 그는 조선이 '개명이 되지 않은 나라'라는 뜻을 함축했던 것이다. 당시 미국의 제18대 대통령이던 율리시스 심슨 그랜트(Ulysses Simpson Grant) 역시 조선이 미국의 선원들에 대해 '야만적인 대우'를 했다고 단정하고 이것을 '근절'시켜야 한다는 데 동의했다.[17]

"조선은 불가사의한 나라다"

미국정부는 곧 조선을 '응징'하기 위한 원정을 계획했다. 이 무렵인 1869년에 중국주재미국공사는 연방하원의원과 캘리포니아주지사를 역

---

16 Horace Newton Allen, *Things Korean: A Collection of Sketches and Anecdotes, Missionary and Diplomatic* (New York: Fleming H. Revell Company, 1908), p. 209.

17 김원모, 『근대한미교섭사』(서울: 홍성사[弘盛社], 1979), 165쪽 및 224쪽에서 다시 인용.

임한 프레드릭 로우(Frederick F. Low)로 바뀌었다. 조선에 대한 그의 인식은 그의 전임자의 그것과 같았다. 이 점은 그가 1870년 5월 13일에 국무장관 해밀턴 피쉬(Hamilton Fish)에게 보낸 편지에 코리아를 '미지의 나라'라고 부르고 코리언들을 '반야만적(半野蠻的)이고 적대적인 사람들'이라고 부른 뒤 "코리아는 페리 제독의 방문 이전의 일본이 그러했던 것보다 더 봉쇄된 책이다"(Corea is more of a sealed book than Japan was before Commodore Perry's visit)라고 썼다.[18] 이러한 인식에 바탕을 두고 그는 이 나라에 대한 '징벌적 원정'을 강력히 제의했다.

미국정부의 조선원정은 1871년[辛未年: 신미년] 5월 16일에 아시아함대의 나가사키로부터의 출항으로 시작됐다. 일명 극동함대라고 불린 이 함대는 남북전쟁에서 무공을 쌓은 해군소장 존 로저스 2세(John Rodgers, the Younger)가 이끌었다. 이때 함대원들 사이에는 조선에 대해 헛소문들이 나돌았다. 조선은 '엄청난 부국'이라는 것, 조선인들은 체격이 장대하고 힘은 헤라클라스(Hercules)처럼 엄청나며 잔인성은 호랑이 같다는 것, 조선인들이 소지한 총은 최신형이며 그들의 사격술은 윌리엄 텔(William Tell)처럼 백발백중이라는 것, 조선병사들의 용맹성은 페르시아군의 진격을 저지하기 위해 테르모필레(Thermopylae)에서 결사적으로 대항하다가 전멸한 스파르타의 3백명 병사들의 그것에 맞먹는다는 것 등이 그것들이었다. 한 해군수병은 "우리는 여러 달 동안 우리의 꿈과 논의와 추측의 대상이 됐던 이 불가사의한 나라로 들어간다. 우리는 기대감에 부풀어 있다"고 말했다.[19]

아시아함대는 5월 29일에 인천 앞바다에 정박했다. 조선정부와의 교섭

---

18 William Elliott Griffis, *Corea: The Hermit Nation*, 8th ed. (New York: Charles Scribner's Son's, 1907), p. 405.

19 위와 같음, 254쪽.

이 진전되지 않은 상태에서, 두 나라 사이에 6월 1일부터 강화도를 중심으로 교전이 시작됐다. 조선군의 항전은 결사적이었으며, 6월 12일에 미군이 철수하는 것으로 조선과 미국 사이의 첫 전쟁은 마감됐다. 로저스 제독은 승전을 선언했다. 그러나 조선측은 그것을 신미양요(辛未洋擾)라고 부르면서 병인양요에 이어 이 양요에서도 '서양오랑캐들'을 물리쳤다고 주장했다.

6월 20일에 『뉴욕 헤럴드』(*New York Herald*)는 이 전쟁을 "이교도와 우리의 작은 전쟁"(Our little war with the heathen)이라고 불렀다. 그러나 이 전쟁은 미국에서 전혀 주목받지 못했다.[20]

5. 독일 상인 오페르트의 『금단의 나라: 코레아기행』

미국의 제너럴셔먼호소파사건과 프랑스의 강화도침공사건이 일어났던 1866년에 한 독일 상인이 영국인으로 위장하고 조선에 입국했다. 유대계 상인 에르네스트 야콥 오페르트(Ernst Jakob Oppert)가 바로 그 사람이었다. 그는 1866년의 2월 및 6월을 시발로 1868년 4월에 이르기까지, 모두 세 차례에 걸쳐 조선을 방문하면서 주로 서해안지역들을 탐사하고 귀국한 뒤 1879년에 독일어로 『금단의 나라: 코레아기행』을 집필해 1880년에 출판했다. 이 책은 같은 해에 영어로도 출간됐으며, 그리하여 서방권에 이 나라를 널리 알리게 됐다.[21] 1880년이라면 조선이 개항한 1876

20 위와 같음, 418쪽; 김원모, 『한미외교관계 100년사』(서울: 철학과현실사, 2002), 103쪽.

21 Ernst Jakob Oppert, *Ein Verschlossenes Land: Reisen nach Korea* (Leipzig: 1880); Ernest Jacob Oppert, *A Forbidden Land: Voyages to the Corea, With an Account of Its Geography, History, Productions, and Commercial Capabilities* (New York: G. P. Putnam's Sons, 1880) 및 (London: S. Low, Marston, Searle, and Rivington, 1880). 이 책

년으로부터 4년이 지나서다. 따라서 출판연도를 기준으로 삼는다면 이 책은 제3부에서 다뤄져야 할 것이다. 그렇지만 관찰연도를 기준으로 삼아 여기에서 다루기로 한다.

도굴범 및 석학의 두 얼굴

이 책에 대해 설명하기에 앞서 우리는 저자 오페르트에 대해 살필 필요를 느낀다. 그는 1868년 5월(양력)에 오늘날의 충청남도 예산군 덕산면(德山面) 가동(伽洞)에 위치한 흥선대원군(興宣大院君)의 아버지 남연군(南延君)의 묘를 도굴한 범인으로 단순하게 각인되어왔다. 그러나 그는 그렇게만 이해될 수는 없는 사람이며, 그의 배경을 제대로 알아야 이 책의 가치를 제대로 평가할 수 있다.

오페르트는 1832년에 독일의 함부르크에서 태어나 여행가이자 인종학자로 컸다. 그에 대해 신복룡 교수는 다음과 같이 설명했다: "동양의 인종에 대하여 누구보다도 해박한 인류학적 지식을 가졌고, 쇄국으로 인하여 세계대세를 외면하는 조선의 지배자에 대해 짙은 연민을 지녔으며, 조선에 대해 서방에 알려진 바가 없던 1860년대에 이미 조선의 역사 · 언어 · 풍습 · 제도에 대해 깊은 이해를 가졌다." 신 교수는 "오페르트의 책에 실린 그의 해박한 식견, 특히 인종학적 소견은 전문가의 경지에 이르렀다"고 평가하면서, "그에 대한 평가가 단순히 도굴범이라는 오명을 쓰고 끝나야 하는가 하는 의문이 든다"라는 말로 그를 변호했다. 신 교수의

은 경인문화사가 발간한 '근세동아세아서영어자료총서 86'(2001년)에 William Richard Carles의 Life in Corea와 함께 영인되어 있다. 오페르트 책의 한국어 번역본으로 다음의 두 가지가 있다. 1) 한우근, 『금단의 나라 조선기행: 지리 · 역사 · 산물 · 상업상태 · 언어와 풍속 · 국법과 정체』(서울: 문교부, 1956). 역자는 다음과 같이 개역본을 출판했다. 한우근, 『조선기행』(서울: 일조각, 1974). 2) 신복룡 · 장우영(張又永) 공역, 『금단의 나라 조선』(서울: 집문당, 2000).

변호는 계속됐다. 대원군의 천주교도 박해를 용서도 묵과도 할 수 없는 그로서 아마도 대원군을 자극하기 위해 왕릉의 도굴이라는 극단적 방법에 의존한 것 같다고 덧붙였다. 그렇다고 해서 신 교수가 오페르트를 일방적으로 변호한 것은 아니었다. 그는 오페르트의 과오들에 대해서는 적절히 비판했다.[22]

"코레안들은 혼종이며 흰옷을 좋아한다"

그러면 오페르트는 이 책에서 코레아를 어떻게 묘사했던가? 이 책은 이 나라의 역사와 지리 및 문화는 물론 정치제도와 대외관계에 대해 상세한 내용을 담았다. 그러나 그의 설명들 가운데 상당히 많은 부분들은 하멜의 책을 비롯해 레지스 신부의 글들과 뒤 알드의 글들로부터 빌려왔다. 앞에서 지적했듯, 이 프랑스 신부들의 글들은 중국의 영향을 받은 것들이었기에 이 책에는 중국의 인식이 적잖게 반영되어 있다. 그는 또 일본의 역사책들에 의존하기도 해서 일본의 인식이 그대로 전달된 경우들이 때때로 엿보인다. 그렇다고 해도, 자신이 세 차례에 걸쳐 행했던 조선탐사 때의 경험들을 서술한 부분들은 새로운 내용들이다. 특히 조선조정의 천주교박해 그리고 그것에 따른 프랑스의 항의와 그것이 빚어낸 병인양요 등에 대한 서술은 이 주제에 관심이 있는 연구자들이 참고할 만하다. 이러한 전제 아래 이 책의 내용에 대해 살피기로 하자.

첫째, 조선의 역사 및 지리에 관해서다. 오페르트는 코레안들(Coreans)이 '코케이시언 인종'과 '몽골리언 인종'의 '혼종'이라고 보았다. 그는 코케이시언 인종의 모습들은 상류층 코레안들에 많이 나타났고 몽골리언 인종의 모습들은 하류층 코레안들에 많이 나타났다고 썼다. 그는 조선의

22 신복룡, 『이방인이 본 조선 다시 읽기』, 53~55쪽.

역사가 기자의 건국으로 시작됐다는 기존의 설명을 되풀이했으며, 그래서 조선의 역사는 이 책의 출판의 시점에서 약 2,400년 됐다고 보았다. 그러나 그는 조선인들은 중국인들의 한 분파가 아니라고 단언했다.

오페르트는 조선인들은 흰옷을 좋아한다고 덧붙였다. 자신이 처음 조선땅에 상륙했을 때 '흰옷을 입은 아주 많은 사람들'을 보았음을 회상했다.[23] 우리가 앞으로 보게 되듯, 조선을 방문하는 서양인들은 거의 예외 없이 코리언들은 흰옷을 좋아한다는 사실을 지적한다. 서양인들은 또 코리언들이 흰옷을 입고 남자들의 경우 모자를 쓰며 노인들의 경우 긴 담뱃대를 물고 다닌다는 사실을 지적한다.[24]

오페르트는 당시 조선의 인구를 약 1,500만명에서 1,600만명 사이로 보았다. 그러나 지방의 관청들은 중앙정부에 바쳐야 할 세금을 줄이기 위해 자신들이 관할하는 지역의 인구를 줄여서 보고하기 때문에 이 숫자가 확실한 것이 아니라고 덧붙였다. 현재 일본의 영토가 된 대마도는 원래 코레아의 영토였다고 기술했다.[25]

"조선의 관리들은 백성들을 착취한다"

둘째, 조선의 중국과의 관계에 대해서다. 중국의 황제들이 조선의 왕들에 대해 '종주권'을 행사한다는 통설을 오페르트는 '낡았고 틀린' 얘기라고 반박했다. 지난날에도 중국의 '종주권'은 매우 제한됐었으며, 어떤 특정하게 규정된 권리들에 한정됐었을 뿐이라고 주장한 그는 "이 온건한 형태의 봉신제(封臣制) 역시 오래전에 종식됐다"고 단언했다. 같은 맥락에

23 Oppert, *A Forbidden Land*, pp. 5~11, p. 51, pp. 125~126, p. 181.

24 『서양인이 만든 근대 전기(前期) 한국 이미지』(전3권: 서울: 청년사, 2009), II(박현순[朴賢順] 외, 『코리안의 일생』), 16쪽.

25 Oppert, *A Forbidden Land*, pp. 22~23 and p. 75.

서, 그는 "조선의 정부는 절대적이며 최고의 통치를 행하는 독립적 국왕의 존재 위에 서 있다"고 강조했다.[26]

셋째, 조선의 정부와 정치제도에 대해서다. 오페르트는 우선 "조선의 왕의 지배는 절대적이며, 그의 뜻 하나가 법이다"라고 썼다.[27] 의정부와 육조(六曹)에 대해서는 물론 사헌부와 사간원 및 암행어사에 대해 자세히 썼으며 지방의 수령방백 및 육군과 수군의 제도에 대해서도 자세히 썼다. 그는 암행어사제도는 이미 사실상 없어졌다고 평가했다. 관료사회의 부패에 대해서도 자세히 썼는데, 모든 관직들이 가장 높은 값을 제공한 사람에게 주어지고 관직을 차지한 사람들은 아랫사람들을 상대로 '강도와 수탈' '약탈과 착취'를 저지른다고 평가했다. 오페르트의 이 표현은 그 이후의 서양 관찰자들의 책들에서 거의 예외없이 되풀이된다.

넷째, 조선의 산업에 대해서다. 오페르트는 우선 이 나라의 날씨가 좋고 땅은 비옥하며 풀이 많이 자란다고 쓰면서, 그런데도 축산업이 전혀 발달되지 않은 사실에 대해 놀라움을 표시했다. 이어 조선에는 광물자원이 풍부하다고 역설했다. "광물자원의 부유함에 있어서 전체 아시아대륙의 어느 나라도 코레아에 접근할 수 없다는 나의 확고한 신념을 여기에 말해두고자 한다"고 쓰면서, 그는 특히 금과 은이, 그것들 가운데 금이, 이 나라의 어느 곳에서도 발견된다고 덧붙였다. 종이의 질은 중국의 그것이나 일본의 그것보다 우수하다고 평가했다.

"조선인들에는 근로정신과 기업정신이 없다"

그런데 오페르트는 "공업기술과 근로정신에서 코레안들은 어떤 다른

26 위와 같음, 33~34쪽.

27 위와 같음, 33쪽 및 36쪽.

아시아국가에 훨씬 뒤쳐진다"고 파악하면서, 그 원인을 '결정적으로 억압적인 정부의 체제'(the decidedly repressive system of the government)에서 찾았다. 정부는 산업의 발전 그 자체를 바라지 않으며 그것을 억제시키며 방해한다는 것이다. 같은 맥락에서, 그는 "산업적 기업정신이 이 나라에서는 거의 완전히 분쇄되어 있다"고 관찰하면서 그 원인을 '억압적 정치체제' 그리고 가장 가까운 이웃나라들과의 교류로부터도 완전히 소외된 현실에서 찾았다. 이 나라에서는 국내교역은 물론 대외무역 역시 매우 제한되어 있다고 그는 덧붙였다.[28]

다섯째, 풍습에 대해서다. 오페르트는 "코레안들은 정직하고 천성이 착하며 큰 범죄와 살인 및 절도를 잘 저지르지 않는다"(The Coreans as a rule are honest and good-natured, and great crimes, murder, theft, etc., are not frequently committed)고 보았다. 이것은 하멜의 관찰과 대조되는 것이었다. 오페르트는 절도는 매우 엄격히 처벌된다고 덧붙였다.

조선인들의 풍습과 관련해, 상류사회에서는 중혼(重婚)이 보편적이고 여성은 고립된 채 생활한다고 보았다. 집과 관련해, 일반 백성들은 예외 없이 진흙으로 짓고 그 위에 짚을 얹은 단층에서 산다고 기록한 뒤 그들의 집들은 초라하다고 덧붙였다.[29]

"조선은 러시아가 소유하는 것이 좋겠다"

여섯째, 오페르트는 집필의 시점에서, 즉 조선이 개항한 때로부터 3년이 지난 이 시점에서, 조선을 둘러싼 열강의 각축이 시작되고 있으며 러시아가 조선의 동북쪽으로 진출하고 있음을 경고했다. 그런데 주목되는

28 위와 같음, 147쪽 및 171~175쪽.

29 위와 같음, 131쪽, 136쪽, 145쪽.

것은 그가 "코레아가 러시아의 소유가 되는 것을 선호할 만하다"(It might be preferable to have the Corea taken possession of by Russia)고 제의한 사실이다.[30] 그는 이 제의를 서문에서 짧게 썼을 뿐 그 배경을 자세히 쓰지 않았다.

오페르트의 이 제의는 우리가 앞에서 살핀 프랑스인들의 러시아에 대한 경고와 대조된다. 프랑스인들은 러시아가 조선에 대해 '야심'을 가졌다고 경고했으며, 그러한 경고는 결과적으로 조선인들 사이에 '러시아공포증'이 확산되는 데 이바지했다. 우리가 앞으로 살펴보게 되듯, 미국과 영국 및 일본 역시 '러시아공포증'을 확산시킨다.

---

30 위와 같음, 서문의 X.

제3부

조선이 개항한 때로부터 청일전쟁이 일어나기 직전까지의 시기에 조선을 관찰한 서양인들의 기록들

제7장
조선이 일본과 수교한 때로부터 미국과 수교하기 직전까지의 시기(1876~1882)

1. 조선을 '반개국'으로 인식한 일본의 함포외교와 강화도조약의 체결

제2부의 마지막 부분에서 지적했듯, 조선을 개항시키는 데 성공한 첫 외국은 일본이었다. 그러면 일본은 조선에 대해 어떤 인식을 갖고 접근했던 것인가? 미국의 함포외교에 굴복해 1854년에 개국한 일본은 1868년에 명치유신(明治維新)을 거쳐 천황중심의 국가체제를 갖추고 서양문물을 빠르게 받아들였다. 이러한 배경에서, 일본의 지식인들은 일본을 개화된 국가로 자부하고 '반개화(半開化)된 국가들'과 '야만국가들'을 개화시키는 사명이 일본에게 있다는 인식을 갖게 됐다. 이것은 서양의 제국주의열강이 아시아와 아프리카를 침공하던 때 명분으로 내세웠던 '문명화의 사명'(mission to civilize)과 본질적으로 같은 것이었다.

여기서 '개화시킨다'는 말은 '식민화시킨다'는 말과 동일하다. 그들은 일본이 '개화'시켜야 할 '반개화된 국가들'에 조선을 포함시켰다. 어떤 지식인들은 조선을 '반개화된 국가'가 아니라 그것보다도 못한 '야만국가'로 폄하했다.[1] 조선을 '반개국'(半開國)으로 보든 '야만국'으로 보든 그들은 조선을 '식민화'의 대상으로 인식한 것이다.

후쿠자와 유기치(福澤諭吉: 복택유길) 같은 당시 일본의 대표적 지식인은 조선을 개화시켜야 할 사명이 일본에 있다고 생각하면서도 일본이 조선을 침공해서 식민지화하는 데 대해서는 찬성하지 않았다. "조선은 아시아의 한쪽 귀퉁이에 위치하는 작은 야만국에 지나지 않기 때문에 그 조선을 차지하는 것이 전혀 일본의 부강(富强)이나 국제정세의 변화에 영향을 주지 못 한다"는 것이었다.[2]

그러나 일본은 대내적으로 부국강병정책을 추구하고 대외적으로 제국주의적 팽창정책을 추구하면서, 우선 대외팽창정책의 첫 단계로 조선을 개항시키기로 결정했다. 조선을 개항시킴으로써 조선을 중국의 영향으로부터 벗어나게 함과 동시에 일본의 영향 아래 두겠다는 계획이었다. 마침 조선에서는 대외강경정책을 추진하던 대원군이 1873년에 실각하고 고종이 일본에 대해 대원군보다 덜 강경한 대응을 옹호하는 민비(閔妃)와 민씨 척족의 뒷받침을 받으면서 친정하기 시작했다. 일본은 조선의 정권교체 시기를 이용하기로 한 것이다.

일본이 조선을 상대로 채택한 방식은 함포외교였다. 1875년 4월부터 운요(雲揚: 운양)호를 비롯한 군함들을 조선근해로 출동시킨 데 이어 1875년 8월에 운요호를 서울에 인접한 강화도의 앞바다로 출동시켰다. 조선군이 당연히 발포하자, 일본은 이것을 명분으로 삼아 조선군에 포격을 가해 많은 사상자를 발생시켰다. 조선조정은 굴복하고 1876년 병자년(丙子

1 이용주(李容周), 「문명론을 거쳐 탈아론(脫亞論)에 이르는 길: 후쿠자와 유기치의 아시아 인식과 '문명화의 사명'」, 이규수 · 임경석 · 진재교 외, 『근대전환기 동아시아 속의 한국』(서울: 성균관대학교출판부, 2004), 249~268쪽.

2 위와 같음, 261쪽.

年) 2월 26일에 강화도에서 일본과 수교조약을 체결했다. 이 조약을 흔히 병자수호조약 또는 강화도조약이라고 부른다.

이 조약은 제1조에서 조선이 자주국으로 일본과 평등한 권리를 보유한다고 규정했다. 이것은 조선이 중국의 속방이 아니라는 뜻을 함축한 것이고 결국 조선에 대한 중국의 '종주권'을 부인한 것이었다. 조선을 자신의 영향권 아래 끌어들이기 위해, 더 나아가 장차 자신의 식민지로 만들기 위해, 일본으로서는 일차적으로 조선이 중국의 속방이 아님을 조약에 규정해놓는 것이 필수적이었다.

이 조약은 또 경상도의 부산과 경기도의 제물포(濟物浦) 및 함경도의 원산 등 세 항구의 개방을 약속했다. 이 항구들을 개항장(開港場)이라고 불렀다. 이 조약으로써 일본은 개항장 안에서의 치외법권을 확보하게 됐다.

이 세 항구들 가운데 제물포에 대해 간단히 소개하기로 한다. 제물포는 서해안의 중간에 위치한 어촌이다. 그러나 무엇보다 중요하게 제물포는 수도 서울의 항구였다. 그렇기 때문에, 우리가 보게 되듯, 서양인들은 거의 모두가 제물포에 도착해 거기서 서울로 들어가게 된다. 제물포는 오늘날의 인천광역시의 한 부분이다.

2. 프랑스 신부 리델의 『나의 서울감옥생활』

강화도조약이 체결된 때로부터 2년 뒤인 1878년 1월 28일에 파리외방전교회에 소속된 프랑스인 신부 펠릭스 클레르 리델(Felix Clair Ridel)이 서울에서 조선조정에 의해 체포됐다. 그는 곧 포도청으로 넘겨졌으며, 그 안의 감옥에 갇혔다. 중국주재프랑스공사는 중국정부를 통해 조선정부를 상대로 그의 석방을 요청했으며, 조선정부는 이 요청을 받아들여 그의 구속으로부터 4개월 남짓 지난 6월 11일에 그를 석방했으나 곧바로 중국으로 추방했다. 그는 만주의 한 성당에서 자신의 옥중기를 집필했는데,[3] 이것은 1878년 상반기의 조선의 모습들을 잘 보여주었다.

병인양요를 불러일으킨 장본인

우선 리델 신부에 대해 알아보기로 한다. 그는 1830년에 프랑스 낭트의 천주교 가정에서 태어나 신학교에서 공부한 뒤 1857년에 사제가 됐으며 1859년에 파리외방전교회에 입회했다. 이 선교단체는 그의 희망을 받아들여 그를 천주교도들을 박해하던 조선으로 파송했으며, 그는 1861년 3월에 서울 근교의 강가에 잠입해 은밀하게 포교에 종사했다. 5년 뒤인 1866년에 이른바 병인박해가 일어나자 그는 중국으로 피신했으며 거기서 1869년 6월에 조선교구의 제6대 교구장으로 임명됐다. 그는 프랑스군의 조선개입을 요청함으로써, 우리가 제2부 제6장에서 살핀 병인양요를 불러일으켰다. 그는 중국에 머문 채 조선에 잠입하기 위해 여러 차례 시도했으며, 마침내 1877년 11월에 잠입에 성공했다. 그는 밤에만 신자들을 심방하면서 세례를 베풀곤 했다. 그러나 석 달 남짓 지난 시점에 체포된 것이다.[4]

리델 신부는 우선 자신이 체포되던 때 조선에는 그사이의 박해에도 불구하고 천주교신자들이 상당히 많았으며 그들의 신앙심이 깊었음을 증언했다. 그는 당시 포도대장이던 이경하(李景夏)가 "신자들의 수가 너무 많

---

3 Mgr Ridel, *Ma Cativité dans Les Prisons de Séoul* (Paris: Brouwer, 1901). 이 책은 리델 신부의 옥중기를 편집하고 거기에 서문을 쓴 아드리앵 로네(Adrien Launay) 신부에 의해 출판됐다. 이 책은 다음과 같이 한국어로 번역됐다. 펠릭스 클레르 리델 지음, 유소연(劉素姸) 옮김, 『나의 서울 감옥생활 1878』(서울: 살림출판사, 2008).

4 위와 같음, 13~58쪽.

고 방방곡곡에 퍼져 있다"고 말했다고 쓴 것이다. 그는 또 신자들 가운데 형벌을 이기지 못해 배교하는 사람들이 나타나기는 했으나 감옥에 갇혀 온갖 끔찍스런 고문을 받으면서도 끝까지 신앙을 지킨 사람들이 많았다고 회상했다.

리델은 이어 천주교신자들에 대한 조선정부의 정책이 지난날의 박해로부터 어느 정도 완화됐다고 지적했다. 그는 우선 천주교박해의 상징적 인물이던 대원군 스스로 "나는 관여하고 싶지 않다. [……] 이 일에 대해서는 눈감아주고 이 양인(洋人)은 조용히 놔두는 게 훨씬 나았을 것이다"고 말한 것으로 들었다고 회상했다. 대원군만이 아니었다. 포도대장 이경하는 "박해를 해서 천주교를 뿌리째 뽑는다는 것은 불가능하다"고 말했으며, 국왕과 왕비도 모두 그를 처형하는 데 반대하는 것으로 들었다고 그는 덧붙였다.[5]

옥졸들 가운데 적잖은 이들이 그를 호의적으로 대했다. 어떤 옥졸은 "저 사람은 조선에서는 찾아볼 수 없는 정직하고 의로운 사람이며, 저 사람이야말로 이 세상에 다시 오신 부처님일세"라고 말했다. 포도대장은 그가 독감에 걸려 밤이면 추위로 매우 고통스러워한다는 보고를 받자 "오! 그가 앓는다니 큰일이구나. [……] 너희는 그 사람을 잘 간호해주거라"라고 말하면서 추위를 막으라고 큰 병풍 하나를 주었을 뿐만 아니라 탕약도 두 그릇을 보내주었다. 포도대장에 뒤따라, 포도부장은 감방에 불을 때도록 나무를 살 수 있는 엽전을 그에게 주었다.[6]

이러한 완화는 무엇을 의미했던가? 개항과 더불어 서양의 배들이 그 이전에 비해 훨씬 자주 등장하는 것을 보고 조선조정은 쇄국의 시대에 채

---

5 위와 같음, 107~132쪽.
6 위와 같음, 67쪽.

택했던 지난날의 정책을 고집하는 것이 어렵다는 현실을 깨달았으며, 포도청관리들 역시 시대의 변화를 느낀 것이다.

포교들의 권한남용

리델은 포도청에 대해 자세히 설명했다. 포도청은 좌포청과 우포청으로 구성됐으며, 각각의 포청에는 약 52명의 포교들이 있다고 그는 썼다. 그의 설명은 다음과 같이 계속됐다: "포교들은 모두 정해진 교육을 통해 양성되며, 포교들 밑에는 일종의 관군들이 있고 다시 그 밑으로는 군사들이 출동할 때 그들을 수행하는 하급직원들이 있다. 그리고 맨 마지막으로 망나니들이 있다. 이들은 최하층의 사람들로서 흉측한 얼굴에 교활한 눈빛을 하고 있다. 일반적으로는 예전에 도둑들이었거나 죄수들이었는데, 그런 자들을 풀어주고 망나니로 삼은 것이다."[7]

다시 리델에 따르면, 포교들의 권한은 커서, "누구도 감히 그들에게 저항하지 못한다." 다만 양반들은 "그들을 멸시하고 가끔은 냉대할 때도 있다." 이 사실과 관련해, 리델은 중요한 관찰을 제시했다. "양반들에게 냉대를 받으면 그들은 항상 백성에게 분풀이를 하니, 이럴 때 마침 그들의 손아귀에 잡히는 이들만 불쌍할 뿐이다"는 것이었다. 포교들은 거기서 한 걸음 더 나아가곤 했다. "그들이 어느 개인에게 복수심을 품거나 혹은 어느 부호의 재물을 탈취하려고 마음을 먹었을 때는 무시무시한 존재가 된다. 그들은 [……] 고문을 하고 규정이나 도를 넘어서 희생자들을 괴롭힌다."[8]

여기서 우리가 주목하게 되는 것은 포교들이 자신들의 권한을 남용해

---

7 위와 같음, 70쪽.
8 위와 같음, 71쪽.

백성들을 괴롭히거나 부호들의 재물을 탈취한다는 사실이다. 그러면 그 방법은 무엇이었을까? 리델은 사건의 날조, 그리고 자신들이 날조한 사건의 범인으로 억울하게 지목된 사람을 상대로 한 혹독한 고문 등을 지적했다. 리델은 자신이 목격한 한 무고한 희생자가 고문을 받은 뒤의 모습을 다음과 같이 묘사했다: "불쌍한 남자는 이미 산 사람이라기보다는 살갗이 벗겨진 시체나 다름없었으니, 갈비뼈가 다 드러나고 수염 · 속눈썹 · 겉눈썹은 모두 탔으며 눈가에는 멍이 들었고 발은 다 망가졌으며 무릎뼈는 으스러지고 엉덩이와 아랫배는 화상을 입었다. [……] 그가 살아났는지 어떠하였는지 나는 그 뒤 소식을 듣지 못하였다."[9]

죄수들의 세 부류

리델의 관찰에 따르면, 죄수들은 주로 세 부류로 나뉘었다. 도둑과 채무죄수 그리고 천주교신자가 그것이었다. 그들 가운데, 도둑들의 처지가 가장 비참했다. 리델은 그들에 대해 다음과 같이 썼다:

> 밤이고 낮이고 발에 차꼬를 차고 있으니 모두 병에 걸린 상태였다. 옴이 온몸에 올라 상처부위가 썩어들어 갔다. 그들은 굶주림으로 고통을 받았고, 뼈와 가죽만 남았으며, 몇 명은 뼈에 가죽을 입혀놓았다고밖에 말할 수 없는 상태였다. 낮에 바깥에 나갈 수 있다는 허락이 떨어져도 그들은 간신히 몇 걸음 옮기는 게 고작이었다. 이것은 사람이 상상할 수 있는 광경 가운데 가장 끔찍한 광경이다.
>
> 그들에게 고통을 주고 그들을 정신적으로 지치게 하기 위해서 할 수 있는 것들을 모두 한다. 그들에게는 잠을 자는 것도 금지됐다. 밤중에 옥졸들은 굵은 몽둥이를 들고 그들을 감시하는데, 만일 졸음과 피로에 빠져 누군가 졸기라도 하

9 위와 같음, 72쪽.

면 즉시 몽둥이로 등과 다리와 머리를 후려쳐서 그를 깨운다. 종종 술에 취해 있는 이 광포한 사람들이 불쌍하고 불행한 이 죄수들에게 가하는 몽둥이질 소리를 밤새 몇 차례나 들었는지 모른다. 그러다가 그 야만인들의 몽둥이질 아래 오직 한 오라기 붙어 있던 불행한 죄수들의 숨이 끊어지는 일도 종종 벌어진다.[10]

죄수들을 가혹하게 다룬 옥졸들은 처벌을 받지 않는가? 리델은 "이 맹수와 같은 존재들은 이런 경우에도 처벌을 받지 않는다는 것을 보장받았다"고 썼다. "도둑 죄수 한 명이 죽으면 그가 병사하였다고 보고하고, 죽은 죄수를 시체실에 치워둔다. 그러면 다음날 밤에 쓰레기 담당자들이 시체를 들어다가 성곽 밖에 있는 숲속에 내다버린다"고 그는 부연했다.

리델은 도둑으로 수감된 사람들 가운데 중죄인들도 있지만, "아무 가치도 없는 물건 좀 훔쳤다고 수감된 사람들이 얼마나 많은지 모른다"고 지적한 뒤, 다음과 같은 해학으로 옥졸들의 부패를 꼬집었다: "만일 도둑질한 자들을 모두 체포한다면 대부분의 옥졸들부터 잡아들여야 할 것이니, 포졸들 가운데는 도둑들과 함께 감옥 안에 있어야 제자리인 자들이 많다."[11]

채무로 투옥된 죄수들이나 도둑질 밖에 다른 동기로 잡혀 들어온 죄수들의 처우는 절도범들의 처우에 비해 훨씬 낫다. 리델은 다음과 같이 회상했다:

그들은 친지나 벗들과 서로 연락도 할 수 있고, 밖에서 음식을 받아먹으며 [……] 심지어는 재미있는 시간을 보내기도 하고, 굶주리고 있는 도둑 죄수들이

10 위와 같음, 113~115쪽.

11 위와 같음, 115~116쪽.

보는 앞에서 대향연을 벌이기도 한다. 내가 본 이들 가운데 대부분이 정부의 관원들이었고, 그들은 마지막 채무를 다 지불할 때까지 갇혀 있게 된다. 신자들은 도둑 죄수들처럼 옥에서 음식을 받아먹지만, 외부인들과 연락을 취할 수 없다. 그리고 보통, 적어도 [내가 수감되어 있던] 좌포청에서만큼은, 발에 차꼬를 차고 있지는 않는다.[12]

비누를 모른 조선인들

리델은 감옥생활을 하면서 목격한 몇 가지 사회적 현상들에 대해서도 썼다. 그것들 가운데 두 가지만 소개하기로 한다.[13]

첫째, 그는 사람들이 흔히 무당이라고 부른 주술사에 대해 길게 설명했다. 조선후기에 조선을 관찰한 서양인들이 예외 없이 지적한 사실들 가운데 하나가 조선에는 무당들이 많으며, 심지어 왕궁에서도 무당들을 불러 액을 쫓아내고자 하거나 병을 치료하고자 했다는 사실이다. 둘째, 그는 조선인들이 비누에 대해 몰랐다고 썼다. 그가 비누거품을 일으켜 보여주었더니 모두 신기하게 여겼으며 어떤 사람은 비누를 먹었다가 배탈을 앓기도 했다고 썼다.

리델은 1878년 6월 11일에 석방됐다. 그러나 그것은 국외추방을 위한 첫 절차였다. 그는 보교(步轎)에 실린 채 서울을 벗어났다. 이 과정에서 그는 조선의 산천경개와 사회현상을 새롭게 관찰할 수 있었다.

서울 · 개성 · 평양의 모습들

리델은 우선 이 나라의 자연이 '매력적'이라고 칭찬했다. 그러나 서울

---

12 위와 같음, 116~117쪽.

13 위와 같음, 81~82쪽 및 144~145쪽.

의 큰길 양쪽에 있는 '초가지붕을 얹은 흙집들'을 보면서 "어찌나 작고 어찌나 낮은지 비버(beaver)들이 사는 굴이 아닐까" 하고 생각했다. 비버는 쥐보다는 크고 너구리보다는 작은 동물이다. 다른 한편으로, 그는 "이 나라에서 소들은 덩치가 크고 힘이 세다. 대조적으로, 말들은 키가 작으며 아주 작은 말들은 당나귀새끼보다도 크지 않다. 그러나 말들은 끈기가 있어 쉽게 지치지 않는다"고 칭찬했다.[14]

그는 곧 고려왕조의 수도로 송도(松都)라고 불리던 개성(開城)에 도착했다. 그는 "오늘날에도 이 나라에서 가장 큰 상업도시인 이곳 주민들은 상업적인 재능이 뛰어난 것으로 평판이 났다"고 회상했다. 그는 고려왕조의 장군들이 쿠데타를 일으켜 고려왕조를 무너뜨린 뒤 조선왕조를 세운 사실을 상기시키면서, "이곳 주민들은 현재 권력을 쥐고 있는 조선왕조를 경멸하는 반면에 조선왕조 사람들은 상업이나 거래에 관한 일들을 모두 천시하고 오로지 관리들만 우러른다"는 말로써 두 왕조를 대비시켰다.[15] 여기서 우리는 조선이 상업을 경시한 국가였다는 진술에 다시 접했다. 이러한 진술은 이미 제2부에서도 나타났었고 앞으로도 자주 나타난다.

개성을 떠난 리델은 곧 평양에 당도했다. 그는 "평양시민들은 다혈질이고 시끄러우며 대담하다. [……] 평양에서의 상업활동은 규모가 크고 활발하며 도시는 항상 역동적이다"고 보았다.[16] 그는 개성에서와 마찬가지로 평양에서도 조선인들이 서양인을 보기 위해 몰려드는 현상을 확인했다. 이 현상은 앞으로도 계속되며, 이 나라를 방문하는 서양인들의 여행기들에 반복적으로 서술된다.

그는 곧 평양을 떠나 국경도시인 평안도 의주(義州)에 당도했다. 그는

14 위와 같음, 185쪽.
15 위와 같음, 190쪽.
16 위와 같음, 201쪽.

자신을 호송한 조선의 관리들과 함께 압록강을 건넜으며, 마침내 청(淸)의 관리들에게 넘겨졌다. 서울을 떠난 때로부터 14일 만의 일이었다. 그는 결국 만주의 선양으로 이송됐다. 그는 거기서 포교를 계속하는 가운데 1880년에 『한불자뎐』(韓佛字典)을 출간했으며, 1881년에 최초의 한국어 문법서인 『한어문전』을 출간했다. 그동안 프랑스 선교사들이 꾸준히 집필해온 원고들에 바탕을 둔 이 두 책의 출판은 일본 요코하마의 레비(Levy)인쇄소가 맡았다. 그는 1884년에 별세한다.[17]

3. 영국 목사 로스의 『코리아의 역사』

리델 신부가 1878년의 조선의 상황에 대한 기록을 남긴 데 이어, 존 로스(John Ross) 목사는 1879년의 시점에서 조선의 역사에 대한 책을 출판했다.[18] 우선 저자에 대해 알아본다.[19]

---

17 위와 같음, 245쪽 각주 65.

18 Rev. John Ross, *History of Corea: Ancient and Modern with Description of Manners and Customs, Languages and Geography* (Paisley: J. and R. Parlane, 1879). 이 책은 1891년에 London: Elliot Stock에서 다시 출판됐다. 이 Stock판은 '근세동아세아서양어자료총서 30'(서울: 경인문화사, 2000)으로 영인됐다.

19 존 로스에 대한 가장 체계적인 연구로 다음의 두 저술을 지적할 수 있다. 1) Sungil Choi, "John Ross (1842~1915) and the Korean Protestant Church: The First Korean Bible and Its Relation to the Protestant Origins in Korea," unpub. Ph. D. Thesis, University of Edinburgh, 1992; 2) 김정현(金正玄), 『John Ross: 한국의 첫 선교사』(대구: 계명대학교출판부, 1982). 저자 김정현은 미국에서 출생하고 한국에서 목사가 됐으며 계명대학교를 비롯해 한국의 몇몇 대학교들에서 신학을 강의한 미국의 신학자다. 본명은 제임스 그레이슨(James Huntley Grayson)이다. 그는 1979년에 존 로스에 대한 연구로 에딘버러대학교에서 종교학 박사학위를 받았으며 그 이후 영국의 쉐필드대학교에서 교수로 봉직하고 있다.

조선의 언어와 역사를 깊이 연구한 목사

로스는 1842년에 스코틀랜드의 한 작은 농촌마을에서 태어났다. 이 마을은 아일랜드의 전통언어인 게일어(Gaelic language)를 썼기 때문에 그는 학교에 들어가서야 비로소 영어를 배울 수 있었다. 이러한 성장배경은 그로 하여금 일찍부터 비영어권의 언어들에 관심을 갖게 만들었다.

로스는 스코틀랜드의 수도 에딘버러에 위치한 연합장로교신학교를 졸업한 뒤 조지 브라운(George Brown) 목사의 조사(助師)가 됐다. 그러나 그는, 브라운 목사와는 달리, 국내에서의 활동보다 해외에서의 활동에 관심을 갖게 됐고 마침내 1872년에 선교사가 되어 중국 산둥성으로 파송됐다. 그는 중국어를 열심히 배우는 한편 중국의 고전을 깊이 공부해 중국의 문화와 관습을 익힐 수 있었고 거기에 바탕을 두고 선교함으로써 많은 신자들을 확보할 수 있었다. 1874년부터 그는 처남이자 동료인 존 매킨타이어(John MacIntyre) 목사와 함께 만주의 동부에서 선교하기 시작했으며, 이것을 계기로 이 지역에서 거주하거나 활동하는 조선인들과 접하게 됐다. 이 과정에서 그는 조선이 개항한 해인 1876년에 평안도 의주 출신의 조선인 한약상 이응찬(李應贊)을 만나 그로부터 조선어를 배웠다.

조선어에 대한 로스의 관심은 거기서 끝나지 않았다. 그는 조선인들의 도움을 받으며 1877년에 조선어 학습안내서인 『코리언 프리머』(*Corean Primer*)를 출판했다. 이 책은 서양인이 쓴 최초의 조선어학습서다. 그의 관심은 곧 조선의 역사로 옮겨져, 그때로부터 2년 뒤인 1879년에 『코리아의 역사』(*History of Corea*)를 출판했다. 그 뒤에도 그는 조선의 언어와 지리 및 역사 등에 관해 여러 저술들을 발표했다. 특히 그는 조선인기독교도들의 도움을 받으며 성경을 조선어로 번역하는 일에 착수해, 1882년에 『예수셩교누가복음젼서』 등 신약의 몇몇 부분들을 차례로 출판했다. 그는 이것들을 모두 합쳐 1887년에 『예수셩교젼서』를 간행했다. 이 책들이 최초의 한글성서로, 그것들은 모두 만주 선양의 문광서원(文光書院)에서 출판됐다. 이러한 업적을 종합해, 남한의 서지학자 박대헌(朴大憲)은 다음과 같이 평가했다: "그의 성서 번역사업과 조선역사에 관한 연구는 조선의 개신교 선교사(宣教史)에 커다란 이정표를 세웠을 뿐만 아니라, 조선어의 학문적 발전에도 그 공이 크다 하겠다."[20]

로스는 조선과 만주의 국경지대에 있는 한인촌(韓人村)을 두 차례 방문했을 뿐 조선의 국내를 방문하지는 않았다. 그는 1915년에 별세한다.[21]

만주를 중심으로 조선역사를 파악하다

그러면 이 책의 내용은 무엇인가? 이 책은 일차적으로 코리아의 역사를 고대로부터 강화도조약이 체결된 1876년까지 설명했다. 이 책은 부분적으로 우리가 제2부 제6장에서 살핀 달레 신부의 책을 비롯해 몇몇 서양인들의 책들로부터 자료들을 얻었다. 그러나 이 책은 송(宋)왕조의 쓰마광(司馬光: 사마광)을 비롯한 중국역사가들의 저서들에 크게 의존했다. 그리하여 이 책은 대체로 중국역사가들의 이론들을 반영하고 있다. 그러나 때때로 그 이론들에 대한 자신의 견해들을 덧붙여 자신의 독자적 입장을 지키려고 했다.

20 박대헌, 『서양인이 본 조선: 조선관계 서양서지』(전2권: 서울: 호산방[壺山房], 1996), 상권, 188~189쪽.

21 이만열(李萬烈), 『한국기독교와 민족의식: 한국기독교사연구논고』(서울: 지식산업사, 1991), 49~57쪽. 이 교수는 「단재 신채호의 역사학에 관한 연구」로 1986년에 서울대학교에서 문학박사학위를 받았다. 이 논문은 『단재 신채호의 역사학 연구』(서울: 문학과지성사, 1990)로 출판됐다. 그는 한국에서의 기독교의 역사를 전공해 이 방면에 많은 연구실적을 쌓았다. 1) 『한말 기독교와 민족운동』(서울: 평민사, 1980), 2) 『한국기독교와 역사인식』(서울: 지식산업사, 1981), 3) 『한국기독교문화운동사』(서울: 대한기독교출판사, 1987) 등이 대표적이다. 저서와는 별도로 한국기독교역사연구소 편, 『한국기독교와 민족운동』(서울: 기독교문사, 1985) 및 『한국기독교의 역사』 I(서울: 기독교문사, 1989), II(서울: 기독교문사, 1990) 등에 논문들을 발표했다.

그 대표적 보기가 중국역사가들이 전파한 기자조선설(箕子朝鮮說)이다. 중국역사가들에 따르면, 고대중국의 왕족 기자가 고대조선으로 와서 최초의 왕국을 세웠으며 고대조선에 예(禮)와 의(義)를 가르쳤고 여덟 개의 법률 등을 제정해 그것으로써 왕국을 통치했다. 로스는 이 이론을 전면적으로 부정하지는 않으면서도 의문을 표시했다.[22]

이 책의 특징은 코리아의 역사를 랴오둥(遼東: 요동)을 포함한 만주를 중심으로 살폈다는 데 있다. 만주에서는 오랜 기간에 걸쳐 코리언의 조상들을 포함한 수많은 민족들이 서로 협력하기도 했고 투쟁하기도 했다. 로스는 이 지역에서 가장 오랫동안 가장 큰 영향력을 장악했던 민족은 여진족이라고 불리기도 했던 만주족이라고 보았다. 이렇게 만주에 거주한 다양한 민족들의 다툼을 중심으로 코리아의 역사를 살폈기 때문에, 로스는 한때 만주에서 강력한 힘을 과시했던 고구려의 역사 그리고 고구려가 멸망한 뒤 그 유민들이 말갈족과 함께 세운 발해의 역사를 자세히 설명했다.

로스는 코리아가 겪었던 외부로부터의 침략들을 자세히 설명하면서 코리아의 역대 왕국들이 그 침략들에 얼마나 용감하게 대항했던가에 역점을 두었다. 로스는 그러한 전쟁들을 치르는 과정에서 여러 민족들 사이에 혼혈이 발생했다고 보았다.

러시아와 일본의 조선진출을 경고하다

로스는 코리아의 마지막 왕국인 조선이 후기에 들어간 이후 서양의 국가들이 활발하게 이 나라에 진출했다고 쓰고, 그 대표적인 국가들로 영국 · 프랑스 · 미국 · 러시아를 지적했다. 이 책이 집필된 1876~1877년의

22 Ross, *History of Corea*, pp. 10~11.

시점에서, 로스는 러시아와 일본의 조선에 대한 진출을 중시했다. 로스는 조선의 장래는 불투명하다고 전제한 뒤, 이 나라는 하루빨리 서양국가들에 문호를 개방하고 서양의 사상과 문명을 받아들이면서 자신의 과거와 단절해야 한다고 권고했다. 이러한 시각을 지녔기에, 그는 조선이 일본의 군사위협 아래 강요된 상태에서 일본을 상대로 개항조약을 체결했다고 인정하면서도 이 나라가 이 조약을 충실히 준수해야 한다고 권고했다.[23]

이상에서 살핀 것처럼, 일차적으로 코리아의 역사를 설명하는 데 많은 노력을 기울인 로스는 부차적으로 코리아의 대외관계 · 정부 · 사회관습 · 종교 · 언어에 대해 설명했다. 우선 대외관계에 대해, 로스는 코리아가 "중국에 명목적인 의존"(nominal dependence upon China)을 유지했던 것은 부인될 수 없지만 "실질적 자치정부"(virtual self government)를 유지했던 것이 사실이라고 보았다. 중국의 황제가 새로 등극한 조선의 국왕을 승인한 것이 사실이지만, 그것은 형식적인 것에 지나지 않았다는 것이다.

"조선국왕은 견제를 받는 절대군주다"

이러한 관점에서, 로스는 "코리아의 국왕은 아마도 세계에서 가장 절대적이다"(The Corean king is perhaps the most absolute in the world)고 단언했다. 그러나 국왕은 '세습귀족'의 견제를 받으면서 통치한다고 덧붙였다.[24] 조선의 국왕이 절대적 권력을 지녔다는 관찰은 우리가 제1부에서 살폈던 하멜이 이미 제시했었으며, 그 이후 서양의 관찰자들은 예외없이 이 점을 되풀이했었다. 다만 우리가 제2부에서 살폈듯, 달레는 국왕의 절대적 권력이 내부의 다른 기관들에 의해 견제를 받고 있다고 지적했었다.

---

23 위와 같음, 236쪽.

24 위와 같음.

로스는 대체로 달레의 설명을 되풀이한 것이다.

"조선은 관리들이 백성들을 쥐어짜내는 나라다"

로스는 코리아에서 형벌이 엄하며 특히 태형이 보편적으로 실시된다고 지적했다. 로스는 이어 이 나라에 만연한 부정부패를 지적했다. 높은 자리에서 낮은 자리에 이르기까지 모든 관직들은 '시장가격'(market price)에 따라 팔고 팔리며, 법률들은 돈을 '쥐어짜내기'(squeeze) 위한 방편으로 이용된다고 비판했다. 이러한 맥락에서, 로스는 다음과 같이 썼다: "큰 물고기들은 작은 물고기들을 잡아먹고, 작은 물고기들은 새우들을 잡아먹으며, 새우들은 진흙을 먹는다"(The big fish eat the little fish, the little fish eat shrimps, and the shrimps eat mud).[25]

여기서 중요하게 토론돼야 할 용어는 '쥐어짜내다'다. 착취와 수탈을 뜻하는 이 용어는 우리가 앞으로 살필 서양인들의 책들에서 반복적으로 나타난다. 그들은 조선을 관리들이 백성들을 또는 지배계급이 피지배계급을 끊임없이 착취하고 수탈하는 나라로 파악했던 것이다.

한글을 높이 평가하다

로스는 "코리아는 극도로 가난한 나라다"라고 단언했다.[26] 그런데도 조선인들은 중국인들 이상으로 교육을 중시한다고 이 책은 지적했다. 남자의 경우, 어린이 때 『천자문』을 배우며, 그 책에 이어 중국의 고전들을 배운다고 지적했다. 로스는 한글을 '코리언 알파벳'이라고 표현한 뒤, 이것을 높이 평가했다. 예컨대, 로스는 "코리언 알파벳은 가장 아름답고 완

---

25 위와 같음, 364~365쪽.
26 위와 같음, 313쪽.

전하다"고 평가했으며, "약간의 결점들을 예외로 한다면, 코리언 알파벳은 단순성과 효용성에 있어서 최고다"라고 극찬했다.[27]

천연두의 만연을 지적하다

로스는 조선에서 행해지는 결혼 · 이혼 · 혼례 · 장례에 대해, 그리고 장례 때 묫자리잡기와 관련해 활용되는 풍수지리와 지관(地官)에 대해 자세히 썼다. 천연두가 가장 치명적인 전염병이라고 지적하면서, 이 병으로 말미암아 영아사망률이 매우 높다고 설명했다.

종교에 관해서, 로스는 조선에서는 유교가 종교로서가 아니라 도덕체계로 받아들여지며 도교(道教)는 약하다고 설명하고, 그렇기 때문에 불교가 가장 널리 수용된 종교라고 볼 수 있다고 논평했다. 로스는 또 조선사회는 상류 · 중류 · 하류의 세 계급으로 구성됐다고 설명하고 백정들은 하류에서도 최하류에 속한다고 덧붙였다. 로스는 이 나라의 인구를 대체로 1,400만명과 1,500만명 사이라고 보면서 인구가 증가하는 추세라고 덧붙였다.[28]

---

27 위와 같음, 315쪽 및 377쪽.

28 위와 같음, 371쪽.

제8장
조선이 미국을 시발로 서양열강과 수교하던 시기 (1882~1886)

제1장에서 살폈듯, 강화도조약은 조선이 독립국가임을 선언했다. 이것은 조선이 더 이상 중국의 속방이 아님을 선언한 것과 같았다. 당시 청(淸)의 직예총독(直隸總督)이면서 북양대신(北洋大臣)으로 톈진(天津: 천진)에 본거지를 마련한 채 조선문제를 관장하던 리훙장(李鴻章: 이홍장)은 이 선언이 조선에서 중국의 영향력을 감퇴시키고 자신의 패권을 확립하고자 하는 일본의 첫 외교적 수순임을 직시했다. 그리하여 그는 조선에 진출하는 일본의 힘을 견제하기 위해 서양의 열강을 조선으로 끌어들이기로 결심하고 우선 미국으로 하여금 이 나라와 수교하도록 유도했다. 그 결과 미국은 1882년 5월 22일에 조선과 수호통상조약을 체결했다.

이것은 그동안 조선과의 수교를 추구하던 유럽의 열강을 자극했으며, 그 결과 영국과 독일은 1883년 11월 26일에, 러시아는 1884년 7월 7일에, 이탈리아는 7월 26일에, 그리고 프랑스는 1886년 6월 4일에, 각각 조선과 수호통상조약을 체결했다. 미국과의 수호통상조약이 체결된 이후의 이 4년의 기간에 조선에는 열강으로부터 외교관들을 비롯해 선교사들과 의사들이 입국하며, 그들은 각각 자신들의 기록들을 남겼다.

1. 미국 목사 그리피스의 『코리아: 은자의 나라』 및 『밖과 안에서 본 코리아』

로스 목사의 『코리아의 역사』는 달레 신부의 저술 이후 조선의 역사에 관한 최초의 체계적 저술이었다. 그러했기에 이 책은 서양인들 사이에 널리 읽혔으며, 이에 따라 이 책은 1891년에 새 판을 인쇄하기에 이르렀다. 그러나 이 책보다 조선을 서방세계에 널리 알린 책은 미국인 윌리엄 그리피스(William Elliott Griffis) 목사의 책들이다.

뿌리깊은 친일적 성향

이 책들의 성격을 정확히 파악하기 위해 우선 저자에 대해 알아보기로 한다.[1] 그리피스는 1843년에 미국 펜실베이니아주 필라델피아시에서 태어나 1869년에 뉴저지주의 럿거스대학(Rutgers College)—오늘날의 럿거스대학교—을 졸업한 뒤 일본 혼슈(本州) 서부에 위치한 에치젠(越前) 지방—오늘날의 후쿠이(福井)시—의 한 사무라이 집안으로부터 초청을 받아 일본으로 건너갔다. 1871년에 그는 에치젠의 교육장으로 임명돼 이 지방의 학교들을 현대식으로 개편하는 일을 이끌었으며, 일본에서 활동하던 상태에서 1872년에 모교로부터 석사학위를 받음과 동시에 요코하마에서 일본에 관한 영문잡지들을 출판하기 시작했다. 그는 1872년부터 2년에 걸쳐 뒷날 도쿄제국대학의 전신들 가운데 하나가 되는 가이세이갓코(開成學校)에서[2] 화학과 물리학을 가르쳤으며, 일본학생들을 위한 영어교과서들

1 그리피스의 생애와 활동에 대해서는 다음에 의존했다. 정성화, 『서양의 한국: 이미지의 탄생과 변화』(서울: 명지대학교출판부, 2005), 제5장.

2 이 학교는 에도(江戸)시대인 1857년에 외국의 문헌을 연구하고 교육하는 학교로 신설됐다. 이 학교는 1870년에 개성소(開成所)에서 가이세이갓코로 개명했으며, 1874년에 도쿄가이세이갓코로 개명했다. 이 학교는 1877년에 도쿄의학교와 합병해 도쿄대학이 됐다.

을 출판했고, 미국의 신문들과 잡지들에 일본에 관한 글들을 기고했다.

1874년에 미국으로 돌아온 그리피스는 1877년에 뉴욕의 유니언신학교(Union Theological Seminary)를 졸업하면서 목사가 돼 목사직을 사임하는 1903년까지 26년에 걸쳐 뉴욕과 보스턴 등지에서 시무했다. 그사이인 1876년에 『천황의 제국』(*The Mikado's Empire*)을 뉴욕과 런던 모두에서 출판했는데,[3] 일본을 호의적으로 설명한 이 책은 1899년에 9쇄를 출간할 정도로 인기를 끌었다. 이로써 그는 미국 안에서 일본전문가로서의 명성을 확립한 데 이어 1884년에 유니언신학교로부터 신학박사학위를 받았고 1899년에 럿거스대학으로부터 명예인문학박사학위를 받았다.

저술과 강연에 전념하기 위해 목사직을 사임한 1903년부터 별세한 1928년까지 25년에 걸쳐 그리피스는 자신이 계획했던 대로 저술과 강연에 전념했다. 그의 저술은 신학에 관한 책들을 제외하면 거의 전적으로 일본에 그리고 일본이 자신의 모범국들 가운데 하나로 삼았던 네덜란드에 관한 것들로, 이 책들을 통해 그는 서방세계에 일본을 호의적으로 각인시키는 데 이바지했다는 평을 받았다. 그 공로로 그는 1926년에 일본 정부로부터 제2급 욱일훈장(旭日勳章)을 받았으며 전용차량을 제공받아 여러 도시들을 방문할 수 있었다.

이러한 친일적 배경의 그리피스는 1882년 10월 2일에 『코리아: 은자의 나라』를 출판했다.[4] 여기서 주목되는 것은 출판의 시점이다. 미국이 1882

---

3 출판사는 Harper and Brothers였다.

4 William Elliott Griffis, *Corea: The Hermit Nation* (New York: Charles Scribner's Sons, 1882). 이 책은 '근세동아세아서양어자료총서 31'로 서울의 경인문화사에서 2000년에 영인본으로 출판됐다. 이 책의 첫 한국어 번역본은 다음이다. 신복룡 역주, 『은자의 나라 한국』(서울: 탐구당, 1976). 이 책은 제1권(탐구신서 93), 제2권(탐구신서 94), 제3권(탐구신서 95)로 나뉘어 출판됐다. 신 교수는 자신의 이 역서를 수정 · 보완해 같은 제목으로 1985년에 평민사에서 출판했으며, 이 책을 같은 제목으로 1999년에 집문당에서 출판했다.

년 5월 22일에 코리아와 수호통상을 위한 조약을 체결한 때로부터 5개월 밖에 지나지 않은 시점에서 이 책을 출판한 것이다. 이것은 그가 미국사회에 거의 알려지지 않았던 코리아에 대한 관심이 비록 제한적이나마 일어나기 시작한 시점을 출판에 활용하고자 했음을 보여준다.

중국 및 일본 자료들의 조선설명을 되풀이하다

이 책은 3부로 구성됐다. 제1부가 「고대와 중세의 역사」며, 제2부가 「코리아의 정치와 사회」고, 제3부가 「근대와 최근의 역사」다. 이 책에 담긴 정보는 비교적 풍부하다는 평을 받았다. 그러나 그리피스가 조선을 직접방문하거나 또는 조선의 자료들을 읽고 거기서 얻은 지식을 바탕으로 쓴 것이 아니었다. 우선적으로, 우리가 제2부에서 살핀 달레의 저서와 오페르트의 저서 및 항해자들의 저서들 그리고 바로 앞에서 살핀 로스의 저서를 포함한 서양인들의 자료들에 의존했다. 그 저서들 가운데 어떤 것들은 대체로 중국의 자료들에 의존했음을 고려할 때, 그리피스가 이 책을 쓸 때 결과적으로 중국의 자료들에 영향을 받았음을 의미했다. 그는 또 『일본서기』(日本書紀)와 『고사기』(古事記) 등 일본의 자료들에도 적잖게 의존했다. 이러한 사실을 종합해, 이 책을 깊이 연구한 학자들은 이 책이 독창적인 저술이라기보다는 기존 저술들의 편집이었다고 평가한다.

그럼에도 불구하고, 이 책은 영어권 독자들 사이에서 널리 읽혔다. 1쇄가 출판된 때로부터 7년이 지난 1889년에 3쇄를 기록했으며, 1905년에는 런던의 저명한 출판사인 하퍼앤드브라더스(Harper and Brothers)에서 다시 출판됐다. 이처럼 이 책에 대한 관심이 확산되는 가운데 조선이 일본의 '피보호국'이 되자 그리피스는 그 직후인 1907년에 새로운 논평들을 추가해 제8쇄를 발행했다. 이 증보판은 1911년에 재간됨으로써 1882년의 제1쇄부터 따져 9쇄를 기록했다. 우리는 이 추가된 부분들에 대해

제5부 제12장에서 토론할 것이다.

자신의 『코리아: 은자의 나라』 초판이 큰 반응을 불러일으키자, 여기에 힘입어 그리피스는 1885년에 『밖과 안에서 본 코리아』라는 작은 책을 출판했다. 이 책의 상당히 많은 부분은 하멜의 『파선일지』를 재록하고 그것을 해설하는 데 바쳐졌다.[5] 그는 그 뒤에도 조선에 대한 관심을 유지해 1912년에는 미국이 조선에 파견한 선교사 헨리 아펜젤러(Henry G. Appenzeller)의 전기를 출판한다.[6]

친일사관을 전파하다

그러면 그리피스는 이 책들을 통해 코리아를 어떻게 설명했던가? 그는 이 나라가 세계에 너무나 알려지지 않은 국가라는 사실을 지적하는 것으로부터 이 책을 시작했다. 코리아라는 이름을 들은 일이 있느냐는 질문에 대해, 어떤 미국여성은 '조가비'를 말하느냐고 반문했으며, 다른 미국인들은 "코리아가 뭐야"라고 반문했다고 그는 썼다.[7]

그리피스는 이어 코리아의 지정학적 위치가 이 나라의 역사와 운명에 미친 영향을 강조하면서 다음과 같이 썼다: "피와 기질 그리고 정책에 있어서 서로 다른 외국들인 두 개의 경쟁적 국가들 사이에 위치한 조선은

---

5 William Elliott Griffis, *Corea, Without and Within: Chapters on Corean History, Manners and Religion with Hendrick Hamel's Narrative of Captivity and Travels in Korea, Annotated* (Philadelphia: Presbyterian Board of Publication, 1885). 이 책은 서울의 경인문화사가 출간한 '근세동아세아서양어자료총서 96'에 포함됐다.

6 William E. Griffis, *A Modern Pioneer in Korea: The Life Story of Henry G. Appenzeller* (New York: Fleming H. Revell Company, 1912). 이 책은 서울의 경인문화사가 출간한 '근세동아세아서양어자료총서 96'에 포함됐다. 이 책은 다음과 같이 한국어로 번역됐다. 이만열, 『아펜젤러: 한국에 온 첫 선교사』(서울: 연세대학교출판부, 1985). 이 책에는 앞 책의 번역에, 아펜젤러의 일기와 편지 및 보고서 그리고 역자의 「아펜젤러의 교육 · 복음전도활동?이 추가되어 있다.

7 Griffis, *Corea: the Hermit Nation*, x.

중국이라는 위 맷돌과 일본이라는 아래 맷돌 사이에서 찌임을 당하는 풍부한 곡물이었다."[8] 같은 맥락에서, 그는 "코리아는 중국으로부터 일본으로 가는, 아시아대륙으로부터 떠오르는 태양의 나라인 섬 제국으로 가는, 디딤돌이다"라고 썼다.[9] 여기서 주목되는 것은 그가 코리아에 대해서는 '고요한 아침의 나라'(the land of morning calm) 또는 '신선한 아침의 나라'(the land of morning freshness)라는 정적(靜的)인 호칭을 쓰면서,[10] 일본을 '떠오르는 태양의 나라'(the land of rising sun)라는 동적(動的)인 호칭으로 대비시켰다는 사실이다.

그리피스는 코리아의 그러한 지정학적 위치로 말미암아 이 나라는 중국과 만주 및 일본 모두로부터 침략을 자주 받았으며 오랫동안 중국과 일본에 '조공'을 바친 나라라고 썼다. 코리아의 중국과의 관계에 대해, 그는 중국이 이 나라를 자신의 '봉신국'(封臣國: vassal)으로 간주했다고 썼다.[11]

코리아의 일본과의 관계에 대해, 그리피스는 코리아의 중국과의 관계에 비해 훨씬 자세히 썼다. 그는 기본적으로 일본인들은 2세기 이후 강화도조약의 체결까지 코리아에 대한 권리를 내세웠으며, 강화도조약을 체결한 그날에 비로소 일본은 이 나라를 '하나의 자주국'(an independent nation)으로 인정했다고 썼다. 구체적으로, 그는 일본의 진구(神功: 신공) 황후가 서기 202년에 코리아반도의 동남부에 위치했던 신라를 공격해 신라

8 위와 같음, 9쪽.

9 Griffis, *Corea, Without and Within*, p. 10. 조선의 지정학적 위치에 대한 설명은 조선을 설명하는 책들에 예외 없이 나온다. 그 한 보기는 다음이다. Rudolph Schwartz and Harold E. Hammond, *China · Japan · Korea: History, Culture, People* (Bronxville, N. Y.: Cambridge Book Compnay, INC., 1968), p. 124 ("Korea's location has made it a "land bridge" and, therefore, easily reached by other nations.")

10 Griffis, *Corea, Without and Within*, pp. 28~30.

11 위와 같음, 40쪽.

국왕의 항복을 받았으며 신라국왕으로부터 자신은 '일본의 노예'라는 선언을 접수했다는 일본측의 주장을 소개했다. 이때부터 17세기까지 일본인들은 코리아에 존재한 왕국들을 '일본의 조공국이며 속국'(a tributary and dependency of Japan)으로 간주했다고 그는 덧붙였다. 그는 또 코리아의 남쪽으로부터 일본으로 이주했던 사람들이 5년 뒤에 귀국한 뒤 자신들이 일본에서 살던 때의 천황 미마키(Mimaki)를 기념해 자신들의 코리아에서의 거주지역을 미마나(Mimana)로 불렀다는 일본측 자료를 소개했다.[12] 미마나는 한문으로 任那(임나)다.

이렇게 볼 때, 그는 일본의 일부 사학자들이 내세운 '임나일본부(任那日本府) 경영설', 곧 일본은 이미 서기 369년부터 약 200년에 걸쳐 오늘날 남한의 경상도와 전라도 일대에 일본의 식민지통치기구로 임나부를 두었다는 주장을 소개한 것이다. 서기 720년에 일본에서 출판된 『일본서기』에서 처음 등장한 이 주장은 역사적 근거가 없는, 따라서 조작된 학설이다. 그런데도 그는 일본측 자료를 소개한다는 전제를 내세우며 이 설을 비판없이 길게 소개함으로써 사실상 일본측 주장에 동조함과 아울러 이 주장을 전파했다.

그리피스는 부산에 대해서도 일본의 주장에 동조했다. 일본이 임진왜란이 끝난 이후 계속해서 부산을 '보유'(possess)해왔다는 일본의 주장을 비판 없이 소개한 것이다.[13] 그러면 일본은 어떤 근거에서 그러한 주장을 내세웠던 것인가? 일본은 그 근거를 명확히 말하지 않았다. 따라서 우리로서는 추측할 수밖에 없으며, 자연히 조선왕조시대의 조선과 일본 사이의 관계를 살피게 된다. 일본인들은, 특히 대마도의 일본인들은, 오랜 기

---

12 Griffis, *Corea: The Hermit Nation*, pp. 52~54.

13 위와 같음, 150쪽.

간에 걸쳐 조선의 남해안 일대를 침공했다. 조선은 그들을 왜구(倭寇)라고 부르면서, 한편으로는 그들을 소탕하고 다른 한편으로는 그들에게 조선과의 교역을 허용했다. 특히 경상도 동래부(東萊府) 사천면(沙川面) 초량리(草梁里)에 왜관(倭館)을 설치해 조선과의 교역을 담당한 왜인들이 기숙하게 했다. 이곳을 흔히 부산포(釜山浦)라고 불렀던 것인데, 일본인들은 이 사실을 왜곡해 마치 부산이 자신들의 식민지였던 것처럼 설명한 것이다.

영국은 14세기로부터 15세기까지 지속된 백년전쟁의 결과 자신이 프랑스에 보유했던 영토들 가운데 전부를 잃고, 프랑스북부에 위치했으며 영국에 가까운 항구도시 칼레(Calais) 하나만을 일정한 기간에 걸쳐 유지했다. 일본측 주장은, 그 역사적 사실을 잘 아는 서양인들에게, 부산이 일본의 칼레였다는 인상을 심어주었을 것이다.[14] 일본이 기원 3세기부터 약 200년에 걸쳐 조선의 남부에 임나부를 경영했다는 주장 그리고 임진왜란 이후 부산을 보유했다는 주장은 뒷날 일본이 조선을 자신의 식민지로 만들 때 그것을 정당화하는 역사적 근거들 가운데 하나로 활용된다.

조선의 국가적 개별성을 인정하다

그러나, 그리피스는 "조선은 언제나 별개의 국가로서의 조선으로 남아 있었으며, 조선인들은 [……] 언어와 정치 및 사회관습에서 일본인들이나 중국인들과는 다른 조선인들로 언제나 남아 있었다"고 지적하는 것을 잊지 않았다. 그는 "아일랜드가 잉글랜드도 스코틀랜드도 아닌 것처럼 조선은 중국도 일본도 아니다"고 논평했다.[15] 그는 또 조선이 일본에 학문과 문화를 전수했다는 사실도 덧붙였다. 그의 이러한 저술들은 그가 조선

14 박지향(朴枝香), 『일그러진 근대: 100년 전 영국이 평가한 한국과 일본의 근대성』(서울: 푸른역사, 2003), 175쪽.

15 Griffis, *Corea: The Hermit Nation*, p. 9.

과 조선인의 개별성을 인정했음을 의미했다.

같은 맥락에서, 그는 조선의 역사가 중국의 왕족 기자로부터 시작됐다고 보았으나 조선인의 언어는 중국인의 언어와 달라서 양자 사이에는 통역이 필요하다고 지적했다. 이어, 그는 조선인이 몽골족에 속한다고 보면서도, 상고시대(上古時代)에 만주 일대에서 국가들을 세우고 활동했던 부여인들과 고구려인들이 현재 조선인의 조상이라고 설명했다. 그는 조선인들이 학문을 좋아하며 가무를 즐긴다고 덧붙였다.

이상에서 보았듯, 그리피스는 조선과 조선인이 중국과 중국인 그리고 일본과 일본인으로부터 구별된다는 사실을 확실하게 지적했다. 그는 조선이 중국으로부터나 일본으로부터 침략을 받을 때마다 조선인들이 애국심을 발휘해 용감하게 싸웠다는 사실도 정확하게 지적했다. 이러한 지적들은 서방세계에 조선에 대한 인상을 호의적으로 전달했을 것이다.

조선은 '은둔의 왕국'이라는 인상을 국제적으로 고정시키다

그러나 그는 조선이 잦은 외침을 받았던 탓에 '고립정책'(the policy of isolation) 또는 '자기보존정책'(the policy of self-preservation)을 썼고 이것이 결국 '은둔에 가까운 격리정책'(the policy of hermit-like seclusion)으로 이어졌다고 썼다.[16] 그리고 이러한 인식이 그로 하여금 조선을 '은둔의 나라' 또는 '은둔의 왕국'(Hermit Kingdom)으로 부르게 만들었으며,[17] 그리하여 그의 책들을 통해, 특히 첫 번째 책의 제목을 통해, 조선이 '은둔의 나라'라는 인식이 영어권 국가들에게 심어졌다.

---

16 Griffis, *Corea, Without and Within*, p. 11.

17 그리피스가 위의 책 32쪽 각주 2에서 서울의 한 영국인 여행자가 1884년에 코레아를 '은둔의 왕국'이라고 불렀다고 쓴 사실에 미뤄, '은둔의 나라'와 '은둔의 왕국'이라는 두 표현은 거의 같은 시기에 서양인의 저술들에 등장했던 것으로 보인다.

서울대학교 국사학과 이태진(李泰鎭) 교수는 그리피스의 책제목을 비판했다. 흥선대원군이 섭정하면서 쇄국정책을 썼던 시대에는 조선이 '은둔의 나라'였다는 명명이 맞는다고 하겠으나 1876년에 개항한 이후의 시대에는 맞지 않는데도, 이 제목이 심어준 인상 때문에 서방권 사람들로 하여금 조선은 계속해서 은둔의 나라로 남았고 따라서 근대화를 성취하지 못했다는 느낌을 갖게 만들었다는 것이다. 이 교수는 바로 이 점을 간파한 일제가 이 책을 서방세계에 널리 전파했다고 주장했다.[18]

다시 그리피스의 책의 내용을 설명하기로 한다. 그리피스는 일본이 조선과 수교하는 과정에 대해 자세히 설명했지만 미국이 조선과 수교하는 과정에 대해서도 자세히 설명했다. 이 대목에서 그는 이제 조선이 문명의 세계 또는 개화의 세계로 들어섰음을 강조했다. 그에게 대원군은 '완고한 배외주의자'에 지나지 않았고 대원군의 쇄국정책 아래 조선은 '이교도 및 완고함 그리고 미신' 속에 파묻혀 살았던 것으로 비쳤던 것이다.

결론적으로, 그는 조선이 일본 및 미국과의 수교를 통해 문명세계와 교역하고 문명세계의 '예수교와 과학과 교육 및 인류애'를 받아들일 수 있는 새로운 기회를 맞이했으며 그리하여 조선은 이 새로운 기회를 계기로 마치 일본이 미국과 수교한 뒤 걸었던 길을 걸어야 한다고 제의했다.[19] 이러한 맥락에서, 그는 미국의 기독교 선교사들이 이교도들의 국가인 조선에 들어가 복음을 전파해야 한다고 역설했는데, 이 역설이 미국의 감리교와 장로교에 큰 자극을 주었으며 그리하여 그 이후 많은 미국의 선교사들이 조선을 찾아오게 된다.[20]

---

18 Yi Tae-Jin, "Was Korea Really a 'Hermit Nation'?," *Korea Journal*, Vol. 38, No. 4 (Winter 1998), pp. 5~35. 이 논문의 국어본은 다음에 수록됐다. 이태진, 「근대 한국은 과연 '은둔국'이었던가」, 『고종시대의 재조명』(서울: 태학사, 2000), 135~164쪽.

19 Griffis, *Corea: The Hermit Nation*, p. 442.

20 민경배(閔庚培), 『알렌의 선교와 근대한미외교』(서울: 연세대학교출판부, 1991), 76~77쪽.

이상에서 보았듯, 그리피스는 조선이 미국과의 관계를 발전시킴으로써 자신의 미래를 좋은 방향으로 열어가야 할 것임을 제의한 반면에 조선이 러시아에 대해 경계심을 갖도록 유도했다. 그는 우선 러시아가 1858년 이후 극동에서 자신의 영토를 넓혀왔으며 블라디보스토크항구를 요새화시켜 조선을 포함하는 이 지역에서 러시아의 권익을 수호하는 중심지로 만들었다고 주장했다. 그는 이어 중국과 러시아 사이에 또는 영국과 러시아 사이에 전쟁이 일어나는 경우 러시아는 조선을 중국에 대한 작전의 근거지로 삼을 것이라고 전망했다. 그는 러시아를 '탐욕스런 러시아'라고 부르면서, 이 나라의 조선 '보유'는 피터대제(Peter the Great) 이후 러시아의 황제들이 추구해온 '흡수정책'이 현실로 나타나는 것을 의미한다고 덧붙였다.[21] 그의 이 설명들은 조선사회에 공로증을 전파하기에 충분했다.

"서울이 코리아다"

그리피스는 조선의 정치적 · 경제적 · 사회적 상황에 대해서도 자세히 설명했다. 여기서 지적돼야 할 것으로 다음의 다섯 가지만 선택하기로 한다. 첫째, 조선의 이른바 당쟁을 비교적 호의적으로 평가했다는 사실이다. 그는 우리가 남인(南人) · 북인(北人) · 노론(老論) · 소론(少論) 등 이른바 사색당파(四色黨派)라고 불렀던 것을 '정당'(political party)이라고 불렀으며, 조선에서의 그러한 정당들 사이의 싸움은 미국과 유럽에서의 그것들과 마찬가지였다고 논평했다.[22]

---

21 Griffis, *Corea: The Hermit Nation*, pp. 210~214.

22 위와 같음, 224~229쪽. 당쟁을 부정적으로만 보아서는 안 된다는 주장은 다음에서도 개진됐다. 이태진 편, 『조선시대정치사의 재조명』(서울: 범조사[汎潮社], 1985; 개정판 태학사[太學社], 2003), 개정판의 25~40쪽(「당쟁을 어떻게 볼 것인가」 및 41~62쪽, 「조선시대의 정치적 갈등과 그 해결: 사회와 당쟁을 중심으로」).

둘째, 그는 "코리아의 대다수 대중에게는 굶주림만 면하면 충분했지 그것 이상으로 열심히 일할 동기가 없으며 기업을 일으킬 유인(誘引)도 없다"고 보았다.[23] 그는 코리언들은 진정으로 장사를 하고 싶어 한다고 보았다. 그러나 상인을 천시하는 사회적 분위기, 그리고 "상인이 장사를 통해 돈을 벌게 됨으로써 낮은 계급으로부터 상승될 가능성을 두려워하는 관리계급의 질투 등이 언제나 상업의 발달을 가로막았다"고 보았다. 이러한 시각에서, 그는 우리가 제2부 제4장에서 보았던 귀츨라프의 관찰을 인용했다.[24]

셋째, 그는 서울이 단순히 조선의 수도라는 수준을 벗어나 조선의 모든 것이라는 사실을 강조했다. 그의 표현으로, 파리가 프랑스인 것처럼 서울이 코리아라는 것이다(If, as the French say, "Paris is France," then Seoul is Corea).[25] 이 표현은, 그 뒤 여러 책들에서 출전이 밝혀지지 않은 채, 자주 등장한다. 그는 이 책의 초판이 출판된 시점에서, 조선정부의 인구조사를 믿을 수 없다는 전제 아래, 서울의 가구 수를 45,350가구 그리고 인구를 219,815명으로 보았다.

"코리언들은 항해를 좋아하지 않는다"

넷째, 그는 "코리언들은 항해를 즐겨하는 사람들이 아니다"라고 보았다. "그들은 드문 경우들을 제외하고는 육지로부터 배를 타고 나가지 않는다"는 것이다.[26] 그의 이러한 관찰은 이 나라 사람들은 진취적이지 못하고 모험을 즐겨하지 않는 사람들이라는 뜻을 함축했다. 이 관찰 역시

---

23 Griffis, *Corea: The Hermit Nation*, p. 447.

24 Griffis, *Corea, Without and Within*, p. 227.

25 Griffis, *Corea: The Hermit Nation*, p. 233.

26 위와 같음, 195쪽.

뒷날 서양인들의 책들에서 되풀이된다.

다섯째, 그는 조선이 철저히 남성우위여성천시의 사회라고 보았다. 그의 표현으로, "조선의 여성은 쾌락 또는 노동의 도구이며 결코 남성의 동료 또는 동등인이 아니다." 그녀는 자기 자신의 고유한 이름을 갖지 못하며 누구누구의 딸이라거나 누구누구의 부인이라거나 누구누구의 어머니라고 불릴 뿐이라고 그는 덧붙였다. 조선에서 여성의 개가는 사실상 허용되지 않는 반면에 남성은 첩을 몇이라도 둘 수 있다고 그는 비판했다.[27]

임진왜란 도중의 중-일간 협상

이것들 밖에, 다음 주제에 관심 있는 연구자들을 위해 덧붙이고자 하는 것은 임진왜란 때 중국과 일본 사이에 진행됐던 평화협상의 내용을 그리피스가 소개했다는 사실이다. 그에 따르면, 명(明)의 협상대표 선웨이징과 일본측 협상대표 고니시 유키나가 사이에 다음과 같은 합의가 이뤄졌다: 1) 조선과 일본 및 명 등 세 나라 사이에 종전과 더불어 평화를 이룩한다; 2) 일본은 조선의 여덟 도(道)들 가운데 남쪽 세 도를 소유한다; 3) 조선은 일본에 조공을 바친다; 4) 도요토미 히데요시를 조선의 왕으로 인정한다. 이 조건들이 충족되면 일본은 자신이 억류한 두 명의 조선왕자들을 석방하고 조선으로부터 철수한다.

선웨이징은 황제의 재가가 없었는데도 재가를 받은 듯 고니시 유키나가를 속였으며, 고니시는 뒷날 자신이 속았음을 깨달았다. 더구나 고니시와 경쟁관계에 있던 가토 기요마사가 이 합의에 반대했다. 그 결과 이 합의는 깨졌다고 그리피스는 설명했다.[28]

---

27 위와 같음, 244~255쪽.

28 위와 같음, 118쪽.

2. 독일 학자 묄렌도르프 부부의 조선관찰

조선과 미국 사이에 수호조약이 성립된 때로부터 2개월이 지난 1882년 임오년(壬午年) 7월 23일에, 서울에서 군인들이 그사이 중국에 의지해온 민씨척족의 부패와 가렴주구를 비롯한 비정(秕政)에 항거해 민씨척족의 고위관리들을 죽이고 왕궁을 침입한 반란을 일으켰다. 이 과정에서 자신의 며느리인 민비와 적대적이던 대원군은 반란군을 격려했을 뿐만 아니라 궁정으로 들어가 정권을 장악했다. 민비는 황급히 피신했다. 이것을 흔히 임오군란(壬午軍亂) 또는 임오군변(壬午軍變)이라고 부른다.

임오군란은 중국과 일본의 개입을 불러왔다. 중국군은 대원군을 납치해 리훙장의 본거지인 톈진의 바오딩부(保定府: 보정부)에 유폐시켰다. 이것을 보고 민비는 10월 9일에 환궁했다. 그리피스가 『코리아: 은자의 나라』를 출판한 때로부터 꼭 일주일 지나서였다. 이 시점에, 중국군과 일본군이 모두 임오군란의 사후수습을 명분으로 서울 주둔을 완료했다. 그러나 중국군의 우세 속에서 조선조정에는 친중(親中)의 민씨척족정권이 다시 들어섰다. 고종은 리훙장에게 자신의 외교고문을 추천해줄 것을 의뢰했으며 리훙장은 독일인 파울 게오르그 폰 묄렌도르프(Paul Georg von Möllendorff)를 천거했다.

아내가 쓴 묄렌도르프의 전기

그러면 묄렌도르프는 어떤 사람이었나? 그에 대해서는 아내 로잘리(Rosalie von Möllendorff)가 남편의 일기 그리고 남편이 자신에게 보낸 편지들을 대본으로 삼아 회상의 형식으로 쓴 전기에 자세히 소개됐다.[29] 이

29 Rosalie von Moellendorff, *P. G. von Moellendorff: Ein Lebensbild* (Leipzig: Otto

회고에 의존하면, 묄렌도르프는 독일의 한 귀족가문의 후손으로 1847년 2월 17일에 브란덴부르크(Brandenburg)주 체데닉(Zehdenick)시에서 태어났다. 그는 고등학교 학생 때부터 히브리어와 동양어에 관심을 보였고, 잘레쉬트란데(Saalestrande)주 할레(Halle)시에 있는 마르틴루터대학교에서 법학을 전공할 때도 히브리어와 동양어에 익숙해지고자 노력해 히브리어의 경우 탁월하다는 평가를 받았다.

대학을 마친 뒤 그는 상하이의 중국 해관(海關)에 취직함으로써 동양에서의 생활에 첫발을 디뎠다. 해관은 한국식 표현으로는 세관(稅關)이다. 그는 이때부터 중국어를 본격적으로 공부해 큰 진전을 보였다. 그는 곧 중국에 주재하는 독일의 몇몇 영사관들에서 근무했는데, 그 과정에서 좌절을 겪기도 했고 그 스스로의 표현으로 '굴욕'을 겪기도 했다. 심리적으로 많은 갈등을 겪던 그는 톈진에서 대리영사로 근무하던 때 리훙장을 만나 그의 인정을 받고 조선 국왕의 고문으로 천거되기에 이르렀다.[30]

Harrassowitz, 1930). 이 책의 한국어 번역본으로 우선 고병익(高炳翊) 교수의 「목린덕(穆麟德)의 수기」(『진단학보』, 제24집, 1963년 8월, 149~196쪽)를 지적할 수 있다. 역자 스스로 밝혔듯, 이것은 완역이 아니다. 역자는 조선에 관계되지 않는 부분들을 제외한 채 번역했다. 이 한국어 번역 다음으로 김재관(金在官) 편저, 『묄렌도르프: 묄렌도르프를 통해서 보는 구한말 개화기의 한국사회상』(서울: 현암사[玄岩社], 1984)에 수록된 김재관 번역, 「묄렌도르프 부인의 수기」 그리고 신복룡 · 김운경(金雲卿) 역주, 『묄렌도르프 자전』(서울: 평민사, 1987 및 서울: 집문당, 1999)을 지적할 수 있다. 묄렌도르프에 대한 논문들을 모은 책으로 다음이 있다. 발터 라이퍼(Walter Leifer) 편, 『묄렌도르프』(서울: 정민사[正民社], 1983). 이 책에는 고병익 · 이태영(李泰永) · 최종고(崔鍾庫) · 박찬일(朴贊一) · 김재관 교수 등의 논문들이 포함됐다.

묄렌도르프에 대해 영어로 쓰여진 책으로 대표적인 것은 다음이다. Yur-Bok Lee, *West Goes East: Paul Georg von Möllendorf and Great Power Imperialism in Late Yi Korea* (Honolulu: University of Hawaii Press, 1988). 묄렌도르프의 철자(綴字)는 본인에 따르면 Möllendorff이다. 그러나 영어권에서는 대체로 Moellendorf로 쓴다.

30 묄렌도르프가 조선조정에 고문으로 초빙된 배경에 관한 논문으로 고병익, 「목린덕의 고빙(顧聘)과 그 배경」이 대표적이다. 이 논문은 고병익, 『동아교섭사의 연구』(서울: 서울대학교 출판부, 1970)에 수록됐다.

묄렌도르프의 제물포 및 서울 관찰: "산천은 아름답고 기후는 명랑하다"

조선조정은 리훙장의 천거를 받아들였다. 그 결과, 묄렌도르프는 고종의 측근 실세로 조선조정의 고관인 조영하(趙寧夏)의 안내를 받으며 1882년 12월 9일에 제물포에 상륙했다. 묄렌도르프는 자신의 일기에서 "나는 조선인들을 처음 만났다. 그들은 퍽 믿음직해 보였고 인상은 지극히 좋았다"고 썼다. 그는 13일 아침에 가마를 탄 채 서울을 향해 떠났다. 그는 주변의 광경을 다음과 같이 묘사했다: "산과 언덕이 연이어 있는 지역들을 우리는 지나갔다. 산과 골이 번갈아 나오고 어디에나 작은 숲 작은 마을과 논밭이 있었다. 산천은 이를 데 없이 아름답고 비옥하며 산이 많았고 기후는 명랑하고 거의 유럽 기후와 같았다."

"조선인들은 우유를 모른다"

서울에 도착한 묄렌도르프는 서울로부터 좋은 인상을 받았다. 그는 아내에게 보낸 편지에서 "풍광은 전체적으로 말하면 명미하다"고 썼다. 그는 자신이 시내를 산책할 때 "무수히 많은 조선인들이 흥미 있게 바라보며 따라다녔다"며 기뻐했다. 그는 이 나라 사람들의 집들이 대부분 흙으로 빚어진 초가들이고 지붕이 낮다고 덧붙였다.

묄렌도르프의 관찰은 다음으로 이어졌다: "큼직한 소들이 있었는데 짐을 싣는데 사용되고 있을 뿐이었다. 조선인들은 소젖을 먹을 줄 모르며 소젖은 다만 송아지나 먹는 것이라고 생각한다."[31] "조선인들은 우유를 먹을 줄 모른다"는 지적은 뒷날 여러 서양인들에 의해 되풀이된다.

---

31 고병익 역, 「목린덕의 수기」, 157~158쪽.

묄렌도르프, 고종으로부터 좋은 인상을 받다

묄렌도르프는 12월 26일 아침에 조영하의 안내에 따라 고종을 알현했다. 그가 동양식으로 안경을 벗고 고종에게 세 차례 인사를 올리자 고종은 그에게 안경을 쓰도록 허락했다. 그는 아내에게 쓴 편지에서 "왕은 외양도 좋았으며 또 퍽이나 좋은 인상을 주는 분이었다"고 썼다. 그가 계속해서 앉아 있는 것을 힘들어 하자 고종은 그에게 일어서도 좋다고 말했다.[32] 여기서 주목되는 대목은 고종이 좋은 인상을 주었다는 진술이다. 우리가 앞으로 보게 되듯, 고종을 알현한 서양인들은 고종에 대해 예외없이 똑같이 말한다.

고종은 곧바로 조영하를 판리통리아문사무(辦理統理衙門事務)—오늘날의 외교통상부장관—로, 그리고 묄렌도르프를 참의통리아문사무(參議統理衙門事務)—오늘날의 외교통상부차관—로 임명했다. 조선조정의 고관들은 그를 목린덕(穆麟德)으로 불렀고 그의 관직을 옛 제도에서 차관에 해당되는 참판(參判)으로 불렀다. 그가 만 35세 때의 일이었다. 그는 만족해했다. 자신의 1883년 1월 1일자 일기에서 그는 "이 나라의 관직에서 내가 유일한 서양인이기 때문에 누구나 내가 어떤 사람인지를 안다. 조선어로 나는 목(穆)이라고 불리며 [관명(官名)까지 합쳐] 내 호칭은 목참판이다"고 썼다.

묄렌도르프가 리훙장의 신임과 고종의 신임을 동시에 받고 있는 사실이 알려지면서, 그의 아내의 표현으로, "모든 부서의 관리들이 그를 방문했다." 그는 기분이 고조돼 열심히 일했다. 그가 아내에게 보낸 편지에 따르면, 그는 휴가의 여유를 갖지 못한 채 모든 힘을 기울여 일했다. 특히 중국으로부터 차관을 들여오는 일, 상하이와 제물포 사이에 그리고 톈진과 제물포 사이에 정기 항로를 여는 일, 양잠을 개량하는 일, 의학교를 설

---

32 위와 같음, 159쪽.

립하는 일 등에 정력을 쏟았다.

묄렌도르프를 더욱 신임하게 된 고종은 1883년 4월에 그를 조선의 모든 해관들을 지휘하고 감독하는 최고위직인 조선해관총세무사(朝鮮海關總稅務司)에 임명했다. 고종은 또 그에게 집을 하사했다. 그 집은 임오군란 때 피살된 선혜청(宣惠廳) 당상(堂上) 민겸호(閔謙鎬)가 살던 집이었다. 고종은 피살자의 망령을 두려워하는 조선인들의 풍습을 고려해 이 집을 그에게 주기를 주저했으나 그는 고종을 안심시키면서 이 집을 받았다. 그에 따르면, 이 집은 완전히 조선식의 건물로 아주 크고 매우 쾌적했다.

묄렌도르프, 조선의 지하자원개발에 관심을 기울이다

묄렌도르프는 곧 조선의 지하자원을 개발하는 일에도 관심을 쏟았다. 그는 독일 키일대학(Kiel Universität)의 지질학 교수로 도쿄대학에 파견돼 근무하던 카를 고트쉐(Karl Gotsche) 박사를 조선으로 초청했다. 고트쉐 교수는 부인과 함께 1883년 8월에 서울에 도착했다. 고트쉐 교수는 곧 두 차례에 걸쳐 조선의 많은 곳들을 탐사했다.[33] 이것은 독일이 다른 열강과 마찬가지로 조선의 지하자원에 주목해 개발이익을 얻으려는 의도를 지니고 있었음을 말해주었다.

비슷한 시점에, 묄렌도르프는 고종을 설득해 기존의 악법들 가운데 일부를 폐지시키는 데 성공했다. 그는 이 성공에 큰 자부심을 느껴 1883년 여름에 아내에게 다음과 같이 썼다:

> 나는 요즘 정일(靜謐)한 그러나 커다란 성공을 거두었다. 지난해의 [아마도 임오군란에 연관된: 저자] 정치범들 가운데 여덟 명의 고관들이 사형이 선고되어 세상

33 위와 같음, 165쪽.

에서 없어졌다. 이로써 정치반란은 종식되고 말았다. 옛 법률에 의하면 전가족이 단죄되고 아이들은 노비가 되며 부녀자들은 창녀로 만든다! 그런데 나는 가족이 단죄에 포함되지 않도록 특히 부녀자들이 공창으로 넘어가지 않도록 하는 데 성공하였다. 왕은 나의 청을 들어주었고 그 법률을 폐지하였던 것이다! 민중들은 거리에서 나에게 감사해 했으며 최근에는 도처에서 환호성으로 맞이했다. 도시(都是) 민중들은 나에게서 많은 것을 기대하는 것 같다. 거의 매주 투서가 들어오는데, 조선관리들의 악행을 알려주면서 되도록이면 나의 영향력으로 고쳐주도록 청하는 것이다. 나는 나의 지위에 대해서 지극히 만족한다.[34]

"조선은 러시아에 의존해야 한다"

이 무렵, 묄렌도르프는 조선의 국제관계와 관련해 중요한 관찰을 제시했다. 1885년 3월 2일에 그가 도쿄에서 아내에게 쓴 편지에 따르면, 그는 중국이 조선을 일본의 야심으로부터 보호할 능력이 거의 없다고 보고 따라서 조선은 러시아를 끌어들여 거기에 의지해야 한다고 결론을 내린 것이다.

그러면 그의 논거는 무엇이었나? 그는 러시아가 중국과는 정상적인 관계를 유지하는 반면에 일본과는 적대적인 관계를 유지하는 가운데 조선이 러시아와 일본 사이에서 '하나의 완충국'으로 남기를 바란다고 진단하면서, 조선에서 일본을 견제하면서 조선을 열강 사이의 '완충국'으로 만들 수 있는 나라는 러시아가 유일하다고 판단했다. 미국은 조선으로부터 너무 멀리 떨어져 있고 군사력도 충분하지 못한 점 때문에, 프랑스는 인도차이나를 두고 중국과 적대관계를 유지하는 점 때문에, 영국은 전통적으로 러시아에 적대적인 반면에 일본에 우호적인 점 때문에, 독일은 아

34 위와 같음, 166쪽.

직도 국제정치에서 아무런 역할을 수행하지 못하는 점 때문에, 조선에서 일본을 견제하면서 조선을 열강 사이의 '완충국'으로 만들 수 있는 역할을 수행할 수 없다고 그는 본 것이다. 이러한 논거에서 그는 만일 러시아가 조선을 보호하지 않으면 조선은 러시아의 경쟁국인 영국의 보호나 러시아의 조선점령을 두려워하는 유럽 여러 나라들의 공동보호를 추구할 것이라고 판단했다.[35]

묄렌도르프, 조선조정의 대미(對美) 접근에 불쾌감을 표시하다

묄렌도르프가 서양인으로서는 유일하게 조선조정에서 상당한 영향력을 축적한 시점인 1883년 5월 12일에 초대 조선주재미국공사 루시어스 푸트(Lucius H. Foote)가 부임했다. 그는 정동(貞洞)에 공사관이 마련될 때까지 잠정적으로 묄렌도르프의 집에 유숙했다. 그는 5월 19일에 조선조정 외아문(外衙門)의 신임 독판(督辦)—오늘날의 직제로는 외교통상부장관—민영목(閔泳穆)을 상대로 조미수호통상조약의 비준서를 교환했으며, 20일에 고종을 알현했다. 묄렌도르프는 문서 번역의 일을 맡는 등, 이 행사들을 위해 많은 시간을 보냈다.

묄렌도르프와 푸트 사이의 관계는 곧바로 나빠졌다. 묄렌도르프 부인의 회상으로는, "남편이 잠시 몸이 불편했을 동안에 [푸트]는 왕에게 얘기해서 조선의 사신을 미국에 보내기로 하는 데 성공했으며, 남편은 이에 대해 퍽 불쾌히 생각했다. [……] 남편은 [푸트가] '내 병을 이렇게 이용한 것은 비열하다'고 기록했다."[36] 조선은 러시아에 의존해야 한다고 생각한

35 위와 같음, 166~167쪽. 또 홍웅호(洪雄浩), 「개항기 주한러시아공사관의 설립과 활동」, 하원호(河元鎬) 등 공저, 『개항기의 재한외국공관 연구』(서울: 동북아역사재단, 2009), 269~270쪽.

36 고병익 역, 「목린덕의 수기」, 168쪽.

묄렌도르프로서, 조선조정이 미국에 사신을 보내기로 한 결정에 불만을 가졌을 것이다.

실제로 조선정부는 1883년 가을에 조선보빙사(朝鮮報聘使)라는 이름의 사절단을 미국으로 파견했다. 민비의 조카로서 민씨척족세력의 거두이던 외아문의 협판 민영익(閔泳翊)을 전권대신(全權大臣)으로 하고 같은 외아문 협판 홍영식(洪英植)을 전권부대신(全權副大臣)으로 하는 사절단은 9월 2일에 미국의 수도 워싱턴디씨에 착임해 국무부를 예방했다.

사절단은 9월 18일에 당시 뉴욕시에 체류하던 체스터 아서(Chester A. Arthur) 대통령에 국서(國書)를 제정했다. 조선의 사절들이 왕에게 그렇게 하듯 엎드려 절을 하자 아서 대통령은 어리둥절한 표정을 지었다. 이 모습은 뉴욕시에서 발행되던 『뉴스 페이퍼』(*News Paper*) 1883년 9월 29일자에 그림으로 소개됐다.[37] 이러한 일화를 남긴 뒤, 사절단원들은 둘로 나뉘어 귀국했다. 홍영식은 1883년 12월에 귀국해 고종에게 복명하며, 민영익은 1884년 5월에 귀국해 고종에게 복명한다.[38]

묄렌도르프 아내의 관찰들: 민비로부터 좋은 인상을 받다

조선정부의 사절단이 미국으로 떠난 직후인 가을의 어느 날 묄렌도르프의 부인 로잘리가 두 자녀와 함께 유모와 요리사 및 세탁부를 포함한

---

37 『서양인이 만든 근대 전기 한국 이미지』(전3권: 서울: 청년사, 2009), III(강명숙[姜明淑] 외, 『침탈 그리고 전쟁』), 73쪽.

38 조선보빙사에 대해서는 다음에서 설명됐다. Young Ick Lew, *Early Korean Encounters with the United States and Japan: Six Essays on Late Nineteenth-Century Korea* (Seoul: The Royal Asiatic Society Korea Branch, 2008), pp. 9~10. 보빙사에 대한 매우 자세한 설명들은 다음에서 볼 수 있다. 김원모, 『한미수교사: 조선보빙사의 미국사행(美國使行)편(1883)』(서울: 철학과현실사, 1999). Harold J. Noble, "The Korean Mission to the United States in 1883," *Transactions of the Korea Branch of the Royal Asiatic Society 18* (1929), pp. 1~27.

중국인 하인 여섯을 데리고 제물포에 도착했다. 그들은 다섯 대의 가마에 분승해 육로로 서울을 향했다. 그 여정을 그녀는 다음과 같이 회상했다:

> 뜨거운 햇볕을 피하기 위하여 밤에 떠나야만 되었다. 많은 조선인들이 우리 주위에 서 있었다. 우리에게는 달빛 아래 낯선 옷과 횃불을 든 그들이 마치 도둑 떼처럼 보였다. 그들은 우리가 그들을 신기하게 보는 것처럼 우리를 역시 신기하게 보았으며 비교적 큰 소리로 얘기하며 소리를 지르곤 하였다. 그러나 우리가 가는 동안 내내 두 남자가 우리를 친절하게 돌보아주어 안심할 수 있었다. [……]
>
> 달빛 속에서는 어디나 매우 신선하고 푸르게 보였다. 우리는 나무가 우거진 언덕과 신선한 초원이 있는 아름다운 지역들을 지나서 갔다. 그것은 우리에게 아주 힘이 솟는 인상을 주었다. 쉬는 곳에서는 조선인들이 호기심에 집 밖으로 나와 보고 아침 5시에 식사를 할 때는 구경꾼들 때문에 어쩔 수가 없었다. [……]
>
> 넓은 모래사장을 지난 다음 마침내 도시가 시야에 들어왔다. 우리의 목적지가 가까운 것이다. 강가에는 군인들이 서 있었다. 우리 가마는 보트로 옮겨졌다. 그러나 강 건너에서는 우선 강가에 몰려 있는 한 떼의 사람들을 쫓아야만 하였다. 그래야 우리 배가 댈 수 있기 때문이다. 수천 명의 사람들이 우리를 호기심으로 바라보았다.[39]

여기서 그녀는 서울의 인구를 약 40만명이라고 말하고, 그녀의 일행을 보기 위해 그들 모두가 나온 것 같았다고 덧붙였다. 그녀는 흰색 · 파란색 · 초록색 등 다양한 색깔의 옷들을 입은 그들에게 흥미를 느꼈다.

서양인들에 대한 조선인들의 흥미는 묄렌도르프 내외가 집 마당에서

39 김재관 편저, 『묄렌도르프』, 78~79쪽.

연회를 베풀었을 때 다시 나타났다. 그녀는 다음과 같이 썼다: "그때에 색색의 옷을 입은 조선인들이 우리 집 주위에 있는 그들 집의 낮은 지붕 위에 앉아 낯선 것에 대한 경이로움에 놀라움과 경탄으로 거의 꼼짝 않고 앉아 있었다."[40]

부인이 도착한 직후, 고종과 민비는 묄렌도르프 내외에게 많은 식품을 하사했다. 거기에는 닭 · 달걀 · 건어물 · 꿀 · 과일 등이 포함됐다. 내외는 곧 입궐해 고종과 민비 그리고 왕세자를 알현했다. 고종과 민비는 그들에게 위급하고 곤경에 처하게 될 때면 언제든지 국왕부처에게 보호를 구할 수 있는 서권(書卷) 한 장을 주었다. 로잘리는 "왕비는 극히 좋은 인상을 주며 사람을 끌면서도 부드러운 외관(外觀)에다가 좋은 마음씨에다가 지성도 갖춰진 것이 보였다"고 회고했다.[41]

여기서 중요하게 기억돼야 할 것은, 이 회상을 그대로 믿는다면, 민비가 묄렌도르프의 부인뿐만 아니라 묄렌도르프도 만나주었다는 사실이다. 우리가 앞으로 보게 되듯, 민비는 서양의 여성들에게는 알현을 허락했다. 그러나 민비가 서양의 남성들에게도 알현을 허락했다는 기록을, 고종의 어의(御醫)인 알렌에게 알현을 허락했다는 알렌의 회고를[42] 제외하고는, 우리는 찾지 못했다. 또 하나 기억돼야 할 것은, 민비가 남긴 인상은, 우리가 앞으로 보게 되듯, 그 이후 민비를 알현한 서양인들의 기록들에서 되풀이된다는 사실이다.

40 위와 같음, 82쪽.

41 고병익 역, 「목린덕의 수기」, 169쪽.

42 Horace Newton Allen, *Things Korean: A Collection of Sketches and Anecdotes, Missionary and Diplomatic* (New York: Fleming H. Revell Company, 1908), p. 192.

묄렌도르프의 친러정책과 실각

1884년과 1885년 사이에 조선의 국내정치와 국제관계에는 중요한 변화들이 계속해서 일어났으며, 이것들은 묄렌도르프에게 직접적인 영향을 주었다. 앞에서 지적했듯, 묄렌도르프는 러시아를 조선의 보호자로 또는 후원자로 영입해야 한다는 입장이었으며, 그러한 발상으로부터 조선과 러시아 사이에 우호통상조약이 체결되도록 유도했다. 그 결과 러시아는 톈진과 베이징에서 근무하던 직업외교관 칼 이바노비치 베베르(Karl Ivanovich Waeber)를 조선주재러시아대리공사 겸 총영사로 임명했다. 그는 1884년 6월 23일에 서울에 도착했으며 7월 7일에 조선정부의 전권대사로 지명된 김병시(金炳始) 외아문독판을 상대로 조러우호통상조약에 조인했다.[43]

이때로부터 5개월 뒤인 1884년 갑신년(甲申年) 12월 4일에 이른바 갑신정변이 일어났다. 김옥균(金玉均)과 홍영식 등 개화급진파가 조선주재일본공사관 및 그 휘하의 조선주둔일본군에 의지한 채 쿠데타를 일으켜 민씨척족을 중심으로 하는 친중세력을 제거하고 집권했던 것이다.[44] 조선

---

43 베베르는 여러 저술들에서 웨베르로 표기되어 있다. 그러나 러시아어 원전에 익숙하며 이 시대의 조러관계를 깊이 연구한 홍웅호 교수는 베베르로 표기했다. 베베르가 조선주재러시아대리공사 겸 총영사로 임명됐다는 사실도 홍 교수의 논문에서 확인된다. 홍웅호, 「개항기 주한러시아공사관의 설립과 활동」, 257쪽. 묄렌도르프의 활동이 과연 친러였느냐에 대한 토론은 다음에 소개되어 있다. T. M. Simbirteseva, "P. G. Fon Moellendorff's 'Pro-Russian' Activities in Korea (1882~1885): Opinions of Russian Historiographers," *Transactions* (Royal Asiatic Society, Korea Branch), Vol. 76 (2001), pp. 31~43. 필자는 모스크바국립대학교 한국학국제연구소 연구원이다.

44 갑신정변에 대한 미국인의 연구로 대표적인 것들은 다음이다. Herold F. Cook, "Kim Ok-kyun and the Background of the 1884 Émeute," unpub. Ph. D. diss., Cambridge, M. A., Harvard University, 1968; ———, "Pak Yŏng-hyo: Background and Early Years," *Journal of Social Sciences and Humanities*, No. 31 (December 1969), pp. 11~24; ———, *Korea's 1884 Incident: Its Background and Kim Ok-kyun's Elusive Dream*

은 중국의 속국이라는 믿음을 지녔던 묄렌도르프는 민씨척족세력을 비호했으며 개화급진파의 정부를 붕괴시키기 위해 중국군의 개입을 유도하는 일에 참여했다. 중국군의 개입과 일본군의 후퇴로써 개화급진파의 집권이 사흘 만에 무너지고 개화급진파의 지도자들이 일본으로 망명하자, 묄렌도르프는 1885년 2월에 전권대신 서상우(徐相雨)와 함께 부사(副使)의 자격으로 일본으로 건너가 망명자들의 송환교섭에 참여했다.

동시에 묄렌도르프의 친러시아적 외교활동은 계속됐다. 1885년 봄에 서울의 외교가에는 조선조정이 조선의 동북부에 위치한 원산항 일대를 블라디보스토크항이 결빙되어 폐쇄될 때 러시아에 빌려주기로 밀약했으며 그 배후에는 묄렌도르프가 있다는 소문이 나돌았다. 이 소문에 대해 가장 민첩하면서도 강력하게 반응한 나라는 영국이었다. 영국정부의 주장에 따르면, 영국은 '러시아의 동아시아 진출을 견제하기 위해' 1885년 4월 15일에 조선의 서남부에 위치한 거문도(巨文島)를 점거한 것이다.[45] 우리가 이미 제2부 제5장에서 지적했듯, 영국의 군함은 1845년에 거문도를 방문한 이후 이 섬의 전략적 가치를 높이 평가해왔다. 다른 한편으로,

---

(Seoul: Royal Asiatic Society, Korea Branch in conjunction with Taewon Publishing Company, 1972). Soon C. Hong, "The Kapsin Coup and Foote: The Role of an American Diplomat," *Koreana Quarterly* 15 (Fall–Winter 1973), pp. 60~70. 갑신정변에 대한 시론은 다음이다. Percival Lowell, "A Korean Coup d'Etat," *Atlantic Monthly* 58 (November 1886), pp. 599~618.

45 문일평(文一平) 저, 이광린(李光麟) 교주, 『한미50년사』(서울: 탐구당, 탐구신서 100, 1975), 162~163쪽. 저자 호암(湖岩) 문일평은 『조선일보』에 1934년 7월 16일부터 「대미관계 50년사: 교섭의 기원과 변천」이라는 제목으로 100회에 걸쳐 연재했다. 저자가 1939년에 별세하자 조선일보사의 자회사인 조광사(朝光社)는 같은 해에 『호암전집』 전3권을 출판하면서 제1권에 이것을 포함시켰다. 1948년 3월에 일성당서점(一成堂書店)이 이 전집 3권을 재간했는데, 이것만은 따로 떼어 단행본으로 출판했다. 이광린 교수는 이것을 교주해 다시 출판했다. 문일평이 1934년에 한문으로 쓴 일기가 다음과 같이 출판됐다. 문일평 지음, 이한수(李漢洙) 옮김, 『문일평 1934년: 식민지시대 한 지식인의 일기』(서울: 살림출판사, 2008). 이 일기에 자신이 「대미관계 50년사」를 쓰고 있음을 기록했다.

러시아정부는 영국정부의 주장이 근거 없는 것이라고 반박했다.

그러면 진상은 무엇이었나? 이 주제를 오랜 기간에 걸쳐 깊이 연구한 김영정(金榮楨) 교수와 김용구(金容九) 교수에 따르면, 러시아는 당시 조선에서 자신의 영향력을 확장시킬 의도도 능력도 없는데도 영국이 블라디보스토크를 침공하기 위한 공격기지로 활용하기 위해 거문도를 점령한 것이다.[46] 영국의 거문도점령은 확실히 불법적이었다. 조선조정은 당연히 항의를 제기하면서 철수를 요구했다. 이 과정에서, 묄렌도르프는 조선조정의 특사 엄세영(嚴世永)과 함께 중국의 군함을 타고 거문도를 방문해 영국군의 불법점령에 대해 강력히 항의했으며 나가사키로 가서 영국장군을 상대로 강경한 항의각서를 전달했다.

러시아를 조선의 보호자 또는 후원자로 끌어들이려는 묄렌도르프의 외교적 노력은 계속됐다. 그는 러시아가 조선의 중립 및 불가침에 대해 중국과 일본이 공동으로 보장하는 안을 추진해줄 것을 조선정부가 러시아정부에 위임하는 것이 바람직하다는 판단 아래, 우선 조선의 수도를 수비할 4개 대대의 약 500명 병력을 훈련시킬 교관들을 러시아에서 초청할 것을 고종에 제의했다.[47] 고종은 이 제의에 동의하고 러시아와의 교섭을 승인했다. 러시아정부는 일본주재러시아공사관의 서기관 슈페이에르(Aleksis de Speyer)를[48] 1885년 6월 중순에 서울로 보내 묄렌도르프와 이 문제를 협의하게 했다.

---

46 김영정, 「영러위기와 거문도, 1885~1887」, 주영하 감수, 『19세기 후반의 한 · 영 · 러관계: 거문도사건』(서울: 세종대학교출판부, 1987), 47~76쪽; 김용구, 『거문도와 블라디보스토크: 19세기 한반도의 파행적 세계화 과정』(서울: 서강대학교출판부, 2008), 5쪽.

47 김재관 편저, 『묄렌도르프』, 98쪽 및 115~118쪽.

48 이 러시아 외교관의 이름은 우리나라에서 다양하게 표기됐다. 그러나 러시아어를 해독하고 이 외교관에 대해 연구가 깊은 홍웅호 교수는 슈페이예르가 맞는다고 썼다. 홍웅호, 「개항기 주한러시아공사관의 설립과 활동」, 248쪽.

이것은 러시아세력의 조선개입을 경계해온 중국과 일본 모두의 반발을 불러일으켰으며, 그의 후원자이던 리훙장조차 그의 인책소환을 요청했다. 이에 따라 조선정부는 그를 6월 하순에 외아문협판에서, 이어 7월 초순에 해관총세무사에서, 해임했다. 그는 12월에 톈진으로 돌아갔다. 우리는 그에 대해 앞으로 다시 보게 될 것이다.

3. 일본 기자 이노우에 가쿠고로의 회고록

묄렌도르프가 서울에 머물렀던 시기와 비슷한 시기에 서울에 머문 뒤 기록을 남긴 외국인이 일본인 이노우에 가쿠고로(井上角五郎: 정상각오랑)다. 그는 1882년 12월에 서울로 건너와 1883년에 조선정부의 외아문 박문국(博文局)에 근무하면서 『한성순보』(漢城旬報)의 창간에 참여했다. 1884년 12월에 일어난 갑신정변은 그에게도 직접적 영향을 주었다. 반일(反日)의 분위기가 높아진 조선 국내정세 속에서, 그는 곧바로 일본으로 돌아가지 않으면 안 됐다.

그는 사태가 가라앉은 직후인 1885년 1월에 다시 서울로 돌아왔으며, 1886년 1월에 『한성순보』를 『한성주보』로 개편하는 일에 참여했다. 이해 12월에 귀국한 그는 1895년에 『한성내잔몽』(漢城迺殘夢)을 출판했다. 『서울에서의 견문에 대한 회고록』으로 의역(意譯)될 수 있는 이 책은 1882년 12월부터 1886년 12월까지의 조선상황을 상세히 기록한 것이다. 이 책은 당시 조선주재일본공사 다케조에 신이치로(竹添進一郎: 죽첨진일랑)가 조선조정을 다룬 방식과 과정을 적나라하게 묘사했기에 일본정부에 의해 판금됐다.[49]

조선분할론 및 조선중립화론을 소개하다

그러면 이노우에는 조선을 어떻게 보았던가? 첫째, 저자는 1884년 10월께 일본의 『지지신포』(時事新報: 시사신보)가 조선을 각국이 나누어 점령한 지도를 싣고 또 앞으로 당연히 이렇게 될 것이라고 보도했다고 증언했다. 어떤 사람이 이 기사를 일본에서 가져와 고종에게 바치자 "고종의 경악이 이만저만이 아니었으며, 그 이후에도 고종이 자주 이 일을 걱정하신다"는 말을 전해 들었다고 그는 부연했다.[50] 이것은 이미 이 시점에 적어도 일본에서는 조선분할론이 소개되거나 논의되었음을 의미한다.

둘째, 저자는 갑신정변 직후 일본정부가 조선에 파견한 전권대사 이노우에 가오루(井上馨: 정상형)가 조선을 '영구중립국'으로 만들고자 했다고 밝혔다. "조선이 만약 독립과 자주의 기력이 없을 때는 마지막에 러시아에게 또는 영국에게 점차 그 땅을 잠식당하고, 그 재앙은 뻗어서 일본에 미칠 것을 걱정해, 그 대안으로 조선의 영구중립화를 구상했다"는 것이다.[51]

조선의 장래를 비관적으로 보다

셋째, 저자는 1884년과 1885년의 서울을 무질서와 혼란의 세상으로 묘사했다. "서울의 번화한 거리에서도 백주대낮에 도적이 횡행하고 지방 곳곳에서는 민란이 봉기했다. 도굴꾼이 생기고 양민을 협박하여 재물을 빼앗는 자가 횡행하는가 하면, 재물을 얻지 못할 때에는 조상의 분묘를

49 이노우에 가쿠고로 저 신영길(辛永吉) 역 · 저, 『조선조 망국 전야기(前夜紀)』(서울: 지선당[知詵堂], 2008). 이 기록을 발굴한 신영길 박사는 이 기록을 번역하고 거기에 자신의 다른 논문들을 첨가해 위의 책을 출판했다.

50 위와 같음, 36쪽.

51 위와 같음, 55~56쪽.

파헤쳐 앙갚음을 했다"고 묘사한 그는 "이러한 때를 당하니 양민은 살길이 막막하여 민심이 흉흉했다"고 덧붙였다.

상황이 이러했는데도, 조정의 관리들은 서로 권세를 다투었다고 그는 개탄했다. 이어, 정부의 부패에 대해, 그는 "통화(通貨)는 하락하고 뇌물은 횡행하고, 상민(常民)이지만 부유해 돈 1천냥 내지 2천냥을 상납하면 정부에서 감역(監役)이란 관명(官名)을 주어 감역은 날로 늘어나고 그 폐해는 이루 말할 수 없었다"고 비난했다. 그는 또 "나라의 독립에 뜻을 두기보다는 청국이나 러시아 또는 다른 나라들의 요인들에게 아부하여 자기의 지위를 굳히려는 사람들조차 생겨났다"고 개탄하면서, 조선의 장래를 비관적으로 전망했다.[52]

저자는 1886년에 조선의 경기도와 남부 3도, 곧 충청도와 전라도 및 경상도를 순회했다. 그는 우선 백성들이 극히 적은 재산과 소득에 의지해 가난하게 살고 있다고 지적하고, 그러한데도 그들은 모두 게으르게 생활한다고 비판했다. 구체적으로, 그는 "시내에서 담뱃대를 입에 물고 배회하는 사람이 많이 눈에 띄고 시골에서는 관모(冠帽)를 쓰고 버선을 신은 채 논밭에서 일하는 사람이 적잖음을 볼 수 있었다"고 썼다. 그러면 그들은 왜 게으른 것일까? 그에 따르면, "양반은 상민(常民)을 학대하여 의식(衣食)을 얻고 상민은 의식이 남으면 양반이 탐구(貪求)하므로 일을 해도 보람이 없으니 태만하게 된다"고 지적했다.

저자는 이 나라에서 교통이 전혀 발달되지 않은 사실에 주목했다. "운수(運輸)의 불편이 특히 심해, 지역과 지역 사이에 서로 물자를 교환하기가 어려워 한곳은 남아돌아가고 한곳은 모자라는 지경이었다"고 지적한 그는 "이런 상태라면, 쇠가죽 · 목재 · 콩 · 광물 등 천연의 부(富)가 없지

52 위와 같음, 65~67쪽.

않다 하더라도 결국 버리지 않을 수 없게 된다"고 경고했다.[53] 저자의 이러한 관찰들은 우리가 앞에서 여러 차례 보았던 서양인들의 견문기들에서 이미 제시됐다.

서울과 지방을 모두 여행한 뒤 그는 조선이 안고 있는 폐해들을 다음과 같이 요약했다. 첫째, 백성들에게 조세의 부담이 지나치게 무겁고 가혹했다. 둘째, 관리들의 부정과 부패가 극심했다. 비유하건대, 병근(病根)이 국체(國體)에 깊숙이 파고든 것과 같다. 셋째, 자연히 인구와 가옥이 점점 줄어들었다. 생활여건이 나빠지면서 일반풍속은 폐퇴해지고, 간음 · 절도 · 사기의 횡행은 실로 동양에서 그 유례를 찾아볼 수 없을 것 같고, 종교도 쇠퇴해가는 양상이었다.[54] 종합적으로, 그는 이 나라에서 일대 혁명이 일어나지 않고는 지배계급의 전횡과 그것에 따른 부패를 근절시킬 수 없으며 그러한 근절없이는 개혁이 성취될 수 없고 결국 나라의 장래는 아주 암담해질 것이라고 경고했다.

4. 미국 상인 프레이저의 『코리아』

묄렌도르프와 이노우에에 이어 1883년 11월의 시점에서 조선의 국내외상황을 설명한 서양인이 미국인 에버렛 프레이저(Everett Frazer)다. 우선 프레이저에 대해 알아보기로 한다. 그는 1835년에 태어나 1901년에 별세한 미국의 상인이었다. 조선과 미국 사이에 수교가 성립된 때로부터 1년 뒤인 1883년 가을에 조선이 민영익을 대표로 하는 사절단을 당시 미국의

53 위와 같음, 68쪽.
54 위와 같음, 69쪽.

대통령이 체류하던 뉴욕시로 보냈을 때, 사절단과 접촉한 결과 1884년 1월 17일에 뉴욕주재조선명예총영사로 임명됐다. 그는 이 지위를 이용해 조선에 갖가지 기계들을 팔아 이익을 얻었다. 그는 특히 미국의 발명가 토머스 에디슨(Thomas Edison)으로부터 조선에 전기를 가설할 수 있는 권리를 얻어 1887년 말에 경복궁 안의 건청궁(乾淸宮)에 전등을 켜게 한 사람으로 유명해졌다.[55]

프레이저는 1883년 11월 15일에 뉴저지주 오랜지(Orange, New Jersey)의 뉴잉글랜드협회에서 코리아의 현황에 관해 강연했다. 이 강연을 다음해에 『코리아, 그리고 코리아의 중국과 일본 및 미국과의 관계』라는 제목 아래 소책자의 형태로 출판했다.[56] 그는 샌프란시스코에서 배로 요코하마로 갔다가 거기서 상하이와 홍콩을 거쳐 귀국하는 과정에, 배에 동승한 서울주재미국공사관의 초대 공사 푸트를 만나 코리아에 대한 설명들을 들었으며, 또 우리가 제1부에서 살핀 뒤 알드의 저서와 오페르트의 저서를 통해 코리아에 대해 알게 됐다. 그는 '은둔의 나라'라고 알려진 코리아가 1882년에 미국과 수교한 사실을 상기시킨 뒤, 미국인들에게 이 '미지의 땅'을 소개해야 할 필요성을 느껴 이 소책자를 출판하게 됐다.

러시아에 대한 경계심을 표시하다

프레이저는 러시아의 영토적 탐욕을 길게 설명한 뒤 러시아는 코리아에 대해서도 영토적 탐욕을 가졌다고 지적했다. 러시아가 코리아의 북부와 동부 또는 바다를 낀 도(道)들을 탐낸다는 것이었다. 저자는 코리아에 대한 러시아의 영토적 탐욕을 견제하기 위해 코리아에 일정한 '완충지

---

55 문일평 저, 이광린 교주, 『한미50년사』, 157쪽.

56 Everett Frazar, *Korea, and Her Relations to China, Japan and the United States* (Orange, NJ.: Chronicle Book and Job Printing Office, 1884).

대'를 설정할 필요에 대해 짧게 언급했다.[57] 여기서 주목되는 것은 그가 코리아에 대한 일본의 영토적 탐욕에 대해서는 침묵한 채 러시아의 영토적 탐욕에 대해서만 언급했다는 사실이다.

프레이저가 러시아의 영토적 탐욕을 경고한 대목은 묄렌도르프가 러시아를 코리아의 후원자로 간주한 대목과 크게 대조된다. 이것은 해양국가 미국의 러시아관과 대륙국가 독일의 러시아관의 차이에서 비롯된 것으로 볼 수 있다. 우리가 제2부 제6장에서 보았듯, 1879년에 독일인 오페르트는 러시아가 코리아를 소유하는 것이 바람직하다는 의견을 제시했었다. 묄렌도르프 역시 독일인으로서 러시아를 우호적 시각에서 접근했던 것이다. 이에 반해, 미국은, 우리가 앞으로 보게 되듯, 영국 및 일본 등과 함께 러시아를 적대적 시각에서 접근한다.

5. 영국 외교관 칼스의 『코리아에서의 생활』

프레이저가 코리아에 대해 설명하던 시점에 영국의 외교관 윌리엄 리처드 칼스(William Richard Carles)가 서울에 도착했다. 자신이 체류했던 기간인 1883년 11월부터 1885년 6월까지의 경험을 바탕으로 1887년 7월에 『코리아에서의 생활』이라는 책의 집필을 끝냈다. 그는 이 책을 1894년에 출판한다.[58]

57 위와 같음, 7~8쪽.

58 William Richard Carles, *Life in Corea* (New York and London: Macmillan and Company, 1894). 이 책은 다음에 포함되어 있다. '근세동아세아서양어자료총서 86', *Life in Corea* by William Richard Carles and *A Forbidden Land* by Ernst Jakob Oppert(서울: 경인문화사, 2001). 칼스 책의 한국어 번역본은 다음이다. 신복룡 역주, 『서울풍물지』(서울: 집문당, 1999). 이 한국어 번역본의 3~4쪽에 칼스의 경력이 자세히 소개되어 있다. 김원

조선에서 근무한 중국전문가

칼스는 1848년 6월에 영국의 워윅(Warwick)에서 목사의 아들로 태어났다. 그는 말보로대학(Malborough College)을 졸업한 뒤 1867년에 중국으로 건너가 중국주재영국공사관에서 번역을 담당하며 유학생활을 시작했다. 이 기간에 중국어 능력을 크게 향상시킨 그는 1882년에 중국주재영국공사관의 서기관대리로 외교관생활을 시작했으며, 1883년 11월에 조선과 수호통상조약을 체결하기 위한 영국사절단의 수행원으로 서울을 방문했다. 그는 1884년 3월에 제물포에 부영사로 부임하면서 거기에 사무실을 열었다.

그는 통산 18개월에 걸쳐 조선에 재직한 뒤 1885년 5월에 상하이주재 총영사관의 부영사로 떠났다. 그 뒤 그는 충칭(重慶: 중경)주재영사와 톈진주재영사를 거쳐 베이징주재총영사로 승진했다. 유학생 생활을 포함해 모두 31년을 중국에서 보낸 그는 1901년에 외무부에서 은퇴하며, 왕립지리학회 그리고 세계적 동식물학회인 린네협회(Linnean Society) 등 저명한 학회에서 회원으로 활약하다가 1929년 4월에 별세한다.

이 책을 씀에 있어서 칼스는 부분적으로 하멜의 『파선일지』, 달레 신부의 『코레의 교회의 역사』, 그리고 그리피스의 『코리아: 은자의 나라』 등으로부터 암시를 받았다. 그러나 그는 자신의 조선에서의 견문에 많이 의존했으며, 자신이 서울에서 근무하던 때 서울에서 외교관으로 활동하던 다른 나라들의 외교관들, 예컨대 서울주재미국공사관의 무관 조지 클레이튼 포크(George Clayton Foulk)의 의견에도 의존했다.

이 책은 조선에 대한 풍부한 관찰들을 담았다. 거기에 조선남자들이 길

모 편저, 『근대한국외교사연표』(서울: 단국대학교출판부, 1984), 111쪽은 칼스가 1884년 3월에 인천에 착임했다고 썼다. 그러나 칼스 스스로 *Life in Corea*, p. 12에서 자신은 1883년 11월 8일에 제물포에 도착했다고 썼다.

거리에서 싸우는 모습을 담은 그림 그리고 조선여자들이 달걀을 팔러 다니는 모습을 담은 그림 등을 포함해 조선인 민속화가 김준근(金俊根)이 그린 30여 개의 삽화들을 게재해, 당시의 풍물에 대한 실감을 높였다. 그러면 이 책은 어떤 내용들을 담았는가?

조선의 대외관계에 대한 설명들: 러시아에 대한 경계심을 표시하다

칼스는 이 책을 조선의 대외관계에 대한 설명들로부터 시작했다. 그는 우선 조선이 중국에 조공을 바치고 중국의 달력을 받아가는 나라들 가운데 하나라는 사실을 지적했다. 그는 이어 조선의 중국과의 무역에 관해 언급하면서 조선의 종이와 목재 및 인삼이 중국에서 인기를 끄는 수출품들인데, 그것들 가운데 가장 뛰어난 수출품은 종이라고 지적했다. 조선의 종이는 붓으로 글을 쓰기에도 아주 좋을 뿐만 아니라 워낙 강하고 비에도 손상되지 않아서 유리 대신으로도 쓸 수 있다는 것이다. 조선의 인삼에 대해서도 격찬하면서, 질이 뛰어난 인삼의 값은 금값과 마찬가지라고 썼다.

그는 조선이 1876년에 일본을 상대로 개항하고 곧이어 미국을 비롯한 서양열강과 수교하는 과정을 설명했다. 그가 전반적으로 중립적인 입장을 유지하고자 노력한 것은 확실하지만, 조선이 일본을 상대로 개항하는 배경에 대한 설명은 결코 객관적이 아니다. 그는 일본이 강화도 해역에서 조선을 상대로 함포외교를 전개한 사실에 대해서는 완전히 침묵하고, 조선이 강화도에 상륙한 일본인들을 공격했기에 일본은 조선과의 평화협정 체결을 교섭하기 위해 원정대를 보냈다고 쓴 것이다.[59]

대외관계와 관련해, 코리아의 동해안에서 항구를 '빼앗으려는 러시아의 의도'에 관해 조심스럽게 지적했다. 이 나라의 서해안은 겨울에 때때

---

59 Carles, *Life in Corea*, p. 8.

로 결빙을 하는데 비해 동해안은 겨울 내내 얼지 않는 사실에 주목해, 1년에 4개월 정도는 결빙되는 바다 때문에 출항을 하지 못하는 러시아의 해군이 동해안에서 이 나라의 '항구들 가운데 하나'를 확보하고 그 항구를 '태평양의 해군기지'로 사용하고 싶어 한다는 보도들이 자주 나돈다고 쓴 것이다.[60] 그는 조선에 대한 일본의 야심에 대해서는 전혀 말하지 않았다. 앞에서 지적했듯, 국제사회에서 러시아를 견제하는 데 일본과 협력하던 영국의 외교관답게 러시아의 야심에 대해서만 말한 것이다.

조선의 국내상황에 관한 설명들: "부녀자들은 빨래의 고역을 안고 산다"

칼스는 자신이 상하이를 출발해 제물포에 도착하고 거기서 서울로 들어가기까지의 과정을 자세히 묘사했다. 그는 우선 조선이 열어준 항구들에서 조선인들의 거주지와 일본인들의 거주지 사이에 뚜렷한 차이가 나타났음에 주목하면서 다음과 같이 썼다:

> 제물포의 경우, 일본인들이 사는 집들은 매력적임에 비해, 조선인들이 사는 집은 너무 초라하다. [……] 이러한 대비는 부산에서 더욱 뚜렷하게 나타나, 이 도시는 순전히 일본인의 도시가 됐고 거기에 거주하는 조선인은 없었다. [……] 원산의 경우에도 상황은 비슷해, 약 300명으로 구성된 원산의 외국인 거주지는 거의 전적으로 일본인이 차지했다.[61]

칼스의 이러한 관찰은 그 이후 부산과 제물포 및 원산을 방문한 서양인들의 관찰에서 되풀이된다.

---

60 위와 같음, 114~115쪽.

61 위와 같음, 15~17쪽, 81~82쪽, 275쪽.

칼스는 자신의 관심을 서울의 생활환경으로 돌렸다. 그는 서울의 인구는 대체로 15만명과 20만명 사이로, 서울의 집들은 거의 예외없이 단층임을 확인했다. 그는 서울에 비누가 전혀 알려지지 않은 사실에 놀라움을 표시하고, 깨끗한 흰 외출복을 입어야 하는 나라에서 잿물로만 빨래를 해야 하는 여자의 고역은 이루 말할 수 없이 크다고 썼다.

조선은 비누에 대해 알지 못한다는 사실은 이미 리델 신부에 의해 지적됐었다. 이 관찰은, 그리고 조선의 부녀자들은 빨래에 시달리며 산다는 관찰은, 그 이후 여러 서양인들에 의해 반복적으로 제시된다. 칼스의 관찰은 다음으로 이어졌다:

> 서울에서 여름의 장마철에 말라리아열병과 황달 및 결핵이 놀라운 속도로 퍼져갔다. [……] 어린이들이 천연두에 걸리면 부모들은 그들을 집 밖으로 내보내 거기서 살도록 하면서 음식을 먹였는데, 그러한 아이들이 길거리에서 줄을 이었다. 1886년에 서울과 그 주변에서 발생한 콜레라로 2개월 사이에 약 10만명 이상이 사망한 것으로 알려졌다.[62]

전염병들에 대한, 특히 콜레라에 대한, 칼스의 관찰은 그 이후 조선을 방문한 서양인들의 관찰에서 되풀이된다.

조선의 자원에 관심을 쏟다

칼스는 평안도와 함경도 및 강원도 등 조선의 내륙지방을 답사했다. 여기서 우선 주목되는 것은 칼스가 영국정부를 대리하여 조선의 부존자원 탐사에 깊은 관심을 가졌다는 사실이다. 이것은 당시 서양열강이 조선에

---

62 위와 같음, 101~102쪽.

서 이권을 확보하기 위해 조선의 부존자원탐사에 깊은 관심을 가졌던 사실에 비춰 조금도 이상하지 않다고 하겠다. 실제로, 이 책의 몇몇 곳들에 보이듯, 그리고 묄렌도르프 부분에서 이미 보았듯, 독일인 고트쉐 교수는 서울주재독일총영사관의 초청을 받아 1883년 8월에 조선에 들어와 이 시기에 조선의 곳곳을 답사하면서 지질을 조사했다. 칼스 스스로 이 나라의 북방에 위치한 함경도 장진(長津)의 은광과 갑산(甲山)의 동광 그리고 평안도 강계(江界)의 동광에 대해 언급했다.[63]

칼스는 조선북방의 내륙을 답사하면서 이 나라가 농업국인데도 농기구들이 단순하다는 사실에 놀라움을 표시했다. 그는 또 거주자들의 생활이 몹시 빈곤하다는 사실을 깨달았다. 약 150가구가 사는 장진의 경우, 주식은 귀리와 감자였다. 갑산의 이웃 삼수(三水)의 경우, 옷들은 극심한 추위를 견뎌내기에는 아주 부적절했다. 종합해서, 칼스는 "코리아의 어디에서도 나는 가난의 이러한 보편적 징후들을 보지 못했다"고 썼다.[64]

내륙지방을 여행하면서 칼스는 이 나라의 산천경개가 아름답고 매력적이며 특히 "날씨가 언제나 맑고 상쾌하고 9월의 기후는 더욱 그러하다"는 사실을 확인했다. 그는 또 자신을 대하는 이 나라 사람들은 모두 예의가 바르다는 사실을 확인했다. 그러나 여관은 빈대가 들끓어서 잠을 설치는 경우가 잦았다.[65] 평양을 방문했을 때, 그는 기자묘(箕子墓)를 보았다. 그는 평양사람들이 중국인 기자가 평양에서 이 나라 최초의 왕국을 세웠다는 믿음을 간직한 채 그를 신성하게 여기는 것을 확인했다. 그는 평안북도 강계에서 군수를 면담한 뒤, "이 군수는 많은 미녀들에 둘러싸였다"고 썼는데, 그들은 관기(官妓)들이었을 것이다.

---

63 위와 같음, 128~130쪽 및 158~160쪽.

64 위와 같음, 253쪽.

65 위와 같음, 117쪽 및 147쪽.

"조선인들은 소의 젖을 짤 줄 모른다"

칼스는 조선인들의 식생활에 대해서도 언급했다. 우선 그는 그들이 소금에 절인 청어와 고등어를 즐겨 먹는다고 지적했다. 이어 그는 그들이 '소의 젖을 짜는 기술'을 터득하지 못해 소를 낙농의 목적에 사용하지 못하고 있다는 사실도 지적했다.[66] 우리가 이미 보았듯, 이 사실은 이미 묄렌도르프에 의해 지적됐었는데, 앞으로도 여러 서양인들에 의해 자주 지적된다. 서양인들에게는 이 사실이 매우 의아스럽게 느껴졌던 것이다.

자신의 서문에서 미리 말했듯, 칼스는 이 나라의 국내사정과 대외관계에 대해 언급하기를 자제했다. 자신의 신분이 외교관이라는 사실을 인식했기 때문이다. 따라서 그는 국내사정과 관련해 꼭 한 가지 그리고 대외관계와 관련해 역시 꼭 한 가지만 언급했다. 우선 국내사정과 관련해, 그는 관리의 부패에 대해 언급했다. 자신의 중국어통역으로 일하던 한 기혼남자가 외아문의 관리로 임명되자 그는 즉시 '게으름뱅이'로 바뀌었으며 자기보다 열등한 지위에 있는 사람들을 '억압하고' 그들로부터 기회가 닿는 대로 '돈을 수탈하는' 사람으로 변했다는 것이다.[67]

마지막으로, 칼스는 자신이 중국을 잠시 방문하기 위해 서울을 비웠던 때 일어난 1884년 12월의 갑신정변을 전문(傳聞)들을 근거로 자세히 썼다. 그는 정변을 일으킨 사람들은 국왕과 정부를 친중적 민씨척족세력으로부터 해방시키고 더 진보적인 정책을 채택하게 하려는 의도를 가졌다고 평가했다. 그는 일본과 제휴했던 정변주도세력에 대해 호감을 나타낸 것이다.

66 위와 같음, 55쪽 및 109쪽.

67 위와 같음, 111쪽.

6. 미국 과학자 로웰의 『조선, 고요한 아침의 나라』

묄렌도르프와 이노우에 및 칼스와 거의 같은 시기에 조선을 방문하고 책을 쓴 또 한 사람의 외국인이 미국인 퍼시벌 로웰(Percival Lowell)이었다. 그는 1855년 3월에 매사추세츠주 보스톤(Boston)시의 명문가에서 태어났다. 그의 조부는 면가공회사(綿加工會社)의 소유주였으며 숙부는 저명한 저술가이면서 시인이었고 남동생 로렌스 로웰(Lawrence Lowell)은 하버드대학교 총장이었으며 여동생 에이미 로웰(Amy Lowell)은 시인이었다. 그 스스로 1876년에 하버드대학교 물리학과를 최우등으로 졸업했다.

로웰은 학문에 뜻을 두었지만 조부의 강요에 따라 조부의 회사에서 전무로 근무했다. 그러나 동양의 신비에 매혹되면서 그는 극동의 언어와 풍속을 배우고자 일본에 10년 동안 체류하는 가운데 미국정부의 주일대표로 활동하기도 했다. 동시에 그는 천문학에 깊은 열정을 지녀 자신의 학문적 관심을 충족시키는 데 필요한 대형 굴절망원경을 만들고자 노력했고 뒷날 화성관측에 성공한다.

조선의 미국사절단에 참여해 조선인들을 돕다

로웰의 외교경력을 인정한 조선정부는 미국과의 수호통상조약이 체결된 때로부터 1년 남짓 지난 1883년 가을에 미국으로 사절단을 파견할 때 그를 외국인참찬관(外國人參贊官)으로 영입했다. 그는 조선의 사절단을 일본에서 영접해 미국까지 안내했으며 임무를 마친 뒤 사절단 일행을 미국으로부터 일본까지 안내했고, 고종의 초청을 받아 사절단의 부대표 홍영식과 함께 1883년 12월에 서울에 도착해 1884년 3월까지 겨울을 조선에서 보냈다. 이때 서울과 지방을 여행하면서 자료들을 모았으며 스스로 많은 사진들을 찍었다. 그는 1916년에 고향에서 향년 61세로 별세한다.

'고요한 아침의 나라' 라는 명칭을 전파하다

로웰은 자신의 관찰을 토대로 1885년에 『조선, 고요한 아침의 나라』를 출판했다.[68] 이로써 그는 조선을 '은둔의 나라' 또는 '은둔의 왕국'보다는 좋은 인상을 주는 '고요한 아침의 나라'라는 명칭을 책의 제목에 처음으로 기록한 사람으로 평가된다. 그는 또 스스로 촬영한 꽤 많은 사진들 그리고 스스로 그린 삽화들을 이 책에 포함시켜 현장감을 높였다.

이 책은 자연히 독자들의 관심을 불러일으켜, 초판 출판 직후인 1886년에 2쇄를 기록했으며,[69] 1888년에 3쇄를 기록했다. 이로써 코리아는 서방세계에서 '은둔의 나라'라는 이름과 함께 '고요한 아침의 나라'라는 이름으로 널리 알려지게 됐다. 영국인 여성여행가 이사벨라 비숍(Isabella Bishop)도 1898년에 출판한 『코리아와 그의 이웃나라들』에서 코리아를 설명할 때 '은자의 나라'와 '고요한 아침의 나라'를 병용했으며, 영국인 저술가 앵거스 해밀턴(Angus Hamilton)은 1904년에 출판한 『코리아』에서 '장밋빛 아침의 나라'라는 표현을 썼다.[70] 이러한 관행은 오늘날까지 계속되고 있다.[71]

---

68 Percival Lowell, *Chosön, The Land of the Morning Calm: A Sketch of Korea* (Cambridge, M. A.: Harvard University Press, 1885).

69 Percival Lowell, *Chosön, The Land of the Morning Calm: A Sketch of Korea* (Boston: Ticknor and Company, 1886). 이 책은 '근세동아세아서양어자료총서 41'로 경인문화사에서 2000년에 출판됐다. 이 책의 한국어 번역본은 다음이다. 조경철(趙慶哲) 역, 『고요한 아침의 나라』(서울: 대광문화사[大光文化社], 1986). 로웰의 경력은 이 한국어 번역본의 23~27쪽에 소개됐다. 역자 조경철은 자신의 역본을 다음과 같이 개제해 다시 출판했다. 조경철 옮김, 『내 기억 속의 조선, 조선사람들』(서울: 예담, 2001). 로웰은 *The Soul of the Far East* (New York: Houghton Mifflin and Company, 1888)를 출판했다. 이 무렵 서양인들은 서울을 Soul로 표기했다. 그러나 이 책은 서울에 대한 책이 아니라 일본에 대한 책이다. 이 책은 1911년에 New York의 Macmillan and Company에서 증보판이 나왔으며, 그가 별세한 뒤인 1920년에 같은 출판사에서 그 증보판이 중쇄됐다.

70 Angus Hamilton, *Korea: Das Land des Morgenrots* (Leipzig: Verlag von Otto Spamer, 1904).

이 책은 그리피스의 『코리아: 은자의 나라』와 더불어 코리아에 대한 인상을 형성시킴에 있어서 서양인들에게 가장 큰 영향을 주었다. 따라서 우리는 이 책의 내용을 자세히 살피지 않으면 안 된다.

우선 상기돼야 할 것은 그리피스는 코리아를 한 차례도 방문하지 않은 채 주로 자신 이전에 이 나라를 방문했던 서양인들의 기록들 그리고 일본자료들과 중국자료들에 의존해 책을 썼다. 그에 비해 로웰은 그러한 자료들을 참고하면서도 이 나라를 스스로 광범위하게 여행하면서 이 나라의 저명한 학자들과 관리들뿐만 아니라 평범한 사람들도 만나 그들로부터 여러 의견들을 듣고 책을 썼다. 따라서 로웰의 책은 현장의 목소리를 반영했을 뿐만 아니라 그리피스의 책에 두드러지게 나타났던 친일적 해석들을 제외시켰다. 예컨대, 로웰은 일본의 자료들이 강조했고 그리피스가 전달한 진구 황후의 신라정벌과 임나부경영 같은 허구적 설명들을 전혀 언급하지 않았다. 오히려 그는 코리아에 관한 일본의 지도들이 부정확하다고 비판했다. 로웰은 또 중국자료들이 내세웠던 중국인 기자의 조선왕국건국설에 대해서도 묵살하는 입장을 취했다. 전반적으로, 로웰은 코리언들의 장점들을 인정하는 데 인색하지 않았다.

"코리아는 중국도 아니고 일본도 아니다"

이 책은 우선 첫 기착지인 부산에 대해, 부산에서 36시간의 항해 끝에 도착한 제물포에 대해, 그리고 제물포로부터 가마를 타고 꼭 하루 뒤에 도착한 서울에 대해, 꼼꼼하게 설명했다. 이 여정을 통해, 그는 부산이나 제물포나 모두 '황량' 그 자체이며 제물포에서 서울로 가는 길 주변은

71 *Korea Beyond the Hills*, Photographs and Text by H. Edward Kim (Tokyo, New York, and San Francisco: Kodansha International LTD., 1980).

'적막하고' 조선은 매우 가난한 나라라는 인상을 받았다. 그의 눈에 이 나라에서는 집이라고 해야, 관리의 집이 아닌 경우, 울퉁불퉁한 흙덩어리에 볏짚을 덮은 오막살이에 지나지 않았던 것이다. 그런데 여기서 주목해야 할 점은 그가, 칼스가 그렇게 했듯, 조선인들이 사는 집들과 일본인 거류민들이 사는 집들을 대비시켰다는 사실이다. 후자는 유럽식 건물의 경우도 있었으며 전자에 비해 훨씬 아담하고 깨끗하게 보였는데, 이러한 대비는 특히 부산에서 두드러졌다고 그는 썼다. 그에게 부산은 완전히 일본의 식민지나 다름없었다.[72]

코리아의 여러 곳들을 여행하면서 로웰은 우선 코리언들의 인종적 · 언어적 특성들을 살폈다. 그는 코리언들과 일본인들 사이에 겉으로 보기에 비슷한 점들이 있다고 느꼈다. 양자는 모두 언어로는 우랄알타이어족 또는 알타이어족에 속하고, 종족으로는 타타르족에 속한다고 그는 주장했다. 그러나 이 비슷한 점들 때문에 양자가 긴밀히 연결되어 있다고 말하기는 어렵다는 것을 그는 인정했다. 다른 한편으로, 그는 코리언들과 중국인들 사이에는 언어에서나 종족에서 차이점들이 존재하지만 코리언들은 중국으로부터 문자를 비롯해 학문과 예술에서 많은 것들을 배웠음을 인정했다. 종합해서, 그는 "코리아는 중국이 아니며 일본이 아니다"고 단언했다.[73] 이것은 그가 코리아의 인류학적 · 문화적 개별성을 인정했음을 의미했다.

"코리언들은 해양민족이 아니다"

로웰은 이 나라의 기후를 설명했다. 그는 "이 나라의 봄이야말로 진짜

---

72 Lowell, *Chosön*, pp. 35~36.

73 위와 같음, 110~114쪽.

봄이다"는 표현으로써 봄의 아름다움을 찬양했다. 그는 가을의 아름다움도 찬양했다. 겨울에 대해 설명하면서, 그는 이 나라에는 썰매가 없다는 사실에 주목했다. 얼음이 두껍게 어는데도, 어부들이 낚시질을 하기 위해 얼음 위에 앉을 때 쓰거나 낚시질을 끝내고 잡은 물고기들을 집으로 운반할 때 쓰는 일종의 썰매 비슷한 것을 제외하고는, 사람들이 썰매를 쓰지 않는 사실에 의아심을 표시했다. 여기서 한걸음 더 나아가 그는 두 가지 사실들을 지적했다. 첫째, 이 나라에서는 발명이 거의 없다는 사실이었다. 둘째, 평균적인 코리언들은 겨울에는 얼음 위를 달리기를 피하고 여름에는 바다나 강에 뛰어들기를 피한다는 사실이었다. 그는 이 나라에는 스케이팅이라는 개념이 알려지지 않았다고 덧붙였다.[74]

코리언들이 물을 피하는 것과 관련해, 그는 "코리언들은 결코 해양민족이 아니다"고 단언했다. 코리언들은 육로뿐만 아니라 해로를 통해 이웃나라들과 교류하는 것을 피해왔다는 것이었다. 더구나 이웃나라들의 해적활동이 코리아의 해안무역을 파괴시켰으며 코리언들로 하여금 마치 달팽이처럼 껍질 속으로 움츠러들게 만들었다는 것이다. 높은 파도와 같은 자연조건도 코리언들로 하여금 해안에서 떨어져 살게 만들었다고 그는 덧붙였다.[75] 로웰의 이러한 관찰은 우리가 앞에서 살핀 그리피스의 관찰, 곧 "코리언들은 항해를 즐겨하는 사람들이 아니다"는 관찰과 일치한다.

로웰은 코리언들의 생활관습에 대해서도 관찰했다. 흡연은 일본에서와 마찬가지로 일반적이라는 것, 흰옷 입기를 좋아한다는 것, 빨래를 자주 한다는 것, 상류층에서는 비단을 즐겨 쓴다는 것 등을 지적했다. 특히 모자에 대해 그는 자세히 설명했다. 신분 · 관직 · 연령 · 행사 등에 따라 남

74 위와 같음, 32쪽.

75 위와 같음, 45~46쪽.

자들은 다양한 모자들을 쓰며 그것들을 통해 조발(調髮)을 한다고 그는 설명했다. 이러한 맥락에서, 그는 "어떤 모자를 쓰느냐 하는 것은 코리언의 생활에서 가장 중요한 일이다"고 썼다. 그는 요리에 대해서도 설명하면서, "미국인들의 기준들로 재단하건대, 요리에 있어서 코리언은 일본인보다 낫다"고 평가했다.[76]

"과학은 발달하지 않고 미신이 번창했다"

로웰은 코리아에는 사실상 종교가 없는 것이나 마찬가지라고 보았다. 코리언들이 신성하게 받드는 나무들이 있고 또 신사(神祠) 형태의 집들을 지었으나, 그것이 보편적인 것이 아니고 또 종교의 형태로 발달하지도 못했다고 본 것이다. 그는 코리언들은 '악령신앙' 또는 '귀신숭배'를 가졌다고 결론지었다.[77] 이러한 관찰은 우리가 제1부 및 제2부에서 보았던 하멜과 귀츨라프 및 달레 등의 관찰과 일치한다. 그들은 코리언들이 조상숭배의 성향을 보편적으로 지녔지만 사실상 미신이나 샤머니즘에 젖어 산다고 평가했었다.

과학자였던 로웰은 코리아에서 과학이 어느 수준에 도달했는가에 관심을 가졌다. 그리고 한 수학자를 만날 수 있었으며 그와 수학에 대해 대화를 나누기도 했다. 이 나라의 제지술이 뛰어나다는 것을 칭찬하면서도, 그는 이 나라에서 과학은 아주 낮은 단계에 머물러 있음을 확인할 수 있었다. 그는 코리아에서는 암소에서 젖을 짤 줄 모르며 효모를 모르기 때문에 이 나라에서는 우유 · 버터 · 치즈 · 빵을 볼 수 없다고 지적했다.

조선인들은 소에서 젖을 짤 줄 모르며 우유를 마실 줄 모른다고 지적한

---

76 위와 같음, 70쪽 및 338쪽.

77 위와 같음, 183~193쪽.

서양인은 묄렌도르프와 칼스에 이어 로웰이 세 번째다. 이 지적은 정확한 것인가? 반드시 그러한 것은 아니다. 고려시대에는 우유를 조달하는 관청으로 유우소(乳牛所)가 있었으며, 조선시대에는 유우소를 공식적으로 타락색(駝酪色)으로 바꿔 불렀다. 타락은 우유의 옛 한자어로 돌궐말 또는 몽골말에서 나왔다. 그러나 조선에는 젖소가 드물어 우유를 얻기가 쉽지 않았음은 사실이다. 그래서 우유 그리고 찹쌀에 넣고 끓인 죽인 타락죽은 왕실이나 최상류 계층에서나 사용했다.[78]

로웰은 무엇보다 이 나라에는 바퀴가 하나도 없다는 사실에 놀라움을 표시했다. 바퀴의 효율성을 모르기 때문에 코리언들은 힘이 몇 배나 더 들고 중간중간에 자주 쉬어야 하는 가마를 들고 다녀야 한다고 그는 개탄했다. 반면에 일본인들은 이미 바퀴를 알아 구루마 또는 인력거를 만들어 쓰기 때문에, 힘을 덜 들인 채 더 많은 양을 더 빨리 실어 나를 수 있다고 보았다.[79]

코리언들은 아무리 늦게 잡는다고 해도 이미 기원전 7~8세기 이후 바퀴를 사용했다는 사실을 아는 사람들은 로웰의 이 관찰에 대해 의문을 제기할 수 있다. 1976년에 북한에서 발굴된 고구려의 고분벽화들은 고구려 사람들이 바퀴를 썼음을 증명했으며, 권위있는 사료들은 고려의 명장 윤관(尹瓘)이 1107년에 여진족을 정벌할 때 수레를 썼다는 사실을 증명했다.[80] 이 사실들에 근거해, 우리는 로웰이 바퀴가 없는 가마만을 보고 코리아는 바퀴를 만들어내지 못했다고 단정했던 것 같다고 반박할 수 있다.

그러나 조선시대에 사람들이 수레를 사용하지 않았음은 사실이다. 정

---

78 http://sillok.history.go.kr.

79 Lowell, *Chosön*, pp. 68~75.

80 정동찬(鄭東燦) 등, 『겨레과학기술조사연구: 수레』(대전광역시: 국립중앙과학관, 2000), 3~35쪽.

조 때의 학자인 박제가(朴齊家)는 1778년에 저술한 자신의 『북학의』(北學議)에서 조선인들이 수레를 이용하지 않는 데 대해 깊이 개탄했다.[81] 조선이 중국처럼 수레를 사용해 수송의 편리를 얻어야 한다는 그의 건의는 당대에도 그 이후에도 받아들여지지 않았다. 이것을 보면 로웰의 관찰이 정확했음을 인정할 수 있다.

과학이 발달되지 않고 미신이 성행한다고 해도, 코리아는 결코 야만국이 아니라고 로웰은 역설했다. "우리 앞에 있는 이 사람들은 개화된 사람들이다"고 평가하면서, 그는 "그들의 상황은 많은 점들에서 우리의 것만큼 높지는 않지만, 어떤 점들에서 우리의 것보다 높다"고 평가했다. 그는 "두 나라가 비슷한 원래의 상태로부터, 비록 두 개의 서로 다른 길들을 걷기는 했지만, 진보를 보여왔다"고 덧붙였다.[82] 그의 이러한 평가는 코리아를 야만국 또는 반야만국(半野蠻國)으로 보았던 평균적 서양인들의 평가와 크게 대조되는 것이었다.

코리아에는 왜 여관이 없을까?

로웰은 "코리아에서는 도로들이 아주 빈약하다", 또는 "이 반도(半島)에서의 길들은 모두 너무 거칠다"고 보았다. 그의 눈에, 도로들은 이름뿐이지 실제로는 그저 '통로들'에 지나지 않았다. 이 대목에서 그는 날카로운 관찰을 제시했다. "도로들은 만들어지지 않았다. 그것들은 생겨났을 뿐이다"고 쓴 것이다.[83] 이것은 무슨 뜻일까? 그는 사람들이 적극적으로, 또 계획적으로 도로를 만들지 않았음을 지적하면서, 사람들이 걸어다니

---

81 박제가 지음, 박정주(朴貞柱) 옮김, 『북학의(北學議)』(서울: 서해문집[西海文集], 2003), 31쪽.

82 Lowell, *Chosön*, p. 109.

83 위와 같음, 52쪽.

는 가운데 그저 걸어다닐 정도의 길이 생겨났다고 이해한 것이다.

이러한 상태에서, 여행은 결코 편안하지 않았다. 그러나 로웰이 보기에, 코리언들은 여행하기를 싫어하는 사람들이 결코 아니었다. 그런데도 "코리아에서는 여관이라는 것 자체를 모른다"고 그는 보았다. 그렇다면 그 이유는 무엇일까? 그는 "그 이유는 중산계급의 부재(不在)에 있다"고 단언했다. 이 나라에서는 약 1만명으로 구성된 상류계급과 나머지 약 1,000만명으로 구성된 하류계급의 두 계급만으로 구성됐으며 상류계급의 핵심은 관리들이라고 보았다. 그런데 관리들은 여행을 하는 경우 지방 관청의 관사에 유숙하면 되기 때문에, 그리고 하류계급의 사람들은 자신들은 특권계급에서 제외된 같은 형제들이라는 의식에서 친절을 베풀어 자신들의 집에 유숙하게 하기 때문에, 여관이 발달되지 못했다는 것이었다.[84]

조선인들의 친절을 칭찬하다

로웰은 "코리언들은 친절 그 자체다"는 표현으로써 코리언들이 다른 사람들에게 얼마나 친절한 사람들인가를 증언했다. 작별할 때가 가까워 오면 진정으로 섭섭해 하면서 출발을 만류한다고 그는 덧붙였다. 그는 자신과 친하게 지내던 한 수학자가 자신이 이 나라를 곧 떠난다는 것을 알고는 큰 금박의 알약 둘을 준 사실을 상기하면서, "코리아에서 약은 조상대대의 세전지물(世傳之物)이다"고 덧붙였다.[85]

로웰의 이 설명이 뒷날 서양인들에게 코리언들은 자신의 건강유지를 위해 약에 많이 의존하는 경향이 있다는 인식으로 연결된다. 로웰은 또

---

84 위와 같음, 62쪽.

85 위와 같음, 386~387쪽.

코리언들의 '만족할 줄 모르는 식욕'을 지적했다. 코리언들은 다음에도 먹을 기회가 있다는 확신을 갖지 못한 탓에 먹을 기회가 주어지면 폭식을 한다고 그는 부연했다.[86]

"코리아에는 공중(公衆)이 없다"

코리아에 관한 로웰의 설명들 가운데 가장 독특한 것은 몰개별성의 특성(the quality of impersonality)과 가부장적 체계 및 여성의 지위결여라는 세 가지가 하나를 형성한 채 이 나라의 사회를 이끌어간다는 설명이다. 이 설명을 이해하기 위해 우리는 우선 "코리아에는 정확히 말해 공중(公衆)이 없다. 사람들은 연결되지 않은 개인들의 집합이다. 합쳐보아도 그들은 아무것도 아니다"는[87] 그의 명제를 음미할 필요가 있다.

로웰은 이 나라에서는 서양에 존재하는 독자적 개체로서의 개인이라는 개념이 존재하지 않으며 또 그들로 형성된 공중이 존재하지 않는다고 보았다. 이 명제에서 출발해, 그는 이 나라에서 인간의 개별성이 철저히 무시되고 있으며 사람들은 가부장적 체계 안에서 존재하며 생활한다고 보았다. 특히 "여성은 현실적으로 존재하지 않는다"고 단언하면서, 그는 다음과 같이 부연했다: "물질적으로 육체적으로 여성은 하나의 사실이다. 그러나 정신적으로, 도덕적으로, 사회적으로 여성은 영(零)이다."[88]

조선의 국내정치에 대한 관찰들: "코리아에는 상업이 없다"

로웰은 코리아의 국내정치에 대한 설명을 국왕의 지위에 대한 설명으로 시작했다. 그는 "국왕이 국가다"고 말한 뒤, "코리아의 왕은 절대군주

86 위와 같음, 54~56쪽.
87 위와 같음, 28쪽.
88 위와 같음, 143쪽.

다"고 부연했다. 그러나 "그의 의사는 행정관리들의 정교한 체계를 통해 인민들에게 전달된다"고 정확히 썼다.[89]

로웰은 서울에 도착한 직후의 어느 시점에, 자신과 함께 보빙사절단의 일원으로 미국을 방문했던 홍영식의 안내로 고종을 알현했다. 로웰은 "고종의 키가 평균적 코리언의 키보다 높지 않고 낮다"고 회상했다. 로웰의 회상은 다음으로 이어졌다:

> 그의 얼굴은 유별나게 유쾌했다. 그의 얼굴은 처음 보는 순간부터 좋아하게 되며 조만간 사랑까지 하게 되는 그러한 얼굴들 가운데 하나다. [……] 특히 그의 미소는 사람을 끄는 힘을 가졌다. 그의 두 눈이 내 두 눈을 바라보는 상태에서 내가 서 있었을 때, 그가 내게 공식적으로 말했듯 나를 보는 것을 진정으로 기뻐하고 있다는 느낌이 내게 스며들었다.[90]

로웰은 고종의 사진을 찍어 이 책에 게재했는데, 이로써 그는 고종의 사진을 책을 통해 외부세계에 알린 최초의 서양인이 됐다.[91] 그는 고종을 알현했지만, 민비를 알현하지는 못했다. 고종의 알현을 마친 직후 그는 왕세자를 알현했다. 이때 왕세자는 열 살의 작은 소년이었다. 로웰은 그의 두 눈이 동양인의 기준에서도 아주 작아 마치 반쯤 잠든 것처럼 보였으며, 용모에 있어서 아버지만 못하다고 회상했다.[92] 이 왕세자가 뒷날 고종의 뒤를 이어 즉위한 순종(純宗)이다.

---

89 위와 같음, 100~102쪽.

90 위와 같음, 159쪽.

91 한국기독교역사박물관, 『푸른 눈에 비친 백의민족』(서울: 한국기독교역사박물관, 2008), 28쪽.

92 Lowell, *Chosön*, pp. 160~161.

로웰은 서울이 '코리아에서 가장 중요한 곳'이라고 보았다. "서울은 관심에 있어서나 위치에 있어서 중심이다"는 것이었다.[93] 이렇게 중요한 도시가 자신이 이제까지 본 도시들 가운데 가장 어둠침침한 도시라는 사실에 그는 놀라움을 표시했다. 첫째, 집들에는 아주 기초적인 것을 제외하곤 창문이 없었다. 둘째, 상점들이 거의 없으며 상품들이 부족했다. 이것을 보고 그는 "코리언들은 상업에 종사하는 사람들이 아니다"라는 결론을 내렸다. 그는 또 서울에서 많은 맹인들을 볼 수 있었다.

그러나 로웰은 서울의 남산에 위치한 봉화로부터는 좋은 인상을 받았다. 다섯 개의 석총(石塚)들이 불을 밝힘으로써 지방과 수도 사이의 교신을 맡음과 동시에 수도가 편안하다는 사실을 인민들에게 알린다고 그는 설명했다.[94] 그는 일본의 한 신문의 보도를 근거로, 이 시점에서 서울의 인구는 약 250만명이라고 썼다. 조선의 인구를 약 1,200만명이라고 보도한 그 신문을 믿는다면, 이것은 이 나라 인구의 약 21%가 서울에 거주했음을 의미했다.[95]

조선의 국제관계에 대한 관찰들: 러시아에 대한 경계심을 표시하다

로웰은 코리아의 국제관계에 대해서는 거의 말하지 않았다. 왜 그러했을까? 이 물음에 대한 해답을 우리는 "이 나라에는 집행해야 할 대외적 일들이 없으며 따라서 정부에 외무(外務)를 다루는 부서가 없다"는 그의 설명에서 찾을 수 있을 것이다.[96] 그는 "코리언들이 외국인들과 가졌던 유일한 교류는 중국에 의해 그들에게 강요된 것이었으며 그것은 상국(上

93 위와 같음, 20쪽.
94 위와 같음, 93~95쪽 및 218쪽.
95 위와 같음, 401쪽.
96 위와 같음, 103쪽.

國)에 대한 조공국의 성격을 지녔다"고 보았다. 그는 최근에 일본과 수교하면서 코리아는 비로소 외무를 다루는 부서를 개설했다고 덧붙였다. 그의 이러한 설명에는 분명히 오류가 있다. 조선의 조정에는 예조(禮曹)라는 부서가 교육과 더불어 외무를 다뤘던 것인데, 그는 이 사실에 대해 전혀 말하지 않았던 것이다.

이렇게 코리아의 대외관계에 대해 무시하는 태도를 취하면서도, 로웰은 미국인답게 러시아에 대한 경계심을 표시했다. 블라디보스토크가 바로 러시아가 탐내는 땅을 향한 '남진'의 거점이라고 파악하면서, 그는 코리아가 개항을 하지 않고 계속해서 오랜 잠속에 빠져 있었더라면 러시아는 코리아를 향해 러시아와 코리아 사이의 두만강을 '건너 튀어나왔을 것'이라고 썼다.[97]

7. 미국 해군군의관 우즈의 일기

1884년의 코리아의 모습들에 대해서는 두 사람의 미국인이 상세한 기록들을 남겼다. 우선 우리는 해군군의관 조지 우즈(George W. Woods)의 일기를 지적할 수 있다.[98] 그는 1838년에 매사추세츠주 뉴베드포드(Newbedford)에서 태어나 의사가 됐으며 그 뒤인 1862년에 매릴랜드주 애나폴리스 소재 미국해군사관학교를 졸업해 해군장교가 됐다. 그는 뉴

97 위와 같음, 24쪽.

98 *Navel Surgeon in Yi Korea: The Journal of George W. Woods*, edited with an introduction by Fred C. Bohm and Robert R. Swartout, Jr. (Berkeley, C. A.: Institute of East Asian Studies, University of California, 1984). 우즈의 일기는 Washington State University, Pullman, Washington의 Manuscripts, Archives, and Special Collectiosn division에 "George W. Woods Journals"라는 이름 아래 보존되어 있다.

욕해군병원과 포츠머스해군병원 등에서 군의로 근무했다. 남북전쟁 때 북군에 가담해 참전한 그는 그 공로로 1866년에 훈장을 받았다. 외국여행을 좋아했던 그는 여러 해군함정에서 군의로 근무했으며, 1882년 말에 미국해군함 주니아타(Juniata)호에 승선해 뉴욕항을 떠난 뒤 1885년 말에 귀항했다. 그는 1895년에 해군군의관으로서는 최고직인 의무감으로 승진하며, 1902년 6월에 향년 64세로 샌프란시스코에서 별세한다.

우즈는 주니아타호로 세계일주를 하던 가운데 1884년 2월부터 5월까지 제물포와 서울을 중심으로 코리아에 머물렀다. 서울에서는 미국공사관에 체류했다. 이 기간에도 그는 일기를 썼다. 이 일기는 확실히 그가 미국의 문화는 코리아의 '후진적 문화'보다 우수하다는 미국적 감각을 지녔음을 보여주었다. 그럼에도 불구하고, 이 일기는 1880년대 코리아의 여러 측면들을 자세히 묘사했다.

한글을 칭찬하다

첫째, 우즈는 처음에는 코리아가 '황량하고 추운' 곳이라는 말을 들었으나, 막상 도착한 뒤 풍광이 좋다는 사실을 깨달았다. 1884년 4월 13일의 일기에서, 그는 "부활절 아침이다. 따뜻하고 봄 같은 사랑스런 날이다. 하늘에는 폭신폭신한 구름이 약간 있을 뿐이다"고 썼다.[99] 그는 제물포 일대의 해변에 대해서도 붓꽃과 암청색의 제비꽃 및 야생의 튤립 등 '아름다운 꽃들'이 많으며 이것들이 이 일대를 '녹음의 언덕'으로 보이게 만든다고 썼다.[100] 서양인들 가운데 코리아의 해변을 이렇게 아름답게 묘사한 경우는 드물다.

둘째, 우즈는 코리언들의 언어가 우랄알타이어 또는 몽골어에 비슷하

99 위와 같음, 14쪽 및 24쪽.

100 위와 같음, 14쪽.

지만 중국어와는 다르다고 지적하면서, 동시에 '산스크리트어에 앞선 인도의 드라비다 사람들의 언어'와 비슷하다고 지적했다. 드라비다 사람들은 인도의 남부에 사는 비(非)아리안계 종족이다. 우리가 제2부 제6장에서 보았듯, 코리언들의 언어가 드라비다어에 비슷하다는 관찰은 이미 1874년에 프랑스 신부 달레가 제시했었다. 우즈가 이 관찰을 되풀이한 것인지는 알 수 없다.

우즈는 코리언들이 한자를 쓰며, 동시에 별개의 '매우 완벽한' 글자를 가졌는데 이 글자는 백성들의 글자라고 보았다. 이 글자는 물론 한글이다. 그러나 그는 한글이라는 이름을 몰랐으며, 이 글자가 14세기에 불교도들에 의해 전래됐다고 부정확하게 기록했다.[101]

코리아의 종교를 샤머니즘으로 보다

셋째, 우즈는 코리아에는 불교와 유교가 들어왔으나 주된 종교는 샤머니즘이라고 썼다. 그는 이 나라에서는 불사조나 용과 같은 상상 속의 동물들 그리고 기린이나 거북이와 같은 장수의 동물들이 존중된다고 지적했다. 그는 기독교가 조상숭배를 반대했기 때문에 큰 적의를 샀다고 덧붙였다.[102]

넷째, 우즈는 제물포나 서울에서 민간인들이 사는 여러 곳들을 걸어다니며 돌아보았다. 그는 우선 농민들을 관찰하면서, "가난한 마을사람들의 집들은 진흙 또는 볏짚이엉의 뗏집으로 만들어졌다"고 묘사했다. 서울의 '좁고 꼬불꼬불하며 진흙투성이의 길들'을 걸어다닌 뒤, 그는 그것들이 '불결하고 더러우며' 길 양쪽의 개천들은 '액체쓰레기'를 가득 안은

---

101 위와 같음, 69쪽.
102 위와 같음, 70쪽.

채 설명하기 어려운 악취를 풍긴다고 묘사했다. 대조적으로 상류계급이나 일본인들이 사는 지역들은 깨끗하다고 그는 썼다.[103]

다섯째, 우즈는 코리언들은 술을 많이 마신다고 썼다. 그는 또 서울에서 식당이나 다방을 볼 수 없었다고 지적하면서 사람들은 차를 마시지 않는다고 덧붙였다. 그는 길거리에서 사람들이 요리한 음식을 파는 것을 보았는데, 군밤과 빈대떡을 파는 것을 가장 흔히 볼 수 있었다고 썼다.[104]

코리언들의 손재주를 칭찬하다

여섯째, 우즈는 서울에서 관청거리와 상점거리를 두루 살폈는데, 상점거리에서 장인(匠人)들이 손재주에 능하다는 것을 발견했다. 그는 특히 장인들이 옷장을 독특하게 잘 만든다고 칭찬했다. 그는 또 서울의 남대문을 관찰한 뒤 그 아름다움에 놀라움을 표시했다.[105] 그는 저녁이 되면 사람들이 이 문을 통해 황급하게 드나드는 것을 보고 통행금지제도가 있다는 것을 깨달았다.

일곱째, 우즈는 서울주재일본공사관에 소속된 일본인 의사로부터 이 나라에는 질병이 많으나 돈이 없어 치료를 제대로 받지 못하는 사람이 많다는 얘기를 들었고, 스스로 걸어가다가 두 사람 가운데 한 사람 꼴로 마마자국 같은 것을 가진 사람들을 볼 수 있었다. 그는 의사로서 이 나라의 과학과 의학에 대해 면밀히 관찰하고 장문의 보고서를 썼다.[106]

여덟째, 우즈는 광화문을 지나 경복궁에 들어가 근정전과 경회루를 보았으며 고종과 민비에 대한 얘기들을 들었다. 그때 서울주재미국공사는

103 위와 같음, 16~17쪽.
104 위와 같음, 67쪽.
105 위와 같음, 17~18쪽.
106 위와 같음, 109~120쪽.

캘리포니아주 출신 변호사이면서 공화당소속 정치인이던 루시어스 푸트로, 그는 1883년 5월부터 1885년 1월까지 서울에서 생활했다.[107] 푸트 공사는 우즈에게 고종이 '매우 똑똑하며 계몽된 사람'(a most sensible and enlightened man)이라는 자신의 관찰을 말해주었다. 우즈 스스로 "코리언들이 현대적 방식에 빠르게 적응하고 있다"고 논평했다.[108]

아홉째, 우즈는 푸트 공사의 통역이던 윤치호(尹致昊)를 자주 만났으며 윤치호를 좋게 평가했다. 이 시점에서 윤치호는 20세의 청년으로 일본과 미국을 방문한 귀한 경험을 갖고 있었다. 그는 뒷날 중국과 미국에서 오랜 기간 수학하며 조선의 근대화를 위한 여러 개혁프로그램들에 참여한다.[109]

열째, 우즈는 서울에서 미국의 존재가 '인상적인 수준'으로 성장하고 있다고 보았다. 이에 따라, 코리아의 고위지도자들이, 특히 고종이, 코리아의 독립보존과 관련해 미국에 큰 기대를 보였다고 그는 썼다.[110]

우즈는 그때 고종의 외교고문으로 봉직하던 독일인 묄렌도르프를 만났다. 묄렌도르프는 푸트와 사이가 좋지 않았으며, 우즈의 표현으로는 "미국인들에 대한 그의 질투는 극단적이었다." 그래서 우즈는 묄렌도르프의 초청에 응하지 않았다.[111]

푸트 공사의 부인은 로즈(Rose)로, 미인이면서 우람한 체격을 지닌 여걸이었다. 그녀는 민비가 미국공사의 부인동반을 꺼려한다는 소식에 접하고도 주저함이 없이 남편을 따라 서울에 도착했다. 그녀는 결국 민비를

---

107 Yur-Bok Lee, *Diplomatic Relations Between the United States and Korea, 1866~1887* (New York: Humanities Press, 1970), pp. 52~85.

108 위와 같음, 97쪽.

109 윤치호와 관련해 이 책의 편저자들은 다음의 연구서를 소개했다. Donald N. Clark, "Yun Ch'i-ho (1864~1945): Portrait of a Korean Intellectual in an Era of Transition," *Occasional Papers on Korea*, No. 4 (Seattle: University of Washington, 1975).

110 위와 같음, 20쪽.

111 위와 같음, 15쪽.

알현하는 데 성공했으며, 이로써 그녀는 민비가 처음 만난 서양여성으로 기록됐다. 그녀는 민비를 "강력하면서 상대방을 압도하는 성격을 지녔으며, 뛰어나면서 사람을 끌어들이는 힘을 가졌고 [……] 동양 전체에서 머리가 가장 좋은 여성"(a strong and formidable character, brilliant and magnetic [……] the brainest woman of the entire Orient)이라고 평가했다.[112]

8. 미국 해군소위 포크의 일기

우즈가 1884년의 앞 시기를 보면서 기록을 남겼음에 비해, 미국 해군소위 조지 클레이튼 포크는 뒤의 시기를 보면서 기록을 남겼다.[113] 그러면 포크는 어떤 사람이었나?[114]

---

112 로즈 여사의 역할을 칭찬한 책은 다음이다. Mary V. Tingley Lawrence, *A Diplomat's Helpmate: How Rose F. Foote, Wife of the First U. S. Minister and Envoy Extraordinary to Korea, Served Her Country in the Far East* (San Francisco: H. S. Crocker Company, 1918). 인용된 부분은 이 책의 12쪽에 있다. 이 책은 Daniel L. Gifford, *Every-Day Life in Korea: A Collection of Studies and Stories* (Chicago, New York, Toronto: Fleming H. Revell Company, 1898) 및 Sidney L. Gulick, *The Winning of the Far East: A Study of the Christian Movement in China, Korea and Japan* (New York: George H. Doran Company, 1923)과 함께 '근세동아세아서양어자료총서 185'(서울: 경인문화사, 2004)에 합본되어 있다.

113 *Inside the Hermit Kingdom: The 1884 Korea Travel Diary of George Clayton Foulk*, edited and introduced by Samuel Hawley (New York: Lexington Books, A Division of Rowman and Littlefield Publishers, INC., 2008). 이 기록은 미국 캘리포니아대학교 버클리 캠퍼스의 밴크로프도서관(Bancroft Library)에 보관되어 있다. 이 기록에 근거해 포크를 분석한 논문들은 다음과 같다. 1) Kim Hyung-chan, "The Korean Kaleidoscope: American Views of Korea, 1882~1979," *Korea Journal*, Vol. 24, No. 6 June 1984, pp. 18~26; 2) Kim Hyung-chan, "George C. Foulk in Korea: A Sailor on Horseback," *Korea Journal*, Vo. 26, No. 12 (December 1986), pp. 27~38.

114 포크에 대해 영어로 쓰여진 최초의 글은 다음이다. Homer B. Hulbert, "George Foulk,"

조선어를 구사했던 미국인

포크는 1856년에 펜실베이니아주에서 태어나 1876년에 해군사관학교를 졸업해 소위로 임관됐다. 그는 곧 해군의 아시아함대에 배속돼 6년 동안 봉직했다. 이 과정에서 그는 일본의 여러 항구들을 자주 방문하면서 일본어를 배웠으며, 코리아와 미국 사이에 수교가 성립된 때로부터 1개월 뒤인 1882년 6월에 잠시 부산과 원산을 방문했다. 워싱턴의 해군본부도서관으로 배속된 그는 사서로 일하는 가운데 조선어를 열심히 공부했다.

이러한 배경에서, 1882년의 수교에 따라 1883년 가을에 조선의 사절단이 미국을 방문했을 때 그는 미국정부의 공무원들 가운데 이 사절단을 위해 통역을 감당할 수 있는 유일한 공무원으로 지목됐다. 그는 이 일을 기꺼이 맡아 성공적으로 수행했다. 그리하여 사절단 단장이면서 그때 민씨척족의 거물이었던 민영익은 그가 서울주재미국공사관에 배치를 받아 서울에서 일하기를 요청했다. 미국 국무부와 해군부는 이 요청을 받아들여 그를 해군이 없는 나라에 해군무관으로 발령했다. 그는 민영익과 함께 미국 해군함정을 타고 1884년 5월에 제물포에 도착했으며 곧 서울에서 푸트 공사의 지휘를 받으며 근무를 시작했다.

조선어를 구사할 수 있었기에 포크는 이 나라의 상황을 공사관의 어느 누구보다도 빠르고 정확하게 파악할 수 있었다. 그런데도 그는 이 나라를 보다 더 정확히 이해하고자 국내여행계획을 세웠다. 경기도를 중심으로 하는 코리아의 중앙, 충청도와 전라도 및 경상도를 포함하는 코리아의 남부, 그리고 코리아의 북부, 이렇게 세 지역을 개별적으로 차례차례 여행하

Korea Review, 1 (1901), pp. 344~349. 포크에 대해 영어로 쓰여진 최초의 박사학위논문은 다음이다. Robert E. Reordan, "The Role of George Clayton Foulk in United States-Korean Relations, 1884~1887," unpub. Ph. D. diss., New York, N. Y.: Fordam University, 1955.

고자 했다. 그는 우선 1884년 9월 하순부터 10월 초순까지 개성과 수원 및 강화도를 포함한 경기도를 중심으로 하는 중앙에 대한 여행을 끝냈다.

민영익의 후원을 받은 그의 여행은 조정의 고관이 여행하는 관행을 그대로 따라, 네 명의 직업적인 보교꾼들이 이끄는 보교를 타고 짐을 마차에 실은 채 시종들을 거느린 호기있는 여행이었다. 그는 가는 곳마다 '대인'(大人)으로 불리면서 극진한 대접을 받았다. 그가 부모에게 자랑스럽게 쓴 편지에 따르면, 그가 객관에 들 때나 화장실에 갈 때나 심지어 잘 때도 여러 벼슬아치들이 수발을 들거나 다른 '잡인(雜人)들'의 접근을 막아 자신은 아주 불편했으며 자신에게 접근하다가 발길로 차이는 사람을 보면 미안하기도 했다.

"정부는 하나의 거대한 강도가 됐다"

이 여행을 마친 뒤 포크는 1884년 11월 1일부터 12월 14일까지 남부 여행길에 들어섰으며, 거의 매일 일기를 썼다. 여행의 방식은 앞의 경우와 똑같았다. 그는 경기도 과천과 안성에서 번화한 장터를 구경했으며, 충청도 공주감영을 거쳐 전라도 전주감영에 머물렀다. 공주감영에서도 그러했지만 전주감영에서의 접대는 참으로 극진했다. 감사가 직접 베푼 연회장에 기생들과 소리꾼들이 나와 그를 위해 풍악을 울리는 가운데 권주가를 불렀다. 음식과 술을 너무 많이 대접받아 이튿날 배앓이를 겪기도 했다. 그는 전라도 나주를 거쳐 경상도로 들어서서, 부산과 진주 및 진해를 구경하고 12월 8일 오전에 상주 부근에 들어섰을 때 갑신정변의 소식을 들었다. 12월 4일 저녁에 개화파가 서울의 우정국 낙성식장에서 민씨 척족의 고관들을 살해했다는 소식을 대구감영의 감사에게 통보하기 위해 달려가던 사령이 포크의 보교꾼에게 말해준 것이다.

민영익의 보호를 받는 사람으로 알려진 그의 입장은 어려워졌다. 서둘러 입경하려는 그를 갑자기 괄시하거나 심지어 박해하려는 지방의 수령들도 나타났다. 12월 13일에 경기도 이천을 출발해 서울로 올라가는 도중에 고종의 사신이 도착해 그를 보호함으로써 그는 비로소 안심할 수 있었다. 그는 남한산성에서 묵은 뒤 14일에 입경해 공사관에 무사히 도착했다.

이 43일간의 900마일 여정에서 포크는 참으로 많은 것들을 겪었다. 우선 넓고 잘 다듬어진 길도 있었지만, 대체로 좁고 더러운 길이 많았음을 확인했으며, 숙면을 취하기 어려울 정도로 빈대들과 이들이 들끓던 객관을 체험하기도 했다. 자신이 서양인인 것을 알고 보기 위해 사람들이 몰려드는 것도 힘들었지만, 그것보다 어느 곳을 가든 화장실이 없고 비록 있다고 해도 아주 불편한 것도 그를 괴롭혔다. 그는 또 백성들이 사는 집들은 너무 초라하고 주변환경이 끔찍하다는 것, 어린아이들은 거의 모두가 사실상 벌거벗고 맨발인 채 산다는 것, 여자들은 모든 것을 감추거나 가린 채 산다는 것 등을 확인했다. 그는 경상도에 온 뒤, 전라도는 평야지대고 땅이 비옥한 데 비해 경상도는 토지가 척박해 농업소출이 적다는 것을 깨달았다.

이러한 관찰들보다 훨씬 중요한 관찰은 조선왕조의 구제불능의 부패였다. 그는 11월 5일의 일기에서 인민을 힘으로써 정복한 형태로 정부는 유지된다고 썼으며, 11월 13일의 일기에서는 "관리들은 백성들을 쥐어짜낸다"고 썼고—그는 이 표현을 여러 곳에서 썼다—, 11월 14일의 일기에서는 "정부는 하나의 거대한 강도가 됐다"(The government has become a gigantic robber)고 썼다. 그는 특히 지방의 특산물들을 왕실과 중앙정부에 바치게 하는 공물제도(貢物制度)를 통해 정부가 백성을 어떻게 수탈하며 또 관리는 자신의 사복을 채우려고 공물과 관련해 정부를 어떻게 속이는가에 대해서도 자세히 썼다. 그는 이 제도야말로 자신이 이제까지 들어왔던 것들 가운데 '가장 큰 악'(the greatest evil)이라고 단정했으며, 지방관청의 아전들이 백성을 쥐어짜내는 가장 나쁜 벼슬아치들이라고 비난했다.[115]

포크는 곧 세 번째 여행, 곧 코리아의 북부로의 여행을 계획했다. 그러나 1885년 1월에 푸트 공사가 이임하자 그는 대리공사에 임명됐으며 1887년 6월에 본국으로 귀임함에 따라 그 계획은 실현되지 않았다. 그는 일본여성인 부인과 함께 일본에서 살다가 36세이던 1893년의 어느 날에 일본의 유명한 관광지 닛코(日光: 일광)로 가는 길 위에 죽어 있는 채로 발견됐다. 서양인이 일본여성을 아내로 맞이한 것에 반감을 가진 국수주의적 일본인에 의해 살해된 것으로 추정됐을 뿐 살인자는 끝내 잡히지 않았다.[116]

9. 상하이 신문사의 『코리아에 관한 노트』

우즈와 포크가 각각 코리아를 관찰하던 시점인 1884년에 상하이의 한 신문사에서 코리아에 관한 아주 작은 책이 출판됐다. 『코리아에 관한 노트』가 바로 그것이다.[117] 이 소책자의 저자는 A. W. D.라는 이니셜로만 표기되어 있어 배경은 물론이고 실명조차 알 수가 없다.

이 소책자 역시 코리아를 '은둔의 나라' 또는 '고요한 새벽의 나라'라고 소개했다. 이 소책자는 부산과 원산 및 인천을 비롯한 조선의 주요항구들과 서울을 비롯한 도시들을 영어권 독자들에게 소개하는 데 목적을 두었다. 이 소책자는 당시 코리아가 1,715,653가구로 구성됐다고 소개했다. 한 가구마다 가족의 수가 7~8명이 된다고 추정한다면, 이때 코리아의 인구는 약 1,362만명에서 약 1,534만명 사이가 된다.

---

115 Hawley, *Inside the Hermit Kingdom*, pp. 114~115.

116 William Franklin Sands, *Undiplomatic Memories* (New York: Whittlesey House, McGraw-Hill Book Company, 1930), pp. 51~52.

117 A. W. D., *Notes on Korea: Reprinted from the "Star in the East"* (Shanghai: Shanghai Mercury Office, 1884).

제9장
서양열강 사이에 세력균형이 이뤄진 시기:
청일전쟁이 일어나기 직전까지의 시기(1886~1894)

서양열강이 조선으로 진출하면서 각축을 벌인 결과, 대체로 갑신정변이 어느 정도 수습된 때인 1885년부터 조선의 대외정세는 '태평의 시대'에 접어들었다. 열강의 세력균형이 취해지면서 조선의 바깥에서는 큰 문제가 일어나지 않았던 것이다. 이 '태평의 시대'는 1894년에 청일전쟁이 일어나면서 끝났다. 학자들은 1885년부터 1894년까지의 시기를 '태평십년'(泰平十年)이라고 부른다.[1] 이 시기에 조선을 관찰한 서양인들의 기록들을 살피기로 한다.

1. 미국 외교관 알렌의 『일기』 I

서양열강의 조선진출이 조선을 둘러싼 열강의 각축이 깊어가던 시점인

1 박노자 · 허동현(許東賢) 지음, 『열강의 소용돌이에서 살아남기』(서울: 푸른역사, 2005), 210쪽. 이 용어는 원래 이광린 교수에 의해 쓰여졌다.

1884년에 미국의 한 의료선교사가 조선에 도착했다. 중국에 파견됐던 미국장로교의 의료선교사 호레이스 알렌이 서울주재미국공사관의 공의(公醫)로 이 해 9월 14일에 부산에 도착한 데 이어 제물포를 거쳐 22일에 입경한 것이다. 그는 1905년 6월 9일에 조선을 떠날 때까지 21년에 걸쳐 이 나라에 머물며 고종의 어의를 비롯해 미국주재조선공사관의 참찬관 및 서울주재미국공사관의 공사 겸 총영사 등 여러 직책들을 수행했다.[2]

일기의 구성

이러한 배경을 지녔기에 알렌의 관찰은 다각적이었고 심층적이었다. 그의 관찰기록들 가운데 대표적인 것은 그의 일기다. 이 방대한 기록을 뉴욕공립도서관에서 발굴해 역간한 김원모 교수에 따르면,[3] 그것은 모두 4부로 구성됐다.

제1부는 서울로의 파견이 결정된 시점인 1883년 8월부터 서울에 도착한 이후 미국주재조선공사관의 서리공사로 임명된 1886년 9월까지의 일기다. 제2부는 미국주재조선공사관의 초대 공사 박정양(朴定陽)이 이끈 사절단의 참찬관으로 워싱턴디씨를 방문한 1887년 9월부터 워싱턴디씨에 공사관의 개설을 마치고 서리공사로 활동을 개시하던 1888년 11월까

---

2 알렌에 대한 초기의 연구로 대표적인 것은 Fred Harvey Harrington, *God, Mammon, and the Japanese: Dr. Horace N. Allen and Korean-American Relations, 1884~1905* (Madison, WI.: University of Wisconsin Press, 1944). 이 책은 '근세동아세아서양어자료총서 84'(서울: 경인문화사, 2001)로, William Franklin Sands, *Undiplomatic Memories: The Far East 1896~1904* (New York: Whittlesey House, McGraw-Hill Book Company, INC., 1930)와 합본되어 있다. 해링튼의 책은 다음과 같이 한국어로 번역됐다. 이광린 역, 『개화기의 한미관계: 알렌박사의 활동을 중심으로』(서울: 일조각, 1973). 알렌에 대한 국내의 연구서로 다음을 지적할 수 있다. 민경배, 『알렌의 선교와 근대한미외교』(서울: 연세대학교출판부, 1991).

3 김원모 완역, 『알렌의 일기: 구한말 격동기 비사』(서울: 단국대학교출판부, 1991).

지의 일기다. 제3부는 서울주재미국공사 겸 총영사로 일본 및 영국과의 협조를 통해 러시아의 조선에 대한 팽창정책을 견제하고자 했던 시기(1897년 9월 14일~1898년 7월 27일)를 다뤘다. 제4부는 러일전쟁 발발의 분위기가 고조되는 것을 바라보며 조선의 독립을 유지시켜주기 위해서는 미국이 현재의 반러친일정책을 버리고 반일친러정책을 추구해야 한다는 믿음을 갖고, 미국공무원의 신분임에도 미국정부의 정책을 비판했던 시기(1903년 6월 1일~11월 20일)를 다뤘다. 이 제3장에서는 그의 일기 가운데 제1부와 제2부에 나타난 조선의 모습들을 소개하기로 한다.

"코리언들은 게을러 일을 지연시킨다"

알렌의 첫 기착지는 부산이었다. 1884년 9월 14일의 일기에서 그는 "부산은 완전히 일본인들의 도시다. 변두리로 가지 않고는 그 도시에서는 조선인이라곤 거의 찾아볼 수 없다. 일본인은 예쁜 백색 건물을 영사관으로 사용한다"고 썼다. 알렌은 9월 20일에 제물포에 도착했다. 이 도시에 대한 그의 인상은 부산에 대한 인상과 비슷했다. 일본인들은 좋은 곳들에서 살며 멋진 영사관을 세워놓았음에 반해 조선인들은 판자나 진흙으로 지은 허름한 오막살이들에서 산다고 그는 보았다.[4] 부산과 제물포에 대한 이러한 관찰들은 칼스의 기록과 로웰의 기록에서 이미 제시됐던 것으로, 그 뒤 부산과 제물포를 방문한 서양인들에 의해 되풀이된다.

알렌은 9월 22일 아침에 조랑말을 타고 서울을 향해 떠났다. 그는 정오에 조선인의 한 여관에서 금을 캐기 위해 이 나라에 온 한 서양인을 만났는데, 이 서양인은 이 나라에는 금이 많이 매장되어 있다고 말했다. 오후에 서울에 도착해 조선인의 한 여관에 묵었지만, 먹을 것을 주지 않아 그

4 위와 같음, 398~399쪽.

는 동료 미국인이 준 맥주와 비스킷을 받아먹었다. 이 미국인은 조선에서 목재를 발견해 다른 나라들과의 교역에 활용할 목적으로 내륙을 여행할 예정이었다. 이튿날 알렌은 서울주재미국공사관에 도착해 푸트 공사 내외를 만났으며, 공사관의 공의로 임명됐다. 같은 날 알렌은 그때 고종의 외교고문으로 활동하던 묄렌도르프를 예방했다. 알렌은 그가 자신을 친절하게 맞이했다고 기록했다. 알렌은 곧 코리언들에게 짜증을 내게 됐다. 그들이 게을러 일을 지연시킨다는 것이었다.[5]

알렌이 서울에 도착한 때로부터 3개월이 채 되지 않은 시점인 1884년 12월 4일에 갑신정변이 일어났다. 이 정변과 관련해, 알렌은 고종이 '이상한 상황'에 빠졌다고 관찰했다. '친일적'인 정변의 주모자들이 고종을 지지한 반면에 민씨척족을 제거하고자 했기 때문에, 고종은 한편으로는 민씨척족과 그들 배후의 중국으로부터 불신을 받고 다른 한편으로는 주모자들의 처형과 해외망명으로 지지 세력을 잃어 외로워졌다는 뜻이었다.[6]

그러나 알렌에게 그것보다 중요했던 것은 이 정변이 그의 앞날에 큰 영향을 미쳤다는 사실이다. 정변의 현장에서 칼을 맞아 중태에 빠진 민씨척족의 거물 민영익이 묄렌도르프의 관사로 이송된 채 서양의사의 치료를 기다리고 있었던 것이다. 12월 5일자 그의 일기는 자신이 민영익을 어떻게 치료했는가를 자세히 기록했다. 그는 그 뒤에도 계속해서 민영익을 치료한다.

알렌은 곧 조선의 역사에 대해 관심을 갖고 책들을 읽었으며, 사회현상을 관찰했다. 12월 26일의 일기에서 그는 이 나라에는 전국적으로 산성(山城)들이 산재해 있으며 그것들을 불교승려들이 지킨다고 썼다. 그는 승

5 위와 같음, 400~401쪽.

6 위와 같음, 426~427쪽.

려들을 국왕이 먹여살리며 그 대가로 승려들은 국왕을 위해 '정보원들'로 일한다고 지적했다. 그는 승려들이 불교의 가르침을 내세우며 게으르게 산다고 비판하면서 백성은 중국에서와 마찬가지로 그들을 존경하지 않는다고 덧붙였다.[7]

승려들처럼 국왕과 주고받기의 거래를 하는 사람들로 알렌은 보부상들을 꼽았다. 그는 전국을 돌아다니며 상품들을 파는 보부상들의 숫자가 150,000명에 이르렀기 때문에 그들은 아주 강력한 존재가 됐다고 보았다. 그래서 국왕은 그들을 자신의 '정보원들'로 활용하면서 그 대가로 그들에게 궁내직(宮內職)들을 주기도 하고 어떤 권리들을 주기도 한다고 덧붙였다.[8]

길거리에서 개들이 사형수들의 시체를 뜯어먹는 장면을 목격하다

알렌은 이어 민비가 미신을 매우 좋아한다고 썼다. 그 한 보기로 그는 그녀가 임신하자 48일간 황소들과 호랑이들 및 다른 동물들을 희생물들로 삼아 자신이 아들을 낳을 수 있도록 기원하는 제사를 지냈다고 지적했다. 이 제사는 불교에서 사십팔원제(四十八願祭)라고 부르는 것이었다. 다른 보기로, 그는 그녀가 결혼하자마자 남편을 사로잡기 위해 여우의 질(膣)을 색실로 꿰여 앞가슴에 패물로 차고 다녔다고 지적했다.[9]

해가 바뀌어 1885년이 시작되면서 알렌은 조선어를 공부하기 시작했다. 1월 30일에 알렌은 매우 충격적인 광경을 목격했다. 갑신정변에 가담했다가 1월 28일과 29일 이틀에 걸쳐 처형된 뒤 길거리에 전시된 네 사람의 시체들을 개들이 뜯어먹는 장면을 본 것이었다. 알렌은 자신을 형님이

---

7 위와 같음, 425쪽.

8 위와 같음, 425~426쪽.

9 위와 같음.

라고 부르는 민영익에게 그대는 사육제를 벌이고 있으며 그대의 적들을 먹고 있다고 비난했다. 알렌의 비난은 오히려 민영익의 복수심을 부추겼던 것 같다. 알렌에 따르면, 그 뒤 민영익은 계속해서 개들을 먹은 것이다. 이것을 보고, 알렌은 민영익에게 그대는 그 자신의 백성을 먹고 있다고 꾸짖었다.[10]

2월 2일에, 알렌은 충격적인 소식에 접했다. 조선조정의 고관들이 갑신정변에 관련돼 처형됐거나 외국으로 망명한 사람들의 여성들, 곧 그들의 어머니들 · 부인들 · 딸들 · 첩들 그리고 여종들의 처벌을 요구하는 청원서를 고종에게 제출했다는 소식이었다. 알렌은 이 요구가 받아들여진다면, 그들 가운데 대부분은 처형될 것이고 나머지는 공창으로 보내지거나 그들을 배당받은 어떤 관리들의 노리개들이 될 것이며 그래서 그러한 운명에 빠진 여성들 가운데 어떤 이들은 자살을 선택할 것임을 우려했다.

고종이 청원서를 받아들이지 않았을 뿐만 아니라 청원서에 서명한 사람들을 해임시켰다는 소식에 접하고 알렌은 다행스럽게 생각했다. "이것은 아주 전진된 조치다"고 알렌은 자신의 일기에 썼다.[11] 우리는 제2장에서 묄렌도르프가 자신이 고종에게 기존의 행형제도를 고치도록 건의해서 관철시켰다고 회고한 사실을 살폈었다. 알렌의 이 일기는 묄렌도르프의 회고가 사실이었음을 뒷받침했다.

빈민들의 생활에 동정을 표시하다

2월 10일은 음력으로 1884년 12월 26일이었다. 설을 앞두고 분주해진 상가(商街)를 보면서, 알렌은 가난한 사람들에 눈을 돌렸다. 그들은 무와

10 위와 같음, 434쪽.
11 위와 같음, 435쪽.

무뿌리 그리고 상추만을 반찬으로 삼아 밥을 먹으며 짚이나 훔친 나무를 태워 겨우 집을 데운다고 그는 썼다. 그들이 고기를 먹는 경우, 그것은 병들어 죽었거나 부상한 소들의 고기라고 그는 덧붙였다. 바로 그날, 대조적으로, 민영익은 그에게 비싸고 멋진 고무장화를 사달라고 요청했다. 그는 민영익을 '바보'라고 불렀다.[12]

알렌은 조선에 대해 실망하고 출국을 희망했다. 그를 그렇게 만든 사람들은, 그의 표현으로, '묄렌도르프 패거리'였다. 그는 이 패거리에 속한 사람들은 개개인 모두 중국에 의지하고 있으며 뱀이나 다름없는 사악한 사람들이라고 매도하면서, 그들이 조선에서 영향력을 행사하는 데 대해 분노를 표시했다.[13] 다행히 조선조정이 알렌의 시술에 감복해 2월 25일에 광혜원(廣惠院)이라는 이름의 서양식 병원을 창설하고 그로 하여금 이 병원을 주관하게 한 것이 위로가 됐다. 이 병원이 조선의 첫 국립병원인데, 4월 26일에 고종은 이것을 제중원(濟衆院)으로 개칭했다. 알렌은 곧 고종의 어의로 임명됐으며, 1886년 10월에 참판의 칭호를 받는다.

알렌은 자연히 그 이전에 비해 훨씬 많은 조선인들을 만날 수 있었다. 그는 10월 11일에 대원군을 만났다. 그동안 톈진에 유폐됐던 대원군은 엿새 전에 귀국할 수 있었던 것이다. 알렌의 회고에 따르면, 대원군은 그를 친절하게 맞이해주었으며 거의 한 시간 동안 그의 손을 잡고 따뜻한 정을 보여주었다. 대원군은 그에게 자신이 장수할 수 있도록 약을 지어달라고 부탁했다. 대원군은 이날 제중원을 방문하고 구내를 둘러보면서 칭찬해주었다. 알렌은 대원군이 '강한 의지와 신념의 인간이며 목적에 있어서 정직하고 결의에 찬 인간'(a man of strong will and convictions, honest

12 위와 같음, 437~438쪽.

13 위와 같음, 446쪽.

in purpose, determined)이라고 평가했다.[14] 대원군에 대한 이러한 평가는 "그는 호남이다"(He is good looking)[15]는 고종에 대한 짧은 언급과 대조됐다.

조선의 대미사절들이 똥냄새를 풍겼다고 흉보다

앞에서 지적했듯, 알렌은 조선정부가 미국으로 파견하는 사절단의 일원으로 부인을 동반한 채 배를 타고 부산을 떠나 도미의 길에 올랐다. 알렌이 미국으로 떠남에 따라, 20대의 젊은이로 미국 테네시주 내쉬빌에 위치한 테네시대학교 의과대학을 수석으로 졸업했으며 거기서 교수로 봉직했던 의사 존 헤론(John Heron)이 제중원의 책임과 고종의 어의를 맡게 된다. 알렌과 사이가 좋지 않았던 헤론은 제중원에서 화학을 가르치기도 했는데, 1890년에 향년 34세로 서울에서 별세한다.

1887년 12월 10일에 경유지 요코하마를 출발한 사절단원들은 모두 뱃멀미로 고생했다. 알렌은 12월 26일의 일기에서 몇몇 사절단원들에 대해 '참을 수 없을 정도로 더러웠다'고 썼다. 구체적으로, 그는 그들이 끊임없이 똥냄새를 풍기면서 계속해서 담배를 피웠다고 조롱했다. 그는 그들이 '목욕하지 않은 몸, 똥, 오줌, 조선 음식, 담배 등등'의 냄새를 끔찍스럽게 풍겼다고 부연했다.[16] 그는 그들에게 옷에 기어다니는 이들을 잡으라고 주의를 주었다고 덧붙였다. 그는 특히 강진희(姜進熙)를 혹평했다. 그들 가운데 가장 더러운 데도 옷을 반 정도밖에 입지 않은 채 여기저기를 돌아다니며 모든 사람들을 당황스럽게 만들었다는 것이었다. 그는 그들이 풍기는 역한 냄새 때문에 그들과 같은 객실을 쓰기 힘들어 밖으로 나왔다

---

14 위와 같음, 491쪽.

15 위와 같음, 452쪽.

16 위와 같음, 530쪽.

고 덧붙였다. 그의 비난은 단장 박정양에게까지 미쳤다. 그는 박정양을 '나약하고 우둔한 사람'이라고 비웃었다. 그는 또 통역의 자격으로 수행하는 조선인이 영어를 전혀 구사할 수 없는 사람임을 확인하고 놀랐다.[17]

러시아출신의 한국학전공자로 한국에 귀화한 오슬로대학교 교수 박노자(본명은 Vladimir Tikhonov)는 알렌의 이 지적을 '그 시대의 통상적인 인종주의 사고방식의 산물'이라고 비판했다. "평생 처음으로 여객선을 타 보는 조선사절단이 서구적인 위생규칙을 지키는 데에 익숙지 않았을 가능성을 알렌은 고려했어야 한다"는 뜻이었다.[18]

조선의 대미사신들, 반라차림의 미국여성들에 두루마기를 입혀주려고 하다

다시 알렌의 일기로 돌아가기로 한다. 사절단은 호놀룰루를 거쳐 1887년 12월 28일에 샌프란시스코에 도착했으나 검역이 길어져 1888년 1월 1일에야 하선할 수 있었다. 그들은 1월 4일에 샌프란시스코에서 기차를 타고 1월 9일에 워싱턴디씨에 도착했다. 사절들은 곧 뉴욕시를 가서 1월 17일에 피프스 애비뉴 호텔(The Fifth Avenue Hotel)에서 집무하던 그로버 클리블랜드(Grover Cleveland) 대통령을 예방하고 국서를 제정했다. 박정양 공사는 대통령이 위대한 국왕처럼 제복을 입었을 것으로 기대했으나 대통령은 평민처럼 평상복으로 그들을 맞이했다.

사절단은 곧 공사관을 개설했다. 이완용이 박 공사 다음인 1등서기관으로, 이하영(李夏榮)과 이상재(李商在)가 각각 2등서기관과 3등서기관으로, 근무를 시작했다. 1월 27일에 사절단원들은 휘트니스(W. C. Whitneys)

---

17 위와 같음, 530~531쪽.

18 「지금 우리는 1백년 전의 서양인을 닮아가는 것은 아닌가: 박노자 · 허동현(許東賢)의 '한국 근대 1백년 논쟁'(11) 서양인의 조선관—박노자」, 『프레시안』, 2004년 4월 2일.

해군장관이 베푼 리셉션 및 만찬에 참석했다. 여기서 박 공사는 '여인들의 반라(半裸)차림의 노골적인 과시'에 충격을 받고, 알렌에게 그 여인들을 쳐다보아도 되느냐고 물었다. 한 여인이 추위에 떠는 듯하자, 박 공사는 자신의 두루마기를 찾아와 그녀를 감싸주어도 좋겠느냐고 알렌에게 묻기도 했다.[19]

민영익의 축재에 상징된 조선고관들의 부패

이제까지 살핀 알렌의 일기는, 외국인들의 조선관찰기들과는 달리, 조선정부의 부정부패에 대해 직접적으로 언급하지 않았다. 그러나 민영익에 대한 그의 여러 설명들은 조선정부의 실세가 얼마나 많은 재산을 축적했던가를 보여줌으로써 간접적으로 조선고관들의 부정부패를 증언했다.

첫째, 알렌의 1885년 1월 27일자 일기에 따르면, 민영익은 알렌에게 자신을 치료해준 데 대한 우의의 표징으로 실제의 치료비와는 별개로 현금 10만냥을 주었다.[20] 그 무렵 서울에서 부호로 꼽히는 사람의 유동자산이 3,000냥이었음을[21] 생각할 때, 그것의 33배에 해당하는 10만냥이 얼마나 큰돈인지 짐작하고도 남는다. 둘째, 알렌의 1885년 3월 11일자 일기에 따르면, 민영익은 조선정부로 하여금 자신을 세계도처에 파견하게 함으로써 막대한 정부자금을 소비했다. 알렌은 그의 이러한 행태에 대해 분노를 표시하면서, 그가 죽는 것이 나라를 위해 낫다고 썼다.[22]

셋째, 민영익은 신병으로부터 회복된 뒤 다시 국내정치에 깊이 개입하다가 1887년 8월 말에 홍콩으로 망명했는데, 거기서 처첩들과 비복들을

---

19 김원모 완역, 『알렌의 일기』, 534~535쪽.
20 위와 같음, 431쪽.
21 신복룡, 『이방인이 본 조선 다시 읽기』, 136쪽.
22 김원모 완역, 『알렌의 일기』, 453쪽.

거느린 채 빅토리아호텔이라는 고급호텔에서 전용객실들을 얻어 호화롭게 생활했다. 1887년 11월 11일자 일기에서, 알렌은 그를 '아주 겁이 많은 사람'으로 묘사하면서, 그가 고종의 돈을 홍콩의 은행에 예치해두고 그 돈으로 부유하게 생활한다고 비난했다.[23] 박정양을 단장으로 하는 대미사절단의 경비를 위해, 박정양과 알렌이 고종의 명령에 따라 홍콩으로 그를 방문해 그로부터 20,000달러를 얻어 쓸 정도로 그의 재산은 엄청났던 것이다. 민영익은 1905년에 러일전쟁이 일본의 승리로 끝난 직후 자신의 안위를 걱정해 상하이로 망명하며 거기서 1914년에 별세한다.

『코리아의 민담(民譚)들』

알렌은 미국주재조선공사관의 참찬관으로 재직하던 때인 1889년에 『코리아의 민담들』을 출판했다.[24] 이 책을 통해 그의 조선관찰을 살피기로 한다.

이 책에는 토끼가 거북이에게 속아 용궁으로 끌려갔다가 꾀를 써서 탈출한 얘기를 담은 『별주부전』(鼈主簿傳), 고양이와 개가 서로 원수가 된 것에 대한 이야기, 지상(地上)의 남편 견우(牽牛)와 천상(天上)의 아내 직녀(織女)의 사랑, 가난하나 착한 동생 흥부와 부자이나 탐욕스런 형 놀부, 양반

---

23 위와 같음, 524쪽.

24 H. N. Allen, *Korean Tales: Being A Collection of Stories Translated from the Korean Folk Lore* (Together with Introductory Chapters Descriptive of Korea) (New York and London: G. P. Putnam's Sons, 1889). 이 책은 '근세동아세아서양어자료총서 138'(서울: 경인문화사, 2001)에 *Korea: Fact and Fancy* (Seoul: Methodist Publishing House, 1904)라는 제목 아래 포함되어 있다. *Korea: Fact and Fancy*는 *Korean Tales* 및 *A Chronological Index*의 합본이다. *A Chronological Index*는 알렌이 조선주재미국공사관 직원들의 도움을 받아 작성해 1901년과 1903년 사이에 서울에서 개인적으로 배포한 연표이다. 이 연표는 다음과 같이 한국어로 번역됐다. 김원모 편저, 『근대한국외교사연표』(서울: 단국대학교출판부, 1984).

집 아들 이도령과 기생 춘향 사이의 사랑을 그린 『춘향전』(春香傳), 맹인 아버지를 효성으로써 모신 효녀 심청을 묘사한 『심청전』(沈清傳), 의적(義賊) 로빈 훗(Robin Hood)에 비견되는 홍길동을 묘사한 『홍길동전』(洪吉童傳) 등에 담긴 조선전래의 민담들이 소개되어 있다. 알렌은 우선 조선은 자연이 아름답고 동식물이 많이 사는 나라이기 때문에 사람들이 자연과 동식물을 주제들로 삼아 다양한 민담들을 생산했다고 지적했다. 새들 가운데는 참새와 제비가, 그리고 짐승들 가운데는 토끼가 가장 자주 등장한다는 사실도 그는 지적했다.

"코리아는 옷을 벗고 사는 남양의 나라냐?"

그러나 이것들보다 중요하게 토론돼야 할 대목은 이 책에 소개된 조선의 모습들이다. 이 책은 자신이 조선정부가 미국으로 파견한 사절단의 일원으로 1888년 1월에 수도 워싱턴디씨를 방문했을 때, 미국인들이 자신에게 코리아는 지중해에 있는 섬이냐고 묻기도 했고 코리아를 유럽으로부터 기차를 타고 갈 수 있는 곳이냐고 묻기도 했으며 코리아는 옷을 벗고 살아도 되는 남양의 어느 나라냐고 묻기도 했다는 말로 시작했다.[25] 그 정도로 조선은 미지의 나라였던 것이다.

알렌은 미국인들의 이러한 무지를 풀어주기 위해 이 책을 썼다. 그러나 알렌은 자신의 관찰들을 기록하기보다는 이미 다른 사람들이 출판한 책들에 담긴 얘기들을 요약했기에 특기할 만한 것이 거의 없다. 비록 그렇다고 해도, 그의 관찰들 가운데 우리가 앞으로 인용할 만한 것들을 선택적으로 적시하기로 한다.

알렌은 우선 조선의 인문지리와 자연환경에 대해 설명하면서, 조선을

25 Allen, *Korean Tales*, pp. 3~4.

산과 강이 많고 물이 넉넉한 나라라고 불렀다. 그는 이어 계곡들은 매우 비옥하며, 인민의 대다수가 농업에 종사함에 따라 잘 경작되어 있다고 썼다. 그는 또 조선에는 금속의 매장량이 풍부하며 특히 금광이 많고, 동북 지방에는 목재가 풍부하다고 썼다.[26] 그는 조선의 풍광이 아름답다고 칭찬했으며, 조선에 대한 평가에서 아무리 인색한 사람이라도 조선의 풍광이 지닌 아름다움을 인정하는 데 인색할 수는 없다고 덧붙였다.

그는 조선인들은 중국인들 및 일본인들과 많은 공통점들을 지녔으나, 조선인들의 조상은 그들의 조상과 다르며 조선인들은 미국의 원주민들과 닮은 데가 많다고 보았다. 조선인들의 언어에 관해, 그는 그것이 중국인들의 언어나 일본인들의 언어와 다르다고 썼고, 조선인들은 자신들의 알파벳과 문법을 갖고 있으며 그들의 언어는 다음절(多音節)이어서 중국어보다는 영어를 닮았다고 덧붙였다. 그는 조선의 인구를 약 1,600만명으로 추정하면서, 조선인들은 일반적으로 건장하며 높은 지능을 가졌다고 평가했다.[27]

알렌은 조선에는 '귀족', '중인계급', '상민'의 세 계급이 있다고 보았다. 관리는 귀족계급에서 임명되는데, 상민도 경쟁적 시험들을 성공적으로 통과하는 경우 관리로 임명될 수 있다고 그는 덧붙였다.[28] 그러나 그는 조선에 존재한 천인계급에 대해서는 언급하지 않았다.

조선의 종교에 대해, 그는 조선인들은 종교를 갖고 있지 않다고 단언했다. 고려왕조 때는 불교가 국교로 큰 영향력을 행사했으나, 고려왕조를 무너뜨리고 창건한 조선왕조가 불교를 억압한 탓에 산에 절들이 남아 있을 뿐 영향력은 아주 적다고 그는 설명했다. 조선인들은 유교를 종교로서

26 위와 같음, 9~10쪽.

27 위와 같음, 12~14쪽.

28 위와 같음.

가 아니라 도덕으로 받아들였으며, 그러한 맥락에서 조상숭배에 많은 정력을 쏟는다고 그는 설명했다. 최근에 조선에 들어온 기독교에 대한 불신은 서서히 사라지고 있으며, 미국의 선교사들이 교회와 학교를 통해 활동하면서 기존의 믿음들과 아주 다른 새로운 믿음으로 자리잡아간다고 그는 덧붙였다.[29]

"고종은 진보적인 군주다"

알렌은 이어 조선의 정치현황을 설명하면서, 우선 이 나라의 국왕은 절대군주이며 그의 말이 법이라는 사실을 강조했다.[30] 고종에 대해, 그는 양면적으로 평가했다. 긍정적인 시각에서, 그는 "고종은 현상을 빠르게 인식하며 매우 진보적인 군주다"(He is quick of perception and very progressive)라고 썼다. 고종에게는 외국의 신문들이 번역돼 바쳐지며 그래서 고종은 시대의 현황을 충분히 인지한다고 강조한 그는 고종이 지나치다고 할 만큼 따뜻한 마음을 가졌으며, 자신의 백성들의 복지에 대해 많은 관심을 쏟는다고 덧붙였다. 그러나 부정적인 시각에서, 그는 고종이 아주 격리된 채 많은 의식(儀式)들에 시간을 보내며 살기 때문에 때때로 주변의 총신들과 환관들에게 좌우된다고 비난했다.[31]

알렌은 조선이 철저한 중앙중심적 국가임을 역설했다. 그러한 맥락에서, 그는 "마치 파리가 프랑스인 것처럼, 서울이 코리아라고 말할 수 있다. 서울은 이 나라의 거의 모든 것이 시작되거나 분산되는 중심이기 때문이다"(As "Paris is France," so Seoul may be said to be Korea, for it is the centre from which nearly every thing for the country either originates or is

29 위와 같음.
30 위와 같음, 10쪽.
31 위와 같음, 27쪽.

disseminated)라고 썼다.[32]

앞에서 이미 지적했듯, 서울이 조선의 중심이며 모든 것임을 파리가 프랑스의 중심이며 모든 것에 비유해 설명하는 방식은 이미 그리피스가 제시했었다. 이 방식이 로웰에 의해 되풀이됐고 이제 알렌에 의해 되풀이됐다. 이 방식은 뒷날 대한민국주재미국대사관에서 활동한 미국의 외교관이었으며 한국학전공자였던 그레고리 헨더슨(Gregory Henderson)에 의해 되풀이된다. 헨더슨은 "파리가 프랑스에 대해 지닌 위상과 마찬가지로 서울은 단순히 코리아의 가장 큰 도시가 아니라 코리아 그 자체였다"(As Paris was for France, Seoul was not simply Korea's largest town; it was Korea)고 썼다.[33]

2. 중국의 정치가 위안스카이와 미국의 법률가 데니 그리고 묄렌도르프 사이의 논쟁에 나타난 조선의 국내외상황

우리는 제2장에서 중국의 리훙장이 고종의 고문으로 묄렌도르프를 천거해 고종이 받아들였고 이에 따라 묄렌도르프가 조선조정을 위해 봉직했으나 리훙장의 뜻과는 달리 러시아와 제휴함을 보고 인책소환했다고 지적했다. 이 일을 겪은 뒤, 리훙장은 조선조정이 중국의 통제에서 벗어나려는 시도를 되풀이하지 못하게 하려고 서로 연결되는 두 개의 조치들을 취했다.

첫째, 리훙장은 한성주둔중국군사령관으로 임오군란과 갑신정변 때 철

32 위와 같음, 15쪽.

33 Gregory Henderson, *Korea: The Politics of the Vortex* (Cambridge, M. A.: Harvard University Press, 1968), p. 30.

저히 중국의 입장에 서서 사태를 잘 진압했던 위안스카이(袁世凱: 원세개)를 1885년 10월에 주차조선총리교섭통상사의(駐箚朝鮮總理交涉通商事宜: 약칭 주차조선총리)로 임명해 서울로 파견하면서 조선정부를 철저히 감시하게 했다. 둘째, 리훙장은 묄렌도르프의 후임에 자신의 심복으로 확신되는 미국인 법률가 오웬 니콜슨 데니(Owen Nickerson Denny)를 고종에게 천거했다. 고종은 리훙장의 천거를 받아들였으며, 그리하여 데니는 1886년 3월부터 서울에서 일하기 시작했다.

위안스카이의 『조선대국론』: "조선은 중국의 속국으로 남아있어야 한다"

위안은 1885년 10월 5일에 서울에 부임했다. 26세의 청년이던 그는 조선총리라는 이름 아래 이 나라를 '감국'(監國)하는 지위에 올라서자 '오만 즉흥 공격성'으로 특징지어진 '고압적 행태'로써[34] 조선의 국정을 좌지우지하기 시작했다.

위안의 조선에 대한 인식은 그가 1886년 8월 28일에 조선정부에 제출한 『조선대국론』(朝鮮大局論)에 압축적으로 나타났다. 그는 우선 조선은 자신의 국력으로는 독립을 유지할 수 없는 가난한 나라라는 문장으로써 이 저술을 시작했다. 그는 다음과 같이 부연했다:

> 조선은 동쪽 모퉁이에 치우친 나라로서 영토는 3,000리에 불과하고 인구는 1,000만명도 못 되며 거두어들이는 조세도 200만섬이 못되고 군사도 수천명에 불과하니 모든 나라들 가운데 가장 빈약한 나라다. [……] 조선의 국력을 따져보면 너무나 잔약(殘弱)해 도무지 자주국가로 될 수 없을 뿐만 아니라 어떤 강대국

34 C. I. Eugene Kim and Han-kyo Kim, *Korea and the Politics of Imperialism, 1876~1910* (Berkeley and Los Angeles, C. A.: University of California Press, 1967), p. 64.

의 보호를 받는 데가 없기 때문에, 결코 자기 스스로 보존하기 어려운 것은 자연적인 이치로 천하가 다 아는 사실이다.[35]

여기서 중요하게 지적돼야 할 점은 "이러한 조선을 놓고 강대한 이웃나라들이 침략의 압박을 가하고 있는데도 조선인들은 안일만 탐낸다"는 그의 분석이다. 이어 그는 조선인들은 부강한 서양열강 가운데 어느 한 나라를 끌어들여 그 나라의 지원 아래 독립을 유지하려는 구상을 갖고 있다고 지적하고, 그러나 어떤 나라도 조선의 독립을 위해 사심없이 헌신하려고 하지 않을 것이라고 경고했다. 그는 영국과 프랑스에 대해 '남의 나라를 망치고 남의 나라의 영토를 탐내는 나라'라고 비판하면서, 이 나라들 가운데 어느 하나라도 조선에 끌어들이려는 것은 '호랑이를 집안으로 끌어들이는 것'이라고 경고했다. 독일과 미국에 대해, 그는 "독일은 병력이 강대하고 미국은 부유하지만 남을 도와주려고 하지 않는다"고 논평했다. 일본에 대해, 그는 교활한 나라여서 믿고 의지할 수 없는 상대라고 썼다.

러시아에 대해, 그는 아주 길게 그리고 격렬하게 비방했다. "러시아인들은 오래전부터 아시아를 욕심내어 항구들을 점령하고 계속 수군을 주둔시킴으로써 병탄할 뜻을 이루려고 하는데 만일 조선을 먹지 않는다면 어느 나라를 먹겠는가"라고 반문하면서, 그는 "러시아에 의지하는 것은 진짜로 문을 열고 도적을 불러들이는 것으로 나라의 존망을 생각할 줄 모르는 계책이다"고 경고했다.[36]

위안의 해답은 조선은 중국 하나를 믿고 의지해야 한다는 것이었다. 이

35 김원모, 『개화기 한미교섭관계사』, 399쪽에서 다시 인용.

36 위와 같음, 399~400쪽.

것이 진정한 방책인데도 조선인들이나 서양인들 가운데 조선은 중국으로부터 독립해야 한다고 주장하는 사람들이 있다고 지적하면서, 조선이 중국을 버리고 떠나려고 한다면 이것은 어린이가 부모로부터 떨어져 다른 사람의 보호를 받으려 하는 어리석은 짓이라고 경고했다. 그는 조선을 '중국의 통제를 받는 변방의 한 나라'라고 부르면서 "자주(自主)라는 말에 현혹돼 중국으로부터의 이탈을 추구하다가 실지(失地)의 화(禍)를 당하지 말라"고 경고했다. 보다 구체적으로, 그는 "조선이 만일 중국을 배반한다면 중국은 반드시 군사를 재빨리 동원해 신속히 점령하는 것을 상책으로 삼을 것이다"라고 협박했다.[37]

데니의 『중국과 코리아』: "코리아는 독립국이다"

이러한 위안스카이에 과감히 대항하면서 코리아의 독립을 옹호한 이가 바로 데니였다.[38] 우선 데니의 경력을 살피기로 한다. 데니는 1838년 9월에 오하이오주 몰간 카운티(Morgan County)에서 태어났다. 그때 중서부의 많은 사람들이 그러했듯, 데니 일가는 서부에서 새로운 기회를 얻으려는 목적에서 포장마차를 타고 서부로 이동해 마침내 1852년 가을에 오레곤주 포틀랜드(Portland)시에 정착했다. 불행히도 아버지가 정착 직후에 별세하자 그는 학비를 벌면서 오레곤주의 수도 세일럼(Salem)에 위치한 윌

---

37 위와 같음, 399~404쪽.

38 데니의 문서들은 다음에 취합되어 있다. *Owen N. Denny's Documents on Korea* (서울: 국사편찬위원회, 1987), 한국사료총서 18. 데니의 조선에서의 활동에 대한 대표적 연구들은 다음이다. 김원모, 『한미외교관계100년사』(서울: 철학과현실사, 2002) 제11장; 김원모, 『개화기 한미교섭관계사』(서울: 단국대학교출판부, 2003), 제3부 제2장; Robert R. Swartout, Jr., *Mandarins, Gunboats, and Power Politics: Owen Nickerson Denny and the International Rivalries in Korea* (Honolulu, H. I.: The University Press of Hawaii, 1980). 이 책의 한국어 번역본으로 다음이 있다. 신복룡 · 강석찬(姜錫燦) 역, 『한말외교고문의 연구: O. N. 데니의 활동을 중심으로』(서울: 평민사, 1987).

러멋대학(Willamette College)에서 법률을 전공했으며 졸업한 직후 현지의 변호사들 밑에서 연수를 받기 시작해 1862년에 오레곤주 변호사시험에 합격했다.

데니는 곧 오레곤주에서 검사와 판사로 일했으며, 공화당을 지지한 결과 1874년에 공화당행정부에 의해 오레곤주 그리고 당시 미군이 점령·통치하던 알래스카를 함께 관장하는 국세징세관으로 임명됐다. 1877년 5월에 그는 새로운 분야에 접하게 됐다. 미국국무부가 중국에서 상하이주재총영사 다음 가는 자리로 중시한 톈진주재영사로 임명된 것이다. 4개월 뒤 그는 톈진에 부임했으며, 여기서 리훙장을 만나 친교를 쌓았다. 3년 뒤 그는 상하이주재총영사로 승진했다. 그러나 중국의 여러 도시들에 주재한 미국의 외교관들 가운데 몇몇이 저지른 부패사건들의 뒤처리를 둘러싸고 본국정부와 갈등을 빚게 되면서 총영사직을 사임하고 1884년 3월에 고향으로 돌아갔으며 거기서 변호사로 활동했다.[39]

데니가 미국에서 활동하는 동안 코리아를 둘러싼 열강의 각축은 더욱 뜨거워졌다. 중국과 일본 사이의 갈등과 대립은 깊어갔으며 러시아와 영국 사이의 상호경계와 견제 역시 뜨거워졌다. 다른 한편으로, 러시아의 진출을 경계하는 중국과 일본 및 영국은 러시아를 끌어들이려는 조선정부를 압박했다. 이러한 긴장된 상황에서, 고종은 미국만이 조선의 독립유지를 위해 유익한 나라라는 믿음을 갖고[40] 특히 대외정책에서 자신을 도

39 Swartout, *Mandarins*, pp. 1~16.

40 고종에게 이러한 믿음을 심어준 대표적 미국인들이 우리가 앞에서 살핀 포크와 알렌이었다. Harold J. Bass, "The Policy of the American State Department toward Missionaries in the Far East," unpub. Ph. D. diss., Pullman, Washington State University, 1937, pp. 366~407; Harold J. Noble, "Korea and Her Relations with the United States before 1885," unpub. Ph. D. diss., University of California at Berkeley, 1931; Swartout, *Mandarins*, p. 35.

와줄 고문으로 미국인을 찾았다. 리훙장은 자신이 믿을 만한 서양인을 고종의 고문으로 위촉해야 중국이 조선에 대한 장악력을 유지할 수 있다는 계산으로부터 자신이 잘 아는 데니에게 이 직책을 제의했다.

리훙장과 고종의 제의를 수락한 데니는 부인과 함께 1886년 3월 28일에 서울에 도착했다. 데니는 위안스카이가 자신을 고종에 안내할 것으로 기대했으나 위안은 애당초부터 데니를 시기했었다. 데니의 영향력이 자신의 영향력을 능가하게 되지 않을까 경계한 것이다. 따라서 데니는 조선주재미국대리공사 포크의 안내를 받아 고종을 알현했다. 고종과 중신들은 데니의 용모와 예절에서 아주 좋은 인상을 받았다. 민비 역시 그러한 소식을 전해 듣고 호감을 표시했다. 그는 곧 내무부의 협판 겸 외아문의 당상(堂上)으로 임명됐다.[41]

조선조정 내부의 이러한 분위기는 위안스카이를 더욱 자극했으며 그리하여 위안의 견제가 빠르게 시작됐다. 이것을 보면서 데니는 고종을 위안의 간섭으로부터 벗어나게 해야겠다고 결심했다. 더구나 위안이 고종의 성격이 나약해서 한 나라를 통치하기에 적합하지 않다는 명분 아래 1886년 8월과 1887년 7월 사이에 고종의 퇴위를 음모한 사실을 파악하고는 그를 공개적으로 비난하기로 결심했다. 여기서 데니의 『중국과 코리아』(*China and Korea*)의 싹이 자라고 있었다. 그는 흔히 청한론(淸韓論)으로 널리 알려진 이 저술을 1888년 2월에 거의 끝냈으며 마침내 8월에 상하이에서 소책자로 출판했다.[42] 이것은 흔히 '데니의 팸플릿'이라고 불렸다. 그러나 그는 이 소책자를 대중을 상대로 판매하지 않았으며 개인적으로 나눠줬다.

---

41 위와 같음, 56~57쪽.

42 O. N. Denny, *China and Korea* (Shanghai: Kelly and Walsh, Limited Printers, 1888). 이 소책자에 대한 서평이 *The Shanghai Mercury* (1888년 12월 27일)에 게재됐다.

'[데니] 판사가 코리아에서 봉직한 동안에 집필한 가장 중요한 문서'로[43] 간주되는 이 소책자에서 그는 우선 코리아를 자신의 '속국'(vassal) 또는 '종속적 관계'(dependent relations)라고 주장하는 중국의 주장을 반박했다. 그는 코리아가 중국의 '속국이 아니라 조공을 바친 나라였을 뿐'(a tributary rather than a vassal state)임을 역설하면서, "한 국가가 다른 국가와 가진 조공관계가 그 나라의 주권과 자주권에 조금이라도 영향을 미치지 않으며 미칠 수 없다"(The tributary relations one state may hold to another do not and cannot in any degree affect its sovereign and independent rights)고 부연했다. 이처럼 그는 코리아가 국제법상 분명히 독립국임을 논증하고자 노력했다. 그의 이 소책자는 그 뒤 코리아를 중국의 속국이 아니라 독립국으로 간주하는 서방외교관들에게 하나의 교과서가 된다.[44]

데니는 이어 하나의 독립국인 코리아의 내정에 간섭하는 위안을 비난했다. 위안의 외교적 무례, 외교관의 특권을 악용한 조선인삼의 중국으로의 대량 밀수출, 조선의 광물자원개발 방해, 그리고 심지어 고종을 폐위시키려는 음모를 추진한 일련의 불법행위들을 공격하면서 그는 추방돼야 마땅하다고 규탄했다. 그러한 논거에서, 그는 위안을 소환할 것을 리훙장에게 요구하기까지 했다.[45]

위안을 비난한 반면에, 데니는 고종을 철저히 옹호했다. 그는 고종이 누구에게나 친절을 베푸는 성격을 지녔음을 인정했다. 그러나 그는 그것이 '심약'(weakness)으로 오해돼서는 안 된다고 역설했다. 그는 고종이 오히려 강한 성격을 지녔다고 주장했다. 그는 이어 고종이 '완전한 절제와 근면'(perfect sobriety and industry)의 습관을 지녔으며 '기질에 있어서 진

43 Swartout, *Mandarins*, p. 108.

44 Denny, *China and Korea*, pp. 8~9.

45 위와 같음, 33~34쪽.

보적'(progressive in nature)이라고 주장하면서, 고종은 자신의 보좌관들로부터 정보를 끊임없이 추구하면서 서구세계를 인간화시키고 기독교화한 문명의 고원으로 가는 길들로 자신의 신민들을 인도하기 위해 노력하고 있다고 덧붙였다.[46]

묄렌도르프의 『데니의 소책자에 대한 답변』: "조선은 중국의 속국이다"

데니의 『중국과 조선』은 즉각적인 반론을 불러일으켰다. 그 대표적 사례는 묄렌도르프의 반론이었다. 조선의 공직에서 해임된 이후 묄렌도르프는 톈진으로 돌아가 리훙장의 개인비서로 일했다. 그러나 그의 소망은 서울로 돌아가 거기서 관직을 얻는 것이었다. 이러한 묄렌도르프에게 데니의 『중국과 조선』은 중국에 대한 자신의 충성심을 다시 표현할 수 있는 계기를 마련해주었다. 그리하여 그는 조선은 중국의 속방임을 역설하는 논문을 영어로 써서 발표했다.

묄렌도르프는 우선 전통적으로 중국은 코리아의 '상국'(upper state) 또는 '종주국'(suzerain)이었고 코리아는 중국의 '속국'(vassal state)이었다는 자신의 지론을 반복했다. 그는 이어 데니의 위안에 대한 비난을 통박하면서 위안을 '청렴하고 의심을 받지 않는 관리'라고 옹호했다. 그는 심지어 코리아를 '잘 기어다니지도 못하는 중국의 어린아이'에 비유하면서, 그러한 코리아가 자립할 때까지 중국의 보호가 절실하게 필요하다고 역설했다. 그렇지 않은 상태에서 코리아가 '독립'을 얻는다면 그것은 현재의 열강의 각축에 미루어 어느 한 강대국에 의한 코리아의 병합을 가져올 뿐이며 코리아는 '국왕이 없는 하나의 단순한 속령'(a mere province without King)으로 전락할 것이고 '승자'는 그 자신의 풍속과 습관을 부식시킬 것

---

46 위와 같음, 45~46쪽.

이라고 그는 주장했다. 그렇게 되면 어느 누구도 '코리아 국가'(a Korean nation)라는 말을 듣지 못하게 될 것이라고 그는 결론을 내렸다.[47]

묄렌도르프의 충성심은 곧 보상을 받았다. 그는 리훙장의 결정으로 가족을 동반한 채 서울로 돌아갈 수 있었다. 그러나 묄렌도르프는 조선의 조정에서는 물론 서울의 외교계에서도 환영을 받지 못해 톈진으로 돌아가야만 했다. 그는 1889년에 상하이에서 세관의 통계국장으로 일하다가 닝보(寧波: 영파)로 좌천됐고 거기서 1901년에 별세한다. 다른 한편으로, 데니는 결국 중국의 강력한 반발에 코리아에 대한 중립과 불간섭의 정책을 견지하던 미국정부의 견제가 겹쳐 1890년에 서울에서의 관직들을 사임하고 1891년에 귀향했다. 그는 1892년부터 1896년까지 오레곤주의 상원의원으로 봉직하다가 1900년에 별세한다.

3. 영국 세관공무원 덩컨의 『코리아와 열강』

위안과 데니 그리고 묄렌도르프 사이에 조선이 나아갈 길을 놓고 심각한 논쟁이 벌어지던 시점에 한 영국인은 조선에 '중립'을 권고했다. 그는 체스니 덩컨(Chesney Duncan)이었다. 그의 경력은 잘 알려지지 않았다. 확실한 것은 그가 영국인으로 1883년에 조선정부의 세관보좌관(an assistant in the Royal Korean Customs Service)으로 임명돼 주로 제물포에서 근무했으며 1889년 8월에 제물포에서 이 작은 책을 집필했다는 사실이다.[48]

47 묄렌도르프의 반론은 그가 별세한 때로부터 29년이 지난 시점에 출판됐다. Paul G. von Moellendorff, *A Reply to Mr. O. N. Denny's Pamphlet entitled: China and Korea* (Leipzig: Otto Harrasowitz, 1930). 이 반론은 다음에 포함되어 있다. 김원모, 『개화기 한미 교섭관계사』, 485~502쪽.

48 Chesney Duncan, *Corea and the Powers: A Review of the Far Eastern Question*

덩컨은 코리아의 현황을 비관적으로 보았다. 이 점은 그가 1889년 3월 16일자 『차이니스 타임스』(*Chinese Times*)에 발표한 한 논설에서 명확하게 나타났다.[49] 여기서 그는 이 나라의 수도를 '음모 · 부패 · 폭정 · 비참 · 지독한 야만이 끓어오르는 묘판(苗板)'이라고 묘사하고, 이러한 상태에서 "인민과 정부는 모든 것을 포기하고 전적으로 음주와 음탕한 쾌락에 빠져 있다"고 개탄했으며, "이 나라에는 진보도 없고 번영도 없다"고 단언했다. 그는 또 이 나라에는 '혼란'이 끊이지 않으며, 정부는 '완전한 파산의 상태'에 빠졌다고 지적했다. 종합적으로, "이 나라는 현재 지옥으로부터 한 걸음 앞에 놓여 있다"고 보았다.

이처럼 보잘것없으며 비참한 나라인데도, 어째서 열강은 코리아에서 각축을 벌이는가? 그는 이 나라가 극동에서 차지하는 '중요한 전략적 지위' 때문이라고 보았다. 특히 이 나라와 인접한 일본과 중국 및 러시아는 이 나라가 상대방에 의해 장악되는 것을 극도로 경계하며 이것 때문에 발생하는 각축이 극동의 평화와 안정을 위협하고 있다고 그는 주장했다. 그는 특히 러시아의 진출에 대해 큰 경계심을 표시했다.

이러한 시각에서, 그는 코리아가 '엄격한 중립주의 정책'(a policy of *strict neutrality*)을 취해야 하며, 특히 러시아 · 중국 · 일본 그리고 극동에 식민지들을 갖고 있는 영국은 코리아를 자신들 사이의 '중립지역'(a neutral zone)으로 만들어주어야 한다고 제의했다. 이것을 통해 코리아에 평온이 보장되면 이 나라는 번영과 진정한 문명의 시대로 빠르게 진입하게 될 것이라고 그는 전망했다. 그는 이 나라가 완전한 중립을 확보하지 못하게 되면 이 나라에서는 전쟁이 일어날 수 있다고 경고했다.[50] 불

(Shanghai: The "Shanghai Mercury" Office, 1889), vi.

49 이 논설은 그가 1889년 2월 28일에 서울에서 집필한 것이다. 이 논설은 위와 같음, 28~31쪽에 수록됐다.

행히도 그의 예언은 적중한다. 청일전쟁과 러일전쟁이 잇달아 일어나는 것이다.

4. 미국 목사 언더우드 내외의 저술들 I

그사이 코리아에는 여러 나라들로부터 중요한 사람들이 계속해서 찾아 들어왔다. 특히 미국으로부터 기독교 선교사들이 계속해서 들어왔다. 그 대표적인 선교사가 장로교목사 호레이스 그랜트 언더우드(Horace Grant Underwood)로, 그는 조선에서 개신교선교활동을 정식으로 개시한 사람이었다.[51]

"코리아는 야생적 인종이 사는 곳이다"

영어로 쓰여진 호레이스 언더우드의 전기로 대표적인 것은 그의 부인이 출판한 『코리아의 언더우드』(*Underwood of Korea*)다.[52] 이 책에 따르면,

---

50 위와 같음.

51 언더우드에 대한 자료집으로 다음이 대표적이다. 이만열 · 옥성득(玉聖得) 편역, 『언더우드 자료집』 I(서울: 연세대학교출판부, 2005), II(서울: 연세대학교출판부, 2006), III(서울: 연세대학교출판부, 2007), IV(서울: 연세대학교출판부, 2009). 이 자료집에는 영어 원문들이 포함되어 있다. 언더우드 일가에 대한 설명으로 다음을 지적할 수 있다. 김을한(金乙漢), 「여기 참 사람이 있다: 신문인이 본 현대사」(서울: 신태양사[新太陽社]), 158~177쪽; 전택부(田澤鳧), 「한국 선교의 아버지 언더우드」, 전택부, 『이 땅에 묻히리라: 양화진(楊花津) 외인(外人) 열전』(서울: 홍성사[弘盛社], 1986), 40~61쪽.

52 Lillias H. Underwood, *Underwood of Korea: An Intimate Record of the Life and Work of the Rev. H. G. Underwood, D. D., LL. D., for Thirty-One Years a Missionary of the Presbyterian Board in Korea* (New York: Fleming H. Revell Company, 1918). 이 책은 1983년에 연세대학교출판부에서 재간됐으며, 2000년에 '근세동아세아서양어자료총서 49'로 경인문화사에서 재간됐다. 이 책은 다음으로 한국어로 번역됐다. 이만열 역, 『언더우드: 한국에 온 첫 선교사』(서울: 기독교문사, 1990).

그는 런던의 기독교집안에서 1859년 7월 19일에 태어났다. 그러나 가족이 미국의 뉴저지주로 이주함에 따라 그는 거기서 소년생활을 보냈다. 그는 1881년에 뉴욕대학교를 졸업한 데 이어 1884년 봄에 뉴저지주의 뉴브런스위크(New Brunswick)에 위치한 네덜란드개혁신학교(Dutch Reformed Theological Seminary)를 졸업하고 의료선교수업을 받았으며 1884년 11월에 목사가 됐다. 이때 뉴욕대학교는 그에게 문학석사학위를 수여했다.

호레이스 언더우드는 처음에는 자신이 사역할 곳으로 인도를 선택했다. 그러나 우연히 미국이 2년 전에 코리아라는 나라의 문호를 개방했다는 말을 듣자 그는 자신이 사역할 곳은 바로 이 나라라고 결심했다.

이때 미국인들이 코리아에 대해 갖고 있는 지식은 매우 부정적이었다. 예수회 선교사들을 살해한 곳, 그리고 '무지막지에 가깝고 야만에 가까운 일종의 야생적 인종'이 사는 곳이라는 인상이 지배적이었다. 그래서 언더우드집안에서는 호레이스가 이 암흑의 지역으로 가는 경우 영영 돌아올 수 없을 수도 있다고 예단해 런던으로 돌아가 일가친척 모두에게 고별인사를 하도록 했다.[53]

여기서 상기돼야 할 사실이 있다. 그것은 이 시기에 미국에서 대학을 졸업한 사람들은 전체 인구의 1% 정도였다는 사실이다. 대학을 졸업하고 신학교까지 졸업한 사람들은 그것보다 훨씬 적었다. 교육배경만 놓고 볼 때, 그들은 미국에서도 얼마든지 잘살 수 있는 선택된 사람들이었다. 그런데도 그들은 기독교를 전파하겠다는 사명감 하나만으로 그때로서는 오지(奧地) 또는 험지(險地)로 여겨지던 조선을 찾았던 것이다.

53 Underwood, *Underwood of Korea*, p. 36.

코리언들은 미신의 지배를 받으며 생활한다고 직감하다

언더우드는 일본을 거쳐 1885년 4월 1일에 부산에 도착했다. 그에 앞서 부산을 방문했던 서양인들이 이미 느꼈듯, 그 역시 부산의 해변이 '불모이며 거칠고 황량하다'고 느꼈다. 그는 그때 외국배제정책을 집행하던 조선정부가 외국인들로 하여금 조선을 '매력 없는' 곳으로 느끼게 함으로써 조선에 대한 관심 그 자체를 버리게 하려는 의도에서 조선의 해안들을 모두 그렇게 만들었다는 사실을 깨달았다.[54]

언더우드는 부활절주일인 5일에 제물포에 도착했으며 그날 저녁에 서울에 도착했다. 그는 길이 너무 좁으며 진흙으로 덮였고 개천은 썩고 있는 쓰레기로 가득 차 더럽다는 것을 알았다. 그것들뿐만이 아니었다. 모기떼와 파리떼가 구름들을 형성한 채 날아다니는 가운데, 장티푸스와 발진티푸스를 비롯한 열병들 그리고 천연두와 이질을 비롯한 역질들이 유행하면서 많은 사람들이 죽어갔다. 1886년 여름에 서울과 그 근교에서는 콜레라가 창궐해 수많은 사람들이 희생됐다. 거의 모든 길거리들에는 시체들이 널려 있었다. 이것은 위생이 철저히 결여된 그때의 조선상황에 미뤄 조금도 이상하지 않았다.

그러한데도 사람들은 과학과 기술을 발전시키는 데 힘을 쏟지 않고 모든 종류의 미신들에 의존하고 그 '가르침들'을 따랐다. 출생 · 질병 · 결혼 · 사망 등 인간생활의 거의 모든 부문들에서 사람들은 무당들과 주술사들이 시키는 대로 하고자 했다. 언더우드가 보기에, "실제에 있어서 무당들과 주술사들은 절대적이면서 시비할 수 없는 힘으로써 이 나라를 그리고 지배자들까지를 지배하고 있었다."[55] 그러한 맥락에서, 그는 자신이

---

54 Horace Grant Underwood, *The Call of Korea: Political, Social, Religious* (New York and London: Fleming H. Revell Company, 1908), p. 23.

55 Underwood, *Underwood of Korea*, p. 41.

갑자기 중세의 시대로 옮겨진 것처럼 느꼈다고 회고했다.[56]

코리언들은 노동을 천시한다고 비판하다

언더우드는 곧 제중원부설의학교에서 주로 영어를 가르치면서 때때로 물리학과 화학도 가르쳤다. 동시에 조선어를 배우면서 성경번역을 시작했다. 그는 1886년 5월에 서울에서 1명의 고아로 고아원을 열었는데, 이것이 뒷날 경신학교(儆新學校)로 발전한다. 이 학교는 1915년에 대학부를 개설하며, 이 경신학교대학부가 1923년에 연희전문학교(延禧專門學校)로 발전한다. 이 과정에서, 그는 언더우드타이프라이터회사를 경영하는 형 존 언더우드(John T. Underwood)로부터 재정적 지원을 받는다.

그러면 그는 왜 이처럼 학교의 개설에 힘을 쏟았던가? 그는 코리언들은 의타심이 많은 대신에 자조(自助)의 정신이 부족하며 노동을 천시한다고 보았다. 국토는 비옥하고 지하자원은 풍부한데도 개발이 제대로 되지 않았으며 그래서 나라 전체가 빈곤하고 국운이 쇠퇴하는 것도 거기에 원인이 있다고 보았다.[57] 따라서 그는 이 나라의 장래를 위해서는 자조의 정신에 충실하고 노동을 중시하는 조선인 지도자들을 길러내는 것이 절실하다고 판단했고 그러한 목적을 달성하기 위한 중요한 수단으로 학교를 세운 것이다. 같은 취지에서, 그는 1887년 9월에 조선에서의 최초의 조직교회인 새문안교회를 설립했다.

고아원은 곧 나쁜 유언비어에 시달려야 했다. 그의 1886년 7월 9일자 편지에 따르면, “소년들을 미국에 노예로 보낼 것이다. 그들을 살찌게 먹여서 잡아먹을 것이다” 등등의 말들이 나돈 것이다. 조선인들은 이타적

56 Underwood, *The Call of Korea*, p. 34.

57 위와 같음.

(利他的) 동기에서 자기 돈을 쓰는 사람을 이해하지 못했다고 그는 개탄했다. 이 고아원에서 성장한 대표적 인물이 바로 뒷날 조선인으로서 최초로 교회장로가 되며 조국이 일본에 강제로 병합된 뒤 광복을 위해 헌신한 김규식(金奎植)이었다.[58]

언더우드 부인의 조선에 대한 기본인식: 조선여성들에 대해 동정심을 표시하다

언더우드가 편견을 이겨내며 선교에 몰두하던 때인 1888년 3월에 릴리어스 호튼(Lillias Horton)이라는 여의사가 서울에 도착했다. 1851년에 뉴욕주에서 태어난 그녀는 오늘날 노스웨스턴대학교(Northwestern University) 의과대학의 전신인 시카고여자의과대학을 졸업한 뒤 장로교의료선교단의 일원으로 조선에 온 것이다. 그녀는 자연스럽게 언더우드 목사를 만나게 됐으며, 미혼의 이 남녀는 이듬해인 1889년 3월에 결혼했다. 그들은 1901년에 조선을 떠나 귀국했다가 조선으로 돌아와 조선을 위해 활동했는데, 남편은 1916년에 미국에서 별세하고 부인은 1921년에 서울에서 별세한다.[59]

언더우드 부인은 뒷날 세 종류의 회상록을 남겼다. 『상투를 튼 사람들과 코리아에서 생활한 15년』, 『토미 톰킨스와 함께 한 코리아』, 『코리아의 언더우드』가 그것들이다.[60] 서로 겹치는 얘기들이 포함된 그것들 가운

---

58 Underwood, *Underwood of Korea*, pp. 45~46. 또 이만열 · 옥성득 편역, 『언더우드 자료집』 I, 33쪽 및 37쪽.

59 언더우드의 생애에 대한 해설과 평가는 다음에서 볼 수 있다. 서정민(徐正敏), 「언더우드: 한국인의 '교회'와 '문명'을 주장한 선교사」, 『한국사 시민강좌』, 34 (2004), 160~172쪽.

60 1) Lillias Horton Underwood, *Fifteen Years Among the Top-Knots or Life in Korea* (Boston, New York, Chicago: American Tract Society, 1904). 이 책은 서울의 Royal Asiatic Society, Korea Branch에서 1977년에 재간됐다. 이 책의 완역본으로 다음이 있다. 신복룡 · 최수근(崔水根) 역주, 『상투의 나라』(서울: 집문당, 1999). 이 책에서 12장 14장 18

데 언더우드 부인의 코리아에 대한 기본인식을 잘 보여주는 책은 『토미 톰킨스와 함께 한 코리아』다. 토미 톰킨스는 이 부부 사이의 첫 소생이면서 유일한 아들인 호레이스 호튼 언더우드(Horace Horton Underwood), 한국명 원한경(元韓慶)의 애칭이다.

이 책에서 그녀는 코리아에서 최초로 국가를 세운 사람은 중국인 기자였다는 중국인들의 주장을 아무런 비판없이 그대로 받아들였다.[61] 그녀는 거기서 한 걸음 더 나아가, "의문의 여지없이 조선인들은 매우 미개하고 많은 계몽을 필요로 한다"고 썼으며, "[코리아의] 사람들은 [……] 절반 정도 개화됐으며 이상한 습관들과 관행들을 갖고 있다"고 덧붙였다.[62] 간단히 말해, 그녀는 코리아를 '문명국의 지도를 통해 미개의 상태로부터 벗어나야 할 나라'로 인식했다.

이러한 전제 아래, 다음에서 언더우드 부인의 『상투를 튼 사람들과 코리아에서 생활한 15년』 및 『토미 톰킨스와 함께 한 코리아』에 나타난 후기 조선의 모습들을 살피기로 한다. 제물포에서 서울로 들어온 직후, 그녀는 남대문을 비롯한 네 대문들이 밤에 닫힌 뒤 남산을 중심으로 운영되는 봉수제도(烽燧制度)에 큰 흥미를 느꼈다. 그러나 서울에서 그녀는 곧바

장 19장을 제외한 나머지를 번역한 것이 다음이다. 김철(金哲), 『언더우드 부인의 조선생활: 상투잽이와 함께 보낸 십오년세월』(서울: 뿌리깊은나무, 1984). 2) L. H. Underwood, *Underwood of Korea* (New York: Fleming H. Revell Company, 1918). 이 책은 1983년에 연세대학교출판부에서 재간됐으며, 2000년에 '근세동아세아서양어자료총서 49'로 경인문화사에서 재간됐다. 이 책은 다음으로 한국어로 번역됐다. 이만열 역, 『언더우드: 한국에 온 첫 선교사』(서울: 기독교문사, 1990). 3) L. H. Underwood, *With Tommy Tompkins in Korea* (New York: Fleming H. Revell Company, 1905). 이 책은 Horace Grant Underwood, *The Religions of Eastern Asia* (London and New York: MacMillan and Company, 1910)와 함께 '근세동아세아서양어자료총서 60'(서울: 경인문화사, 2001)에 합본되어 있다.

61 위와 같음, 118쪽.

62 Underwood, *With Tommy Tompkins*, pp. 15~17.

로 가난을 느꼈다. 대부분의 집들은 낮아서 도시 전체가 '버섯들의 방대한 묘판'처럼 보였으며, 평민들은 극빈 속에 생활한다는 사실을 확인했던 것이다.[63]

언더우드 부인은 여성들에 대해 자세히 살펴보았다. 그녀는 우선 그들이 대체로 아름답지 않다고 느꼈다. 그들은 슬픔 · 절망 · 노역 · 질병 · 무지 · 애정결핍 등으로 시달려 그들의 눈은 생기를 잃은 채 멍하다고 느꼈다.[64] 그녀는, 이미 서양인들이 공통적으로 관찰했듯, 이 나라의 여성들이 빨래에 바치는 많은 노역에 대해 동정심을 표시했다. 그녀는 이 나라에서 여성들은 자신의 이름조차 없고, 어머니가 돼도 '누구의 부인' 또는 '누구의 어머니'로 불린다고 지적했다.[65]

언더우드 부인은 이 나라에서 교육의 기회를 보장받은 지배계급의 자제들이 어떻게 교육을 받는가를 살펴보았다. 그녀는 그들이 주로 중국의 글자인 한자를 배운다는 사실을 확인한 뒤, 글자는 가르치되 말은 가르치지 않는 이 교육을 비판했다. 그녀는 또 이 교육이 암기에 치중할 뿐 '사고력'의 향상에 아무런 주의를 기울이지 않는다고 비판했다.[66]

언더우드 부인은 코리언들이 '먹는다'를 동사를 자주 쓰는 점에 주목했다. 귀머거리에 대해서는 '귀가 먹었다,' 도둑에 대해서는 '돈을 먹었다,' 질책을 받은 사람에 대해서는 '욕을 먹었다,' 회개한 사람에 대해서는 '마음을 새로 먹었다'고 표현한다는 것이다. 이러한 행태는 "코리언들에게 먹는다는 생각이 생활의 모든 습관 속에 배어 있음"을 말해준다고 그녀는 풀이했다.[67]

---

63 Underwood, *Fifteen Years*, p. 4.

64 위와 같음, 11쪽.

65 Underwood, *With Tommy Tompkins*, p. 15.

66 위와 같음, 102쪽.

67 위와 같음, 113쪽.

언더우드 부인의 고종과 민비에 대한 관찰들

당시 조선의 국내정치를 이해함에 있어서 언더우드 부인의 조선에 대한 인상들보다 중요한 것은 그녀의 고종 및 민비에 대한 관찰들이었다. 그녀는 고종에 대해서는 "좋은 용모의 온화한 신사"(a fine-looking genial gentleman)라고 짧게 평했다. 그러나 1888년에 민비의 시의(侍醫)로 임명됨에 따라 민비를 자주 만났던 그녀는 민비에 대해서는 여러 차례에 걸쳐 길게 회상했다. 우선 민비의 용모에 대해 아주 깊은 인상을 받았다. 민비가 '약간 창백하면서도 꽤 가는 용모에 꽤 선명한 자태와 뛰어나면서도 뚫어보는 듯한 눈'(slightly pale and quite thin, with somewhat sharp features and brilliant piercing eyes)을 가졌다고 그녀는 썼다. 민비의 능력에 대해서도 매우 좋게 논평했다. 지적이면서도 강력한 성격을 지녔고, 대화에 임하게 되면 '활기와 천진난만함과 기지'(vivacity, naïveté, wit)가 넘쳐 '경탄할 만한 매력'(a wonderful charm)을 느끼게 한다고 그녀는 칭찬했다.[68] 그녀는 또 민비가 육체적 아름다움에서의 매력보다 지적 능력에서 더 뛰어난 매력을 보여주었다고 덧붙였다. 종합적으로, 그녀는 민비를 '완벽한 숙녀'(a perfect lady)라고 평가했다.

민비는 국외상황에 대해 깊은 관심을 가졌던 것 같다. 그녀는 민비가 여러 나라들의 현황에 대해 묻고 특히 미국에 대해 여러 가지를 자세히 물었으며 크리스마스가 무엇이냐고 묻기도 했다고 회상했다. 그녀는 또 민비가 자신의 설명들을 들은 뒤에는 "조선이 미국과 같이 행복하고 자유롭고 강력한 나라가 될 수 있다면 얼마나 좋겠는가"고 말하기도 했다고 회상했다.[69] 종합적으로, 그녀는 민비를 '치밀하면서도 유능한 외교가'(a subtle and able diplomatist)이며 최선의 국가이익에 충실한 진보적이면서

---

68 Underwood, *Fifteen Years*, p. 24.

69 위와 같음, 114~115쪽.

애국적인 왕비였다고 칭찬했다.

이처럼 민비와 가까웠기에 언더우드 부인은 과거시험장에 초대를 받을 수 있었다. 그녀는 전국에서 한자리에 모여든 약 1,000명의 응시생들이 종이에 무엇인가를 열심히 쓰고 그것을 시험관에게 제출하는 모습들에 큰 흥미를 느꼈다. 그러나 그녀는 이것이 돈에 의해 좌우된다는 사실을 확인하고, 초기에는 정직하면서도 진정으로 경쟁적이던 이 관리선발제도가 '쓸모없고 쇠퇴한 구시대의 잔재'로 타락했다고 평가했다.[70]

그녀는 또 석전(石戰)을 구경할 수 있는 기회를 얻었다. 상대방에 대해 '억울함'을 가진 두 '이웃들' 또는 '구역들'이 상대방에 돌을 던지며 싸운 뒤 그 결과에 따라 '억울함'을 해소하는 것이 석전이라고 그녀는 설명했다. 그녀는 아주 큰 돌들이 던져졌지만 사상자들이 많지 않은 사실에 놀라움을 표시했다.[71]

이 무렵인 1888년 6월에 서울에서는 서양인들이 자신들의 공사관 또는 영사관에서 조선의 어린이들을 잡아먹으며 서양의사들은 의학적 목적에서 조선의 어린이들을 죽인다는 소문이 나돌았고, 이 소문 때문에 사회가 동요했다. 그녀는 백성들이 무지해서 이 소문을 믿는다고 평했다.

코리언들은 왜 술을 많이 마시는가?

언더우드 부인은 결혼 직후인 1889년 3월 14일에 황해도와 평안도로 신혼여행을 떠났다. 그녀는 네 명으로 구성된 가마꾼들이 실어나르는 '원주민식 가마'를 탔으며 남편은 마부가 끄는 말을 탔다. 짐들과 의약품들을 실은 조랑말들, 그리고 이 부부의 여행을 도울 젊은 기독교도와 요

70 위와 같음, 31~32쪽.

71 위와 같음, 28쪽.

리사가 뒤를 따랐다. 일행은 곧 서울과 송도(松都) 사이의 한 작은 마을에 도착했으며, 그녀로서는 평생 처음으로 '원주민식 여관'에 묵었다. 그녀는 "코리아의 여관들은 더러움과 좁음과 냄새와 불편함에 있어서 중국의 내지에 있는 여관들에 결코 떨어지지 않는다"고 평했다.[72]

이 신혼부부는 평안도에서 관리들로부터 대접을 받았으며, 그 과정에서 코리언들이 과음하는 버릇을 확인하고 "이 나라에서는 술취함이 아주 일반적이다"고 논평했다. 그러면 그 까닭은 무엇일까? 언더우드 부인은 그들이 비(非)알코올성 음료를 발전시키지 못한 데서 그 답을 찾았다. 그녀는 이 나라 사람들은 일본과 중국에서와는 달리 차를 재배하지 않는다는 것, 부유한 사람들조차 최근에야 차 또는 커피를 사용할 줄 알게 됐으며 가난한 사람들은 그것을 살 능력이 없다는 것을 지적했다. 그녀는 또 사람들이 우유를 마실 줄 모른다는 것을 지적했다.[73] 다른 한편으로, 그녀는 조선인들이 자주 먹는 국수에 큰 흥미를 느꼈다. 국수를 먹기 위해 사람들은 반드시 젓가락을 써야 한다. 그렇기에, 젓가락 사용에 능숙하지 않은 외국인들에게 국수는 어려운 음식이라고 그녀는 덧붙였다.[74]

1889년 가을에 언더우드 부인은 민비의 만찬에 부름을 받았다. 거기서 그녀는 무희(舞姬)들의 공연을 보았다. 그녀는 무희들의 행위들이 '부적절하거나 심지어 품위를 잃은 것'이라고 평가했다. 그녀는 '이 가엾은 소녀들'이 부모에 의해 팔렸다는 것을 알았다. 그녀는 쌀 몇 자루에 조선의 많은 가난한 어린이들은 노예로 팔려가며 여자아이들의 경우 무희로 팔려가거나 생전 보지 못한 남자에게 신부로 팔려간다고 개탄했다.[75]

---

72 위와 같음, 39쪽.

73 위와 같음, 83~84쪽.

74 Underwood, *With Tommy Tompkins*, pp. 111~112.

75 Underwood, *Fifteen Years*, pp. 92~93.

언더우드 부인은 조선인들의 잔치를 관찰할 기회를 가졌다. 그녀는 가난한 조선인들은 잔치가 있음을 알게 되면 잔칫상에 차려질 음식들을 머리에 그리면서 미리 단식을 한다는 사실을 알게 됐다. 그녀는 그들이 잔치에 와서 '믿어지지 않을 정도로 많은 양의 음식'을 먹는다고 썼다. 이 대목에서, 그녀는 조선인들과 일본인들을 비교했다. 일본을 방문한 경험을 지닌 자신의 교사의 말을 인용해, 그녀는 일본인들은 음식에서 절제를 보인다고 썼다. 그녀는 다시 조선인들과 일본인들을 비교했다. 조선인들은 하루에 100원을 벌면 1,000원 어치를 먹는 데 비해 일본인들은 하루에 1,000원을 벌면 100원 어치를 먹기 때문에 일본은 흥성하고 있다는 한 조선지식인의 설명을 인용했다. 자신이 꼭 이 말을 믿는 것은 아니라고 말하면서도, 그녀는 일본인들에게는 근면과 절검의 미덕이 있다고 칭찬했다.[76]

탐욕스런 관리들을 비난하다

그렇다고 해서 언더우드 부인이 '친일적'인 심성을 가졌다고 비난한다면 그것은 부당하다. 그녀는 한글을 높이 평가했다. 그녀는 또 서학(西學)에 대항해 일어난 조선인 고유의 종교인 동학(東學), 그리고 조선의 자주와 독립을 목표로 1896년 7월에 공식출범한 독립협회에 대한 지지를 표시했다. 특히 독립협회에 대해, 그녀는 서재필(徐載弼)을 비롯한 모든 회원들이 애국심으로 가득 찼으며 코리아를 '자유로운 정부와 국민의 나라'로 만들려는 목표를 지녔다고 평가했다.[77]

언더우드 부인은 1895년 8월에 서울에 콜레라가 창궐했을 때 자신과

76 위와 같음, 96쪽.

77 위와 같음, 127쪽 및 207~210쪽.

자신의 남편을 포함한 미국의 선교사들과 의사들이 조선의 환자들을 치료하기 위해 활동한 실화들을 감동적으로 회상했다. 미국인 의사들이 조선의 어린이들을 살해한다는 그릇된 인식에 젖은 무지한 조선인들이 미국인 의사들에게 치료받기를 거부하다가 그들의 헌신적인 봉사에 감동돼 치료도 받고 기독교를 수용하는 얘기, 돈이 없고 먹을 것이 없는 상태에서 전염병에 걸린 아이들을 살리기 위해 헌신하다 죽은 어머니의 얘기 등등이 그 사례들이다.

그러나 이 과정에서도 이 나라의 어떤 관리들은 정부가 나눠준 구휼금을 횡령하곤 했다. 그녀는 그 사실을 지적하면서 "탐욕스런 관리들이 구휼금을 '먹다'"라는 표현을 썼으며, 동시에 '많은 관리들의 개탄스러운 부패'를 비판했다.[78] 이렇게 부정적인 측면들을 솔직히 지적하면서도 그녀는 이 나라가 앞으로 하나님의 뜻에 맞는 나라로 성장하기를 기원하는 기도로써 이 책을 마쳤다.

5. 미국 목사 아펜젤러의 저술들

조선에 대한 기본인식: '말라리아와 모기의 나라'

언더우드 목사와 함께 같은 배로 같은 날 같은 시각에 제물포에 도착한 또 한 사람의 미국인 목사가 헨리 게르하르트 아펜젤러(Henry Gerhart Appenzeller)였다. 그는 1858년 2월 6일에 미국 펜실베이니아주 수더튼(Souderton)의 농가에서 태어났다. 부모는 노동과 근면 그리고 경건한 신앙생활을 중시하는 독일개혁교회(German Reformed Church)의 교인들이었

78 위와 같음, 136~137쪽.

다. 이러한 배경에서, 그는 어려서부터 집안의 농장에서 여러 종류의 일들을 하며 성장했고 이 과정에서 자립 · 자조 · 근로의 정신을 몸에 익혔다. 그는 이 교회가 펜실베이니아주 랭캐스터(Lancaster)시에 설립한 프랭클린 앤드 마셜대학(Franklin and Marshall College)을 1882년에 졸업한 데 이어 뉴저지주 매디슨(Madison)시에 위치한 드류신학교(Drew Theological Seminary)를 1885년에 졸업하고 신학석사학위를 받았다. 이 무렵 그는 결혼을 했으며 미국 북감리교로부터 목사안수를 받았다.[79]

아펜젤러는 신학생 때 일본에 대해 관심을 갖고 일본에서 사역하기로 마음을 먹었다. 그러나 그는 오랫동안 '은둔의 나라'로 머물렀다가 일본보다 늦게 개항한 나라 코리아를 선택했다. 그때 코리아의 존재를 아는 미국인들은 극소수에 지나지 않았다. 그가 코리아를 선택했다는 사실을 알고 이 나라가 어디에 있는지 알기 위해 지도를 살핀 몇몇 동급생들은 이 나라가 아프리카나 지중해 또는 북극이나 남극에 있지 않다는 것을 확인하고는 희망적이라고 생각했다. 그 정도로 코리아는 고등교육을 받은 미국의 신학생들에게조차 미지의 나라였다.[80]

비록 코리아의 존재를 알고 있었다고 해도, 그들이 코리아에 대해 가진 인식은 매우 좋지 않았다. 그들은 대체로 코리아를 '말라리아와 모기들의 나라'로 인식하고 있을 뿐이었다. 이 나라를 한 차례 방문했던 미국의 한 외교관은 "나는 교수(絞首)를 당하는 것보다는 시암[태국: 저자]에 가겠다. 그러나 코리아로 다시 가느니 차라리 교수를 당하겠다"고 혹평했다.[81]

---

79 아펜젤러에 전기들로 다음을 지적할 수 있다. 전택부, 「근대식 교육의 개척자 아펜젤러」, 전택부, 『이 땅에 묻히리라』, 62~74쪽; William E. Griffis, *A Modern Pioneer in Korea: The Life Story of Henry G. Appenzeller* (New York: Fleming H. Revell Company, 1912).

80 위와 같음, 82~83쪽 및 90쪽.

81 위와 같음, 103쪽.

이처럼 코리아는 사람들이 살 수 없는 곳으로 인식되었지만, 아펜젤러는 자신이 가야할 곳은 바로 그러한 오지라고 믿었다. '은둔자의 나약함'을 지닌 이 나라에서 사역하는 것이, 그리고 '하나님의 목적이 아직 드러나지 않은 신비 속으로 여행하는 것'이, 하나님이 자신에게 맡긴 사명이라고 확신했던 것이다.[82]

부산에 대한 인상들: '노동과 여성을 천시하는 나라'

아펜젤러는 사람들이 '공포의 나라'라고 생각한 코리아에 북감리회가 파송한 첫 선교사로 나가사키를 거쳐 부산에 도착했다. 그가 부산에서 받은 인상들은 우리가 제8장에서 살핀 로웰의 인상들과 같았다. 그는 진흙으로 만들어진 집들로부터 '주거지들'이라는 인상보다는 '벌집들'이라는 인상을 받았다. 해안이 주는 인상들 역시 결코 호의적이지 않았다. 그는 해안을 "모든 것이 덩굴투성이면서 너저분하고, 발가벗었으며 구겨졌고, 긁혀내진 것처럼 보인다"고 묘사했다. 로웰이 이미 지적했듯, 조선정부는 외국인들이 조선에 대해 매력을 느끼지 못하게 하려고 해안을 황폐하게 만들었던 것이다. 도시에 들어섰을 때, 그는 공공도로들의 폭이 겨우 두 사람이 다닐 정도로 좁다는 사실에 놀랐으며, 도처에서 '빈곤과 곤궁의 표지들'을 발견할 수 있었다.[83]

아펜젤러는 또 신체가 강건하고 혈색이 좋은 남자들이 아무것도 하지 않은 채 빈둥거리며 생활하는 반면에 여성들은 자신들의 그 게으른 주인들을 위해 모든 노역을 감내하며 사는 것을 보았다. 여성들의 '무표정하고 골난 듯하며 무서운' 얼굴에는 그동안 감내해야 했던 '잔인함, 비애 그

82 위와 같음, 82쪽 및 90쪽.

83 아펜젤러가 미국 북감리교 선교부에 보낸 보고서. 위와 같음, 97쪽에 인용됐다.

리고 억압'의 도장들이 찍혀 있었다. 그는 유교가 이 나라를 위해 한 것이 무엇이냐고 묻는다면 그 해답은 여성의 얼굴들에 있다고 대답할 수 있다고 주장했다. 그는 유교가 이 나라에서 남성우위 및 여성천시의 사상을 뿌리내리게 했다고 생각했던 것이다.[84]

"코리아에 빛과 자유를 주소서"

아펜젤러는 1885년 4월 5일 부활절 일요일에 제물포에 도착했다. 그는 곧 하나님께 기도를 드렸다. "이날 죽음의 창살을 깨뜨리시고 부활하신 주께서 코리아에 빛과 자유를 가져다주소서"가 그것이었다.[85] 이 기도에 함축된 것은 코리아는 그 국민들이 어둠과 속박 속에 사는 미개한 나라라는 뜻이었다.

함께 도착한 언더우드는 서울로 출발했으나, 아펜젤러는 그렇게 할 수 없었다. 갑신정변의 후유증으로 외국인 혐오증이 정점에 도달했다는 소식을 듣고, 임신 중의 아내를 그러한 분위기 속의 도시로 데리고 들어가는 것은 무리라고 판단했기 때문이었다. 그래서 그는 아내와 함께 일본으로 돌아갔다가 서울의 정치적 열기가 어느 정도 가라앉았다는 연락을 받고 6월 20일에 다시 제물포로 돌아왔으며 7월 29일에 서울에 도착했다.

그 뒤 그는 그때 서울의 중심에 위치한 정동(貞洞)에 배재학당(培材學堂)을 세웠다. 이 학교는 뒷날 대한민국의 초대 대통령이 되는 이승만(李承晩)과 같은 인재들을 키웠으며, 대한민국이 건국된 뒤 배재중고등학교로 발전하고 마침내 배재대학교로 발전한다. 그는 또 감리교교회로서 정동제일교회를 세웠으며, 기독교서적의 번역과 간행을 위한 대한성교서회

84 위와 같음.

85 위와 같음, 98쪽.

(大韓聖教書會: Korean Religious Tract Society)를 세웠다. 이 대한성교서회는 뒷날 대한기독교서회로 발전한다. 그는 또 독립협회의 지도자들을 후원했으며, 그들이 투옥됐을 때 그들의 옥바라지를 떠맡기도 했다. 그는 다른 서양 선교사들과 제휴해 1892년 1월에 흔히 '코리아 총보(叢報)' 또는 '코리아 휘보(彙報)'로 번역된 월간지 『더 코리언 레파지토리』(*The Korean Repository*)가 창간되도록 힘썼다.[86]

이처럼 조선을 위해 정력적으로 일하던 아펜젤러는 1902년 6월 11일에 성서번역회의를 위해 목포로 항해하던 중 배가 군산 앞바다에서 난파돼 별세한다. 자신은 얼마든지 구조선에 오를 수 있었으나 동행한 조선인 신도들을 구출하려다가 함께 익사한 것으로 전해진다. 44세 때의 일이었다.

서울의 풍경을 극찬하다

그러면 아펜젤러는 코리아를 어떻게 보았던가? 이 물음에 대해서는 그의 연설문들과 일기가 말해준다.[87]

첫째, 그는 서울과 그 근교의 자연환경을 극찬했다. "이곳보다 더 아름다운 풍경을 가진 곳이 이 세상에 어디 또 있겠는가? 서울의 풍경은 그 예술적 아름다움으로 말미암아 누구에게나 감탄사를 발하게 한다"고 말했다.[88]

---

86 이 잡지에 게재된 글들에 대한 체계적 분석은 다음이다. 유영렬(柳永烈) · 윤정란(尹貞蘭), 『19세기말 서양선교사와 한국사회: *The Korean Repository*를 중심으로』(서울: 경인문화사, 2004). 아펜젤러는 조선의 개항을 성사시킨 미국의 슈펠트 제독으로 하여금 그 과정에 관해 설명하게 하고 그것을 편집했다. Robert W. Shufeldt, "The Opening of Korea: Admiral Shufeldt's Account of It," edited by Henry G. Appenzeller, *Korean Repository* 1 (February 1892), pp. 57~62.

87 헨리 G. 아펜젤러 지음, 노종해(盧宗海) 옮김, 『자유와 빛을 주소서: H. G. 아펜젤러의 일기(1886~1902년)』(서울: 대한기독교서회, 1988).

88 위와 같음, 239쪽.

둘째, 그는 이 나라에는 불교와 샤머니즘과 유교가 성행한다고 보았다. 그것들 가운데, 그는 유교는 윤리체계일 뿐 종교가 아니라고 보았다. 그는 불교는 아직 영향력을 일정하게 지녔으나 그것보다, 귀신숭배에 조상숭배가 겹쳐진 민간신앙체계인 샤머니즘이 더 큰 영향력을 행사한다고 보았다.

"코리언들은 관직을 얻으려고 공부한다"

셋째, 그는 코리언들은 모두 관직들을 얻으려고 하고 그 목적을 위해 공부한다는 것을 깨달았다. 그는 그들에게 절실하게 요청되는 것은 자조의 정신과 개혁의 정신 그리고 봉사의 정신이라고 가르치면서 자신이 세운 학교와 교회에서 학생들이 그러한 정신들을 배우도록 유도했다.[89]

넷째, 그는 이 나라에서 토지 또는 광산이 충분히 개발되지 않았다고 보았다. 1887년 4월부터 5월까지 경기도와 황해도를 거쳐 평안도로 여행하며 국토를 살핀 그는 농민들이 더 노력하면 생산량을 두 배로 증가시킬 수 있을 것이라고 보았으며, 금 · 은 · 철 등 광물들을 많이 캐낼 수 있을 것 같다고 보았다.

다섯째, 여행의 과정에서, 그는 이미 여러 미국인들이 경험했듯, 여관들이 매우 불편하다는 것을 깨달았다. 그는 여관들이 이들과 벼룩들이 사람들과 함께 사는 곳들임을 인정했다.[90]

"코리언들은 지배계급의 착취를 면하기 위해 일하지 않는다"

여섯째, 그는 "좀 더 세련되고 사려깊고 악의없고 성실하고 사심없는

---

89 이만열 편, 『아펜젤러』, 480쪽.

90 노종해 옮김, 『자유와 빛을 주소서』, 34~41쪽.

애국자들이나 귀족들을 발견하기 어렵다"고 말했다. 달리 표현해, 그는 지배계급 가운데 애국자들이 거의 없다고 말한 것이다. 보다 구체적으로, 그는 지배계급이 국왕의 이름으로 백성으로부터 재물을 '강탈'하고 있다고 비난했다. 백성은 자연히 노동을 할 의욕을 잃어 자본을 만들어내지 못한다고 그는 덧붙였다. 결론적으로 그는 다음과 같이 말했다:

> 코리언들이 게으르다는 이야기, 코리아에 기업이 없고 공장도 매우 드물거나 없다는 이야기가 있다. 코리언들이 가난하고 게으르고 무관심한 것은 그들이 정부의 보호를 받지 못하고 산업을 일으킬 동기를 정부에서 빼앗아가기 때문이다. 그들에게 적절한 자극을 주고 그들을 보호해주고 지켜준다면 그들은 검소하고 발전성있는 백성임을 알게 될 것이다.[91]

그의 이러한 결론은 새로운 것이 아니었다. 우리가 이미 여러 차례 보았듯, 귀츨라프 이후 여러 서양인들은 그 점을 공통적으로 지적했다.

"코리언들은 도덕적으로 타락했다"

일곱째, 아펜젤러는 코리언들의 도덕상태가 절망적인 수준으로 떨어졌다고 판단했다.[92] 지도적 위치에 있는 관리들은 거의 모두가 부패했고, 지배계급이건 피지배계급이건 가릴 것 없이 국민 대다수는 미신에 빠졌으며, 부유한 남자들은 말할 것도 없고 생활에 조금이라도 여유가 있는 남자들은 첩들을 두고도 수치심을 전혀 느끼지 않는다고 지적했다.

이 점에서 그는 축첩한 남자를 '동물'에 비유했다.[93] 그는 이처럼 도덕

91 위와 같음, 44쪽 및 245~246쪽.

92 아펜젤러의 1887년 4월 23일자 일기. 이만열 편, 『아펜젤러』, 497쪽.

93 노종해 옮김, 『자유와 빛을 주소서』, 57쪽.

적으로 타락한 코리언들을 구원할 수 있는 길은 그들로 하여금 기독교를 받아들이게 하는 것이라고 거듭 확신했다.

6. 미국 목사 길모어의 『서울에서 본 코리아』

언더우드 목사와 아펜젤러 목사보다 1년 남짓 늦게 서울에 부임한 미국인 목사가 장로교소속의 조지 윌리엄 길모어(George William Gilmore)다. 길모어는 1857년에 런던에서 태어났다. 그는 1883년에 프린스턴대학교의 전신인 뉴저지대학(College of New Jersey)을 졸업하고 뉴욕의 유니언신학교에 진학했다. 마침 고종은 영어교육에 치중하되 정치학과 경제학을 비롯한 서양학문들도 가르치는 신교육기관으로 육영공원(育英公院)을 개설하기로 결정하고 서울주재미국공사 푸트에게 미국인 교사 셋을 보내줄 것을 요청했다.

육영공원 교사로 서울에 오다

이 요청에 응해 미국정부는 유니언신학교에 재학하던 세 사람을 추천했으며, 그들은 1886년 7월 4일에 도착했다. 그들 가운데 한 사람이 바로 길모어로, 그는 부인과 함께 왔다. 그들의 도착을 계기로, 이 학교는 1886년 9월에 개교했다. 뒷날 조선의 역사에서 대표적 친일매국노로 꼽히게 되는 이완용이 이 학교에서 공부했다.

그러나 길모어는 이 학교에 대해 실망하게 됐다. 우선 전통적인 생활방식에 젖은 학생들은 미국인 교사들의 엄격한 교육에 적응하지 못했다. 그들은 궁정에서 할 일이 있다는 구실을 내세워 결석하곤 했다. 게다가 봉급은 아들의 의료비를 충당할 수 없을 정도로 낮았다. 이에 그는 1889년에 귀국했으며, 자신의 3년간의 서울생활을 바탕으로 1892년에 『서울에서 본 코리아』를 출판했다.[94] 그 뒤 1906년까지 그는 뉴욕의 브루클린공과대학(Brooklyn Polytechnique Institute)에서 시작해 몇몇 신학교들에서 신학과 성서학 등을 강의했다. 언제, 어디서 별세했는지는 밝혀지지 않았다.[95]

조선인들을 깊이 이해하다

길모어는 그동안 서양인들이 제시했던 조선에 대한 관찰들로부터 어느 정도 다른 관찰들을 제시했다. 첫째, 그는 일본과 중국에서는 "코리아의 사람들은 그 태도에 있어서 야만적이고 무례하며 배타적이다"고 말을 하는데 자신이 코리아에 와보니 전혀 그렇지 않다는 사실을 확인했다고 썼다. 코리언들은 외국인들을 따뜻하고 친절하게 맞이한다는 것이었다. 코리언들은 길에서 외국인을 보게 되면 옆으로 물러서면서 길을 제대로 가르쳐주는데, 그러한 언동이 외국인에 대한 혐오감이나 공포심에서 나온 것이 아니라 천성적인 친절함에서 나온 것이라고 부연했다. 종합적으로, 그는 "일본과 인도를 포함한 동양의 어느 나라에서도 외국인들이 이 나라에서처럼 진심과 친절함으로 환영받고 훌륭한 대우를 받지는 못하리라는 사실을 알게 되면 분명히 깜짝 놀랄 것이다"고 썼다.[96]

둘째, 그는 코리언들은 초식을 하기 때문에 육식을 하는 서양인들에 비

---

94 George William Gilmore, *Korea from Its Capital: With a Chapter on Missions* (Philadelphia: Presbyterian Board of Publication and Sabbath-School Works, 1892). 육영공원에 대한 길모어의 회상은 이 책, 228~233쪽에 있다. 이 책의 한국어 번역본으로 다음이 있다. 신복룡 역주, 『서울풍물지』(서울: 집문당, 1999); 이복기(李福基), 『서양인교사 윌리엄 길모어 서울을 걷다, 1894』(서울: 살림출판사, 2009).

95 길모어의 경력은 다음에 소개됐다. 민경배, 「길모어」, 기독교대백과사전편찬위원회 편, 『기독교대백과사전』(전16권: 서울: 기독교문사, 1981), 제3권, 147~148쪽.

96 Gilmore, *Korea from Its Capital*, pp. 11~12.

해 활력이 떨어지며, 이것이 서양인들에게는 코리언들이 천성적으로 게으른 것처럼 비치는 것 같다고 덧붙였다.[97] 코리언들은 육식을 하지 않으며 우유를 마실 줄 모른다고 지적한 서양인들은 적잖았다. 그러나 이것과 관련해 코리언들을 변호한 서양인은 그가 유일했다. 그는 거기서 한걸음 더 나아가 "코리언들은 스위스 국민들에 뒤지지 않는 애국심을 가졌다"고 변호했다.

셋째, 그는 다른 서양인들처럼 코리언들의 '불결한 외양'을 인정했다. 그러한 맥락에서, "자신이 만난 가장 더러운 사람이 깨끗한 코리언이었다"고 말한 한 영국인의 발언을 소개했다. 그러나 길모어는 "코리언들은 지구상에서 가장 더러운 민족이다"는 서양인들의 주장에 맞서 코리언들을 변호했다. 코리언들은 무명과 같은 가벼운 면(綿)으로 옷을 만들어 입는데 이 옷은 쉽게 더러워지게 마련이며, 게다가 코리언들은 흰색의 옷을 선호하기 때문에 쉽게 더러워지게 마련이라고 그는 주장했다.[98]

그러나 그는, 이 점들을 제외하고는, 대체로 서양인들이 제시한 기존의 관찰들로부터 크게 다르지 않은 관찰들을 되풀이했다. 예컨대, 그는 서울이 단순히 코리아의 수도가 아니라 국가 그 자체라고 평가했으며, 서울의 인구가 도시와 외곽을 합쳐 25만명과 40만명 사이라고 보았다.[99] 그는 이어 서울의 길들은 너무 좁은데도 길들 위에 개들이 너무 많이 나돈다고 지적했으며, 서울의 하수시설이 불완전하며 생활은 비위생적이어서 말라리아를 비롯한 여러 질병들을 불러일으킨다고 보았고, 코리언들은 미신에 빠져 병에 걸렸을 때 서양의사들의 말을 듣기보다는 무당의 말을 듣다가 죽는 사례가 흔하다고 지적했다. 그는 또, 우리가 앞에서 살핀 칼스가

97 위와 같음, 78쪽.
98 위와 같음, 92~93쪽.
99 위와 같음, 44쪽.

이미 지적했듯, "[코리아에서] 주부의 가장 피곤하고도 그칠 새 없는 노동은 빨래다"라고 썼다. 그는 코리아에서는 중혼이 용인된 관행이어서 여성의 삶을 더욱 어렵게 만든다고 덧붙였다.[100]

코리아는 왜 가난한가?: "관리들이 착취하기 때문이다"

길모어는 또 "코리언들은 미국 사람들의 기준에서뿐만 아니라 그것보다 훨씬 낮은 기준에서 보아도 지독히 가난하다"고 썼다. 그는 그 원인을 다음과 같은 세 가지로 압축했다.

첫째가 국왕과 관리들의 탐욕과 무능이다. 그 역시 다른 서양인들과 마찬가지로 코리아의 지배계급이 백성들을 '쥐어짜내는' 보편적 관행들에 대해 자세히 묘사했다. 서울의 한 벼슬아치가 서울구경 길에 나선 한 시골사람 내외를 보고 하인들을 시켜 아내를 빼앗아갔지만 아내를 빼앗긴 그 시골사람은 억울함을 호소할 사람이나 기관을 찾지 못해 방황하던 사례를 지적했다.

그는 또 관리의 등용이 철저히 정실(情實)과 뇌물에 의해 이뤄지고 있음을 지적했다. 관리등용의 제도인 과거시험의 장(場)을 관찰한 그는, 과거시험에서의 합격을 자신과 가문의 최대 영광으로 여기는 사회적 관습 때문에 백발의 나이에도 응시했으나 낙방한 노인들을 동정하면서 동시에 합격여부가 정실과 뇌물에 좌우되는 현실을 개탄했다.[101]

둘째가 지배계급과 피지배계급 모두에 공통된 '게으름'이다. 그는 우선 '양반계급'의 노동천시사상과 그것에 연유한 무노동을 통렬히 비난했다. 양반계급은 자신의 생필품들을 확보하지 못하는 경우에도 노동을 하

100 위와 같음, 93~109쪽 및 153쪽.

101 위와 같음, 29~74쪽.

지 않는다는 것이다. "양반은 굶거나 구걸할지언정 노동은 하지 않는다"고 그는 썼다. 그러면 노동을 하지 않고 어떻게 생계를 유지할 수 있을 것인가? 양반은 아내의 노동이나 친척의 도움에 의존하며, 특히 관직을 가진 친척의 집에서 식객으로 세월을 보낸다고 그는 지적했다. 여기서 한 걸음 더 나아가, 그는 그러한 전통이 이 나라의 '진전'을 확실하게 방해한다고 결론을 내리면서 코리언들이 우러러보는 서양인들에게 노동은 결코 불명예가 아니라는 사실을 이 나라의 양반계급은 깨달아야 한다고 역설했다.[102]

이어 백성들의 게으름을 지적했다. 백성들의 게으름이 코리언들의 특성이 아니라고 강조하면서 그것은 '노동을 할 유인(誘引)의 부재'에서 빚어진 것이라고 보았다. 그는 누가 돈을 갖고 있다는 소문을 들으면 벼슬아치들은 죄를 만들어서 그 사람을 투옥하고 '쥐어짜내며,' 따라서 사람들은 돈을 벌려고 하지 않은 채 게을러졌다고 설명했다. 토지가 비옥한데도 경작되지 않은 채 버려졌고 숲은 황폐해진 채 버려진 것이 바로 그러한 원인이 빚어낸 결과의 보기들이라고 보았다. 이것과 관련해, 그는 코리언들이 서울의 외국공관에서 일하기를 원한다는 사실을 상기시켰다. 외국공관에서 일하는 경우 코리아의 관리들이 함부로 건드리지 못하고 따라서 부당하게 돈을 빼앗기지 않음을 알기 때문이라고 그는 설명했다.[103]

셋째, 과학과 기술의 미발달이다. 그는 "코리아에는 광물이 매우 풍부하게 있지만 [……] 개발되지 않았다"고 지적하면서, 그 원인이 과학적 채광에 대한 무지와 기계들의 부재 및 정부의 무능에 있다고 보았다.[104]

---

102 위와 같음, 111쪽.

103 위와 같음, 28~32쪽.

104 위와 같음, 40~41쪽.

그는 국내정치에 관해 중요한 관찰을 제시했다. 코리아는 분명히 절대적 군주가 통치하고 벼슬아치들의 힘이 큰 나라이며 백성들은 단순한 피치자들에 지나지 않았으나 최근에 와서 백성들의 영향력이 커지고 있다고 보았던 것이다. 그는 어떤 국가적 쟁점이 부각되면 대중적 집회들이 열리고 대중적 항의가 표출된다고 지적하면서 경우에 따라서는 백성들이 자신들의 항의를 전달하기 위해 왕궁으로 몰려가기도 한다고 강조했다.[105] 그는 또 민비가 고종에 대해 매우 큰 영향력을 행사하며, "많은 것이 그녀의 희망에 따라 이뤄진다"고 썼다.[106]

"코리아는 독립을 위해 완충지대를 설정해야 한다"

그는 코리아의 국제상황에 대해서도 날카로운 관찰들을 제시했다. 그는 우선 코리아가 중국의 속국인가 독립국인가에 관한 기존의 논쟁을 자세히 소개한 뒤, 코리아는 독립국이라고 결론을 내렸다. 동시에 그는 중국이 코리아를 자신의 속국이라고 주장하는 반면에 일본과 러시아가 코리아를 독립국이라고 주장하는 진의(眞意)를 정확히 파악했다. 중국은 코리아가 자신의 속국이라고 주장함으로써 경우에 따라서는 코리아를 일본 또는 러시아를 공격하기 위한 군사기지로 사용할 수 있는 이론적 근거를 확보하려고 하는 것이고, 일본과 러시아는 코리아가 독립국이라고 주장함으로써 중국이 그러한 이론적 근거를 이용하지 못하도록 하려고 한다고 그는 읽은 것이다.[107]

그는 열강이 코리아에 대한 지배권을 둘러싸고 심각한 경쟁을 벌이기 때문에 코리아는 '아주 강력하고 지나칠 정도로 장비를 잘 갖춘 군대'를

105 위와 같음, 23쪽.
106 위와 같음, 104쪽.
107 위와 같음, 261쪽.

유지해야 한다고 말하고, 그런데도 코리아는 '아주 작은' 군대를 유지하고 있을 뿐이라고 비판했다. 그 군대도 극소수의 외국인 교관들에 의해 훈련을 받으며, 병사들의 월급은 매우 낮고 그나마 몇 달 동안 지급되지 않았다고 비판했다.[108]

그는 코리아를 둘러싸고 중국과 일본 사이에 전쟁이 일어나면 일본이 승리할 것이라고 정확히 예견했으며, 코리아를 두고 중국과 일본 및 러시아가 첨예한 대립을 계속할 것으로 전망했다. 세 나라 모두 상대방이 코리아를 단독 점령하는 것을 결코 받아들이지 않을 것이기 때문에 코리아가 독립을 유지하려면 그들 사이에서 '완충지대'를 형성해야 할 것이라고 제의했다.[109] 그런데 여기서 주목할 대목은 그가 "일본의 국민은 코리아의 번영을 희망하며 일본의 정부는 코리아의 번영을 아주 열렬히 희망한다"고[110] 쓴 사실이다. 그때의 많은 미국의 지식인들이 그러했듯, 그 역시 일본의 코리아에 대한 침략적 야심을 간파하지 못했던 것이다.

7. 미국 외교관 사예롱의 『코레 또는 조선』

미국의 선교사들이 서울에서 활동하던 시점인 1887년 10월에 한 미국 외교관이 서울에 부임했다. 프랑스계 미국인 샤를르 사예롱(Charles Chaillé Long)이 서울주재미국공사관의 서기관으로 일본을 거쳐 제물포에 도착했으며 거기서 육로로 서울에 도착한 것이다.

그는 1842년에 미국 매릴랜드주 프린세스 앤(Princess Ann)에서 출생했

108 위와 같음, 41~42쪽.

109 위와 같음, 261쪽.

110 위와 같음, 263쪽.

다. 그는 남북전쟁에 참전해 대위로 임관됐고, 이집트에서 영국군인으로 활약해 대령으로 승진했으며, 귀국한 뒤 변호사가 됐다. 공화당원으로 활동한 공로로 그로버 클리블랜드 대통령이 이끈 공화당행정부에 의해 외교관으로 발탁됐던 그는 1889년에 벤저민 해리슨(Benjamin Harrison) 대통령이 이끄는 민주당행정부가 들어서자 퇴임했다. 그는 파리에 10년 동안 체류하며 미국의 독립전쟁을 지원했던 프랑스인들에 대해 연구하던 가운데 1894년에 『코레 또는 조선: 고요한 아침의 나라』(*La Corée ou Tchôsen, la terre du calme matinal*)를 출판했다.[111] 그는 만년에 미국 버지니아주로 돌아가 생활하다가 1917년에 별세한다.

조선에 대해 흉을 많이 보다

이 책에서 두드러지게 나타나는 것은 우리가 제1부에서 살핀 조선에 관한 서양인들의 잘못된 기술들이 미친 영향이다. 그는 조선인들을 전적으로 몽골타타르족의 후손 또는 북방의 여러 야만 민족들의 혼혈로 보았으며 조선인들의 문화와 문자는 인도와 인도차이나로부터 전래된 것으로 보았다. 그는 또 조선에서 최초의 왕국은 중국인 기자가 세웠으며, 3세기에 일본의 진구 황후가 신라왕국의 남부를 통치했다고 썼다. 그는 일본이 명치유신 이전의 시기까지 오랫동안 부산을 소유하고 거기에 일본인들의 거주지들을 마련했다고 덧붙였다.[112]

---

111 이 책은 우리가 앞으로 살필 샤를르 바라(Charles Varat)의 책과 함께 다음에 수록됐다. Charles Varat and Chaillé-Long, *Deux Voyages en Coreé* (Paris: Kailash Éditions & Librairie Oriens, 1994). 이 책의 한국어 번역본으로 성귀수 역, 『조선기행: 백여 년 전에 조선을 둘러본 두 외국인의 여행기』(서울: 눈빛, 2001)가 있다. 사예롱의 회고록은 다음이다. Charles Chaille-Long, *My Life in Four Continents* (2 vols.: London: Hutchison and Company, 1912).

112 성귀수 역, 『조선기행』, 233~238쪽.

그는 조선에 도착한 이후 자신이 직접 본 것들을 자세히 썼는데, 그것들은 그에 앞서 서양인들이 이미 제시했던 관찰들과 같았다. 사람들은 관직을 가장 존귀하게 여기며 관리들은 백성들을 착취한다는 것, 남자들은 지위와 행사에 따라 다른 모자들을 바꿔가면서 쓴다는 것, 그리고 여자들은 엄격히 격리된 채 생활한다는 것 등이 그 보기들이었다. 집들은 거의 모두가 초가집들이며 길거리들은 아주 더럽고 대부분의 사람들은 아주 가난하다는 것, 그리고 이처럼 불결한 환경 속에서 콜레라와 천연두를 비롯한 전염병들이 창궐해도 과학적으로 대처하지 않고 미신적 요법들로 대처한다는 것 등은 그 다른 보기들이었다. 광물들은 많으나 산을 건드렸다가 산신령의 노여움을 살까 두려워 잘 캐내지 않으며 호랑이의 가죽은 참으로 아름답고 부드럽다는 것 역시 또 다른 보기들이었다.[113]

고종과 민비 및 대원군에 대한 사예롱의 평가[114] 역시 그에 앞선 서양인들의 그것과 거의 같았다. 그는 대원군을 고종의 왕위를 빼앗고 조선에 들어온 외국인들을 추방하거나 심지어 학살할 음모를 꾸미는 '노회한 책략가'로 묘사했으며, 고종을 '지적이고 강단있기로 유명한 민비'가 없었으면 벌써 왕좌에서 물러났을 '너무나 허약한 사람'으로 묘사했다. 그는 고종이 미신에 빠져 점성술사들을 비롯한 역술가들에 포위된 채 생활한다고 비난한 데 이어, 고종이 역술가들의 제의에 따라 자신을 괴롭히는 나쁜 용을 없애기 위해 궁정에서 총을 여러 차례 쏘는 일이 일어날 터인데 총소리들을 듣더라도 놀라지 말라는 전갈을 서울주재미국공사관에 공식적으로 보내왔던 일화를 소개했다.[115]

그는 서울에서 기생들이 시중을 들었던 어느 고관의 잔치에 참석했던

113 위와 같음, 252~258쪽.

114 위와 같음, 262~268쪽.

115 위와 같음, 239쪽 및 266~267쪽.

경험을 자세히 회상했다. 그는 우선 "조선의 여인들은 예쁜 것과는 거리가 멀었다. 아주 검은 머리채에 고약한 냄새가 나는 기름을 잔뜩 발라 머리에 찰싹 달라붙게 했다"고 평했다. 그는 이어 "조선의 음식은 맛있는 것과는 거리가 멀었고 섬세한 맛에 길든 미각에는 어울리지 않는다"고 썼다. 그는 다음과 같이 부연했다: "생선은 거의 썩은 것이 좋은 것으로 권장되는 실정이며, 일종의 양배추절임이라고 할 수 있는 김치라는 것 역시 냄새가 고약하기 이를 데 없었다."[116]

사예롱은 고종의 허락을 받고 제주도를 여행했다. 그는 하멜의 『난파일지』를 떠올리면서 주민들을 상대로 하멜에 대해 질문했으나 아는 사람이 아무도 없었다고 회상했다. 그는 이곳의 관리들이 마련해준 숙소에서 잠을 잤는데, 너무 더러운 데다가 벌레들이 들끓어 괴로웠다고 회상했다. 그는 또 좋은 약을 가진 서양인이 왔다는 소문을 듣고 간질병 · 안질 · 복부통증 · 매독 등을 앓는 사람들이 자신을 찾아왔다고 쓰면서, 그들을 '토착야만인들'로 그리고 제주도를 '중앙아프리카나 마찬가지'로 비하했다.[117] 비슷한 시점에, 부산을 관광한 한 일본인은 사람들의 게으름 그리고 거리들의 좁고 더러우며 누추함에 비춰 중앙아프리카보다 못한 곳이라고 비하했다.[118] 이제 조선은 중앙아프리카에 비유되기 시작했다.

통영 · 원산 · 금강산의 경치를 극찬하다

그러나 사예롱은 제주도에서 생산되는 귤을 비롯한 과일들 그리고 전복을 비롯한 생선들을 높이 평가했다. 그는 또 제주도에서 부산으로 돌아오는 길에 잠시 통영(統營)을 방문하고 이 항구를 '기가 막히게 경치가 좋

116 위와 같음, 294쪽.

117 위와 같음, 286쪽.

118 권혁희(權赫熙), 『조선에서 온 사진엽서』(서울: 민음사, 2005), 174쪽에 인용됐다.

은 곳'이라고 칭찬했다.[119]

부산에 도착한 뒤, 그는 일본인들이 사는 거류지와 조선인들이 사는 거류지 사이의 현격한 차이에 놀라움을 표시했다. 앞의 경우에는 일본식 건물들이 빽빽히 들어차 있었으나, 뒤의 경우에는 진흙과 짚으로 엮은 보잘것없는 오두막집들로 구성되어 있었다. 서울로 돌아온 뒤, 그는 원산을 방문했다. 그는 원산의 아름다움, 특히 '눈부시도록 새하얀 모래사장'에 매료됐다. 반면에, 그는 원산을 떠나 서울로 돌아오는 길에 숙박했던 집이 빈대나 벼룩 같은 벌레들로 들끓어 말할 수 없이 고생했다고 회상했다. 그는 뒷날 강원도 안변군(安邊郡)에 위치한 설봉산(雪峰山)과 석왕사(釋王寺), 그리고 금강산을 방문하고, 그 아름다움에 경탄을 거듭했다.

8. 프랑스 민속학자 바라의 『코레에서의 여행』

거의 같은 시기에 조선을 여행한 서양인이 프랑스의 민속학자 샤를르 루이 바라(Charles Louis Varat)였다. 그는 프랑스의 문교부로부터 민속학연구의 임무를 받고 1888년 말부터 1889년 초까지 조선을 방문했으며, 자신의 여행담 『코레에서의 여행』(*Voyage en Corée*)을 여행전문주간지 『르 투르 뒤 몽드』(*Le Tour de Monde*)에 1892년 5월 7일부터 6월 4일까지 게재했다.[120]

그는 프랑스를 떠나 일본을 거쳐 중국으로 들어가, 1888년 10월 초에 산둥성(山東省: 산동성)에 위치한 즈푸(芝罘: 지부)—오늘날의 옌타이(煙臺: 연

119 성귀수 역, 『조선기행』, 286~287쪽.

120 그의 이 글은 샤를르 사예롱의 글과 함께 『코레에의 두 여행들』(*Deux Voyages en Corée*)(Paris, 1994)에 수록됐다. 이 글은 성귀수 역, 『조선기행』에 포함됐다.

대)—에 도착했다. 거기서 코레로 들어갈 계획이었다. 그러나 이곳에 주재하는 프랑스영사는 "현재 코레의 동쪽해안에는 기근이 발생했다는 소식이에요. 아마도 도적들의 습격을 받게 될 겁니다. 최근 세력을 규합한 저들은 닥치는 대로 집을 약탈하고 여자를 겁탈하는가 하면, 외국인이건 내국인이건 학살을 서슴지 않는다고 해요"라는 말로 그를 말렸다.[121] 그래도 그는 꺾이지 않고 배에 올랐다.

젖을 드러낸 조선여인들에 놀라움을 표시하다

이튿날인 10월 9일에 조선의 제물포에 도착했다. 이제까지 이 항구에 처음 도착한 서양인들은, 미국 해군군의관 우즈의 경우를 제외하곤, 대체로 쓸쓸하다든가 또는 불모지나 다름없는 곳이라는 따위의 좋지 않은 인상을 받았다. 그러나 그는 배 위에서 완전히 다른 인상을 받았다. "제물포만(濟物浦灣)의 경탄할 만한 광경에 그만 넋을 잃고 말았다"고 시작한 그는 "그것은 내 평생 처음 보는 아름다운 장관이었다. 해안선과 항구를 이루는 크고 작은 섬들을 따라 아기자기한 산봉우리들이 다채롭게 솟아 있었고, 항구 전체를 녹원(綠苑)의 둥지처럼 완벽하게 감싸 안은 가운데 마침 떠오르는 아침햇살이 눈부시게 빛나고 있었다"고 부연했다.[122]

그러나 상륙한 직후 그가 발견한 것은 "기껏해야 1미터 높이에 짚으로 엮은 지붕이 위치해 있어 허리를 반쯤 숙이고서야 드나들 수 있을 만한 누옥(陋屋)들이었다." 대조적으로, 일본인들이 사는 지역은 깨끗했으며 집들은 아담했다. 그는 이어 항구에서 일하는 이 나라의 남녀들을 관찰했다. 그는 "코레앙들은 체격에서 일본인들을 훨씬 능가했다"고 쓴 데 이

121 위와 같음, 51쪽.
122 위와 같음, 54쪽.

어, "여인네들은 대체로 지저분하고 아주 못생긴 인상이었다. [……] 놀랍게도 유방이 온통 드러난 모습이었다"고 덧붙였다.[123]

그는 육로로 10월 10일에 서울에 도착했다. 그는 프랑스영사관에 숙소를 정하고, 서울의 여러 곳들을 둘러보았다. 그에 앞선 서양인들이 이미 지적했듯, 길들은 좁았으며 도랑들은 악취를 풍겼고 집들은 낮았다. 그는 자신의 인상을 다음과 같이 요약했다: "언뜻 보아선, 심지어 수도(首都)에 이르기까지, 코레의 도시들만큼 비참하고 처량하고 가난해 보이는 도시들은 없는 것 같다."[124] 그는 이 나라의 도시들이 그렇게 보이게 된 배경에는 다른 나라들의 관심을 처음부터 차단하려는 데 있었음을 깨달았다. 강대국들의 침략에 시달렸던 이 나라의 지도자들은 이 나라의 외양을 황량하게 만들어놓으면 바깥세계가 매력을 느끼지 못하게 될 것으로 예단했다는 것이었다.

조선의 장점들을 발견하다

민속학자인 그는 곧 그 '차단의 베일'을 걷어냈으며, '흥미진진한 볼거리들'을 수없이 찾아냈다. 우선 그는 왕궁들의 아름다움에 매료됐다. 그는 또 행인들의 복장, 장인(匠人)들의 공예품들과 상인들의 특산품들, 주민들에게 시간을 알려주는 거대한 종, 사람들이 뒤엉켜 북적대는 장터, 코레를 '모자의 천국'이라고 부르게 해주는 갖가지 모자들, 나전칠기들, 도자기들—이 모든 것들로부터 그는 깊은 인상을 받았다. 그는 심지어 죄수가 돈으로 간수를 매수해 죄수가 목에 걸쳐야 하는 형구를 간수가 들게 하고 자신은 버젓이 담배를 물고 가는 광경, 그리고 사람들이 요강을 늘 들고 다니며 여행하는 광경도 보았다. 요강의 용도는 다양했다. 용변

123 위와 같음, 55쪽.
124 위와 같음, 81쪽.

기로 쓰일 뿐만 아니라 타구용(唾口用)으로도, 휴대용 촛대로도, 베개로도 쓰인다는 점에서 그것은 '국민적 용기(容器)'(vase national)라고 부를 수 있다고 그는 덧붙였다.[125]

그는 서울을 떠나 경기도와 충청도를 지나 경상도로 들어갔다. 그 과정에서 그는 이 나라 사람들이 친절하고 상부상조하는 전통을 갖고 있으며 특히 가족애(家族愛)가 두텁다는 사실들을 깨달았다. 사람들은 포크를 비롯해 그가 쓰는 식기들에 호기심을 표시했으며, 통조림을 열었을 때 그리고 포도주병에서 코르크마개가 튀어나왔을 때 놀라움을 표시했다.[126] 그는 수많은 언덕들과 골짜기들을 지나가면서, "그 다채로운 모습이 스위스의 절경에 비견될 만했다"고 감탄했다. 또 논밭이 아주 잘 관개됐다고 느끼면서, 그는 "그야말로 놀랄 만큼 지혜로운 인간의 공동작업을 통해 단 한 치의 땅도 그냥 놀리지 않은 예라 볼 수 있다"고 격찬했다. 거기서 한걸음 더 나아가, 그는 같은 농업 국가인 프랑스가 이 방식을 배워야 할 것이라고 덧붙였다.[127] 그는 자신이 관찰할 수 있었던 사찰들과 문화적 유산들에 대해서도 경탄을 표시했다.

조선의 미래를 낙관적으로 보다

그의 마지막 기착지는 부산이었다. 그는 관청에서 일하는 관리들을 상대하면서 그들이 시대의 흐름에 맞게 서양적인 관습에 빠르게 적응하면서 순발력을 발휘하는 것을 확인했다. 그는 기근을 모면한 한 마을의 사람들이 기근으로 쓰러져가는 다른 마을의 사람들을 열심히 돕는 모습도 보았다. "투박하고 강렬한 인상의 코레 사람들을 바라보면서, 역동적 삶

125 위와 같음, 81~94쪽.

126 위와 같음, 115~116쪽.

127 위와 같음, 120~121쪽.

의 기운이 진하게 풍겨오는 것을 느꼈다"고 그는 회상했다.

동시에 그는 "코레사람들 사이에 서 있는 키가 작고 못생긴 일본상인들을 보면서 묘한 느낌을 가졌다"고 회상한 그는 다음과 같이 예언적인 말을 했다: "왠지 이 코레라는 나라는 그 발전도상에 있어서 머지않아 자신들의 이웃나라를 따라잡게 될 것이라는 막연한 생각이 들었다. 사실 따지고 보면 역사적으로 자신들이 가르쳐왔던 일본인들에게 비록 지금은 산업적으로나 예술적으로 뒤진 코레안들이지만, 윤리적인 우월함 덕분에 가까운 미래에 반드시 그들을 따라잡고 결국엔 저만치 따돌릴 수 있을 것이다."[128]

그는 자신의 판단의 근거로 이 나라 사람들 특유의 가족들 사이의 강한 연대성, 그것으로 말미암은 끈질긴 노동력, 그리고 지난 몇 해 동안 이룩한 놀랄 만한 발전상을 꼽았다. 그는 다음과 같이 매듭지었다: "저 가도에 늘어선 전봇대들이 말해주듯, 문명의 연결선들이 이 나라의 땅덩어리 방방곡곡으로 퍼져나갈 그날이 멀지만은 않은 것이다."[129]

단기적으로 보면, 이 예언은 부정확한 것이었다. 조선은 일본을 앞지르기는커녕 일본에 먹히고 말았다. 그러나 장기적으로 보면, 이 예언이 틀린 것만은 아니었다. 일본으로부터 해방된 이후의 남한을 보면, 여전히 여러 문제들과 심지어 병폐들을 지녔음이 사실이지만, 참으로 경이로운 성장과 발전을 과시하고 있다. 그는 1893년 4월에 51세로 파리에서 병사한다.

128 위와 같음, 191~192쪽.

129 위와 같음, 192쪽.

9. 영국 화가 새비지-란도의 『코리아 또는 조선: 고요한 아침의 나라』

서양인들의 조선 방문은 계속됐다. 1889년 10월 2일에, 호주인으로서는 처음으로 조지프 헨리 데이비스(Joseph Henry Davies) 선교사가 부산에 도착했다. 그는 선교를 시작한 때로부터 6개월 뒤 천연두와 폐렴으로 별세했다. 향년 33세였다.[130] 그의 뒤를 이어, 1889년 12월 8일에 캐나다 침례교의 말콤 펜윅(Malcolm C. Fenwick) 선교사가 조선에 도착했다. 비슷한 시점에, 한 전문적 여행가가 조선을 방문했다. 화가이면서 인류학자인 영국인 아널드 헨리 새비지-란도(Arnold Henry Savage Landor)가 바로 그였다. 그는 1890년 말부터 1891년 초까지 몇 개월에 걸쳐 조선을 방문하고 1895년에 『코리아 또는 조선: 고요한 아침의 나라』를 출판했다.[131]

우선 저자에 대해 살피기로 한다. 그는 이탈리아의 플로렌스에서 1865년에 태어나 어린 시절을 이 도시에서 보냈다. 그 뒤 그는 파리에서 미술을 공부했으며 곧 홀랜드와 스페인을 여행한 데 이어 모로코와 이집트를 여행하면서 수많은 그림들을 그렸다. 그의 여행은 계속됐다. 그는 고국을 방문한 데 이어 미국을 방문했는데, 이때 벤저민 해리슨 대통령의 초상화를 그렸다.

새비지-란도는 곧 일본을 거쳐 조선을 방문했으며 조선을 떠난 뒤 중국과 호주를 거쳐 영국으로 돌아갔고, 곧 티베트와 네팔을 여행했다. 직

---

130 『국민일보』, 2009년 10월 6일, 25쪽.

131 Arnold Henry Savage-Landor, *Corea or Cho-sen: The Land of the Morning Calm* (New York: Macmillan and Company, 1895). 이 책은 '근세동아세아서양어자료총서 33'(서울: 경인문화사, 2000)에, Louise Jordan Miln, *Quaint Korea* (London: Osgood, McIlvaine and Company, 1895)와 합본되어 있다. Savage-Landor의 책은 다음과 같이 한국어로 번역됐다. 신복룡 · 장우영 역주, 『고요한 아침의 나라 조선』(서울: 집문당, 1999).

후『금지된 땅에서』(*In the Forbidden Land*)를 출판했는데, 이 책은 그의 어느 다른 책들보다도 저술가로서의 그의 명성을 높였다. 여행가로서의 명성을 누리며 그는 페르시아를 거쳐 러시아를 여행한 뒤 인도를 여행했으며 곧이어 필리핀을 거쳐 미국을 여행했고 거기서 아프리카로 가서 특히 에티오피아를 여행했다. 과도한 여행의 여독으로 플로렌스의 집에서 휴양을 취하던 그는 1924년에 별세한다.

고종의 어진을 그린 최초의 서양인

새비지-란도가 조선을 찾은 것은 1890년이었다. 1890년 12월 26일에 선편으로 나가사키를 출발한 그는 곧 부산에 도착했다. 그는 부산으로부터 '예쁜 항구'라는 느낌을 받았으며, 흰옷을 입은 수백 명의 사람들이 움직이는 것을 보았다. 이처럼 부산이 주는 인상에 대해서는 그 이전에 이곳을 방문했던 서양인들과는 달리 호의적으로 썼지만, 부산의 역사와 법적 지위에 대해서는 그릇되게 썼다. 그는 부산이 고대(古代)로부터 조선이 일본과 수교조약을 맺은 1876년까지 명목상으로 '일본인들의 손에' 있었다는 그리피스의 설명을 되풀이한 것이다.[132]

그는 선편으로 거문도를 거쳐 제물포에 도착했다. 며칠 동안 외국인들의 전용호텔에 묵으면서도 그는 많은 불편을 느꼈다. 무엇보다 식단(食單)이 다양하지 않은데다가 육류가 부족하고 음식의 질이 낮았다. 그러나 그는 제물포의 장래를 밝게 보았다. 앞으로 중국 및 일본과의 교역이 확대되면서 좋은 항구로 성장할 것으로 전망한 것이다.[133] 그는 제물포에서 육로로 1891년 1월 2일에 서울에 도착했다. 그는 부산으로 들어오는 배

132 위와 같음, 4~6쪽.

133 위와 같음, 20~23쪽.

에서 미국의 요코하마총영사를 역임한 뒤 조선조정의 내부협판 겸 왕의 국제담당법률고문으로 초빙을 받아 서울로 가는 클레런스 그레이트하우스(Clarence R. Greathouse)를 만났었는데, 이 인연으로 그는 서울에서 그의 집에 머물며 몇 달 동안 서울의 여러 곳들을 탐방했다.[134]

그러면 저자는 조선에서 무엇을 보았던가? 서울에 머무는 동안 그는 이 도시의 많은 곳들을 화폭에 옮겼다. 그가 뛰어난 영국의 화가라는 소문이 궁중에까지 전해져 민영환(閔泳煥)과 민영준(閔泳駿, 다른 이름은 민영휘[閔泳徽]) 및 김가진(金嘉鎭)을 비롯한 대신들의 초상화는 물론 고종의 초상화도 그릴 수 있었다.[135] 이로써 그는 고종의 어진(御眞)을 그린 최초의 서양인으로 기록됐다. 그는 또 궁중을 하루 동안 돌아다니며 궁중의 여러 곳들을 그릴 수 있었다. 그러나 그는 민비를 보지는 못했다.

이렇게 말한다고 해서, 새비지-란도가 조선에서 궁정의 고관들만 만났던 것으로 오해돼서는 안 된다. 그는 지게에 짐을 실어 나르는 노동자들, 물지게로 물을 실어 나르는 노동자들, 마부(馬夫)들을 비롯해 자신들의 힘겨운 노동으로써 겨우 살아가는 하층민들을 만났다. 그들 가운데 그는 특히 마부에 대해 주목했다. 마부는 승객과 끊임없이 대화하면서 세간의 여론을 전달하기도 하고 형성하기도 한다고 보았다.[136] 그는 또 길거리에서 구걸하는 맹인들 및 나환자들을 만났으며, 죄수들도 보았고 사형수를 처형하는 현장도 보았다.

노인은 존중되나 여성은 천시되는 나라

이처럼 광범위하게 조선인들을 관찰하면서 새비지-란도는 조선과 조

134 Savage-Landor, *Corea*, pp. 1~8.

135 위와 같음, 165쪽.

136 위와 같음, 35~38쪽.

선인들의 여러 모습들을 관찰할 수 있었다. 그는 우선 조선인들이 혼혈인들임에 주목했다. 그들이 대륙세력과 해양세력 사이에 놓인 채 양쪽으로부터 잦은 침략을 받으며 살아온 결과로 다인종, 다민족에 속하게 됐다고 본 것이다. 그는 조선의 여성에 대해 깊이 관찰했다. 그의 결론은 "코리아의 여성은 노예다. 그녀는 쾌락과 노동에 쓰인다"였다.[137] 이것은 무슨 뜻인가? 이 나라의 여성은 남성의 쾌락을 위해, 그리고 집안 살림을 위한 노동을 위해 쓰인다는 뜻이다. 이 나라에서는 여성이 남성의 쾌락을 위해 쓰이는 것이 용인되기 때문에, 그는 "남자가 첩을 두는 관행은 국가적 제도이며 중혼의 본질이다"고 썼다.[138] 그는 이어 "코리아의 여성의 생활은 노예의 생활인데도 철저한 격리 속에 유지된다"고 썼다.[139]

새비지-란도는 조선에서는 노인들이 존중되는 풍토를 칭찬했다. 그는 또 아들이 딸보다 훨씬 더 귀하게 여겨지며 특히 장남은 가장 귀하게 여겨진다는 점에 주목했다. 아버지가 죽으면 장남이 집안의 모든 것을 승계하고 집안을 이끌어간다고 썼다.

한글을 높이 평가하다

새비지-란도는 조선인들이 아들의 교육에 많은 정력을 기울이며 그 교육의 중심은 한자의 습득에 있음을 깨달았다. 그는 그러나 '코리아의 토착적 알파벳'이 한자보다 아주 실용적이며 배우기 쉽다는 것을 깨달았다.[140] 그가 말한 '코리아의 토착적 알파벳'은 한글을 가리키는 것임에 틀림없다. 그러나 그는 한글이라는 단어 그 자체를 쓰지는 않았다.

137 위와 같음, 67쪽.
138 위와 같음, 154쪽.
139 위와 같음, 160쪽.
140 위와 같음, 87쪽.

그는 또, 이미 몇몇 서양인들이 지적했듯, "코리언은 천성적으로 손님 접대를 잘 한다"(The Corean is hospitable by nature)고 썼다.[141] 가까운 친구들이나 친척들에게는 말할 것도 없고, 부자들의 경우에는 심지어 전혀 모르는 나그네들에게 숙식을 제공한다는 것이다. 여기서 그는 "코리언이 가장 두려워하는 것은 사람들이 자기에 대해 나쁘게 말하는 것이다"고 관찰하면서, 손님들을 박대한다는 '나쁜 소문'을 피하기 위해 '손님접대'를 거절하지 못한다고 덧붙였다.[142]

그는 이 나라에는 호텔이나 여관이 없다는 사실에 놀라움을 표시했다. 예외가 있다면, '군졸들이나 노동자들을 위한 가장 저급한 식당들 그리고 노름꾼들과 강도들의 소굴들'이 있을 뿐인데, 그것들은 안락함과 개인적 안전함이 전적으로 결여된 '더러운 여인숙'에 지나지 않는다고 그는 비판했다. 그는 서울의 더러움에 대해서도 놀라움을 표시했다. 길들은 '좁고 황량한데,' 이러한 길들을 걸으면 곧바로 역겨운 냄새를 느끼게 된다고 그는 썼다. 길 양쪽에 늘어선 진흙집들은 '비참하고 더럽다'고 그는 덧붙였다.[143]

그는 조선인들의 식생활에 대해서도 관찰했다. 그는 그들이 식탐(食貪)을 하는 대식가들이며, 차를 거의 마시지 않는 대신에 술을 많이 마신다는 데 주목했다. 그는 또 그들이 생선을 즐겨 먹는데, 익혀 먹기보다는 날로 먹는다고 지적했다. 그는 또 "코리언들은 종교적이지 않다. 그들은 극도로 미신을 믿는 인종이다"고 덧붙였다.[144]

---

141 위와 같음, 79쪽.
142 위와 같음, 80쪽.
143 위와 같음, 91~92쪽.
144 위와 같음, 143~146쪽 및 293쪽.

"관리들은 백성들을 쥐어짜낸다"

새비지-란도는 그때 조선의 국내정치와 관련해 중요한 관찰들을 제시했다. 첫째, 그는 국왕이 정보정치에 의존한다고 보았다. 고종이 서울에 '많은 정탐원들'을 두고 있었으며 그들은 모든 사람들에 대해 정탐하면서 그 결과들을 국왕에 보고했다고 보았다. 그는 또 고종은 수시로 자신의 심복들을 각 지방으로 보내 정보를 수집해서 보고하게 했다고 썼다.[145]

여기서 그는 이미 여러 서양인들이 지적했듯, 고종보다 민비가 실제로 권력을 장악하고 행사한다는 소문이 나돈다고 썼다. 이 소문에 따르면, 왕은 어느 누구보다도 심지어 악마보다도 왕비를 더 무서워하며 이러한 상황에서 왕비가 실제로 왕을 지배하고 따라서 왕비는 왕을 통해 나라를 다스린다는 것이다. 그는 이 소문이 정확한 것인지 말할 수 없다고 논평하면서, 한 가지 확실한 것은 왕은 마음이 착한 데 비해 왕비는 마음이 강하다는 사실이라고 덧붙였다. 그는 왕비가 '아주 좋은 용모를 가진 젊은 여인'(a very good-looking youngish woman)이라고 썼다.[146]

둘째, 그는 조선에서 "정치는 전적으로 귀족들에게 맡겨져 있다"고 보았다. 그는 왕족과 귀족의 생활을 '아주 게으른 것'이라고 평했다. 그들은 운동(運動)을 '타락한 습관'으로 여기고, 자신의 신체를 움직여야만 생활비를 확보할 수 있는 사람들이 하는 '불명예스런' 일로 여긴다고 그는 보았다. 예외가 있다면 그것은 활쏘기뿐이라고 그는 덧붙였다.[147] 돌이켜보면, 활쏘기는 동양의 세 나라들 가운데 조선에서 가장 널리 유행했다. 무기들을 놓고 말할 때, 사람들은 중국에서는 창, 일본에서는 칼, 그리고 조선에서는 활이 대표적이었다고 말하곤 했다.

---

145 위와 같음, 194쪽.
146 위와 같음, 191쪽.
147 위와 같음, 197쪽.

셋째, 그는 관리들의 부패를 날카롭게 비판했다. 그는 관리들을 정말로 무자비한 강도들이라고 불렀으며 조선은 '[백성들을] 쥐어짜내는 무서운 제도'(the terrible system of 'squeezing')를 유지하고 있다고 비난하면서, 그렇기 때문에 백성들이 일하려고 하지도 않고 돈을 벌려고 하지도 않는다고 지적했다. "일하고 돈을 벌어야 무엇에 쓰나요? 일을 하고 돈을 벌었지만 그 돈을 관리들에게 빼앗겨버려 여전히 가난하다고 생각해보십시오. 그러한 상황에서 당신은 일을 하겠습니까?"라고 한 조선인은 그에게 말했다.[148]

그러면 관리들은 그 돈을 갖고 무엇을 하는 것일까? 이 물음에 대해 한 조선인은 다음과 같이 대답했다: "그것은 모두 쾌락에 쓰입니다. 여자들을 데리고 노는 것이지요. 그들이 기녀들과 첩들을 데리고 벌이는 잔치들에 엄청난 액수의 돈이 들어가지요. 게다가 그들의 여자들은 흡혈귀들 같아서 자신들의 욕심과 악한 버릇들을 충족시키기 위해 남자들로 하여금 백성들로부터 더욱더 뜯어내게 만들지요."[149]

그러면 그 여자들은 어떤 여자들인가? 그녀들은 대부분 아주 가난한 가정에서 태어나 기녀들이나 첩들로 팔려왔다고 한 조선인은 그에게 설명했다. "아무것도 아닌 곳으로부터 높은 곳으로 튀어 오른 사람들이란 자신들이 현재 가진 것에 대해 결코 만족하지 않습니다. 그들에게는 다른 사람들이 마치 자신들이 그전에 그러했듯 고통을 겪는 것을 보는 것이 언제나 즐거움이지요"라고 그는 부연했다.[150]

이러한 설명들은 무엇을 의미하는가? 그것들은 조선사회가 정신적으로 썩었으며 병들었음을 의미했다.

---

148 위와 같음, 162~163쪽.

149 위와 같음, 163쪽.

150 위와 같음, 164쪽.

넷째, 새비지-란도는 '외국의 침략자'들에 대해 경고했다. 그는 열강이 조선을 침탈하고 있으나 조선은 무기력한 상태에 빠져 있음을 개탄하면서, "가엾은 코리아!"라는 말을 두 차례 썼다. 그는 "슬픈 날이 네 앞에 닥쳐왔구나! [……] 많은 악마들이 지금 네 앞에 있구나"라고 쓰면서, 그 악마들 가운데 조선을 '문명화된 나라'로 만들겠다고 시도하는 것보다 더 큰 악마는 없을 것이라고 경고하는 것으로[151] 이 책을 끝냈다. 이 구절은 일제를 겨냥했던 것으로 보인다.

10. 영국 예비역장교 캐번디시의 『코리아와 신성한 백두산』

새비지-란도의 뒤를 이어 서양의 탐험가들과 여행가들이 조선을 탐방하고 견문록들을 출판했다. 그것들 가운데 우선 영국군장교 출신의 알프레드 에드워드 존 캐번디시(Alfred Edward John Cavendish)의 『코리아와 신성한 백두산』(*Korea and the Sacred White Mountain*)을 지적할 수 있다.[152] 조선의 관리들과 선비들 역시 백두산을 답사하고 그 기록을 남겼다.[153]

---

151 위와 같음, 300쪽.

152 Alfred Edward John Cavendish, *Korea and the Sacred White Mountain: Being a Brief Account of a Journey in Korea in 1891* (London: G. Philip & Son, 1894). 이 책은 Constance J. D. Taylor, *Koreans at Home: The Impressions of a Scotswoman* (Paris: Cassel and Co., 1904) 및 Ellasue Wagner, *Korea: The Old and the New* (New York: Fleming H. Revell Company, 1931)와 함께 '근세동아세아서양어자료총서 145'(서울: 경인문화사, 2001)에 합본되어 있다. 이 책의 한국어 번역본은 다음이다. 조행복(趙幸福) 옮김, 『백두산으로 가는 길: 영국군장교의 백두산 등정기』(서울: 살림출판사, 2008).

153 김지남(金指南) 외 저, 이상태(李相泰) 외 역, 『조선시대 선비들의 백두산 답사기』(서울: 혜안, 1998). 이 책은 김지남의 『북정록(北征錄)』과 박권(朴權)의 『북정일기(北征日記)』 그리고 이중하(李重夏)의 『백두산일기』 등 일곱 편의 백두산 답사기로 구성됐다.

그러나 서양인의 백두산 등정기는 아마도 이 책이 두 번째일 것이다.[154]

코리언들의 생활환경에 대해 흉을 보다

캐번디시는 같은 영국군대위 출신인 굴드 아담스(Goold Adams)와 함께 코리아에서의 호랑이 사냥과 백두산등정을 목표로 홍콩과 상하이를 거쳐 1891년 8월 하순에 제물포에 도착했다. 그들은 기동선을 타고 한강을 거슬러 올라가기 시작했다. 캐번디시는 이 강 주변에 '불모이면서 갈색이고 황량한 산들'이 많았다고 회상했다.[155] 중간에 그들은 일본인의 배로 옮겨 탔다. 일본인들은 '아주 친절했으며' 차를 제공해주었고 갑판 위에 매트를 깔아주었다. 그러나 캐번디시는 화물에서 나오는 냄새를 견디기 어려웠다고 회상했다. 한 섬에서 내린 그들은 나룻배를 타고 마포의 선착장에 도착했다. 거기서 그들은 서대문을 지나 '지독하게 냄새나는 길들'을[156] 걸어 영국총영사관으로 갔다. 그들은 곧 주변을 걸어 다녀보았다. "길들은 좁고 꼬불꼬불했다." 그리고 양쪽으로는 도랑이 있었는데, 그 도랑에는 쓰레기가 가득 차 있었다. 도랑이 없는 경우에는, 길에 '모든 종류의 더러운 것들'이 깔려 있었다.[157]

캐번디시는 주거 및 위생에 대해서도 날카로운 관찰들을 제시했다. 그는 우선 대부분의 사람들이 '밀집된 허름한 오두막집들'에 살며, 이 오두막집들 안에서 사람들과 벌레들이 뒤엉겨 산다고 지적했다. 위생시설이

---

154 백두산을 보고 기록으로 남긴 최초의 서양인은 중국에 천주교를 포교하러 왔던 벨기에 출신 예수회선교사 페르디낭 베르비스트(Ferdinand Verbiest)였다. 또 백두산을 등정한 최초의 서양인은 1889년 9월에 백두산을 등정했던 중국주재영국영사 캠벨(C. W. Campbell)이었다. 그의 등정기는 다음이다. C. W. Campbell, "A Recent Journey in Northern Korea," *The Scottish Geographical Magazine*, Vol. 8 (1892), pp. 579~591.

155 Cavendish, *Korea*, p. 17.

156 위와 같음, 21쪽.

157 위와 같음, 22쪽.

라고는 초보적인 것조차 찾아볼 수 없으며, 극소수의 아주 높은 계급의 사람들만이 비누와 깨끗한 물을 쓴다고 덧붙였다. 이처럼 열악한 환경 속에서, 사람들은 위생관념이 전혀 없이 생활한다고 그는 지적했다. 그들은 아무 곳에서나 가래침을 뱉고, 남녀를 가리지 않고 아무 곳에서나 배설을 하며, 손수건이라는 것을 모르고 산다고 그는 흉을 보았다. 그러나 그는 한글에 대해서는 칭찬했다.[158]

캐번디시는 "사람들은 '코리언은 평생에 오직 두 차례 씻는다. 한 번은 태어났을 때고 다른 한 번은 죽었을 때다'라고 말한다"고 쓴 뒤, 그러나 자신은 어린이들과 어른들이 강에서 목욕하는 것을 보았다고 회상했다. 비록 그렇다고 해도, 그들은 자신들의 몸을 자주 씻지는 않는다고 그는 덧붙였다. 캐번디시는 코리언들이 자신들의 옷에 대해서는 '아주 특별하다'는 데 주목했다. 비록 몸을 깨끗이 씻지는 않아도 옷을 깨끗이 유지하기 위해 각별한 노력을 기울인다는 뜻이었다. 이것은 비록 몸은 깨끗이 유지해도 옷은 더러운 채 내버려두는 '일본 방식'에 대조된다고 그는 지적했다. 위생관념과 시설이 결여된 이 나라에서 전염병들이 만연하는 현상은 자연스러웠다. 캐번디시는 서울에 매독이 널리 퍼져 있으며, 천연두는 매년 엄청나게 많은 희생자들을 내고 있고 특히 높은 영아사망률의 원인이 되고 있다고 지적했다.[159] 이 사실들 역시 서양인들이 이미 지적했던 것들이다.

캐번디시는 "코리아 주변의 바다에는 물고기들이 많이 산다"고 지적하면서, "그러나 원주민들은 물고기잡이를 아주 게을리 한다"고 비판했다. 반면에 일본인들은 동해에서 고래를 잡아갈 뿐만 아니라 여러 물고기들

158 위와 같음, 22~32쪽 및 155쪽.

159 위와 같음, 24~27쪽.

을 부지런히 잡아가며 중국인들은 서해에서 청어를 대량으로 잡아간다고 지적했다.[160]

"코리언은 시간의 가치를 모른다"

캐번디시는 아담스와 함께 서울을 떠나 임진강을 건넌 뒤 함경도의 원산 · 갑산 · 보천을 거쳐 백두산에 접근했다. 인부들의 부족으로 캐번디시는 등정을 포기했으며 아담스 혼자 10월 중순에 등정에 성공했다. 아담스는 인부들이 백두산에 등정하는 것 그 자체를 두려워했다고 회상했다. 그들은 '산신령'이 등정하는 사람들에게 '분노'의 표시로 벌을 내려 신체의 일부나 전부를 못 쓰게 만든다는 믿음을 가졌다고 부연했다.[161]

약 2개월에 걸친 이 여정에서 캐번디시는 비옥한 토지가 거의 개간되지 않은 사실 그리고 상류계급에 속하지 않은 여성들의 삶은 매우 고달프다는 사실을 깨달았다. 그는 또 자신들을 돕는 마부들이나 인부들이 시간을 제대로 지키지 않는 데 짜증이 났다. 그는 "코리언은 시간의 가치에 절대적으로 무지하거나 무관심하다"고 썼다.[162]

그들은 때때로 마부들이나 인부들이 유숙하는 여인숙에 묵어야만 했는데, 그것은 "아주 더럽고 악취가 났으며 다양한 벌레들로 꽉 차 있었다." 그들은 또 마부들과 인부들이 '역겨운 냄새'가 나는 음식을 '탐욕스럽게' 먹어치우는 것을 보았다. 마부들과 인부들은 서양인들이 자기들과 함께 자거나 먹는 것을 아주 싫어했다고 그는 썼다.[163]

그의 이 지적은 그들에 앞서 백두산을 등정한 영국 외교관 캠벨의 지적

160 위와 같음, 47~48쪽.
161 위와 같음, 166~173쪽.
162 위와 같음, 57쪽 및 83~84쪽.
163 위와 같음, 195쪽.

과 일치했다. 백두산을 등정한 최초의 서양인으로 간주되는 중국주재영사 캠벨은 자신이 유숙한 여인숙에서 본 벌레들의 수는 상상을 뛰어넘는 것이었으며, 여인숙의 부엌은 너무나 더러워 가까이에서 들여다볼 용기가 나지 않았다고 회상했다.[164]

코리아의 국내정세에 대한 관찰들: "고종은 민비의 괴뢰다"

캐번디시는 서울의 가구는 약 30,000가구이며 인구는 약 250,000명이라는 통계를 제시했다. 그는, 기존의 서양인들이 그렇게 썼듯, "파리가 프랑스의 심장인 것처럼 서울은 코리아의 심장, 또는 그것 이상이다"(Seoul is as much the heart of Korea, or rather more so, as Paris is the heart of France)라고 썼다.[165] 서울이 코리아의 심장이기 때문에 모든 관리들은 지방에서의 생활을 경멸하고 서울이 아닌 곳들에서 사는 사람들은 '자신들의 슬프면서 지루한 생활'을 한탄한다고 그는 덧붙였다.

캐번디시는 이 나라의 정부가 왕비와 그녀의 척족의 손에서 좌우된다고 보았다. 국왕은 정신적으로나 육체적으로 취약해서 '심지가 굳은 왕비'(a strong minded woman)의 손에서 '하나의 단순한 괴뢰'(a mere puppet)가 됐으며, 모든 관직들은 왕비의 친척들과 추종자들이 차지하고 있다고 그는 지적한 것이다.

그러면 왕비와 그녀의 척족은 국정을 어떻게 운영했던가? 그는 그들이 모든 관직들을 팔며 관직들을 산 사람들은 그 돈을 되찾을 뿐만 아니라 고관들에게 바치기 위해 백성들을 '쥐어짜낸다'고 비판했다. 그는 서울이 '공직자들의 부패와 쥐어짜냄의 원천'이라고 단언했다. 국왕과 왕비

164 Campbell, "A Recent Journey," p. 585.

165 Cavendish, *Korea*, p. 24.

는 그렇게 획득한 금전을 사치와 미신적 행위들 그리고 '변덕스런 짓들'에 쓴다고 그는 개탄했다.[166]

캐번디시는 코리아에서 행해지는 정부의 또 다른 악으로 '부정직과 억압' 그리고 '고문과 잔혹'을 지적했다. 그는 또 '사적(私的) 및 정치적 음모'가 난무하면서 많은 사람들의 생활조건들을 개선시키려는 시도들을 저해하고 있다고 개탄했다. 또한 부패와 억압이 조선왕조 500년에 걸쳐 자행되어왔다고 비난했다.[167]

코리아의 대외관계에 대한 설명들: "코리아는 외교를 잘해야 살 수 있다"

캐번디시는 코리아의 국제정세에 대해서도 날카롭게 관찰했다. 그는 이 나라는 오랫동안 중국과 일본 사이의 각축의 대상이 되어왔으며 그 결과 때로는 중국에 때로는 일본에 복속됐다고 보았다. 그런데 이제 러시아가 이 나라에 '진짜 위험'으로 등장했다고 그는 주장했다. 그러나 현 시점에서 러시아가 이 나라를 장악하기 위해 어떤 행동들을 취할 것으로는 보지 않았다. 블라디보스토크 앞바다는 매년 네다섯 달 정도 결빙되고 시베리아횡단철도는 아직 완공되지 않은 사실들을 그는 정확히 지적했다.[168]

국제정세를 이렇게 볼 때, 코리아의 장래는 열강 사이에서 어떻게 외교를 잘 하느냐에 달렸다고 그는 주장했다. 이 점과 관련해 그는 다음과 같이 썼다: "하나의 왕국으로서의 코리아의 존속은 군사적 또는 해군의 자원들에 달려 있는 것이 아니라 지리적 위치 그리고 그 이웃나라들의 질투에 달려 있다."[169] 이러한 시각을 지녔기에, 그는 "코리아는 정규군을 가

166 위와 같음, 24~26쪽.
167 위와 같음, 27~28쪽.
168 위와 같음, 38쪽.
169 위와 같음.

져야 할 절박한 이유가 없다"고 단언했다.[170] 그의 이 주장은 이 나라는 장비들을 잘 갖추고 규모가 큰 군대를 유지해야 한다는 길모어 목사의 제안과 반대되는 것이었다.

11. 미국 목사 기포드의 『코리아에서의 일상생활』

우리는 앞에서 미국인 목사 길모어가 육영공원의 교사직을 사임하고 1889년에 귀국한 사실을 지적했다. 그의 후임으로 부임한 사람이 다니엘 기포드(Daniel Gifford) 목사다. 그는 미국 북장로교가 파송한 선교사로 1892년에 서울에 와서 경신학교 교사와 육영공원 교사 그리고 오늘날의 새문안교회 담임목사로 활동했다. 1897년에 안식년을 맞은 그는 귀국해 자신의 경험들을 바탕으로 이 책을 썼다.[171] 다시 서울로 돌아온 그는 1900년 4월에 경기도의 남부를 순회설교하다가 갑자기 별세했다.

"코리아의 공직자들은 정직을 모른다"

이 책은 제목 그대로 코리언들의 생활풍습을 설명했다. 이 나라의 국내정치에 대해서는, "코리아의 정부는 절대군주제다. 그러나 국왕은 정승과 판서들 및 참판들로 구성된 협의체의 보좌를 받는다"로 시작되는 정부

---

170 위와 같음, 39쪽.

171 Daniel L. Gifford, *Every-day Life in Korea* (Chicago, New York and Toronto: Fleming H. Revell Company, 1898). 이 책은 Mary Viola Tingley Lawrence, *A Diplomat's Helpmate* (San Francisco, C. A.: H. S. Crocker Company Publishers, 1918) 및 Sidney Lewis Gulick, *The Winning of the Far East* (New York: George H. Doran Company, 1923)와 함께 '근세동아세아서양어자료총서 185'(서울: 경인문화사, 2004)로 재간됐다. 기포드의 책은 심현녀(沈賢女), 『조선의 풍속과 선교』(서울: 한국기독교사연구소, 1995)로 한국어로 번역됐다.

구조에 관한 짧은 설명 그리고 "공직자들이 정직해야 한다는 것은 코리아에서는 거의 알려지지 않은 일이다"는 설명이 전부이다.[172] 저자는 이 나라의 정치적 폐해들을 지적하는 것을 자제한 것이다.

국제관계에 대해서는, 코리아의 역사를 설명하는 과정에서 자세히 설명했다. 코리아의 중국 및 일본과의 관계 그리고 1876년에 코리아가 개항한 이후 1897년에 대한제국의 성립을 선포한 시점까지의 코리아의 대외관계를 설명한 것이다. 저자는 자신이 코리아의 역사를 그리피스의 『코리아: 은자의 나라』로부터 배웠다고 썼는데, 그 때문에 그는 그리피스가 제시했던 잘못된 설명들을 비판없이 되풀이했다.

첫째, 그는 코리아에서 최초의 국가는 중국인 기자가 세웠으며 기자가 이 나라를 조선으로 명명했다고 썼다. 둘째, 그는 3세기께 일본의 진구 황후가 코리아의 남부를 점령하고 통치했으며, 이것이 '코리아는 자신의 조공국이었다는 일본의 주장'의 근거가 됐다고 썼다. 셋째, 그는 청일전쟁에서 승리한 일본이 코리아에서 제도화한 개혁들은 대체로 아주 뛰어났다고 썼다.[173]

코리언들의 생활습성을 변호하다

저자가 제시한 코리언들의 생활풍습에 대한 설명들은 거의 전부가 그에 앞서 서양인들이 제시한 설명들과 같다. 그러나 저자는, 우리가 이미 살폈거나 앞으로 살필 서양인들과는 달리, 코리언들의 흉을 거의 보지 않았다. 예컨대, 코리언들은 더럽다거나 서울은 길이 좁고 냄새가 나는 곳이라는 따위의 지적을 그는 전혀 하지 않았다. 그는 코리언들의 생활을

172 Gifford, *Every-day Life in Korea*, pp. 56~57.

173 위와 같음, 24~44쪽.

훨씬 애정어린 눈으로 이해하려고 했다. 몇 가지만 예시하기로 하자.

첫째, 그 역시 이 나라의 집들은 관청건물들을 포함한 특수한 경우들을 제외하고는 모두 단층이며 이 나라 인구의 대다수를 차지하는 서민들의 집들은 진흙과 짚으로 만든 초가집들이라고 썼다. 그러나 그는 서양인들이 자주 썼던 표현, 예컨대 '버섯 모양의 초라한 오막살이들'이라는 표현을 한 차례도 쓰지 않았다. 그는 오히려 못을 하나도 쓰지 않으면서 지붕을 만드는 코리언들의 '아주 영리한' 기술을 칭찬했다.[174]

둘째, 그 역시 이 나라 사람들이 즐겨먹는 김치에 대해 자세히 설명했다. 그러나, 어떤 서양인들과는 달리, 그는 김치의 냄새에 대해 전혀 언급하지 않았다. 그 역시 코리언들은 우유를 마시는 생각을 전혀 하지 않는다고 지적했다. 그러나 그는 이것을 코리언들이 낙농업에 눈을 뜨지 못한 데 따른 부산물이라고 비판하지 않았다. 그 역시 코리언들이 개를 잡아먹는다는 사실을 지적했다. 그러나 그는 평균적인 코리언은 가난해서 소고기와 돼지고기를 사먹기 어렵기 때문에 개를 먹는다고 해명했다.[175] 그 역시 코리언들은 음식을 먹을 때 소리를 낸다고 썼다. 그러나 그는 그것은 코리언들의 예법에 부합되는 것이며, 방문객이 있을 때는 훨씬 정중하게 행동한다고 덧붙였다.[176]

셋째, 그 역시 지방을 여행하면서 여관에 유숙했던 경험들에 대해 썼다. 그러나, 다른 서양인들과는 달리, 그는 여관에 이와 빈대를 비롯한 벌레들이 많았다는 말을 하지 않았다. 다만 자신은 자신이 잘 방에 '살충제'를 뿌렸다고 짧게 말했다.[177]

174 위와 같음, 49쪽.

175 위와 같음, 20~21쪽.

176 위와 같음, 52~53쪽.

177 위와 같음, 51쪽.

넷째, 그는 코리언들은 게으르다는 서양인들의 비판에 대해서도 코리언들을 변호했다. 코리언들은 '재산권의 불안정'으로 말미암아 돈을 버는 것에 대해 그저 무관심할 뿐이라는 것이다. 그는 또 코리언들은 무뚝뚝하며 외국인들을 적대심으로써 대한다는 일부 서양인들의 비난에 대해 "코리언들은 천성이 친절한 사람들이며 전반적으로 보아 외국인들을 많은 존경심으로써 대한다"고 변호했다.[178]

다섯째, 그는 "애국심과 공공정신은 코리언들의 마음속에 현실적으로 개발되지 않은 자질이다"라고 지적했다. 그러나 그는 오늘날 이 나라에는 애국심과 공공정신의 함양을 강조하는 진보적인 세력이 등장하고 있음에 주목했다. 그 보기들로 그는 독립협회를 이끄는 서재필 그리고 독립협회의 기관지인 『독립신문』을 지적했다. 그는 코리언들이 정의롭게 운영되는 현명한 법률들 아래서는 생명과 재산의 안전을 보장받으며 살 수 있을 것이라고 덧붙였다.[179]

여섯째, 그는 이 나라의 종교는 일차적으로 조상숭배라고 말하면서 그것은 결코 미신이 아니라 유교적인 것이라고 옹호했다. 그는 또 코리언들이 귀신들을 두려워하며 그래서 '귀신숭배'의 의례들을 갖는다고 보면서, "그것은 분명히 이 나라의 종교다"라고 단언했다. 그것을 서양인들이 미신으로 조롱하는 것에 대해, 그는 그것을 코리언들의 시각에서 볼 것을 제의했다. 코리언들이 귀신들을 두려워하는 것은 그들이 '격렬한 정신적 고통'을 자주 겪었기 때문이라고 변호했다.[180]

178 위와 같음, 57~66쪽.
179 위와 같음, 68~69쪽.
180 위와 같음, 88~117쪽.

12. 일본 기자 혼마의 『조선잡기』

중국과 일본 사이에 전운이 짙어지던 1893년의 어느 시점에 도쿄 『니로쿠신포』(二六新報: 이룩신보)의 기자 혼마 규스케(本間九介: 본간구개)가 조선에 잠입했다. 조선전문가로 불리던 그는 부산에 머물면서 서울을 정탐하고 곧 행상을 하며 황해도와 경기도 및 충청도 등을 정탐했다. 그는 귀국한 뒤 1894년 4월 17일부터 6월 16일까지 『니로쿠신포』에 자신의 정탐기를 연재했고 청일전쟁이 일어난 직후인 1894년 7월 1일에 이 책을 출판했다. 그는 뒷날 조선에 설치된 일제의 통감부와 총독부에서 관리로 일한다.[181]

"조선은 이미 독립국이 아니다"

저자는 자신의 책에서 조선과 조선인들을 철저히 경멸했다. 그는 "조선이 상하가 어두워져 기개가 이미 죽었다. [……] 조선에는 진취적 기성(氣性)이 없다. [……] 조선인은 대개 스스로 비굴하고 구걸 근성이 있다. 정치적인 눈으로 시찰하면, 조선인은 어둡고 낮잠 속에 있다. 참으로 걱정할 만하다"고 조롱했다. 같은 맥락에서, 그는 "불쌍한 이 혼돈국. 조선은 썩은 달걀과 같아 이미 부화력(孵化力)이 없다. 어찌 스스로 껍질을 깨고 '꼬끼오' 하고 외치는 새벽을 얻을 것인가"라고 썼다.[182]

그는 거기서 한걸음 더 나아가 "조선은 이미 독립국이 아니다"라고 단정하면서 다음과 같이 부연했다: "상고(上古)부터 금일에 이르기까지, 다른 나라의 속박에 관계되지 않은 시대가 거의 드물다. 즉 조선은 진정으

181 혼마 규스케 지음 최혜주(崔惠珠) 옮김, 『조선잡기: 일본인의 조선정탐록』(서울: 김영사, 2008).

182 위와 같음, 28~42쪽.

로 독립한 적이 없다고 해도 과언이 아니다."[183] 이 마지막 부분은 그때 일본정부가 국제사회를 향해 끊임없이 전파했던 메시지였다. 조선은 진정으로 독립국이었던 시기를 가져본 일이 없으며, 따라서 일본의 지배를 받는다고 해도 조금도 이상하지 않다는 논리를 전파했던 것이다.

그는 이어 조선을 매관매직의 나라라고 매도했으며 관인(官人)들은 모두 도적들이라고 단정했다. 군대에 대해서도, 무뢰한들이 백성들을 수탈하기 위한 수단을 얻기 위해 병정이 됐기 때문에 병정들은 쉽게 도적들이 된다고 비웃었다. 정부에서 봉급을 받지 못하게 되면 그들은 공공연히 강도로 변한다는 것이었다. 군기는 완전히 해이해졌으며, 무예 가운데 오직 활쏘기 하나가 남아 있을 뿐이라고 비웃었다. 그는 또 조선에서는 매춘과 남색이 유행하고 역병이 만연한다고 지적했으며, 조선인들은 개고기를 즐겨 먹으면서 개에게는 인분이나 먹인다고 조롱했다.

마지막으로, 그는 "일본은 조선을 근대화시키려는 순수한 마음으로 조선에 접근하고 있다"고 주장했다. 일본의 기본자세가 그러한데도 조선은 일본의 선의를 의심으로써 대할 뿐만 아니라 적대시한다고 그는 비난했다.[184]

13. 중국 군인 니에스청의 조선관찰기

중국과의 전쟁을 예견하면서 일본인들이 조선을 정탐했듯, 일본과의 전쟁을 예견하면서 중국인들도 조선을 정탐했다. 그 대표적 중국인이 군

183 위와 같음, 24쪽.

184 위와 같음, 50~54쪽 및 192~193쪽.

인 니에스청(聶士成: 섭사성)이었다. 그는 1893년 9월에 만주와 러시아 사이의 변경지구들을 시찰한 데 이어 1894년에는 조선의 함경도로부터 시작해 서쪽으로는 인천과 남쪽으로는 부산까지 순회하면서 정보를 수집하고 주로 중요한 군사지역들을 중심으로 지도를 만들었다. 이 순회에 기초해 그는 1895년에 『둥여우지청』(東遊紀程: 동유기정)이라는 책을 출판했다.[185]

저자는 우선 조선에서 전쟁이 일어날 개연성이 높다고 보았다. 저자는 그동안 일본이 조선의 정세를 정탐하기 위해 군함들을 각 항구로 자주 보냈으며 조선의 각지를 상세히 파악할 수 있는 지도들을 만들어놓았다고 지적했다. 그는 특히 조선에 거주하는 일본상인들이 전쟁에 대비해 많은 무기들을 사들여 보유하고 있다고 지적했다. 그는 그들이 중국인들을 경멸한다는 사실도 지적했다. 그는 중국이 조선을 자신의 '번속'(藩屬)으로 그대로 유지해야 하지만 파병으로써 조선을 보호해주는 것은 매우 위험하다고 경고했다.

---

185 김성남(金成南), 「19세기 말 중국인들의 조선기행저술 연구」, 이규수 · 임경석 · 진재교 외, 『근대전환기 동아시아 속의 한국』(서울: 성균관대학교출판부, 2004), 110~113쪽.

제4부

청일전쟁이 일어난 때로부터 일본이 조선을 '피보호국' 으로 만들기 직전까지의 시기에 조선을 관찰한 서양인들의 기록들

제10장
청일전쟁 발발을 전후한 시점으로부터 대한제국 성립을 전후한 시점까지의 시기(1894~1897)

돌이켜보면, 갑오년(甲午年)인 1894년과 을미년(乙未年)인 1895년은 조선의 명운에 있어서 대내외적으로 매우 중요한 전환의 시점이었다. 1894년 전반기에 이 나라에서는 동학농민들이 주축이 된 혁명적 봉기가 있었으며 이것을 구실삼아 중국과 일본이 이 나라에 파병하면서 전쟁이 일어났다. 일본군의 우세 속에서, 1894년 후반기에 서울에서는 친일내각이 성립됐고 이 내각은 갑오경장(甲午更張)이라고 불린 개혁운동을 시작했다. 1895년 전반기에 전쟁이 일본의 승리로 귀결됨에 따라 이 나라에서 중국의 영향력은 결정적으로 줄어든 반면에 일본의 영향력은 크게 늘어났다.

이러한 새 상황은, 1895년에 대내외적으로 일본에 대한 견제로 이어졌다. 우선 러시아는 독일 및 프랑스와 함께 공동으로 일본을 압박해 일본으로 하여금 승전의 결과로 중국으로부터 얻게 된 랴오둥반도를 포기하게 만들었다. 이 이른바 삼국간섭(三國干涉)을 보고, 조선조정 안의 반일세력은 러시아를 끌어들여 일본에 항거하기 시작했다. 이것에 맞서, 일본은 그 세력의 중심이던 민비를 시해한 을미사변(乙未事變)을 일으켜 이른바 인아거일(引俄拒日) 세력에 타격을 입히고자 했다. 그러나 일본의 예상과는 달리 이 사건은 고종으로 하여금 러시아공사관으로 파천해 친러내각을 출범시키도록 만들었다.

고종은 1897년에 환궁해 그 해 10월 12일에 대한제국의 성립을 선포했다. 그러나 러시아와 일본 사이의 갈등과 대립이 격화되는 가운데 이 제국의 명운은 점점 각박해져갔다. 1904년에 마침내 러시아와 일본 사이에 전쟁이 일어났으며 1905년에 이 전쟁은 일본의 승리로 매듭지어졌다. 미국과 영국이 대한제국에 대한 일본의 지배를 승인함에 따라, 이 제국은 일본의 '피보호국'으로 전락했으며 5년 뒤 국권을 상실하게 됐다. 이 제4부는 1894년으로부터 1905년까지의 11년 동안 비운의 이 나라를 관찰한 서양인들의 기록들을 검토하기로 한다.

1. 영국 여배우 밀른의 『기이한 코리아』

청일전쟁이 일어나기 이전 시기에 코리아를 방문했던 영국의 여배우 루이즈 조던 밀른(Louise Jordan Miln)은 전쟁이 개시되는 것을 보면서 자신의 견문록을 출판했다.[1] 우선 그녀에 대해 살피기로 한다. 밀른은 1860년을 전후한 시점에 일리노이주 매콤(Macomb)시에서 태어나 일리노이주 시카고시에서 어린 시절을 보냈다. 의사이면서 여행가였던 아버지는 그녀를 데리고 여러 곳들을 여행하면서 교사의 역할을 수행했다.[2] 그녀는

---

1 Louise Jordan Miln, *Quaint Korea* (London: Osgood, McIlvaine and Company, 1895). 이 책은 A. Henry Savage Landor, *Corea or Cho-sen: The Land of the Morning Calm* (London: William Heinemann, 1895)와 함께 '근세동아세아서양어자료총서 33'(서울: 경인문화사, 2000)에 합본되어 있다.

1879년에 뉴욕주에 위치한 여자대학 바싸(Vassar College)에 입학했다. 그러나 전문적인 배우가 될 기회를 얻자 졸업을 앞두고 퇴교했으며, 실제로 배우로 일정하게 명성을 얻었다.

동양을 서양이 정복해 문명화시켜야 할 대상으로 인식하다

그녀는 곧 영국인 배우 조지 크라이튼 밀른(George Crichton Miln)과 결혼했고, 이 부부는 일단의 연극배우들을 이끌고 호주와 아시아를 광범위하게 순회하며 공연했다. 이 과정에서 그녀는 그녀 스스로의 표현으로 동양을 진정으로 사랑하게 됐으며, 순회공연 때 본 동아시아국가들의 모습들을 우선 『우리가 동방의 순회공연배우들이었을 때』에서 묘사했고, 이어 『기이한 코리아』에 담았다.

비록 자신은 동양을 진정으로 사랑하게 됐다고 말했지만, 그녀는 동양에 대해 인종적 문화적 편견을 갖고 있었다. 그 점은 "서양은 동양을 정복했다. 기독교신앙은 승리했다. 이교도신앙은 짓이겨졌으며 죽어간다"는 그녀의 진술에 나타났다. 그녀는 서양의 동양정복이 무력에 의해 이뤄진 사실에 대해서는 철저히 외면한 채 기독교신앙의 이교도신앙에 대한 승리로 단순화한 것이다. 또 서양인들이 이교도신앙을 미개한 사람들의 신앙과 동일시했음을 고려할 때 그녀의 그 진술은 그녀가 동양을 미개한 지역으로 간주했음을 의미했다.

그녀는 또 아시아에 서양식의 철도들이 깔리면서 수많은 사람들이 줄을 이어 여행할 수 있게 됐다고 보면서 그것을 '축복'이라고 평가했다. 그러나 그 철도들은 제국주의 열강이 현지에서의 수탈을 확대시키고 심지

2 밀른의 경력은 다음에 소개됐다. James F. Lee, "Louise Jordan Miln and Her Unorthodox View of Korea," *Korean Culture*, Vol. 16, No. 2 (Summer 1995), pp. 12~16.

어 군사적 목표를 달성하기 위한 방편으로 부설한 것이라는 부정적 측면에 대해서는 침묵했다.

같은 맥락에서, 그녀는 코리아를, 코리아가 서양과 수교하기 이전에는, 서양문명의 축복에서 완전히 벗어났던 나라로 인식했다. 그녀는 심지어 코리아는 "그대가 즐겁게 방문하기에는 마지막 장소"라거나 "코리아는 우리가 총과 대포로 접근할 가치가 없었던 것 같았다"고 썼다.[3]

코리아에 대한 무지와 편견을 갖고 여행을 시작하다

코리아에 대한 밀른의 편견은 코리아에 대한 그녀의 무지에 연결되어 있었다. 그녀는 "코리언들은 일본인들의 후예일 개연성이 크다"고 그릇되게 썼으며, "코리언들은 일본인종이다"라고 그릇되게 썼다. 그녀는 또 코리아에서 최초의 왕국은 중국인 기자가 세웠으며, 기자는 코리아에 중국의 봉건주의를 비롯해 의술과 농업 및 예술 등을 전파했다고 그릇되게 썼다. 같은 맥락에서, 그녀는 코리언들은 수세기에 걸쳐 중국으로부터 배웠으며 그래서 "코리언들은 중국인들의 생각들에 깊이 배어 있다"고 쓴 데 이어, 코리아의 건축은 중국의 건축과 일본의 건축을 모방한 것이라고 덧붙였다.[4] 그녀는 "코리아의 건축은 순전히 타타르적이다"라고 써서, 코리아와 타타르를 같게 여기던 서양인들의 인식을 강화시키는 데 이바지했다.

밀른은 코리아에서 전쟁이 진행되던 때인 1894년 7월 30일에 런던에서 발행되던 『폴 몰 가제트』(*Pall Mall Gazette*)에 「시(市)의 성벽(城壁)에서 본 서울」이란 글을 기고했는데—이 글은 『기이한 코리아』의 제3장을 구성하고 있다—, 이 글에서 그녀가 서울을 6년 전에 보았다고 썼다. 이 사실에 미

3 Miln, *Quaint Korea*, p. 9.

4 위와 같음, 162쪽 및 246쪽.

뤄, 그녀는 1888년에 서울을 방문했던 것 같다. 그녀의 이 글은 독자들에게 관심을 불러일으켰던 것 같고, 이것에 힘입어 그녀는 조선의 현황을 포함시키면서 1895년 5월에 『기이한 코리아』를 출간했던 것이다. 그녀는 연극과 여행이 계속된 삶을 살다가 1933년에 별세한다.

"코리아에서 여성은 이름조차 없다"

이 책에 나타난 코리아의 모습들을 설명하기에 앞서 지적해야 할 점은 코리아에 대한 그녀의 접근법이 독특했다는 사실이다. 코리아에 대해 책을 쓴 서양인들은 대체로 이 나라에 대한 기존의 책들을 먼저 읽고 나서, 그리하여 그것들로부터 영향을 받은 시각으로부터, 이 나라를 관찰했다. 그녀는 정반대의 방법을 선택했다. 우선 이 나라를 자신의 눈으로 직접 보았으며, 그 뒤 이 나라에 대한 책들을 읽었다. 그러했기 때문에, 그녀가 묘사한 이 나라의 모습들은 다른 서양인들이 묘사한 모습들로부터 차이를 보여주었다.

그 대표적인 경우가 여성에 대해서였다. 그녀는, 다른 서양인들이 관찰한 것과 마찬가지로, 코리아에서의 여성의 삶은 중국이나 일본에서의 여성의 삶에 비해 낮으며 버마나 태국이나 인도에서의 여성의 삶에 비해서도 낮다고 썼다. 보다 구체적으로, 그녀는 "코리아에서 여성은 사회적으로나 정치적으로 존재하지 않는다. 그녀는 이름조차 없다. 결혼 이후 그녀는 남편의 성을 따라 아무개 부인이라고 불린다. 결혼 이전에는 이러한 식의 호칭조차 없다"고 썼다. 그녀는 이어 "한 가지 예외, 오직 한 가지 예외가 있다. 기생들은 그들 각자의 이름을 가졌다. [……] 소녀들은 결혼 연령에 도달하기 이전에는 여성들만의 장소에 격리된 채 산다. 결혼한 뒤에는 그녀는 남편의 재산이 된다"고 썼다.[5]

---

5 위와 같음, 75~76쪽.

“코리아의 여성들은 아름답다”

그러나 그녀는 다른 서양인들의 관찰들에 대조되는 관찰들을 제시했다. 우리가 제3부 제9장에서 살핀 바라 및 사예롱에서 보았듯, 대부분의 서양인들은 코리아의 여성들이 아름답지 않다고 주장했는데, 그녀는 그들의 그러한 견해를 정면으로 반박했다. 그들이 본 코리아의 여성들은 대체로 고달프게 일하지 않으면 안 되면서도 제대로 먹지 못하는 낮은 계층의 여성들이어서, “한때 아름답던 얼굴들이 눈물 속에서 비천해졌다”는 사실을 깨닫지 못했기에 그렇게 주장했다는 것이었다. 그녀는 ‘코리아의 유한계급 여성들’은 ‘확실히 아름다우며’ 기생들 역시 아름답다고 덧붙였다.[6]

그녀는 민비는 물론 고종의 후궁들 모두 아름다운 여성들이라고 썼다. 특히 민비의 용모에 대해 그녀는 칭찬을 아끼지 않았다. ‘창백하면서 섬세한 용모’(pale and delicate-looking)에 ‘범상치 않은 이마’(a remarkable forehead)를 가졌다고 쓴 그녀는 민비가 일본 상류사회에서 태어난 여성을 닮았다고 덧붙였다. 이어 그녀는 민비가 두발(頭髮)을 중앙에서 나눴으며, 값비싼 다이아몬드를 자주 끼었다고 증언했다.[7]

여기서 강조돼야 할 점은 밀른이 여성의 미(美)를 특정한 종족이나 민족의 관점에서가 아니라 계급의 관점에서 볼 것을 제시했다는 사실이다. 풀어 말해, 노동계급의 여성들은 생활에 찌들었을 뿐만 아니라 자신의 용모를 가꿀 시간이나 능력이 없어서 동양에서건 서양에서건 상류계급의 여성들에 비해 훨씬 덜 예뻐 보인다고 그녀는 주장했다. 예컨대, 영국 및 미국에서 여성노동자들의 용모는 코리아의 하류계급여성들의 용모처럼 예뻐 보이지 않는다고 그녀는 지적했다.[8]

---

6 위와 같음, 100~101쪽.

7 위와 같음, 102쪽.

8 위와 같음, 98~101쪽.

"코리아의 숙녀들은 교양이 높다"

밀른은 또 코리아의 여성들은 교육을 받지 못했다는 서양인들의 저술들을 비판했다. 그녀는 코리아의 숙녀들은 자기나라의 문학과 음악에 대해서는 물론 중국과 일본의 역사에 대해서도 익숙해 있다고 칭찬했다. 가난한 여자들의 경우에도, 그녀들은 읽을 줄 알고 쓸 줄 안다고 평가했다. 그것들뿐만이 아니다. 그녀들은 요리를 잘하고 살림살이를 잘 한다고 칭찬했다. 이렇게 볼 때, 코리아의 여성들이 유럽방식의 교육을 받지 않은 것은 확실하지만, 그렇다고 해서 그녀들이 교육을 받지 못했다는 말을 들을 수는 없다고 그녀는 옹호했다.[9] 그녀는 또 코리언들은 흰옷을 입고 산다는 서양인들의 통설을 반박했다. 그들은 다른 색깔들의 옷도 자주 입는다는 것이었다.

코리아의 어부들과 날씨를 높이 평가하다

밀른의 관찰들 가운데 주목되는 것은 코리언들은 생선은 많이 먹지만 고기는 거의 먹지 않는다고 지적한 대목이다. 흉년이 들어 쌀과 수수 및 조 등의 생산이 떨어지는 경우에도 물고기의 생산은 결코 떨어지지 않기 때문에, 생선은 그들에게는 주요한 식량공급원이라고 보았다. 따라서 그녀에게는, "코리아에서 어떠한 계급도 어부만큼 중요하지 않았다."[10] 서양인들 가운데 코리아의 어부를 이처럼 강한 어조로 중시한 사람은 그녀가 유일할 것이다.

이상에서 보았듯, 밀른은 많은 주제들에서 서양인들의 통설들을 반박했다. 그러나 다른 한편으로 서양인들의 통설들에 일치하는 관찰들을 제

9 위와 같음, 98~99쪽.

10 위와 같음, 44~45쪽.

시했다. 첫째, 그녀는 코리아에서 형벌의 방식들은 아주 잔인하다고 썼다. 재판과 형집행의 과정을 읽노라면 너무 괴로워진다고 그녀는 덧붙였다. 그녀의 이 주장은 하멜의 『파선일지』로부터 영향을 받은 것이었다. 둘째, 그녀는 코리언들이 식탐하는 사람들이라고 썼다. "에스키모 다음으로, 코리언들은 세상에서 가장 왕성하게 먹는 사람들이다. 따라서 그들은 음식을 먹은 뒤 깊이 잔다. 그들은 언제나 먹고 있는 것처럼 보인다"고 그녀는 표현했다. 이 대목에서, 그녀는 코리언들은 개고기를 즐겨 먹는다고 덧붙였다.[11]

셋째, 그녀는 서울이 '무성한 버섯들의 묘판'처럼 보였다고 썼다. 집들은 거의 모두가 낮으며 단층이어서 꼭 버섯들처럼 보였다고 덧붙였다. 그녀는 서울의 도로들이 '아주 좁아' 그것들은 도로라고 불릴 수 없다고 흉을 보았다. 그녀는 또 이 나라에는 호텔들이나 여관들이 없다고 지적했다. 그러나 그녀는 코리아에는 일종의 휴게소로 방갈로 같은 것이 있다고 덧붙였다.[12] 넷째, 그녀는 코리아의 날씨를 격찬했다. "가을은 코리아의 계절들 가운데 가장 즐겁다. 그것은 짝을 찾을 수 없다"고 썼으며, "코리아의 여름은 뛰어나고 향내를 풍긴다"고 썼다.

다섯째, 그녀는 코리아에는 조상숭배의 전통이 강하며 유교의 영향이 크다고 썼다. 그러나 그녀는 코리아는 종교가 없는 나라라고 단언했다. 이 나라에는 미신이 성행하고 그래서 역술가들이 많으며 그들은 돈을 많이 번다고 썼다. 여섯째, 그녀는 코리언들은 운동을 좋아하지 않고 앉기를 좋아하는 대신에 '아주 많은 약'을 먹는다고 썼다. 부자의 경우에는 알약을 금박해서 먹지만 빈자의 경우에는 금박을 하지 않은 채 먹는다고 설

11 위와 같음, 24~33쪽.

12 위와 같음, 26~41쪽 및 370쪽.

명하면서, 그녀는 코리언들은 자신들의 건강상태에 대해서는 조금도 고려하지 않은 채 일정한 간격을 두고 약을 먹는다고 썼다.[13]

고종과 민비를 칭찬하다

밀른은 코리아의 국내외정세에 대해서도 깊이 관찰했다. 우선 그녀는 고종에 대해 자세히 썼다. 그녀는 "코리아의 국왕은 마음과 성격이 약하다"(the King of Korea is weak of mind and weak of character)는 서양인들의 관찰을 통박하면서, 고종을 '탄복할 만한 사람'(an admirable man)이라고 불렀다. 그녀는 "그는 많은 장점들을 가진 반면에 단점이라고는 아주 적게 가졌다"(He has most of the good qualities, and very few undesirable ones)고 쓴 데 이어, "그는 참을성 있고, 너그러우며, 어려움에 흔들리지 않고, 열심히 일하는 사람"(He is patient, forgiving, persevering and hard-working)이라고 칭찬했다. 그녀는 "그는 확고한 정신적 힘과 아주 상당한 수준의 학문을 갖춘 사람"(He is a man of decided mental strength, and of most considerable learning)이라고 덧붙였다. 마지막으로, 그녀는 "신민의 복지가 그의 끊임없는 목표이며, 그리하여 오늘날 그는 신민들의 가슴속에 확고하게 자리잡고 있다"고 매듭을 지었다.

밀른은 민비에 대해서도 칭찬을 아끼지 않았다. 그녀는 "왕은 전적으로 왕비의 손 아래 있다"(The King is entirely under his wife's thumb)는 소문을 들었다고 시인하면서, "의문의 여지없이 코리아의 왕비는 왕에 대해 큰 영향을 가졌다"고 덧붙였다. 그러나 왕이 자신의 아내를 사랑하는 것이 죄란 말이냐고 그녀는 반문했다.[14] 밀른은 민비가 '큰 육체적 힘의 여

13 위와 같음, 28쪽 및 46~47쪽.

14 위와 같음, 59~60쪽.

성은 아니지만'(a woman of no great physical strength), '도덕적 육체적으로 상당한 용기'(considerable courage, moral and physical)를 지녔다고 칭찬했다. 그녀는 민비가 자신의 나라가 외국인들에게 개방돼야 하고 열강과 수교해야 한다고 언제나 주장해왔다는 말로써[15] 민비를 옹호했다.

밀른은 고종과 민비가 통치하는 코리아의 국내정치에 대해서는, 특히 병폐에 대해서는, 거의 말하지 않았다. 밀른의 언급들은 "오늘날 [……] 코리아에서는 모든 것이 혼란과 낙담이다"는 것,[16] "코리아에서 사람들이 열망하는 모든 관직들은 몇 해 동안 왕비의 인척들에 의해 차지됐다"는 것, "코리아의 경쟁적 시험들은 뇌물에 의해 좌우될 수 있고 부패했다"는 것, 그리고 "코리아에서의 군대란 우스꽝스러운 허상이며 무해한 유령일 뿐이다"라는 것 등에 한정됐다. 고종과 민비가 수많은 첩자들 또는 정보원들을 활용해 적들을 제거하기도 하고 지지자들을 육성하기도 했다고 쓰면서도, 이러한 정보정치는 세계의 어느 왕실에서도 행해지는 것으로 그녀는 이해했다.[17]

"코리아는 곧 망할 것이다"

대조적으로, 밀른은 코리아의 대외관계에 대해 자세히 썼을 뿐만 아니라 뛰어난 통찰력을 보였다. 그녀는 코리아가 곧 망할 것 같다고 예언한 것이다. 그녀는 우선 "코리아는 망한 것처럼 보인다. 코리아는 [……] 죽은 옛 질서의 몇몇 남아 있는 그러나 자식이 딸려 있는 과부들 가운데 하나다"라고 말했다. 그녀는 또 "불쌍한 작은 반도여, 이 부드러운 장밋빛의 동양적 아지랑이가 너에게서 떨어져나가고, 냉정하고 명백하며 빛나

---

15 위와 같음, 103~104쪽.

16 위와 같음, 60쪽.

17 위와 같음, 103쪽.

는 서양화된 날의 빛 속에서 너는 아무것도 아닌 것 속으로 사라질 것이다"라고 말했다.[18]

밀른은 "코리아는 일본이나 중국에 의해 멸망하거나 지나칠 정도로 재조형될 것이다"라는 예언도 덧붙였다. 그러나 그녀는 일본에 의해서건 중국에 의해서건 코리아에서 시도될 '재조형'은 잘못된 것이 되리라고 단언했다. 그녀는 코리아에 대해 러시아와 미국이 지닌 관심에 대해서도 짧게나마 언급했다. "러시아는 코리아에 대해 눈을 돌리고 있다. 미국조차 이 정치적 빵에 비록 작은 것이기는 하지만 손가락을 대려고 갈망한다"고 그녀는 쓴 것이다.[19] 실제로 조선은 이 책이 출판된 때로부터 15년 뒤에 일본에 강제로 병합되고 50년 뒤에 미국과 러시아에 의해 분할된다.

2. 프랑스 외교관 쿠랑의 『코레 서지(書誌)』

프랑스에서의 한국학의 아버지

밀른의 『기이한 코리아』가 런던에서 출판된 시점에, 파리에서는 모리스 쿠랑(Maurice Courant)의 『코레 서지』(*Bibliographic Coréene*)가 출판됐다.[20] 이 책의 출판으로 '프랑스에서의 한국학의 아버지'라는 칭호를 받

---

18 위와 같음, 40쪽.

19 위와 같음, 40쪽 및 276쪽.

20 Maurice Courant, *Bibliographic Coréene, Tableau de la littérature coréene* (Paris: Ernest Lerous,1894~1896). 이 책은 '근세동아세아서양어자료총서 1~3'(서울: 경인문화사, 2000)로 재간됐다. 모리스 꾸랑 원저, 이희재(李姬載) 번역, 『한국서지』 수정번역판(서울: 일조각, 1994). 이 책에 대한 해설로 다음이 있다. 이희재, 「모리스 꾸랑과 한국서지에 관한 고찰」, 『논문집』(숙명여자대학교) 제28집(1988), 325~364쪽; ———, 「모리스 꾸랑과 한국서지」, 엘리자베트 샤바놀(Élisabeth Chabanol) 기획, 『서울의 추억(*Souvenirs de Séoul*)』(서울: 고려대학교박물관, 2006), 35~49쪽.

게 된 쿠랑은 어떤 사람이었나? 그는 1865년에 파리에서 태어나 파리대학교 법과대학을 졸업했으며 곧이어 국립동양어학교를 졸업했다. 중국어에 능통했고 일본어를 해독했던 그는 1888년에 중국주재프랑스공사관의 임시통역관으로 임명돼 베이징에서 근무했으며, 1890년 5월에 조선주재프랑스공사관의 통역관으로 임명돼 서울에 부임했다.

쿠랑은 조선주재프랑스공사관의 초대 대리공사 빅토르 콜랭 드 플랑시(Victor Collin de Plancy)와 함께 근무하면서 조선의 책들에 관심을 갖고 그것들을 모으기 시작했다. 스스로 서울과 지방의 고서점들과 세책점(貰冊店)들은 물론 사찰들을 찾아다녔다. 그 결과 그는 이 책의 제1권과 제2권 및 제3권을 각각 1894년과 1895년 및 1896년에 동양어학교 도서총서의 하나로 출간할 수 있었다. 그는 톈진 · 파리 · 도쿄 · 베이징 등으로 전근됐다가, 1897년부터 파리의 국립도서관에서 사서로 일했으며 1900년에 리옹대학교 교수로 임명됐다. 이듬해 그는 제4권을 출판한다.[21] 그는 『코레 관직(官職)의 역사적 총람』(*Répertoire Historique de l'Administration Coréenne*)이라는 방대한 필사본을[22] 남긴 채, 1935년에 별세한다.

흔히 '한국학의 기념비적 저서'라고 불리는 『코레 서지』는 그 시점까지 쿠랑이 확인한 이 나라에 관한 책들을 서지학적으로 체계화한 하나의 방

---

21 이진명(李鎭明), 「쿠랑: 유럽 한국학의 선구자」, 『한국사시민강좌』, 제34집 제1호(2004년 2월), 42~53쪽. 쿠랑에 대한 연구로 다음을 지적할 수 있다. Daniel Bouchez, "Un défricheur méconnu des tudes extrême-orientales: Maurice Courant (1864~1935)," *Journal asiatique*, Tome CCLXXI, 1983, pp. 43~150. 이 논문은 다음과 같이 한국어로 번역됐다. 전수련(全壽蓮), 「한국학의 선구자 모리스 쿠랑」, 『동방학지』(연세대학교 국학연구소), 제51집(1986년 6월), 153~194쪽 및 제51집(1986년 9월), 83~121쪽. Daniel Bouchez, "Maurice Courant: Ā l'occasion du 120e anniversaire des relations franco-coréenes," 샤바놀 기획, 『서울의 추억』, 29~34쪽.

22 이 책의 제목을 쿠랑 스스로 『한국관직역대총람』(韓國官職歷代總覽)이라고 번역했다. 이 필사본은 '근세동아세아서양어자료총서 119'(서울: 경인문화사, 2001)로 영인됐다.

대한 목록이다. 따라서 이 책을 통해 서양인이 이 나라를 어떻게 관찰했던가의 물음에 대한 답을 얻기란 어렵다. 그러나 이 책의 「서론」에는 부분적이기는 하지만 그때의 이 나라의 모습들에 관한 쿠랑의 관찰들이 기술되어 있다. 따라서 이 서론으로부터 중요한 것들을 선택해 토론하기로 한다.

"코레앙들은 천부의 재능을 지녔으나 과학을 발달시키지 못했다"

첫째, 쿠랑은 코레앙들이 학문과 문학과 예술을 기본적으로 중국에서 배웠다고 인정했다. 그러나 그는 이 민족의 '정신적 명석함'을 칭찬했다. 그들이 발명한 한글, 세계 최초의 인쇄술, 그리고 질이 뛰어난 종이의 제작 등이 그 점을 말해준다고 그는 설명했다. 이처럼 '천부의 재능을 부여받은' 그들이 강대국들에 포위된 채 약탈을 당하거나 예속됐던 경험들로부터 스스로를 방위하기 위한 수단으로 대외적 폐쇄정책을 추구하게 됐으며, 이러한 폐쇄 속에서 내부적 갈등과 당쟁이 확대돼 결과적으로 국가의 발전이 저해됐다고 보았다.[23]

둘째, 쿠랑은 이 나라에서는 책값이 아주 싼데도 부유한 상류계층의 사람들을 제외한 나머지 사람들은 그것을 사기에는 너무나 가난하다고 보았다. 그래서 출판이 결코 쉽지 않다고 덧붙였다.

셋째, 쿠랑은 서울의 도심에서 운영되는 세책점들에 대해 설명했다. 세책점들의 주인들은 돈을 받거나 화로 또는 솥과 같은 물건들을 담보로 잡아 책을 빌려주는데 책을 빌려간 사람들이 잘 돌려주지 않아서, 세책점들은 몰락하면서 점점 희귀해지고 있다고 썼다.[24]

넷째, 쿠랑은 이 나라에서 불교의 영향은 줄어들었으며 도교의 영향은

---

23 Courant, Bibliographic *Coréene*, pp. CLXXIV~CLXXVII.

24 위와 같음, XX~XXXII.

불교의 그것보다 훨씬 적다고 보았다. 유교의 영향은 크지만, 그것은 종교가 아니라고 그는 단언했다. 그는 또 이 나라에서는 과학과 기술이 발달되지 않았다고 보았다. 지리와 자연현상에 대한 연구 역시 아주 낙후됐다고 보았다. 반면에 미신에 의존하는 경향이 아주 높아, 홍수가 발생하고 전염병이 만연해도 무당의 힘으로 대처하려 하며, 날씨를 비롯한 하늘과 연결된 일들을 천문학으로 접근하려 하지 않고 점성술로써 풀려고 한다고 지적했다. 그 원인을 그는 '과학적 정신'의 결여에 돌렸다.

마지막으로, 유럽에서는 큰 위치를 차지하는 법률학이 이 나라에서는 행정이나 의례와 거의 구별되지 않을 정도로 지위가 낮으며 그 결과 이 나라에서는 법률에 관한 저술들이 매우 드물다고 그는 지적했다.[25]

3. 영국 여성여행가 비숍의 『코리아와 그의 이웃나라들』

코리아를 방문하고 관찰기록을 남긴 또 한 사람의 영국여성이 바로 유명한 이사벨라 버드(Isabella Bird)다. 그녀는 1831년 10월에 영국 요크셔의 보로브리지(Boroughbridge)에서 목사의 딸로 태어났다. 어린 시절부터 병약해 주로 집에서 공부했다. 22세가 된 1853년부터 해외여행에 나서, 캐나다와 미국을 비롯해 하와이와 일본을 여행했다. 그녀는 이 과정에서 『아메리카의 영국여성』(*The Englishwoman in America*)(1854)을 비롯한 몇몇 여행기들을 출판함으로써 명성을 쌓았으며, 그것은 그녀의 전기 출판으로 이어졌다.[26]

---

25 위와 같음, CXIX~CXXXVII.

26 Anna M. Stoddart, *The Life of Isabella Bird (Mrs. Bishop)*, (London: John Murray Company, 1906); Pat Barr, *A Curious Life for a Lady: The Story of Isabella Bird, A*

그녀는 50세가 된 1881년에 외과의사 존 비숍(John Bishop)과 결혼해 그 이후 비숍 여사로 널리 알려지게 됐다. 불행히도 남편은 5년 뒤에 별세했다. 그러자 그녀는 본격적으로 극동여행을 시작해 63세가 된 1894년 2월에 코리아를 방문하기에 이르렀다. 여행가로 저명한 그녀가 호기심을 자극하는 미지의 나라에 대해 썼기에 그녀의 『코리아와 그의 이웃나라들』이 1897년에 뉴욕에서 출판되자마자 매진돼 그해 안에 3쇄를 찍어야 했으며, 1898년 1월 10일에 런던에서 출판됐을 때[27] 첫날에 2,000부가 팔렸으며 2쇄 역시 10일 안에 매진됐다. 이 책은 1908년 1월에 4쇄를 기록할 정도로 인기를 끌었다. 이 사실은, 달리 말해, 이 책이 서양인들의 코리아에 대한 인식형성에 큰 영향을 미쳤음을 의미했다.

"코리아는 흑해 가운데 있느냐?"

그런데 여기서 우선 지적해야 할 것은 다음의 두 가지다. 첫째, 그녀가 코리아를 처음 방문한 시점에서도 그녀 주변의 교육받은 사람들조차 이 나라에 대해 몰랐다는 사실이다. 그들은 그녀가 코리아를 여행할 계획이라고 말하자 그 나라가 적도 또는 지중해 또는 흑해 가운데 있느냐고 묻거나 그리스열도 가운데 있느냐고 물었다.[28] 코리아에 대한 무지는 이 책

Remarkable Victorian Traveller (Garden City, N. Y.: Doubleday and Company, 1970). 앞의 책은 '근세동아세아서양어자료총서 37'(서울: 경인문화사, 2000)로 재간됐다.

27 Isabella L. Bird Bishop, *Korea and Her Neighbors: A Narrative of Travel, with an Account of the Recent Vicissitudes and Present Position of the Country* (New York: Fleming H. Revell Company, 1897; London: John Murray Company, 1898). 런던판은 2권으로 나뉘어 출판됐다. 이 책은 연세대학교출판부에서 1970년에 재간됐으며, '근세동아세아서양어자료총서 32'(서울: 경인문화사, 2000)로 재간됐다. 이 책의 한국어 번역본으로 다음이 있다. 이인화 역, 『한국과 그 이웃나라들: 백 년 전 한국의 모든 것』(서울: 살림출판사, 1994); 신복룡 역주, 『조선과 그 이웃나라들』(서울: 집문당, 2000).

28 Bishop, *Korea and Her Neighbors*, p. 11.

의 초판이 런던에서 출판된 바로 그해에, 중국전공의 영국외교관 파커(E. H. Parker)가 발표한 글에서도 다시 드러났다. 그는 서기 668년에 중국의 당(唐)이 터키의 도움을 받아 코리아반도를 완전히 정복했다고 쓴 것이다. 668년은 당이 신라와 함께 고구려를 멸망시킨 해다. 이 해에 코리아와 관련해 터키는 한 것이 아무것도 없다.[29]

둘째, 그녀가 친일적 시각을 지녔다는 사실이다. 그녀뿐만이 아니었다. 그녀의 책에 서문을 쓴 초대 서울주재영국총영사 월터 힐리어 경(Sir Walter C. Hillier)의 서문을 보면, 영국정부 스스로가 친일적이었다. 힐리어는 평소에 일본의 '근대화'를 높이 칭찬한 반면에, 자신이 중국에서 조선으로 전근하니 마치 '근대 중국'에서 '중세 중국'으로 갑자기 옮긴 것 같았다는 말로써 조선을 경멸했다.[30]

"코리언들은 멋진 인종이며 코리아의 기후는 아주 좋다"

비숍 여사는 1894년 2월부터 1897년 3월까지 네 차례에 걸쳐 경우에 따라서는 남장을 하고 뗏목과 노새를 타면서까지 코리아의 많은 곳들을 여행했다. 그녀는 또 이 시기에 만주를 포함한 중국과 러시아 및 일본 등 코리아의 이웃나라들을 방문하면서 그 나라들에 주재한 영국의 외교관들과 국제정세에 대해 의견을 나눴다. 그녀는 1901년에 모로코를 여행한 뒤 그 여독에 시달리다가 1904년 10월에 73세로 별세한다.

비숍 여사는 우선 코리아의 역사와 지리 그리고 종교에 대한 자신의 견해들을 제시했다. 그것들은 이제까지 우리가 살핀 서양인들의 견해들에 거의 일치한다.

---

29 박지향, 『일그러진 근대: 100년 전 영국이 평가한 한국과 일본의 근대성』(서울: 푸른역사, 2003), 175쪽.

30 위와 같음, 173~174쪽.

첫째, 그녀는 코리아에서는 기원전 12세기에 중국인 기자에 의해 최초의 국가가 세워졌으며 그가 중국의 문화를 코리아에 전파했다는 중국인들의 설명을 그대로 받아들인 서양인들의 설명을 되풀이했다. 이러한 맥락에서, 그녀는 "코리아는 모든 면에서 자신의 강력한 이웃 중국의 희미한 반영이다"라고 썼다.[31] 그러나 그녀는 다른 서양인들과 마찬가지로 코리언들은 중국인들 및 일본인들과 분명히 구별된다고 인정했다.

그녀는 "코리언들은 확실히 멋진 인종이다"라고 칭찬했다. 그녀는 또 "정신적으로 코리언들은 자유스러운 성품을 지녔다"고 말하고, 정신적으로 우수해서 서양어들을 빠르게 배우는 능력을 갖췄으며 이 점에서 중국인들 또는 일본인들에 앞섰다고 칭찬했다. 그러나 그녀는 "코리언들은 의심 · 교활 · 불성실 등 동양적 악들을 지녔으며 사람과 사람 사이의 신뢰는 모른다"고 혹평했다.[32] '동양적 악들'이라는 구절에서 우리는 그녀가 서양우월주의적 발상을 지녔음을 확인하게 된다. 그녀가 지적한 악들은 서양인들에게도 있는 것이며 반드시 동양인들에게만 있는 것이 아니기 때문이다.

그녀는 코리아의 기후를 칭찬했다. 우선 "기후는 의심의 여지없이 세계에서 가장 좋으며, 사람의 몸에 아주 좋은 기후들 가운데 하나다"라고 쓰면서, "외국인들은 어떠한 풍토병에도 걸리지 않을 것이고 유럽의 어린이들은 이 반도의 어느 곳에서도 안전하게 성장할 수 있다"고 보증했다.[33] 우리가 앞에서 보았듯, 칼스를 비롯해 로웰과 알렌 및 밀른에 이르기까지, 서양인들은 거의 모두 조선의 기후를 격찬했다.

그녀는 광물자원들에 대해서는 중립적인 입장을 취했다. 이 나라는 광

---

31 Bishop, *Korea and Her Neighbors*, p. 14.

32 위와 같음, 2~4쪽.

33 위와 같음, 7쪽.

물자원들이 풍부한 '엘 도라도'(El Dorado) 같은 나라라는 견해들이 있는가 하면 정반대의 견해들이 있다고 소개한 뒤, 답은 그 중간에 있을 것이라고 그녀는 썼다. 이어 그녀는 다른 서양인들이 이미 지적했듯 이 나라에서 제조업들은 발달하지 못했으나 제지술은 앞섰다고 덧붙였다. 그녀 역시 "샤머니즘의 한 종류인 영혼숭배가 이 왕국을 지배하면서 교육을 받지 않은 대중들 그리고 모든 계급의 여성들을 완전한 굴레 안에 묶어놓았다"고 개탄했다.[34]

서울이 너무 더럽다고 험담하다

비숍 여사는 나가사키에서 기선을 타고 부산에 도착했다. 부산에 대한 그녀의 설명들은 그녀 이전의 서양인들의 설명들과 비슷했다. 그녀 역시 일본인들은 '꽤 멋있게 생긴 일본인들의 구역'에서 사는데, 이곳에는 넓은 길 양쪽으로 일본인들의 상점들과 다양한 영국적 일본식 건물들이 들어섰으며 특히 은행이 있다고 지적했다. 반면에 코리언들은 '길들은 좁고 더러우며 개천은 고체와 액체의 쓰레기를 끌어안고 있는 비참한 곳'에 산다고 그녀는 썼다. 그러한 곳에, 짚으로 지붕을 엮고 진흙으로 벽을 쌓아올렸으며 창문이라고는 없는 낮은 오두막들이 있을 뿐인데 집들 사이에서 더러운 개들과 절반 또는 전부 벌거벗은 어린이들이 먼지와 흙을 뒤집어쓴 채 뛰어논다고 그녀는 덧붙였다.[35]

그녀는 곧 부산을 떠나 제주도 앞바다를 거쳐 서해로 북상한 뒤 제물포에 도착했다. 이곳에서도 그녀는 부산에서 받았던 것과 똑같은 인상을 받았다. 코리언들이 사는 곳은 '초라한 집들의 집합'이었음에 비해, "일본

34 위와 같음, 9~14쪽.

35 위와 같음, 21쪽.

인거류지는 훨씬 더 사람들이 많고 넓었으며 멋있었다"고 그녀는 썼다.[36] 그녀는 제물포에서 가마를 타고 서울로 출발했다. 일곱 시간이 걸린 서울까지의 이 여정에서 그녀는 길 주변이 '헐벗었으며 단조롭다'고 느꼈다.

서울에 도착한 그녀는 이 도시의 외양을 묘사할 의욕을 잃었다. 아주 더럽고 너무나 역한 냄새가 났기 때문이다. 게다가 미로와 같은 길들은 너무 좁고 개천들은 쓰레기로 가득 찼다. 그녀는 "길들은 악명이 높다"고 혹평한 뒤, "주요한 도로들조차 말이 겨우 다닐 만한 통로들에 지나지 않는다"고 부연했다. 그녀가 보기에, 모두 단층으로 지어진 집들은 너무 낮아 마치 사람들은 지하에서 사는 것 같았다. 여기서도 그녀는 반라(半裸)의 어린이들이 더러운 개들과 뒤섞여 노는 것을 보았다. 그녀는 상점들이 진열한 상품들이 너무나 빈약한 것을 보고 놀랐다고 덧붙였다.[37]

여성들에 대해 동정을 표시하다

그녀는 여자들의 삶에 대해서도 날카롭게 관찰했다. 그녀는 우선 이 나라의 여자들이 남자들의 축첩에 희생된 채 산다고 개탄했다. 그녀는 이 나라의 한 신사가 "우리는 결혼은 아내들과 했고 사랑은 첩들과 한다"고 말했다고 덧붙였다. 그녀는 "코리아의 여자들은 아주 엄격히 격리된 채, 아마도 어떤 다른 나라의 여자들보다 더 절대적으로 격리된 채, 산다"고 보았다.

그녀는 이어 코리아의 여자들은 '빨래의 노예들'이라고 단언했다. "그녀의 주인이 흰옷을 입는 한, 세탁은 그녀의 명백한 운명이다"라고 그녀는 부연했다. 그녀는 여자들이 빨래방망이들로 세탁물을 규칙적으로 두

---

36 위와 같음, 25~27쪽.

37 위와 같음, 36~37쪽.

들겨 때리는 것이 서울의 밤의 정막을 깨는 유일한 소리라고 썼다. 그녀는 또 식사 때 아내는 주로 남편이 남긴 것들을 먹는다고 지적했다.[38]

그녀의 관찰로, 코리아에서 여성의 지위가 '아주 열등하기' 때문에, 딸이 뒷날 친정의 부모를 봉양하기란 사실상 불가능하다. 바로 이 점 때문에, 여아의 출생은 그 가정 안에서 기쁘게 여겨지지 않는다고 그녀는 보았다. 여자는 결혼해서 아들을 낳게 되면 비로소 그 지위가 향상된다고 그녀는 덧붙였다. 그녀는 이 나라에서는 어린아이들을 위한 요람이 없다는 사실도 덧붙였다.[39]

여관의 더러움에 질겁했지만 금강산의 아름다움에 반하다

그녀는 지방의 여러 곳들을 마부가 이끄는 조랑말을 탄 채 여행하면서 여관에 유숙했다. 그녀는 우선 이 나라에서 사람들이 여행할 때 관리들은 지방관청의 관사들을 이용하고 평민들은 같은 평민들의 호의를 받아들여 그들의 집들에서 기숙을 하며 오직 마부들과 하인들 그리고 밑바닥사람들만이 여관을 이용한다는 사실을 확인했다. 우리가 앞에서 보았듯, 이 사실은 이미 로웰이 지적했었다.

그녀는 여관들을 정규적 여관들과 비정규적 여관들로 구분했다. 전자는 길에서 들어간 곳에 자리잡은 안마당에 위치한 오두막들인데, 안마당은 거의 모두가 더럽고 오두막들은 대체로 조야하고 흔들거리는 것들이라고 그녀는 썼다. 후자는 시골길의 헛간과 다름없는 것들이었다. 그녀는 정규적이건 비정규적이건 간에 여관들은 아주 더럽고 끔찍했다고 혹평했다. 더구나 빈대와 이 같은 벌레들이 들끓어 유숙객들로 하여금 잠을 제

38 위와 같음, 43~86쪽 및 415쪽.

39 위와 같음, 136쪽.

대로 자지 못하게 만들었다고 불평했다. 그녀는 기름을 먹인 두터운 종이 두 장 또는 끓인 아마씨 기름을 먹인 면 한 장을 깔고 그 위에 자신의 야외용 침대와 의자 등을 놓은 뒤, 그 위에서 잠으로써 겨우 그러한 벌레들의 공격을 면할 수 있었다고 회상했다. 그러나 서양여자에 대한 깊은 호기심 때문에 사람들이 몰려들어 그녀의 침실에 딸린 세 개의 종이 문(門)들을 찢으면서 바라보는 데는 질겁했다고 그녀는 덧붙였다.

여관에서의 식사에 대해, 그녀는 불만을 표시하지 않았다. 그녀는 밥 · 달걀 · 채소 · 국 · 국수 · 김 · 설탕 · 기름 등을 살 수 있었으며, 계절에 따라 닭고기 · 꿩고기 · 돼지고기 등도 살 수 있었다. 그러나 차는 구할 수 없었다고 그녀는 지적했다. 또한 숙박비와 식비가 모두 싼 사실에 놀라움을 표시했다.[40]

그녀는 금강산을 찾아갔으며 그 아름다움을 높이 평가했다. 그녀는 금강산 일대의 유명한 사찰들을 순방했으며 승려들과 대화를 나눴다. 그녀는 사찰들에서 기숙하는 수도사들이 아주 무식하며 미신적이라고 느끼면서, 이 나라에서 불교는 사실상 소멸하고 있다고 보았다. 이러한 여행의 과정에서, 그녀는 평균적 코리언들의 보편적인 민요 「아리랑」을 배웠다.[41]

연해주에서 새롭게 평가된 코리언들

비숍 여사는 금강산 유람을 마친 뒤 원산을 방문했으며, 거기서 부산을 거쳐 다시 제물포에 도착했다. 여기서 그녀는 비로소 동학교도들의 봉기를 알게 됐다. 그녀는 그 봉기를 비교적 호의적으로 대했다. 봉기의 지도

40 위와 같음, 140~143쪽.

41 위와 같음, 163~164쪽 및 192쪽.

자들을 '반란자들'이라기보다는 '무장한 개혁가들'이라고 평가했으며, 이 나라는 개혁이 절실하게 요청된다고 역설했다. 그녀는 특히 동학교도들이 외국인들에 대한 적의를 표시하지 않은 사실에 주목했다.[42] 그녀는 이 봉기와 관련해 중국과 일본이 각각 자국의 군대를 코리아에 파병함으로써 두 나라 사이에 전쟁의 분위기가 고조되던 시점인 1894년 6월 하순에 영국총영사관의 출국권유를 받아들여 이 나라를 떠났다.

그녀는 곧 만주를 거쳐 8월 하순에 블라디보스토크로 들어갔다. 여기서 그녀는 코리아에서 이곳으로 이주해 정착한 사람들이 잘살고 있음을 보았다. 그들 가운데 어떤 사람들은 러시아군에 육류와 곡류를 공급하는 군납업자들로 자리를 잡아 부유하게 살고 있었으며, 어떤 사람들은 자신들이 사는 도시에 채소를 공급하는 입찰에서 중국인들을 물리칠 정도로 농사에 성공했다. 그들은 대체로 크고 넓은 집들을 짓고 살았는데, 집들과 그 주변은 아주 깨끗했으며 위생적이었다. 어른들과 아이들 모두 옷을 제대로 잘 입고 있었다. 사람들의 성격에도 변화가 뒤따랐음을 그녀는 느낄 수 있었다. 남을 의심하고 게으르며 윗사람들에 대해서는 굴종하는 성격이 자주적이면서 남자다운 성격으로 바뀐 것이다. 이러한 변화는 여자들에게서도 나타났다. 국내에서 볼 수 있었던 '굴종의 분위기'가 사라진 것이다.[43]

여기서 그녀는 중요한 물음을 제기했다. "코리언들은 어째서 자신들의 정부 아래서보다 다른 사람들의 정부 아래서 잘사는가?"라는 물음이었다. 그녀의 해답은 연해주에는 코리언들이 돈을 벌어도 '쥐어짜내는' 관리들이 없다는 데 있었다. 코리아에서는 재부(財富)가 관리들의 탐욕적 관

42 위와 같음, 208~209쪽.

43 위와 같음, 265~279쪽.

심을 유발하며 따라서 사람들은 그것을 피하기 위해 돈을 벌려고 하지 않음에 비해, 연해주에서는 재부가 한 인간의 업적으로 평가된다고 그녀는 설명했다.[44]

결론적으로, 그녀는 연해주를 방문한 뒤 코리언들에 대한 자신의 기존 인식을 상당히 수정하게 됐음을 시인했다. 코리아에서 코리언들을 보았을 때는 이 사람들은 희망이 없는 '한 인종의 찌꺼기'라고 생각했는데, 연해주에서 코리언들을 본 뒤에는 이 사람들이 '근면과 성실한 품행의 훌륭한 성격'을 지녔음을 깨달았다. 그녀는 이러한 성격의 코리언들이 '정직한 정부'를 갖게 되고 자신들의 소득을 관리들에게 빼앗기지 않는다는 보장을 확신하게 되면 서서히 발전할 것이라고 생각하게 됐다.[45]

고종과 민비 및 왕세자에 대한 관찰들

비숍 여사는 1895년 1월에 제물포를 통해 코리아에 두 번째로 입국했다. 이때는 코리아에서 일본이 중국을 사실상 패퇴시키고 패권을 장악함과 아울러 코리아의 왕실과 정부에 대한 영향력을 크게 확대시킨 직후였다. 그녀는 곧 고종과 민비의 초청을 받아 언더우드 부인과 함께 입궐했다.

그녀는 우선 민비에 대해 자세히 기록했다. "40세를 넘긴 왕비마마는 아주 멋진 용모의 날씬한 여성으로, 윤이 나는 검은 두발과 아주 창백한 피부를 가졌는데, 진주 분을 발랐기에 더 창백해 보였다. 두 눈은 차갑고 날카로웠으며, 전반적인 인상은 뛰어난 지성의 그것이었다"(Her Majesty, who was then past forty, was a very nice-looking slender woman, with glossy

44 위와 같음, 279쪽.

45 위와 같음, 280쪽.

raven-black hair and a very pale skin, the pallor enhanced by the use of pearl powder. The eyes were cold and keen, and the general expression one of brilliant intelligence)고 그녀는 회상했다.

그녀는 민비의 화술에 대해서도 칭찬했다. 우선 민비가 기지가 뛰어났다고 지적한 그녀는 "민비가 말을 시작하자, 특히 대화에 관심을 갖게 되자, 민비의 얼굴은 빛을 발휘하면서 더욱 아름다워졌다"(As soon as she began to speak, and especially when she became interested in conversation, her face lighted up into something very like beauty)고 덧붙였다.[46] 그녀는 그 이후 세 차례에 걸쳐 민비를 알현하면서 '민비의 사려 깊은 친절, 남다른 지성과 힘, 그리고 두드러진 회화력'(her thoughtful kindness, her singular intelligence and force, and her remarkable conversational power)에 매료됐다.

고종에 대한 평가는 민비에 대한 평가보다 낮았다. "고종은 키가 작았고 안색이 누르께한 평범한 사람이었다"(The King is short and sallow, certainly a plain man)고 그녀는 회상했다. 고종이 '진정으로 정중하며 친절하고'(truly courteous and kind), '상냥스러운 성격 그리고 일정한 양의 애국적 정서'(amiable characteristics and a certain amount of patriotic feeling)를 지녔음을 인정하면서도, 남의 말에 쉽게 넘어가는 그의 성격 때문에 위태로운 시기의 군주로서는 '코리아에 대해 재난이나 다름없다'고 혹평했다. 그녀는 "고종은 마지막으로 그의 귀를 잡은 사람에 의해 설득되는 사람"(He is persuadable by the last person who gets his ear)이며 "기골과 끈기가 없는 사람"(He lacks backbone and tenacity)이라고 혹평하면서, '고종의 약한 성품은 치명적'(his weakness of character is fatal)이라고 개탄했다.[47]

---

46 위와 같음, 300쪽.

47 위와 같음, 251~255, 433쪽.

왕세자에 대한 평가는 훨씬 더 낮았다. 그녀는 왕세자가 뚱뚱하면서 축 늘어졌으며 고도근시였다고 회상하면서, 왕세자가 주는 인상은 병약자의 그것이었다고 덧붙였다. 왕세자의 이러한 신체적 약점 때문에 왕세자의 지위가 혹시 고종의 후궁이 낳은 아들로 넘어가는 것이 아닐까 하는 두려움에서 민비는 왕자들을 낳은 후궁들을 박해했을 뿐만 아니라 자신의 아들을 위해 끊임없이 무당들과 불교승려들을 왕궁으로 불러들여 많은 돈을 낭비하며 기도를 올리게 했다고 썼다.[48]

공직사회의 부패를 비판하다

비숍 여사가 고종과 민비를 알현하던 시점인 1895년 1월 이후 조선정부는 일본의 압력 아래 1년 전인 1894년 갑오년에 시작된 '개혁정책들'을 추진하고 있었다. 이때 일본정부는 자신의 목적은 마치 영국이 이집트의 행정을 개혁했듯 코리아의 행정을 개혁하는 데 있다고 선전했다. 비숍 여사는 암묵적으로 이 선전에 동조하는 경향을 보였다. 자신의 논거로 그녀는 코리아의 관료체제가 너무 부패했다는 점을 지적했다. 이 나라에서 '영예와 정직의 전통들' 그리고 '관리들의 올바른 행동기준들'은 오래전에 이미 사라졌다고 그녀는 지적했다. 그녀는 또 매관매직은 물론 공금유용 및 '쥐어짜내기'가 아주 높은 자리에서부터 아주 낮은 자리에 이르기까지 하나의 법칙으로 자리를 잡았다고 비난했다.[49]

그녀는 관리들이 착취하는 방법들로 강제노역의 부과, 받아야 할 세금보다 2~3배에 해당되는 세금의 부과, 뇌물의 강요, 강제로 돈을 빌린 뒤 갚지 않기 등을 지적했다. 만일 관리의 요구에 불응하는 경우 체포와 투

48 위와 같음, 302쪽.

49 위와 같음, 313~314쪽.

옥 및 구타 등이 뒤따르며, 불운의 백성은 결국 관리가 요구하는 돈을 내놓게 된다고 개탄했다.[50] 관료사회의 부패에 대한 그녀의 공격은 보다 더 신랄한 표현으로 이어졌다. "중요한 개혁들에도 불구하고, 이 나라는 여전히 강도들과 강도를 당하는 사람들의 두 계급으로 구성되어 있다. 양반계급으로부터 충원된 관리계급은 이 나라의 인가를 받은 흡혈귀들이고 전체 인구의 5분의 4를 차지하는 그 나머지는 그 존재이유가 그 흡혈귀들에게 빨릴 피를 공급하는 데 있다"고 쓴 그녀는 "이 나라는 관료제도에 의해 먹혀버렸다"고 결론을 내렸다.[51]

관리들의 부패와 관련해, 그녀는 주목할 만한 관찰을 제시했다. 그녀는 우선 이 나라에서 가장 선망되는 것은 과거시험에 합격해 관리가 되는 것이며 사람들은 그것을 위해 공부한다고 보았다. 그런데, 과거시험 그 자체가 부패해졌고 교육도 애국자들, 사상가들, 정직한 사람들을 배출하는 데 실패했다고 평가했다. 바로 그 사실 때문에, 관리가 된다는 것은 처음부터 부패의 길에 들어섰다는 것을 의미한다고 그녀는 혹평했다.[52]

민비시해에 대한 견해

나가사키에 체류하던 때인 1895년 10월에 그녀는 민비가 시해됐다는 소문에 접했다. 민비에 애정을 지닌 그녀는 일본당국의 방해를 무릅쓰고 급히 서울을 찾았다. 이것이 그녀의 세 번째 코리아 방문이었다.

그녀는 약 2개월 동안 서울에 머물며 우선 민비시해에 관해 자세히 알아보고 그것들을 자신의 이 책에 자세히 기록해놓았다. 그녀는 민비를 '많은 점들에서 사랑스러운' 여성이었다고 회상하면서, 민비의 불행한

50 위와 같음, 336~337쪽.
51 위와 같음, 445~450쪽.
52 위와 같음, 제33장.

죽음에 슬픔을 표시했다. 민비의 죽음을 '야만스런 살해', '난폭한 암살', '악마적인 살해'라고 표현했으며, 이 '유혈의 작업'이 서울주재일본공사관에 의해 진행된 '야만적인 쿠데타'였음을 인정했다.

민비시해는 확실히 만행 그 자체였다. '여우 사냥'이라는 암호 아래 자행된 이 만행을 현장에서 목격한 서양인은 조선 최초의 서양인 건축가 사바친(M. Sabatine)이었다. 러시아인으로 독립문의 설계자였던 그는 다음과 같이 회상했다: "건청궁(乾淸宮)의 마루는 20~25명의 양복차림 일본인들이 일본도로 무장한 채 점거하고 있었다. 그들은 방의 안팎으로 뛰어다니며 여인들의 머리채를 잡아 끌고나와 마루 아래로 내던져 떨어뜨리고 발로 걷어찼다."[53] 그들은 자신들이 여우라고 부른 민비를 찾기 위해 수많은 궁녀들을 학살했으며 몇몇 궁녀들이 어느 한 귀부인을 둘러싸고 있는 모습을 보자 그 귀부인이 민비일 것이라고 단정하고 칼로 찔러 죽였다. 그들 가운데 몇몇은 민비의 시체를 능욕했으며 마침내 석유불로 태웠다. 이 과정에서, 고종과 세자 역시 협박을 받았다. 세자비(世子妃)도 예외가 아니어서 피투성이가 된 채 일본인들에게 끌려다녔으며, 그때의 충격으로 얻은 병으로 말미암아 몇 해 뒤에 요절한다.

많은 객관적이면서도 권위 있는 연구들이 이미 밝혔듯, 이 참극의 서울에서의 지휘자는 육군중장 출신의 서울주재일본공사 미우라 고로(三浦梧樓: 삼포오루)였으나 그 배후는 일본정부였다. 그러했기에, 미우라를 비롯해 사건관련자 전원이 히로시마재판소와 군법회의에서 '증거불충분'이라는 이유로 면소처분을 받았을 뿐만 아니라 출세를 거듭했으며, 일본국왕은 자신의 시종을 미우라에게 보내 미우라의 행동을 긍정적으로 평가

53 허동현(許東賢), 「을미사변 목격했던 조선 최초의 서양인 건축가 사바친」, 『중앙일보』 2009년 12월 16일, 37쪽.

한다는 구두메시지를 전했다.[54] 사건의 본질이 이러했는데도, 비숍 여사는 이 비극이 일본정부에 의해 저질러진 것은 아니라는 일본정부의 입장을 되풀이하면서 일본정부 그 자체를 비난하지는 않았다.[55]

여기서 미우라의 민비에 대한 인식을 소개하기로 한다. 그는 고종을 여러 차례 알현했으나 민비를 직접 보지는 못했다. 그러나 고종의 옥좌 뒤에서 얼굴을 가린 채 고종에게 말하는 것을 여러 차례 경험했다. 이 과정에서, 그는 민비가 '재주와 지혜를 겸비했으며, 여성으로서는 참으로 드물게 보는 호걸'이었다고 회상했다.[56]

"관리의 착취 때문에 코리아는 가난하다"

비숍 여사는 곧 시해의 현장 서울을 떠나 경기도와 황해도를 지나 평양에 이르는 지방여행길에 올랐다. 이 여정에서 그녀는 "코리아가 결코 가난한 나라가 아님"(Korea is not *necessarily* a poor country)을 깨달았다. 지하자원과 수산자원을 개발하지 않고 농업생산량의 증가를 위해 노력하지 않기 때문에 가난해졌다는 결론에 도달한 것이다. 그녀는 동시에 '곤고(困苦)에 잘 견디며 후한' 성격을 지닌 코리언들의 에너지가 잠자고 있다고 보았다. 그러면 그 까닭은 무엇인가? 이 물음에 대한 그녀의 분석은 대단히 날카롭다.

그녀는 그 이유를 우선 고종이 무능한데다가 왕실을 비롯한 지도층이 부패와 안일무사에 빠져 있고 지나치게 미신에 의존함으로써 나라의 기강이 무너진 현실에서 찾았다. 그녀는 또 유력인사들에게 매달려 사는 생

---

54 이종각(李鍾珏), 『자객 고영근(高永根)의 명성황후 복수기: 명성황후시해사건 미스터리』(서울: 동아일보사, 2009), 117~128쪽.

55 위와 같음, 제23장.

56 위와 같음, 28~29쪽. 저자는 미우라의 회고록으로부터 인용했다.

활습관이 이 나라에서는 '크면서도 보편적인 저주'가 됐다고 보았다. 높은 지위에 올라 잘사는 친척이나 친구가 서울에 있으면, 자신이 건강하고 평균적 지능을 가졌는데도, 그 사람 집에서 식객노릇을 하면서 생활하는 가운데 정치적 소문이나 만들어내고 나쁜 짓을 꾸미기도 하면서 관직을 얻으려고 하며, 이 식객들을 거느리는 사람들은 그들을 위해 관직을 만들어낸다고 그녀는 지적했다.

여기서 한걸음 더 나아가, 그녀는 이 나라에서의 정치적 분란은 원칙의 충돌에서 일어나는 것이 아니라 관직과 돈을 나눠줄 수 있는 관직을 얻기 위한 갈등에서 발생한다고 지적했다. 이러한 정치적 분위기 속에서 사람들은 생산과 노동을 외면한다고 그녀는 개탄했다.

그러나 그 어느 것들보다 중요하게 그녀는 관리의 '가렴주구'와 '정의의 총체적 결여'를 지적했다. 상류계급은 아무런 생산활동을 하지 않은 채 생활하며, 중인계급은 정치적 · 사회적 진로가 막혔기 때문에 자신들에게 맡겨진 제한된 일밖에는 하지 않은 채 살고, 이 나라 인구의 다수를 차지하는 하류계급은 더 많이 일해 보아야 '늑대' 곧 관리에게 빼앗긴다는 것을 아니까 필요한 것을 얻을 만큼만 일할 뿐이라고 그녀는 지적했다. 돈을 벌면 그 돈을 빼앗으려는 관리들에게 부당하게 투옥되고 고문을 당하며 결국 돈을 빼앗긴다는 것을 알게 된 코리언들이 돈을 벌려고 하지 않게 된 것에 그녀는 동정을 표시했다. 이러한 맥락에서, 그녀는 "코리아에서 각 사람은 빈곤이 자신의 최선의 안전임을 알고 있다"(Every man in Korea knows that poverty is his best security)고 썼다.[57]

57 Bishop, *Korea and Her Neighbors*, p. 336.

러시아에 대한 경계심을 자극하다

비숍 여사는 1896년 10월에 다시 서울을 방문해 1897년 초까지 머물렀다. 이것이 그녀의 네 번째 코리아 방문이었다. 그녀는 서울의 도시환경이 개선되고 있음을 목격했다. 무엇보다 길들이 넓어졌으며 오물들도 꽤 많이 제거됐다. 그녀는 남대문과 서대문 방향으로는 많은 부분들이 글자 그대로 알아볼 수 없을 정도로 바뀌었다고 썼다.[58]

이 시점에서 그녀의 관심은 코리아의 국제관계에 집중됐다.[59] 그녀는 우선 중국과 러시아 및 일본에 둘러싸인 이 나라의 지리적 위치가 이 나라의 정치적 관계를 결정짓는 데 많은 영향을 미쳤다고 썼다. 여기서 출발한 그녀의 설명은 비교적 신중했다. 그러나 일본에 대한 설명은 그녀가 일본에 대해 호감을 지녔다는 인상을 주기에 충분했다.

첫째, 그녀는 1894년에 일어난 청일전쟁의 책임을 논하면서 일본에 대해서는 너그럽게 썼다. 일본이 자신의 이웃나라 코리아가 실정(失政)과 파멸의 나락으로 더욱 깊이 빠져드는 것을 막기 위해 코리아의 내정개혁에 개입한 것은 절대적으로 필요했다는 일본정부의 설명에 암묵적으로 동조한 것이다. 둘째, 그녀는 이 전쟁이 마치 일본이 코리아를 중국의 종주권으로부터 해방시키고 코리아에 독립을 부여하기 위해 수행한 전쟁인 것처럼 선전한 일본정부의 설명에 동조하는 경향을 보였다. 셋째, 그녀는 "중국과의 전쟁을 피하기 위한 일본의 노력은 아주 정직했다"고 썼다. 비록 그 방식이 때로는 거칠고 기술부족이어서 적대감을 불러일으킨 것은 사실이지만, "일본은 코리아를 복속시키기 위한 의도를 지니지 않았고 오히려 코리아의 보호자로서의 역할과 코리아의 독립의 보장자로서의 역

58 위와 같음, 제34장.

59 위와 같음, 제37장.

할을 수행했다"고 썼다.[60] 마지막으로, 그녀는 민비시해에 겁을 먹은 고종이 러시아공사관으로 피난함으로써 코리아에서 러시아의 힘이 커진 것처럼 보이지만 만일 러시아가 '코리아에 대한 어떤 공격적 의도들'을 나타낸다면, 일본은 그것에 제동을 걸기에 충분한 힘을 지녔다고 평가했다.

"코리아는 강대국들의 보호를 받아야 한다"

무엇보다도 중요하게, 그녀는 코리아가 몇몇 강대국들의 지도를 받아야 하고 심지어 보호를 받아야 한다고 제의했다. 우선 그녀는 코리아는 내부로부터의 개혁이 불가능하기 때문에 외부로부터 개혁돼야 하며 국왕의 권력은 엄격하면서도 영원한 헌법적 견제를 받아야 한다고 제의했다. 이어 그녀는 이 나라는 독립할 능력이 없기 때문에 일본과 러시아의 '공동 피보호국'(a joint protectorate)이 되든가 일본이나 러시아 어느 한쪽의 '감독을 받는 나라'(the tutelage)가 되든가 해야 할 것이라고 보았다.[61]

이렇게 말하면서도 그녀는 러시아가 코리아에서 우월적 영향력을 갖게 되는 것은 영국에 대해 좋지 않은 결과를 빚어낼 것이라고 경고했다. 특히 상업과 무역을 고려할 때, 아직 개발이 되지 않은 풍부한 자원들과 소중한 항구들을 보유한 이 나라가 '적대적 국가'에 의해 장악되는 경우 그것은 극동에 있어서 영국의 이익에 '심각한 위험'이 될 것이며 영국의 위신과 이익에 '심각한 타격'이 될 것임을 역설했다. 그녀가 말한 '적대적 국가'란 러시아를 말하는 것이었다. 그녀는 1897년 9월의 시점에서 러시아의 신문들이 영국의 코리아 진출을 경고하면서 러시아정부는 그것에 제동을 걸어야 한다고 선동했다고 상기시키면서 코리아가 절대로 러시아

60 위와 같음, 453쪽.
61 위와 같음, 452~457쪽.

의 영향 아래 들어가서는 안 된다는 자신의 주장을 되풀이했다.[62]

비숍 여사의 러시아에 대한 경고는 같은 영국인으로 『노스 차이나 헤럴드』(*North China Herald*)의 편집인인 리처드 심슨 건드리(Richard Simpson Gundry)에 의해 되풀이됐다. 그는 자신의 저서 『중국과 그의 이웃나라들』을 통해 동북아시아에서 중요한 전략적 위치를 차지한 코리아에 대해 '러시아의 침략'(Russian encroachment)이 시도되고 있으며, 그것이 빚어내는 '공포'(dread)가 동북아시아의 정세에서 가장 중대한 요소라고 경고했다.[63]

4. 프랑스 외교관 프랑뎅의 『코레에서』

청일전쟁의 발발을 전후해 열강의 외교관들이 각각 자신의 경험을 바탕으로 코리아의 현황과 장래에 대한 저술들을 남겼다. 우선 프랑스의 외교관 이폴리트 프랑뎅(Hippolyte Frandin)의 『코레에서』를 살피기로 한다.[64] 저자는 '1892년 4월 9일부터 1894년 3월 1일까지 서울에서 봉직한 제2대 조선주재프랑스대리공사 겸 영사였다.

62 위와 같음, 457~459쪽.

63 R. S. Gundry, *China and Her Neighbors: France in Indo-China, Russia and China, India and Thibet* (London: Chapman and Hall, LTD., 1893), pp. 270~271.

64 Madame Claire Vautier et Hippolyte Frandin, *En Corée* (Paris: Libraire C. H. Delagrave, 1905). 이 책은 두 사람이 공동집필한 것으로 되어 있으나 실제로는 프랑뎅의 구술을 극작가 보티에가 편집한 것으로 보인다. 한국어 번역본으로 다음이 있다. 김상희(金祥姬) · 김성언(金性彦) 옮김, 『프랑스외교관이 본 개화기 조선』(서울: 태학사, 2002). 프랑뎅과 그의 저서에 대한 연구로 다음이 있다. 경기도박물관 편, 『먼 나라 꼬레: 이폴리트 프랑뎅의 기억 속으로』(서울: 경인문화사, 2003).

조선을 더럽고 악취를 풍기는 야만국으로 인식하다

저자는 코레를 '미개한 나라' 또는 '원시적인 나라' 또는 '야만적인 나라'로 보았다.[65] 그의 눈에, 이 나라의 의식주는 모두 '불결했다.' 옷의 경우, 여름에는 아이들은 벌거벗고 살며 여자들은 젖을 내놓고 다녔다. 사람들은 거의 모두가 맨발이었다. 장례 때 상주들이 입는 옷들은 '너무나 기괴했다.' 음식의 경우, "기호(嗜好)나 미각이라는 점에 대해서는 전혀 무지하거나 아니면 무관심한 것으로 보이는 것들이었다." 그는 특히 젓갈 냄새에 질겁하면서 '추접한 음식'이라고 폄하했다. 집의 경우, '원시시대의 우스꽝스런 모습'이었으며, 낮은 지붕의 그러한 집들이 밀집한 마을은 '거대한 거북이의 집단이 모여 있는 것' 같았다. 도로라고 부를 수 없는 좁디좁은 길은 아주 더러웠고, 길옆의 개울은 "모든 오물들로 꽉 차서 주변에 악취를 심하게 풍겼다." 그의 관찰은 계속됐다: "전염병이 당장이라도 발생할 것 같은 그 지역과 개울 주변에는 불결한 환경에 전혀 관심을 두지 않는 주민들이 우글거렸다." 더구나 길거리에는 '괴상하면서 못생긴' 개들이 떼를 지어 몰려다녔다.[66]

저자는 서울에서 시신을 내보내던 문인 시구문(屍口門)을 가보았다. 그는 "악취가 코를 지나 목에까지 엄습했고 둥근 천장 아래를 통과할 때는 그 틈새마다 박혀 있는 수많은 해골들 때문에 아연실색하지 않을 수 없었다"고 회상했다. 그는 사형수들을 처형하는 장소를 목격한 뒤 "사형수를 처형하고 그 시신을 매장하는 방식은 너무 야만적이고 불쾌하여 차마 눈뜨고 볼 수 없을 정도였다"고 회상했다.[67]

그는 이 나라에서 여자들이 독립된 인격체로 대접을 받지 못한 채 '극

---

65 위와 같음, 20쪽, 63쪽, 106~111쪽, 120~121쪽.

66 위와 같음, 28~42쪽 및 57~59쪽.

67 위와 같음, 45~47쪽.

도로 열악한 상황'에서 사는 데 대해 동정을 표시했다. 그는 이 나라 사람들이 샤머니즘의 정신적 지배 아래, 샤머니즘의 집행자인 무당의 강력한 영향을 받으며 생활하는 데 대해서도 동정을 표시했다. 특히 민비가 무당들에게 엄청난 돈을 쓰면서 국가의 명운을 기도한다는 소문을 듣고 개탄을 거듭했다.[68]

조선의 음악은 경멸하면서도 세공기술은 칭찬하다

저자는 이 나라에는 음악이 존재하지 않는다고 단언했다. 같은 맥락에서, 그는 "코레의 음악이란 것이 사람의 마음을 사로잡을 정도로 매력을 지니지 못 한다"고 썼다. 귀족들이 즐기는 연주회에 몇 차례 초대를 받아 참석해보니, "정체가 불분명한 악기들에서는 길고 서투르게 늘어지는 곡조가 울려나올 뿐이었다." 자신은 중국어 · 일본어 · 조선어를 어느 정도 이해하고 있었지만, "그 곡조를 따라 들려오는 노랫말의 뜻은 물론이려니와 노래의 의도조차 포착할 수가 없었다"고 그는 회상했다.[69]

저자는 "이 나라 사람들이 무지하고 국내의 힘이든 외국의 힘이든 힘 앞에 무조건 복종한다"고 보았다. 그는 또 그들이 '게으르고 [……] 기질적으로 무기력하다'고 보았다. 양반의 경우, 수입이 없어 굶으면서도 노동을 수치로 여겨 아무런 일도 하지 않는다고 그는 비판했다. 그러하기에 이 나라의 자연은 비옥한데도 전혀 개발되지 않은 '처녀지'로 남아 있다고 그는 개탄했다. 이 대목에서 그는 암시적인 표현을 썼다. 이 나라는 '식민지 개척자들'을 기다리는 듯하다고 쓴 것이다.[70]

이상에서 살폈듯, 저자는 전반적으로 조선과 조선인에 대해 부정적으

68 위와 같음, 31쪽, 35~38쪽 및 98~99쪽.

69 위와 같음, 62쪽 및 126쪽.

70 위와 같음, 22쪽, 71쪽 및 113쪽.

로 보았다. 그러나 그는 조선의 한 왕이 고유의 문자를 발명한 사실을 인정했다. 그러나 그는 그 왕이 세종이라는 사실 그리고 그 문자의 이름이 한글이라는 사실을 적시하지 않았다. 그는 또 자기 · 칠기 · 나전 · 상아의 상감 · 금세공품 등에 나타난 조선인들의 세공기술을 격찬하면서, 그는 "코레앙들의 영혼 속에는, 음악을 제외하고는, 표현적 기예(技藝)에 대한 본원적 능력이 구비되어 있다"고 평가했다. 동시에 그는 "코레앙들의 영혼 속에는 무역과 산업에 대한 본원적 능력이 구비되어 있다"고 평가했다. 그러한 긍정적 평가로부터 그는 다음과 같이 예언했다: "만약 이 민족으로부터 노예상태라는 굴레가 벗겨지고 자유인이 지닌 본래의 특성인 진보를 향한 자유로운 행동이 허용된다면, 그 순간부터 그들 영혼 깊이 감추어진 능력의 싹이 갑자기 발아할 것이 틀림없다."[71]

고종과 왕세자 및 민비에 대한 관찰들

저자는 부임한 직후 고종을 알현할 기회를 가졌다. 다른 서양관찰자들과 마찬가지로, 그 역시 고종이 '소심'하지만 '상냥하고 지성적'이었다고 평가했다. 그는 다음과 같이 부연했다: "이 동양의 군주는 무엇이건 배우는 일을 좋아했다. 그는 서양선진국에서 연구된 과학과 예술과 문화에 대해 알고 싶어 했다. 그는 높은 안목으로 쉽사리 설명을 이해했으며, 민첩하고 명백히 의문점을 지적했다. 또 재치 있고 올바른 판단으로 문제의 핵심을 정확히 간파하는 능력을 갖췄다."[72]

그러나 그는, 다른 서양관찰자들과 마찬가지로, 왕세자에 대해서는 "어떠한 매력도 느낄 수 없었다." 그는 왕세자에 대해 다음과 같이 회상

71 위와 같음, 58~59쪽.

72 위와 같음, 82~83쪽.

했다: "왕세자는 체격은 컸지만 완연한 어린아이에 지나지 않았다. 나는 그에게서 열여덟의 장성한 청년의 모습을 도저히 인정할 수 없었다. 그의 유일한 일거리는 큰 호박사탕을 입 안에서 굴리는 일이었다. 그리고 나서는 혀를 이상하게 비틀어서 그것을 빨아먹었다."[73]

그는 왕비를 보고 싶어 했지만 알현을 허용받지 못했다. 그래서 그는 '위험을 무릅쓰고' 왕의 접견실과 왕비의 내전 사이를 가로막은 종이 벽에 구멍을 뚫어 왕비를 볼 수 있었다. 이러한 방식으로 왕비의 얼굴을 보았다고 실토한 서양외교관은 그가 유일했을 것이다. 많은 시녀들에 둘러싸인 왕비의 의상은 매우 화려했다. "그녀는 최소한 60센티미터 길이의 거대한 비녀를 꽂았는데 이러한 머리장식은 가뜩이나 평균치가 못 되어 보이는 키를 가진 왕비에게는 과중한 부담이 되는 것처럼 느껴졌다." 왕비는 화장을 너무 짙게 했기에 그녀의 나이는 물론이거니와 심지어 얼굴 모습이 드러나지 않았다고 그는 덧붙였다.[74]

그가 보기에 왕과 왕비의 행차 및 의식(儀式)은 너무나 화려했다. 그러했기에, 그 행차와 의식에는 '엄청난 비용'이 소요됐으며, 이것을 충당하기 위해 왕실은 거의 모든 관직들을 일정한 금액에 팔았다. 그러나 그 돈이 모두 왕실로 들어오지는 않았다. 왜냐하면 그 과정에 여러 관리들이 개입됐고 그들은 각각 자기 몫을 챙겼기 때문이라고 그는 보았다.[75]

조선 궁정무희의 비련: 리진의 사랑과 자살

이 책은 다른 서양관찰자들이 제시하지 않은 두 가지의 독특한 정보를 공개했다. 첫째, 그가 서울에 머물던 때인 1892년 봄부터 1894년 봄까지

---

73 위와 같음, 89쪽.

74 위와 같음, 85~86쪽.

75 위와 같음, 95~97쪽.

의 시기에 이미 서울의 상류층 사람들은 유럽으로부터 사치품들을 수입해 사용했다는 사실이다. 그들은 프랑스로부터 샴페인과 포도주를 사들여 마시면서 거의 모든 유럽식 놀이들을 즐겼고, 부인들은 영국과 프랑스로부터 화장품들과 옷들을 사들였다고 그는 회상했다.[76] 이것은 극소수의 상류층 사람들이 극빈에 시달리던 대다수 백성들의 삶과 얼마나 동떨어진 생활을 영위했던가를 말해주었다.

둘째, 이 책은 노비의 신분을 지닌 한 궁정무희의 비극적 사랑을 기록했다. Li-Tsin이라는 이 여성은 서양인들을 위해 왕실이 베푼 무용공연을 관람하던 초대 조선주재프랑스대리공사 콜랭 드 플랑시(Victor Collin de Plancy)의 마음을 사로잡았으며, 그가 귀국할 때 고종의 허락 아래 프랑스로 함께 갈 수 있었다. 이 책에 따르면, 파리에서 그들은 결혼했다. 그러나 플랑시에 관한 프랑스 외교부의 기록은 그가 평생 독신이었음을 보여주었다. 이 기록에 미뤄, 그녀는 그의 법적 아내는 아니었던 것으로 보인다.

그는 곧 모로코로 전임됐으며 그녀를 동반한 채 그곳에서 생활했다. 그는 다시 서울근무를 명령받아 1896년 4월에 3대 프랑스대리공사로 부임했다. 그녀 역시 그와 함께 서울로 돌아왔다. 이때 대한제국의 한 고관은 자신이 그녀의 소유주임을 내세워 '반환'을 요구했다. 이 책에 따르면 고종도 플랑시도 이것을 막지 못했다. 만일 그녀가 플랑시의 법적 아내였다면 그것은 막아질 수 있었을 것이다. 그녀는 소유주에게로 돌아간 직후 자살로 자신의 생을 마감했다.[77] [익명을 요구한 한 사학자는 그녀가 프랑스에서

76 위와 같음, 61쪽, 92쪽 및 107쪽.

77 위와 같음, 108~111쪽. 이 책은 그녀의 상대방 남자의 이름이 플랑시임을 밝히지 않았다. 그 이름이 플랑시임을 밝혀낸 사람은 프랑스 리옹3대학 교수인 이진명(李鎭明) 박사다. 이진의 비극은 작가의 상상력 속에서 소설화됐다. 신경숙(申京淑), 『리진』(전2권: 서울: 문학동네, 2007).

생활하며 '문화 격차'를 느껴 정신병을 앓기 시작했다고 저자에게 설명했다. 플랑시는 그녀가 서울로 돌아가면 그 병이 나을 수 있을 것이라는 기대를 갖고 서울근무를 자청했으나 서울에서도 고쳐지지 않았으며, 그녀는 이 병으로 작고한 것 같다고 추정했다.]

5. 영국 외교관 커즌의 『극동의 문제들: 일본 · 코리아 · 중국』

아시아를 '미개한 오지'로 여기다

다음으로, 영국의 외교관 조지 너새니얼 커즌(George Nathaniel Curzon)이 쓴 『극동의 문제들: 일본 코리아 중국』을 살피기로 한다.[78] 저자는 1859년 1월에 영국의 더비셔(Derbyshire)에서 명문가의 아들로 태어났다. 그는 이튼스쿨을 거쳐 옥스포드대학교를 졸업했으며, 27세이던 1886년에 보수당의 공천을 받아 하원의원으로 당선됐고 1891년부터 1892년까지 인도담당국무차관으로 봉직했다. 그는 1888년부터 1890년까지 러시아 · 중앙아시아 · 페르시아를 여행한 데 이어 1892년에는 일본 · 중국 · 태국 · 프랑스령인도차이나 · 코리아를 여행하고 자신의 여행기를 출판했다. 그 뒤에도 그는 아시아여행을 계속해 1894년에는 아프가니스탄과 파미르고원(高原)을 여행했다.

여기서 주목되는 것은 그의 여행지들이, 그때의 영국인들의 관점에서는, '미개한 오지'인 아시아에 한정됐다는 사실이다. 그는 정치인답게 이

78 George Nathaniel Curzon, *Problems of the Far East: Japan, Korea, China*, 2nd ed. (London: Longmans, Green, and Co., 1894). 이 책은 '근세동아세아서양어자료총서 87' (서울: 경인문화사, 2001)로 재간됐다.

'미개한 오지'의 현황을 정확히 파악하고 영국이 어떤 정책을 추진해야 할 것인가라는 목적의식을 갖고 여행했던 것이다. 따라서 그의 여행기는 자신이 방문한 나라들의 풍물에 대한 묘사들보다는 정치적 분석들로 특징지어졌다.[79]

그는 이 여행을 끝낸 직후인 1895년부터 1898년까지 외무차관으로 봉직했으며, 1899년부터 1905년까지 인도의 부왕(副王)으로 봉직했고, 로이드 조지(Lloyd George) 내각에서 1919년부터 1924년까지 외무장관으로 봉직했다. 그는 외무장관으로 봉직하던 때인 1919년 12월에 소비에트러시아와 폴란드 사이의 경계선으로 이른바 커즌 라인(the Curzon Line)을 제시한 것으로 유명하다. 이 선은 우여곡절을 겪었으나 오늘날에도 비슷한 형태로 유지되고 있다. 그는 1925년 3월에 향년 66세로 별세한다.

영국우월적 세계관

앞에서 보았듯, 커즌은 제국주의시대를 이끌던 영국의 보수당소속 정치가였으며 외교가였다. 그러했기에 그는 영국우월주의적 제국주의적 세계관을 갖고 있었다. 그의 그러한 세계관은 이 책의 곳곳에서 엿보인다. 그 보기들로 넷만 들겠다.

첫째, 이 책의 「서문」이다. 그는 전세계에 걸친 영국의 '눈부신 성취들과 강력한 힘의 보유'를 자랑한 뒤, "아시아의 낡고 죽어가는 나라들의 구원을 위한 최선의 희망 그리고 자주적이며 새로운 것을 위한 현명한 교훈들은 영국적 특성의 확산으로부터 그리고 필요하다면 영국지배의 보호로부터 나와야 한다"고 단언한 것이다.[80]

---

79 박지향, 『일그러진 근대』, 90쪽.

80 Curzon, *Problems of the Far East*, xii.

둘째, 영국의 인도 정복과 통치를 높이 찬양한 구절이다. 영국이 인도를 정복하고 통치함으로써 영국은 옛 아시아대륙의 심장 그리고 동양을 언제나 지배하게 하는 왕좌를 차지하게 됐다는 것이다. 또 인도장악을 통해 대영제국이 캐나다 및 호주를 포함하는 유럽적 제국을 벗어나 아시아적 제국을 겸하게 됐다고 그는 평가했다.[81] 반면에, 그는 인도의 자치 또는 독립에 대해서는 전혀 말하지 않았다.

셋째, 전쟁에 관한 그의 관념이다. 그는 영국이 동아시아에서 확보한 식민지들을 자랑스럽게 열거하면서 그것들이 전쟁없이 얻어질 수 있는 것은 아니었다고 썼다. 전쟁들을 통해 그 식민지들에 영국은 상업적으로 진입할 수 있었으며 영국의 국기를 휘날릴 수 있게 됐다고 강조한 부분은[82] 그가 동아시아에 대해 영국이 수행한 일련의 제국주의적 침략전쟁들을 정당화한다는 인상을 주기에 충분했다.

넷째, 이 책의 마지막 부분인 「전망」에서의 구절들이다. 그는 "세계 어디에서나 영국인은 정직하고 우월하며 책임감이 강하다는 평판을 갖고 있으며, 이 특성들이 영국으로 하여금 거짓과 부패 및 음모로 가득 찬 아시아를 지배할 수 있는 지위를 확보하게 만들어주었음을 나는 확인해왔다"고 자랑했다.[83] 그는 이어 영국을 사실상 '신(神)과 같은' 그리고 '왕(王)과 같은' 존재로 묘사한 영국의 계관시인 알프레드 테니슨(Alfred Tennyson)의 시를 인용하면서, "아시아대륙의 저 먼 왕국들의 장래를 위해 이 나라가 불가피하게 역할을 수행해야 한다"고 제의했다. 보다 구체적으로, 그는 문명화된 영국이 아직도 문명화되지 못한 아시아의 나라들, 특히 극동의 나라들의 운명에 대해 '지배적 참정권'(a controlling suffrage)

81 위와 같음, 419쪽.

82 위와 같음, 420쪽.

83 위와 같음, 428쪽.

을 행사해야 한다고 제의한 것이다.[84]

여기서 그는 영국이 극동에서 추구해야 할 목적들로 상업과 기독교신앙의 전파 그리고 대영제국의 책임 등 셋을 지적했다.[85] 그것들 가운데 그가 가장 높은 우선순위를 부여한 것은 상업이다. 그는 영국은 포르투갈과 네덜란드의 후계자라고 자처했다. 그러나 그는 포르투갈의 진출은 '초라한 항구' 마카오에 한정됐을 뿐이고 네덜란드의 진출은 대륙이 아니라 섬들로 구성된 인도네시아에 한정됐을 뿐이라고 말해, 영국은 교역의 대상을 아시아대륙 전체로 확대해야 한다는 뜻을 내비쳤다. 이 목표에서 그는 영국이 '진전'을 이룩했으며 그것은 '영국의 팽창'이라는 역사가들의 표현 속에 잘 나타났다고 자랑했다.

결론적으로, 그는 동아시아의 국제정치에서 영국의 주도적 역할이 성공적으로 수행될 것이라는 낙관론을 폈다. '점증하는 영어의 확산'이 그것을 가능하게 할 것이라는 취지였다. 그는 우선 극동에서 뛰어나며 많은 정보를 담은 신문들은, 『재팬 데일리 메일』(*The Japan Daily Mail*)과 『노스 차이나 데일리 뉴스』(*The North China Daily News*) 등에서 보이듯, 모두 영국인들의 소유 아래 영어로 편집되고 있다고 자랑했다. 그는 이어 "이미 요코하마에서 랭군에 이르기까지 모든 상점들에서, 중국의 육군 및 해군 대학들에서, 일본과 태국의 학교들에서, 일본과 중국 및 코리아의 전보서비스에서, 오사카와 광둥의 은화들 위에 찍힌 표지들에서, 중화제국의 서로 다른 성(省)들에 사는 중국인 신민들 사이의 의사소통에서, 영어가 사용되고 있다"고 자랑스럽게 지적했다. 이러한 관찰에 근거해, 그는 "영어는 극동의 언어가 될 것임이 절대적으로 확실하다"고 장담했다.[86]

84 위와 같음, 418쪽.
85 위와 같음, 420쪽.
86 위와 같음, 435~436쪽.

"코리아는 독립이 아니라 동맹을 추구해야 한다"

이러한 세계관을 지닌 그에게 코리아는 '극동의 나라들 가운데 가장 적게 알려졌고 가장 적게 찾아가는' 나라이며, '영국인 다수에게 많은 수수께끼 속에 포장된' 나라다. 이 나라는 또 '아주 취약하고 미개발된' 나라일 뿐만 아니라 '가난하고 무기력하며 원시적인' 나라다.[87] 달리 표현해, 코리아는 이제 막 '서양문명의 빛을 받기 시작했으나 그 결과가 분명하지 않은 상태에 놓여 있는' 나라일 뿐이었다.

코리언들에 대한 인식도 좋지 않았다. 남자들은 '육체적으로 강건하나 정신적으로는 지둔하고 겁이 많은' 특성들을 지녔으며, 상류계급의 여자들은 외출을 하지 않고 하류계급의 여자들은 젖을 드러내놓고 다니며 아름답지 않다고 그는 설명했다. 대부분의 코리언들은 더러우며 종교를 모르고 하루 일하곤 그날의 수입으로 이틀을 놀고 지내는 게으른 사람들이라고 혹평했다.[88]

코리아의 국내정치상황에 대한 그의 관찰들은 우리가 앞에서 살핀 서양인들의 관찰들과 거의 일치한다. 그는 지배계급의 노동천시사상과 불로소득, 지배계급의 피지배계급에 대한 철저한 착취, 그리고 조정의 부패와 매관매직 등을 반복적으로 강조했다.

그는 이러한 '내재적 취약성'을 가진 이 나라는 자신을 둘러싼 일본과 중국 및 러시아 등 세 강대국들의 어느 하나에 대해서도 성공적으로 저항할 힘이 없다고 보았다. 그렇기 때문에, 이 나라가 독립을 추구해야 한다고 말하는 사람들은 바보같은 사람들이며, 독립을 추구하는 경우 그것은 이 나라의 '사형집행영장'에 서명하는 꼴이 될 뿐이라고 그는 경고했다.

---

87 위와 같음, 84쪽 및 99~100쪽.

88 위와 같음, 94~100쪽.

그는 또 이 나라의 독립을 위한 방안으로 '국제적 보장'(an international guarantee)을 제시하는 사람들이 있음을 상기시키면서, 열강의 이해불일치로 그것이 성사되기 어려울 것이라고 전망했다.

코리아를 위한 그의 대안은 '동맹'(an alliance)을 성사시키는 것이었다. 그렇다면 어떤 나라와 '동맹'을 이룩해야 할 것인가? 그는 대답하기에 앞서, 영국은 코리아에 대해 상업적 이익의 확보 이외에는 어떤 다른 욕심이 없다고 주장했다. 이어 그는 영국의 정치인답게 러시아에 대한 경계심을 두드러지게 드러냈다. 코리아에서 부동항들을 확보하고자 하는 러시아가 코리아에 함대들을 상주시키게 될 때, 러시아는 태평양에서 가장 강력한 해군국가가 될 것이라고 경고했다. 그는 이어 그렇게 되면 "극동에서의 세력균형은 심각하게 위태로워질 것"이며 특히 영국의 이익은 '저해될 것'이라고 경고했다.[89]

이러한 전제 아래, 그는 코리아를 향해 '중국과의 연결의 유지'(the maintenance of her connection with China)'를 권고했다. 지난 수백년에 걸쳐 코리아를 보호한 나라는 중국이었음을 상기시키면서, 그는 '코리아의 국가로서의 계속적 존속을 위한 유일한 희망'은 거기에 있다고 주장했다.[90] 그는 일본과 중국 사이에 러시아를 견제한다는 공통의 목표가 존재한다고 주장하면서, 그럼에도 불구하고 전운이 짙어지고 있는 현재의 상황에 두 나라가 '맑은 정신'으로 대처해줄 것을 요청했다.[91]

여기서 우리는 하나의 물음을 제기하게 된다. 그는 왜 '코리아의 국가로서의 계속적 존속을 위한 유일한 희망'은 '중국과의 연결의 유지'에 있다고 판단한 것일까? 이 시점에서 영국은 대체로 친일적 성향을 보였는

89 위와 같음, 228~231쪽.
90 위와 같음, 231~232쪽.
91 위와 같음, 228~233쪽.

데, 그는 왜 일본과의 연결의 유지를 권고하지 않았을까? 이 물음에 대해 그는 아무런 대답도 주지 않았다. 따라서 다음과 같은 추론만이 가능하다.

이 시점에서 그는 일본이 근대화의 추진에서 상당한 성과를 보인 것은 사실이지만 결코 유럽을 따라갈 수 없을 것이라고 평가했다. 이 시점에서 영국은 일본과 동맹을 맺은 것도 아니었다. 그가 일본과 조선 및 중국을 차례로 방문한 때로부터 10년이 지난 1902년에 비로소 일본은 영국과 동맹을 체결한다. 또 그가 동북아시아의 세 나라를 방문한 때로부터 2년이 지난 1894년에 청일전쟁이 일어나는데, 이 전쟁에서 중국이 패배하리라고 예상한 유럽인들은 매우 드물었다. 그 역시 그러했을 것이다. 아마도 그는 영국이 동북아시아에서 러시아를 견제하려면 일본보다는 중국을 중시하는 것이 나을 것이라고 계산했을 것이다. 다른 한편으로, 경제적으로 일본보다는 중국이 영국에 훨씬 더 중요했다. 이러한 인식의 복합에서, 그는 조선에 대해 중국과의 전통적 관계를 유지함으로써 자신의 존속을 보장받으라고 권고했던 것 같다.

6. 미국 외교관 스티븐스의 「코리아에서의 중국과 일본」

커즌과 대조적으로, 코리아는 중국과의 관계를 끊고 일본의 보호를 받을 때 국가적 존속을 유지할 수 있다고 제안한 외교관이 미국인으로 일본정부를 위해 일하던 더램 화이트 스티븐스(Durham White Stevens)였다. 1851년에 워싱턴디씨에서 태어난 그는 1871년에 오하이오주 오벌린대학(Oberlin College)을 졸업한 뒤 워싱턴디씨의 하워드대학교(Howard University)에서 법학을 전공해 1873년에 변호사가 됐다. 그는 곧바로 주일미국공사관의 서기관으로 임명된 것을 계기로 일본과 인연을 맺었고 마침내 주미일본공사관의 서기관으로 기용된 데 이어 1882년에 일본외무성의 고문으로 초빙되기에 이르렀다. 그는, 스스로의 표현으로, 일본을 미국 다음으로 '최고의 애정과 존경'으로써 대한 철저한 친일분자였다.[92]

스티븐스의 친일활동은 1894년 7월에 중국과 일본 사이에 전쟁이 일어났을 때 아주 뚜렷하게 나타났다. 「코리아에서의 중국과 일본」(China and Japan in Korea)이라는 논문을 통해,[93] 그는 우선 코리아를 대내적으로는 '실정(失政)과 부패에 내던져진 피폐한 나라'(an impoverished country abandoned to misrule and corruption)이고 대외적으로는 '허약하고도 방어력이 없는 나라'(a weak and defenseless country)인 것으로 묘사했다.[94] 그는 코리아에서 국왕은 무력하고 관리들은 만성적인 부패와 매관매직 및 수탈에 빠진 탓에 이 나라의 국민은 그 유례를 찾아볼 수 없을 정도의 고통을 받고 있다고 덧붙였다. 한 마디로, 그는 코리아를 '산송장'이라고 단정했다.[95]

스티븐스는 코리아가 이러한 상태에 빠진 원인을 중국에서 찾았다. 정치제도를 낡아빠진 중국의 그것으로부터 빌렸기 때문에, 그리고 현재 권력을 장악한 수구적 민씨척족이 중국에 의지하기 때문에, 코리아는 안으로는 소요와 반란이 자주 일어나고 밖으로는 열강이 점령과 지배를 노리는 나라로 전락했다고 그는 평가했다. 그런데도 이 나라는 계속해서 중국에 의지하려고 하지만 중국은 코리아를 감독하겠다고 할 뿐 보호는 해주

---

92 김원모, 『개화기 한미교섭관계사』(서울: 단국대학교출판부, 2003), 938~951쪽.

93 Durham White Stevens, "China and Japan in Korea," *North American Review*, Vol. 159, Issue 454 (September 1894), pp. 308~316. 이 논설의 한국어 번역본은 다음에서 볼 수 있다. 김원모, 『개화기 한미교섭관계사』, 952~959쪽.

94 Stevens, "China and Japan in Korea," p. 313.

95 위와 같음.

지 못하고 있다고 비웃었다. 중국에 비해 일본은 코리아를 보호하기 위해 큰 관심을 보여왔다고 주장한 그는 일본은 코리아에 대해 어떠한 욕심도 없으며 오로지 '진보와 발전이 마비된' 이 비참한 나라를 개혁시키려고 할 뿐이라고 역설했다.

스티븐스는 이 전쟁이 중국의 욕심 때문에 일어났다고 주장했다. 일본은 명예로운 해결책을 찾으려 시도했으나 중국의 반대에 부딪쳐 불가피하게 전쟁에 끌려들게 됐다고 역설했다. 코리아는 일본에게 '자연적 방파제'(a natural bulwark)인 만큼 코리아가 다른 나라에 장악되는 것을 방치할 수 없어 중국군이 코리아에 상륙하는 것을 보고 일본도 파병하게 됐다고 주장했다. 그는 그러나 일본은 코리아에 대해 '영토적 팽창을 위한 어떠한 구상'도 그리고 '독립을 해치려는 어떠한 음모'도 갖지 않은 반면에 오로지 코리아의 독립을 지원하고자 할 뿐이라고 변호했다. 그러면 일본은 어떻게 코리아의 독립을 지원하겠다는 것인가? 스티븐스는 일본이 코리아에서의 정치개혁이 실현되도록 도울 것이며 그렇게 함으로써 코리아가 '공정하고도 안정된' 나라가 되도록 도울 것이라고 말했다.

스티븐스는 1905년 11월에 일본의 강요에 따라 체결된 이른바 을사보호조약 직후 일본의 압박을 받은 대한제국정부에 의해 대한제국정부의 외교고문으로 임명된다. 그는 이른바 을사보호조약을 찬양할 뿐만 아니라 일본이 대한제국을 합병해야 한다고 주장하다가 1908년 3월에 장인환(張仁煥) 의사에 의해 사살된다.

7. 미국 기자 화이트의 『동양에서의 전쟁: 일본·중국·코리아』

스티븐스의 견해들과 본질적으로 똑같은 견해들을 제시한 미국인이 『고베 헤럴드』(*Kobe Herald*) 및 『노스 차이나 데일리 뉴스』(*North China Daily News*)의 특파원 트럼불 화이트(Trumbull White)였다. 그가 청일전쟁이 끝난 직후 출판한 『동양에서의 전쟁: 일본 중국 코리아』는 처음부터 끝까지 일본의 입장을 대변했다.

이 책의 성격은 우선 저자가 속한 신문사들이 모두 친일적이었다는 사실에서 드러났다. 이 신문들은 그때 일본이 동북아시아에서 추진한 정책들과 프로그램들을 철저히 뒷받침하고 있었다.

이 책의 성격은 또 일본인 굼페이 마투모토(Julius Kumpei Matumoto)가 쓴 이 책의 「서문」에 잘 나타났다. 그는 일본은 오직 조선이 문명개화된 나라로 발전하는 것을 지원하겠다는 뜻 이외에는 조선에 대해 아무런 욕심이 없음에 비해, 중국은 조선을 야만의 세계에 그대로 묶어두고 동아시아에서 문명의 진보를 막으려 했고, 러시아는 조선을 침략해 병탄하려는 욕심을 가졌다고 주장했다. 이러한 맥락에서 화이트는 '문명개화국가'인 일본이 조선을 '문명개화시키려는' 정책을 일관되게 유지해왔으며, 중국이 이것에 반발함으로써 전쟁이 일어났다는 취지로 썼다.[96]

---

96 Trumbull White, *The War in the East: Japan, China and Corea* (Philadelphia and Chicago: P. W. Ziegler and Company, 1895), Part III (Corea).

8. 러시아 외교관 볼피첼리의 『청일전쟁』

영국 · 미국 · 프랑스의 정치인들과 외교관들 및 언론인들이 조선을 둘러싼 열강의 각축을 주시하던 시점에, 러시아의 외교관 역시 그렇게 하고 있었다. 서울주재러시아공사관에서 근무하던 제노네 볼피첼리(Zenone Volpicelli)는 일본과 중국의 자료들은 물론 다른 관련국들의 자료들을 활용해 이 책을 출판했다.[97]

이 책의 기본적 관심은 1894년부터 1895년까지 조선과 만주에서 전개된 중국과 일본 사이의 전쟁이다. 저자는 이 전쟁이 단순히 두 나라 사이의 전쟁이 아니라 중국과 일본 및 조선 등 세 나라의 역사적 이해(利害)가 얽히고설킨 전쟁이었다고 주장했다. 그렇다고 해서 이 전쟁이 동북아시아에 대해서만 영향을 준 전쟁이 아니라 세계정세에 대해 영향을 준 전쟁이었다고 주장했다. 많은 서양인들이 전망한 것과는 달리, 일본은 중국을 패배시킴으로써 동북아시아를 넘어서서 세계정세에 영향을 미칠 수 있는 나라로 자리를 잡았으며 그 이후 서양열강의 반열에 올라서게 됐다고 그는 평가했다.

그러면 무엇이 '예술과 예쁘장함의 나라'로, 그리고 '작은 나라'로, 취급되던 일본으로 하여금 '중국이라는 거인'(the Chinese Colossus)을 굴복시킬 수 있었던가? 그는 일본이 서양문명을 받아들이고 그것을 빠르게 자기의 것으로 소화하면서 '문명화의 길'을 밟은 반면에 중국은 그렇지

97 저자는 자신의 이름을 감추고 가명을 사용했다. Vladimir, *The China-Japan War: Compiled from Japanese, Chinese, and Foreign Sources* (London: Sampson Low, Marston and Company, 1896). 이 책은 '근세동아세아서양어자료총서 112'(서울: 경인문화사, 2001)로 재간됐다. 한국어 번역본으로 다음이 있다. 유영분(柳榮粉), 『구한말 러시아 외교관의 눈으로 본 청일전쟁: 조선 땅에서 벌어진 서양문명과 동양문명의 충돌』(서울: 살림출판사, 2009).

못했던 데 그 원인이 있었다고 보았다. 같은 맥락에서, 그는 일본인들은 '문명화의 길'을 밟는 과정에서 애국심을 배웠고 천황을 정점으로 하는 국가체제에 충성을 바치도록 길들여졌음에 반해 중국인들은 낡은 가치관에 사로잡혀 무기력해지고 부패해졌으며 국가에 대한 충성심을 잃었다고 보았다.[98]

이러한 시각으로부터 청일전쟁을 그 발발로부터 종전까지 치밀하게 기술하면서, 저자는 조선의 역사와 전쟁 당시의 대내외상황에 대해 자세히 설명했다. 우선 이 나라의 역사에 관해, 그는 '전설'이라고 전제하면서, 중국인 기자가 한반도에서의 최초의 국가를 세웠으며 그 국가를 조선이라고 명명했다고 썼고, 일본의 진구 황후가 신라를 공격해 신라국왕의 복속을 받았다고 썼다.[99] 특히 후자의 얘기를 길게 기술함으로써 독자들로 하여금 그것이 전설이 아니라 사실일 것이라는 느낌을 갖게 만들었다.

이어 그는 이 나라의 현실에 관해 대체로 부정적으로 썼다. 인민들은 여러 세기에 걸쳐 '억압'을 받고 살았으며, 그 결과 게을러졌고 무관심해졌다고 보았다. 다른 한편으로, 정부는 '평화와 안녕의 상태'를 만들어내지 못하고 당파싸움에 빠져 음모와 정치적 암살 그리고 가문들 사이의 반목을 일삼았으며 지배계급은 피지배계급에 대한 수탈에 몰두했다고 혹평했다.[100]

이러한 관점으로부터, 국내정치의 개혁을 부르짖는 동학교도들의 봉기는 정당했다고 그는 보았다. 여기서 한걸음 더 나아가, 그는 일본정부는 동학교도들의 봉기를 조선정부의 지속적 실정(失政)의 불가피한 결과라고 평가했을 뿐만 아니라 그 봉기가 결코 억압되어서는 안 되며 오히려 그들

98 Vladimir, *The China-Japan War*, Introduction, pp. 1~8.

99 위와 같음, 11~18쪽.

100 위와 같음, 11~36쪽.

이 제시한 개혁안들이 실시돼야 한다고 제의했다고 썼다. 일본정부의 이 제의에, 수구적이며 반개혁적인 조선정부를 지탱시켜온 중국정부가 반대함으로써 결국 전쟁이 일어났다고 그는 결론을 내렸다.[101] 이러한 평가와 결론은 물론 일본정부의 공식입장과 일치하는 것이었다.

여기서 주목되는 것은 그때 동아시아에서 적극적으로 일본을 견제하는 외교를 추진하던 러시아의 외교관이 일본에 대해 호의적으로 서술했다는 사실이다. 그는 이 책의 곳곳에서 일본의 우수한 군사력과 일본군인들의 용맹성을 칭찬했으며 일본의 승전을 존경의 눈으로 바라보았다. 왜 그러한 입장을 취했는지 이 책만으로는 알기 어렵다. 아마도 그는 오로지 문명국이냐 비문명국이냐의 기준에서만 두 나라를 대비한 것 같다.

9. 독일 외교관 브란트의 『동아시아의 문제: 중국·일본·코리아』

중국과 일본 및 조선에서 활동했던 독일의 한 외교관 역시 책을 출판했다. 막스 폰 브란트(Max von Brandt)의 『동아시아의 문제: 중국 · 일본 · 코리아』가 그것이다.[102] 저자는 1835년에 베를린에서 태어났다. 아버지는 프로이센의 장군이자 문필가였다. 저자는 아버지처럼 프로이센의 장교가 된 뒤 프로이센의 동아시아원정대를 수행해 방일했다가 1861년에 프로이센과 일본 사이에 통상조약을 체결하는 과정에 관여한 것을 계기로 동

---

101 위와 같음, 66쪽.

102 Max von Brandt, *Ostasiatische Fragen: China, Japan, Korea* (Berlin: Verlag von Gebruder Paetel, 1897). 이 책의 한국어 번역본은 다음이다. 김종수(金鍾洙), 『격동의 동아시아를 걷다: 독일외교관의 눈에 비친 19세기 조선 중국 일본』(서울: 살림출판사, 2008).

아시아에 관심을 갖게 됐다.

1871년은 독일의 역사에서 중요한 전환의 해였다. 프로이센의 총리 비스마르크(Otto Eduard Leopold Fürst von Bismark)의 지도력 아래 프로이센 중심의 독일제국이 형성됨으로써 독일통일이 성취된 것이다. 이것에 자극된 그는 외교계에 투신해 1872년에 일본주재독일변리공사로 발탁됐으며, 1875년부터 1893년까지 청국주재독일공사로 봉직했는데 이 자리에 있던 때인 1882년 6월부터 독일의 조선과의 수호통상조약 체결을 위한 교섭을 개시해 1883년 11월에 매듭지었다. 그는 1893년 4월에 서울에서 당시 조선주재미국변리공사이던 오거스틴 허드(Augustin Heard)의 딸과 결혼함으로써 조선과의 인연을 더욱 두텁게 했다. 그는 결혼 직후 외교관직에서 은퇴하고 귀국해 바이마르에서 만년을 보냈다.[103]

고종 · 민비 · 대원군에 대한 관찰들

이 책은 저자의 회고록도 아니고 견문록도 아니다. 이 책은 그가 1873년부터 1896년까지 약 23년에 걸쳐 여러 잡지들에 발표했던 15편의 논문들을 단행본으로 묶은 것이다. 그 논문들 가운데 조선을 주제로 다룬 논문들은 세 편에 지나지 않는다. 이러한 전제 아래, 저자의 관찰들 가운데 중요한 것들을 소개하기로 한다. 첫째, 그는 민비를 다음과 같이 호의적으로 평가했다:

> 민비는 가족 가운데 유일하게 '사내대장부'라 일컬어질 정도로 뛰어난 능력과 결단력을 지닌 인물이었다. 그녀는 시아버지 대원군의 영향력을 완전히 일소시켰으며, 대(大) 음모가이던 시아버지의 격렬한 증오를 한 몸에 받았다. 민비는 정

103 위와 같음, 11~12쪽.

치적으로 청나라에 기울어져 있었기 때문에 일본인에게는 매우 불편한 존재였다. 만약에 민비가 자기가문에만 특혜를 베풀고 그 일족을 지나치게 호의적으로 대했다고 비난을 받는다면, 우리는 민씨가문이 일곱 개의 큰 귀족가문들 가운데 가장 힘 있는 권세가이며 사실상 400년 전부터 조선을 지배해왔다는 사실을 잊어서는 안 된다.[104]

민씨가문이 조선을 400년 전부터 지배해왔다는 것은 무슨 뜻인가? 여흥(驪興)을 단본(單本)으로 하는 민씨는 이미 고려후기부터 세력이 큰 가문이었다. 조선 3대 국왕 태종(太宗)의 비 원경왕후(元敬王后)는 고려말기 개성의 세도집안이었던 민씨집안 출신이었다. 19대 국왕 숙종의 비 인현왕후(仁顯王后) 역시 민씨집안 출신이었다. 뒷날 명성황후로 추종되는 26대 국왕 고종의 비 역시 민씨집안 출신이었고, 고종의 생모 역시 민씨집안 출신이었다. 이러한 흐름 속에서, 27대 국왕 순종이 황태자이던 때 민씨집안에서 황태자비를 맞이했다. 그러나 그녀는 1904년에 별세한다.

둘째, 대조적으로 그는 고종을 '유약하고 우유부단한' 군주라고 평가했다. 민비의 조력과 지지에 의해 고종은 자신의 지위를 유지할 수 있었던 것처럼 그는 썼다.[105] 셋째, 그는 대원군을 '가장 격렬한 외국인 배척자'라고 혹평했다: 그는 "대원군은 몇 해 전부터 그의 아들에게 반대하고, 특히 조정의 진정한 실세인 왕비에 대항하는 모든 음모세력의 핵심인물이다. 시기심에 사로잡혀 자국의 문호는 굳게 빗장을 걸면서도 조선의 내정에는 너무나 노골적으로 간섭하는 일본인들의 문화적 노력을 답습한 사람이 대원군이다"라고 비난했다.[106]

---

104 위와 같음, 102~103쪽.
105 위와 같음, 110~111쪽.
106 위와 같음, 302쪽.

조선에 대한 일본의 야욕을 비난하다

넷째, 그는 조선에 대한 일본의 '야욕'을 폭로하고 비판하는 데 많은 힘을 기울였다. 그는 "일본이 조선에 대해 야욕을 품기 시작한 것은 조선의 역사만큼이나 오래되었다. [1876년에 강화도조약이 체결된] 때부터 조선의 내정에 간섭하려는 일본의 노골적이고 은밀한 시도가 끊임없이 이어졌다"고 썼다. 그는 이어 1885년 4월에 일본이 톈진에서 중국을 상대로 체결한 조약을 통해 조선에 파병할 수 있는 근거를 마련한 때부터 "코레아로 이주해온 수많은 일본인들은 일본대표들처럼 대단히 도발적으로 행동했다. 일본은 참으로 도발적인 공격성향을 지녔다"고 썼다.

이러한 시각을 지닌 그는 청일전쟁의 책임을 전적으로 일본정부에 돌렸다. "일본정부는 급진파의 관심을 바깥으로 돌려 국내에 도사리고 있던 위험들을 피할 수 있는 실마리를 조선으로의 원정에서 찾았다"는 것이었다.[107] 그는 일본이 이처럼 전쟁도발적인 성향을 가졌으며 중국과의 전쟁발발에 일차적인 책임을 져야 하는데도, 언론을 능수능란하게 이용함으로써 국내에서와 국제사회에서 자신의 입장을 유리하게 이끌었다고 지적했다.

저자의 이러한 시각은 독일정부의 시각과는 일치했다. 그때 독일정부는 프랑스정부 및 러시아정부와 더불어 일본의 동북아시아로의 진출을 견제하는 입장을 취했던 것이다. 그러나 독일의 여론은 일본을 지지했다. 그 스스로 인정했듯, "독일은 일본이 일으킨 전쟁에서 지금까지 중국 편을 거의 들지 않았다. 그렇기는커녕 여론과 언론은 [……] 오히려 일본 편을 들었다."[108] 그는 일본의 전승이 독일의 국가이익에 어떤 영향을 미칠

---

107 위와 같음, 292~299쪽.

108 위와 같음, 322쪽.

것인가의 관점에서 상황을 냉정하게 판단해야 한다고 독일정부에 권고했다.

다섯째, 그는 중국과의 전쟁에서 일본이 승리하는 경우, "일본은 이웃 나라들에 재앙이 되고 모든 국가에 지속적인 우환의 대상이 될 것이다"고 경고했다. 그는 일본의 전승을 계기로 코레아가 희생자가 될 가능성에 대해 깊은 우려를 표시하면서, "일본은 자의적(恣意的)인 도발의 시대가 동아시아에서도 지나가고 있다는 점을 깨우치기 바란다"고 권고했다.[109] 새삼 강조할 필요 없이, 그의 우려는 현실로 나타난다.

10. 서양 신문들의 청일전쟁 보도에 나타난 조선의 모습들

프랑스의 화보들: 일본정부의 시각을 반영하다

1894년 7월에 조선에서 중국과 일본 사이에 전쟁이 일어나자 프랑스의 신문사들은 전장에 특파원들을 파견해 전황을 취재하게 했다.[110] 서울의 상황에 관한 첫 보도는 파리에서 발행되던 화보 중심의 주간지 『르 프티

---

109 위와 같음, 325~326쪽.

110 이 전쟁에 관한 연구들로 다음을 지적할 수 있다. Jukichi Inouye (comp.), *A Concise History of the War between Japan and China* (Osaka: Z. Mayekawa and Tokyo: Y. Okura, 1895); ———, *The Japan–China War: On the Regent's Sword; Kinchow, Port Arthur, and Talienwan* (Yokohama, Hong Kong, Shanghai and Singapore: Kelly and Walsh, Limited, 1895); ———, *The Japan–China War: The Naval Battle of Haiyang* (Yokohama, Hong Kong, Shanghai and Singapore, 1894). 이 책들은 '근세동아세아서양어자료총서 155'(서울: 경인문화사, 2004)에 합본되어 있다. 이 전쟁에 관한 그때의 시점에서의 가장 권위 있는 책으로 흔히 다음이 꼽힌다. F. Warrington Eastlake and Yamada Yoshiaki, *Heroic Japan: A History of the War between China and Japan* (London: Sampson Low, Marston and Company, 1897). 이 책은 '근세동아세아서양어자료총서 161'(서울: 경인문화사, 2004)로 재간됐다.

파리지엥』(*Le Petit Parisien*)의 1894년 8월 13일자 기사 「혼란스런 수도 서울의 외국인들」이었다. 이 기사는 전쟁의 일차적 책임을 일본에 물었다. 1894년 7월 25일에 일본군함이 경기도 수원부(水原府) 풍도(楓島 또는 豊島) 부근의 중국군함을 공격함으로써 전쟁을 발화시켰다고 쓴 것이다. 그러나 이 기사는 이 전쟁이 단순히 일본과 중국 사이의 전쟁이 아니라 "코리아로 남진하려는 기회를 찾으려는 러시아, 러시아의 남진의도가 빚어낸 긴장에 경계심을 갖게 된 영국, 그리고 코리아에서 자신의 이익을 지키려는 미국 등의 이해관계가 배후에 얽히고설킨 전쟁"이라고 설명해, 결과적으로 일본의 개전책임을 어느 정도 희석시켰다.[111]

이 보도로부터 17일이 지난 1894년 8월 30일에 파리에서 발행되던 화보 중심의 주간지 『르 몽드 일뤼스트레』(*Le Monde Illustré*)의 특파원 조르주 비고(George Bigot)가 일본을 거쳐 부산에 도착했다. 그는 부산을 관광하던 가운데 편집국장에게 편지를 보냈으며, 이 신문은 이 편지를 곧바로 게재했다. 프랑스의 신문기자로 코리아에 처음 도착한 그의 편지는 당시 이 나라의 상황을 여러 각도에서 이해하게 만들어준다.

첫째, 그는 자신이 일본을 거쳐 부산에 도착함에 있어서 일본군의 총참모부로부터 도움을 받았다고 썼다. 일본군총참모부가 코레에 주재하는 일본군사령관 및 일본외교관들에게 보낸 소개장들을 들고 부산까지 왔으며 또 그 소개장들을 들고 부산에서 제물포를 거쳐 서울에 들어갈 계획이라고 밝혔다. 부산에서 제물포로 가는 배는 일본군함이 유일하다는 사실을 상기시키면서, 그는 일본군총참모부가 자신에게 전쟁에 관해 보도할 때 일본군이 설정한 규칙들을 따를 것을 권고했을 뿐만 아니라 자신의 기

111 Shin, Yong-suk, "Late Chŏson Dynasty Korea in Contemporary French Newspapers," *Korea Journal*, Vol. 26, No. 6 (June 1986), pp. 51~60.

사들과 그림들을 검열관에게 미리 보여줄 것을 요구했다고 덧붙였다. 이러한 상태에서 일본군과 일본정부에 대해 우호적으로 쓸 수밖에 없기 때문에, 그러한 사전검열을 피하기 위해 자신은 자신이 신뢰하는 자신의 친구를 통해 편집국장에게 송고할 것이라고 보고했다.[112]

둘째, 그는 부산에 대한 자신의 일반적인 인상에 대해 다음과 같이 썼다:

> 부산은 황량한 작은 항구도시며, 산들은 벌거벗었다. 일본인지구에는 1,200 남짓한 가구들이 있으며 거기에 약 5,000명의 일본인들이 살고 있다. 집들의 대부분은 산자락을 따라 지어졌다. 일본인지구에는 꽤 큰 소나무들로 조림된 숲이 펼쳐져 있다. 나는 이 숲이 일본인들이 320년 전에 이 반도를 침략했을 때 일본인들에 의해 처음 조성된 것이라는 설명을 들었다.[113]

여기서 언급된 일본인들의 침략은 물론 1592년에 도요토미 히데요시가 조선을 침략함으로써 시작된 임진왜란을 말하는 것이다. 그렇다면, 이때 일본인들이 부산에 조림을 한 것은 사실인가? 일본정부는 자신이 조선에 식목의 중요성을 가르쳤으며 그 결과 벌거숭이 민둥산들에 나무가 심어졌다고 선전했는데, 비고는 부산의 숲을 그러한 선전에 일치하는 방향에서 설명했던 것이다. 일본에 의해 조선에서는 조림이 시작됐으며 그리하여 벌거숭이산들이 나무들로 가득 채워져 푸르게 바뀌었다는 일본정부의 선전은 이 나라가 일본의 식민지가 된 이후에 서양인들의 책들에 그대로 반영된다. 그 대표적인 책이 미국인목사 울쿠하트(E. J. Urquhart)의

---

112 위와 같음, 54쪽.

113 위와 같음.

『코리아의 일별』(*Glimpses of Korea*)이다.[114]

확실히, 비고의 기사에는 일본정부의 선전이 부분적으로 반영됐다. 다른 보기는 일본국내의 일본인들이 전장의 일본군인들을 지원함으로써 일본군인들이 편안히 생활한다는 설명이다. 구체적으로, 그는 다음과 같이 썼다:

> 일본군인들은 식사와 의복을 잘 공급받고 있어서, 부족함이 없는 것처럼 보인다. 일본의 상인들은 차(茶) · 담배 · 정종 · 통조림음식 그리고 건어물 등을 선물로 보냄으로써 코레에 주둔한 일본군인들의 생활을 더 편안하게 만들어준다. 노동자들과 정부관리들 역시 코레반도에서 싸우는 병사들이 더욱 편안하게 생활할 수 있도록 자신들의 수입의 절반 이상을 포기했다.[115]

이 설명은 이 전쟁이 일본군부의 전쟁이 아니라 일본의 각계각층이 지원하는 범국가적 전쟁임을 부각시키려는 일본정부기관들의 선전에 영향받은 결과였을 것이다.

셋째, 비고는 부산은 전시임에도 아주 조용하다고 설명했다. 유일한 움직임은 일본인경찰관들이 매일 일정한 간격을 두고 이 도시를 순찰하는 것이라고 상기시키면서, 그는 그것을 빼놓고는 "모든 것은 아주 조용해서 전쟁이 진행되는 것을 누구도 느낄 수 없다"고 썼다.[116] 그렇지만, 사람들의 생활은 무척 어려워졌다. "전쟁이 시작되면서 여러 생필품들의

---

114 E. J. Urquhart, *Glimpses of Korea* (Mountain View, CA.: Pacific Press Publishing Association, 1923), pp, 14~15.

115 Shin, Yong-suk, "Late Chosŏn Dynasty Korea in Contemporary French Newspapers," *Korea Journal*, Vol. 26, No. 6 (June 1986), p. 55.

116 위와 같음.

물가가 계속해서 치솟아 주민들은 어려움을 겪고 있으며, 특히 넉 달째 비가 내리지 않은 탓에 음료수의 질이 나쁘고 그나마 귀하고 비싸다"고 그는 썼다. 그는 다음과 같이 부연했다: "날씨는 견딜 수 없을 정도로 뜨겁습니다. 심각한 가뭄 탓에 물은 극도로 부족합니다. 게다가 이질이 이 도시 전체에 퍼졌습니다."[117] 전염병이 만연하지만 병원은 셋밖에 없고, 그것들은 모두 일본인들이 경영한다고 그는 썼다. 이 사실에 미뤄, 조선인들은 현대의학의 혜택을 전혀 받지 못했을 것으로 추정된다.

넷째, 비고는 조선인들의 생활형편도 살폈다. 그는 우선 "코레앙들은 전반적으로 부드럽고 덤벼들지 않는다"라고 평가한 뒤, "그러나 그들의 불결함의 수준은 형용하기 어려울 정도"라고 썼다. "그들의 마을들은 볼 것이라고는 아무것도 없다"고 쓴 그는 "그들은 흙과 돌덩이들로 짓고 그 위에 짚으로 엮은 지붕을 얹은 비참한 오두막집들에서 산다"고 덧붙였다.[118]

영국의 화보들: 일본에 대해 호의적으로 묘사하다

이 전쟁에 대해 프랑스 이상으로 관심을 보인 나라는 영국이었다. 런던에서 출판되던 화보 중심의 주간지들인 『더 그래픽』(*The Graphic*)과 『더 일러스트레이티드 런던 뉴스』(*The Illustrated London News*)가 이 전쟁에 관한 기사들과 삽화들을 게재한 것이다.[119] 이 기사들과 삽화들에서 몇 가지 특징들을 읽을 수 있다.

---

117 위와 같음, 54~55쪽.

118 위와 같음, 54쪽.

119 김장춘(金長春) 엮음, 『세밀한 일러스트와 희귀 사진으로 본 근대조선』(서울: 살림출판사, 2008), 40~83쪽. 이 기사들과 삽화들은 영국에서 21년에 걸쳐 유학한 김장춘 교수가 수집한 것들이다.

첫째, 『더 그래픽』 1894년 8월 4일자 삽화는 조선인들이 영국군인들을 보자 달아나거나 경계심을 표시하는 모습을 게재했다. 둘째, 조선은 더럽고 냄새나며 거지들이 많은 곳으로 묘사했다. 어떤 서양의 사냥꾼들이 한 시골에서 코를 막은 채 길을 지나가는 『더 그래픽』의 1894년 8월 4일자 삽화가 그 점을 보여주었다.

셋째, 『르 몽드 일뤼스트레』의 비고 특파원이 이미 보도했듯, 『더 그래픽』의 1894년 12월 29일자 기사 역시 이 나라에는 양질의 물이 없어 일본군인들이 이질에 걸려 고생한다고 보도했다. 넷째, 코리언들의 옷들이 남루한 것으로 묘사했다. 『더 그래픽』의 1894년 12월 22일자 삽화는 한 어린이는 완전히 벌거벗은 채 서 있고 한 소년은 상의를 입지 않은 채 아래만 가리고 있는 것을 보여주었다.

다섯째, 일본군대는 위풍당당하고 질서정연한 모습으로 그려졌으며, 일본군함들은 웅장하고 최신식인 것처럼 묘사됐다. 반면에 중국군대는 쫓겨다니고 무질서한 것으로 묘사됐으며 중국의 군함들이나 병기들은 아주 낡은 것처럼 그려졌다. 이 삽화를 보면, 일본은 국력이 치솟아 오르는 나라임에 반해, 중국은 후진적이고 쇠락하는 나라라는 인상을 받게 된다.

여섯째, 영국의 화보들은 중국군인들이 한 농가에 침입해 소를 빼앗고 사람을 죽이는 장면을 소개했다. 이 화보들은 조선인들이 중국군인들을 싫어하고 미워한다는 인상을 주기에 충분했을 것이다. 반면에, 『더 일러스트레이티드 런던 뉴스』의 1894년 11월 17일자 기사와 화보는 조선인들이 일본군의 승전을 축하하는 것으로 묘사했다. 일본군이 태극기와 일장기가 함께 걸린 개선문을 행진하는 모습을 큰 그림으로 보도한 것이다.

11. 외국인들의 조선개혁론에 나타난 조선의 대내외상황

청일전쟁의 소용돌이 속에서 조선조정이 갑오경장이라고 불린 일련의 개혁정책들을 추진하자 서울에 공사관을 둔 외국들은 사태의 흐름을 날카롭게 바라보면서 각각 자신들의 견해들을 밝혔다. 거기에는 그 나라들의 입장이 담겨졌지만, 당시 조선의 상황도 묘사됐다.

일본 언론인 이노우에의 개혁론

우선 일본의 입장이다. 그것은 우리가 제3부 제8장에서 살핀 이노우에 가쿠고로가 청일전쟁이 일본의 승리로 끝난 직후에 출판한 『한국조정개혁론』에 잘 나타났다. 우리가 이미 알듯, 일본은 명치유신 이후 조선을 한국이라고 불렀다.

이노우에는 우선 전쟁의 책임을 중국에 물었다. 중국이 조선을 번속(藩屬)으로 대하면서 '방약무인한 폭행'을 계속했으며 갑신정변 때는 조선에 거주하는 일본인들에 대해 "차마 말로는 다할 수 없는 잔학한 짓을 저질렀다"고 비난하고, 중국이 조선과 일본에 대해 '난폭하고 무례한 거동'을 계속했지만 일본은 동양의 평화를 위해 참고 참았다는 표현으로써 일본을 변호했다. 이노우에는 이어 "일본정부의 권유를 받아들여 고종이 개혁안을 채택함으로써 한국조정의 폐습이 비로소 씻기게 됐다"고 자화자찬했다.[120]

이노우에가 말한 개혁안이란 바로 갑오경장을 추진한 김홍집내각(金弘集內閣)이 1894년 12월 12일에 선포한 홍범(洪範) 14조다. 흔히 조선 최초

120 이노우에 가쿠고로 저, 신영길 역 · 저, 『조선조 망국 전야기』(서울: 지선당, 2008), 80~82쪽.

의 헌법이라고 불린 이 역사적 문서는 제1조에서 "조선은 중국에 의존하는 생각을 끊고 자주독립의 기초를 확립한다"고 선언했다. 이 조항은 물론 일본을 크게 만족시키는 것이었다. 제2조로부터 제4조까지는 국왕의 전제(專制)를 제한함으로써 조선이 '민주적인 정부'로 옮겨갈 수 있는 길을 열었다. 이렇게 외양으로는 좋았으나, 이것을 구현시킨 세력이 근본적으로는 일본이어서 일본의 내정간섭은 더욱 깊어졌고 따라서 이것은 사실상 껍데기만 남게 된다.

영국 외교관 윌킨슨의 『코리아의 정부』

갑오경장은 영국정부로부터도 관심을 받았다. 서울주재영국총영사관의 총영사대리를 역임했으며 갑오경장 당시 인천주재부영사였던 윌리엄 헨리 윌킨슨(William Henry Wilkinson)은 이 개혁이 코리아의 정부구조에 어떤 변화를 가져왔나를 설명하는 책을 출판했다.[121]

이 책은 「서론」으로 시작됐다. 여기서 저자는 갑오경장 이후 코리아의 정부에 어떤 변화들이 일어났는가에 대해 설명하면서 특히 신설된 기구인 군국기무처(軍國機務處) 가 장차 이 나라의 '국회'로 발전할 가능성을 지녔다고 보았다. 그는 또 국한문 혼용으로 『관보』(官報)가 출판되기 시작했다고 지적했고, 여기에 게재된 군국기무처의 결정들을 상세히 소개했다. 그는 이 『관보』에 외신들이 게재되기 시작한 데 주목했다.

---

121 W. H. Wilkinson, *The Corean Government: Constitutional Changes, July 1894 to October 1895* (Shanghai: The Statistical Department of the Inspectorate General of Customs, 1897). 이 책은 '근세동아세아서양어자료총서 150'(서울: 경인문화사, 2001)에 Chesney Duncan, *Corea and the Powers: A Review of the Far Eastern Question* (Shanghai: The "Shanghai Mercury" Office, 1889) 및 Valentine Chirol, *The Far Eastern Question* (London and New York: Macmillan and Company, LTD., 1896)과 함께 합본되어 있다. 윌킨슨의 책은 다음에서 활용됐다. Gregory Henderson, *Korea: The Politics of the Vortex* (Cambridge: Harvard University Press, 1968), 제1장 각주 33(385쪽).

「서론」에 이어 제1부가 시작됐다. 여기서 저자는 중앙정부와 지방정부의 기구들과 조직들을 포함한 구제도에 대해 상세히 설명했다. 그는 특히 구제도 아래서의 폐해를 열거하면서 우선 관리의 임용은 '상시적 정실주의'와 '뇌물'에 의해 좌우됐다고 지적했다. 그는 이어 "노동의 천시라는 왜곡된 사상으로 말미암아 모든 귀족들은 상업이나 육체노동에서 제외되거나 그들 스스로 자신들은 그런 것들로부터 제외돼야 하는 것으로 생각했다"고 지적하고, "간단히 말해, 양반은 이 나라에서 장인(匠人)들과 상인들이 먹여 살려야 할 수펄이었다"고[122] 비난했다.

재정 분야를 논하면서, 그는 "인민의 재정적 불평은 여러 가지다. 그러나 그것은 주로 토지세와 환곡제(還穀制)에 집중됐다. 특히 환곡제는 농촌의 문제들에서 가장 두드러진 문제였다"고[123] 지적했다. 환곡제란 흉년 때 정부가 농민들에게 쌀과 보리를 비롯한 양곡을 빌려주고 풍년 때 이자와 함께 돌려받는 제도인데, 관리들이 공모해 양곡을 횡령하거나 또는 농민들로부터 과도한 이자를 받아내 농민들의 원성을 샀다. 마지막으로, 그는 "사법적 남용은 재정적 남용과 똑같이 여러 가지였다"고 지적한 뒤, 재판관들의 매수 및 재판 없는 징벌 그리고 고문의 사용 등을 예시했다.[124]

제2부는 새로운 제도들과 기구들에 대해 설명했다. 저자는 새로운 제도들과 기구들이 대체로 약 50명의 일본인고문관들에 의해 마련됐다고 지적하면서, 그것들이 국왕에 의해 받아들여지기는 했으나 실제로 그대로 행해질 것인지는 현재로서는 말하기 어렵다고 덧붙였다. 실제로, 서양인들의 비판을 의식해 조선왕조는 1894년 7월 9일에 고문의 남용을 금지

122 위와 같음, 24쪽.
123 위와 같음, 29쪽.
124 위와 같음, 33쪽.

하는 법령을 발표했지만 제대로 지켜지지 않았다.

독일인 묄렌도르프의 개혁론

우리가 제3부 제8장에서 살폈던 독일인 묄렌도르프 역시 청일전쟁과 갑오경장을 바라보면서 자기 나름의 개혁안을 제시했다. 이 전쟁이 일본의 승리로 귀결된 때로부터 2년이 채 지나지 않은 1897년 1월에, 그는 상하이에서 「코레아의 개혁」이라는 짧은 글을 썼던 것이다.[125] 이 글을 통해 이 시점에서의 이 나라의 상황을 살피기로 한다.

첫째, 그는 고종이 군주로서 굳건한 성격과 필요한 추진력을 갖기 못했다고 평가했다. 바로 그 점 때문에, "유력한 당파가 유약한 왕을 좌우에서 분규 속으로 쉽사리 끌어들였다"고 보았다. 둘째, 그는 "집권세력의 관리들이나 비집권의 지방거주양반들이나 모두 백성의 고혈을 빨아먹는데도 정부는 이들을 처벌하지 못하고 있다"고 개탄했다. 셋째, 그는 왕실의 경비가 너무 많이 지출된다고 비판했다. 넷째, 그는 이 나라가 독립을 확보할 수 있는 길은 보통교육의 실시와 산업의 진흥이라고 주장하면서 구체안들을 제시했다.

우선 보통교육의 실시와 관련해, 그는 코레아의 민족이 정신적으로 일본인들보다 우수하다고 강조했다. 이러한 전제 아래, 그는 정부가 전국에 모두 800개의 초등학교 및 24개의 중등학교를 세우고, 수도(首都)에 자연과학과 외국어 및 실업 분야를 각각 전공하는 전문학교를 하나씩 세워야 한다고 제의했다. 그는 또 한글의 우수성을 상기시키면서, "정부는 배우는 데 너무 많은 시간을 요구하는 한자의 사용을 폐지하는 것이 좋겠다"고 권고했다. 동시에 그는 정부는 각급 학교에서 학생들이 유럽어들 가운

125 고병익 역, 「목린덕의 수기」, 『진단학보』, 제24집(1963년 8월), 189~193쪽.

데 어느 하나를 반드시 배우도록 해야 한다고 역설했다.

그는 이어 산업의 진흥과 관련해, 첫째 "이 나라의 농업은 지극히 불량한 상태에 있다. 농기구들은 원시적이고, 인공비료는 전혀 개발되지 않았다. 목축업은 아주 소홀히 다뤄지며 낙농업은 아예 없다"고 평가했다. 이러한 평가에 기초해, 그는 "이 나라는 양잠업을 번성시켜야 하며, 포도를 재배해야 하고 담배재배를 더 활성화시켜야 한다. 콩 · 아주까리 · 황마 등을 더 생산하게 해서 수출을 시도해야 한다"고 권고했다. 둘째, 그는 "이 나라는 풍부한 어장을 가졌으면서도 어업을 일으킬 생각을 하지 않는다"고 비판하고, "생선을 냉장 · 건조 · 염장 · 훈제할 생각을 가져야 하며, 어선과 어망을 개발해야 한다"고 권고했다.

셋째, 그는 "이 나라에서 수공업은 불량하다"고 진단한 뒤, "야장(冶匠) · 염색 · 제철(蹄鐵) · 비누 · 가죽다루기 등에서 개선을 이룩해야 한다"고 권고했으며 동시에 "광산을 효율적으로 운영해야 한다"고 권고했다.

마지막으로, 그는 교통에 대해 자세히 말했다. 우선 "이 나라의 교통수단은 매우 빈약하다. 길은 조악하고 교량은 드물며, 수레는 구조가 빈약하고 선박은 지극히 원시적이며 편주(片舟)와 전마선(傳馬船)은 초라하다"고 진단했다. 그는 도로와 교량을 일정한 계획 아래 수축(修築)하고 주선(主線)과 지선(支線)을 가진 합리적인 철도망을 건설해야 하며 해상교통을 위해 새 항구를 열어야 한다고 권고했다.[126] 그는 특히 러시아의 철도망과 조선의 철도망을 연결함으로써 러시아가 조선 남쪽의 부동항들을 이용하게 하면 두 나라 모두에게 이익이 될 것이라고 권고했다.

우리는 제3부 제8장에서 그가 조선조정에 대해 친러정책을 채택할 것을 건의했음을 지적했다. 이 사실을 상기할 때, 그가 이 「코레아의 개혁」

---

126 위와 같음, 191~193쪽.

에서 조선조정에 대해 러시아가 조선 남쪽의 부동항을 이용하게 하라고 건의한 것은 전혀 이상하지 않았다. 그가 염두에 둔 조선 남쪽의 부동항은 러시아사람들이 모잠포(Mozampo)라고 부른 마산(馬山)이었던 것으로 추정된다.

제11장
대한제국 성립을 전후한 시점으로부터 러일전쟁 발발을 전후한 시점까지의 시기(1897~1905)

1. 미국 외교관 알렌의 일기 II

우리는 제3부 제9장에서 조선주재미국공사 호레이스 알렌의 『일기』 가운데 제1부와 제2부를 살폈다. 이제부터는 대한제국이 성립한 이후로부터 러일전쟁이 발발하기 이전까지의 시기를 다룬 그의 『일기』 제3부(1897년 9월 14일~1898년 7월 27일)와 제4부(1903년 6월 1일~11월 20일)를 통해 이때의 조선상황을 살피기로 한다.

슈페이에르와 이완용을 혹평하다

제3부의 분량은 짧다. 여기서 당시의 조선상황과 관련해 중요한 것들을 살피기로 한다. 첫째, 알렌은 1897년 9월 7일에 부임한 대한제국주재러시아대리공사 슈페이에르를 역겹게 여겼다. 그에 대해 '아주 거만하고 떠들썩한 사람'(a most arrogant and boisterous man)이라고 논평하면서, 알렌은 그의 전임자 베베르는 '매우 유능하고 예의바른 대표자'(a very able and courteous representative)였음을 상기시켰다. 알렌은 "슈페이에르는 모

든 것을 러시아에 유리하게 뒤집으려고 했으며, 심지어 일본의 이익을 쫓아내려는 욕망에서 미국의 이익을 공격했다"고 썼다.

알렌에 따르면, 슈페이에르의 그러한 행동은 러시아와 일본 사이에 전쟁을 불러일으키는 데 많은 기여를 했다. 알렌은 슈페이에르의 행동이 결국 서울에 주재하는 외교관들을 몹시 화나게 만들었으며 그 결과 1898년 3월 28일에 파블로프로 대체됐다고 썼다. 알렌은 "파블로프는 [슈페이에르와] 같은 유형의 사람이었다"고 논평했다.[1]

슈페이에르가 서울에서 왕성하게 활동하던 때인 1898년 2월 23일에 대원군이 별세했다. 러시아에 반대하는 운동을 이끌던 지도자들의 한 사람인 대원군의 죽음에 슈페이에르는 만족을 표시했다. 알렌은 1898년 2월 24일의 일기에서 슈페이에르가 대원군을 자신의 적(敵)이라고 부르면서 그의 죽음은 '매우 유쾌한 일'이라고 자신에게 말했다고 썼다.[2]

그러나 또 다른 반러운동가 서재필의 지속적인 활동은 슈페이에르를 괴롭혔다. 같은 날짜의 일기에서, 알렌은 슈페이에르가 자신에게 독립협회가 최근에 러시아를 반대하는 상소문을 고종에 올린 것은 미국의 책임이라고 힐난했다고 썼다. 미국시민권자인 서재필이 미국공사관을 등에 업고 반러운동을 선동하는 것이라고 슈페이에르가 알렌에게 따졌다는 것이다. 알렌은 슈페이에르의 주장을 반박했다. 알렌은 서재필이 처음부터 지금까지 조선의 독립을 제창해온 사람이라고 옹호하면서, "귀하는 오해하고 있다"고 말했다. 슈페이에르는 "본관은 오해하고 있지 않다"고 반박했다.[3]

---

1 *Horace Newton Allen's Diary*, Part III. 이것은 김원모 완역, 『알렌의 일기: 구한말 격동기 비사』(서울: 단국대학교출판부, 1991)에 수록되어 있다. 인용된 부분은 551쪽에 있다.

2 위와 같음, 564쪽.

3 위와 같음, 562~563쪽.

둘째, 알렌은 그때 친러친미파가 주도한 정동구락부(貞洞俱樂部)의 지도자인 이완용을 혹평했다. 1897년 10월 14일의 일기에서, 알렌은 이완용을 '그 사람'이라고 부른 뒤, "그는 내가 본 사람들 가운데 가장 나쁘다"고 썼다.[4] 뒷날 일본이 대한제국을 자신의 '피보호국'으로 만들고 마침내 자신에게 합병시키는 과정에 이완용이 적극적으로 협력한 사실을 상기한다면 알렌의 논평은 통찰력을 가진 것이었다고 하겠다.[5]

고종을 나약한 군주라고 평가하다

제4부는 알렌의 세계일주여행 그리고 귀국 직후 미국에서 벌인 활동들의 기록들이다. 따라서 조선의 상황에 대한 언급은 다음 두 가지에 국한됐다. 첫째, 1903년 10월 2일의 일기에서, 그는 이 나라를 '폭풍우의 중심'에 비유했다.[6] 확실히 이 나라는 열강의 이해가 첨예하게 충돌하던 '폭풍우의 중심'이었던 것이다.

둘째, 1903년 9월 30일자 일기에서, 그는 자신과 시어도어 루스벨트(Theodore Roosevelt) 대통령 그리고 대통령의 동아시아정책고문 윌리엄 우드빌 록힐(William Woodville Rockhill) 전미국제협의회(全美國際協議會: International Bureau of American Republics) 회장[7] 등 세 사람이 백악관에서

4 위와 같음, 558쪽.

5 이완용이 '매국'으로 가는 과정에 대한 최근의 분석으로 다음이 대표적이다. 기무라 간(木村幹: 목촌간) 지음, 김세덕(金世德) 옮김, 『조선/한국의 내셔널리즘과 '소국'의식: 조공국에서 국민국가로』(서울: 도서출판 산[山]처럼, 2007), 제2부 제3장 (283~323쪽). 원서는 다음이다. 『朝鮮/韓國ナショナリズムと '小國'意識 : 朝貢國から國民國家へ』(東京: ミネルヴァ書房, 2000).

6 김원모 완역, 『알렌의 일기』, 657쪽.

7 록힐은 청국주재미국공사관에서 봉직하다가 1886년 12월부터 1887년 4월까지 조선주재미국공사관의 임시대리공사를 역임했으며, 1905년부터 1910년까지 청국주재미국공사로 봉직한다. 그의 중조관계(中朝關係)에 대한 저서는 다음이다. William W. Rockhill, *China's Intercourse with Korea: from the XVth Century to 1895* (London: Luzac and Company,

벌인 논쟁을 자세히 기록했다. 이 논쟁은 알렌이 친러반일정책을 옹호했음에 반해 록힐과 루스벨트는 반러친일정책을 견지했음을 보여주었다.[8] 구체적으로, 알렌은 이 논쟁을 다음과 같이 요약했다:

> 나는 그들에게 그들이 일본에 지지와 동조를 베풀어주는 것은 그것이 오로지 일본에게 [러시아를 상대로] 선전포고를 하도록 재촉하는 것이라는 점에서 모두 잘못된 것임을 보여주려고 했다. 그러나 대통령은 그것이 바로 그가 보고자 하는 것임을 가장 확실하게 말해주었다. 나의 주장은 우리가 러시아의 만주평정개발에 의해 크게 얻게 될 것이며 반면에 일본이 승전하는 경우 우리는 크게 손해를 입는다는 것이었다.[9]

알렌은 러일전쟁의 발발이 임박했다는 인식 아래, 1903년 10월 14일의 일기에서, 조선의 장래에 대해 냉소적인 전망을 제시했다. 자신은 "러일전쟁이 발발하면 전승을 거둔 어느 한쪽이 대군주지위(大君主地位)를 차지

1905). 그의 전기로는 다음이 있다. Paul A. Varg, *Open Door Diplomat: The Life of W. W. Rockhill* (Urbana, I.L.: The University of Illinois Press, 1951).

시어도어 루스벨트 대통령의 동아시아정책 그리고 그 틀 안에서의 코리아정책에 대해서는 다음이 자세히 설명했다. 김기정(金基正), 『미국의 동아시아 개입의 역사적 원형과 20세기 초 한미관계 연구』(서울: 문학과지성사, 2003), 제6장; Jongsuk Chay, *Diplomacy of Asymmetry: Korean-American Relations to 1910* (Honolulu: University of Hawaii Press, 1990), Ch. 6. 이 책은 조미수호통상조약의 체결로부터 조선의 멸망까지의 시기에 있어서의 양국관계를 다뤘다. 이 책은 저자의 1965년도 미시간대학교 역사학박사학위논문("The United States and the Closing Door in Korea: American-Korean Relations, 1894~1905")을 증보한 것이다. 이 책이 다룬 시기의 양국관계를 보여주는 문서들은 다음에서 볼 수 있다. Scott S. Burnett (ed.) (with an introduction), *Korean-American Relations: Documents Pertaining to the Far Eastern Diplomacy of the United States*, Vol. III (Honolulu: University of Hawaii Press, 1989).

8 *Horace Newton Allen's Diary*, Part IV, pp. 656~658.

9 위와 같음, 571~572쪽.

해서 허구적인 대한제국을 파멸시키고 그 국민들에게 약간의 자유를 부여할 것을 희망한다"고 쓴 것이다. 여기서 그가 대한제국을 '허구적'이라고 보았다는 사실이 주목된다. 그는 또 논쟁의 초점들 가운데 하나이던 고종의 성격에 대해 '나약한' 군주라고 덧붙였다.[10]

"코리언들은 자치 능력이 없다"

알렌이 고종을 '나약한' 군주라고 보았듯, 그의 친구인 신문편집인 에드워드 리텐하우스(Edward E. Rittenhouse)는 코리언들을 자치능력이 없는 사람들로 보았다. 리텐하우스는 광산조사전문가로 알렌의 추천에 따라 조선의 광산들을 조사한 경험이 있다. 리텐하우스가 1904년 3월 23일에 캘리포니아주 샌디에이고(San Diego)시를 방문했을 때 『샌디에이고 유니언』(*San Diego Union*)은 그의 회견기를 게재했다.

이 회견에서 리텐하우스는 "육체적으로 코리언들은 크고 강하다. 그러나 그들은 주변의 강력한 이웃들에게 얻어맞은 탓에 모든 투지를 잃었으며 그래서 자치능력을 갖지 못했다"고 혹평했다. 리텐하우스는 거기서 한걸음 더 나아갔다. 그는 "코리언들은 자신의 운명에 대해 무관심하며 기꺼이 남의 통치를 받아들이고자 한다"고 폄하하고, "그들은 기개가 없는 민족이다"라고 비웃었다.[11]

---

10 위와 같음, 288~289쪽.

11 위와 같음, 697쪽.

2. 미국 외교관 샌즈의 『비외교적 기억들: 극동』

알렌과 마찬가지로 이 시기의 조선에 대해 기록을 남긴 또 한 사람의 미국 외교관이 윌리엄 프랭클린 샌즈(William Franklin Sands)다. 그는 1874년 7월에 워싱턴디씨에서 태어났다. 할아버지는 미국의 멕시코전쟁에 참전한 뒤 남북전쟁 당시에 남군을 지휘한 해군소장이었고, 아버지 역시 해군제독으로 미국의 스페인전쟁에 참전했으며 해군사관학교교장과 필라델피아해군기지사령관을 역임했다. 이러한 명문가의 후예로, 그는 유럽 유학을 마친 뒤 아버지의 모교인 조지타운대학교에서 학부와 법대를 졸업했으며 곧바로 국무부에서 외교관의 길을 걷기 시작했다.[12]

국무부, "코리아는 너무 하찮다"고 말하다

이 회고록은 세 부분으로 나눌 수 있다. 첫 부분은 1896년에 만 22세의 젊은 나이에 일본주재미국공사관 2등서기관으로 임명돼 외교관으로서의 경력을 개시했던 시기다. 그때 미국무부의 지도적 외교관이던 윌리엄 록힐은 그에게 코리아에서 근무할 것을 권고했다. 유럽에서 공부했던 그는 일본에서 근무하며 이 나라에서 전개되는 유럽국가들 사이의 외교를 관찰하고 싶었다. 그러나 록힐은 그에게 "누구도 코리아[에서의 근무]를 원하

12 William Franklin Sands, *Undiplomatic Memories: The Far East, 1896~1904* (New York: Whittlesey House, McGraw-Hill Book Company, INC, 1930). 이 책은 Fred Harvey Harrington, *God, Mammon, and the Japanese: Dr. Horace N. Allen and Korean-American Relations, 1884~1905* (Madison, W. I.: University of Wisconsin Press, 1944)와 함께 합본돼 '근세동아세아서양어자료총서 84'(서울: 경인문화사, 2001)로 재간됐다. 이 책은 1990년에 서울의 Royal Asiatic Society, Korea Branch에서 재간됐다. 이 책의 한국어번역본으로 다음의 두 가지가 있다. 1) 김훈(金勳), 『조선의 마지막 날』(서울: 미완, 1986), 2) 신복룡 역주, 『조선비망록』(서울: 집문당, 1999). 샌즈의 경력은 위와 같음, 3~5쪽에서 자세히 설명됐다.

지 않는다. 코리아는 너무 하찮다"(Nobody wants it; it is too insignificant)라고 말하면서, 그러나 "자네가 벌거벗은 외교, 곧 장갑이나 향수나 시구(詩句) 없는 외교를 보고자 한다면 그곳이 거기다"(It is there you will see diplomacy in the raw; diplomacy without gloves, perfume or phrases)라고 권한 것이다. 록힐은 "코리아로 가서 관찰하라. 우리는 그 나라의 모든 것에 대해 알 사람이 필요하다. 우리는 우리의 모든 정보를 [유럽의] 주요 음모자들로부터 얻어서는 안 된다"고 덧붙였다.[13] 이 발언은 그 시점에서 서양인들이 코리아에 대해 가진 인식을 잘 보여준다.

둘째 부분은 1898년부터 1899년까지 서울주재미국공사관에서 1등서기관 그리고 곧이어 변리공사로 근무하던 시기다. 이 시기의 관찰들 가운데 대부분은 이미 서양인들이 남긴 관찰들과 거의 같다. 그 역시 코리아는 아름답고 평화로우며 광물자원이 풍부한 나라이고 산악국가인 데도 대부분 헐벗었다고 썼다. 그 역시 백성은 모두가 벽은 진흙이고 지붕은 짚인 단층의 집에서 사는 데 비해, 상류 사람들은 높은 담에 둘러싸여 있으며 그 안에 여러 별채들을 지닌 비교적 좋은 집에서 산다고 썼다. 그 역시 이 나라에는 진정한 의미의 종교는 없으며, 악마들을 두려워해 그것들을 무마시키거나 속이는 행사들을 치르는 것이 신앙처럼 보인다고 썼다.

그 역시 김치의 '하늘로까지 치솟는 냄새'에 대해, 그리고 개를 잡아먹는 버릇에 대해 썼다. 그 역시 이 나라에는 콜레라와 천연두를 포함한 전염병들이 늘 유행하며 여관들은 아주 더럽다고 썼다. 이 나라에는 노예제도가 존재했다고 지적하면서, 그 역시 "가장 낮은 하인계급에 속하는 여자어린이들은 태어날 때부터 자유가 없으며 주인의 동의 없이는 주인에

---

13 Sands, *Undiplomatic Memories*, p. 29.

14 위와 같음, 34~36쪽.

대한 노역에서 벗어날 수 없다"고 썼다. 마지막으로, 그 역시 "여자들은 엄격한 격리 속에서 엄격하게 통제를 받는 생활을 한다"고 증언했다.[14]

"코리언들은 겁쟁이들이 아니다"

그는 공사관에서의 생활을 통해 파악한 조선인들의 성격에 대해서도 기록을 남겼다. 그는 우선 "코리언들은 사람을 의심하지 않으며 손님접대를 잘 하는 사람들이다"라고 썼다. 무엇보다 중요하게, 그는 코리언들이 절대로 겁쟁이들이 아니라고 증언했다. 서양인들은 코리언들을 '세상에서 제일가는 겁쟁이들'이라고 부르는데, 자신의 경험으로는 절대로 그렇지 않다고 그는 강조했다. 국내에서와 국외로부터 수세기에 걸쳐 늘 억압을 받았기에 권위 앞에 위축되는 버릇이 계속돼 표면적으로는 겁쟁이처럼 보이지만, 더 이상 견딜 수 없게 되거나 어떤 일이 생기면 그들은 용기를 발휘한다고 그는 부연했다. 그는 병인양요 때와 신미양요 때 조선의 장교들과 병사들이 자신들의 조국을 위해 목숨을 걸고 매우 용감하게 싸웠던 사실들을 상기시켰다.[15]

그러나 기생들과 하인들에 대해서는 좋지 않게 썼다. 그는 우선 코리아의 기생들은 지능에서나 미모에서 일본의 게이샤들에 뒤떨어진다고 썼다.[16] 그는 이어 '너무 많은 하인들'을 거느리고 살았기에 서울에서의 생활은 편했다고 회상하면서, 조선인 하인들이 중국인 하인들이나 일본인 하인들보다 유능하지 못했고 중국인 하인들이나 일본인 하인들과는 달리 도박을 포함한 비행을 자주 저질렀으며 결국 그들을 체벌로써 엄히 다스리지 않으면 안 된다는 것을 깨달았다고 덧붙였다.[17] 러시아인으로 한국

15 위와 같음, 143쪽.
16 위와 같음, 193~194쪽.
17 위와 같음, 99~103쪽.

에 귀화한 오슬로대학교 교수 박노자는 샌즈의 이러한 서술들은 백인우월주의에 입각한 인종주의의 산물이라고 비판했다.[18]

조선의 관리들, 자신들의 출세를 위해 서울의 서양외교관들에 의존하다

샌즈는 또 이 기간에 서울에 주재하는 열강의 공사관들 또는 총영사관들의 활동들을 살필 수 있었다. 그는 코리아의 고관들이 자신들의 정부와 국왕에 영향을 미치는 서양의 외교관들이 누구인가를 파악하고 그들과 가깝게 지내려고 노력했다고 회고했다. 심지어 관직에 굶주린 사람들은 영향력이 큰 서양외교관들의 도움을 얻기 위해 '독수리 눈'으로써 외국공관들을 살폈고 결국 조정은 그러한 사람들로 가득 차게 됐다고 조롱했다.[19]

이 책의 세 번째 부분은 대한제국정부로부터 산도(山島)라는 이름을 부여받은 그가 26세의 젊은 나이에 1899년 11월 15일자로 궁내부(宮內部) 찬의관(贊議官)—이 직함은 그의 표현으로는 황제고문이었다—에 임명되고 1900년 2월 24일자로 외부고문관사무서리(外部顧問官事務署理)에 임명된 이후 코리아를 떠난 1905년까지 약 5년에 걸친 시기다. 이 시기는 코리아에서 중국의 세력은 사실상 완전히 감퇴한 대신에 일본과 러시아가 코리아에 대한 지배권의 장악을 위해 서로 경쟁하다가 결국 일본의 승리로 귀착된 시기였다. 이 시기에, 우리가 앞으로 보게 되듯, 그는 이토 히로부미(伊藤博文: 이등박문)를 만나 코리아의 장래에 대해 논의했다. 이토는 1885년에 총리대신에 임명된 뒤 추밀원의장과 귀족원의장을 거쳐 1900년에 입헌정우회를 창립하고 총재에 취임했다. 그는 다시 총리대신직을 맡았

18 「지금 우리는 1백 년 전의 서양인을 닮아가는 것은 아닌가: 박노자 · 허동현(許東賢)의 '한국 근대 1백 년 논쟁'(11) 서양인의 조선관—박노자」, 『프레시안』, 2004년 4월 2일.

19 위와 같음, 54쪽.

으나 1901년에 사임했다.

샌즈는 코리아가 일본의 '피보호국'이 된 직후인 1905년 11월 23일에 미국정부가 서울에서 자신의 공사관을 철수시키자 귀국했다. 그는 곧 파나마주재미국공사관에서 외교관으로서의 활동을 재개했으며, 1909년부터 1910년까지 과테말라주재미국공사로 봉직했다. 그는 멕시코주재미국공사를 마지막으로 국무부를 떠났으며, 그 이후에는 사업가로 변신했다. 그러나 러시아포로송환위원회와 러시아주재미국국제협력협회 및 조지타운대학교 외교대학 등에서 활동함으로써 국제외교계와의 끈을 이어나갔다. 그는 1946년 6월에 별세한다.

고종을 혹평한 반면에 민비와 엄비를 높이 평가하다

대한제국이 수립된 직후부터 일본의 '피보호국'으로 전락하기까지의 8년에 걸쳐 서울에서 다양한 자격으로 근무했기에, 샌즈는 정치적으로 의미있는 관찰들을 많이 제시했다. 첫째, 서울이 코리아에서 차지하는 위상에 대해서다. 그는 "베이징과 도쿄가 각각 중국과 일본의 중심인 것 이상으로 서울은 코리아의 심장이요 중심이다"고 말한 데 이어, "서울은 파리가 프랑스에서 차지하는 위상보다 훨씬 큰 위상을 코리아에서 가졌다"고 말했다. 또한 "북쪽에 있는 평양만이 그 자신의 독특하면서도 고유한 성격을 지녔다"고 덧붙였다.[20]

둘째, 그는 자신이 알현했던 고종 그리고 자신이 알현하지는 못했으나 자주 들었던 민비에 대해 자세하게 회상했다. 그는 고종을 '흰 얼굴의 작은 사람으로, 거동에 있어서 열성적이면서도 소심한 황제'(a white-faced little man, eager and timid in manner)라고 논평했으며 동시에 "의지력이라

20 Sands, *Undiplomatic Memories*, p. 39.

고는 없을 뿐만 아니라 도대체 자신에 관해 일어나고 있는 것에 대해 어떠한 이해도 없는, 유쾌하고 착한 성품을 지닌 사람"(a pleasant, good-natured man with no will power at all and no understanding of anything that was happening in the world about him)이라고 덧붙였다.

대조적으로 그는, 민비를 '모든 점에서 걸출한 여성'(a remarkable woman in every way)이라고 칭찬했다. 구체적으로, 그는 "민비는 지적이며, 여성들은 거의 교육을 받지 않기 때문에 여성으로서 교육을 받았다는 것이 희귀한 것으로 간주되는 코리아에서 교육을 받은 여성이다"(This Min princess was intelligent and educated, which was a rarity, for Korean women seldom have any education at all)라고 치켜세웠으며, "그녀는 자신의 어린 남편의 이해(利害)가 무엇인지를 날카롭게 파악하고 있었다"(She was keenly alive to her little husband's interests)고 덧붙였다. 민비의 정치적 재능에 대해서도 높이 평가했다. "개성과 불굴의 의지를 지닌 여성이면서 자신의 나이와 성(性)을 뛰어넘는 정치인이었다"(A woman of character and unbending will and a politician far beyond her years and sex)고 평가한 것이다.[21]

그는 민비가 고종의 섭정이던 대원군에게 '강력한 적'(a formidable adversary)이 됐다고 쓴 뒤 "민비는 제약과 예속으로부터 자신의 남편의 완전한 독립 그리고 외국의 지배로부터의 코리아의 독립을 위해 일관되게 일했다"(The queen worked consistently for her husband's complete independence from restraint and tutelage, and for the independence of Korea from any foreign domination)고 변호했다. 그는 이어 "민비는 자신의 나라가 생존하고 서양국가들과 평화롭게 살려면 정부를 개혁하고 서양적인

---

21 위와 같음, 53쪽 및 60쪽.

것들에 적응해야 할 필요가 있음을 인식하고 있었지만 [……] 외국들을 믿을 방법을 몰랐다"(She realized the need of government reform and of adaptation to certain Western things if her country was to survive and live in peace with Western nations. But [……] she did not know how to trust foreign nations)고 변호했다. "민비는 오직 조선이 자유롭고 번성하는 나라가 되는 것 그리고 자신의 남편이 행복한 왕이 되는 것만을 염원했다"(All she wanted was that her country should be free and prosperous and her husband a happy king)고 그는 덧붙였다.[22]

민비가 일본에 의해 시해된 뒤 고종의 생활에 대해서도 샌즈는 비교적 자세히 회상했다. 이 회상에 따르면, 왕실의 주방에서 일하던 궁녀였던 엄(嚴)씨가 귀인의 칭호를 받아 사실상 왕비의 역할을 수행했으며 고종의 셋째 아들을 낳았다. 그가 뒷날 영친왕(英親王)으로 불린다. 그녀의 출신 때문에 고관들은 그녀를 싫어했으나 백성들은 그녀를 좋아했다고 회상한 그는 엄 귀인은 "영리하고 열성적이었고 서양의 모든 지식을 탐내는 지적인 왕녀였다"고 덧붙였다.[23] 그는 뒷날 융희황제 또는 순종으로 등극하게 되는 황태자에 대해서는 "신체와 정신 모두가 취약하게 태어났다"고 회상했다.[24]

코리아의 중립화를 추구하다

셋째, 코리아의 국제정치에서의 위상에 대해서다. 그는 이 나라가 "국내적으로 취약할 뿐만 아니라, 서양열강들 가운데 논란의 여지없는 공식적 보호자나 우방이 없음으로 말미암아 극동의 국가들 가운데 가장 취약

22 위와 같음, 60~63쪽.
23 위와 같음, 68~70쪽.
24 위와 같음, 69쪽.

하다"고 평가했다. 코리아는 자신의 취약성을 잘 알기 때문에 다른 나라들과의 접촉들을 꺼리고 그들의 간섭들을 두려워하며 따라서 '은둔의 왕국'으로 남기를 원했다고 그는 덧붙였다. 코리아의 해변들을 매력 없이 보이게 만들고 내지에서 조림을 하지 못하게 만든 것은 외국인들이 이 나라에 흥미를 갖지 못하게 하려는 정부의 의도적 정책의 산물이었다고 그는 지적했다.[25]

샌즈는 또 러시아가 코리아에서 부동항들을 확보하려는 '속 검은 의지'를 품어왔다고 지적했다. 유럽의 강대국으로 아시아에서도 강대국이 되고자 하는 러시아는 그 목적을 달성하기 위해 코리아를 비롯해 동아시아와 북아시아의 곳곳에서 침투를 계속하고 있다고 그는 비난했다. 이러한 맥락에서, 그는 "러시아는 진짜의 그리고 임박한 위협이었다"(Russia was real and an impending menace)고 회고했다.[26] 그는 코리아에 대한 러시아의 정책의 바탕에는 코리아가 '일본의 심장을 겨냥하고 있는 칼'이라는 인식이 깔려 있었다고 단언했다. 러시아가 일본을 공격하기 위해 코리아를 장악하고자 했다는 뜻을 내비치면서, 이러한 러시아에 일본이 맞섬으로써 러일전쟁이 일어난 것으로 그는 풀이했다.[27]

샌즈의 관찰로, 이러한 상황 아래 "코리언들 스스로는 희망을 포기하고 관심을 잃은 채 자신들의 운명을 완전히 두 경쟁자들 가운데 더 강력한 자, 곧 러시아 또는 일본에 맡겨놓기로 결정했다." 그의 대안은 일본과 러시아 사이에 전쟁이 일어나는 경우에 있어서의 '코리아의 중립화'(the neutralization of Korea)였다. 이 구상은 주미전권공사와 참정대신을 역임한 민영환이 제의했던 것으로, 샌즈는 민영환과 제휴해 이 안을 제의했던

25 위와 같음, 31~56쪽.

26 위와 같음, 57쪽.

27 위와 같음, 79쪽.

것이다. 그는 코리아를 중립화하고 '코리아와 세계의 모든 나라들 사이에 절대적 평화조약들'(absolute peace treaties between Korea and all the world)을 체결하게 하는 길을 찾고자 했다.[28]

그런데 이 목표를 달성하기 위해 국제사회로부터 유리한 관심을 확보하기 위해서는 내정을 개혁하고 전국민을 상대로 하는 교육제도를 확립하는 것이 일차적으로 긴요하다고 그는 생각했다. 무엇보다 '정실주의'와 '뇌물'에 의해 좌우되는 관리임용시험과 관리임용 그 자체에 대한 개혁이 절대적으로 요청된다고 그는 확신했다. 그는 관리가 되기 위해 바쳐야 할 뇌물을 마련하고자 일본인 고리대금업자로부터 돈을 빌리고 관리가 된 뒤 뇌물을 받아 원리금을 갚아나가는 사례들을 자세히 지적하기도 했다.[29]

그러나 샌즈의 구상들 가운데 어느 것도 실현되지 않았다. 그의 회상에 따르면, 우선 중립화와 다자간평화협정체결의 구상은 러시아와 일본에 의해 철저히 배격됐다. 이 두 나라는 코리아의 내정개혁에 대해서도 반대했다. 이 두 나라는 코리아에 무질서가 발생해야 간섭할 수 있다고 계산했기 때문이라고 그는 회상했다.[30] 다시 그의 회상에 따르면, 서울주재러시아공사 알렉산드르 이바노비치 파블로프(Alexandr Ivanovich Pavloff)는 코리아의 중립화보다 코리아의 분할을 선호했던 것 같다. "러시아가 평양을 포함한 북부를 차지하고 일본이 서울을 포함한 남부를 차지한다는 조건 아래 코리아를 분할할 것을 일본정부를 상대로 그가 제의한 것으로 소문이 돌았는데, 그 소문은 어느 정도 사실이었던 것 같다"고 회상했다.[31] 그러나 이 회상에는 약간의 착오가 있다. 코리아의 분할을 제의했

28 위와 같음, 118~119쪽.

29 위와 같음.

30 위와 같음, 123쪽.

31 위와 같음, 158쪽. 파블로프는 대한제국의 분할보다 중립화에 역점을 두었다. 1902년 1월 30

던 러시아공사는 파블로프가 아니라 그의 전임자 슈페이에르였다.[32]

이토 히로부미와의 대화

샌즈는 고종의 외교고문으로 일하던 때의 어느 시점에—그는 그 시점을 적시하지 않았다— 고종과의 협의를 위해 '어떤 비밀계획들'을 들고 서울을 방문한 이토 히로부미를 만났다. 이것과 관련해 샌즈는 중요한 증언을 남겼다. 이토가 일본이 주도하는 일본제국과 대한제국 및 대청제국 등 '세 동양제국들'의 '긴밀한 동맹'(a close alliance) 또는 '극동의 연합'(a union of the Far East) 또는 '연방'(a federation)을 구상하면서 자신에게 이 안에 대해 생각해보라고 권했다는 증언이다.

이 안에 대해, 그는 "이토가 중국인들과 코리언들의 신뢰를 만들어낼 수 있다면 상당히 많은 수의 서방국가들이 찬성할 수 있을 것 같다"고 생각했다. 그는 "코리언들은 임진왜란과 민비시해를 잊지 않고, 중국인들은 자신들의 문화가 일본인들의 문화보다 더 오래됐음을 자부하며, 서양인들은 동북아시아에서 일본이 주도하는 3개국 '연합'이 나타나는 것을

일에 영일동맹이 체결돼 대한제국에서 일본의 영향력이 커지는 것을 보고, 파블로프는 대한제국을 중립화시켜 일본의 세력신장을 막으려고 했다. 그래서 파블로프는 1902년 9월에 귀국하는 길에 이즈볼스키(Izvolskii) 주일러시아공사 및 카시니(Cassini) 주미러시아공사와 회동하고 미국을 통한 대한제국의 중립화를 논의했다. 그러나 영일동맹을 계기로 동아시아정책에 직접 간여하기 시작한 루스벨트 대통령은 대한제국의 중립화를 거부했고 일본의 대한제국 지배를 인정했다. 현광호(玄光浩), 『대한제국의 대외정책』(서울: 신서원, 2002), 34~35쪽.

이러한 러시아의 동향에 대해, 일본은 중국과의 전쟁을 승리로 끝낸 이래 대한제국을 보호국으로 편입시킨다는 정책을 고수했고, 그 연장선상에서 러시아에 자주 만한교환(滿韓交換)을 제의했다. 그러나 대한제국은 러시아가 한국분할론과 만한교환론을 주도적으로 제안했다고 판단해, 러시아경계론을 폈다. 위와 같음, 294쪽.

32 Soon Sung Cho, *Korea in World Politics, 1940~1950: An Evaluation of American Responsibility* (Berkeley and Los Angeles, C. A.: The University of California Press, 1967), p. 49.

바라지 않는다"고 판단한 것이다. 따라서 그는 3개국 '연합'보다는 자신의 지론인 '모든 강대국과의 절대적 평화조약들에 의한 코리아의 중립화'(the neutralization of Korea by absolute peace treaties with every major powers)를 대안으로 제의했다. 그는 이것이 '극동 연맹의 예비로서의 신뢰분위기를 향한 첫 단계'(a first step toward an atmosphere of confidence preparatory to a Far Eastern union)라고 역설했다.[33]

샌즈의 회고에 따르면, "이토는 진지하고 잘 받아들이는 듯했다." 그래서 그는 깊이 만족하면서 이토와 헤어졌다. 그는 "이토는 일본의 위대한 정치가들 가운데 한 사람이고 분명히 그의 시대에서 위대한 사람들 가운데 한 사람이다"라고 느꼈다. 이 회상에서 드러나듯, 그는 이토에 대해 존경심을 지녔다. 이러한 시각으로부터 그는 "코리언들이 자신들을 위해 한 일들 가운데 가장 나빴던 것은 이토를 암살하고 [이토의 외교고문] 더램 화이트 스티븐스를 죽인 것이다"(The worst thing Korean ever did for themselves was to assassinate him and kill Durham White Stevens)라고 비난했다.[34]

샌즈의 이러한 입장은 조선인들에게—그때 쓰이던 호칭으로는 대한국인(大韓國人)들에게— 놀라움이 아닐 수 없다. 다른 사람도 아니고 고종의 외교고문이라는 중요한 지위에 있던 미국인이, 더구나 코리아의 독립유지를 위해 모든 노력을 기울였다고 자부한 그가, 장인환(張仁煥) 의사가 스티븐스를 사살하고 안중근(安重根) 의사가 이토를 사살한 것을 '가장 나빴던 것'으로 폄하했다는 것은 실망이라고 아니 할 수 없다. 이토의 '극동연합론'은 사실 일본의 조선 및 중국 지배를 정당화하는 논리에 지나지 않았

33 Sands, *Undiplomatic Memories*, pp. 228~229.

34 위와 같음, 227쪽.

다. 그것보다 안중근의 논설 「동양평화론」이 진정으로 평화지향적이었다. 그것은 사상적으로 선구적일 뿐만 아니라 현실적으로 정합성(整合性)이 높은 실천가능한 이론이었다. 학자들은 안중근의 「동양평화론」의 골격인 '동양평화협의체' 구상이야말로 오늘날의 유럽연합(EU)보다 70년이나 앞선 것이었다고 평가한다.[35]

3. 러시아 장교들 및 작가의 여행기 그리고 재무부의 보고서 등에 나타난 조선

러시아정부가 조선탐사를 개시하다

미국인들과 영국인들 및 프랑스인들이 코리아를 방문하던 시기에 러시아인들 역시 이 나라를 방문하고 자신들의 견문록들을 출판했다. 러시아 육군참모본부가 파견한 다섯 장교들은 1895년 12월과 1896년 4월 사이에 조선의 방방곡곡을 여행한 뒤 조사보고서를 제출했으며, 그들 가운데

35 미완성의 원고 「동양평화론」은 다음에 수록됐다. 신용하 엮음, 『안중근유고집』(서울: 역민사[歷民社], 1995), 169~180쪽. 이 원고만으로는 안중근의 동양평화에 대한 구상을 파악하기 어렵다. 안중근의 동양평화에 대한 구상은 그가 1910년 2월 17일에 일본의 관동도독부 하라이시(平石氏人: 평석씨인) 고등법원장에게 진술한 것을 법원서기가 받아쓴 「청취서」에 포함됐다. 이 「청취서」에 대한 분석은 이태진(李泰鎭) · 윤경로(尹慶老) · 장석흥(張錫興) 교수 등에 의해 제시됐다. 안중근 의사에 관한 최근의 연구로 다음의 두 책을 지적할 수 있다. 1) 『안중근의거의 국제적 영향』(서울: 국가보훈처, 2009). 「동양평화론」을 분석한 윤경로, 「안중근의거와 〈동양평화론〉의 현대사적 의의: 동아시아의 평화와 미래를 전망하며」는 위와 같음, 151~183쪽에 있다. 2) 윤병석(尹炳奭), 『1910년대 국외항일운동 I: 만주 러시아』(충청남도 천안시: 독립기념관 한국독립운동사연구소 한국독립운동사편찬위원회, 2009), 221~240쪽.

다른 한편으로, 일본 아시아대학의 나카노 야스오(中野泰雄) 교수는 이토를 비판하고 안중근을 찬양했다. 나카노 야스오 지음 김영광(金永光) 편역, 『죽은 자의 죄를 묻는다: 일본 지성, 안중근과 이등박문의 재판을 다시 한다』(서울: 경운출판사[慶雲出版社], 2001).

한 사람인 육군중령 알프탄(V. A. Al'ftan)은 별도로 『1895년과 1896년의 코레야여행』을 출판했다. 다른 한편으로, 거기에 소속되지 않은 루벤쏘브(Lubentsov)는 별도의 여행을 마친 뒤 『코레야의 함경도와 평안도』를 출판했다. 여기서 주목되는 것은 1895년이라는 해다. 이 해는 러시아정부가 조선에 대해 공식적인 탐사를 개시한 해로 기록된다.

러시아정부의 조선에 대한 공식적 탐사는 계속됐다. 러시아의 황실지리학회 역시 1898년과 1899년 사이에 조선의 북부로 연구단을 파견해 조선의 지형 · 동식물 · 경제 · 인구 등을 면밀하게 조사하게 했다. 연구단의 일원이었던 철도기술자 니콜라이 게오르기에비치 미하일로프스키(Nikolai Georgievich Mikhailovskii)는 조선에 대한 책들을 출판했다.

이 일련의 여행들과 그 여행들에 관한 책들의 지속적인 출판은 이 나라에 대한 러시아의 관심이 더욱 커지고 있음을 의미했다. 특히 주목되는 것은 이 시기에 러시아와 조선 사이의 관계는 전반적으로 우호적이었다는 사실이다. 러시아정부로서는 이러한 유리한 상황을 활용해 조선에 대해 훨씬 적극적으로 접근하면서 영향력을 확대하려고 탐사를 실시했을 것이다.

미하일로프스키의 여행기: 조선인들을 칭찬하다

그 출판물들 가운데 우선 미하일로프스키의 저서들을 살피기로 한다.[36] 그는 1852년에 귀족의 집안에서 태어나 철도기술대학을 졸업했으며 그 뒤 불가리아에서 근무했다. 귀국한 뒤 그는 반정부적 성격을 지닌 '인민으로'의 운동에 잠시 참여했다. 그러나 철도기술자로서의 경력을 쌓아올려 시베리아횡단철도의 건설에 참여했으며, '새로운 도시'라는 뜻을 가

36 http://en.wikipedia.org/wiki/Nikolai_Garin-Mikhailovsky 참조.

진 노보시비르스크(Novosibirsk)시의 건설과 발전에 크게 이바지했다. 그러했기에, 그는 러시아인들 사이에서는 오늘날까지도 시베리아의 개척자로 기억된다. 그가 건설에 참여했던 노보시비르스크는 시베리아에서 가장 큰 도시로 성장했으며, 그리하여 이 도시는 자신의 큰 광장을 그의 이름을 따서 미하일로프스키광장으로 명명한다.

그의 활동은 시베리아를 넘어 만주와 조선북부로까지 확대됐다. 그는 황실지리학회가 파견하는 연구단의 일원으로 선발돼 1898년 9월 13일부터 10월 18일까지 만주 그리고 함경도 북부와 평안도 북부의 주요한 지역들을 방문했는데, 이 여행에서, 그는 만주와 조선에 철도를 부설하는 과제를 다뤘던 것 같다. 그는 이 과정에서 두만강과 압록강을 탐사했고 백두산을 등정했다. 이로써 그는, 전적으로 출판물들을 기준으로 삼을 때, 백두산을 등정한 네 번째 서양인이며 두 번째 러시아인이 됐다. 그는 1906년에 별세한다.

미하일로프스키는 그사이 가린(Garin)이라는 필명으로 몇 편의 소설들을 써서 작가로서의 명성을 쌓았다. 그러한 배경에서, 그는 귀국한 뒤 1899년에 러시아의 한 잡지에 자신의 여행기들을 연재했다. 이 여행기들이 1904년에 『코레야와 만주 및 랴오둥반도를 따라』(영어번역제목: *Around Korea, Manchuria and Liaodong Peninsula*)라는 단행본으로 러시아에서 출판됐다.[37]

이 책에서 저자는 우선 연해주에 사는 조선인들에 대해 자세히 썼다. 가난과 굶주림에서 벗어나기 위해 국경을 넘으면 사형을 당하는 위험을 무릅쓰고 연해주로 잠입한 조선인들에 대해 뜨거운 동정심을 표시했다.

37 이 책의 한국어번역본으로 다음이 있다. 김학수(金鶴秀) 역, 『저것이 백두산이다: 조선! 1898년』(서울: 민족사, 1980) 상 · 하. 이 책은 다음으로 다시 출판됐다. 김학수 역, 『조선, 1898년: N. G. 가린의 조선풍물여행기』(서울: 단국대학교출판부, 1981) 상 · 하.

흰 바지저고리에 상투를 틀고 긴 담뱃대를 입에 문 채 블라디보스토크의 중심가를 점잖게 걸어다니는 조선인 이주자들에게서 그는 그들 마음속 깊이 두려움이 자리잡고 있음을 느꼈다. 그러나 그는 동시에 근엄함을 느꼈다. 그는 또 연해주의 들판에서 귀리를 거두어들이는 흰옷의 조선인 농부들을 '아름다운 백조들'에 비유했다.[38]

그는 러시아 치안판사의 입을 통해 조선인들을 칭찬했다. 이 지방의 러시아 치안판사에 따르면, 조선인들은 부지런하고 정직하다. 그들은 연해주로 이주해온 뒤 열심히 일해서 잘 살고 있었다. 옷차림과 집안살림도 깨끗했다. 정착하기 이전에는 굶주림에서 벗어나려고 매춘을 하던 조선인 여성들은 이제는 정조관념이 굳은 것으로 평판을 세웠다. 한 처녀는 자신이 원하지 않는 남자에게 결혼하도록 강요되자 자살을 선택했으며, 사람들은 그녀를 위해 열녀비(烈女碑)를 세워주었다. 치안판사는 이렇게 말했다: "러시아에서 사는 조선인들이 조선에서 사는 조선인들보다 훨씬 잘산다. 만약 이주가 금지되지 않는다면 조선의 북부 전체가 러시아로 옮겨왔을 것이다."[39]

그는 조선의 이주민들이 조선의 지배자들을 증오한다는 사실을 확인했다. "그들은 자기들만 좋으면 무엇이든지 심지어 나라까지도 팔아먹을 용의가 있는 이기주의자들이다"라고 비난을 퍼부었다. 조선의 이주민들은 심지어 왕과 왕실까지 매도하는 것을 주저하지 않았다. 그는 조선의 관리들의 부패에 대해 한 러시아인의 관찰을 소개했다. 그가 앞으로 여행할 조선의 지방관리들에게 '적당히 뇌물만 좀 집어주면' 무엇이든지 할 수가 있다고 그 러시아인은 장담한 것이다.[40]

38 위와 같음, 상, 83쪽 및 106쪽.

39 위와 같음, 상, 111쪽.

40 위와 같음, 상, 97쪽 및 하, 192쪽.

그는 또 연해주의 조선인 마을에서 열린 일종의 배심재판에 대해 증언했다. 남편으로부터 도망친 젊은 여자가 잡혀오자 이 마을의 원로들은 재판을 열고 도주의 원인을 물었다. 남편의 매질을 견디다 못해 가출한 사실을 확인하고 원로들은 남편에게 매 10대를 가했다. 엉덩이가 터진 남편이 걷지 못하자 원로들은 그녀로 하여금 남편을 수레에 싣고 집으로 데려가도록 판결했고 아내는 그 판결을 따랐다.[41]

미하일로프스키의 『코레야의 설화들』: 조선의 매관매직을 풍자하다

미하일로프스키는 또 조선을 여행하며 수집한 64개의 설화(說話)들을 1904년에 『1898년 가을에 채록한 코레야의 설화들』(영어번역제목: *Korean Tales*)라는 제목 아래 하나의 작은 책으로 러시아에서 출판했다.[42] 이 설화들은 우리가 제3부 제9장에서 살핀 알렌의 『코리아의 민담들』과 공통점들이 있으나 차이점들이 훨씬 더 많다. 부모를 공경하고 국왕에 충성하며 남편에 정조를 지킬 것을 역설하는 유교의 가르침들 그리고 학문 및 선비를 존중하는 조선사회의 분위기를 반영했고 권선징악(勸善懲惡)을 강조하는 것 등이 공통점들이라면, 미하일로프스키의 책에서는 만주와 북부조선의 분위기가 많이 반영됐다는 사실이 차이라고 하겠다.

구체적으로 말해, 후자의 경우에는 전자에 비해 백두산과 두만강을 주제로 삼은 설화들이 훨씬 더 많이 소개됐다. 청나라의 시조인 누루하치가 백두산 부근의 한 호수에 사는 수달의 아들이고, 용으로 승천한 그 수달

---

41 위와 같음, 상, 140~147쪽.

42 이 책은 Nikolay V. Kotschubey에 의해 다음과 같이 독일어로 번역됐다. *Koreanische Märchen* (Zürich: Werner Classen Verlag, 1948). 이 책은 '근세동아세아서양어자료총서 152'(서울: 경인문화사, 2004)에 포함됐다. 이 책은 다음과 같이 한국어로 번역됐다. 안상훈(安相熏薰) 역, 『조선설화』(파주: 한국학술정보주식회사, 2006).

의 정기를 받아 태어난 사람이 조선에서 왕이 됐다는 설화도 포함됐다. 다른 한편으로, 중국인들이 조선인들을 속이지만 조선인들이 그것을 깨닫고 극복하는 설화들도 때때로 포함됐다. 그러나 주목되는 것은 조선이 후기에 들어와 관리들의 매관매직과 탐학이 극심해졌음을 풍자하는 설화들이 자주 등장한다는 사실이다. 관직을 사기 위해 범죄를 저지르고 또 착한 일을 해서 상금을 받거나 행운이 찾아와 일확천금을 하면 그 돈으로 관직을 산다는 설화들이 그 대표적인 보기들이다.

러시아 장교들의 보고서: 조선사람들의 높은 독서열을 지적하다

다음으로 러시아 장교들의 조사보고서를 살피기로 한다. 이 보고서는 조선의 거의 모든 부문들을 상세히 설명했다. 예컨대, 부산 · 동래 · 양산 · 경주 · 영일 등 경상도의 13개 군(郡)을 순방하고 그 군들의 가호(家戶) · 주민 · 여관 · 소 · 말 · 돼지 · 닭의 수를 끝자리까지 계산해 기록했다.[43] 전국의 산(山)들의 높이와 강(江)들의 깊이 그리고 기후도 기록했으며, 광물자원의 매장량과 수산자원의 많고 적음도 기록했다. 극빈한 어린이들이 아무런 옷도 걸치지 못한 채, 굶주림과 더러움 속에 사는 모습도 사진에 담았다. 조선인들이 농사를 짓는 방법은 물론 물고기들을 잡는 방법과 소금을 채취하는 방법에 대해서도, 그리고 혼례와 장례를 비롯해 여러 예식들을 치르는 방법들에 대해서도, 자세히 기록했다. 다른 한편으로, 이 나라에서 상공업과 무역은 발달되지 않았다는 사실도 구체적인 숫자와 함께 제시했다.

그러나 잘못된 정보를 옮겨놓은 것도 간혹 있었다. 예컨대, 일본인들은

43 이 보고서는 다음과 같이 한국어로 번역됐다. 육군대령 V. P. 카르네프 외 4인 지음, A. 이르계바예프(Irguebaev) · 김정화(金貞和) 옮김, 『내가 본 조선 조선인』(서울: 가야넷, 2003), 48쪽.

도요토미 히데요시가 1592년에 부산을 점령한 이후 1876년에 조선과 일본 사이에 수호조약이 맺어졌을 때까지 계속해서 이 항구도시를 장악해왔다는 일본측 설명을 그대로 옮겨놓았다.

그들은 1896년 1월 20일에 서울주재러시아공사의 주선으로 고종을 알현할 수 있었다. 그들은 "왕은 현명해 보였으며 눈이 매우 빛났다. 왕은 우리에게 매우 호감가는 인상을 주었다. 왕의 눈은 기쁘고 상냥한 불꽃으로 반짝였다"고 썼다. 그러나 세자에 대해서는 "권태롭고 생기 없는 눈에 얼굴은 누렇게 떠서 병자 같아 보였다"고 썼다.[44] 그들은 이미 시해된 민비에 대해 아주 좋게 평가했다. "왕비는 동양의 관점에서 볼 때 교양이 풍부했으며 조선뿐만 아니라 동양권의 모든 나라에서 한문에 가장 능통한 인물이라는 평을 받았다. 그녀는 조선이 일본인들의 도움을 받지 않고 유럽식으로 문명화하고 개혁해나가는 데 찬성했다"고 쓴 그들은 "자기들 뜻대로 조선을 통치하고 싶어했던 일본인들의 눈에는 이 결단성있고 현명한 왕비가 좋게 보였을 리가 없었을 것이다"고 덧붙였다.[45] 그들은 또 민비시해에 격분을 표시하면서 그 책임은 일본정부에 있다고 단언했다.

그들은 조선인들이 책읽기에 열심이라는 사실에 놀라움을 표시했다. "조선은 문맹률이 낮다. 마을마다 서당이 있으며 읽고 쓰지 못하는 조선인들은 드물었다. 우리는 밤마다 종종 되는대로 아무데나 앉은 많은 아이들로 말미암아 입추의 여지가 없는 어둑어둑한 농가의 방에서 이상하고 단조로운 두세 개 음의 가락이 퍼져 나오는 광경을 볼 수 있었는데, 이것은 수업이 진행되고 있음을 의미했다"고 그들은 썼다.[46] 그들의 이 관찰은 1866년에 강화도침공에 참가했던 프랑스의 한 사관후보생이 제시한

44 위와 같음, 86쪽.

45 위와 같음, 90쪽.

46 위와 같음, 257~258쪽.

관찰과 똑같았다.

그들의 관찰들 가운데 특이한 것은 조선의 여관에 대한 칭찬이었다. "최근에 이 나라에서 여관의 수요가 크게 늘고 있으며, 여관을 운영하는 주인들은 농사를 짓지 않아도 될 만큼 돈을 잘 번다"고 썼다. 그들은 "여관에서는 적은 돈으로 쌀과 수수, 그리고 거의 모든 조선음식을 사먹을 수 있었으며, 말에게 여물도 주었다"고 쓴 데 이어, "여관은 따뜻하고 매우 깨끗했다"고 단언했다. 이것은 이 나라의 여관을 혹평한 대다수 서양인들의 관찰에 크게 대조됐다.

재무부의 보고서: '코레야에 관한 백과사전'

러시아의 육군참모본부가 고위장교들을 파견해 조선의 곳곳을 조사하게 했다는 사실은 러시아정부가 이 나라에 대한 진출을 활성화시키고 거기서 자신의 이익을 확보하기 위해서는 이 나라를 철저히 연구할 필요가 있다고 판단했음을 의미했다. 실제로 러시아정부는 러시아의 육군참모본부장교들과 지리학자들 및 민족지학자(民族誌學者)들이 여러 해에 걸쳐 쌓아올린 학문적 업적들을 바탕으로 재무부가 지명한 세 명의 동양학학자들로 하여금 이 나라를 종합적으로 연구하게 만들었다. 러시아 재무부는 그 결과를 1900년에 『코레야에 관한 서술(敍述)』(*Opisanie Korei*)이라는 방대한 책으로 출판했다.[47] 모두 세 부(部)로 구성된 이 책은 이 나라에 관한 모든 주제들, 예컨대, 역사 · 지리 · 종교 · 문화 · 교육 · 상업 · 공업 · 무역 그리고 군사와 재정을 포함한 국가의 제도들 및 기관들에 대해 상세히 설명했다. 이로써 이 책은 '코레야에 관한 백과사전'이라는 평가를 받았

47 이 책의 일부가 한국어로 번역됐다. 김병린(金炳璘) 역, 『구한말의 사회와 경제: 부(附) 열강과의 조약』(서울: 유풍출판사[裕豊出版社], 1983).

다. 여기서는 이 책 가운데 이제까지 우리가 살핀 책들이 제시한 논점들과 연관지어 중요한 것들만 선택적으로 소개하기로 한다.

첫째, 코레야에서 농토는 충분히 개간되었는가 아니면 방치되었는가에 관해서다. 우리가 앞에서 살핀 서양인들은 대체로 농토는 충분히 개간되지 않았다고 증언했다. 러시아 재무부는 그 중간의 입장을 취했다. 철저히 개간된 지역들도 있고, 개간되지 않은 채 방치된 지역들도 있다고 그들은 설명했다.

우리가 앞에서 살핀 서양인들은 대체로 농민들의 게으름을 비난했다. 토지가 충분히 개간되지 않은 까닭은 농민들이 게으른 데 있다고 그들은 주장했다. 러시아 재무부는 농민들이 게으르다고 결코 말하지 않았다. 그러나 그들은 농민들이 아주 거친 방식으로 농사를 지으며 원시적인 도구들을 사용한다고 지적했다. 그들은 이 나라에서 생산되는 농작물들에 대해 매우 자세히 썼다. 특히 그것들의 연간 생산량에 대해 깊은 관심을 보였다. 그들은 또 인삼의 재배방식과 효능, 그리고 그것을 상품으로 만드는 과정에 대해, 특히 홍삼에 대해, 자세히 썼다.[48]

둘째, 코레야에 과수(果樹)들이 있는가 아니면 없는가에 관해서다. 어떤 러시아인은 이 나라에는 과수가 없으며 있다면 그것은 야생일 뿐이라고 주장했다. 러시아 재무부는 이 나라에는 분명히 과수들이 존재한다고 결론을 내렸다. 그들은 조선인들이 과수재배에 면밀한 주의를 기울이지 않는 것은 사실임을 인정했다. 그러나 그들은 이 나라에는 배 · 호두 · 살구 · 복숭아 · 사과를 생산하는 나무들이 자라며, 특히 남쪽에는 감이 많이 재배되고 제주도에서는 복숭아와 귤과 같은 부드러운 과실들이 자란다고 단언했다. 그들은 포도에 대해서도 언급했다. 이 나라에서 포도가

---

48 위와 같음, 20~24쪽.

자라지만 당분이 없는 대신에 수분이 많아 포도주를 만들기는 사실상 불가능하다고 썼다.[49]

셋째, 코레야사람들은 차를 마실 줄 아느냐의 여부에 관해서다. 우리가 앞에서 보았듯, 서양인들은 이 나라 사람들이 차를 마실 줄 모르며 아주 최근에 와서 상류의 부자들만 차를 알아 마시기 시작했다고 썼다. 다만 밀른은 "최근에 와서 코리언들이 차를 마시기 시작했다"고 썼다.[50] 그런데 러시아 재무부는 "코레야 사람들은 차 대신에 양념으로 쓰는 생강이나 일본에서 반입한 '토레야 운씨훼라'(Torreya uncifera)라는 나무열매에다 산사나무잎을 섞어 물에 타서 끓인 것을 마신다"고 결론을 내렸다.[51]

넷째, 코레야에서는 축산이, 특히 낙농이, 발달되지 않았으며, 사람들은 소에서 젖을 짤 줄도 모르고 우유도 마실 줄 모른다는 것이 서양인들의 공통적 관찰이었다. 러시아 재무부는 이 관찰이 정확하다고 결론을 내리면서 이 나라 사람들은 소뿐만 아니라 염소에서도 젖을 짤 줄 모른다고 덧붙였다. 동시에 그들은 소에서 젖을 짜내지 않기 때문에 송아지가 젖을 충분히 먹게 됨으로써 어려서부터 아주 건강히 자라게 된다고 보았다. 그러나 그들은 양봉에는 많은 힘을 쏟고 있다고 러시아 재무부는 지적했다.[52]

다섯째, 우리가 앞에서 보았듯, 서양인들은 코리아에는 수산자원이 풍부하며 코리언들은 생선을 많이 먹는다고 지적했다. 러시아 재무부는 이 지적에 전적으로 동의했다. 그들은 이 나라 사람들이 다양한 생선들 말고도 해삼과 다시마를 많이 채취하고 자주 먹는다고 덧붙였다. 그들은 이

---

49 위와 같음, 49~50쪽.
50 Miln, *Quaint Korea*, p. 64.
51 김병린 역, 『구한말의 사회와 경제』, 50쪽.
52 위와 같음, 51~56쪽.

나라에서 어선들과 어구들은 그 상태가 극히 불량하다는 다른 서양인들의 관찰에도 동의했다.[53] 이미 여러 서양인들이 지적했듯, 러시아 재무부 역시 이 나라 사람들은 개를 즐겨 잡아먹는다고 지적했다.

여섯째, 러시아 재무부는 코레야에서 사람들이 바닷물로부터 소금을 만드는 과정이 극히 원시적이고 거칠고 더러운데도 생산되는 소금은 뜻밖으로 희다는 사실에 놀라움을 표시했다. 이 나라에서 제염은 정부의 중과세에도 불구하고 이익이 큰 사업으로 간주된다고 러시아 재무부는 덧붙였다.[54]

일곱째, 이 나라의 광물자원매장량에 대해 서양인들은 상반되는 분석을 제시했다. 한쪽은 풍부하다고 분석했다. 우리가 제2부 제6장에서 보았듯, 오페르트는 광물이 풍부하기로는 이 나라가 제일가는 나라라고 평가했다. 한 러시아인은 이 나라에는 금이 대단히 풍부하다고 썼다. 반면에, 다른 쪽은 철광을 제외한다면 풍부하지 않다고 분석했다. 그 대표적인 사람이 우리가 제3부 제8장에서 살핀 독일인 고트쉐였다. 그는 이 나라에서 철의 매장량은 풍부하나 다른 광물들의 매장량은 빈약하다고 평가했다.

러시아 재무부는 어느 한쪽을 지지하지 않았다. 그들은 이 나라의 광물자원에 대해서는 앞으로 보다 깊은 연구가 필요하다고 전제하면서, 현재로서는 철광석과 석탄 및 금이 풍부하다고 썼다.[55] 그들은 함경남도 갑산군을 비롯해 전국의 많은 곳들에 산재한 금광들을 자세히 소개했다. 그들은 이 나라에서는 은과 구리의 생산량이 미미하다고 덧붙였다. 석유에 대해서는 애매하게 기술했다. 중국의 문헌은 조선에 석유가 매장되어 있다고 기술했으며, 따라서 보다 면밀히 연구한다면 석유산지를 발견하게 될

53 위와 같음, 61~71쪽.

54 위와 같음, 73~74쪽.

55 위와 같음, 93~95쪽.

가능성은 충분히 있다고 쓰는 것으로 끝냈다.[56]

러시아 재무부는 코레야에서는 광물자원을 다루는 기술이 빈약하다고 지적했다. 그 원인으로 그들은 정부의 대외폐쇄성에서 찾았다. 자기나라의 재부(財富)를 비밀에 부침으로써 강력한 이웃나라들의 탐욕성을 유발하지 않기 위해 기술 그 자체를 발전시키지 않았다고 그들은 보았다.[57]

여덟째, 러시아 재무부는 코레야의 제조업에 관심을 돌렸다. 그들은 우리가 이제까지 살핀 서양인들과 마찬가지로 이 나라의 제지업을 높이 평가했다. "제지업에서 코레야는 중국인들을 어느 정도 능가한다. 조선산 종이의 품질이 우수하기 때문에 이 종이제품들은 중국에 수출되어 판매된다"고 그들은 덧붙였다. 그러나 그들은 일본이 최근에 제지업을 발달시켜 오늘날에는 오히려 일본이 자신의 종이를 코레야로 수출한다고 지적했다. 그들은 또 코레야사람들의 손재주를 높이 평가하면서 이 사람들은 금은세공 그리고 모자 · 신발 · 멍석 · 돗자리 등 편세공품(編細工品)에서도 탁월한 재능을 발휘하고 있다고 칭찬했다. 그들은 이 나라가 도자기를 발달시켜온 역사를 높이 평가하면서, 그러나 최근에는 도자기제조가 완전히 몰락한 상태에 빠졌다고 지적했다.[58]

아홉째, 우리가 이제까지 살핀 서양인들은 코리언들이 술을 많이 마신다고 지적했다. 러시아 재무부 역시 똑같이 지적하면서, "코레야에서 가장 널리 보급된 산업은 양조다"라고 썼다. 그러나 그것은 어디까지나 가내수공업에 지나지 않는다고 덧붙였다.[59]

열째, 우리가 이제까지 살핀 서양인들은 코리아에서는 상업이 발달되

56 위와 같음, 114~115쪽.
57 위와 같음, 115쪽.
58 위와 같음, 127~141쪽.
59 위와 같음, 142쪽.

지 않았다고 지적하면서 그 이유들로 상업천시사상, 교통의 미발달, 정부의 중과세, 그리고 관리들의 착취를 꼽았다. 러시아 재무부는 이러한 지적에 전적으로 동의했다. 동시에 러시아 재무부는 최근에 이 나라에서 상인들이 자신들의 권익을 보호하기 위해 근대적 이익단체들을 결성하는 새 움직임에 주목했다.[60]

열한째, 우리가 이제까지 살핀 서양인들은 예외없이 코리아에서의 관리들의 부패를 비난했다. 러시아 재무부 역시 그러했다. 그들은 "코레야의 관리들은 극히 빈약한 봉급을 받기 때문에 항상 탐욕적이며 자기의 재산을 늘리는 데 모든 수단과 방법을 다 하였다"고 썼으며, 이 나라에서 부과되는 세금은 '가렴주구'라고 단정했다. 그들은 또 관리들이 대리인들을 내세워 상업에 개입해 막대한 이익금을 확보했다고 지적했다. 이 점에서는 대원군도 예외가 아니었다고 그들은 덧붙였다.

이 사실과 관련해, 러시아 재무부는 우리가 이제까지 살핀 서양인들이 제시하지 않은 관찰을 제시했다. 과세가 과도한 경우, 상인들은 파업을 개시해 모든 상거래를 중지시키며 상인들의 이러한 불만표시에 대해 정부는 해당관리들을 해임시키는 것으로써 응답했다고 그들은 썼다. 정부는 그러한 불만표시가 궁극적으로 전국적인 반정부운동으로 확대되는 것을 두려워했다고 그들은 덧붙였다.[61]

열두째, 러시아 재무부는 코레야의 공식적인 회계장부들은 결코 신뢰할 만한 것이 못되며 따라서 이 회계장부들에 제시된 숫자는 대체로 거짓되게 기재된 것이라고 지적했다. 또 정부가 거둬들인 수입을 국왕의 개인재산으로 간주하고 국왕은 그것을 자의적으로 사용하는 관행이 계속된다

60 위와 같음, 175쪽.

61 위와 같음, 162~163쪽.

고 지적하면서, 이 관행이 이 나라의 재정을 개선시키려는 노력에 중요한 장애가 된다고 결론을 내렸다.[62]

4. 영국 외교관 파커의 『중국』에 묘사된 코리아

러시아 재무부가 조선의 거의 모든 부문들에 대해 서술한 책을 출판한 시점에 영국의 외교관 파커(E. H. Parker)는 중국의 지리와 역사 및 국제관계를 상세히 설명한 책을 출판하면서 그 책 안에서 조선에 대해 설명했다. 그는 중국어에 능통하고 중국학을 전공한 학자로, 1892년부터 1893년까지 버마정부의 중국문제고문을 역임했고 중국의 여러 곳들에서 영사로 봉직했다. 그는 뒷날 맨체스터 소재 빅토리아대학교에서 중국학 교수로 봉직하며 이 책의 수정증보판을 출판한다.[63]

이 책은 당시 영국의 동북아시아전문가들이 조선에 대해 가진 친일적 인식을 잘 보여주었다. 첫째, 그는 조선은 아득한 옛날부터 중국의 속국이었으며, 중국의 역대 왕조들은 조선의 역대 왕조들에 대해 종주권을 행사했다고 보았다. 그는 거기서 한 걸음 더 나아가, 일본이 1876년에 조선을 개항시키면서 체결한 조약을 통해 조선이 자주국임을 선언함으로써 조선을 중국의 종주권으로부터 해방시켰다는 일본측 설명을 되풀이했다.

---

62 위와 같음, 345~346쪽. 고종은 1897년에 대한제국의 성립을 선포하고 황제로 즉위한 이후 제국과 황제에 걸맞는 의례를 갖춰야 한다고 주장하면서 많은 돈을 썼다. 이 점에 대해서는 다음에서 자세히 설명됐다. 김윤희(金允嬉) · 이욱(李旭) · 홍준화(洪俊化), 『조선의 최후』(서울: 다른세상, 2004), 70~73쪽.

63 E. H. Parker, *China: Her History, Diplomacy, and Commerce* (London: Hazell, Watson and Viney, LD., 1901). 수정증보판은 1917년에 출판됐다. 이 책은 '근세동아세아서양어자료총서 26'(서울: 경인문화사, 2000)으로 재간됐다.

둘째, 그는 일본이 옛날부터 1876년까지 부산에 대해 기득권을 보유했다는 일본측 주장은 역사적으로 움직일 수 없는 사실이라고 썼다. 그는 1917년에 출판된 이 책의 수정증보판에서 일본이 조선을 '일본의 한 지방'(a Japanese province)으로 만든 것은 조선의 번영을 위해 잘 한 일이었다는 취지로 쓴다.[64]

5. 영국 여성 테일러의 『코리언들의 생활』

영국 외교관 파커가 조선을 설명한 책을 출판한 1901년에 서울을 방문한 한 영국여성이 자신의 인상기를 1904년에 작은 책으로 출판했다. 스코틀랜드 출신의 콘스탄스 테일러(Constance J. D. Taylor)는 몇 개월 동안 서대문 부근의 한 양반집에 머물면서 사람들의 생활관습을 중심으로 자신이 관찰한 그때의 서울 모습들을 묘사한 것이다.[65]

이 책은 크게 보아 세 부분으로 구성됐다. 첫째는 코리아의 역사에 관한 것이다. 저자는 하멜의 『파선일지』와 달레의 『코레의 교회의 역사』를 비롯해 코리아의 역사에 관한 부정확한 기술들이 포함된 기존의 몇몇 책들을 읽은 뒤 요약한 것으로 보인다. 여전히, 이 나라는 중국인 기자가 처음 세웠고 그가 조선이라는 이름을 정해주었다고 썼으며, 일본의 진구 황후가 3세기의 어느 시점에 코리아의 남부를 정복해 그곳을 통치했다고 썼고, 일본이 1876년에 조선과 수교할 때까지 "일본인들이 부산의 소유를 유지했다"고 썼다.[66]

---

64 위와 같음, 115~116쪽 및 171쪽.

65 Constance J. D. Taylor, *Koreans at Home: The Impressions of a Scotswoman* (London, Paris, New York and Melbourne: Cassell and Company, Limited, 1904).

그녀의 부정확한 서술들은 거기서 끝나지 않았다. 그녀는 이 나라의 공용어는 중국어라고 쓴 것이다. 그녀는 이 나라에 고유한 문자가 있음을 인정했다. 그러나 그녀는 그 문자가 한글이라는 사실을 명시하지 않았다. 더구나 그녀는 그 문자가 '산스크리트 알파벳'을 닮았으며 불교승려들에 의해 4세기에 이 나라로 도입됐다고 그릇되게 설명했다.[67]

고종을 혹평하고 민비를 칭찬하다

둘째는 고종과 민비 그리고 그들이 이끈 정부에 관해서다. 그녀는 고종에 대해 '친절하고 붙임성 있는'(kind and amiable) 성격을 가졌으나 '게으름과 쾌락탐닉'(indolence and love of pleasure)이라는 결점을 지녔다고 썼다. 그녀는 또 고종이 '궁정에 몰려든 궁핍한 아첨꾼들과 알랑쟁이들'에 좌우되고 있다고 썼다. 대조적으로, 그녀는 민비에 대해서는 긍정적으로 썼다. '보기 드문 지력(知力)과 강한 의지의 여성'이라고 평가한 것이다.[68]

정부에 대해, 그녀는 많은 서양인 관찰자들과 마찬가지로 '쥐어짜냄'과 약탈'이라는 용어로써 설명했다. 윗자리에 있는 사람들은 아랫자리에 있는 사람들을 '쥐어짜내기' 때문에, "일을 해야 할 사람들 가운데 열심히 일을 하거나 절약하는 유인을 거의 갖지 않는다"고 그녀는 부연했다. 돈을 벌어야 그 결과는 '약탈'을 당하는 것일 터인데, 그 현실을 알면서도 열심히 일해 돈을 벌려고 하는 사람이 어디 있겠느냐고 그녀는 반문했다.[69]

셋째는 서울의 모습들과 서울사람들의 생활관습에 대해서다. 그녀는 우선 서울에 문명의 시설들이 늘어나는 추세에 주목했다. 그녀는 무엇보

---

66 위와 같음, 28~32쪽.
67 위와 같음, 50~51쪽.
68 위와 같음, 36~38쪽.
69 위와 같음, 57~58쪽.

다 전화가 가설됐음을 지적하면서, 전화가 고종의 정보원들의 집들에는 반드시 가설됐다고 주장했다. 그녀는 또 거리에는 전등이 마련됐으며 전차들과 자동차들이 왕래한다고 썼다.[70] 조선에 전화가 처음 개통된 때는 1896년이었다. 그때 조선조정의 궁내부(宮內部)에 고종의 전용전화가 가설된 것이다. 그때로부터 여섯 해가 지난 1902년에 서울과 인천 사이에 전화가 설치되면서 비록 제한된 범위 안에서나마 일반인들도 전화를 쓰게 됐다.

그녀는 또 사람들이 모자들을 즐겨 쓰며 결혼식과 장례식을 비롯해 갖가지 행사들에 따라 다른 모자들을 쓰는 사실에 주목했다. 그녀는 이러한 관행에 근거해 "코리아는 특히 모자들의 나라다"(Korea is *par excellence* the country of hats)라고 썼다.[71]

여성천시 · 높은 영아사망률 · 개고기 먹는 버릇 등을 지적하다

그녀는 여성들의 삶에 깊은 관심을 보였다. 다른 서양인 관찰자들이 이미 지적했듯, 그녀 역시 상류계급의 여성들과 기생들 및 무희들을 제외한 나머지 여성들은 집 안과 밖에서 아주 고된 생활을 하며 그 결과 얼굴들이 '애처로울 정도로 단조롭다'고 보았다. 그녀는 여성들이 자신의 이름도 갖지 못한 채 그저 '누구누구의 아내'로 불린다고 덧붙였다.[72]

그녀는, 다른 서양인 관찰자들이 이미 지적했듯, 이 나라 사람들의 식탐과 개고기를 즐겨 먹는 버릇 그리고 술을 많이 마시는 버릇 등을 지적했다. 그녀는 그러나 "차[茶: 다]는 실제로 알려지지 않았다"고 덧붙였다. 그녀는 또 "코리언들은 천성이 시끄러운 사람들이며 무리 가운데 아주

70 위와 같음, 19쪽.
71 위와 같음, 54쪽.
72 위와 같음, 46쪽.

크게 말하는 것은 아주 좋은 예절로 간주된다"고 보았다. 그녀는 또 이 나라에서 영아사망률이 대단히 높고 천연두는 '무서운 재앙'이라고 썼으며, 맹인들이 많은 사실에 놀라움을 표시했다. 우리가 이미 보았듯, 로웰 및 샌비지-란도 역시 서울에 맹인들이 많이 걸어다니는 데 대해 놀라움을 표시했었다. 종교에 관해, 이미 많은 서양인 관찰자들이 지적했듯, 그녀 역시 이 나라는 샤머니즘의 강력한 영향 아래 놓여 있으며 불사조 · 용 · 거북 등이 민간인들의 존중을 받는다고 덧붙였다.[73]

6. 영국 국회의원 해치의 『극동의 인상들: 일본 · 코리아 · 중국』

저자 어니스트 해치(Ernest F. G. Hatch)는 영국 명문가의 후예로 1859년에 태어났다. 가정교사들을 통한 사교육을 마친 뒤 포도주상인으로 출발한 그는 1894년에 자신의 독자적 회사를 창설했으며, 정치에 뛰어들어 1895년에 보수당소속으로 국회의원에 당선됐다. 이 시절에 일본 · 코리아 · 중국의 순서로 극동을 순방한 뒤 러일전쟁이 일어나는 것을 보고 이 책을 출판했다.[74]

저자는 이 책에서 자신이 정확히 언제 이 나라들을 방문했는지 밝히지 않았다. 다만 「서문」에서 '약 3년 전'에 이 나라들을 방문했다고 쓴 것으

---

73 위와 같음, 47~66쪽.

74 Ernest F. G. Hatch, *Far Eastern Impressions: Japan–Korea–China* (Chicago: A. C. McClurg and Company; London: Hutchinson and Company, 1905). 이 책은 T. M. Morris, *A Winter in North China* (London: The Religious Tract Society, 1892)와 함께 '근세동아세아서양어자료총서 139'(서울: 경인문화사, 2001)에 합본되어 있다.

로 미뤄, 1901년 1902년 사이의 어느 시점이었던 것 같다. 그는 1927년에 별세한다.

일본을 칭찬한 반면에 코리아를 혹평하다

저자는 첫 방문국인 일본에서 변화를 실감했다. "변화는 어느 곳에서나 볼 수 있었다. 일본의 진보는 번갯불의 속도와 같아서 그것을 따라가기가 어려웠다. 어느 쪽에서나 서양의 사상과 행동의 영향들은 뚜렷했다"고 감탄했다.[75] 그는 도시들이 깨끗하고 건물들이 밝으며 그 주변은 아름답고 행인들이 활기찬 데서 강한 인상을 받았다. 그는 또 공무원들이 예의가 바르며 그래서 사람들에게 유쾌함을 준다고 보았다. 종합적으로, 그는 이 나라는 '매력'을 지녔으며 '상냥한 인상'을 준다고 느꼈다.[76]

이러한 일본을 떠나 부산과 목포를 거쳐 제물포로 들어오면서 그는 우선 해안에 등대가 하나도 없다는 사실에 놀랐다. 등대가 없다보니 밤에 항해하기가 대단히 어렵고 무사히 입항하려면 상당히 조심해야 한다는 것을 깨달았다. 조선에는 1903년 6월 1일에 비로소 등대가 세워진다. 이 날에, 오늘날 인천광역시 중구 무의동(舞衣洞)에 속하는 팔미도(八尾島)에 조선 최초의 등대가 세워진 것이다.

앞에서 살펴본 해치의 서술들에 나타났듯, 코리아에 대한 그의 첫 인상은 부정적이었다. 서울에 들어와서도 그의 인상은 바뀌지 않았다. 최근 몇 해 동안 여러 방면에서 개선이 이뤄진 것은 사실이지만, 이 도시는 방문객들에게는 여전히 '실망스럽다'고 그는 썼다. 한마디로, "이 도시는 집들의 거대한 단조로운 황무지다"고 그는 평했다.[77]

---

75 위와 같음, 1쪽.
76 위와 같음, 14쪽.
77 위와 같음, 43~47쪽.

이 나라의 정부에 대해서도 그는 혹평했다. “정부의 부패와 비효율은 오래전부터 뛰어넘기가 불가능한 지점 이상에 도달했으며, 인민은 실정(失政)에 익숙해져서 그것을 자연법이라고 여길 뿐 그것에 반대해 싸우려고 하지 않는다”고 그는 썼다. 관료제에 대해 그는 ‘이 나라의 심장부를 차지한 채 이 나라의 생피를 빨아 마시는 흡혈귀’(a vampire upon the heart of the country, drinking its life-blood)에 비유했다.

이 대목에서, 그는 일찍이 귀츨라프 목사가 제시했고 비숍 여사가 제시했던 명제를 자기 나름의 표현으로 되풀이했다. “관리들의 약탈은 아주 공통적으로서 이 나라의 법칙이 됐기에 코리언들은 노력할 유인을 느끼지 않는다. 가난은 억압에 맞서는 자신들의 확실한 보장이다”(Plunder is so common a rule of the country that Koreans have no incentive to effort. Poverty is their surest safeguard against oppression)라고 그는 썼다. 같은 맥락에서, 그는 이 나라에서는 백성들이 최소한의 필수품들 이외의 어떤 것을 갖고 있으면 관리들이 그것을 ‘쥐어짜내’ 빼앗아가기 때문에 백성들에게는 일할 의욕이 없다고 썼다.[78]

그는 코리언들에 대해 서양인들 사이에는 서로 다른 두 개의 견해들이 공존한다고 지적했다. 첫째는 혹평이다. 이것에 따르면, 코리언은 ‘낮은 도덕적 유형의 사람’이다. 습관에 있어서는 게으르며 더럽고, 도덕적으로는 해이됐고, 성격에 있어서는 두드러지게 불안정한 코리언들은 ‘침몰한 사람들’로 불릴 만하다는 어떤 서양인들의 주장을 그는 소개했다.[79]

둘째는 호평이다. 코리언들과 오래 사귀어본 서양인들은 코리언들이 친절하고 해학에 능하며 예절이 바르다고 칭찬한다고 소개한 뒤, 그 서양

---

78 위와 같음, 53쪽 및 119쪽.

79 위와 같음, 54쪽.

인들은 특히 코리언들이 게으르다는 지적을 강하게 부인한다고 소개했다. 한 광산에서 근무했던 서양인 기술자는 자신이 코리언들을 고용해보니 가르침을 잘 따르고 기계를 잘 다루며 위험을 무릅쓰면서 열심히 일한다고 칭찬하면서 코리언들은 지적으로 우수하다고 강조했다고 그는 소개했다. 코리언들은 자신들이 해야 할 일에 대해 정확한 지침을 받고 자신들의 노동의 대가를 정확히 받는 경우 아시아의 어느 인종보다 뛰어나게 일을 한다는 그 기술자의 평을 그는 자세히 소개했다.[80] 그는 또 그 기술자의 관찰과 비슷한 관찰을 다른 서양인으로부터 들었다. 외국인 회사에서 일하는 코리언은 '쥐어짜내기'의 대상으로부터 면제됐기에 부지런하며 돈을 모아 자립하려고 한다는 관찰이었다.[81]

"코리아는 일본의 영향 아래 살아야 한다"

여기서 저자는 자신의 논리를 비약시켰다. 코리언들이 현재의 정부 아래서 계속 살게 되면 '진흙구덩이'로 깊이 빠져들게 될 것이지만, "일본과 같은 더욱 정력적인 나라의 영향 아래 놓이게 되면 동아시아 국가들 가운데 존경받는 자리를 얻을 수 있을 것"이라고 말한 것이다.[82] 이것은 그가 사실상 일본정부가 그동안 국제사회에 전파해온 논리를 되풀이한 것임을 말해주었다.

자신의 논리의 타당성을 강화시키려는 듯, 그는 일본과 코리아를 대비시키는 가운데 일본을 코리아가 본받아야 할 모범적인 나라인 것처럼 묘사했다. 첫째, 그는 일본에서는 집들과 그 주변이 '철저하게 깨끗함'에 비해 코리아에서는 집주변의 환경이 '눈에 띄게 더럽다'고 썼다.

---

80 위와 같음, 54~55쪽.

81 위와 같음, 119쪽.

82 위와 같음, 59쪽.

둘째, 그는 "일본인들은 절약하며 열심히 일하는 인종임에 비해 코리언들은 두드러지게 절약성이 없으며 안이하다"고 썼다. 셋째, 그는 일본인들은 애국심을 지녔으나 코리언들은 그렇지 않다고 썼다. 넷째, 일본에는 많은 고대(古代)의 기념물들 그리고 종교생활에 연관된 아름다운 건물들이 있으나 코리아에는 '몇몇 중심지들 밖에서는 옛 문명의 존재를 알게 해주는 유적이 거의 없다"고 썼다.[83]

7. 이탈리아 외교관 로제티의 『꼬레아 에 꼬레아니』

이 시기의 코리아를 관찰한 또 한 사람의 서양인이 서울주재이탈리아 총영사로 봉직했던 까를로 로제티(Carlo Rossetti)였다. 중국주재이탈리아 공사관에서 근무하고 귀국하는 배 위에서 서울근무를 명령받았던 그는 1902년 11월부터 1903년 7월까지 8개월 동안 서울에서 봉직했다. 귀국 직후인 1904년 2월에 조선에서 러일전쟁이 일어나자 '가장 알려지지 않은 나라들 가운데 하나인 이 작은 나라'에 대해 높아지는 관심에 부응해 책을 쓰게 됐다. 이 책이 1904년에 로마에서 출판된 『꼬레아 에 꼬레아니』(*Corea e Coreani*)[코리아와 코리언: 저자]이다.[84]

기존의 서양인들의 관찰들을 되풀이하다

이 책은 2권으로 구성됐다. 게다가 약 400장의 사진이 게재돼, 전체의 양이 방대하다. 제1권은 대체로 꼬레아의 지리 · 역사 · 언어 · 문화 · 풍

83 위와 같음, 94쪽.

84 이 책의 한국어번역본으로 다음이 있다. 서울학연구소 역, 『꼬레아 꼬레아니』(서울: 숲과나무, 1996).

습·종교 등에 관해 기존의 저술들을 중심으로 서술한 것이다. 그래서 그 책들에 포함됐던 설명들이 이 책에서 되풀이되곤 했다. 예컨대, 서울의 위상에 관해 그리피스가 썼던 표현이, 그리피스에 대한 언급이 없이, 다음과 같이 부연했다:

> 서울과 비교할 만한 요소를 갖춘 도시는 아시아의 어디에도 없다고 생각한다. 파리가 프랑스의 그 자체인 것처럼 서울은 바로 꼬레아다. 서울은 꼬레아반도에 사는 모든 인민들의 열망의 대상으로서 성공을 원하는 모든 사람들이 몰려드는 중심지며 국가활동의 모든 소식이 퍼져나가는 진원지다. 알프스 너머 우리 이웃인 프랑스인들이 프로방스라는 단어를 파리가 아닌 모든 지역을 의미하는 것으로 사용하는 것과 마찬가지로 꼬레아에서는 서울이 아닌 지방은 곧 시골이다.[85]

서울의 풍물과 생활습관에 대해 설명하면서, 저자는 기존 저술들의 설명들을 되풀이했다. 집들은 모두 움막들이며 길들은 모두 좁고 도시 전체가 더럽고 악취를 풍긴다는 것, 그리고 사람들은 목욕을 거의 하지 않는다는 것 등이 그 보기들이다. 여성들의 격리된 삶과 불행, 황실을 포함한 나라 전체의 미신에의 의지, 지배계급의 노동천시와 불로소득추구 등은 그 다른 보기들이다.

대한제국은 무정부상태에 빠졌다고 평가하다

그의 관찰들 가운데 기존의 관찰들과 다르거나 새로운 것들이 있다면, 다음의 두 가지를 지적할 수 있다. 첫째, 그는 자신이 알현한 고종에 대해 비교적 좋게 썼다. "황제는 모든 고난 속에서도 항상 놀라울 정도의 침착

85 위와 같음, 47~48쪽.

함과 덕망 그리고 동양적 평온함을 잃지 않았다. [……] 황제는 그의 생존과도 관련된 모든 불행을 겪는 와중에서도 적어도 표면적으로는 마치 그의 주위에 일어나는 일들에 전혀 무관한 듯이, 또 바깥세상의 모든 현상이 그의 정신에는 아무런 영향을 끼치지 않는 듯이, 항상 침착하였다"고 회상한 것이다. 그는 "황제는 습관적으로 밤에 직무를 보며 따라서 그가 주재하는 회의는 거의 대부분 밤 시간에 열렸다"고 덧붙였다.[86] 둘째, 시장에서의 상거래에 대해서다. 파는 쪽은 엄청난 가격을 제시하지만 사는 쪽이 단호하게 거절하면 얼마든지 낮출 수 있다고 그는 썼다.

제2권은 대한제국의 성립이 선포된 1897년 10월 이후의 변화들을 자세히 설명했다. 그는 우선 "이 나라에 근대화 바람이 불기 시작했다"고 보았다. 그 표징으로, 지난날과는 달리 백성들이 고관들의 행차에 더 이상 멈춰 서지 않는 현실 그리고 서울이 서구적 면모로 탈바꿈한 사실을 지적했다.[87] 그는 또 새로운 제도적 개혁들을 소개하면서, "특히 도량형을 다루는 중앙관청도 있었다는 것은 놀랍다"고 평가했다.[88] 그러나 그는 1898년 1년 동안에만 아홉 차례나 개각이 있었음을 상기시키면서 "이것이 얼마나 많은 혼란과 경제적 무질서를 야기시켰을지 상상해보라"고 덧붙였다. 그는 관직매매의 악습은 전혀 개선되지 않았으며, 오히려 비싼 값에 임대차하는 형태로 바뀌었다고 혹평했다.

그는 세금징수의 방법들이 매우 비인도적이어서 '약탈'이나 다름없는 악습 역시 계속되고 있다고 지적하면서, "국민들은 무거운 세금으로 말미암아 문자 그대로 아사 직전 상황에 놓여 있다"고 개탄했다.[89] 종합적

86 위와 같음, 89~90쪽.
87 위와 같음, 42쪽.
88 위와 같음, 227쪽.
89 위와 같음, 239~249쪽.

으로, 그는 "이 나라가 완전한 무정부상태로 빠져들 만큼 심각한 상태가 되었다"고 평가했다.[90]

"개혁이 시작됐으나 성과는 미미하다"

그는 광무개혁 이후에 형법체계와 행형(行刑)에서 많은 변화가 일어났음을 인정했다. 1심재판소 위에 항소법원 및 최종심으로서의 특별재판소가 발족했으며 판사와 검사 등의 새 직제들이 마련됐고 연좌제와 같은 잘못된 제도는 폐지됐음을 역시 인정했다. 사형의 방법도 민간인의 경우에는 교수형 그리고 군인의 경우에는 총살형으로 한정됐음에 주목했다. 그러나 새로운 법령들이 전혀 발표되지도 적용되지도 않는 경우들이 흔하며, 피고인은 물론 증인에 대해서도 행해지는 '악랄하고 잔인한 고문'은 계속됐고, '아주 더럽고 보는 것만으로도 공포를 불러일으키는' 감옥들은 전혀 개선되지 않았다고 그는 비판했다. 결론적으로, 이 나라는 형벌이 과중한 나라들 가운데 하나로 여전히 존재한다고 그는 논평했다.[91]

그는 국방제도에서도 개혁이 시도됐음을 인정했다. 그러나 실제에서는 '큰 혼란을 겪고 있음을' 지적했다. 진정한 의미의 해군은 여전히 창설되지 못했으며, 바다에 대한 무지는 더욱 커졌다고 그는 보았다.[92]

이것들에 비해, 교육제도에서는 개혁이 광범위하게 이뤄지고 있음을 그는 인정했다. 교사들을 양성하기 위한 사범학교, 외국인들과 직접 교섭할 수 있는 관리들을 양성하기 위한 외국어학교들, 법부의 관리들을 양성하기 위한 법률학교, 우편관리들을 양성하기 위한 우편학교 등이 설립됐음을 지적했다. 그는 또 우편 · 전신 · 전보 · 철도 · 전차 · 전등, 그리고

90 위와 같음, 232쪽.
91 위와 같음, 259~265쪽.
92 위와 같음, 274쪽 및 283~284쪽.

해상에서의 정규 항로 등이 개설됐으며, 개항장이라고 불린 항구들을 중심으로 해외와 무역이 이뤄지고 있음을 자세히 설명했다.[93]

8. 독일 의사 분쉬의 편지들과 일기

대한제국시기에 관한 또 하나의 관찰은 고종의 시의로 봉직했던 독일인 리하르트 분쉬(Richard Wunsch)에 의해 제시됐다. 그는 부모와 아내에게 보낸 편지들에, 그리고 자신의 일기에, 그때의 이 나라 상황을 자세히 기술했으며, 이것들을 그의 딸 게르트루트 클라우센-분쉬(Gertrud Claussen-Wunsch)가 엮어 『동아시아의 의사』라는 제목으로 독일에서 출판한 것이다.[94]

리하르트 분쉬는 1869년에 슐레지엔(Schulesien)주의 히르슈베르크(Hirschberg)시에서 제지공장을 경영하던 공장주의 아들로 태어났다. 그는 1894년에 그라이프스발트대학교(Greifswald Universität) 의과대학을 졸업한 뒤 외과의사로 성장했으며, 모교의 은사 헬페리히(Helferich) 교수의 추천과 도쿄대학의 벨츠(Bältz) 교수의 추천을 받아 1901년 가을에 고종의 시의로 임명됐다. 그는 1902년 여름에 서울에 콜레라가 만연하자 한국어 번역에 필요한 대책들을 정부에 건의하기도 했고 환자들의 치료에 참여하기도 했다.

그러나 1905년에 러일전쟁에 승리한 일본이 외국인인 그에게 출국을

93 위와 같음, 301~313쪽 및 355~393쪽.

94 Gertrud Claussen-Wunsch, *Arzt in Ostasien* (1976). 이 책의 한국어번역본은 다음이다. 김종대(金鍾大) 옮김, 『고종의 독일인의사 분쉬』(서울: 학고재[學古齋], 1999). 역자는 원서가 독일의 어느 출판사에서 발행됐는지 밝히지 않았다. 역자의 서문에 따르면, 자신의 역본은 완역이 아니다. 중요하지 않다고 생각한 부분이나 내용이 중복되는 부분을 생략했다는 것이다. 이하 분쉬의 경력은 위와 같음, 7~10쪽에 소개되어 있다.

종용하자 그는 4월 하순에 유럽으로 돌아갔다가 1908년에 당시 독일의 조차지였던 중국 칭다오(靑島: 청도)에서 일자리를 얻었다. 열악한 환경 속에서 격무에 시달리다 장티푸스에 걸린 그는 1911년에 별세한다.

자연은 아름다우나 생활환경은 더러운 코레아

분쉬의 편지와 일기를 몇몇 주제들에 초점을 맞춰 요약하면 다음과 같다. 첫째, 그는 1901년 11월 2일에 도착한 제물포와 그 주변에 대해, "넓은 항구에 수많은 작은 배들이 보였고, 가파른 산으로 둘러싸인 섬이며 낮은 섬들이 먼 바다에 흩어져 있어, 항구가 마치 내륙의 호수처럼 보였다. 공기는 맑고 신선하기가 이루 말할 수 없다"고 칭찬했다. 그가 도착한 날은 서울과 제물포 사이에 기차가 개통된 때(1900년11월 12일)로부터 1년이 채 안 된 때였다. 그는 기차를 타고 서울에 도착했으며, 운행시간은 1시간 45분이었다. 우리가 앞에서 보았듯, 서양인들은 대체로 제물포에서 말이나 가마를 타고 입경했었는데 이제 그는 기차로 입경할 수 있게 된 것이다.[95] 이러한 변화는 대한제국 아래서의 '근대화'의 한 징표로 인용될 수 있을 것이다.

서울의 풍경으로부터도 그는 좋은 인상을 받았다. 그는 자신이 "이 나라의 비옥하고 독특한 아름다움을 지닌, 그림같이 아름다운 경치에 매혹됐다"고 썼으며, "높은 바위산으로 둘러싸인 멋진 계곡에 자리를 잡은 서울, 숲이 울창한 남산, 그리고 참으로 아름다운 서울의 교외"를 칭찬했다.[96]

둘째, 아름다운 자연에 대조적으로 서울은 곳곳에 대변이 널려 있고 그

---

95 위와 같음, 32쪽.
96 위와 같음, 134쪽.

것을 개들이 먹어치우는 불결한 도시라고 그는 썼다. "요즈음 길에서는 참외를 무더기로 내놓고 파는데, 사람들은 참외를 마구 먹어 누구를 막론하고 설사를 한다. 길 도처에서 설사하는 광경을 볼 때엔 식욕이 싹 가신다"고 그는 덧붙였다. 한 여성환자를 그녀의 집에서 치료한 그는 1902년 3월 12일의 일기에서 다음과 같이 썼다:

> 이 환자는 바닥에 더러운 이불 몇 장을 덮고 누리끼리한 똥물 속에 누워 있었다. 대소변에 푹 절은 붕대를 감은 남편은 작은 천 조각으로 오물을 닦아내 접시에 들고 우리 앞에 서서 이야기했다. 몸서리치는 악취가 났고 여인은 간간이 신음소리를 냈다. 방의 벽지가 갈기갈기 찢어져 있었는데 거기를 기름으로 얼룩진 종이로 덧발라놓았다.[97]

반면에, 같은 서울에서도 일본인들이 사는 구역은 매우 깨끗하고 밝다고 그는 썼다. 서울에 일본인 거류지가 형성된 것은 조선과 일본 사이에 수교가 이뤄진 1876년으로부터 약 9년이 지난 1885년 무렵이었다. 오늘날의 서울특별시 중구 예장동(藝場洞) 일대가 바로 그곳이었다. 임진왜란 때도 일본군 1,500명은 이곳에 진을 치고 성을 쌓아 1년간 주둔했다. 일본은 이곳에 뒷날 조선통감부청사를 세운다.

분쉬는 지방을 여행하던 때 어느 현주민 집에서 잠을 잤던 경험에 대해서도 회상했다. 그는 "벌레가 상당히 많았다. 이 빈대 · 벼룩 · 바퀴벌레 따위가 우리 주위를 돌아다녔다"고 썼다.[98]

셋째, 그는 이 나라 사람들의 도벽을 여러 차례 지적했다. 우선 그의 요

97 위와 같음, 169쪽.
98 위와 같음, 87쪽.

리사가 집안의 음식재료들을 자주 훔쳐갔다. 닭고깃국을 끓여왔으나 국에 닭고기가 한 점도 보이지 않았던 경우를 그는 자신의 부모에게 알렸다. 그는 음식재료를 부지런히 훔쳐가는 요리사를 견디다 못해 마침내 해고하고, 대한제국황실의 '으뜸시녀'인 손탁(Antoinette Sontag) 여사가 마련한 유럽인들을 위한 숙식소에서 식사를 했다.[99]

땔감창고와 석탄창고 및 과수원도 도둑을 자주 맞았으며, 심지어 말에게 먹일 건초더미도 도난을 당했다. 1879년부터 1898년까지 도쿄에 체재했고 1901년에 서울에 와서 남산에 살던 독일인 궁정악장 프란츠 에케르트(Franz Eckert)도 도둑을 맞았다고 그는 덧붙였다. 그에 따르면, 대한제국의 국가를 작곡한 사람으로 알려진 에케르트는 "가족과 떨어져 적적하게 살기 때문에 살아 움직이는 것을 가까이 두고 싶어서인지 소규모로 양돈을 시작했는데, 돼지들이 어느 정도 살이 오르자 차례로 세 마리나 도둑을 맞아버렸다." 그래서 에케르트와 그는 1902년 3월 초의 어느 날 남은 돼지를 잡아먹었다.[100]

의학에 무지한 코레아

넷째, 그는 이 나라에서는 사람들은 물론 정부조차 질병과 위생 그리고 의학에 너무 무지했다고 개탄했다. 그는 우선 정부가 법으로 해부를 금지하기 때문에 의학이 발전할 리가 없으며 해부학의 기초가 전혀 없는 상태

---

99 고종이 아관파천으로 러시아공사 베베르의 보호를 받았을 때 베베르의 처형인 독일 알사스 출신의 중년여인 손탁이 시중을 들었고, 그 인연으로 고종은 환궁과 더불어 그녀를 궁으로 불러들였다. 러일전쟁이 끝난 뒤 그녀는 유럽으로 건너가 황실의 어려움을 호소하면서 고종을 도우려 했으나 성과를 얻지 못했다. 그녀는 만년에 지중해 리비에라해안에서 부유하게 여생을 보냈다. 위와 같음, 67쪽의 각주 21.

100 위와 같음, 55~56쪽. 에케르트에 대한 설명은 다음에 있다. 전택부, 「한국 양악의 개척자 에케르트」, 전택부, 『이 땅에 묻히리라』, 118~126쪽.

라고 지적했다. 그는 이어 천연두환자들이 위생주의조치에는 아랑곳하지 않고 길에 나돌아다니며, 천연두로 아이들이 한꺼번에 죽어가는 상황에서 미신에 얽매어 시체를 매장하지 않고 짚과 광목으로 싸서 성문 앞의 나무에 걸어두는 데 대해 놀라움을 표시했다. 그는 황태자비의 병을 70여 명의 의사들이 치료했으나 결국 병사했는데 그들 가운데 어느 정도 의학 지식을 갖춘 사람은 한 사람뿐이었다는 사실을 뒤늦게 알고 분노했다. 그가 언급한 황태자비는 민씨척족의 딸이었다. 그녀는 시어머니 민비가 일본군인들에게 무참히 살해되는 현장에서 얻은 심리적 충격에서 벗어나지 못한 채 그때로부터 9년 뒤인 1904년에 32세로 요절한 것이다.

다섯째, 그는 "이 나라 사람들은 느리게 행동하며 게으르다"고 나무랐다. 1901년 12월 27일의 편지에서, 그는 "여기서는 모든 일이 기가 찰 정도로 느리게 진행된다. 사람들은 막다른 골목에 이르러서야 행동을 개시한다"고 탄식했다.

"혁명의 분위기가 조성되고 있다"

이러한 관찰들보다 더욱 중요한 것들은 대한제국의 국내정치 및 국제관계에 관한 그의 관찰들이다. 우선 국내정치에 관해 그는 1901년 12월 10일자 편지에서 "지금 이곳의 상황은 독일의 1848년 3월 혁명의 시기와 흡사해, 황제는 항상 생명의 위협을 느껴 궁을 떠나지 않는다"고 쓴 데 이어, "모든 행정기구가 불안정하고, 신용도 없고, 고관에 줄을 대고 아졸들이 극악무도한 방법으로 부당이익을 취한다"고 개탄했다. 그는 특히 1902년 12월 5일자 일기에서 "탁지부(度支部: 오늘날의 기획재정부: 저자) 대신(大臣) 이용익(李容翊)은 황실의 바닥난 금고를 채우려고 백성을 극단적으로 착취하고 억압하는 조치를 취했다"고 비난했다. 국정운영의 한 단면은 그의 1903년 2월 6일자 편지에 다음과 같이 묘사됐다:

나라가 재정적으로 놀랍게 메말라버렸고 남부지방에서는 세금이 혹독하다고 폭동이 일어났다. 정부는 병원을 짓는 것과 같은 일에는 한 푼도 쓰지 않고 유치한 일에 수천 냥을 바치니 계산능력이 의심스러울 지경이다. [……] 얼마 전에는 궁중에서 영사기를 샀는데, 신품이라고 4,000마르크를 주었다고 한다. 몇 년 전 파리에서 500프랑밖에 안 하던 낡은 것으로 램프도 없는 망가진 기계였는데 말이다. 거의 매일 이런 일이 일어난다. 사람들이 진정으로 하는 충고는 받아들이지 않고, 닥치는 대로 사기꾼에게 걸려든다."[101]

이처럼 어리석은 일은 러일전쟁이 진행되던 비상상황에서도 계속됐다. 그는 1904년 11월 30일자 편지에서 "정부는 국가와 국민을 생각할 겨를도 없이 장례식이며 의식 그리고 죽은 황태자비의 묘지선택에 분주하며, 장례식경비로 10만 엔을 쓸 것이라 한다. 정말 어처구니없는 짓이다. 그러면서 유용한 일에는 돈을 쓰지 않는다"고 개탄했다.[102]

"고종은 환자일 뿐이다"

이제 황제라고 불리는 고종의 모습은 그에게는 환자로 비칠 뿐이었다. 1902년 11월 20일에 부모에게 쓴 편지에서 그는 다음과 같이 묘사했는데, 이 무렵의 고종의 생활에 대한 매우 드문 생생한 증언이어서 그대로 인용하기로 한다:

이 나라의 의사 6~7명이 날마다 황제를 치료합니다. 이 의사들은 황제의 양팔을 매우 진지하게 진맥하는데, 진맥이 끝나면 1/4리터나 되는 괴상한 약을 마시게 하는 것으로 진료를 마칩니다. 그렇게 하여 황제는 그날 겨우 회복하고 다

101 김종대, 『고종의 독일인의사 분쉬』, 118~120쪽.
102 위와 같음, 138~139쪽.

음날 똑같이 진찰받고 약 마시기를 반복합니다. 저는 저녁 늦게 황제 앞에 불려가 그의 만성감기에 대해서 아주 느긋하게 대화를 나누었습니다. 저는 황제에게 생활방식이 뒤틀려 그런 감기에 걸렸다고 말씀드렸습니다. 황제는 어려운 정무를 수행하는 동안 내내 지독하게 뜨거운 열을 뿜는 두 쇠 난로 사이에 앉아 있답니다. 그리고 황제가 집무하는 공간의 바닥은 차고 벽은 미닫이문이며, 기름종이로 가장자리를 둘러쳤습니다. 황제는 낮에 잠을 자고 오후 3시에 일어나서 새벽 3~4시나 동틀 때까지 쭈그리고 앉았다가 가끔 마당을 가로질러 궁 안의 이 건물 저 건물로 건너다닌다고 합니다. 쉽게 차가워지는 비단옷만 입고 지내는 것도 발병의 원인이었습니다.[103]

일본인들의 잡일꾼들로 전락한 코레안들

이어 그는 대한제국의 국제관계에 대해, 러시아와 일본 사이에 전쟁이 일어날 것 같다고 전망했다. 1903년 9월 11일자 편지에서 "러시아와 일본 사이에 긴장이 계속되는 것으로 보아 언젠가 한번 충돌이 있을 것 같다"라고 쓴 데 이어, 1903년 12월 31일자 편지에서 "전쟁이 눈앞에 다가온 것 같다. [……] 신문은 온통 호전적인 붉은색 구호로 뒤덮여 있고, 사람들은 언제 총성이 나나 기다리는 중이다"라고 썼다. 실제로 1904년 2월 8일에 제물포항에서 두 나라 사이에 야간전투가 시작됐으며 2월 9일에 정식으로 전쟁이 시작됐다. 그는 곧 서울주재러시아공사관에 오는 모든 전보들을 일본이 도청한다는 사실, 그런데도 러시아 사람들은 그 사실을 모른다는 사실을 1904년 4월 25일자 편지에서 지적했다.

그는 이어 1905년 3월 30일의 편지에서 "이 전쟁에서 결국 일본이 승리할 것이다"고 예견하고, "이 나라 사람들은 벌써 일본인들의 잡일꾼들

103 위와 같음, 79쪽.

로 전락했다"며 동정을 표시했다.[104] 러일전쟁을 취재한 미국인 사진기자 로버트 던(Robert L. Dunn)이 찍은 사진은 '일본인들의 잡일꾼들로 전락한 조선인들'의 모습을 잘 보여주었다. 이 사진에는 일본군인들이 자랑스럽게 웃으며 서 있는 가운데 조선인들이 일본군의 보급품들을 각자의 지게에 싣고 힘겹게 걷는 모습들이 담겼다. 이 사진은 1904년 3월에 미국의 화보 신문 『콜리어스』(*Collier's*)에 게재됐으며, 4월에 영국의 화보 잡지 『더 일러스트레이티드 런던 뉴스』에 그림의 형태로 게재됐다.[105]

9. 독일 기자 겐테의 『코레아 여행기』

분쉬와 거의 비슷한 시점에 조선에 도착한 독일인이 지그프리트 겐테(Siegfried Genthe)였다. 그는 1870년에 베를린에서 한 고등학교 교장의 아들로 태어나 마르부르크대학교(Marburg Universität)에서 지리학박사학위를 받은 뒤 『쾰른신문』(*Kölnischen Zeitung*)에서 기자로 사회생활을 시작했다. 1898년에 미국 워싱턴디씨에서 특파원으로 해외생활을 시작한 이후 사모아 · 인도 · 중국 · 조선 · 모로코 등 유럽열강의 각축지들을 무대로 취재해 저널리스트로 국제적인 명성을 얻었다. 신변의 위험을 두려워하지 않고 분쟁지역들에 자주 뛰어들었던 그는 1904년에 모로코에서 시체로 발견된다.

겐테가 조선을 여행한 기간은 중국 방문을 마친 직후인 1901년 6월부터 11월까지의 약 4개월이었다. 이 짧은 시기에 그는 제물포와 서울을 여

104 위와 같음, 150쪽.

105 정진석(鄭晉錫), 「100년 전 외국인 눈에 비친 우리 모습」, 『조선일보』, 2009년 10월 31일, A29.

행한 뒤 강원도로 가서 금성군(金城郡) 당현리(堂峴里)에 위치한 금광을 살핀 데 이어 금강산과 동해를 관광했다. 여기서 주목되는 것은 그가 금광을 방문했다는 사실이다. 겐테가 썼듯, 이때 서양열강은 조선에 금이 많이 매장되어 있다는 소문에 접하고 여기저기서 금광을 찾고자 노력했다. 순수한 조선말로 '당고개'라고 불리던 이곳의 금광은 바로 독일인이 개척한 것이었다.[106] 다시 서울로 돌아온 그는 제물포로 가서 배를 타고 제주도를 방문했으며, 거기서 목포를 거쳐 조선을 떠났다.

겐테의 여행기는 1901년 10월부터 1902년 11월까지 『쾰른신문』에 연재됐다. 이것이 그가 죽은 때로부터 4년 뒤인 1905년에 게오르그 베게너(Georg Wegener) 박사에 의해 한 권의 책으로 출판된다. 베게너 박사는 그의 마르부르크대학교 급우였으며 『쾰른신문』 동료기자였다.[107]

한일관계사에 대한 부정확한 인식

그러면 겐테는 조선을 어떻게 보았던가? 기본적으로 그는 조선과 일본의 역사적 관계에 대해 부정확하게 썼다. 첫째, 임진왜란의 원인을 조선이 제공한 것으로 그릇되게 썼다. "매년 일본으로 공물을 바쳐야 했던 조선인들이 이러한 관계를 인정하지 않자 결국 1592년에 일본군들의 침공으로 이어졌다"는 것이었다. 그는 이때 일본이 부산을 점령했으며 그 이후 수백 년에 걸쳐 일본의 부산 점령이 계속됐다고 썼다.

둘째, 그는 쇄국정책을 유지한 조선이 1876년에 일본의 함포외교에 제

106 위와 같음, 115~133쪽.

107 *Korea: Schilderungen von Dr. Siegfried Genthe* (Berlin: Allgemeiner Berein für Deutsche Litteratur, 1905). 이 책은 '근세동아세아서양어자료총서 152'(서울: 경인문화사, 2004)에 포함됐다. 이 책의 첫 국역본은 최석희(崔錫姬), 『겐테의 한국기행』(대구: 대구효성가톨릭대학교출판부, 1999)이다. 이 책은 절판됐다. 그 다음에 나온 국역본은 권영경(權寧庚), 『독일인 겐테가 본 신선한 나라 조선, 1901』(서울: 책과함께, 2007)이다.

압되어 처음 개항을 했는데도, 이 사실을 전혀 언급하지 않은 채 1882년에 미국을 상대로 처음 개항을 했다고 썼다.[108]

셋째, 그는 조선이 개항한 이후 조선에 진출한 "일본은 개항장(開港場)인 제물포와 원산 및 부산에서 순수한 우정과 정치적 중립이라는 명분 아래 탁월한 처세를 보여주었다"고 썼다. 그는 거기서 한걸음 더 나아가 "일본인들이 정신적으로나 실용적인 면에서 자신들보다 열등한 민족에게서 유용한 기반을 발견할 경우, 식민을 목적으로 어떤 능력을 발휘하는지 외국인들에게 좋은 본보기를 보여주고 있었다"고 썼다.[109] 조선에서 이룩한 일본인들의 성과에 대한 그의 칭찬은 다음과 같이 계속됐다:

> 제물포의 비약적인 발전상은 주목할 만했다. 지금까지 조선이 외국에 개방한 여덟 개의 항구 중에, 가장 크게 번창한 세 항구의 발전이 주로 일본인들의 공적이라는 사실은 주목할 만하다. [……]
>
> 제물포에서 일본인들이 이룬 성과는 가히 기적적이었다. 몇 가구 되지 않던 초라한 어촌마을을 17년 만에 항구도시로 조성했으며, [……] 실용적이며 생동감 넘치는 마을로 탈바꿈시켜놓은 것이다. [……] 일본인들의 성공비결은 처음부터 모든 것을 계획적으로 설립하고 경영하는 뛰어난 조직력에 있다.[110]

일본인들에 비해 중국인들은 '상당히 뒤떨어졌다'고 그는 보았다.[111]

넷째, 그는 일본이 청일전쟁에서 승리한 이후 조선의 모든 공공분야에서 개혁들을 이끌었다고 썼다. 그는 특히 교육시설의 개혁에서 '지속적

108 위와 같음, 61쪽 및 77쪽.
109 위와 같음, 77~78쪽.
110 위와 같음, 76~79쪽.
111 위와 같음, 82쪽.

인' 진전이 있다고 썼다.[112]

조선인들의 느림을 긍정적으로 평가하다

그렇게 썼다고 해서, 겐테를 '친일적'이고 조선을 일방적으로 폄하한 사람으로 단정하는 것은 부당하다. 그는 자신의 여행기의 여러 곳들에서 조선과 조선인들을 칭찬했다. 여기서 공평하게 지적돼야 할 점은 그의 방문시기가 1901년이었다는 사실이다. 이 시점에 서울은 그 이전 시기에 비해 부분적으로 길거리도 넓어졌고 깨끗해졌으며 제한된 범위 안에서 문명의 이기(利器)들을 갖췄다. 그러했기에, 그보다 약 5~6년 전 또는 10년 전에 서울을 방문했던 서양인들과는 달리 훨씬 개선된 모습들을 접할 수 있었을 것이다.

첫째, 그는 서울에 대해 많은 서양인들이 예외없이 썼던 '더럽다'는 표현을 한 차례도 쓰지 않았다. 오히려 그는 "눈부시게 하얀 옷과 검은 갓을 쓴 사람들로 가득한 서울거리는 이상하게 환상적이고 이국적인 느낌을 더해주었다. 중국이나 일본, 이 세상 어디에서도 볼 수 없는 조선 본연의 모습이다"라고 썼다.[113] 그는 거기서 한 걸음 더 나아가 서울에 통신 및 교통시설들이 도입된 사실을 상기시키면서, "대도시의 교통을 원활히 해주는 서양의 발명품들을 이용한다는 점에서 서울은 아시아의 다른 대도시들을 앞선다. [……] 베이징이나 도쿄나 방콕이나 상하이 같은 어떤 대도시도 서울처럼 전신과 전화와 전차와 전기를 동시에 갖춘 곳은 없다"고 칭찬했다.[114]

둘째, 조선사람들의 '느림'을 서양인들이 비판의 대상으로 삼았음에

---

112 위와 같음, 230쪽.

113 위와 같음, 95쪽.

114 위와 같음, 198쪽.

비해, 그는 호의적으로 해석했다. 그는 "[코레아에서] 유일하게 누구나 풍요롭게 누릴 수 있는 것은 시간이다. 아무리 가난한 거지라도 여유롭게 시간을 즐길 줄 알았다. 우리처럼 시간에 쫓기며 살아가는 서양인들은 돈의 개념으로 시간을 환산하고 시간에 인색해하며, 마치 삶이 시간에 의해 길어지며 풍요로워지는 듯 여긴다. 시간에 관한 한 모든 조선인들은 풍요롭다"고 쓴 것이다.[115]

그는 서양인들의 '빠름'이 지닌 부정적인 측면들을 다음과 같이 묘사하면서 조선인들의 '느림'을 거기에 대비시켰다:

> 달러만 좇는 시카고 사람들은 [……] 선잠을 자고 나서 아침에 눈을 뜨자마자 신경질적으로 성급히 신문을 들고, 그에게 외치듯 적혀 있는 활자들 속에서 최근의 강도사건, 철도사건, 주가변동 등 결정적 타격을 주는 사건들의 짧은 제목들을 대강 훑어본다. 그리고 전차를 타기 위해 뛰어나간다. 윙윙 소리를 내는 승강기를 타고 사무실로 올라간다. 사무실에서는 타자기와 전화기와 속기기계가 경쟁을 하듯 가능한 한 적은 시간에 많은 일들을 집중적으로 처리한다. 한편 자동으로 움직이는 전신기는 세계 도처에서 끊임없이 오는 증권거래소의 보도를 재깍재깍 쳐 내려간다.
>
> 점심은 몇 분 내에 게걸스럽게 집어삼키고 음료수는 선 채로 급히 입에 들어붓는다. 그렇게 목적달성을 위해 단 1분이라도 낭비하지 않고 돈을 벌기 위해 쉬지 않고 일을 하는 것이다. 시간에 쫓기고 피곤에 찌든 몸과 마음이 쉴 수 있는 진정한 휴식 한번 없이 다시 아침부터 저녁 늦게까지 개미처럼 일을 한다. 집을 바꾸듯 직업도 가볍게 바꾸고, 인생의 반려자도 태어난 집이나 고향과 마찬가지로 금세 싫증을 낸다. 어쨌든 변화가 최대의 관건이다.[116]

115 위와 같음, 103쪽.

116 위와 같음, 151~152쪽.

조선인들은 더럽지 않다고 변호하다

셋째, 조선인들이 목욕을 하지 않는다고 썼던 많은 서양인들과 달리, 겐테는 조선인들이 목욕을 하며 양치질을 하는 현장을 목격했다. 그는 강원도의 어느 농촌에서 이른 아침에 목욕을 하러 강으로 나갔다가 "마을 주민들이 물속을 이리저리 걸어다니는 것"을 본 것이다. 그는 "물속에서 첨벙거리며 몸을 씻거나 심지어 손가락으로 이를 닦는 사람들도 있었다. 각종 기록들에 나온 주민들의 불결함에 대한 온갖 공포는 사실무근으로, 전혀 문제되지 않았다"고 그는 덧붙였다.[117]

넷째, 많은 서양인들은 조선인들의 불결함을 비난했다. 그러나 그는 "조선을 지구상에서 가장 불결한 나라들 가운데 하나라고 평가한다면 대단한 오류를 범하는 것이다. 개개인의 청결에서 조선인들은 알려진 것보다 훨씬 더 깨끗한 편이다"라고 단언했다. 그는 "조선은 유럽의 마을들이나 소도시들이 본받을 만한 시설을 갖추고 있었다. 교양있는 조선의 남자들은 땅바닥이 오염되는 것을 워낙 싫어해서, 여행 중 이동식 변기는 필수였다. 심지어 귀족이나 관료인 '양반'들은 집에서도 어느 정도 거리를 두고 화장실을 설치했다"고 설명했다.[118]

그는 자신이 강원도에서 만난 한 프랑스인 신부가 매우 더러운 사실을 발견했다. 이 신부는 '악취가 나는 검은 수도복'을 입은 채 예절과 청결을 무시하면서 식사하면서도 "조선인들은 씻지 않아 너무 불결하다"고 계속해서 말을 했다고 그는 썼다.[119]

다섯째, 조선의 서민여성들 가운데 어떤 이들이 젖을 내놓고 거리를 다니는 데 대해 몇몇 서양인들은 흉을 보았으나 그는 긍정적으로 평가했다.

---

117 위와 같음, 108쪽.

118 위와 같음, 166쪽.

119 위와 같음, 296~297쪽.

"젊은 여성들이 우리들이 보는 앞에서 과감하게 아기들에게 젖을 물리고 있었다"고 쓴 그는 "어머니들이 가슴을 드러내고 젖을 먹이는 일은 부끄러워할 필요가 없는 일이었다. 이러한 이유에서 여성들은 옷으로 가슴을 가리지 않았다"고 덧붙였다. 그는 또, 몇몇 서양인들과 달리, 조선여성들 가운데 아름다운 여성들이 많으며 기생들 역시 아름답다고 썼다.[120]

여섯째, 많은 서양인들은 조선인들이 자연을 개발하지 않은 데 대해 비판하면서 그 이유를 조선인들의 '게으름'에서 찾는 경향을 보였다. 겐테는 정반대의 시각을 나타냈다. 그는 어느 곳보다도 금강산과 그 일대의 사찰들을 관광한 뒤 자연이 아름답게 잘 보존된 데 대해 찬탄을 표시하면서, "조선인들은 자연에 완전히 심취한 채 인생을 관조하는 사람들이다"라고 평가했다. 그는 또 조선의 농민들은 결코 게으르지 않으며 부지런히 일한다고 옹호했다.[121]

조선인들의 따뜻한 마음씨를 칭찬하다

일곱째, 많은 서양인들은 조선을 가장 잔인하고 끔찍한 고문의 나라로 묘사했다. 그들에 따르면, 중국과 티베트에서의 악명높은 고문들은 조선에서의 고문들에 비하면 '부드러운 애무 정도에 지나지 않는 것들'이었다. 겐테는 그러한 설명들을 '틀린 것들'이라고 보았다. 그는 조선에서의 고문들이 잔혹하다는 점을 인정했다. 그러나 그는 "조선인들은 중국인들에 비해 훨씬 인간적이란 생각이 든다. [……] 모든 면에서 조선인들의 잔인성은 중국인들에 비해 훨씬 덜한 것으로 보인다"고 변호했다.[122]

여덟째, 많은 서양인들은 자신들에게 쏟아졌던 조선인들의 호기심에

---

120 위와 같음, 147쪽.

121 위와 같음, 113쪽 및 175~176쪽.

122 위와 같음, 293~294쪽.

대해 불만을 표시했다. 그러나 겐테는 "그러한 호기심이 여행에 방해가 되지 않았다. 그들의 호기심은 어느 정도 선의의 호의에서 비롯된 것이므로 절대 사람을 해치거나 화나게 하려는 의도는 없다"고 설명했다. 그는 조선을 여행한 서양인들 가운데 조선인들에 대해 호기심을 나타내지 않은 사람이 있었냐고 반문하면서, 서양인들이 원주민들에 대해 호기심을 쏟는 것이 당연하듯 원주민들이 서양인들에 대해 호기심을 보이는 것 역시 당연하다고 덧붙였다. 같은 맥락에서, 그는 조선인들이 친절하며 손님들을 따뜻하게 맞이하는 마음씨를 지녔고 외국인들에게 결코 적대적이지 않다고 칭찬했다.[123]

조선인들의 민간신앙을 긍정적으로 평가하다

아홉째, 많은 서양인들은 조선에는 종교가 없고 미신이 많다고 썼다. 겐테는 다른 의견들을 제시했다. 그는 "조선인들은 선량한 만큼 신앙이 필요없다"고 평가한 뒤, 서양인들이 흔히 미신이라고 말한 조선인들의 민간신앙을 긍정적으로 간주했다. 그 역시 다른 서양인들과 마찬가지로 마을의 입구 양쪽에 서 있는 장승들에 대해 언급했다. 그는 이것들이 악귀들을 내쫓는다는 민간신앙의 산물들이라고 썼다.[124]

열째, 조선인들을 지적으로 뒤떨어진 사람들이라고 썼던 어떤 서양인들과는 달리 겐테는 조선인들이 '넓은 아량과 명석한 두뇌를 지닌 민족'이라고 평가했다. 그는 조선에 '새로운 시대'가 오고 있으며 조선인들은 '무한한 가능성'을 보일 것이라고 전망했다.[125] 그러나 이 전망은 전혀 맞지 않는 것으로 나타난다. 이 책이 출판된 시점에 조선은 일본의 '피보호

---

123 위와 같음, 145~146쪽.

124 위와 같음, 109쪽 및 197~198쪽.

125 위와 같음, 229쪽.

국'으로 전락하게 된다.

열한째, 어떤 서양인들은 제주도를 야만지대의 상징으로 간주되던 중앙아프리카에 비유했다. 그러나 겐테는 제주도를 '신비로움으로 가득 찬 환상적인 섬'이라고 불렀으며 제주도주민들을 '천성적으로 친절하고 정중한' 사람들이라고 칭찬했다. 그는 지리학자답게 한라산 산정을 등정하고, 이 산의 높이가 1,950미터임을 알아냈다. 이로써 그는 프랑스의 항해가 라 페루즈에 이어 한라산의 높이를 정확히 파악한 사람으로 인정된다. 그는 "한라산처럼 형용할 수 없는 웅장하고 감동적인 광경을 제공하는 곳은 지상에 그렇게 흔하지 않을 것이다"라는 표현으로써 찬탄을 표시했다.[126]

한라산과 구들 및 황소를 높이 평가하다

열두째, 겐테는 구들을 사용하는 조선인들의 난방기술을 칭찬했다. 그는 "수많은 동아시아의 민족들 가운데 유독 조선민족만 겨울에 쾌적하게 방을 데우는 훌륭한 난방기술을 터득한 것 같다"고 썼다. 그는 또 조선의 황소를 높이 평가했다. "나는 조선의 황소를 볼 때마다 새삼 놀라곤 한다. 나는 어디에서도 그렇게 크고 멋진 소를 보지 못했다"고 감탄했다.[127]

열셋째, 겐테는 이 시점에서 황제로 불리던 고종에 대해서도 몇몇 서양인들의 평가와 다른 평가를 제시했다. 그는 고종이 '정중하면서도 [……] 현명하고 활달하다'고 칭찬했다. 그는 특히 고종의 담화술을 '보기 드문, 신비한 담화술'이라고 높이 평가했다. 그러나 그는 다른 서양인들과 마찬가지로 황세자에 대해서는 부정적으로 평가했다.[128]

126 위와 같음, 241쪽, 271쪽 및 316쪽.

127 위와 같음, 100쪽 및 203~204쪽.

128 위와 같음, 221~223쪽.

종합적으로 말해, 그는 이제까지 많은 서양인들의 묘사한 조선의 부정적인 모습들을 받아들이지 않았다. 그는 '피상적인 여행객들이 가난과 희망이 없는 암담한 현실'이라는 고정관념에 사로잡혀 조선을 묘사했다고 비판했다. 그는 특히 우리가 제2부 제6장에서 살핀 프랑스 신부 달레의 저서 『코레의 교회의 역사』를 비판했다. 조선에 한 차례도 와보지 않고 파리에 머문 채 오직 중국에서 시무하던 프랑스 신부들이 파리로 보낸 보고서들에 기초해 그 책을 썼기에 오류들이 많았다는 것이다.[129]

이처럼 그는 서양인들의 고정관념들에 맞서 조선과 조선인들을 적극적으로 변호했다. 그의 변호는 조선과 조선인들의 잘못들을 지적하지 않는 선으로까지 확대됐다. 이 책에서 그는 그때 조선이 안고 있던 가장 큰 문제들로 많은 서양인들이 공통적으로 지적한 정부의 무능과 부패, 특히 관리들의 탐학을 전혀 언급하지 않은 것이다.

10. 영국 기자 휘갬의 『만주와 코리아』

분쉬와 겐테가 서울에 도착한 1901년의 여름에 서울을 방문하고 견문록을 남긴 서양인이 영국의 『모닝 포스트』(*Morning Post*) 기자 헨리 제임스 휘갬(Henry James Whigham)이다. 페르시아에서 러시아와 영국이 전개한 각축을 현지방문을 통해 분석한 『페르시아 문제』(*The Persian Problem*)의 출판(1903년)으로 명성을 얻은 그는 역시 러시아와 영국의 또 하나의 각축장이던 만주와 코리아를 방문하고 1903년에 『만주와 코리아』(*Manchuria and Korea*)를 집필했다.[130]

---

129 위와 같음, 202~203쪽 및 294~295쪽.

130 H. J. Whigham, *Manchuria and Korea* (London: Isbister and Company, Ltd., 1904).

이 두 책에서 저자가 유지한 일관된 자세는 자신의 조국 영국과 영국의 동맹국인 일본의 대외정책에 대한 지지, 그리고 영일동맹의 상대국인 러시아와 러시아의 공동보조국들인 프랑스와 독일의 대외정책에 대한 비판이었다. 그는 특히 일본은 스스로 미치지 않는 한 만주를 결코 침략하지 않을 것이라고 장담한 반면에 러시아에 대한 경계심을 강하게 표현하곤 했다. 예컨대, 러시아가 계획하고 추진하는 일들에 대해서는 '음모'라는 단어를 덧붙였다. 이러한 자세에서, 그는 코리아의 국내외상황에 대해서도 설명했다.

"코리아의 정부는 이 세계에서 최악의 정부다"

그는 우선 코리언들의 '상냥하고 친절한' 성품을 칭찬했다. 그들은 '침략성 또는 반외세편견'을 갖지 않았으며 '오랜 고통 속에서도 인내하는 심성'을 지녔다고 강조했다. 그러나 그는 그들이 사는 집들은 '버섯모양의 비참한 오막살이들'이고 그들이 쓰는 모자들은 '우스꽝스럽다'고 비웃었다. 그는 코리언들이 중국인들 이상으로 '유교적'이라고 비판하면서, 코리언들의 관습을 바꾸기란 중국인들을 그들의 관습으로부터 벗어나게 하는 것보다 100배 이상 어려울 것이라고 논평했다. 그는 코리언들은 '진보'에 반대하는 사람들이라고 평가하고, 그러나 그들은 이제 '외부세계의 문명'에 하루 빨리 굴복해야 할 것이라고 제의했다.[131]

그는 코리아의 정부와 지배층에 대해서도 냉소적으로 썼다. 그는 우선 현재의 코리아의 정부는 '이 세계에서 최악의 정부'(the worst government

이 책은 '근세동아세아서양어자료총서 77'(서울: 경인문화사, 2001)에 James Saxon Childers, *Through Oriental Gates: The Adventures of An Unwise Man in the East* (London: D. Appleton and Company, 1930)와 합본되어 있다.

131 Whigham, *Manchuria and Korea*, pp. 183~185.

in the world)라고 매도했다. 구체적으로, 그는 "황제와 조정은 애국심 또는 인민의 복지에 관한 진정한 배려가 전혀 없다"(The Emperor and his Court are completely devoid of patriotism or of any real solicitude concerning the welfare of the people)고 비난했다.[132] 그렇기 때문에, 황제는 백성들로부터 존경이나 충성을 전혀 받지 못해 퇴위를 당한다고 해서 어느 누구도 유감스럽게 생각하지 않을 것이며, 관리계급은 탐욕스럽고 백성들의 증오를 받고 있다고 덧붙였다.

그는 황제와 그의 측근들은 오로지 돈에만 관심이 있어서, 돈을 받게만 되면 열강이 자신들의 나라로부터 어떤 이권을 얻어가든 개의치 않았고 자신들의 나라를 둘러싸고 싸움을 벌여도 개의치 않았다고 조롱했다. 상대방에 주는 이권에 비해 너무 적은 돈을 받고도 좋아하는 것을 보면, 그리고 그 돈을 황제는 궁전에 몇 개의 방을 증설하는 데 쓰는 것을 보면, 바보스럽게 느껴진다고 덧붙였다.[133]

비슷한 시점에, 주일영국공사 어니스트 새토우(Ernest Satow) 역시 고종이 서울 땅의 약 25%를 차지하게 될 새 궁전을 지으려고 한다는 소식을 전해 듣고 고종이 하는 일들 가운데 '가장 최근의 미친 짓'이라고 조롱했다. 동아시아의 여러 곳들에서 외교관으로 경력을 쌓은 그는 현재 고종이 수행해야 할 가장 시급한 과제는 내정개혁이라고 보았던 것이다.[134]

"코리아는 일본의 지배 아래 사는 것이 낫다"

이렇게 코리아의 황제와 정부를 비웃은 반면에, 휘갬은 코리아에 대한 일본정부의 정책에 대해서는 호의적으로 평가했다. 일본은 이 나라를 중

132 위와 같음, 216쪽.
133 위와 같음, 185~186쪽.
134 박지향, 『일그러진 근대』, 183쪽.

국의 굴레로부터 해방시키기 위해 중국과 전쟁을 했으며, 이 나라에 특히 군대 · 철도 · 체신 · 전보의 형태에서 많은 개혁들을 가져왔다고 평가했다. 그는 현재 이 나라에서 신용할 수 있는 유일한 통화는 일본통화라고 덧붙였다. 결론적으로 그는 "어떤 기준으로 보아도 코리아는 일본에 속해 있다"(By every rule of the game Korea belongs to Japan)고 말했을 뿐만 아니라 "일본은 코리아를 통치할 권리를 확보했다"(Japan has established her right to govern Korea)고까지 말했다.[135]

이러한 관찰들로부터, 그는 이 나라의 독립은 오직 이름일 뿐이라고 말하고, 이름에 지나지 않는 독립이라도 유지하려면 러시아 그리고 러시아를 뒷받침하는 프랑스의 진출을 견제해야 한다고 역설했다. 결론적으로, 이 나라의 장래는 전적으로 열강의 상충하는 야심이 어떻게 매듭지어지느냐에 달렸다고 그는 전망했다. 그렇게 말하면서도, 그는 이 나라는 일본의 지배 아래 들어가는 것이 낫다고 단언했다. 그는 다음과 같이 썼다: "코리언들은 일본의 지배 아래 1,000배나 잘살게 될 것이다. 자유인으로서 우리는 이 나라의 저주받은 인민들이 현재의 노예상태를 지속시키는 것보다 명목상의 독립을 잃도록 해야 한다." 그는 영국이 그 목적을 위해 영향력을 행사한다면 이 나라는 내일이라도 '일본의 종속국'(a Japanese dependency)이 될 것이라고 장담했다.[136]

135 Whigham, *Manchuria and Korea*, p. 217.

136 위와 같음, 201~217쪽.

11. 영국 외교평론가 디오시의 『새로운 극동』

조선을 비웃으면서 일본을 칭찬하다

휘갬과 논지를 같이 한 또 다른 영국인으로 런던의 일본협회이사회 회장인 아서 디오시(Arthur Diosy)를 지적할 수 있다. 그는 1900년 7월에 출판된 자신의 저서 『새로운 극동』(*The New Far East*)의 제2판에서 우선 일본을 매우 긍정적으로 평가했다. 지배계급의 정신적 특성들이 동아시아의 어떤 다른 지배계급들의 그것들에 앞섰다고 주장했으며, 서양문명을 빨리 받아들여 발전의 길을 걷고 있다고 칭찬했다. 이러한 일본은 '낡은 극동'(the old Far East)에 '치명적 타격'을 가함으로써 '새로운 극동'(the new Far East)을 탄생시켰다고 그는 주장했다.[137]

이처럼 일본을 높이 치켜세운 반면에, 그는 코리아를 아주 부정적으로 묘사했다. 그는 우선 일본과 수교하기 이전의 "코리아의 역사는 '갈팡질팡,' 음모와 반대음모, 정치적 암살과 처형, 반란, 폭동, 침략의 계속이었다"고 썼다. 그는 1895년에 조선정부가 부분적으로는 일본정부의 영향을 받아 단발령을 내려 상투를 자르게 하고 그것에 대한 반발로 일어난 민중의 저항을 '야만적인 폭동'이라고 비하했다. 그는 이어 이 나라는 열강의 '먹이'로 등장했으며, 약 여섯 나라들이 꾸미는 '음모들'의 무대가 되어 왔다고 지적했다. 종합적으로, "코리아는 참으로 비참한 나라(a truly distressful country)로 전락했다"고 그는 비웃었다.[138]

그러면 어찌하여 코리아는 이렇게 가엾은 상태에 빠지게 된 것인가?

---

137 Arthur Diosy, *The New Far East*, 4th ed. (London, Paris and New York: Cassell and Company, Ltd., 1904), p. 102. 이 책은 '근세동아세아서양어자료총서 158'(서울: 경인문화사, 2004)로 재간됐다.

138 위와 같음, 84쪽.

그는 그 답을 코리아의 지배계급에서 찾았다. '극동의 귀족들 가운데 가장 게으른' 그리고 '처참하게 가난하고 짓밟힌 대중의 착취에 몰두해온' 이 나라의 양반계급이 여러 세기에 걸쳐 개혁이라는 매우 어려운 길을 거부해왔기 때문이라고 그는 보았다. 국왕의 국정운영이 미신에 좌우되는 것도 이 나라의 쇠퇴에 이바지했다고 그는 덧붙였다.[139]

그는 코리언들의 특성들에 대해서도 대체로 조롱으로 일관했다. 코리언들은 '더러운 인종'이라고 지칭한 뒤, 그는 '중류 및 하류계급의 평균적 코리언은 출생 때와 사망 때 그리고 아마도 그사이에 한 차례, 곧 결혼 당일에 완전히 씻길 것"이라고 비웃었다. 그는 코리언들이 대부분은 시냇물을 건너갈 때를 제외하곤 목욕이라는 것을 모르며 비위생적이라고 비웃으면서, 이 사람들은 손수건이라는 것을 모른다고 덧붙였다. 대조적으로, 일본인들은 목욕을 즐기며 몸을 늘 깨끗하게 유지한다고 그는 칭찬했다.[140]

"코리언들은 싸움을 좋아한다"

그는 "코리언들은 싸움을 과도하게 좋아한다"고 보았다. 전장에서 무기를 들고 벌이는 싸움이 아니라 주먹과 발 그리고 몽둥이와 돌을 쓰며 뒤범벅이 된 채 벌이는 싸움에 코리언들은 열광한다고 그는 부연했다. 여기서 그는 코리언들을 그때 영국인들이 멸시하던 아일랜드 사람들에 비유했다. 코리언들과 아일랜드 사람들은 모두 '전투적인 종류의 정치'(politics of a militant sort)를 좋아한다고 비웃었다.[141]

그는 조선왕국이 1897년 10월에 대한제국으로 바뀐 사실을 상기시키

139 위와 같음, 84~90쪽.

140 위와 같음, 93~97쪽.

141 위와 같음.

면서, 고종은 대한제국의 성립을 계기로 개혁을 추구하려고 했다고 썼다. 그러나 대한제국은 말로만 제국일 뿐 실제에 있어서는 '거의 믿어지지 않을 정도로 분열됐고 잘못 통치되고 있다'(an "Empire"—save the mark!—torn by dissensions and misgoverned to an almost incredible degree)고 폄하했다. 대조적으로, 그는 "일본이 서양의 방식을 자신의 필요에 맞게 개조시킨 뒤 그것에 따라 자신을 문명의 세계로 발전시키면서 국력을 신장시키고 있다"고 칭찬했다. 그는 일본의 해군과 육군은 각자 자신의 힘을 엄청나게 키웠으며 그리하여 일본은 극동문제의 열쇠를 갖게 됐다고 덧붙였다.[142]

이러한 식견을 지녔기에, 그는 러일전쟁이 발발한 직후인 1904년 3월에 출판된 이 책의 제4판에서 영국이 1902년에 일본과 동맹을 맺은 것을 높이 찬양했다. 영국이 일본과 동맹을 맺음으로써 극동에서 러시아의 진출을 견제할 수 있게 된 '선명한 노선'을 걷게 됐다고 주장하면서 이것이 극동의 평화에 기여할 것이라고 주장했다. 그는 일본이 러시아의 '공갈'에 직면하게 되자 전쟁이 일어났다는 논리로써 일본을 옹호했다. 그는 또 "일본의 자극 아래 중국은 각성을 시작했다"고 씀으로써[143] 일본이 마치 중국에 건설적인 영향을 끼친 것 같은 인상을 심어주었다.

12. 프랑스 고고학자 부르다레의 『코레에서』

저자 에밀 부르다레(Emile Bourdaret)는 프랑스의 고고학자이며 철도기사였다. 1901년에 대한제국이 경의선(京義線) 철도를 자신의 힘으로 부설

142 위와 같음, ix.

143 위와 같음, v.

하기 위해 서북철도국을 세웠을 때, 그는 철도기사로 초빙되어 서울에 왔다. 그는 한때 귀국했다가 1903년에 서울의 프랑스어학교 교사로 부임해 러일전쟁이 일어나기까지 서울에서 생활했다. 그는 4년에 걸친 자신의 견문들을 바탕으로 이 책을 출판했다.[144]

대중극장이 없는 사실에 놀라움을 표시하다

부르다레는 학교에서 가르치기도 했으며, 황제를 알현하면서 궁중연회에 참석하기도 했고, 부산과 제물포에서는 외국인조계지들을 관찰하기도 했다. 그는 또 개성과 평양을 비롯한 서울 이북의 주요 도시들을 여행하기도 했으며 제주도와 강화도 그리고 금강산을 관광하기도 했다. 그는 또 서울에서 상가를 둘러보면서 음식점들에서 식사를 하기도 했고 농촌들을 방문하기도 했으며 이 나라 고관들의 집들을 구경하기도 했다. 서울에서는 1902년 여름에 고종즉위40주년기념으로 정동(貞洞)에 개설된 협률사(協律社)라는 이름의 현대식 극장을 찾아가 공연을 감상하기도 했다. 조선 최초의 옥내극장인 협률사는 1908년에 원각사(圓覺社)로 개명된다.

우선 지적돼야 할 것은 그의 관찰들 가운데 적잖은 것들은, 비록 표현은 다르다고 해도, 그에 앞서 서양인들이 제시한 관찰들에 대체로 일치한다는 사실이다. 몇 가지만 예시하기로 한다.

그 역시 부산에 입항할 때 연안에 뒤엉켜 밀려드는 흰색의 어떤 무리를 보았으며 뒤늦게 그들이 흰옷을 입은 현주민들로 하선객들의 짐들을 실어 나르며 돈을 받는 일꾼들임을 알았다. 그 역시 이 나라 사람들은 남루하고 더러운 옷들을 입고 살며 그래서 악취를 풍긴다는 것을 알았다. 그 역시

144 Emile Bourdaret, *En Corée* (Paris: Plon-Nourrit, 1904). 이 책의 한국어번역본은 다음이다. 정진국(鄭鎭國), 『대한제국 최후의 숨결』(파주: 글항아리, 2009).

이 나라 사람들의 집들은 거의 모두 단층의 초가들이며 빈약하고 길들에는 마소의 분뇨들을 포함한 쓰레기들이 쌓여 있어 걷기 어렵다고 썼다.

그 역시 부산에서나 제물포에서나 서울에서나 일본인들이 사는 구역들은 깨끗하고 현대적 시설들이 잘 갖춰졌음에 반해 이 나라 사람들이 사는 곳들은 비위생적이며 불결하다고 느꼈다. 그 역시 이 나라에서 가장 두렵게 여겨지는 전염병은 천연두임을 확인했다. 그 역시 이 나라에는 협률사가 개설되기 이전에는 극장이 없었다는 사실에 놀라움을 표시했다.

여성들에 대한 관찰에서도 마찬가지였다. 그 역시 이 나라에서는 여성의 지위가 낮으며 남편이 축첩을 해도 묵인하고 살아야 한다고 지적했다. 그 역시 하류계급의 여자들이 젖을 내놓고 거리를 다니는 것에 놀라움을 표시했다. 그 역시 이 나라 사람들은 미신에 사로잡혀 무당들 · 판수들 · 심령술사들 그리고 지관들의 노예들이 됐다고 개탄했다. 그 역시 관리들의 민중착취에 분노를 표시했다.[145]

고종황제와 황태자에 대한 관찰에서도 독특함은 없었다. 1902년에 즉위40주년을 맞은 고종이 외국인들을 초청해 베푼 만찬에 참석했던 그는 황제가 탁자에 기댄 채 잔기침을 하면서 통역이 옮기는 말에 점잖은 미소를 지었고 외국인들을 잘 대해주었다고 썼으며, 황태자는 황제보다 키가 좀 더 컸다고 썼다. 그는 이 연회에서 궁중무용수들의 공연을 보았는데, 참석한 외국인들 모두 칼춤에 감탄했다고 덧붙였다.[146]

금강산과 화문석의 아름다움을 칭찬하다

부르다레 역시 이 나라의 산천경개는 참으로 아름답다고 썼다. 금강산

145 위와 같음, 제5장 및 제6장.

146 위와 같음, 126~130쪽.

을 관광하면서, "이 산은 코레에서 가장 아름다운 곳이며 신성하다"고 칭찬했으며, 금강산 안의 고찰들을 찾아본 뒤 "외국까지 그 명성이 자자하며 [……] 여행자들에게 매력 넘치는 안식처가 된다"고 칭찬했다. 그는 "이 산속에서 생활하는 승려들은 이 나라의 다른 중들보다 지적으로 훨씬 뛰어나다"고 덧붙였다.[147]

그러나 그는 다른 서양인들이 제시하지 못한 특유의 관찰들을 제시했다. 강화도방문에 대한 기록들이 대표적이다. 고고학자였던 그는 이곳의 고인돌들에 대해 감탄을 표시했으며 '그림과 색으로 장식한 갈대로 짠 세련된 돗자리'에 대해서도 칭찬했다. 그것은 물론 이 섬의 특산물인 화문석(花紋席)을 의미했다. 그는 자신이 오래전부터 보고 싶어한 이 나라의 고문서보관소가 허술하게 관리되는 현장을 목격하곤 개탄을 거듭했다.[148]

그는 또 이 나라 사람들은 돌을 사용하는 건축술을 몰랐다고 지적했다. 그는 "코레에는 과거를 증언하는 기록과 유적이 없다. 오래가는 건물을 짓는 것에 그다지 몰두하지 않았기 때문이다"고 설명했다. 그렇다고 해서 그가 이 나라 사람들의 건축술을 경멸한 것은 아니다. 그는 이 나라의 건축물들은 중국의 것들을 모사했지만 수준은 매우 높다고 평가했다.[149]

이 책에 게재된 서른 점의 사진들 역시 독특하다. 한 점을 제외하곤 모두 저자 스스로 촬영한 것으로, 이 시대의 이 나라 모습들을 생생하게 보여준다는 점에서 사료로서의 가치가 높다.

그는 이 책에서 일본에 대해 거의 언급하지 않았으며 적대감을 표시하지 않았다. 그러나 그는 사실상 일본의 지배를 받는 이 나라 민중에 대해 깊은 동정심을 곳곳에서 나타냈다. 그는 이 나라에서는 모든 사람들에게

147 위와 같음, 357~361쪽.

148 위와 같음, 349~353쪽.

149 위와 같음, 190~191쪽.

'진보에 대한 욕구'가 있다고 보면서, 그들이 '이 비옥한 땅, 이 풍부한 자연에서 행복과 독립을 보장받기를' 축원했다.[150]

13. 프랑스 시인 뒤크로의 『가련하고 정다운 나라 코레』

부르다레가 관찰하던 시기와 동일한 시기에 코레를 관찰한 또 한 사람의 프랑스인이 시인 조르주 뒤크로(Georges Ducrocq)였다. 1901년 12월에 이 나라를 방문할 당시 24세의 청년이었던 그는 귀국한 뒤 신문기자가 되고, 제1차 세계대전 이후에는 중동에서 외교관으로 봉직한다.[151]

조선인들의 높은 교육열을 칭찬하다

분량이 작은 이 책은 그에 앞서 이 나라를 방문한 서양인들이 제시한 관찰들과 크게 다르지 않은 관찰들을 제시했다. 한 보기를 들면, 정부의 관리들은 어떤 백성이 지붕에 기와를 얹기만 해도 그가 돈을 벌었다고 판단해 그로부터 세금이라는 명목 아래 돈을 뜯어가며, 이러한 관행이 보편화됐기에 백성들은 일을 하지 않고 놀려고 한다고 그는 지적했다. 비숍 여사가 지적했던 것처럼, 그 역시 이 나라 백성들이 외국으로 이주해 생활하게 되면 관리들로부터 뜯기지 않게 돼 열심히 일하고 저축까지 할 것이라고 전망했다.[152] 다른 보기를 들면, 그 역시 조선인들은 교육열이 매

150 위와 같음, 373쪽.

151 그의 여행기는 다음과 같다. Georges Ducrocq, *Pauvre et Douce Corée* (Paris: H. Champion, Libraire, 1904). 이 책은 '근세동아세아서양어자료총서 101'(서울: 경인문화사, 2001)에 포함됐다. 이 책의 한국어번역본은 다음이다. 최미경(崔美卿) 옮김, 『가련하고 정다운 나라, 조선』(서울: 눈빛, 2001).

152 위와 같음, 119쪽.

우 높으며 공예에 능하고 제지에서 특기를 발휘한다고 칭찬했다.

그러나 뒤크로는 조선이 시대의 흐름과 더불어 변화하는 몇몇 모습들을 놓치지 않았다. 우선 '야심 있는 젊은이들'이 프랑스어학교나 영어학교와 같은 외국어학교에 입학하려고 하는 새로운 현상을 지적했다. 그는 또 서울에서 상점들이 많이 개점됐으며 진열장에 상품들이 늘어났고 상거래가 활발하다는 새로운 현상을 지적했다.[153]

고종의 총신이던 이용익에 대해서도 그는 독특한 견해를 제시했다. 우리가 분쉬의 일기에서 보았듯, 서양의 관찰자들은 대체로 이용익을 대표적인 탐관오리로 매도했다. 그러나 그는 불학무식하지만 탁지부대신에까지 승진한 이용익을 황제를 위해 헌신하고 부정한 관리들에 철퇴를 가하는 애국자로 묘사했으며, 이것때문에 이용익은 암살되거나 모함에 걸려 투옥될 것 같다고 예언했다.[154]

이용익이 한때 탐관오리로 지탄될 만한 행동들을 했음은 사실이다. 그러나 그는 자신의 사리사욕을 위해서가 아니라 황실을 위해 돈을 끌어모았으며, 전반적으로 볼 때 애국자의 길을 걸었다. 일제의 조선침탈이 깊어지자 그는 러시아를 등에 업고 거기에 맞서 싸웠다. 특히 이른바 을사보호조약에 반대한 뒤 고종의 밀명을 받고 망명의 길을 밟았으며 망명지에서 암살의 위협을 받았다. 결국 일제의 사주를 받은 암살자의 총격이 준 상처의 후유증으로 1906년에 블라디보스토크에서 별세한다.

"가진 것이 없어도 코레앙들은 행복하다"

뒤크로는 전반적으로 조선에 대한 저자의 깊은 애정을 보여주었다. 다

153 위와 같음, 122쪽 및 85쪽.

154 위와 같음, 116~118쪽.

른 서양인들과 달리, "조선은 더럽고 냄새가 나며 비운에 빠진 절망적인 나라"라는 따위의 조롱섞인 비관론을 자제했다. 오히려 "초가집이지만 굴뚝에서 연기가 나오는 것은 아낙이 있어 불을 지피고 있다는 뜻이니, 어이 행복이 깃들어 있지 않겠는가", "가진 것이 없어도 코레앙들은 행복하다" 등의 구절들로써 이 나라 사람들이 결코 불행하지 않음을 강조했다.

뒤크로는 또 "코레앙들의 행동거지에서는 상당한 무사태평과 관용이 엿보인다. 특히 여성들은 인생의 고달픔을 겪으며 살면서도 위엄을 잃지 않는 행동거지를 보인다"고 칭찬했다.[155] 그의 이러한 관찰은 조선인들이 느리다는 다른 서양인들의 관찰들에 대조됐다. 마지막으로, 그는 "고래 싸움에 새우등 터진다"는 속담을 인용하면서 강대국들의 각축에 고난을 겪는 조선에 대해 동정심을 표시함과 아울러 "지렁이도 밟히면 꿈틀거린다"는 속담을 인용하면서 이 작은 나라가 강대국들에 짓밟혀도 굽히지만 않을 것임을 역설했다. 그러한 맥락에서, 그는 일본에 저항하다 시해된 민비를 높이 평가했으며 일본에 대한 반감을 표시했다.[156]

여기서 우리는 일본에 대한 태도에서 영국인들과 프랑스인들 사이의 차이를 확인하게 된다. 대체로 영국인들이 친일적 태도를 취했음에 비해 프랑스인들은 반일적인 태도를 취하거나 비록 반일적은 아니라고 해도 일본에 대해 결코 좋게 말하지 않았다. 프랑스인들은 일본에 적대적인 러시아를 지지했기 때문이다.

155 위와 같음, 73~74쪽.

156 위와 같음, 110~114쪽.

14. 폴란드 소설가 세로셰프스키의 『코레야 1903년 가을』

러시아와 일본 사이에 전운이 짙어가던 1903년 10월에 폴란드의 소설가 바츨라프 세로셰프스키(Vatslav Seroshevskii)가 조선을 찾아왔다. 그는 1858년에 제정러시아의 식민지들 가운데 하나이던 폴란드의 수도 바르샤바에서 태어나 철도고등학교에서 수학했다. 그때의 폴란드의 많은 젊은이들이 그러했듯, 그 역시 짜리즘에 반대하며 사회주의를 지지하는 운동에 참여했다. 그 결과 그는 시베리아로 유배됐으며 거기서 소설을 쓰기 시작했다.

유형에서 풀린 그는 곧 한 유력한 정치인의 후원에 힘입어 러시아황실지리학회의 동아시아탐험에 참여할 기회를 얻었다. 1902년부터 1903년까지 계속된 이 탐험과정에서 그는 다른 대원들과 함께 일본을 거쳐 조선을 약 1개월 동안 방문했으며, 그 결과를 1905년에 폴란드에서 러시아어로는 『코레야』라는 제목으로, 폴란드어로는 『코레야: 극동의 열쇠』라는 제목으로 출판했던 것이다.[157] 그는 1945년에 별세한다.

"조선의 관리들은 강도들이다"

이 책은 당시 조선의 역사와 지리 및 자연은 물론 여러 의식(儀式)들을 비롯한 사람들의 생활관습 그리고 정치제도들과 법집행 등에 대해 상세히 설명했다. 자신의 책 「서문」에서 러시아 재무부의 『코레야에 관한 서술』이 이 나라를 이해하는 데 좋은 안내서가 된다고 지적한 사실에 미뤄, 그는 이 책에 많이 의존했던 것 같다.

---

157 한국어번역본은 다음이다. 김진영(金珍英) 외, 『코레야 1903년 가을: 러시아 학자 세로셰프스키의 대한제국 견문록』(서울: 개마고원, 2006).

그의 설명들 가운데 어떤 설명들은 그 이전의 서양인들이 이미 제시한 설명들과 같거나 비슷하다. 그 역시 이 나라의 자연이 매우 아름다우며 사람들은 친절하고 부모들은 자녀의 교육을 위해 노력한다고 칭찬했다. 그 역시 이 나라의 농민들은 부지런히 일하며 농기구들이 발달되지 못했는데도 그것들을 갖고 논밭을 잘 개간해놓았다고 칭찬했다. 그 역시 이 나라의 관리들은 '강도들'이며 민중은 그들에게 '강도를 당하며 살아야 하는 불쌍한 사람들'로 보았다. 그 역시 이 나라의 법 운영은 전적으로 정의를 결여했으며, 그리하여 부자는 큰 죄를 짓고도 돈으로 무죄를 얻어내지만 빈자는 돈을 내지 못하면 사소한 일로도 감옥에 갇힌다고 썼다.

그 역시 이 나라에서 여성은 사회적으로나 법적으로 철저히 무시된 채 생활하고 대다수의 사람들은 샤머니즘에 빠져 생활한다고 썼다. 그 역시 기생들을 관찰하고 뒷날 『조선기생 월선이』를 출판했다. 그 역시 특수한 극소수의 지배층 사람들을 제외하고는 대다수 민중은 비누를 모른다고 쓰면서, 이 나라의 여성이 물과 비누를 자주 쓰게 된다면 훨씬 예쁘게 보일 것이라고 썼다. 그 역시 이 나라의 마을들은 모두 궁핍했다고 썼다.

그러나 그는 다른 서양인들이 지적하지 않은 것들에 대해 언급했다. 가장 중요하게, 그는 이 나라에서 수레들이 활용된다는 사실을 분명히 지적했다.[158] 우리가 제3부 제8장에서 보았듯, 로웰은 이 나라에서 바퀴를 하나도 보지 못했다고 썼고 이것이 서양의 많은 독자들로 하여금 조선은 과학기술이 너무 뒤떨어진 나라라는 인상을 갖게 만들었다. 그때로부터 약 19년이 지난 시점에, 이 나라에서 마침내 수레들이 활용되는 사실이 확인된 것이다.

158 위와 같음, 22쪽.

"일본이 불쌍한 코레아를 일으켜 세워야"

그는, 제정러시아를 증오한 때문인지 제정러시아와 적대관계를 유지한 일본에 대해 반감을 표시하지 않았으며 오히려 '친일적' 시각에서 조선에 대해 설명했다. 부산을 도요토미 히데요시가 점령한 이후 일본이 수백 년에 걸쳐 보유해온 것처럼 썼으며, 조선에서 식목을 시작한 것은 일본이었다는 일본인들의 설명을 비판 없이 인용했다. 그는 거기서 한걸음 더 나아가 "제물포의 무역이 발전하게 된 것은 무엇보다도 일본인들 덕분이다"라고 단언했다. 그는 "일본인들이 유능한 민족임에는 의심의 여지가 없다. [……] 코레아 사람은 일본인을 형제로 보기 때문에 그들에게 기꺼이 복종한다"고 덧붙였다.[159] 이렇게 일본인을 칭찬한 반면에 조선인을 비하했다. "조선인을 아랫사람으로 부릴 때는 우선 욕을 퍼부어 기를 죽여 놓거나 매서운 질책을 가해야 한다"는 어떤 사람들의 권고를 가감 없이 소개했으며, "코레아의 상인들은 우둔하고 무례하고 가난하며 남의 도움 없이 일을 할 수 있는 수준에 올라 있지도 못하다"라고 폄하했다.[160]

임박한 러일전쟁에 대해서도 세로셰프스키는 친일적인 자세를 보였다. 일본인들이 사용하던 '러시아 침략자'라는 말을 되풀이했을 뿐만 아니라 이 전쟁이 코레아에서 일어나는 것은 피할 수 없다는 한 일본인의 발언을 그대로 전달한 것이다. 그는 거기서 한걸음 더 나아가 일본의 조선침략에 정당성을 부여하기까지 했다.

영국 상원의원 스태너프(Stanhope) 백작은 일본이 타이완을 식민지로 만든 이후 원주민들을 무자비하게 탄압한다고 공개적으로 성토했다.[161] 그러나 세로셰프스키는 타이완의 원주민들을 '식인종들'이라고 폄하한

---

159 위와 같음, 26쪽.

160 위와 같음, 26~34쪽.

161 박지향, 『일그러진 근대』, 208쪽.

뒤, 일본이 그들을 통치한 뒤 그들을 인간답게 만들어놓았다고 칭찬하면서, 일본이 타이완에서 보여온 '진보와 휴머니즘의 정신으로', '이 불쌍한 조선'을 일으켜 세워주리라는 기대를 표시한 것이다.[162]

15. 서양 신문들의 러일전쟁 보도에 나타난 코리아의 모습들

청일전쟁이 일어났던 때로부터 꼭 10년이 지난 1904년에 일어난 러일전쟁은 유럽에서 청일전쟁이 불러일으켰던 관심보다 훨씬 큰 관심을 불러일으켰다. 청일전쟁이 아시아 두 나라 사이의 전쟁이었음에 비해 러일전쟁은 아시아국가와 유럽국가 사이의 전쟁이었으며 특히 러시아가 차지하던 국제적 위상이 높았기 때문이었다. 그리하여 서방국가들로부터 무려 200명 정도의 기자들이 코리아를 찾아왔다.

영국의 신문들: 조선을 야만국으로 묘사하다

유럽국가들 가운데, 적어도 신문보도를 기준으로 삼을 때, 가장 많은 관심을 보인 국가는 영국이었다. 새삼 강조할 필요 없이, 영국은 러시아를 견제하는 외교에 앞장을 섰으며 그러한 틀 안에서 1902년 이후 일본과의 동맹을 유지했기 때문이었다. 그리하여 영국의 화보 중심 신문들은 러일전쟁을 전후한 시점에서의 코리아에 대해 상세히 보도했다. 이것들에 나타난 이 나라의 모습들은 대체로 다음과 같다.

첫째, 코리아는 후진적이며 야만적인 나라다. 1896년 4월 20일자 『더

162 김진영 외, 『코레야 1903년 가을』, 284쪽.

그래픽』은 세금징수원들이 배를 타고 해안의 여러 도시들을 방문하는 그림을 게재하고, 거기에 "조용한 아침의 나라에서의 세금징수는 극심한 착취 그 자체다"라는 설명을 덧붙였다. 이 신문은 1901년 11월 23일의 기사에서 "코리언들은 게으르고 겁이 많다"고 쓴 데 이어 상류계급은 일을 하지 않고도 잘사는 반면에 하류계급은 겨우겨우 생계를 꾸려나간다고 썼다. 1903년 11월 7일의 『더 일러스트레이티드 런던 뉴스』는 죄수에게 잔인한 방식으로 태형을 가하는 사진과 기사를 게재했다. 1904년 1월 23일의 주간화보신문 『더 스피어』(*The Sphere*)는 서울을 '세계에서 가장 불결한 도시들 가운데 하나'라고 소개했다.[163]

둘째, 코리언들은 여러 종류의 외국인들에게 호기심을 갖고 몰려든다. 1902년 10월 11일의 『더 그래픽』은 멋진 정장차림의 영국인이 측량기를 놓고 작업하는 장면을 약 15명의 코리언들이 흥미 있게 바라보는 그림을 게재했으며, 1904년 1월 23일의 『더 스피어』는 영국의 한 특파원을 약 18명의 코리언들이 주의깊게 바라보는 그림을 게재했고, 1904년 4월 30일의 『더 스피어』는 평양에 집결한 일본군을 수십명의 코리언들이 대동문(大同門) 주변에서 구경하는 사진을 게재했다. 이러한 그림들이나 사진들에, 현지인들의 집들과 옷차림들은 아주 초라하게 비쳐졌다.[164]

셋째, 일본군이 훈련과 장비 모두에서 잘 준비됐음에 반해 러시아군은 방어와 물자공급 모두에서 허점투성이었다. 예컨대, 『더 일러스트레이티드 런던 뉴스』는 1904년 5월 7일자에서 일본군은 '의기충천하다'고 설명했고, 1904년 5월 14일자에서 일본군은 '뛰어난 기술로' 다리를 잘 놓아 병사들의 이동을 쉽게 만들었다고 보도했으며, 1904년 5월 21일자에서

163 김장춘, 『세밀한 일러스트』, 90~104쪽.
164 위와 같음, 90~122쪽.

일본군은 전화를 비롯한 통신시설에서 러시아군보다 앞섰다고 보도했다.[165]

캐나다 기자 매켄지의 『도쿄에서 티플리스까지』: 일본의 호전성을 지적하다

대조적으로, 영국의 『더 데일리 메일』(*The Daily Mail*)은 일본을 비판하고 코리아에 동정적인 입장을 유지했다. 이 신문은 1900년부터, 스코틀랜드계 영국인으로 1869년에 캐나다 퀘벡에서 출생한 프레데릭 아서 매켄지(Frederick Arthur McKenzie)를 극동특파원으로 기용해 극동의 정세를 보도해왔다. 마침 러일전쟁이 일어날 기미를 보이자, 그는 1904년 1월에 도쿄로부터 서울로 와서 1905년 4월까지 이 전쟁을 취재했으며 곧 러시아가 통치하는 코카서스에서 제정(帝政)에 반대하는 반란이 일어나자 반란의 중심지들 가운데 하나인 티플리스로 가서 혁명적 분위기를 취재해 이 책을 출판했다.[166]

이 책은 일본 전국을 휩쓴 전쟁광기(戰爭狂氣)의 묘사로 시작했다. "죽여라 죽여라! 칼이 부러질 때까지 죽여라!"는 노래를 부르는 어린이들, "복수하자 복수하자. 천황폐하의 적들을 모두 죽이자. 만세!"라는 노래를 부르는 어른들, 전장으로 떠나는 손자에게 "나는 네가 살아 돌아오는 것을 보지 않을 것이다. 네가 죽기 전에 러시아인을 한 놈 죽이는 것으로 만족하지 말아라. 여섯 놈을 죽여라. 그래야 너는 우리 집안사람임을 증명

---

165 위와 같음, 125~130쪽.

166 최기영(崔起榮), 「매켄지: 한국인의 독립의지를 세계에 알린 서양인」, 『한국사 시민강좌』 제34집 제1호(2004년 2월), 106~115쪽. Frederick Arthur McKenzie, *From Tokyo to Tiflis* (London: Hurst and Blackett, 1905). 이 책은 '근세동아세아서양어자료총서 128'(서울: 경인문화사, 2001)로 재간됐다.

하게 된다"고 말하는 할머니, "러시아 첩자들을 모두 죽이자"는 구호를 외치는 사람들, 곳곳에서 벌어지는 반러집회(反露集會)들 등에서, 매켄지는 일본이 전쟁과 전쟁의 연속으로 치달릴 것임을 예감했다.[167]

저자는 코리아에 대한 서양인들의 기존의 관찰에 동의했다. 그 역시 이 나라에서 길은 좁고 오물로 가득찼으며 역한 냄새를 내뿜었다고 썼다. 그는 또 사람들은 불결하고 겁이 많다고 썼으며, 집은 움막 같고, 여자들은 가슴을 내놓고 다닌다고 썼다. 간단히 말해, 이 나라는 지독히 가난한 나라라고 썼다. 그러나 그는 이 나라의 그러한 현상을 '아시아적 관점'에서 평가해야 한다고 주장했다. 인도나 중국에서도 그러한 현상은 쉽게 볼 수 있다는 것이었다. 특히 최근에 와서 서울에 근대식 학교들과 건물들이 많이 세워지는 데 나타난 '증가하는 문명의 적용'과 '빠르게 진행되는 진보'에 주목해야 한다고 제의했다.[168] 그러나 그는 이 나라 정부의 악명 높은 '쥐어짜내기'에 대해서는 다른 서양인들과 마찬가지로 강한 분노를 표시했다.

저자는 러시아군에 대해서 호의적으로 보도했다. 전투가 치열하게 벌어진 평안도 순천에서 활동하던 한 미국여성을 만나, 러시아군인들이 소문과는 달리 절도(節度)있게 행동했으며 용감하게 싸웠다는 증언을 듣고 그대로 보도한 것이다.

프랑스의 화보들: 조선인들의 희생에 주목하다

프랑스 역시 러일전쟁에 대해 자주 보도했다. 파리에서 발행되던 화보 중심 신문 『라 비 일뤼스트레』(*La Vie Illustrée*)는 개전 직후인 1904년 2월

167 위와 같음, 1~15쪽.
168 위와 같음, 22~29쪽.

19일자에서 일본군이 코레에 상륙하는 장면을 컬러로 보도했다. 곧이어 역시 파리에서 발행되던 『르 프티 파리지엥』을 비롯한 몇몇 신문들은 특파원들과 사진기자들 및 영화촬영기사들을 코레와 만주로 보냈다.

이 신문들은 초기에는 러시아병사들 앞에서 당황해하고 비통에 빠진 코레앙들을 묘사하는 그림들을 게재했다. 1904년 3월 27일자 『르 프티 주르날』(*Le Petit Journal*)의 경우, 「코레의 마을들을 습격하는 러시아 병사들」이라는 제목 아래 한 코레앙이 공포에 떨고 좌절에 빠진 장면을 전면에 게재했는데, 이때 약 100만 부의 부수를 기록하던 이 신문을 접한 프랑스의 독자들은 러시아에 대해 나쁜 감정을 갖게 됐을 것이다.

그러나 『라 크롸 일뤼스트레』(*La Croix Illustrée*)는 1905년 5월 21일자에서 일본병사들이 코레앙들을 죽이는 그림을 게재했다. 일본병사들이 세 명의 이 나라 농민들을 1904년 9월 21일에 오늘날의 서울특별시 마포구 도화동(桃花洞)의 산비탈에서 '러시아의 스파이들'이라는 죄목으로 십자가 형틀에 묶어놓고 총살하는 사진을 뒤늦게 중국으로부터 입수한 이 신문은 그것을 근거로 그림을 그려 크게 보도한 것이다. 사실에 있어서, 피살된 사람들은 러시아의 스파이들은 결코 아니었고 일본인들이 자신들의 땅을 빼앗아가는 데 대해 항의했을 뿐이었다. 프랑스의 신문들이 일본인들에게 희생되는 이 나라 사람들에 눈을 돌리기 시작했음은 확실했다.[169]

미국 기자 던의 사진들: 조선엽전의 가치폭락을 묘사하다

미국의 기자들도 러일전쟁의 취재에 뛰어들었다. 우선 화보 신문 『콜리어스』의 기자 로버트 던을 지적할 수 있다. 그는 참으로 많은 사진들을 찍어 이 신문에 게재했다. 대표적인 사진이 1904년 6월 4일자 『콜리어

169 Shin, "Late Chosŏn Dynasty Korea," pp. 58~60.

스』에 게재된 「코리아에서의 '현금' 환전」(A 'Cash' Transcription in Korea)이다. 그는 북으로 진격하는 일본군을 따라가려고 서울을 떠나면서 자신의 일본어통역으로 하여금 미화 150달러를 바꿔오게 했더니, 여러 짐꾼들이 각자의 지게에 엽전을 가득 싣고 나타난 것이다. 이때 미화 1센트가 엽전의 종류에 따라 엽전 15~30개에 맞먹었으므로, 1달러를 바꿔도 짐꾼 한 사람이 지게 하나에 가득 실어야만 했다. 이것은 그때 조선의 화폐가치가 얼마나 추락했던가를 말해주었다.

이 현실을 직시한 일본은 조선을 자신의 '보호국'으로 만든 직후 새 화폐를 만들어 유통시킴으로써 '화폐주권'을 장악하고 조선의 경제를 일본에 종속시킨다. 이에 따라 조선상인들 가운데는 점포를 닫고 도망가거나 극약을 먹고 자살하는 비참한 일들이 벌어진다.[170]

미국 소설가 런던의 기사들: 일본을 미화하고 조선을 경멸하다

로버트 던과 함께 1904년 1월 8일에 샌프란시스코에서 같은 배를 타고 일본 요코하마로 출발한 기자가 잭 런던(Jack London)이었다.[171] 그는 1876년에 미국 캘리포니아주 샌프란시스코의 한 빈민가정에서 아버지가 누구인지 불분명한 상태로 태어났으며 생모의 재혼에 따라 빈곤하고 불구인 계부의 가정에서 컸다. 그는 13세에 공장노동자로 취업하면서 빠르게 사회주의로 기울었다. 그는 곧 바다에서 굴을 훔쳐 팔기 시작했으며, 이 일을 계기로 선원이 돼 일본까지 여행했다. 그러나 귀국해 고등학교를 졸업했고, 1896년에 미국의 사회노동당에 입당함과 동시에 캘리포니아대학교 버클리캠퍼스에 입학했다. 그렇지만 학비를 감당할 수 없게 되자

170 정진석, 「1달러 환전하니 엽전 한 지게」, 『조선일보』, 2009년 11월 5일, A37.

171 Dale L. Walker, "Jack London's War," *The World of Jack London*, www.jacklondons.net (Google Search).

퇴교했다. 그는 곧 캘리포니아 일대를 지배한 황금찾기의 열기에 휩쓸렸으나 빈털터리가 된 채 귀향했다.

그는 방랑자처럼 다시 외국 길에 올랐다. 1899년에 아프리카에서 영국이 네덜란드계 남아프리카 사람들을 상대로 벌인 보어전쟁에 종군기자로 참가하고자 우선 런던에 도착했다. 그러나 이 시점에서 전쟁이 사실상 끝났음을 알고, 런던의 빈민가들을 돌아다녔다. 그는 자신의 이 경험들을 주제로 삼은 『황야의 부름』(*The Call of the Wild*)을 1903년에 출판해 격찬을 받아 작가로서의 지위를 확고히 했다.

이 시점에 일본과 러시아 사이에 전쟁이 일어났다. 『샌프란시스코 이그재미너』(*The San Francisco Examiner*)는 그를 특파원으로 기용해 전장으로 보냈다. 그는 일본을 거쳐 기선을 타고 1904년 2월 8일에 부산에 도착했다. 그 이후의 그의 여정 자체가 그때의 코리아의 상황을 부분적으로나마 보여준다.

그는 부산에서 다시 기선을 타고 목포에 도착했다. 그러나 일본군 당국은 그 배를 징발하면서 그를 포함한 승객들을 모두 해변으로 쫓아냈다. 좌절하지 않고 그는 현주민의 작은 어선을 전세내고 영어를 전혀 모르는 세 명의 현주민들을 고용해 북상했다. 영하의 기온 속에 차가운 바람이 거세게 계속 불면서 배는 몹시 흔들렸고 돛과 키는 부서져 항해는 무척 어려웠다. 2월 14일에 겨우 군산에 상륙했으나 밤이어서 통상적인 길을 잃어 얼음이 얼어붙은 논들을 지나 한 오두막을 찾아냈다. 그는 이 마을에 처음 도착한 서양인이었다. 사람들은 그의 '아름다운 흰 피부'에 감탄을 표시했다. 그러나 그가 의치를 빼놓는 것을 보고 '기적'이 일어났다고 소란을 피웠다.

그는 배를 새로 구한 뒤 2월 15일에 군산을 떠나 북상을 계속해 엿새 뒤에 제물포에 도착했다. 그 여정 역시 추위와 굶주림 속에 이뤄져, 그는 기진맥진한 상태에 빠졌다. 그보다 며칠 전에 제물포에 도착한 한 미국인 친구는 "나는 그를 알아보지 못했다. 그는 신체적으로 쇠약한 사람이었다. 귀들도 얼어붙었고 손가락들도 얼어붙었으며 다리들도 얼어붙었다"고 회상했다.

그는 2월 24일에 서울에 도착했으며, 우선 건강의 회복에 힘을 쏟았다. 며칠 지나지 않아 러시아군이 압록강을 건너 평양을 향해 진격했다는 소식이 들려왔다. 그는 3월 2일에 보낸 기사에서 "도망치는 코리언들은 침략자들이 대군이라고 말한다. [……] 평양은 현주민들에 관한 한 공황상태에 빠져 있다"고 썼다. 그는 돈을 주고 사들인 말을 타고 달려 3월 5일에 평양에 도착했다. 그는 거기서 평안도의 여러 전장들을 순회했으며 1904년 6월 초에 만주의 안둥(安東: 안동)까지 방문했다. 그러나 그는 일본군당국이 기자들의 활동을 끈질기게 제약시키는 데 반발해 더 이상의 취재를 포기하고 귀국했다.

런던이 쓴 기사들에서 두드러지게 나타난 것은 일본에 대한 경외심의 표출과 코리아에 대한 동정심의 결여였다. 이것은 예상 밖이었다. 사회주의자로 알려진 그였기에 제국주의국가인 일본을 비판하고 약소국가인 코리아를 옹호할 것으로 예상했기 때문이었다.

우선 일본군에 대해 그는 1904년 3월 4일에 서울에서 쓴 기사에서 아주 질서정연한 군대라고 평가하면서 특히 일본군인들이 여자들을 건드리지 않고 돈을 빼앗지 않으며 물건을 약탈하지 않기 때문에 코리언들은 일본군인들을 조금도 두려워하지 않았다고 썼다.[172] 일본군에 대해 이처럼 칭찬을 한 반면에 그는 우선 러시아군을 좋잖게 묘사했다. 러시아군인들

---

172 Jack London, *La Corée en Feu* (Paris: Union Générale d' Éditions, 1982). 윤미기(尹美基) 옮김, 『조선사람 엿보기: 1904년 러일전쟁 종군기』(서울: 한울, 1995), 34~35쪽.

은 전투에서 '느리다'고 논평했으며, 코리언들 사이에는 러시아군의 잔학성에 대한 소문이 널리 퍼졌다고 쓴 것이다. 그는 자신이 만난 코리언들은 러시아군에 대한 공포를 표시했으며 서울에 주재하는 유럽인들과 미국인들도 러시아군에 대해서는 불안한 기색으로 머리를 흔들었다고 덧붙였다. 그는 다른 기사에서 소수의 일본해군들이 3,000명의 러시아병사들을 무력화시켰다고 보도했다. 일본군인들이 계획을 세워 집행에 들어가면 어떠한 기적도 그것을 파괴시키지 못한다고 덧붙였다.[173]

그러면 어떤 배경에서 그는 일본군에 우호적으로 보이는 기사들을 썼던 것일까? 그 스스로 인정했듯, 그는 평양에서 일본군 중위 아베의 방문을 받고 호텔방에서 함께 줄담배를 태우며 술을 마셨다. 런던에 대해 호의적인 작가 데일 워커(Dale L. Walker)가 이미 지적했듯, 런던은 아베가 제공한 정보에 많은 영향을 받았을 것이다.[174]

코리아에 대한 그의 인상은 전적으로 부정적이었다. 그는 우선 서울의 길들이 너무 좁은 데다가 소들과 조랑말들이 어린애들과 뒤엉켜 다녀 걷기가 무척 힘들었다고 불평했다. 그는 코리언들의 성격에 대해서도 조롱했다. 그들은 무감각하고 너무 게으르며 기개가 없고 겁이 많다는 것이었다. 그는 "코리언들은 위험이나 곤란의 징후가 나타나면 곧바로 달아날 준비가 되어 있다"고 조롱했다. 그는 거기서 한걸음 더 나아가 "코리언들은 완벽한 유형의 무능한 사람들이며 전적으로 가치가 없는 사람들이다"라고 폄하했다.[175] 그는 그들이 사진을 찍히면 혼령이 빠져나가며 목숨을 잃는다고 잘못 생각한다고 조롱하면서 자신이 한 소년 앞에서 사진기를 들자 살려달라고 비명을 지른 일화를 소개했다.

---

173 Walker, "Jack London's War," p. 3.

174 위와 같음, 4쪽.

175 http://populargusts.blogspot.com/2008_07_01_archive.html에서 인용.

흉보기는 계속됐다. 그는 코리언들에게는 훔치는 버릇이 있다고 지적하고, 말의 주인이 말에게 준 먹이를 마부가 훔쳐가는 실례를 상기시켰다. 그는 또 코리언들이 개고기를 먹는 습관에 대해서도 부정적인 눈으로 보았다. 일본군인들이 이 나라의 민간인들로부터 물건을 가져가는 대신에 갚아준 돈의 대부분을 이 나라의 관리들이 빼앗아갔다고 폭로하면서, 이 나라의 인민들은 지배계급을 자기들 것을 빼앗아가는 도둑놈들로 여긴다고 그는 강조했다.[176] 한 마디로, 코리아의 땅에서 첫 몇 주를 보낸 뒤 이 나라에는 '유쾌한 것'이라고는 전혀 없다는 것을 깨달았다고 쓴 그는 "감각을 가진 사람이라면 코리언들을 죽여버릴 것인가 자살할 것인가의 두 개의 선택적 욕망 사이에서 자신의 시간의 대부분을 보낼 것이다"라고 혹평했다.[177]

그는 러일전쟁의 취재를 마친 뒤 귀국하며, 1908년에 『강철 군화』(*The Iron Heel*)를 출판하는데, 이 소설로 '사회주의 자본론'을 저술했다는 평가를 받는다. 그는 1916년에 향년 40세로 별세한다. 러일전쟁에 관해 영어로 쓰여진 그의 기사들이 뒷날 파리의 한 출판사에 의해 프랑스어로 번역돼 『불 속의 코레』(*La Corée en Feu*)라는 단행본으로 출판된다.

미국 기자 케넌의 기사들: 일본의 조선지배를 정당화하다

런던과 거의 같은 시기에 러일전쟁의 취재를 위해 코리아를 방문한 또 한 사람의 미국인 기자가 조지 케넌(George Kennan)이다. 그는 뒷날 미국의 세계적 소련전문가로 주소대사를 역임하는 조지 케넌(George F. Kennan)과 다른 사람이다.

---

176 윤미기, 『조선사람 엿보기』, 40~41쪽 및 111~131쪽.

177 http://populargusts.blogspot.com/2008_07_01_archive.html에서 인용.

1845년에 오하이오주 노워크(Norwalk)에서 태어난 그는 전신기사로 사회생활을 시작했다. 오하이오주 신시내티(Cincinnati)시에 있는 웨스턴 유니언 텔레그래프(Western Union Telegraph)사의 시베리아횡단전선 설치를 위해 기사로 일하며 러시아에 대한 관심을 키운 그는 1865년부터 1868년까지 시베리아에 체류하면서 제정러시아의 '폭정'에 분개하게 됐다. 이때의 경험이 그를 러시아를 '야만적'인 국가로 보게 만들었는데, 그러한 인식은 그가 1885년부터 1886년까지 시베리아의 유형지들에 산재한 감옥들을 본 뒤 더욱 굳어졌다.

대조적으로, 그는 일본에 대해서는 개화된 국가라는 호감을 키웠다. 그러했기에 그가 러일전쟁을 '야만'과 '문명' 사이의 전쟁으로 보면서 일본을 지지했음은 이상하지 않았다. 그는 이 전쟁을 계기로 러시아에서 짜리즘이 붕괴할 것을 기대했다.

케넌은 1905년 여름에 『아웃루크』(*The Outlook*)라는 잡지의 특파원으로 일본 코리아 만주를 순방했다. 친일적인 대외정책을 추진하던 시어도어 루스벨트 미국대통령이 그의 의견에 귀를 기울인다는 평가는 특히 일본 정계에서 그의 성과를 높여주었다. 그리하여 그는 일본에서는 총리대신 가츠라 타로(桂太郎: 계태랑)를 비롯해 정부의 많은 요인들을 만날 수 있었으며 해군사관학교를 비롯한 주요 기관들을 방문할 수 있었다. 미국 전쟁장관 윌리엄 태프트(William H. Taft)와 일본 총리대신 가츠라 타로 사이에 일본이 미국의 필리핀 지배를 인정하는 대가로 미국은 일본의 코리아 지배를 인정한다는 취지로 합의가 성립되는 과정에 그는 깊이 관여했다.

케넌은 1905년에 행한 자신의 여행에 바탕을 두고 일본이 코리아를 자신의 '피보호국'으로 만든 직후, 『아웃루크』에 코리아에 관해 세 편의 기사들을 연재했다. 이 기사들에 일관된 흐름은 일본인들에 대한 찬양과 코리언들에 대한 멸시였다. 일본인들은 애국심을 가졌으며 청결하고 질서정연하며 용감하고 진취적이며 부지런함에 비해, 코리언들은 게으르고 더러우며 무질서하고 무식하며 풍기문란하다고 그는 썼다. 그는 코리아의 문화는 '침체된'(stagnant) 것이 아니라 '썩었다'(rotted)고 혹평하면서, 코리아를 중미(中美)의 아이티(Haiti)보다도 못한 수준으로 가라앉은 나라라고 비웃었다.[178]

케넌은 고종에 대해서도 혹평을 되풀이했다. 그는 우선 '코리아의 황제'는 도대체 읽은 것이 없고 의식(意識)이 없으며 무식해서 판단력을 상실한 채 오직 아첨에만 익숙하며 겁이 많다고 썼다. 황제를 둘러싼 황실의 분위기는 한마디로 '짙은 무식' 그 자체라고 덧붙였다. 그는 이어 황제는 '극도로 미신적'이어서, 오직 심령술사들 · 마녀들 · 무당들 · 돌팔이 의사들에 의존해 국사(國事)를 그들과 협의한다고 지적했다. 그는 황제가 심령술사들이나 무당들의 말을 듣고 한 시간에 세 차례나 결정을 바꿨다고 주장했다. 그는 황제는 그들에게는 돈을 아낌없이 주면서도 굶주리는 자신의 신민들에게는 한 푼도 주지 않는 사람이며, 이것에 미뤄 그는 자신의 신민들을 사랑하는 사람이 결코 아니라고 매듭지었다.

케넌의 혹평은 고종이 이끄는 정부에 대해서도 쏟아졌다. 그는 '코리아의 정부'는 '강도'라고 단언했다. 관리들은 '쥐어짜내는' 방식으로 백성들이 가진 것은 그것이 무엇이든 빼앗아간다고 비난하고, 그 결과 백성들은 빈곤과 실의(失意) 속에 산다고 논평했다.

자신의 관찰들을 종합해, 케넌은 코리아를 '타락한 국가'(a degenerate

---

178 Nagata Akifumi, "Kennan, George," in James I. Matray (ed.), *East Asia and the United States: An Encyclopedia of Relations Since 1784* (2 vols.: Westport, C. T.: Greenwood Press, 2002), I, pp. 295~296. 케넌의 기사들 가운데 대표적인 것은 다음이다. George Kennan, "Korea: A Degenerate State," *The Outlook*, October 7, 1905, pp. 307~315.

state)라고 단정했다. 바로 그렇기 때문에 일본이 코리아에 대한 '종주권' 또는 '지도력'을 장악해서 우선 이 나라를 재건하고 문명화시켜야 한다고 제의했다. 이러한 취지에서, 그는 일본이 코리아를 자신의 '피보호국'으로 만든 것은 코리아의 사회적 · 정치적 상황들을 완전하게 변형시킴으로써 수백만 코리언들의 이익과 행복을 증진시키는 결과를 가져올 것이라고 주장했다.[179] 그는 또 일본은 코리아를 러시아의 남진야욕으로부터 '보호'해야 한다고 제의했다.

그 뒤에도 그는, 비록 일제의 코리아에 대한 식민통치에서 나타난 문제점들을 때때로 지적했지만, 여러 신문들과 잡지들에 일본의 코리아에서의 성취들 그리고 일본의 코리아병탄을 지지하는 글들을 기고했다. 그는 1924년에 뉴욕주 메디나(Medina)에서 별세한다.

독일 기자 차벨의 『러일전쟁 중에 떠난 나의 코레아 신혼여행』: 일본에 대한 반감과 조선에 대한 애정을 표현하다

독일의 한 기자도 이 전쟁의 취재에 뛰어들었다. 1876년에 태어난 루돌프 차벨(Rudolf Zabel)은 1900년 이후 독일 신문사의 특파원으로 중국을 여러 차례 취재했으며, 『중국 속의 독일』(1902년) 및 『만주와 시베리아 여행기』(1902년) 등을 출판했다. 그는 1903년에는 모로코를 여행하고 1905년에 『회교도의 땅에서: 모로코여행기』를 출판했다. 미지의 세계를 여행하기를 좋아했던 그는 러일전쟁이 일어난 1904년에 이 전쟁을 취재해달라는 한 독일 신문사의 청탁을 받고 갓 결혼한 아내와 함께 5월부터 7월까지 2개월 남짓한 기간에 코레아를 여행한 뒤 이 책을 출판했다.[180]

---

179 위와 같음.

180 Rudolf Zabel, *Meine Hochzheitsruise durch Korea während des Russisch—japanischen Krieges* (Altenburg, S.—A.: Stephen Geibel Verlag, 1906). 이 책의 한국어

이 책에서 두드러지게 나타난 것은 일본에 대한 반감(反感)이었다. 일본인들은 청결하다고 평가한 서양인들과는 달리, 그는 이미 요코하마에서 일본인들이 아시아의 이웃나라들에 비교하면 청결해도 유럽국가들에 비교하면 결코 청결하지 않다고 결론을 내렸다. 그는 또 부산에서 원산으로 가는 일본여객선에서 한 일본인 조리사가 자신의 발을 씻은 물로 밥을 지으며 더러운 냄비에 커피를 끓이는 것을 보고, "명성이 자자한 일본인의 청결이 실상은 그저 그렇고 그런 거라는 사실을 확인했다."[181] 그는 또 일본인들은 정직하다고 평가한 서양인들과는 달리, 일본인 상인들이 부산에서 저지른 부정거래들을 낱낱이 폭로하면서 "이들은 부정직의 화신이다"라고 비난했다.[182]

그는 일본이 자신의 조선정책에 관해 전개해온 선전에 거짓말이 많다는 사실도 정확히 지적했다. 우선 그는 진구 황후의 지휘 아래 3세기의 어느 시점에 일본인들이 조선의 남해안에 정착했다는 '옛 기억'을 일본이 조선에 대한 자신의 역사적 권리를 내세우는 것은 사실상 허구임을 지적했다.[183] 이어 일본정부가 "일본의 영토는 국민들을 부양하는 데 필요한 농산물들을 생산하기에 충분하지 않다"는 이유를 내세우며 조선진출의 불가피성을 역설했음을 상기시킨 뒤, 그는 자신이 조선에 와서 목격하기로 조선으로 이주한 일본인들은 농민들이 아니라 상인들이거나 노동자들이었다고 지적하고, "이것은 일본측 주장이 얼마나 공허한 것인지를 여실히 증명한다"고 단언했다. 그는 일본이 농산물들을 더 많이 생산하려

번역본으로 다음이 있다. 이상희(李商熙), 『독일인 부부의 한국 신혼여행, 1904』(서울: 살림출판사, 2009).

181 위와 같음, 212~213쪽.

182 위와 같음, 183쪽.

183 위와 같음, 166~168쪽 및 296~297쪽.

면 먼저 홋카이도의 수천 제곱킬로미터의 처녀지들을 개간해야 할 것이라고 덧붙였다.[184]

그는 거기서 한걸음 더 나아가 자신은 전쟁을 피하려고 최선을 다했으나 러시아의 태도 때문에 부득이 전쟁으로 내몰리게 됐다는 일본정부의 설명은 '얼토당토않다'고 비난했다. 그는 "전쟁을 원한 쪽은 오히려 일본이었으며 일본은 개전이 불가피하게끔 이미 목표를 정해놓았던 것이다"라고 단언했다.[185]

부산과 원산을 여행하며, 그는 하나의 공통된 현상을 확인했다. 두 항구도시 모두에서 일본인들이 사는 구역들은 깨끗하고 세련됐음에 비해 조선인들이 사는 구역들은 그렇지 못하다는 사실이었다. 특히 부산의 한 호텔에서 그는 15세 정도의 일본인 호텔급사가 자신보다 나이가 훨씬 많은 조선인들을 구타하는 등 마구 부리는 것을 보며 분노를 느꼈다. 그는 다음과 같이 썼다: "여기서 내가 받은 첫 인상은, 이곳의 주인은 일본인들이며 이들은 피지배인들을 아무런 처벌없이 난폭하게 다룰 정도로 이미 자신들의 권세를 확신하고 있다는 점이었다."[186]

안변(安邊)의 석왕사(釋王寺), 그리고 평강(平康)과 철원(鐵原)을 비롯한 강원도의 여러 곳들을 조랑말을 타거나 걸으며 여행하면서, 그는 조선과 조선인들의 여러 모습들을 목격했다. 젖을 드러내놓고 걸어다니는 하류계급의 여성들, 더러운 여인숙들, 아름다운 자연경관, 술에 취해 길바닥에 곯아떨어진 사람들, 호랑이사냥꾼들에 대해 그는 자세히 썼다. 특히 그는 농민들이 부지런히 일하며 특히 여성들이 많은 일들을 감당하며 산다고 지적했으며, 동시에 아이들이 예절에 맞고 기품있게 행동하는 사실

184 위와 같음, 438~439쪽.
185 위와 같음, 174쪽.
186 위와 같음, 146~147쪽.

에 감명을 받았다.[187]

스웨덴 기자 그렙스트의 『코레아 코레아』: "일본의 본질은 잔인성이다"

스웨덴의 신문기자 아손 그렙스트(William Daniel August A:son Grebst) 역시 이 전쟁을 취재하기 위해 조선에 입국했다. 그는 서양인 기자들의 현장취재를 꺼리는 일본군당국으로부터 여행증을 얻기 위해 영국의 상인으로 위장한 채 일본을 거쳐 1905년 12월 24일에 부산에 도착했으며, 1905년 1월 1일에 경부선열차의 첫 승객으로 대구를 잠시 관광한 뒤 서울에 도착했다. 그는 1월 10일쯤 제물포를 떠나 중국을 거쳐 귀국했으며, 1912년에 『코레아 코레아』라는 책을 출판한다.[188]

그러면 그는 코레아와 코레아 사람들을 어떻게 설명했던가? 그는 "코레아사람들은 신체가 잘 발달됐고 균형이 잡혀 있었으며 걸음새는 힘차 보였다"고 평가한 뒤, "그들의 몸놀림은 일본인들의 특징인 벌벌 기는 비굴함과 과장된 예의 차리기와는 거리가 아주 멀었다"고 칭찬했다.[189] 이것은 우리가 바로 앞에서 살핀 런던의 관찰에 정반대되는 것이었다. 그는 또 코레아 사람들은 착하고 상냥스러운 인상을 주었으며 일본인들보다 훨씬 더 호감을 주었다고 썼다.[190] 이러한 관찰 역시 코리언들은 무뚝뚝하고 험상궂다고 묘사했던 몇몇 서양인들의 관찰과는 크게 대조되는 것

---

187 위와 같음, 제8장.

188 이 책의 한국어번역본으로 다음이 있다. 김상열(金相悅) 옮김, 『코레아 코레아: 이것이 조선의 마지막 모습이다』(서울: 미완, 1986). 이 책은 1912년에 스웨덴의 제2의 도시인 요테보리(Göteborg)의 엘란데르(Elander) 출판사에서 출판됐다. 원제는 『고요한 아침의 나라에서 관찰한 코레아』인 것으로 추측된다. 옮긴이는 이 책을 다시 번역해 다음과 같이 출판했다. 『스웨덴 기자 아손, 100년 전 한국을 걷다: 을사조약 전야 대한제국 여행기』(서울: 도서출판 책과함께, 2005).

189 위와 같음, 32쪽.

190 위와 같음.

이었다.

그러나 그것들 밖의 다른 설명들은 거의 모두가 서양인들이 이미 제시했던 설명들과 같았다. 길들은 좁고 더러우며 악취를 풍긴다는 것, 사람들의 몸에서 마늘냄새가 난다는 것, 미신이 성행한다는 것, 과학과 기술이 낙후됐다는 것 등이 대표적인 보기들이다. 여성들에 관해서도 마찬가지였다. 여성들은 자기존재를 잃은 채 온갖 노역에 매몰되어 생활한다는 것, 그들에게 가장 큰 노동은 빨래라는 것, 딸 백 명보다 아들 하나를 더 존귀하게 여긴다는 것, 하층계급의 여성들은 젖을 내놓고 다닌다는 것 등이 그 다른 보기들이다. 그리피스 이후 많은 서양인들이 공통적으로 지적했듯, 그 역시 "파리가 바로 프랑스이듯, 서울이 곧 코레아다"라고 썼다. 그는 여기서 한걸음 더 나아가 "코레아의 태양은 서울에만 뜬다. 지방은 그 그늘에 가리어져 있다"고 썼다.[191]

밀른이 이미 지적했듯, 그 역시 코레아 사람들은 생선을 즐겨 먹으며 특히 명태 · 오징어 · 새우 · 해삼 · 굴 · 조개 등을 별미로 여긴다고 썼다. 그는 코레아에는 어족이 풍부한데도 사람들은 일하는 것을 싫어해서 많이 잡지 않으며 그래서 부지런한 중국인들과 일본인들이 큰 이득을 본다고 덧붙였다.[192] 새비지-란도가 그렇게 했듯, 그 역시 서울에서 감옥을 방문했으며 악형에 시달리는 죄수들을 보았고 사형을 당하는 산적두목도 보았다. 그는 그들이 '연달아 토해내는 비명'에 큰 괴로움을 느꼈다. 기독교인인 그는 그러한 악형은 인간의 존재 그 자체에 대한 도전이라고 비난하면서, 그것이 자행되는 현실에 부끄러움을 느낀다고 덧붙였다. 그는 이 나라에서 기독교가 더욱 널리 수용돼야 그러한 야만적 관행들이 사라지

191 위와 같음, 99~100쪽.

192 위와 같음, 31쪽.

게 될 것이라고 논평했다.[193] 그 역시 헐벗고 굶주린 거지아이들을 목격하곤 자신이 서울에서 접할 수 있었던 것들 가운데 '가장 가엾은 것'이었다고 썼다.[194]

다른 서양인들처럼 그 역시 고종을 직접 알현할 수 있었다. 서울주재독일영사의 도움을 받아 '스웨덴의 장군'으로 위장한 채 1905년 1월 초에 거행된 태자비의 장례식에 참석했을 때 그는 그때 광무황제로 일컬었던 고종을 볼 수 있었던 것이다. 그는 "황제의 얼굴은 개성이 없었으나 원만해 보였고 체구는 작은 편이었다. 눈은 상냥스러워 보이기는 했지만 작았고 사팔뜨기여서 시선을 어디엔가 고정시키지 못하고 노상 허공을 헤매었다"고 썼다. 태자에 대해서는 "아주 못생긴 얼굴이었다. [……] 인상이 돼지의 찡그린 면상을 보는 것 같았고, 무슨 악독한 괴물을 대하는 느낌이 들었다"고 혹평했다. 그러나 그는 이미 별세한 민비에 대해서는 '나라를 사랑하고 재능이 있는 여인' 또는 '지모와 의지로써 일본에 대항한 여인'으로 높이 평가했다.[195]

그는 새롭게 도입되는 서양의 문물에 놀라움을 표시하는 코레아 사람들의 모습들에 대해서도 자세히 썼다. 예컨대, 처음 보는 기관차를 '마술사'처럼 신기하게 그러나 두려움 속에서 바라보다가 기관사가 장난삼아 환기통으로 연기를 뿜어내자 도망가느라고 큰 소동을 일으키는 그들을 보고 '한 떼의 우둔한 양들'을 연상했다. 사진을 찍히면 영혼을 빼앗긴다는 잘못된 생각에서 사진찍히기를 두려워해 달아나는 소년들의 모습에 연민을 느꼈다. 다른 한편으로, 그는 서울의 상가에서 가게들을 구경한 뒤 그 가게들에는 없는 것이 없었다는 표현으로써 경탄을 나타냈다.[196]

---

193 위와 같음, 285~286쪽.

194 위와 같음, 132쪽.

195 위와 같음, 207~221쪽.

이 책의 가장 두드러진 점으로 저자의 일본에 대한 강렬한 비판의식을 지적할 수 있다. 그 역시 다른 서양인들처럼 3세기의 어느 시점에 일본의 진구 황후가 신라의 남부를 지배했다는 일본 역사책의 잘못된 기록을 사실인 것처럼 받아들였다.[197] 그러나 그는 일관되게 일본을 증오한 반면에 코레아를 동정했다. 일본이 주도한 민비시해를 '만행'으로 규탄하는 등, 그는 여러 곳에서 자신의 이웃나라들을 정복하려는 일본의 욕망과 일본인들의 과오들을 명명백백한 표현으로써 비난했다.

특히 일본이 자신의 하층민들을 코레아에 유입시켜 토지를 차지하도록 유도함에 따라 "코레아사람들이 생존에 심각한 위협을 받고 있다"고 지적하면서, '코레아사람들이 일본인들을 눈엣가시처럼 여기는 데 대해' 이해하는 태도를 보였다. 그는 일본인들에게 강제로 토지를 빼앗긴 데 대한 항거의 표시로 최근에 완성된 철로를 부수려다 체포된 코레아의 농민 셋을 일본군인들이 총살한 곳을 방문했다. 거기서 그는 서울주재독일영사로부터 일제가 그 시체들을 옮기는 것을 금지시켜 그 시체들이 16일 동안 현장에 버려진 채 육식조류들의 먹이가 됐다는 사실도 확인했다. 그는 자신이 일본에서 받았던 '매혹적인 아름다움'이라는 인상을 버리고 일본의 '진면목'을 비로소 발견했다고 썼다.[198]

이러한 자세에서, 그는 일본을 지지하는 코레아사람들의 일진회(一進會)를 비난한 반면에 일본에 맞서 싸우는 코레아사람들의 보안회(保安會)를 칭찬했다. 특히 고종의 측근 대신으로 보안회를 이끌던 이용익을 '애국충정이 열렬하기로 소문난 사람'으로 평가했다.[199] 이 평가는 우리가

---

196 위와 같음, 44쪽 및 99쪽.

197 위와 같음, 248쪽.

198 위와 같음, 267쪽.

199 위와 같음, 240쪽.

앞에서 살핀 분쉬의 평가와 정반대되는 것이었지만, 역시 우리가 앞에서 살핀 뒤크로의 평가와는 일치했다.

결론적으로, 그는 일본의 본질은 '잔인함'이라고 보았다. "세상사람들이 일본을 서구식으로 개화된 나라라고 생각하고 있다면 그것은 잘못된 것이다"라고 그는 단언했다.[200] 조선이 개항을 한 때로부터 러일전쟁이 일어난 때까지 이 나라를 방문했던 서양인들 가운데 그처럼 강력하고 분명하게 일본을 비판한 사례는 드물었다.

200 위와 같음, 267~268쪽.

제5부

일제의 '피보호국' 시기에 조선을 관찰한 서양인들의 기록들

제12장
일제를 비판한 서양인들과 지지한 서양인들
(1905~1910)

러일전쟁이 1905년 5월 하순에 일본의 승리로 귀결되자 미국의 시어도어 루스벨트 대통령은 두 나라의 대표들을 미국 뉴햄프셔주의 군항 포츠머스(Portsmouth)로 초청해 그 전쟁을 외교적으로 마무리하는 회담을 열었다. 이 회담은 1905년 9월 5일에 포츠머스조약의 체결로 마무리됐다. 그 주된 내용은 대한제국에 대한 일본의 지배를 인정한다는 것이었다. 영국은 곧바로 제2차 영일동맹을 맺고 일본의 입장을 뒷받침했다.

이 포츠머스조약과 제2차 영일동맹에 고무되어 일본은 이토 히로부미를 특파대사로 서울에 보내 대한제국조정을 협박하게 했다. 일제는 을사년(乙巳年)인 1905년 11월 17일에, 대한제국을 자신의 '피보호국'으로 삼는다는 내용의 조약이 성립됐다고 선언했다. 이 조약이 강제로 맺어졌다는 뜻에서 조선인들은 그것을 '을사늑약'(乙巳勒約)이라고 불렀다. 이 조약에 근거해 일제는 서울에 조선통감부를 설치했으며 1906년 3월에 이토를 초대 통감으로 임명했다.

1. 미국 학자 헐버트의 『코리아의 멸망』

대한제국이 을사늑약으로 일제의 '피보호국'이 된 뒤 미국과 영국의 학자들로부터 상반되는 평가를 담은 책들이 출판됐다. 우선 호머 헐버트(Homer Bazaleel Hulbert)의 『코리아의 멸망』(*The Passing of Korea*)을 검토하기로 하자.[1]

'코리아를 사랑한 대표적 서양인'

헐버트는 코리아를 사랑한 서양인들 가운데 대표적인 사례로 꼽히는 미국인이다. 1863년 1월에 미국 동북부의 버몬트(Vermont)주에서, 미들베리대학(Middlebury College)의 총장이며 목사였던 아버지와 다트머스대학(Dartmouth College) 창립자의 후손인 어머니 아래 태어났다. 기독교신앙에 기초한 엄격한 도덕성을 중시한 교육을 받으며 성장한 그는 21세이던 1884년에 다트머스대학을 졸업했으며, 곧바로 유니언신학교에서 신학을 공부하기 시작했다.

헐버트의 조선과의 관계는 1886년에 공식적으로 시작됐다. 우리가 제3부 제9장에서 보았듯, 고종이 육영공원을 설립하기 위해 미국정부를 상

1 Homer B. Hulbert, *The Passing of Korea* (Garden City, N. Y.: Doubleday, Page and Company, 1906). 이 책은 연세대학교출판부에 의해 1969년에, 그리고 '근세동아세아서양어자료총서 44'(서울: 경인문화사, 2000)로 재간됐다. 이 책의 한국어 번역본으로 다음이 있다. 신복룡, 『대한제국멸망사』(서울: 평민사, 1984; 서울: 집문당, 1999). 헐버트의 생애와 활동들은 다음에서 자세히 토론됐다. 김을한(金乙漢), 「헐벗 박사의 가방」, 김을한, 『여기 참 사람이 있다: 신문인이 본 현대사』(서울: 신태양사, 1960), 130~147쪽; 김기석(金基奭), 「헐버트: 대한제국의 마지막 밀사」, 『한국사 시민강좌』 제34집 제1호(2004년 2월), 81~92쪽; 한철호(韓哲昊), 「헐버트의 만국평화회의 활동과 한미관계」, 독립기념관 한국독립운동사연구소 편, 『헤이그특사와 한국독립운동』(서울: 도서출판 새미, 2007), 273~320쪽; 김동진(金東珍), 「헐버트의 특사역할」, 이태진 외, 『백년 후 만나는 헤이그 특사』(서울: 태학사, 2008), 179~203쪽.

대로 교사들의 파견을 요청했을 때 미국정부는 헐버트를 비롯한 세 명의 유니언신학교 학생들을 파견해, 그들은 그해 7월에 서울로 왔던 것이다. 그 뒤 그는 육영공원 교사로 봉직하면서 서양학문을 소개한 교과서로 『사민필지』(士民必知)를 편찬했고 지리교과서로 『초학지지』(初學地誌)를 간행했으며, 대한제국의 수립이 선포될 무렵에는 한성사범학교 개교에 참여해 초대 교장을 맡았다. 언론에도 열정을 쏟아 『독립신문』의 영어판 편집과 인쇄를 담당했으며, 영문잡지 『코리아 총보』(叢報: *The Korean Repository*)를 경영했고 그것이 폐간된 뒤 1901년에는 『코리아 평론』(*Korea Review*)의 창간을 이끌었다.

코리아의 독립유지를 위해 헌신했던 그는 우선 두 권으로 구성된 방대한 양의 『코리아의 역사』(*The History of Korea*)를 저술해 코리아가 500년의 고유한 역사와 문화를 가진 나라이며 코리언들은 중국인들이나 일본인들과는 확실하게 구별되는 독립적인 민족임을 세계에 알리고자 했다.[2] 코리아가 겪었던 주변국가들의 침략들을 설명할 때도 그는 코리언들이 얼마나 강력하면서도 끈질기게 저항했던가를 상세히 썼다. 그는 또 이 나라의 독립보존을 위해 철저한 내정개혁을 실시해야 한다고 제의한 독립협회, 그리고 일제의 침략에 맞서 궐기한 의병들에 대해 상세히 썼다.[3]

이 책이 출간된 직후 대한제국이 을사늑약에 의해 일제의 '피보호국'이 되자 그는 이것의 부당성을 국제사회에 알리기 위해 『코리아의 멸망』

2 Homer B. Hulbert, *The History of Korea* (2 vols.: Seoul: The Methodist Publishing House, 1905), Vol. 1, p. 7. 이 책의 제1권과 제2권은 각각 '근세동아세아서양어자료총서 42 · 43'(서울: 경인문화사, 2000)으로 재간됐다. 이 책은 또 다음과 같이 재간됐다. Clarence Norwood Weems, *Hulbert's History of Korea* (Seoul: Hillary House Publishers Ltd., 1962). 이 재간본에는 맨스필드주립대학(Mansfield State College) 교수인 편자의 서문과 헐버트의 경력이 포함됐다.

3 Hulbert, *The History of Korea*, Vol. 2, Ch. 22.

을 출판했다. 그는 자신의 관심을 이 나라가 일본의 '피보호국'으로 전락하게 된 원인들을 찾는 데 두었다. 그는 무엇보다 양반이라는 말로 압축되는 지배계급의 부패와 무능에서 일차적 원인을 찾았다. 조정의 고관대작들로부터 지방의 아전들에 이르기까지 매관매직이 공개적으로 이뤄지고 벼슬을 사거나 지키기 위해 필요한 돈을 백성들로부터 수탈하는 폐습이 결국 이 나라를 망국에 이르게 했다고 본 것이다.[4] 이러한 관점에서, 그는 조선의 전면적 개혁을 지향했던 독립협회를 높이 평가했다.[5]

고종을 적극적으로 옹호하다

다른 한편으로, 그는 고종을 적극적으로 옹호했다. 고종이 무능했고 취약했으며 미신에 빠져 지냈다는 서양인들의 지적은 잠시 지나가는 방문자들이 떠도는 풍설들을 진지한 검토없이 액면 그대로 받아들인 결과일 뿐이라고 비판하면서, 을사늑약을 무효화시키기 위한 고종의 노력을 소개했다.[6] 그 다음으로, 그는 미국을 비롯한 열강이 코리아를 자신의 식민지로 만들려는 일제의 정책에 동조하거나 묵인한 데서 원인을 찾았다. 이 점에서, 그는 미국의 코리아정책을 비판했다. 특히 이 나라를 일본의 '피보호국'으로 만든 조약이 일본의 강압 아래 체결된 직후 미국이 항의를 표시하기는커녕 어느 열강에 앞서 서울에서 공사관을 철수시킴으로써 이 나라를 궁지에 몰아넣었다고 비난했다.[7]

그러면 코리아가 독립을 유지할 수 있는 길은 없는 것일까? 그는 우선

---

4 Hulbert, *The Passing of Korea*, pp. 50~61.

5 위와 같음, 148~168쪽.

6 위와 같음, 343~348쪽. 고종을 옹호한 책들은 다음이다. 이태진, 『고종시대의 재조명』(서울: 태학사, 2000); 교수신문 기획 엮음, 『고종황제 역사청문회』(서울: 푸른역사, 2005); 오인환(吳隣煥), 『위기관리의 관점에서 본 고종시대의 리더십』(서울: 열린책들, 2008).

7 Hulbert, *The Passing of Korea*, p. 348.

이 나라의 모든 국민들을 교육시켜야 하며 또 열강의 지원을 얻는 데 모든 힘을 기울여야 한다고 제의했다. 특히 미국인들을 비롯한 서양인들은 "코리언들이 지적으로 열등하고 더 나은 삶을 영위할 능력이 없으며, 타락하고 경멸을 받을 만한 민족이기 때문에 일본의 지배 아래서만 더 잘살게 된다"는 일본의 선전에 오도됐음에 주의를 환기시켰다.[8]

대한제국의 독립을 지켜보려는 헐버트의 노력은 1907년 5월에 고종의 밀명을 받아 헤이그에서 열릴 예정인 만국평화회의에 참가하려는 시도로 이어졌다. 그는 헤이그에 도착해 이상설(李相卨) · 이준(李儁) · 이위종(李瑋鍾) 등 밀사 3인을 만나고 유럽의 외교관들과 접촉하는 데 성공했다. 그러나 그 이상의 활동을 할 수 없게 됨에 따라 미국으로 건너가 루스벨트 대통령을 만나려고 했지만 뜻을 이루지 못했다. 그는 『동양의 메아리: 극동에서의 생활에 대한 회고』(*Echoes of the Orient: A Memoir of Life in the Far East*)를 집필하면서, 일제의 동북아시아침략을 비판했다.[9]

이러한 경력의 헐버트에게 대한민국의 건국은 커다란 기쁨이 아닐 수 없었다. 그는, 대한민국 초대 대통령 이승만의 초청을 받아, 1949년 8월 15일로 예정된 대한민국정부수립1주년경축행사를 며칠 앞두고 서울에 도착했다. 그러나 86세의 노령에 여행의 여독이 겹쳐 경축행사를 보지 못한 채 별세했다. "죽으면 나는 웨스트민스터성당보다 코리아에 묻히기를 원하노라"는 생전의 뜻에 따라 서울 마포구 합정동에 위치한 양화진 외국인묘역에 묻혔다.[10]

---

8 위와 같음, 347쪽.

9 김기석, 「헐버트」, 83쪽.

10 이 묘지에 묻힌 서양인들에 대한 책으로 다음이 대표적이다. 전택부, 『이 땅에 묻히리라: 양화진 외인 열전』(서울: 홍성사, 1986). 헐버트에 대해서는 「한국의 친구 헐버트」, 82~92쪽에 있다.

2. 영국 교수 롱포드의 『코리아 이야기』

헐버트와 정반대의 입장을 취한 서양인이 나가사키주재영국영사를 역임한 런던대학교 킹스칼리지(King's College)의 교수 조지프 롱포드(Joseph H. Longford)였다. 그는 우선 1904년 2월에 발표한 시론 「일본의 코리아와의 관계」(Japanese Relations with Korea)에서 일본이 코리아를 자신의 지배 아래 두려고 하는 것은 정당하다고 평가했다. '위대하고 강력한' 나라가 '사소하고 약한' 다른 나라의 영토를 소유하려고 할 때, 그리고 그 나라가 자신의 안전과 미래의 물질적 발전을 위해 약한 나라를 합병해야 한다고 '양심적으로' 믿을 때, 전자(前者)의 행동은 정당하다는 것이었다. 쉽게 말해, 코리아는 일본에게는 생명과 같지만 러시아에게는 '아시아제국의 한 끝을 장식하는 일부분'에 지나지 않는 만큼, 코리아를 일본에게 넘겨주는 것은 당연하다고 그는 주장했다.[11]

그의 이러한 입장은 일본이 대한제국을 '병합'한 것을 찬양한 것으로 이어졌다. 그는 러일전쟁에서 일본이 수행한 목적은 "코리아를 러시아에 의한 병합이라는 위험으로부터 해방시키는 것이었다"고 주장했다. 그는 이토가 조선에서 추진한 '개혁들'을 높이 평가한 뒤, 조선은 일본의 '피보호국'이 되고 마침내 일제에 편입됨으로써 '영구한 개혁'의 길에 들어섰다고 보았다.[12]

롱포드의 견해는 그때 영국 정부 및 주류사회의 견해를 대변한 것이나 마찬가지였다. 영국정부는 코리아를 '완전한 붕괴상태에 빠진 동양적 국가'이며, 마치 터키가 '유럽의 환자'라면 코리아는 '동아시아의 환자'라

---

11 박지향, 『일그러진 근대』, 208쪽에서 다시 옮김.

12 Joseph H. Longford, *The Story of Korea* (London: T. Fisher Unwin, 1911), p. 351 and Chapter 16.

고 여겼다.

그러했기에, 대한제국정부로부터 제2차 영일동맹에 대한 항의를 접수한 영국의 서울주재총영사 겸 공사 존 조든(John Jordan)은 "아는 척도 하지 않는 것이 최상이다"라고 본국정부에 건의했고 본국정부는 그 건의를 받아들였다. 대한제국을 일본의 '피보호국'으로 만든 을사늑약에 항의해, 대한제국황제의 시종무관장(侍從武官長) 민영환 그리고 대한제국의 주영서리공사(駐英署理公使) 이한응(李漢應)이 자결했을 때도, 영국의 외교관들은 '국제정치를 이해하지 못하는 무식한 짓'으로 폄하했다.[13]

3. 러시아 문호 톨스토이의 대화록

일본이 코리아를 자신의 '피보호국'으로 만든 데 대해 국제사회에서 찬반의 논란이 일던 시점에, 러시아의 문호 톨스토이(Lev N. Tolstoy)는 일본을 비난했다. 이 사실은 슬로바키아인으로 1904년부터 1910년까지 톨스토이의 영지(領地)이면서 장원(莊園)인 야스나야 폴랴나에서 톨스토이와 함께 생활하며 일기를 썼던 가정의(家庭醫) 두샹 페트로비치 마코비츠키(Dushang Petrovich Makovitski)의 『야스나야 폴랴나 일기』에 잘 나타났다.

일본과 러시아를 동시에 비판하다

이 일기에 따르면, 러일전쟁이 일어난 직후인 1904년 2월 22일에 미국의 『노스 어메리칸』(*North American*)지가 보낸 질문서에 대한 답변에서, 톨스토이는 러시아와 일본 모두가 평화를 선택하지 않고 전쟁을 선택했

---

13 박지향, 『일그러진 근대』, 184~187쪽.

다고 비난하면서, "자신이 속한 정부의 결정 때문에 어쩔 수 없이 전쟁에 참여해야 하는 두 나라의 인민들에게 동정을 표시한다"고 말했다. 그는 이어, 러시아의 정치인들은 핀란드와 폴란드를 식민통치하기 위해 미치광이처럼 날뛴다고 비난함과 동시에 "일본의 정치인들은 코레야를 병탄하기 위해 사납게 날뛰면서 터무니없는 짓을 하는 미치광이들이다"라고 비난했다. 그의 이러한 입장은 그때로부터 약 3개월 뒤인 1904년 5월에 되풀이됐다. 러일전쟁이 한창이던 이 시점에 반전선언서 「반성하라」를 발표하면서, 그는 러시아는 사할린과 만주 및 코레야를 포함해 극동의 다른 모든 민족들의 영토들로부터 물러나야 한다고 주장했다.[14]

다시 이 일기에 따르면, 1905년 4월 28일에 톨스토이는 자신을 방문한 뉴욕주 출신의 미국인 여행가 프랭크 레몬트 로버트슨(Frank Lement Robertson)과 대화를 나눴다. 이 무렵, 일본의 승리는 거의 확실해졌다. 로버트슨은 중국의 정치가 리훙장을 '위대한 인물'이라고 칭찬한 데 이어 이토 히로부미를 '외교가답게 교제에 능하면서도 대단히 절제된 인물'이라고 칭찬했다. 톨스토이는 이토를 '위대한 사람'이라고 매우 짧게 대꾸했다. 『야스나야 폴랴나 일기』는 톨스토이가 어떤 배경에서 그렇게 말했는지 설명하지 않았다. 그러나, 이 일기를 면밀히 분석한 정태익(鄭泰翼) 전 러시아주재대한민국대사에 따르면, 톨스토이는 이토를 진정으로 '위대한 사람'이라고 평가했던 것이 아니라 역설적으로 논평한 것이었다.[15]

그러한 해석은 톨스토이가 뒷날 명백한 문구로 이토를 혹평한 사실에 미뤄보면 결코 무리한 것이 아니었다. 1906년 7월 24일 저녁에 마코비츠키와 차를 나누면서 톨스토이는 일본인들을 '응용과학의 재능을 지녔을

14 정태익, 「톨스토이와 한국」, 김려춘(金麗春), 『톨스토이와 동양』(서울: 인디북, 2004), 184~186쪽.

15 위와 같음, 187~188쪽.

뿐 형이상학적 추상적 사고(思考)가 없는 사람들'이라고 논평한 뒤 일본의 천황을 '깊이는 없으면서 심각한 표정을 짓는 사람'으로 묘사했다. 그는 이어 "현재 코레야를 통치하는 이토 히로부미는 타락한 무도(無道)의 인간이오"라고 혹평한 것이다.[16]

"코레야의 인민들은 문명한 인민들이다"

이제까지 우리가 살핀 톨스토이의 발언들은 그가 일본인들과 일본의 정치인들을 경멸했음을 보여준다. 그러면 그는 조선인들을 어떻게 평가했던가? 이 물음에 대한 단서는 1906년 8월 15일에 자신을 찾아온 손님들과의 대화에서 찾을 수 있다. 극동정세에 관해 대화하는 가운데 어느 손님이 현재 일본인들이 코레야의 인민들을 심하게 박해한다고 말하자, 톨스토이는 코레야의 인민들은 '동양적 의미에서 볼 때 대단히 문명한 인민들'이라고 짧게 칭찬했다.[17] 톨스토이는 중국인학자 구훙밍(辜鴻銘: Ku Hung-ming)이 1906년에 중국 샹하이에서 영문으로 출판한 『도덕적 입장에서 본 러일전쟁 발생의 원인들』(*The Moral Causes of the Russo-Japanese War*)을 소개하면서, 이 책에서 그러한 평가를 찾을 수 있다고 부연한 것이다.

이 짧은 언급이 정확히 무엇을 의미했는지 알기 어렵다. 그러나 우리는 다음의 두 가지 사실들로부터 그 의미를 유추할 수 있겠다. 첫째, 톨스토이가 평소에 서양중심적 기독교중심적 가치관을 비판하고 동양문화에는 '항구적 가치'가 있다고 평가했으며 그러한 인식의 연장선 위에서 일본을 단순히 서양문명을 모방한 나라로 경멸한 반면에 코레야에는 '동양적

16 위와 같음, 189쪽.
17 위와 같음, 184~185쪽.

가치'가 살아 있는 것으로 말했다는 사실이다.[18] 톨스토이는 기독교의 본질은 '사랑'과 '희생'에 있는데도 서양의 기독교세계는 현실적으로 '탐욕'과 '정복'으로 기울어졌다고 비판하면서 동양의 불교와 유교에서 서양문명의 병폐를 씻어낼 수 있는 정신적 해답을 찾고자 했다. 만년에는 노자의 무위사상(無爲思想)에 심취했다. 이러한 사상적 성향을 지녔기에 그가 청년시절부터 동양을 방문하려는 뜻을 여러 차례 표시했던 것은 당연했다.

둘째, 구훙밍은 중국 후젠성에서 말레이시아로 이주한 중국인의 후예로 영국 에딘버러대학교에서 문학사학위를 받은 뒤 독일 라이프치히대학교에서 토목공학을 전공했으며 이어 프랑스 파리대학교에서 법학을 전공했다. 귀국한 뒤 그는 그때 영국의 식민지던 싱가포르에서 관리로 일하다가 중국으로 돌아가 역시 관리로 일했다. 이 무렵 그는 톨스토이의 사상에 심취해 톨스토이와 교신하면서 자신의 저서를 봉정했던 것이다. 그는 서양이 물질문명에서는 앞섰으나 정신세계에서는 타락했다고 파악하고, 동양의 사상에서 인류는 공존상생의 해법을 찾아야 한다는 믿음을 키웠던 것인데, 조선은 중국의 사상적 전통을 보존한 나라로 보았던 것 같다. 8개국어에 능통했던 그는 1915년 이후 베이징대학 교수로 연구에 전념하다가 1928년에 별세한다.[19]

블라디보스토크에서 발행되던 신문 『보스토크』[극동]는 1908년 3월 1일에, 1908년 9월 9일의 톨스토이 출생 80주년을 기념해 그를 초청하려는 일본인들의 요청에 응해 톨스토이가 금년 3월이나 4월에 일본을 방문할 것 같다고 보도했다. 이 신문은 톨스토이가 일본을 방문하게 되면 코

18 위와 같음, 185쪽.

19 http://en.wikipedia.org/wiki/Gu_Hongming 참고.

레야도 방문하게 될 것이라는 추측이 뒤따른다고 덧붙였다. 노령이었던 톨스토이의 방문은 실현되지 않았다.[20] 그는 1910년 11월에 별세한다. 그가 코레야를 방문했다면 과연 어떤 인식을 갖게 됐을까?

4. 독일 무관 산더의 사진들 및 편지들

일본주재독일대사관의 무관 헤르만 구스타프 데오도르 산더(Hermann Gustav Theodor Sander) 육군중위는 1906년 8월부터 11월까지 동북아시아의 몇몇 지역들을 순방했다. 이때 그의 나이는 만 38세였다. 그는 1945년에 독일에서 별세한다.

산더의 여행목적은 일차적으로 사할린과 만주를 비롯해 러일전쟁의 전장들 그리고 그 전쟁에 직접적으로 관련된 지역들을 방문하고 정보를 수집하는 데 있었다. 따라서 그는 매(每) 방문지에서 사진을 많이 찍었다. 이 과정에서 그는 9월 10일부터 10월 4일까지 조선을 방문했다. 서울과 평양은 물론이고 함경도의 성진군(城津郡)과 길주군(吉州郡) 및 원산항 등이 포함됐다. 그는 여행기를 출판하지 않았다. 다만 가끔 가족들에게 편지를 썼을 뿐인데, 이 편지들이 사진들과 함께 사진첩의 형태로 보관됐다.[21]

이 사진들이나 편지들에서 산더가 일제의 조선 '보호국'화를 어떻게 평가했는지를 알아내기는 불가능하다. 그는 조선의 국내외 상황에 대해

20 정태익, 「톨스토이와 한국」, 193쪽.

21 이 사진첩은 그의 손자 엥켈 스테판 산더(Enkel Stefan Sander)에 의해 만들어졌다. 이 사진첩은 대한민국 국립민속박물관에 전달됐으며 자세한 한국어 주해들과 함께 다음과 같이 출판됐다. 김홍남(金紅男) 편, 『1906~1907 한국 만주 사할린: 독일인 헤르만 산더의 여행』(서울: 대한민국 국립민속박물관, 2006).

서는 전혀 말하지 않았다. 그러나 그는 자신의 여행일지에서 자신의 "이 여행들은 이보다 더 흥미로울 수는 없었다"고 썼으며, 원산에 대해서는 "자연경관이 수려하다"고 썼다.

이러한 배경에서, 그는 1907년 3월 7일부터 21일까지 다시 조선을 여행했다. 첫 방문 때는 부산에서 기차를 타고 서울을 거쳐 북부로 올라가는 길을 택했음에 비해, 이 방문 때는 군산을 경유하는 서해안 뱃길을 택했다. 이 방한에서, 그는 이제까지 서방의 기자들이 조선에 대해 '수박 겉핥기식'으로 보도했다고 논평했다. 그는 조선에 관한 사실적 정보들은 '극도로 빈곤하다'고 논평하면서, 자신의 관심은 이 나라에 관한 자료들을 수집하는 데 있다고 거듭 말했다.[22]

그가 찍은 사진들에 공통적으로 나타나는 것들이 있다. 단순화시켜 다음과 같이 요약할 수 있다. 첫째, 어느 곳에서든 일본인들의 거류지는 기와 또는 타일 지붕의 서양식건물들로 가득 찼으며 깨끗하고 질서정연함에 비해 조선인들의 거류지는 초라한 초가집들로 가득 찼다. 둘째, 벌써 일본인들의 하녀들로 취직한 조선여성들은 젖을 내놓은 채 생활했다. 조선의 어린이들은 웃옷을 입지 못한 채 생활했다. 셋째, 조선의 여러 곳들에서는 무당들의 굿을 통해 귀신을 내쫓는 일들이 벌어졌다. 넷째, 서울의 거리들은 약 10년 또는 15년에 비해 훨씬 넓어졌다.

5. 미국 목사 그리피스의 『코리아: 은자의 나라』 증보판

우리가 제3부 제7장에서 이미 지적했듯, 그리피스는 대한제국이 일본

---

22 위와 같음, 128쪽.

의 '피보호국'이 된 직후인 1907년에 자신의 『코리아: 은자의 나라』에 다섯 개의 장(章)들을 추가했다. 이것들을 관류하는 흐름은 코리아에 대한 부정적 인식 그리고 일본과 일본의 정책들에 대한 옹호다. 이것들을 읽은 독자들은 대체로 코리아가 일본의 '피보호국'으로 바뀐 것을 당연한 귀결로 수용했을 것이다.

조선을 폄하하고 일본을 칭찬하다

그러면 그리피스는 이 나라를 어떻게 평가했던가? 첫째, 그는 이 나라에는 서구와는 달리 '지력(知力)을 가진 중산계급'(an intelligent middle class)이 없다고 보았다. 이 나라의 인구는 전체의 10분의 1을 차지하는 양반계급과 나머지 10분의 9를 차지하는 농민계급으로 단순하게 양분되어 있을 뿐이라고 그는 설명했다. 이 나라에는 '공인계급'(manufacturing class)이 사실상 없으며, 간단한 제조업을 농민이 담당한다고 그는 덧붙였다. 어민들도 농업에 보다 더 큰 비중을 두면서 어업에 종사한다고 그는 보았다.[23]

둘째, 그는 양반계급을 통렬히 비판했다. 이 계급에 속한 사람들은 세금·병역·노동 모두에서 면제된 채 농민계급을 수탈한다는 것이었다. 이러한 맥락에서, 그는 양반계급을 '약탈계급' 또는 '기생충들'이라고 매도했다.[24]

거기서 한걸음 더 나아가 그는 양반계급은 하나의 특권계급으로서 '애국적 희생과 개인적 근면'을 보여줌이 없이 서울을 '음모의 온상'으로 그리고 코리아를 '극동의 폭풍 중심'으로 만들었다고 비난했다. 그들은 중

---

23 William Elliott Griffis, *Corea: The Hermit Nation*, 8th ed. (New York: Charles Scribner's Son's, 1907), p. 443.

24 위와 같음, 450쪽 및 473쪽.

국의 지배계급처럼 '능숙한 상인들'이 되지도 못했고 일본의 지배계급처럼 '용감한 전사들'이 되지도 못한 채, 간지(奸智)를 발휘해 음모를 꾸며 정적들을 타도하고 자신들의 지위와 특권을 유지하는 데 온힘을 쏟았다는 것이었다. 그는 지배계급의 이러한 생활방식과 행태가 결국 자기 자신뿐만 아니라 국가까지 망쳤다고 주장했다.[25]

그러면 이 나라의 양반계급은 왜 그러한 상태에 머물러 있는 것일까? 그는 그 답을 유교에서 찾았다. 그는 이 나라에서 유교는 이미 완고한 교조주의에 사로잡힌 채 여성을 천시하고 인간의 지성을 좁게 만들었으며 개인주의의 성장을 억제시켰다고 보았다. 이렇게 퇴화된 유교는 이 나라의 양반계급으로 하여금 변화를 두려워하고 현상유지에 매달리게 만들었다는 것이다. 그래서 그들은 철도 · 대중교육 · 공공위생과 같은 문명의 새로운 산물들을 받아들이기를 두려워한다고 그는 보았다.[26]

대조적으로, 그는 일본의 지배계급을 칭찬했다. 일본의 지배계급은 이미 200년 전부터 나가사키를 유럽에 개방해 이곳을 통해 서양을 깊이 연구했으며, 그것에 근거해 전면적인 개항에 들어간 뒤 서양의 장점들을 과감히 수용했다는 것이다. 구체적으로 말해, 일본의 지배계급은 봉건제도를 폐지하고 기존의 특권들을 버렸을 뿐만 아니라 생산에 참여함으로써 '진정한 애국심 그리고 공공선을 위한 자기희생'을 실천했다는 것이다. 동시에 상인들과 공인(工人)들은 물론 천민들조차 육군 · 해군 · 학교 · 사법부 · 행정부 등에서 직업을 얻음으로써 신분상승을 실현할 수 있었다고 그는 보았다. 이러한 변화들이 모두 모아져 일본은 서구와의 충돌을 이겨내고 서양열강의 반열에 진입할 수 있었다고 그는 결론을 내렸다.[27]

25 위와 같음, 497~498쪽.

26 위와 같음, 448~451쪽.

27 위와 같음, 450쪽.

그는 일본이 서구와의 충돌에서 승리할 수 있게 된 배후에는 '정신적으로나 육체적으로 뛰어나게 훈련됐으며, 국가를 위한 충성심 · 애국심 · 봉사라는 높은 이상을 지닌 군인이면서 동시에 학자인 사람들로 구성된 하나의 교양을 갖춘 통일체'(a cultured body of men, superbly trained in both mind and body, the soldier and scholar in one, who held to a high ideal of loyalty, patriotism, and sacrifice for country)가 존재하고 있었다고 보았다. 코리아는 이것을 결여하고 있으며 따라서 서구와의 충돌에서 패배할 수밖에 없다고 그는 지적했다.[28]

"코리아는 일본을 본받아야 한다"

여기서 그리피스는 코리아에 대해 하나의 권고를 제시했다. 이 나라는 하루빨리 일본이 걸었던 길을 걸어야 한다는 권고였다. 보다 구체적으로, 그는 '약탈적' 지배계급을 형성하는 귀족들과 관리들 및 대지주들은 자신들의 특권들을 포기하고 게으름에서 벗어나 스스로 노동을 해야 하며 대부분이 문맹자로 구성된 피지배계급에게 교육기회와 빈곤에서 벗어날 기회를 주어야 한다고 권고했다. 그는 이 나라가 그러한 방향으로 개혁하고자 한다면 일본을 하나의 모델로 삼아야 한다고 제의했다.[29]

코리아가 일본을 발전모델로 삼아야 한다는 자신의 발상을 뒷받침하려는 듯, 그는 일본이 과거에 코리아를 가르쳤다는 믿기 어려운 주장을 전개했다. 일본인들이 16세기에 이 나라에 쌀농사를 가르쳐 풍작을 이루게 했으며 그 결과 이 나라는 매년 쌀을 수출할 수 있게 됐다고 그는 주장한 것이다. 그는 이어 최근에는 일본인들이 이 나라의 황무지들을 개간해 곡

28 위와 같음.
29 위와 같음.

물과 면화를 비롯한 여러 농산물들을 생산해 일본으로 수출했다고 주장했다.[30] 조선인들이 그것을 일본인들의 조선에서의 불법적인 활동이며 조선인재산의 절취라고 보았음을 그는 지적하지 않았다.

셋째, 그는 코리아가 '주물숭배와 미신 그리고 무지'(fetichism, superstition, and ignorance)에 빠져 있다고 보았다. 같은 맥락에서, 그는 이 나라 사람들이 샤머니즘과 주술사들의 강력한 영향 아래 놓여 있다고 보았다. 이러한 사회적 · 정신적 분위기 속에서, 이 나라에는 '거짓말, 절도, 도박, 술 취함, 사회악' 등이 만연해 있다고 비판했다. 이 나라는 기독교를 수용함으로써 '새로운 정신적 지평'에 도달해야 한다고 그는 역설했다.[31]

청일전쟁 러일전쟁과 관련해, 일본을 옹호하다

넷째, 그는 1894~1895년에 일어난 중국과 일본 사이의 전쟁에 관해 철저히 일본의 입장을 지지했다. 중국은 완전히 부패했을 뿐만 아니라 억압적인 국가로서 조선을 '조공을 바치는 속국'(tributary vassal)으로 간주하고 있었는데, 일본이 중국을 패퇴시킴으로써 조선이 '하나의 자주국'으로 출발할 수 있는 기회를 제공했다는 것이었다. 특히 일본의 승리는 조선조정에서 완고하고 부패한 수구세력의 약화와 진보적인 개혁세력의 등장을 가져왔다고 평가했다. 그는 전쟁기간에 조선인들은 강제에 의해서가 아니라 자발적으로 일본군에 노동과 물자를 제공했으며 일본군은 그들에게 대가를 지불했다고 덧붙였다.[32] 그러나 그는 이 전쟁이 조선인들이 바라지 않은 상태에서 그들의 땅에서 일어났고 파괴와 살상이 뒤따른

30 위와 같음, 444쪽.

31 위와 같음, 451쪽 및 470쪽.

32 위와 같음, 478쪽 및 497쪽.

사실에 대해서는 침묵했다.

1904~1905년에 일어난 러시아와 일본 사이의 전쟁에 관해서도, 그는 철저히 일본의 입장을 대변했다. 우선 그는 러시아가 만주로부터의 철군 약속을 지키지 않음으로써 국제적 신의를 배반했다고 비난했다. 그는 또 이 전쟁이 일어난 직후인 1904년 2월 23일에 조인된 대한제국과 일본 사이의 의정서에서 일본은 대한제국의 독립과 영토보전을 보증한다고 약속한 사실을 상기시키면서 일본은 코리아의 독립을 위한 챔피언이 됐다고 주장했다.[33] 그러나 그는 이 의정서가 이 전쟁에서 대한제국으로 하여금 일본을 지원하도록 강제하기 위해 황급히 강압적으로 체결됐으며 앞에서 언급된 약속은 하나의 가면에 지나지 않았다는 사실에 대해서는 완전히 침묵했다.

이어 그는 일본이 이 전쟁을 통해 중국의 영토보전을 뒷받침했다고 주장했다. 만주의 분할을 추구하는 행동들에 나타났듯, 러시아는 중국의 '영토적 통일성'을 파괴하고자 했는데 일본이 러시아를 패퇴시킴으로써 중국의 영토적 통일성은 보장됐다는 것이었다.[34]

이토 히로부미를 찬양하다

다섯째, 이러한 친일적 시각을 지녔기에 그는 서울주재일본공사 미우라 고로의 지휘 아래 일본인들과 조선인들이 공동으로 저지른 민비시해를 일본정부에 의해 자행된 범죄로 규정하지 않고 '한 무모한 외교적 과오자'(a reckless diplomatic blunderer)의 소행으로 단정했다. 게다가 시해에 참가한 일본인들은 민비가 친러적인 데 대해 반감을 가졌으며 조선인들

---

33 위와 같음, 494~495쪽.

34 위와 같음, 제12장.

은 민비를 죽이는 것이 조국을 위해 좋은 일이라는 인식을 가졌다고 씀으로써 범죄자들의 행위가 애국적 동기에서 저질러진 것이라고 변호했다.[35]

(민비시해에 가담한 조선군 장교들의 한 사람이 우범선[禹範善]이었다. 그는 이 사건 직후 일본으로 망명했으나, 1903년 11월에 민비의 총애를 받았던 고영근[高永根]에 의해 척살된다. 고영근은 일본감옥에서 약 6년에 걸쳐 복역한 뒤 특사를 받아 귀국한다. 우범선과 일본부인 사이의 아들이 유명한 농학자 우장춘[禹長春] 박사다.)[36]

여섯째, 그는 일본이 코리아를 '피보호국'으로 만든 것을 당연한 것처럼 보았다. 우선 그는 일본이 이 나약한 이웃나라를 그렇게 만든 조약이 무력시위를 앞세운 일본의 협박에 의해 일본의 서울주재공사와 조선의 외부대신 사이에 체결됐다는 사실에 대해 전혀 언급하지 않았다. 대한제국의 황제가 이 조약에 서명하지 않은 사실에 대해서도 침묵했다. 이어 그는 이 조약에 근거해 서울에 통감으로 부임한 이토 히로부미를 높이 평가했다. "그의 정력적인 행동 아래 진짜 개혁들이 시작됐으며 그 개혁들에 대한 전체적 전망은 밝아졌다"고 주장한 것이다.[37]

결론적으로, 마치 영국이 이집트를 위해, 미국이 쿠바를 위해, 그리고 프랑스가 베트남을 위해 일한 것처럼 일본은 나라를 망치고 있는 지배계급으로부터 코리아의 존속을 유지시켜주기 위해 자신의 '피보호국'으로

35 위와 같음, 481쪽. 민비시해에 대한 중요한 연구들은 다음이다. 최문형(崔文衡) 외 저, 『명성황후시해사건』(서울: 민음사, 1992). 필자들은 강창일(姜昌一) · 김상수(金相洙) · 유영익(柳永益) · 이광린(李光麟) · 이민원(李玟源) 등이다; 최문형, 『명성황후시해의 진실을 밝히다: 선전포고 없는 일본의 대러개전』(서울: 지식산업사, 2001); 나홍주(羅洪柱), 『민비암살(各田房子: 쓰노다 후사꼬) 비판』(서울: 미래문화사, 1988); 한영우, 『명성황후와 대한제국』(서울: 효형출판사, 2001).

36 이종각(李鍾珏), 『자객 고영근의 명성황후 복수기』(서울: 동아일보사, 2009).

37 Griffis, *Corea*, p. 502.

만들었다고 그는 설명했다.[38] 이 설명은 일본이 서양 각국에게 홍보했던 내용과 일치한다. 그리고 이러한 식의 설명은, 우리가 앞으로 보게 되듯, 그 이후 출판되는 서양인들의 저술들 속에서 되풀이된다.

이 설명에는 어떤 문제들이 있는가? 영국과 이집트의 관계 하나만을 살펴보자. 재론할 필요 없이, 영국은 이집트를 자신의 통제 아래 두고 철저히 착취했다. 예컨대, 재정적으로 곤란한 이집트의 왕실 및 정부에 거액의 차관을 제공하고 그것을 빌미로 이집트를 더욱 깊숙이 영국의 지배 아래 빠뜨렸으며 갖가지 이권들을 빼앗았다. 일본 역시 이 방법을 썼다. 조선에 거액의 차관을 제공하고 그것을 빌미로 이 나라를 자신에게 재정적으로 의존하게 만듦으로써 자신의 통제 안으로 더욱 철저히 끌어들였던 것이다.[39]

6. 미국 목사 언더우드 내외의 저술들 II

같은 미국인으로서, 헐버트가 반일적이고 그리피스가 친일적이었음에 비해 언더우드 내외는 결코 친일적이지는 아니었지만 그렇다고 해서 반일적 입장을 아주 확실하게 표시하지는 않았다. 이 부부는 조선인들에 대해 동정을 표시하면서도 일본을 적극적으로 비난하지는 않았다.

언더우드, 조선관리들의 착취를 비난하다

우선 언더우드가 1908년에 출판한 『코리아의 부름』(*The Call of Korea*)

38 위와 같음, 498쪽.
39 김동노(金東魯), 『근대와 식민의 서곡』(서울: 창비[創批], 2009), 100쪽.

을[40] 보기로 한다. 언더우드는 비숍 여사의 『코리아와 그의 이웃나라들』 및 헐버트의 『코리아의 멸망』을 비롯한 몇몇 서양인들의 저서들에 의존해 코리아의 역사 · 지리 · 문화 · 종교 · 정부 그리고 개신교의 활동들을 설명하고자 했다. 따라서 자신의 견해들을 말하면서도 그들이 제시한 견해들을 되풀이한 부분들이 적잖다. 산천경개는 참으로 아름답고 매력적이라는 것, 지하자원이 풍부하지만 개발이 되지 않았다는 것, 수산자원이 풍부하지만 해외수출은 거의 이뤄지지 않았다는 것, 인삼이 특산물이라는 것, 농민들의 기구들은 조잡하다는 것, 샤머니즘의 영향력이 매우 크다는 것 등이 그 보기들이다.[41]

관리들의 착취에 대해서도, 언더우드는 서양의 관찰자들이 이미 제시한 견해들에 전적으로 동의했다. 관리들은 권력이 없는 어떤 사람이 재산을 갖고 있다는 것을 알면 그가 결백한데도 불구하고 그를 부당하게 체포해서 그 재산을 뺏는다는 것이다. 따라서 "코리언에게 그가 권력자에 대해 영향력을 갖지 않는 한 재산의 소유는 이익이라기보다는 함정이요 장애다"고 그는 보았다. "그것은 한 관리가 고리대금업자처럼 덤벼들 유혹을 느끼게 하는 미끼가 된다"라고 그는 덧붙였다. 바로 이러한 여건 아래, 백성들은 열심히 일할 동기를 갖지 않는다고 그는 보았다.[42]

언더우드는 코리아의 국내정치에 대해 언급하기를 극도로 꺼렸다. 1905년 11월에 일본이 코리아를 강제로 자신의 '피보호국'으로 만든 사실에 대해, 그리고 만국평화회의에 밀사들을 파견한 데 대한 '책임'을 물어 1907년 7월에 광무황제(光武皇帝) 고종을 강제로 퇴위시키고 그의 아

---

40 Horace Grant Underwood, *The Call of Korea: Political, Social and Religious* (New York and London: Fleming H. Revell Company, 1908).

41 위와 같음, 23~24쪽.

42 위와 같음, 35쪽.

들을 융희황제(隆熙皇帝)로 즉위시킨 사실에 대해, 명시적으로 언급하지 않았다. 다만 그 사실들에 대해 다음과 같이 쓰는 것으로 끝냈다: "적어도 명목상으로 코리아는 자주국으로 남았으며 전 황제의 아들을 등극시킨 일본이 그의 행동들을 지도하고 통제할 권한을 보유한 채 그에게 황제의 칭호를 주었다는 것을 잊어서는 안 된다."[43] 이것은 그가 일본의 조치들을 간접적으로 수용한 것으로 풀이될 수 있다.

언더우드 부인, 그리피스를 비판하다

언더우드 부인 역시 남편과 마찬가지로 일본을 적극적으로 비판하지 않았다. 그러나 친일주의자 그리피스를 비판했다. 그녀는 『코리아 미션 필드』(*Korea Mission Field*) 1912년 12월호에서 그리피스의 저서 『코리아의 근대적 선구자 아펜젤러』를 논평하는 가운데, 그리피스가 코리아와 코리언들을 심하게 비난하는 것은 부당하다고 지적한 것이다. 그녀는 코리언들은 중국인들보다 위생적이고 다른 동양국가들의 사람들보다 도덕적이고 예의범절이 뛰어나다고 칭찬했으며, 코리언들은 비록 가난하고 초라한 집에서 살지언정 과부들 · 고아들 · 친구들 그리고 이방인들에게 아주 후하게 대접해줄 정도로 친절하다고 칭찬했다. 코리아에서 나타나는 더러움과 무지와 나태는 러시아 · 이탈리아의 일부 · 터키 · 그리스 · 아일랜드의 남부 · 스페인의 일부에서도 나타난다는 설명으로써 코리아를 옹호했다.[44]

그리피스는 조선에서 사역하는 미국의 목사들과의 교신을 통해, 그리고 미국의 신문들과 잡지들에 보도되는 조선에 대한 일본지배의 잘못된

---

43 위와 같음, 39쪽.

44 이만열 · 옥성득 편역, 『언더우드 자료집』 IV(서울: 연세대학교출판부, 2009), 306~307쪽.

점들을 분석한 뒤 조선의 독립을 지지하는 쪽으로 자신의 태도를 바꾼다. 특히 조선에서 1919년 3월 1일에 거족적 독립운동이 일어나는 것을 보고, 조선의 독립을 분명하게 지지한다.[45]

언더우드 부인은 1918년에 『코리아의 언더우드』를 출판했다.[46] 이 책에서 그녀는 남편과 마찬가지로 반일적 자세를 적극적으로 표시하지는 않았다. 그녀는 일본이 코리아를 자신의 '피보호국'으로 만든 사실을 언급하면서 그것을 비판하지 않았다. 그러나 그녀는 그것을 참정대신 한규설(韓圭卨)이 반대했으며 시종무관장 민영환은 자결로써 반대의 뜻을 표시했음을 명시적으로 지적했다. 그녀는 민영환의 죽음에 대해 국민 다수가 진정으로 조의를 나타냈다고 덧붙였다.[47]

7. 미국 교수 래드의 『이토 후작과 함께 코리아에서』

헐버트의 견해에 상반되나 롱포드 및 그리피스의 견해에 일치되는 견해는 조지 트럼벨 래드(George Trumbell Ladd) 교수에 의해 제시됐다. 그는 1842년에 미국 오하이오주 페인스빌(Painesville)에서 태어나 1864년에 오하이오주 클리블랜드시에 있는 웨스턴 리저브 대학—오늘날의 케이스 웨스턴 리저브대학교(Case Western Reserve University)의 전신이다—을 졸업하고 1869년에 앤도버신학교(Andover Theological Seminary)를 졸업해 목사가 됐다.

---

45 위와 같음, 13쪽의 각주 11.

46 Lillias H. Underwood, *Underwood of Korea: An Intimate Record of the Life and Work of the Rev. H. G. Underwood, D.D., LL.D., for Thirty–One Years a Missionary of the Presbyterian Board in Korea* (New York: Fleming H. Revell Company, 1918).

47 위와 같음, 234~236쪽.

래드는 미국 동북부에 위치한 메인(Maine)주의 명문 보우든대학(Bowdoin College)의 철학교수를 거쳐 1881년부터 1901년까지 예일대학교의 철학교수로 봉직하면서 형이상학과 도덕철학을 강의했다. 예일대학교에서 봉직하던 때인 1895년부터 1896년까지 하버드대학교에서 윤리학을 강의했으며 1892년부터 1899년까지 일본과 인도에서 강의했다. 그는 실험심리학을 미국에 도입한 최초의 심리학자들 가운데 한 사람으로 꼽히며, 1905년에 예일대학교 철학과의 명예교수로 뽑혔고 명예박사학위(LL. D.)를 받았다.

래드는 1906년부터 1907년까지 일본을 방문했는데, 이 계제에, 당시 일제의 조선통감이던 이토 히로부미의 '비공식적 고문'의 자격으로 또는 '객원'의 자격으로 1907년 3월 하순부터 5월 하순까지 2개월에 거쳐 조선을 방문했다. 그는 미국으로 돌아간 뒤 자신의 방문경험을 바탕삼아 이 책을 썼다.[48] 그는 1921년에 별세한다.

이토 히로부미를 찬양하다

이 책은, 속표지의 바로 옆쪽에 이토 히로부미의 사진을 크게 게재한 데 드러났듯, 전반적으로 일본을 변호하고 특히 이토를 칭송한 책이다. 저자는 서문에서 자신이 이 책을 씀에 있어서 도움을 준 이토의 고문 스티븐스 변호사에게 특히 감사하다고 썼으며 본문에서는 스티븐스의 의견을 지지하는 뜻에서 스티븐스의 의견을 길게 인용했는데, 스티븐스는 조선이 일본의 '피보호국'이 된 것을 찬양하는 강연에 앞장을 섰다가 1908년 3월에 샌프란시스코에서 장인환 의사에게 암살된 바로 그 사람이다.

---

48 George Trumbull Ladd, *In Korea with Marquis Ito* (London: Longmans, Green and Co., 1908; New York: Charles Scribner's Sons, 1908).

이 사실 하나만으로 이 책이 친일적 역사관을 가진 사람의 영향 아래 쓰여졌다고 매듭지을 수 있다.

실제로 저자는 이토를 높이 평가했다. 그는 우선 이토를 '코리아의 최선의 친구'이며 '고종의 최선의 친구'라고 치켜세웠다. 그는 이어 이토가 언제나 평화의 편에 서서, 자신의 개인적 안위와 생명을 돌보지 않고 오로지 평화정책의 수행을 위해 일한 정치가였다고 찬양했다. 그는 거기서 한걸음 더 나아가 자신은 코리아를 '진정으로 번영하는' 나라로 만들려고 하는 이토의 '진실한 욕구'에 감동을 받았다고 썼다. 이러한 인식을 지녔기에 그는 고종이 헤이그의 만국평화회의에 밀사들을 보낸 것을 '치명적 과오'라고 폄하했다.[49] 그는 부패와 음모에 가득 찬 코리아의 궁정에서 이해(利害)를 달리하는 황족들 · 고관들 · 궁녀들 · 환관들이 서로 다투는 과정에서 몇몇 외국인들이 개입해 고종으로 하여금 오판하게 만들었다고 부연했다. 이러한 논리의 연장선 위에서, 그는 헐버트를 비롯해 코리아의 독립을 성원한 서양인들을 비난했다.[50]

저자는 이토가 자신들의 조국이 일본의 '피보호국'이 되는 것에 반대하는 조선인들에 대해 동정심을 지녔으며 그들을 결코 비난하지 않는다는 말로써 이토를 변호했다. 그러나 그가 인용한 이토의 연설은 이토의 참뜻이 어디에 있는가를 보여주었다. 이토는 "조선인들은 무지하며, 정직하고 계몽된 정부를 오랫동안 가져본 일이 없고, 가난하며 비참하다. 이러한 사람들에게 나는 화를 내지 않으며 동정할 뿐이다"고 외국인들 앞에서 연설했던 것이다.[51] 저자는 조선인들에 대한 이토의 평가가 정확한 것이라고 주장했다.

49 위와 같음, 150~152쪽.

50 위와 같음, 153~162쪽.

51 위와 같음, 166쪽.

"코리아는 일본의 보호국이 될 수밖에 없다"

저자의 친일적 역사관은 코리아의 역사를 평가하는 부분에서 확실하게 드러났다. 그는 우선 이 나라의 역사는 지배계급에게는 '실정과 불운'(misrule and misfortune)의 연속이었고 피지배계급에게는 '빈곤과 억압과 피눈물의 경험'(an experience of poverty, oppression, and the shedding of blood)일 뿐이었다고 말하고, 이 나라에는 진정한 의미의 근대국가가 없었다고 단언했다.[52] 저자는 코리아의 국제관계사를 일별하면서, 중국과 몽골 및 만주의 침략들에 대해서는 그것들이 얼마나 이 작은 나라를 심하게 괴롭혔던가를 강조한 반면에 일본의 침략에 대해 아주 너그럽게 평가했다. 조선인들은 도요토미 히데요시의 조선침략을 근거로 삼아 일본에 대해 증오심을 표시하지만, 그것은 '상대적으로 중요하지 않다'고 평가하는 것으로 그쳤다.[53]

저자는 우선 중국과의 전쟁에서 수행한 일본의 역할을 높이 평가했다. 조선의 독립실현을 몇 세기에 걸쳐 방해한 외세, 곧 중국의 간섭을 영원히 제거시켰다는 논리였다. 저자는 이어 러일전쟁 발발의 책임을 전적으로 러시아에 돌렸다. 첫째, 그는 러시아가 일본과 체결한 두 차례의 조약들, 곧 1896년 6월 9일에 일본천황의 특사 야마가타 아리토모(山縣有朋: 산현유붕) 육군원수와 러시아외무대신 알렉세이 로바노프(Aleksey B. Lobanoff) 사이에 모스크바에서 체결된 의정서, 그리고 1898년 8월 5일에 일본외무대신 니시 도쿠지로(西德次郎: 서덕차랑)와 러시아주일공사 로만 로마노비치 로젠(Roman Romanovich Rosen) 사이에 도쿄에서 체결된 의정서를 일방적으로 파기하면서 코리아에 대해 공세적 외교를 폈다고 비난

52 위와 같음, 180쪽.
53 위와 같음, 181쪽.

했다. 둘째, 그는 러시아가 코리아에서 부동항들을 확보하기 위한 정책을 무리하게 추진했다고 비난했다. 이것들이 겹쳐진 결과, 일본과의 전쟁이 일어났다고 그는 주장했다.[54]

저자는 일본이 러시아와의 전쟁발발을 피하기 위해 얼마나 많은 양보를 계속했던가를 길게 부연함으로써 일본의 입장을 변호했다. 이렇게 처음부터 끝까지 일본의 입장을 변호한 반면, 그는 코리아에 대해서는 일본의 '피보호국'이 될 수밖에 없는 나라인 것처럼 묘사했다. "코리아의 현 정부 또는 문명체제 아래서는 코리아가 스스로를 통치할 수 있는 능력은 내재적으로 그리고 절망적으로 없다"고 단언한 것이다.[55]

8. 영국 기자 웨일의 『동아시아에서의 다가오는 투쟁』

저자 푸트넘 웨일(B. L. Putnam Weale)의 본명은 버트램 레녹스 심프슨(Bertram Lenox Simpson)이었다. 중국의 닝보에서 태어나고 중국어에 능통했던 그는 닝보와 톈진 등의 영국세관에서 근무한 뒤 영국의 한 신문사의 중국특파원으로 활동했다. 그는 1904년에 『만주인과 모스크바인』(*Manchu and Muscovite*)을 출판한 데 이어,[56] 1905년에 『극동의 재편성』(*The Re-Shaping of the Far East*) 제1권과 제2권을 출판했으며,[57] 1907년에

---

54 위와 같음, 224~225쪽.

55 위와 같음, 250~251쪽.

56 B. L. Putnam Weale, *Manchu and Muscovite* (London and New York: Macmillan and Company, Limited, 1904).

57 ———, *The Re-shaping of the Far East* (2 vols: London and New York: Macmillan and Company, Limited, 1905). 제1권과 제2권은 '근세동아세아서양어자료총서 174 · 175'(서울: 경인문화사, 2004)로 재간됐다.

『동양에서의 휴전과 그 결과』(*The Truce in the East and Its Aftermath*)를 출판하고,[58] 1908년에 『동아시아에서의 다가오는 투쟁』(*The Coming Struggle in Eastern Asia*)을 출판함으로써[59] 동아시아 4부작을 완결한 것이다. 이 책들 가운데 두 번째 책과 세 번째 책은 저자가 1905년 가을에 부산에서 서울까지 그리고 서울에서 신의주까지 열차로 여행한 경험을 반영했으며, 네 번째 책은 저자가 1906년 가을에 블라디보스토크를 포함한 극동러시아로 여행하는 과정에 코리아를 여행한 경험을 반영했다.

일본지지에서 일본비판으로 입장을 바꾸다

저자의 주된 관심은 코리아에 있지 않고 중국과 러시아 및 일본에 있었다. 따라서 네 책 모두에서 코리아에 대한 언급은 상대적으로 짧다. 그러나 코리아에 대한 그의 관점이 바뀌어간 것은 쉽게 감지된다. 주로 만주를 둘러싼 러시아와 일본 사이의 갈등과 대립 그리고 러시아의 만주점령을 다룬 첫 책에서, 그는 일본의 정책을 대체로 지지했다.

그러나 러시아의 만주점령 이후 동북아시아에서 전개된 사건들 그리고 러일전쟁을 분석한 두 번째 책에서, 그는 일본의 정책에 대한 자신의 종전의 지지를 축소시킴과 아울러 코리아에 대한 동정을 표시했다. 그는 일본인들이 시모노세키에서 연락선을 타고 부산에 내리면서 "이 나라는 춥구나. 일본의 태양으로써 이 나라를 따뜻하게 해줄 사람들은 우리다"라고 떠드는 모습을 '우스꽝스럽다'고 논평했다.[60] 그는 또 부산을 비롯한 여

58 B. L. Putnam Weale, *The Truce in the East and Its Aftermath* (London and New York: Macmillan and Company, Limited, 1907). 이 책은 '근세동아세아서양어자료총서 162'(서울: 경인문화사, 2004)로 재간됐다.

59 ———, *The Coming Struggle in Eastern Asia* (London: Macmillan and Company, Limited, 1908). 이 책은 '근세동아세아서양어자료총서 168'(서울: 경인문화사, 2004)로 재간됐다.

러 도시들에서 일본인들이 일본인 경찰관들과 일본인 철도공무원들의 비호를 받으며 주인들처럼 행세하고 코리언들이 일본인들의 아랫사람들처럼 지내는 모습에 대해 '불쌍하다'는 말로써 연민을 표시했다. 그는 코리아가 군사적으로 잘 대비하지 못해 일본으로부터 이런 꼴을 당하게 됐다고 개탄했다. 그는 고종이 왕비의 손에 쥐어 지냈으며 '겁이 많았다'고 비판하면서, 이 나라의 인민들이 국왕처럼 무기력하게 지내는 한 이 나라의 운명은 더욱 나빠질 것이라고 경고했다.[61]

세 번째 책은 러일전쟁의 결과 미국의 조정 아래 평화조약이 체결되는 과정과 그 결과를 다뤘다. 그는 일본의 정책을 비판했으며 일본의 승리를 부분적으로 뒷받침해준 영일동맹을 '아주 큰 정치적 과오'(a political error of the first magnitude)라고 비판했다. 그는 이 전쟁의 결과로 체결된 조약이 코리아를 사실상 일본의 지배 아래 넘긴 데 대해서도 비판했다. 그는 코리언들이 결코 일본의 지배를 받아들이려고 하지 않을 것이라고 예언했다. 그 근거로 그는 코리언들이 일본에 대해 지닌 역사적으로 뿌리 깊은 증오심을 지적했다. 일본의 진구 황후가 3세기 무렵에 코리아의 남부를 침략하고 통치한 이후—이것은 물론 정확한 사실이 결코 아니다—, 일본이 기회가 닿을 때마다 코리아를 침략했기 때문에 코리언들은 결코 일본을 좋아할 수 없다고 그는 역설했다.[62]

결론적으로, 그는 "현재 사용되는 통치방식에 큰 변화들이 없다면 전망은 아주 어둡다"고 썼다.[63] 실제로 곳곳에서 의병들이 일어나 일본에 저항하며 고종이 그들을 지원하는 사실도 지적했다. 이러한 저항 때문에

60 Weale, *The Re-shaping of the Far East*, I, p. 486.

61 위와 같음, 504~521쪽.

62 위와 같음, 42~45쪽.

63 위와 같음, 88쪽.

일본은 군대는 물론 헌병과 경찰들로써 코리아를 통치하고 있다고 지적했다.

저자는, 일본이 코리아를 강제로 자신의 '피보호국'으로 만든 직후의 시기를 다룬 네 번째 책에서, 마침내 일본을 훨씬 명백하게 비난했다. 일본이 러시아와의 전쟁이 시작되면서 코리아에 자신의 '근거'를 만들 때 내세운 논거는 처음부터 '거짓된 것'이었으며 "모든 잘못은 명백히 일본에 있다"고 단언했다. 그는 일본정부가 일본인들로 하여금 코리아는 자신들의 '공공연한 착취의 운명'으로 떨어졌다는 믿음을 갖게 만들었다고 비난했다.[64]

조선의 자치요구를 지지하다

저자는 1919년에 『중국과 일본에 대한 진실』(*The Truth about China and Japan*)이라는 책을 출판했는데, 거기서 그는 일본의 제국주의를 날카롭게 비판했다. 그는 우선 일본의 정책들은 '평등이나 정의'에 의해서가 아니라 '부패와 혼합된 힘'에 의해 추진되고 있다고 지적했다. 그는 이어 일본은 개혁을 통해 제국주의를 포기하든가 아니면 '외부로부터의 폭발'에 의해 포기하게 되든가의 갈림길에 놓여 있다고 평가했다. 이러한 시각으로부터, 그는 "코리아는 품위있는 대접을 큰 목소리로 요구하고 있다"고 쓰면서, 코리아가 자신의 '자치'를 요구하는 것은 정당하다고 논평했다.[65]

이 책에서 우리는 일본과 코리아에 대한 저자의 시각이 단계적으로 바

---

64 Weale, *The Coming Struggle*, p. 520.

65 Putnam Weale, *The Truth about China and Japan* (London: George Allen and Unwin LTD., 1919), p. 119. 이 책은 Emily Georgiana Kemp, *The Face of Manchuria, Korea and Russian Turkestan* (London: Chatto and Windes, 1911)과 함께 '근세동아세아서양어자료총서 159'(서울: 경인문화사, 2004)에 합본되어 있다.

뀐 사실에 주목하게 된다. 그의 변화는 그의 독자적 판단의 산물이었을 것이다. 그러나 그것이 영국정부의 변화와 흐름을 같이 한 것임이 사실이다. 우리가 이미 보았듯, 영국정부는 1902년에는 제1차 영일동맹으로써 일본정부의 러시아에 대한 정책을 뒷받침했으며 1905년에는 제2차 영일동맹으로써 일본정부의 대한제국 피보호국화를 뒷받침했다. 그러나 대체로 1907년을 계기로 영국정부의 일각에서는 일본정부를 비판적으로 보기 시작했다. 일본정부가 조선에서 일어난 의병들을 잔혹하게 살상하고 의병들을 지원한 민중들을 가혹하게 처우하는 것을 바라보면서 자신이 '개화문명국'으로 여긴 일본이 사실상 야만국이나 다름없는 나라라는 인식을 갖기 시작한 것이다.

일본에 대한 비판적 시각은 1909년과 1911년 사이에 영국의 지배층에 어느 정도 확산됐다. 언론에서는 런던의 『더 타임스』(*The Times*)가 비판적 기사들을 게재하기 시작했으며, 의회에서는 상원의원 스태너프 경(Sir Earl Stanhope) 백작이 발언과 기고로써 비판을 이끌었다. 그는 콩고에서나 벌어질 일이 코리아에서 벌어지고 있다고 폭로하면서 일본에 대해 영국정부가 나약하게 대처하다고 비난했다.

그렇다고 해서 그가 코리아를 옹호하지는 않았다. 그는 코리언들이 '암염소들'로 불리는 것은 당연하고 그들은 자기나라를 한 차례도 성공적으로 통치하지 못했다고 폄하했다. 그는 이토 히로부미를 '우리 시대의 역사에서 어느 누구에서도 그 짝을 찾을 수 없는 정치가'라고 칭송하고 이처럼 '현명하고 지도적인' 정치가가 '별세'했기에 일본은 만주로 진출하려는 잘못된 길로 들어서고 있다고 말했다.

일본에 대한 영국 외교관들 및 언론인들의 비판은 코리아에서 3 · 1운동이 일어나는 것을 보고 꽤 확산된다. 그러나 그것이 영국정부의 공식적 입장으로 채택되지는 않으며, 더구나 코리아의 독립에 대한 영국정부의

지지로 확정되지는 않는다.[66]

9. 서양언론에 나타난 코리아의 모습들

영국의 신문들: 일제의 조선통치를 옹호하다

그러면 영국의 신문들은 '일본의 보호를 받는 나라 조선'에 대해 어떻게 보도했던가? 영국 신문들의 경우, 일제가 조선을 '피보호국'으로 만든 것을 당연하다는 취지로 논평했다. 우선 1906년 3월 17일의 『더 스피어』는 "일본 보호 아래서의 코리아는 비위생적인 습관을 버리게 될 것이고 특히 서울은 더 이상 예전처럼 하수로 인해 오염되지 않을 것이다"라고 쓰면서, "코리아가 실제로 변하고 있다"고 강조했다.[67] 1908년 9월 26일의 『더 그래픽』은 이토 히로부미가 서울을 '개혁한' 업적을 보여주는 넉 장의 사진들을 게재하고, 다음과 같은 설명들을 덧붙였다:

> 지난 50년간 겨우 서구의 개발방식을 배워 익힌 일본이 코리아에 축복을 부여하고 있다. 일본은 코리아에 대해 커다란 관리능력을 보유하고 있다. 이토 통감 덕분에 2년도 채 못 돼 여러 가지로 평화로운 개혁들이 이뤄지고 있다. 그동안 코리아에는 20만 인구의 서울 백성을 위한 제대로 된 보건시설이 하나도 없었다. 제국병원의 의과대학에 조선인학생 50명이 교육을 받고 있다. 향교에서 하는 유교식 교육제도가 신식교육으로 대체되었다. [……] 학교의 화학실험실 칠판에는 서양의 화학공식[이……] 쓰여 있다.[68]

---

66 박지향, 『일그러진 근대』, 208~212쪽.
67 김장춘, 『세밀한 일러스트』, 144쪽.
68 위와 같음, 148쪽.

일제는 1907년 10월에 이뤄진 일본 황태자 요시히토(嘉仁: 가인)의 방한을 기회로 숭례문 좌우의 도성(都城)을 헐어 없애고 숭례문을 일본식 축대로 둘러쌌다. 이것은 서울을 식민지도시로 만들어가는 일제의 본격적인 서울개조사업의 출발이었다. 일제는 얼핏 보기에 훨씬 산뜻해 보이는 숭례문 사진을 서양에 광범위하게 유포시켜, 일제의 '보호' 아래 코리아가 깨끗해지고 질서정연해진 것처럼 보이게 했다.[69] 우리가 바로 앞에서 살핀 『더 그래픽』의 사진들도 그러한 작업의 하나로 이뤄진 것이다.

둘째, 그러나 『더 일러스트레이티드 런던 뉴스』의 경우, 코리언들의 항일운동에 대해서도 보도했다. 이 신문은 1907년 7월 13일에, 고종이 헤이그의 만국평화회의에 파견한 3인의 밀사들이 한곳에 모여 촬영한 사진을 게재했다.[70] 이 신문은 이어 1908년 8월 22일자에, 항일언론에 선봉에 섰던 『대한매일신보』의 편집국 간부들이 이 신문의 제작에 참여하던 영국의 항일언론인 베셀(Ernest Thomas Bethell)의 사무실에서 신문을 만드는 사진을 게재한 것이다.[71]

프랑스의 신문들: 일본을 호랑이와 이리로 묘사하다

프랑스 신문들이 보인 태도 역시 이중적이었다. 한편으로, 프랑스의 신문들은 코리아에 대한 일본의 강압에 침묵하거나 동조했다. 그러나 다른 한편으로, 코리아의 항일운동을 보도했다. 『르 프티 주르날』은 1907년 8월 4일에 「봉기를 탄압하는 일본군」이라는 제목 아래 대한제국 군대의 해산에 항의하는 대한제국의 군인들을 학살하는 삽화와 기사를

69 『서양인이 만든 근대 전기 한국 이미지』(전3권: 서울: 청년사, 2009), I (홍순민[洪順民] 외, 『서울 풍경』), 17쪽.

70 김창춘, 『세밀한 일러스트』, 140쪽.

71 위와 같음, 143쪽.

게재했으며, 1909년 12월 12일에 「호랑이의 재난」이라는 제목 아래 일본이라는 호랑이와 이리가 이 나라 사람들을 괴롭히는 삽화와 기사를 게재했다.[72]

미국 기자 밀러드의 『새로운 극동』: 일본의 조선통치를 비난하다

일제가 대한제국을 '피보호국'으로 만든 데 대한 비판과 항의는 우선 미국의 언론인 토머스 밀러드(Thomas F. Millard: 1868~1942)에 의해서도 제기됐다. 뉴욕 『헤럴드 트리뷴』(*Herald Tribune*)의 중국특파원인 밀러드의 『새로운 극동』(*The New Far East*)을 살피기로 한다.[73]

저자는 일본이 러일전쟁에서 승리하고 그 여세 속에서 대한제국을 '피보호국'으로 만든 이후의 극동을 '새로운 극동'이라고 부르면서, 일제의 제국주의와 영토적 팽창정책으로 말미암아 극동은 더욱 불안해졌으며 만주와 중국의 장래도 위태로워졌다고 진단했다. 그는 특히 일제가 '코리아의 독립을 찬탈했으며' 그렇게 하기 위한 수단으로 대한제국의 황제와 내각에 대한 '협박'과 '강압'을 동원했다고 비난했다. 일제가 대한제국을 '보호'하고 '지도'하겠다고 다짐하지만, 실제로는 대한제국의 신민들을 '피정복자들'로 다루며 일본의 하층민들을 이 나라에 유입시켜 토지를 강점하고 있다고 공격했다.

---

72 Shin, Yong-suk, "Late Chŏson Dynasty Korea in Contemporary French Newspapers," *Korea Journal*, Vol. 26, No. 6 (June 1986), p. 59.

73 Thomas F. Millard, *The New Far East: An Examination into the New Position of Japan and Her Infiuence Upon the Solution of the Far Eastern Question* (New York: Charles Scribner's Sons, 1906). 이 책은 2005년에 Adamant Media Corporation에 의해 Elibron Classics Replica Edition의 하나로 재간됐다.

캐나다 기자 매켄지의 『베일이 벗겨진 동방』 및 『코리아의 비극』: 조선의 독립을 옹호하다

밀러드의 뒤를 이어 매켄지는 저서 『베일이 벗겨진 동방』(*The Unveiled East*), 논문 「코리아에서의 일본의 식민정책」("The Colonial Policy of Japan in Korea"), 그리고 저서 『코리아의 비극』(*The Tragedy of Korea*)을 통해 일제의 침략야욕을 공격함과 동시에 대한제국의 몰락에 대한 동정심을 표시했다.[74]

우선 앞의 책을 검토하기로 한다. 이 책은 러일전쟁이 일본의 승리로 종결된 이후 일본이 '점진적으로 드러내던 [……] 영토적 팽창과 이익의 독점'을 공격하기 위해 쓰여졌다. 한 마디로 그는 "일본이 전승 이후 침략적 제국주의의 운동에 전적으로 뛰어들었다"고 질타했다.[75] 그는 자신을 포함한 많은 서양인들은 1876년에 코리아가 일본에 개항하는 것을 보고 이제 일본이 지배계급의 부패와 착취에 신음하는 이웃나라의 백성들을 고려해 그 나라의 무능하고 잔인한 행정을 개선시킬 것이라는 기대를 가졌는데, 일본은 그 기대를 무시하고 단계적으로 이 약한 이웃나라를 침략하더니 마침내 '피보호국'으로 만들었다고 규탄했다.

그는 거기서 한걸음 더 나아가 일본은 조선을 '피보호국'으로 만들면서 조선의 내정을 개혁하겠다고 다짐했으나 일본이 보여준 것은 첫째가 '비효율'이며, 둘째가 "일본인들에게는 철저히 금지시키는 아편을 조선

---

74 Frederick A. McKenzie, *The Unveiled East* (London: Hutchinson and Company, 1907). ———, *The Tragedy of Korea* (London: Hodder and Stoughton, 1908). 뒤의 책은 그의 저서 *Korea's Fight for Freedom* (London: Fleming H. Revell Company, 1920) 및 그의 논문 "The Colonial Policy of Japan in Korea" (1906년 12월 12일)와 함께 '근세동아세아서양어자료총서 129'(서울: 경인문화사, 2001)에 합본되어 있다. *The Tragedy of Korea*의 한국어 번역본으로 다음이 있다. 신복룡, 『대한제국의 비극』(서울: 탐구당, 1974; 평민사, 1985; 집문당, 1999); 김창수(金昌洙), 『조선의 비극』(서울: 을유문화사, 1984).

75 McKenzie, *The Unveiled East*, p. 3.

인들에게는 마구 팔음으로써 조선인들의 건강과 정신을 파괴하는 일이었다"고 비난했다. 그는 자신이 1906년 여름에 조선통감 이토 히로부미를 회견했을 때, 이토가 "조선에서 개혁과 정의 그리고 화해가 나타날 것이다"고 말한 것을 상기시키면서, 그 다짐은 '순전한 웃음꺼리'일 뿐이라고 매듭지었다.[76]

앞의 책보다 훨씬 더 강력하게 일제를 비난하고 코리아를 옹호한 책이 『코리아의 비극』이다. 그는 앞의 책에서처럼 일제가 이 작은 이웃나라를 침략해온 과정을 설명한 뒤, 일제의 강요 아래 추진된 이른바 개혁들이 허구에 지나지 않는다고 날카롭게 지적했다. 그는 일본의 침략에 저항하는 이 나라 의병들의 활동을 그들의 사진과 더불어 소개했다. 이 인상적인 사진을 서양세계에 소개했다는 사실만으로도 그는 코리아의 독립운동에 기여했다는 평가를 받기에 충분했다. 그는 이준 열사의 활동에 대해서도 설명했다. 그는 일제가 결국 코리아를 병탄할 것이며 그 뒤 대륙으로 침략의 발길을 돌릴 것이라고 경고했다.[77]

---

76 위와 같음, 71~73쪽.

77 McKenzie, *The Tragedy of Korea*, pp. 250~262.

제13장
서양인들이 관찰한 조선인들의 생활모습
(1905~1910)

1. 미국 외교관 알렌의 『코리아적인 것들』

이 시기에 조선인들의 생활모습들을 소개한 서양인들의 책들도 출판됐다. 우선 지적할 수 있는 것이 알렌의 『코리아적인 것들』(*Things Korean*)이다.[1]

---

1 Horace Newton Allen, *Things Korean: A Collection of Sketches and Anecdotes, Missionary and Diplomatic* (New York: Fleming H. Revell Company, 1908). 이 책은 Horace Newton Allen, *Korea: Fact and Fancy* (Seoul: Methodist Publishing House, 1904), Horace Newton Allen, *A Chronological Index* (Seoul, 1901) 및 Robin L. Winkler (ed.), *The Horace Allen Manuscript Collection* (New York: Korean Research Associates, April 1, 1950)과 함께 합본돼 '근세동아세아서양어자료총서 138'(서울: 경인문화사, 2001)로 재간됐다. 마지막은 Shannon McCune이 editor 역할을 맡아 출판한 *Research Monographs on Korea*의 Series H, No. 1이었다. Allen의 Things Korean은 신복룡 교수에 의해 『조선견문기』로 출판됐다. 초판은 1979년에 박영사에서, 재판은 1985년에 평민사에서, 3판은 1998년에 집문당에서 각각 출판됐다. 2판과 3판의 경우, James S. Gale, *Korea in Transition* (Cincinnati, O. H.: Jennings and Graham, 1909)의 신복룡 외 역주, 『전환기의 조선』과 합본되어 있다. *Things Korean*의 또 하나의 한국어 번역본은 다음이다. 윤후남 옮김, 이순자 감수, 『알렌의 조선체류기』(서울: 예영커뮤니케이션, 1996).

"코리아는 더러움과 냄새의 나라다"

첫째, 알렌은 코리아의 민족적 기원과 언어 및 문화 등에 설명했다. 이 설명들은 우리가 제3부 제9장에서 이미 살핀 그의 『코리아의 민담들』에 소개됐던 것들이다. 둘째, 알렌은 코리언들의 의식주에 대해 설명했다. 음식들을 설명하면서 그것들 가운데 김치에 대해 자세히 썼다. 그는 서울 생활의 초기에 자신이 친숙하지 않았던 '아주 날카로운 냄새'를 맡고 그것이 김치인 줄 알았으며, 그 뒤 마늘없이 만들어진 김치에 대해 이끌리게 됐다고 회고했다. 그 역시 묄렌도르프와 칼스를 비롯한 여러 서양인들이 이미 지적한 것처럼 코리언들이 소의 젖을 짤 줄 모르며 우유를 먹지 않는다고 지적했다. 그는 또 그들이 자신들의 나라에서 가을이 되면 풍부한 단풍에서 당밀(糖蜜: 시럽)을 짜낼 줄 모른다고 지적하고, 한 금광에서 일하는 한 미국인이 그 방법을 가르쳤다고 썼다.[2]

알렌은 조선인들은 스스로 백의민족이라고 부를 정도로 흰옷을 즐겨 입으며 따라서 빨래를 자주 해야 하기 때문에 빨래를 전담하는 여자들의 고역은 크다고 지적했다. 이것 역시 많은 서양인들이 이미 공통적으로 지적했었다. 그는 빨래가 개천이 있는 곳이라면 어디서나 행해지며 심지어 우물 옆에서도 행해지기 때문에, 빨래에서 흘러나온 물이 우물로 들어가는 경우도 있다고 지적했다. 이 나라에서는 다림질이 발달되지 않아 빨래를 한 뒤 여자들은 옷을 방망이로 때린다고 설명한 그는 방망이를 여성들의 '무기'라고 덧붙였다.[3]

알렌은 코리언들의 집들은 모두 단층으로, 지배계급은 기와집들을 짓고 살지만 대부분의 사람들은 초라한 초가집들을 짓고 산다고 썼다. 이것

---

2 Allen, *Things Korean*, pp. 120~122.

3 위와 같음, 96~108쪽.

역시 많은 서양인들이 이미 지적했었다. 평민들의 주거환경은 위생의 결여로 특징지어진다고 지적한 그는 집의 문 바로 앞에는 '오물들과 쓰레기들'이 쌓였으며 그것들은 발효하면서 악취를 뿜어낸다고 흉을 보았다. 그러나 아일랜드 출신의 서울주재영국총영사는 코리언들의 주거환경은 위생의 측면에서 볼 때 아일랜드 농촌의 주거환경보다 낫다고 말했다고 덧붙였다.[4]

셋째, 알렌은 생활환경에 관해 설명하면서, 특히 도로에 대해 불만을 털어놓았다. "코리언에게 도로는 그저 사람이 한곳에서 다른 곳으로 옮겨가는 데 필요한 길에 지나지 않는다"고 논평했다.[5] 게다가 이 도로에는 말똥이나 소똥은 물론 말이나 소가 싣고 다니다가 흘린 인분 따위도 깔려 있어, 이 도로를 다니는 외국의 방문객들에게 "코리아는 더러움과 냄새의 나라다"(Korea is a land of filth and smells)라는 지울 수 없는 인상을 준다고 그는 덧붙였다.[6]

그러나 알렌이 이 나라에 대해 흉만 본 것은 아니었다. 그는 "코리언들은 손님들에게 아주 친절한 사람들이다"(The Koreans are a very hospitable people)라고 칭찬하면서, 그러한 성격 덕분에 한때 코리아에는 거지들이 없었다고 썼다. 그러나 손님접대의 관습과 관련해, 그는 단점 역시 지적했다.[7]이 나라에서는 집안의 어느 누가 정치적으로 출세를 해서 잘산다는 소식을 들으면 그 집안의 친척친지들은 그 집에 와서 기숙을 하며, 잘사는 집은 그 식객들을 잘 대접하는 것을 자랑으로 여긴다고 그는 지적했다. 주인이 몰락하면 식객들은 모두 떠나므로, 식객들을 많이 거느리는

4 위와 같음, 107~108쪽.

5 위와 같음, 64쪽.

6 위와 같음, 109쪽.

7 위와 같음, 115쪽.

것은 정치적으로 출세를 했으며 잘산다는 징표라고 그는 덧붙였다.[8]

알렌은 상거래의 관행들에 대해서도 설명했다. 고정된 가격이 없어서 파는 쪽은 높은 값을 부르고 사는 쪽은 낮은 값을 부르기 때문에 결국 타협된 값에 매매가 이뤄진다고 그는 지적했다. 그는 코리아에서는 인건비가 아주 싸기 때문에 하인을 두기가 쉽다는 사실도 지적했다.[9]

조선인들이 겪었던 문화적 충격

넷째, 알렌은 조선인들이 서양의 과학적 발명들과 기계들 및 제도들에 대해 놀라워했던 사례들을 소개했다. 그는 우선 블랭크(Blank)라는 한 미국인 고래잡이배의 선장이 조선을 여행하던 때 자신의 의치(義齒)를 씻기 위해 벗어놓는 것을 보고 현장의 조선인들이 '아이구머니'라는 소리를 지르며 너무 놀라워했던 일화를 소개했다. 코리언들은 한 인간이 자신의 신체 일부를 스스로 분리시킬 수 있다는 사실에 공포감까지 가졌다고 논평했다.[10] 그는 또 1883년에 조선의 사절단이 샌프란시스코에 내려 팰리스호텔에 체류했을 때 엘리베이터가 작동하는 것을 보고 지진이 난 것으로 착각해 소동을 피웠던 일화를 소개했다.[11]

엘리베이터는 확실히 조선인들에게는 놀라움의 대상이었다. 그때로부터 13년 뒤인 1896년에 특명전권공사로 임명돼 러시아황제 니콜라이 2세의 대관식에 참석하고자 여행길에 오른 궁내부 특진관 민영환(閔泳煥)도 1896년 4월 29일에 캐나다 밴쿠버에 내려 호텔에 머물렀을 때 엘리베이터를 보고 다음과 같이 썼다: "호텔이름은 벤쿠버호텔이었다. 5층 높이

8 위와 같음, 119쪽.

9 위와 같음, 106~136쪽.

10 Allen, *Things Korean*, pp. 17~19.

11 위와 같음, 162쪽.

에 넓게 트인 집이었는데 오르고 내리기가 쉽지 않은 것을 헤아려 아래층에 한 칸의 집을 마련하여 전기로 마음대로 오르내리니 기막힌 생각이다."[12]

알렌이 예시한 조선인들의 문화충격은 민영환을 수행했던 김득련(金得鍊)의 일기 『환구일기』(環璆日記: 1896)에서도 나타난다. 필사본으로 남아 있는 이 일기에서, 그는 우선 모스크바의 연회장에서 자신의 옆자리에 앉아 말을 거는 서양여자들에 대해 "내 얼굴이 잘생겨서일까, 아니면 남녀칠세부동석(男女七歲不同席)을 몰라서일까?" 라는 의문을 가졌다. 역시 같은 곳에서 노래를 부른 테너가수에 대해 "청중이 모인 자리에서 웬 신사가 목살에 힘줄이 돋칠 정도로 소리를 지르니 서양에서 군자노릇 하기란 원래 저리 힘든가보다" 라고 개탄했고, 발레를 하는 소녀에 대해 "벌거벗은 것이나 다름없는 소녀가 까치발을 하고 빙빙 돌며 뛰기도 하고 멈추기도 하는데, 가녀린 낭자를 학대하다니, 서양군자들은 참으로 짐승이구나" 라고 탄식했다.[13]

조선인들의 문화충격에 대한 알렌의 예시(例示)는 자전거와 기차 등에 대한 놀라움과 두려움으로 이어졌다. 1884년에 서울에 도착한 한 미국인 해군장교가 자전거를 타고 달리는 것을 보고 놀란 조선인들이 길에 몰려들었던 사례, 증기기관차를 보고 놀라기도 하고 흥미를 느낀 조선인들이 몰려든 사례, 어느 따뜻한 밤에 한 가난한 조선인이 전차선로를 베개로 여기고 그것을 베고 자겠다고 고집했던 사례 등이 대표적이었다.[14] 조선

---

12 민영환은 여행 당시에 『해천추범』(海天秋帆)이라는 이름 아래 한문으로 일기를 썼다. 이것은 뒷날 『해천추범』(서울: 을유문화사, 1959)과 『민충정공유고』(서울: 국사편찬위원회, 2000)로 역간됐는데, 모두 완역이 아니다. 완역본으로는 다음이 있다. 민영환 지음, 조재곤(趙在坤) 편역, 『해천추범: 1896년 민영환의 세계일주』(서울: 책과함께, 2007). 위와 같음, 43쪽.

13 위와 같음, 86쪽에 인용되어 있다.

14 위와 같음, 132~135쪽. 이 일은 다음에서도 볼 수 있다. 정성화, 로버트 네프(Robert Neff)

에서 전차는 1899년 5월에 처음 개통됐다. 서울에서 청량리(淸凉里)와 서대문 경교(京橋) 사이에 개통된 노선이 그것이었다. 이어 1899년 12월 20일에, 그 노선 가운데 종로 보신각(普信閣)에서 갈라져 숭례문(崇禮門)을 거쳐 용산(龍山)으로 가는 지선이 개통됐다.

영어가 익숙하지 않은 탓에 빚어진 재미있는 일화도 알렌은 소개했다. 서울주재미국공사관에서 자신의 전임자들 가운데 한 사람인 어떤 공사가 손님들을 대접하기 위해 하인에게 칵테일(cocktail) 석 잔을 만들어달라고 부탁했더니, 칵(cock)의 테일(tail)로 잘못 알아듣고 닭의 꼬리 셋을 뽑아왔다.[15] 이러한 일련의 문화충격 속에서도, 조선인들은 철도를 통해 하나의 큰 교훈을 얻었다. 그것은 "기차는 귀족을 위해서도 기다리지 않는다"는 교훈이었다. 기차는 시간표대로 운행하기 때문에 비록 양반이라도 반드시 시간을 지켜야 한다는 것을 사람들은 차차 알게 됐다고 알렌은 덧붙였다.

다섯째, 고종의 시의였던 알렌은 고종은 물론 왕족들을 개인적으로 볼 수 있었다. 그러나 처음에는 민비를 볼 수 없었다. 몇 해가 지나서야 그는 민비를 볼 수 있었으며 민비는 그와 공개적으로 대화를 했다. 그가 민비를 볼 수 없었던 시절에 민비가 병에 걸렸을 때는 이른바 사진(絲診 또는 紗診), 곧 환관이 민비의 손목을 실로 묶고 그 실을 창호지문 밖으로 내밀어주면 그 실을 통해 맥박을 짚어 병세를 진단하는 방식에 의존했다. 또 주사를 놓을 때도 금과 은으로 만든 것이 아니면 사용하지 못하게 했다.[16]

여섯째, 그는 1907년을 전후하여 평양의 기독교도들을 중심으로 일어

공저, 『서양인의 조선살이, 1882~1910: 구한말 한국에서 체류했던 서양인들의 일상』(서울: 푸른역사, 2008), 293쪽.

15 Allen, *Things Korean*, pp. 137~138.

16 위와 같음, 192~193쪽.

난 대부흥운동에 얽힌 일화들을 소개했다. 예컨대 어느 미국인 선교사는 이 부흥운동의 열기 속에서 자신의 결함들을 고백했다가 선교사 일 그 자체를 포기하고 귀국하지 않을 수 없었다.[17]

"코리아는 어떤 다른 주인의 통치를 받게 될 것이다"

이상에서 소개한 관찰들보다 후기 조선의 정치상황을 이해하는데 훨씬 더 중요한 관찰들은 다음과 같다. 첫째, 알렌은 이 나라가 관리를 가장 존귀하게 여기는 나라이며 따라서 이 나라 사람들은 어려서부터 관리가 되겠다는 꿈을 안고 성장한다고 지적했다. 동시에, 이미 많은 서양인들이 지적했듯, 그 역시 이 나라에서는 관직들이 각각 정가에 따라 매매되고 관리가 백성을 '쥐어짜낸다'고 개탄했다. 누구든지 재산을 축적했다고 하면 관리들은 그에게 죄를 뒤집어씌워 고통을 주고 감당하기 어려울 정도의 많은 세금이나 뇌물을 내야만 석방한다는 것이다. 이러한 체제에서 백성들은 생산할 유인을 느끼지 않으며 따라서 산업이 일어날 수 없다고 그는 평가했다.[18]

둘째, 알렌은 "코리아의 해안들이 쓸쓸하고 황량하며 대체로 매력이 없는 것처럼 보인다"고 지적한 뒤, 그 원인을 외국인들과의 교류를 꺼린 코리언들의 속셈에서 찾았다. 외부인들이 자신들의 나라에 상륙해서 입국하려는 희망을 갖지 못하도록 하기 위해, 해안 주변의 나무들을 모두 베어버림으로써 '울적하고 즐거움이 없는 외양'이 형성되도록 만들었다

17 위와 같음, 171쪽. 이 운동의 연장선 위에서 1909년경에는 백만인구구령운동이 일어났다. 이만열 교수는 이 부흥운동이 "[일제에 대한] 민족적 폭발을 저지시키게 했던 중요한 요인이 되지 않았을까 하고 추측해볼 수도 있다"고 논평했다. 이만열, 『한국기독교와 역사의식』(서울: 지식산업사, 1981), 24쪽.

18 Allen, *Things Korean*, pp. 80~108.

는 것이다.[19]

셋째, 알렌은 코리언들을 '불쌍하다'고 말한 뒤, "그대들의 나라가 지진이나 화산폭발로 한번쯤 완전히 뒤집혔더라면 그대들은 깊은 잠에서 깨어났었을 것이다"고 역설적으로 말했다. 그들이 너무 오랫동안 깊은 잠에 빠져 꿈만 꾸면서 아무것도 하지 않는 사이에 적국은 많은 새로운 기술들을 배웠을 뿐만 아니라 자신을 가르친 스승의 나라들 가운데 하나를 패퇴시켰다는 것이었다.[20] 그가 말한 적국은 물론 일본을 가리키는 것이었다.

넷째, 알렌은 이 책의 마지막 장에서 코리아가 1884년 이후 경험했던 정치적 변동들을 분석했다. 그는 1897년 10월에 대한제국의 수립을 선포한 이후 고종과 그의 정부가 실책을 많이 저질렀다고 보았다. 그는 특히 고종의 인간적 나약함 그리고 아첨하는 신하들의 설득에 쉽게 넘어가는 성격 등이 상황을 더욱 악화시켰다고 보았다.

결론적으로, 그는 코리아의 장래를 매우 비관적으로 내다보았다. 일본은 이제 미국의 간섭도 받아들이려고 하지 않으며 중국의 정복을 겨냥하고 있다고 전망하면서 코리아가 '어떤 다른 주인'(another overlord)의 통치 아래 놓이게 될지 모른다고 경고했다.[21] 불행히도 그 경고는 적중했다. 실제로, 일제의 지배를 거친 뒤, 결국 1945년 8월에 해방된 코리아는 3년에 걸쳐 미국과 소련이라는 두 '주인들'의 분할통치 아래 놓였던 것이 아니었던가.

---

19 위와 같음, 50쪽.
20 위와 같음, 59쪽.
21 위와 같음, 255~256쪽.

2. 미국 목사 게일의 『코리아에 대한 소묘』와 『전환기의 코리아』

알렌에 이어 제임스 스카스 게일(James Scarth Gale)이 『전환기의 코리아』(*Transition in Korea*)를 출판했다.[22] 우선 저자에 대해 알아본다.[23] 그는 1863년 2월에 캐나다 온타리오주에서 태어나 토론토대학교 인문학부를 졸업했으며, 1888년에 토론토 기독교청년협회의 선교사로 서울에 왔다. 그러나 그는 1891년에 자신의 소속을 미국 북장로교 선교부로 옮겼으며, 1897년에 미국에서 목사안수를 받았다.

한글을 높이 평가한 미국인 목사

코리아에서 게일은 참으로 많은 일들을 했다. 선교사의 본업을 수행하면서 이 나라에 대한 연구를 깊이 했는데, 특히 언더우드 및 헐버트 등과 함께 『한영사전』 등을 편찬하는 등 코리아에 관한 학문적 토대를 쌓았다. 그 과정에서, 그는 한글은 뛰어난 글자이고 "극동에서 코리아가 기여한 문화적인 공헌은 압도적이다"는 결론에 도달했으며, 그러한 취지에서 코리아의 문화를 해외에 알리기 위해 노력했다. 동시에 서양의 문화를 코리아에 소개하는 노력을 병행했다. 이러한 공로로 그는 1903년에 미국 하워드대학교(Howard University)로부터 명예신학박사학위를 받았다. 그는

22 James S. Gale, *Korea in Transition* (Cincinnati: Jennings and Graham, 1909). 이 책은 그의 *Korean Sketches*와 함께 '근세동아세아서양어자료총서 38'(서울: 경인문화사, 2000)에 합본되어 있다.

23 민경배, 「게일: 한국을 사랑하고 한국문화를 아낀 선교사」, 『한국사 시민강좌』 제34집 제1호(2004년 2월), 69~80쪽. 또 Richard Rutt, *James Scarth Gale and His History of the People of Korea* (Seoul: Royal Asiatic Society, Korea Branch in Conjunction with Taewon Publishing Company, 1972), pp. 1~88.

1927년에 서울의 연동교회(蓮洞敎會) 시무를 마치고 1928년에 정년퇴임한 뒤 부인의 고국인 영국에 영주하면서 영국성공회에 입교했다. 이 부인은 그가 서울에서 별세한 의사 헤론의 미망인과 초혼했으나 사별한 뒤 재취한 부인이었다. 그는 1937년 1월에 바스(Bath)시에서 향년 73세로 별세한다.

『코리아에 대한 소묘』

코리아에 관한 그의 최초의 저서는 그가 원산에서 집필해 1898년에 미국과 캐나다에서 출판한 『코리아에 대한 소묘』(*Korean Sketches*)였다.[24] 이 책은 일차적으로 그가 이 나라의 서울과 지방들 여러 곳을 여행하면서 관찰한 이 나라의 모습들과 사람들의 생활관습들을 묘사했다. 우선 그는, 어떤 서양인들의 관찰들과는 달리, "사람들이 친절하며 또 잔인한 인종과는 완전히 다르다"는 사실도 발견했다. 날씨가 좋으며 자연이 아름답고 언어와 관습이 흥미롭다고 덧붙이면서, 그는 "이 나라는 세계에서 가장 매력적인 나라"라고 단언했다.[25]

조상숭배를 종교로 인정하다

이어 그는 이 나라의 독특한 관습들에 관심을 보였다. 백성들이 죽은 사람을 매장하지 않고 이불로 싸서 길거리에 내버려 햇볕에 익게 하고 썩게 하는 방식을 소개했다. 그는 이렇게 길거리에 버려진 시체들을 보면서 역겨움을 느꼈고 이 나라를 떠나야겠다고 결심했다. 그러나 그는 곧 이 나라 사람들의 방식을 이해하게 됐다. 죽은 사람이 부활할 것이며 따라서

---

24 James S. Gale, *Korean Sketches* (New York, Chicago, and Toronto: Fleming H. Revell Company, 1898).

25 위와 같음, 15쪽 및 136쪽.

뒷날 재회할 것이라는 기독교적 신앙을 가진 서양인들이 죽은 사람을 매장하게 만들었지만, 현실생활을 중시할 수밖에 없는 이 나라 사람들은 자신들의 방식을 채택하게 됐다고 이해한 것이다.[26] 이렇게 이 나라 사람들의 고유한 생활양식을 인정하게 된 그는 "코리아는 종교체계가 없는 나라다"(Korea is without a religious system)라고 보았던 서양인들의 주장을 반박했다. 이 나라에는 조상숭배의 사상과 의식이 매우 정교하며, 그것은 종교와 다름없다고 그는 설명했다.[27]

다른 서양인들이 이미 주목했듯, 그 역시 이 나라의 여자들의 지위에 대해 관찰했다. 그는 이 나라에서 "남편은 자신이 사랑하지 않는 아내와 결혼한다"고 보았다. 이 나라에서 "아내는 사랑을 받아야 할 사람이 아니라 그저 아버지로부터 아들로 가족의 대를 이어줄 용도로 쓰이는 무생명의 대상일 뿐이다"고 그는 부연했다.[28] 이것과 관련해, 그는 자신이 목격한 한 사례를 소개했다. 어느 한 남자가 사랑하지 않던 아내의 가출을 놓고 서럽게 우는데, 그 이유는 "나를 위해 밥을 지어지고 빨래를 해준 아낙이 집을 나갔으니 나는 이제 어떻게 살라는 것이냐"였다.

노동천시가 조선을 망하게 했다고 보다

그는 황해도 해주와 장연(長淵)을 여행하면서, 개들과 벌거벗은 어린이들이 떼를 지어 다니는 것을 목격했다. 그는 그러한 광경은 그 이전에는 본 일이 없었다고 회상했다.[29] 그는 이 나라가 매우 가난한 나라임을 다시 확인했다. 그런데도 일을 하는 사람들은 소수에 지나지 않는다는 사실

---

26 위와 같음, 16쪽.
27 위와 같음, 213~218쪽.
28 위와 같음, 175쪽.
29 위와 같음, 28쪽.

에 충격을 받았다. 그는 또 노동을 의미하는 'labor' 또는 'work'라는 영어단어에 해당하는 조선어 '일'은, "큰일이 벌어졌구나", "그 일을 어떻게 해결해야지?" 등의 용법들에서 보여지듯, 손해 · 손실 · 악 · 불운과 같은 나쁜 것을 연상시키는 것으로 이해되는 현실을 확인했다. "코리아는 게으름 속에 쇠퇴하는 나라다"(Korea is a nation that has wasted away in idleness)라고 그는 개탄했다.[30] 그는 노동으로 손이 험해진 사람들을 어쩌다 보게 되면 칭찬을 해주었고, 막일꾼들에 대해 깊은 애정을 보였다. 이처럼 게으르게 사는 사람들이 '서둘러'라는 말을 자주 쓰며 또 그러한 취지의 단어들을 풍부하게 개발한 데 대해 놀라움을 표시했다. 그는 '어서', '얼른', '속히', '빨리', '냉큼', '즉시' 등 10개의 단어들을 소개하면서, 자신은 그러한 단어들을 매일 들으며 산다고 덧붙였다.[31]

평양을 방문하면서, 그는 이 도시의 아름다움을 칭찬했다. 그는 다른 서양인들처럼 중국인 기자가 이곳에서 이 나라 최초의 왕국을 세웠다고 썼다. 데이빗 왕이 예루살렘을 통치하던 시기에 기자는 '조선의 아버지'로 이 나라를 통치했다고 설명했다.[32] 그는 거기서 한걸음 더 나아가, 기자를 '크리스토퍼 콜럼버스(Christopher Columbus)와 조지 워싱턴(George Washington)을 합친 사람'이라고 평하면서 그가 중국에서 압록강을 건너 코리아에 와서 문명을 전파했다고 부연했다.[33] 앞에서 이미 여러 차례 지적했듯, 이것은 잘못된 역사인식임에 틀림없다. 콜럼버스는 미국을 처음 '발견'한 사람으로 말해지고 있는데, 그렇다면 기자가 코리아를 처음 '발견'했단 말인가? 또 워싱턴은 미국의 초대 대통령이었는데, 그렇다면 기

30 위와 같음, 37쪽 및 177쪽.

31 위와 같음, 78쪽.

32 위와 같음, 82쪽.

33 위와 같음, 127쪽.

자가 코리아의 초대 건국자였던 말인가?

그는 평양을 떠나 북쪽의 다른 지역들을 순방했다. 다른 서양인들이 그렇게 했듯, 그 역시 여관에 유숙했다. 다른 서양인들이 이미 지적했듯, 그 역시 여관의 더러움과 냄새에 대해 설명했다. 그는 여관방의 '지독한 냄새'에 대해 몇 달에 걸쳐 연구한 끝에 두 가지 원인을 찾아냈다. 하나는 피마자기름을 쓰는 등잔에서 나오는 것이고, 다른 하나는 천장에 매달린 메주들이 썩으면서 나오는 것이었다. 이미 여러 서양인들이 지적했듯, 그는 방의 온돌이 너무 뜨거웠으며, 이 뜨거운 온돌에 익숙하지 않은 서양인들은 등을 데게 된다고 회상했다.[34] 일제식민지 시기 조선의 저명한 소설가요 신문기자였던 홍명희(洪命憙)는 조선인들이 온돌을 상용하면서 벌목을 자행해 산림이 황폐하게 됐으며, 온돌 위에 눕고 지내기를 좋아하게 돼 성격 자체가 취약(脆弱)해졌다고 개탄했다.[35]

게일은 이 나라의 국내정치와 국제관계에 대해 직접적으로 언급하기를 자제했다. 다만 '고종보다 강력한 성격을 지닌' 민비가 코리아가 일본의 지배에 들어가는 것에 저항하다가 일본인들에 의해 시해됐음을 자세히 썼으며, 그 이후 "코리아는 현재 일본이 굳건히 장악하고 있다"(Korea is now firmly in the grasp of Japan)고 보았다. 이미 이 시점에서 그는 코리아의 독립유지와 국가적 존속에 대해 회의를 표시했다. 이러한 상황에서, 코리아는 기독교의 복음들을 더욱 광범위하게 받아들여야 한다고 그는 권유했다.[36]

---

34 위와 같음, 134쪽.

35 홍명희, 「사화 삼칙」(史話 三則), 이윤재(李允宰) 편, 『문예독본』(전2권: 서울: 한성도서출판주식회사, 1932~1933), 상권(1932). 이 책은 다음과 같이 재간됐다. 구자황(具滋晃) · 문혜윤(文惠允) 공편, 『이윤재 편, 문예독본』(서울: 경진문화, 2009), 101쪽.

36 Gale, *Korean Sketches*, Chapter 11.

『전환기의 코리아』

게일의 이러한 관찰과 논지는 『전환기의 코리아』에서 사실상 부연되고 확대됐다. 그는 우선 이 나라의 지리와 산물들을 설명하면서 감을 격찬했다. "코리아의 감들은 이 세상에서 가장 좋은 과일이다"라고 단언하면서, 이 나라에 대해 경험이 많은 사람들은 대부분 자신의 그 평결에 공감할 것이라고 썼다.[37] 이 나라 사람들의 습관과 관련해, 그는 흡연을 지적했다. "코리언들은 이 세상에서 제일가는 흡연가들이다"라는 전 중국주재 미국공사 록힐의 발언을 그는 인용했다. 코리아에는 특유의 냄새가 있다고 지적하면서, 그는 옻칠을 한 모자 그리고 배추에 마늘 · 파 · 소금 · 생선 등을 포함시켜 만든 김치가 냄새의 원천들이라고 썼다.[38] 그는 코리언들은 단것을 모르고 산다고 덧붙였다. 다른 서양인들과 달리, 그는 이 나라 사람들이, 비록 일본인들만큼은 아니지만 중국인들에 비해, 옷을 깨끗이 입고 산다고 보았다.

코리언들은 숙명론에 얽매어 창조적인 사고를 하지 못한다고 보다

사회생활에 대해 설명하면서, 그는 아버지와 아들 사이에는 친(親)이 있어야 하고, 군주와 신하 사이에는 의(義)가 있어야 하며, 남편과 아내 사이에는 별(別)이 있어야 하고, 연로한 사람과 연소한 사람 사이에는 서(序)가 있어야 하며, 친구들 사이에는 신(信)이 있어야 한다는 유교의 오륜(五倫)이 이 나라 사회의 큰 기둥들이라고 지적했다. 그는 또 인의예지신(仁義禮智信)의 다섯 미덕들이 오상(五常)이라는 이름 아래 오륜과 함께 교육의 핵심적 내용을 구성한다고 지적했다. 그것들에 더해, 사람들은 세계는

37 위와 같음, 8~9쪽.

38 위와 같음, 16~17쪽.

쇠[金: 금], 나무[木: 목], 물[水: 수], 불[火: 화], 흙[土: 토]의 다섯 요소들로 구성됐으며 사람들은 각각 그 다섯 요소들 가운데 어느 하나의 특성을 지녔고 그것에 따라 운명이 영향을 받는다는 오행(五行)의 이론을 받아들인다고 지적했다. 여기서 그는 중요한 논점을 제시했다. 이 나라에서 사람들은 오륜 및 오상의 가르침들과 오행설에 묶여 독자적인 사고를 하지 못한다는 관찰이었다.[39]

비슷한 맥락에서, 그는 코리언들은 철저한 숙명론자라고 보았다. 그들은 자신이 태어난 해[年: 년], 달[月: 월], 날[日: 일], 때[時: 시]로 구성된 팔자(八字)가 자신의 운명을 결정한다고 확신하며, 모든 것은 자신의 운수에 달렸다고 믿고 산다는 것이었다. 여기서 한 걸음 더 나아가, 그는 그들은 이성에 의해서가 아니라 본능에 의해 행동한다고 지적했다.[40]

그는 코리아에는 종교가 없다는 서양인들의 공통적 관찰들을 이 책에서 다시 강력하고 상세하게 부인했다. 이 나라에서 유교의 가르침에 따라 조상숭배가 얼마나 철저하고 정교하게 의식화(儀式化)되어 있는가를 길게 설명하면서, 코리언들이 몇 대에 걸친 조상들의 기일(忌日)들에 정례적으로 제사를 지내는 것은 기독교인들이 정례적으로 교회에 다니는 것과 마찬가지라고 평가했다.

그는 이 나라에서 조혼이 성행하는 것도 조상숭배의 산물이라고 보았다. 제사를 지낼 후대를 일찍부터 확보하기 위해 남아의 경우 열 살쯤에 결혼을 시킨다는 것이다. 이 조혼 때문에 축첩이 허용되고 무책임한 부모들이 나타나며 가정은 불행해진다고 그는 개탄했다.[41]

39 위와 같음, 101쪽.

40 위와 같음, 118~119쪽.

41 위와 같음, 67~76쪽.

“조선에는 가정 · 개인 · 사생활이 존재하지 않는다”

다른 서양인들이 그렇게 했듯, 그 역시 여성들의 지위를 관찰하면서 그들이 ‘경멸’의 대상이 되고 있음을 확인했다. 그는 한 미국인 선교사의 여섯 살 난 딸의 경험을 소개했다. 그녀는 울면서 집에 들어와 “코리언들이 나를 보면서 ‘저 아이가 남자가 아닌 것이 가엾구나’라고 말을 했어요”라고 전하면서 “아빠, 아빠는 내가 아들이 아니어서 섭섭해?”라고 물었다는 것이었다.[42] 그는 이 나라에서 여자는 결혼한 뒤 아들을 낳아야 비로소 어느 정도 사람대접을 받지만 그렇다고 해도 여자는 제사를 받들 수도 없고 집안의 대(代)를 이을 수도 없다고 결론을 내렸다.

이러한 상태에서, 이 나라에는 서양인들이 공통적으로 생각하는 것과 같은 가정은 존재하지 않는다고 그는 보았다. 온 식구들이 함께 둘러앉아 식사를 하는 탁자가 없으며, 남편은 남편 따로 아내는 아내 따로 아들과 딸들은 각각 따로 식사를 하는 것을 그 증거로 제시했다. 그는 또 온 식구들이 함께 소풍을 가는 것이나 함께 모여 책들을 읽고 노래들을 부르는 것 등을 이 나라에서는 볼 수 없다는 점을 다른 증거로 제시했다.[43]

이렇게 가정의 구성원들이 집단적으로가 아니라 개별적으로 행동한다고 해도, 이것이 이 나라에서 개인주의가 살아 있음을 의미하는 것은 결코 아니라고 그는 주장했다. 그의 관찰에 따르면, 이 나라에서 “사회에는 개인이 없다”(There is no individual in society). 그렇기에, “한 집안에서 남자가 국가에 대한 죄를 범했을 때는 무고한 여성들과 어린이들 모두가 함께 고통을 겪어야 한다.” 1880년대의 어느 시점에 정부가 대역죄사건을 발표했을 때, 자신의 아들이 연루된 것을 알게 된 아버지는 자신의 어린

---

42 위와 같음, 103~104쪽.

43 위와 같음, 106쪽.

손자들까지 모두 불러 "아! 이제 우리는 치욕 속에 살게 될 것이니, 모두 함께 죽자"고 말한 뒤 함께 독약을 나눠 마시고 집단자살까지 했음을 그는 상기시켰다.[44]

그는 이 나라 가정의 또 하나의 특성으로 사생활의 부재를 지적했다. 코리언의 집들은 온 세상에 공개되어 있다는 뜻이었다. 아무나 집의 문을 열고 안으로 들어와 사랑채에 앉아 이 집의 모든 것을 보게 된다고 그는 지적했다. 심지어 주인이 편지를 쓰고 있으면 주인의 어깨너머로 바라보면서 "누구에게 쓰냐? 왜 쓰냐? 뭐라고 쓰느냐?" 등을 꼬치꼬치 묻기조차 한다고 그는 덧붙였다.[45] 다른 한편으로, 방의 수가 두셋에 지나지 않기 때문에 방 하나에 가족 여럿이 어울려 있게 되고 그들의 친구들이나 친척들이 찾아오면 함께 대화를 나누게 돼 개인적 비밀들이 존재할 수 없다고 그는 보았다.

"각성을 하지 않으면 시대가 코리아를 밟고 지나갈 것이다"

그는 코리언들은 공포의 분위기 속에서 살아왔다고 보았다. 관리들이 백성들을 아무 때나 자의적으로 체포하고 구타하는 데서 오는 두려움 속에 코리언들은 살며, 그래서 "코리언들은 모두 다소간 겁쟁이들이다"라는 말을 서양인들로부터 듣는다고 그는 지적했다. 오륜과 오상의 가르침, 오행의 영향, 그리고 조상숭배의 종교에 매인 채 국가기관에 대한 신뢰마저 결여된 상태에서 애국심이 들어설 공간은 없었다고 본 그는 애국심은 최근의 산물이라고 지적했다.[46]

그는 이 나라가 관리들의 나라라고 논평하고 관리들은 인민들을 '쥐어

---

44 위와 같음, 110~111쪽.

45 위와 같음, 107쪽.

46 위와 같음, 116~117쪽.

짜내며' 공금을 횡령하는 등 모든 악들을 저질렀다고 비난했다. 그는 "이 체제 아래 인민은 개별적으로 아무것도 아니다"라고 보았다. "인민들은 억압되고 짓밟혔다"고 쓰면서, 그는 법보다 높은 관습에 의해 억압이 저질러졌다고 비판했다.[47] 그는 또 이 나라에는 '공공의 복리'라는 개념이 존재하지 않으며, 따라서 도로와 공중위생이 매우 불비하다고 지적했다. 동시에 그는 이 나라에는 공중이나 여론이란 개념이 존재하지 않는다고 지적했다.[48]

코리아의 많은 병폐들을 지적한 뒤, 그는 "이제 코리아는 각성을 해서 새로운 시대에 맞게 자신을 적응시켜야 한다"고 충고했다. 그는 동시에 "코리아가 그렇게 하지 않는다면 시대가 코리아를 밟고 지나가면서 코리아를 영원히 부수어버릴 것"이라고 경고했다. 그는 코리아의 장래를 비관적으로 보았다. 이 나라는 지난 20년의 세월 동안 새 시대의 새 힘에 자신을 적응시킬 기회를 가졌었는데 그렇게 하지 못했다고 개탄하면서 앞으로도 그렇게 할 것 같지 않다고 전망한 것이다.[49]

3. 미국 목사 무스의 『코리아에서의 농촌생활』

저자 제이콥 로버트 무스(Jacob Robert Moose)는 1864년 미국 동남부에 위치한 노스캐롤라이나주의 농가에서 태어나 정규교육을 받지 못한 채 노동에 종사하며 소년기를 보냈다. 그러나 비상한 노력으로 노스캐롤라이나대학교(University of North Carolina)를 졸업할 수 있었다. 어려서부터

47 위와 같음, 33쪽.
48 위와 같음, 112~113쪽.
49 위와 같음, 33~34쪽.

이타적 봉사정신을 키운 그는 동아시아에 기독교를 전파하겠다는 사명감을 갖고 1892년에 오늘날 듀크대학교(Duke University)의 전신인 트리니티대학(Trinity College) 신학부를 졸업했으며 곧바로 감리교의 목사가 됐다.

그는 1899년에 독실한 기독교인인 부인과 함께 서울로 왔다. 그때로부터 1928년에 별세할 때까지 그는 주로 강원도를 비롯한 여러 농촌지역들에서 많은 교회들을 이끌었다. 강원도 춘천시에서는 직접 교회를 세웠으며 서울에 감리교신학교가 세워지도록 힘을 썼다. '코리아에 대해 세상에 잘못 알려진 부분들'을 제대로 알려주려는 취지에서, 그는 1909년 8월에 『코리아에서의 농촌생활』이라는 책을 썼다.[50]

"양반은 무가치한 인간벌레들이다"

이 책에서 그가 제시한 설명들은 우리가 앞에서 살핀 서양인들의 설명들과 거의 같다. 그 역시 이 나라의 기후가 좋고 산천이 아름다우며 특히 금강산의 경관은 뛰어나다고 썼다. 그 역시 이 나라에는 광물매장량이 풍부한데도 제대로 개발되지 않았으며, 땅이 기름진데도 충분히 개간되지 않았다고 썼다. 그 역시 중국인 기자가 코리아에서 최초의 국가를 세웠다고 틀리게 설명했다. 그 역시 서울은 코리아에서 삶의 중심일 뿐만 아니라 정치와 사회 등 모든 것들의 중심이지만 더럽고 냄새나며 길이 좁은

---

50 Jacob Robert Moose, *Village Life in Korea* (Nashville, T. N.: Publishing House of the M. E. Church, South Smith & Lamar, 1911). 이 책은 '근세동아세아서양어자료총서 136'(서울: 경인문화사, 2001)에 Frederick Scheibler Miller, *Our Korean Friends* (New York: Fleming H. Revell Company, 1935)와 합본되어 있다. 이 책은 또 '근세동아세아서양어자료총서 172'(서울: 경인문화사, 2004)에 Elizabeth Keith and Elspet Keith Robertson Scott, *Old Korea: The Land of Morning Calm* (New York: Hutchinson & Co. LTD., 1946) 및 Il Han New, *When I Was a Boy in Korea* (Boston, M. A.: Lothrop, Lee & Shepard Co., 1928)와 합본되어 있다. 이 책의 한국어 번역본으로 다음이 있다. 문무홍(文武烘) 외 옮김, 『1900, 조선에 살다: 구한말 미국 선교사의 시골 체험기』(서울: 푸른역사, 2008).

도시라고 설명했다. 또한 이 나라에서 여자들은 천대받으며 남자들은 축첩을 한다고 썼다. 그 역시 민비는 매우 명석한 머리와 강한 의지를 가졌었음에 비해 고종은 그렇지 못해 민비의 손에 장악됐었다고 설명했다.[51]

그 역시 이 나라가 나타내는 모든 악들의 근원은 정부와 관리들에 있다고 분석했다. 우선 매관매직의 오랜 관습을 비판했고, 이어 지배계급의 노동천시사상을 통렬히 비난했다. 그의 표현으로, 이 나라의 양반 또는 사대부들은 어떤 종류의 일도 하지 않은 채 자신에게 관직이 내려지기만 기다리는 '무가치한 인간벌레들'이었다.[52] 그는 또 이 나라에는 인권사상에 기초한 적법한 사법절차가 사실상 존재하지 않으며 따라서 피의자들에 대한 가혹한 고문이 자행되는 현실을 지적했다.

그의 관찰들 가운데 다른 서양인들의 관찰들에 자주 등장하지 않은 것은 다음의 세 가지라고 할 수 있다. 첫째, 그는 이 나라 인구의 대다수를 차지하는 농민들은 결코 게으르지 않으며 부지런하다고 보았다. 그러나 하루종일 열심히 일해야 겨우 그날 하루 생계를 유지할 수 있을 뿐이라고 덧붙였다. 둘째, 그는 이 나라에는 서양인들이 생각하는 홈(home)의 개념이 존재하지 않는다고 보았다. 여러 가족들이 있고 그들이 한 집에 살지만, 홈을 이루는 데는 가족과 가옥 이상의 그 무엇인가가 있어야 하는데, 그것이 결여되어 있다는 것이었다.[53]

셋째, 그는 이 나라의 '마을들에서 의사행위를 하는 사람들'(village doctors)을 혹평했다. 그는 이 나라 사람들이 병이 나면 의존하는 '마을의 사들'은 도움이 되기보다는 커다란 해악이라고 주장하면서 그들은 차라리 없는 것이 낫다고 썼다. 무엇보다 그들의 대부분은 의학적으로 무식하

51 Moose, *Village Life in Korea*, pp. 32~49.

52 위와 같음, 63쪽.

53 위와 같음, 제6장.

다고 그는 지적했다. 그들이 아는 것이라곤 오로지 여러 세대를 걸쳐 내려온 약초들과 나무껍질들로 만든 탕약의 효용에 관한 것뿐이라고 매도하면서 자신은 그들을 '저주'한다고 덧붙였다.[54]

그는 일본의 코리아 강점과 지배에 대해 거의 아무 말도 하지 않았다. 그러나 이 책의 여러 곳들에서 코리언들에 대한 동정을 표시했다. 그는 이 나라에서 기독교가 빠르게 성장하고 있는 데 대해 만족해하면서도 이 나라가 기독교를 더 광범위하게 받아들여 기독교화될 때 진정한 해방을 맞이할 것이라고 결론을 내렸다.[55]

4. 미국 선교사 베어드의 『코리아의 새벽』

저자 애니 로리 아담스 베어드(Annie Laurie Adams Baird) 여사는 1864년에 태어나 1885년에 캔자스주에 위치한 워시번대학(Washburn College)을 졸업했으며 1890년에 목사 윌리엄 마르틴 베어드(William Martyne Baird)와 결혼했다. 그녀는 남편과 함께 북장로회선교사로 조선에 와서 부산과 대구에서 남편의 선교활동을 도왔다. 남편이 1897년에 평양에서 오늘날의 숭실대학교의 전신인 숭실학당(崇實學堂)을 세우자 그녀는 이 학교에서 교사로 또는 교장으로 봉직했다. 조선어로 찬송가를 작사하기도 했던 그녀는 1916년에 평양에서 별세하며 서울의 양화진 외국인공동묘지에 묻힌다.[56]

---

54 위와 같음, 150~157쪽.

55 위와 같음, 제23장.

56 Annie Laurie Adams Baird, *Daybreak in Korea: A Tale of Transformation in the Far East* (New York: Fleming H. Revell Company, 1909). 이 책은 Herbert E. Blair, *Stewardship in Korea* (Seoul: Christian Literature Society of Korea, 1938) 및 Charles

이 책은 대한제국이 일본의 '피보호국'이던 때인 1909년에 출판됐다. 따라서 독자들은 일본의 통치와 그것에 대한 조선인들의 반응을 저자가 이 책에 기록했을 것이라는 기대를 가질 수 있다. 그러나 저자는 그 주제에 대해서는 한마디도 말하지 않았다. 120쪽 남짓한 이 책에 일본이란 단어 자체가 한 차례도 나오지 않는다.

그러면 이 책은 무엇을 다뤘는가? 이 책은 전적으로 한 하류계급의 조선여성이 겪은 삶의 역정을 묘사하는 데 바쳐졌다. 주인공은 시골의 가난한 집에서 태어난 보배다. 그녀는 어려서부터 집안의 여러 일들을 감당하며 살다가 열두 살쯤 됐을 때 부모에게 신부의 몸값을 지불해준 농가의 열 살쯤 된 소년에게 시집을 갔다. 물론 신랑의 얼굴은 혼례 때 처음 봤다. 시집을 가서 일은 훨씬 더 많아져 그녀는 새벽부터 늦은 밤까지 휴식이라곤 취하지 못하며 살았다. 시가에서는 며느리가 남아를 낳기를 기대했다. 그러나 그녀는 18세 때 딸을 낳았다. 시부모는 말할 것 없고 남편도 크게 실망했으며, 6개월 뒤 남편은 결국 죽고 말았다.

시부모는 며느리를 어느 남자에게 팔았으며, 그녀는 그 남자의 아내가 됐음에도 불구하고 노예처럼 살았다. '비참한 삶'을 이어가던 그녀에게 어느 날 빛이 찾아왔다. 미국인 선교사를 만나 기독교를 받아들이면서 그녀의 삶에 대전환이 일어난 것이다. 저자는 이 나라 전체가 집단적으로 기독교화함으로써 '새벽'을 맞이하기를 기대했다.

Allen Clark, *The Nevius Plan for Mission Work: Illustrated in Korea* (Seoul: Christian Literature Society of Korea, 1937)와 함께 합본돼 '근세동아세아서양어자료총서 64'(서울: 경인문화사, 2001)로 재간됐다. 베어드 여사의 책은 다음과 같이 한국어로 번역됐다. 유정순 역, 『따라 따라 예수 따라가네』(서울: 디모데, 2006). 베어드에 대해서는 다음에 소개됐다. 전택부, 「숭실대학의 창설자 베어드」, 전택부, 『이 땅에 묻히리라』, 177~185쪽.

남성우위여성천시 · 남아선호여아천대를 비판하다

이처럼 한 여성의 삶을 묘사하는 가운데, 저자는 그때의 조선사회의 여러 모습들을 보여주었다. 첫째, 남성우위와 여성천시의 모습이다. 여자는 법률적으로 노예의 신분이 아니라고 해도 부모에 의해 또는 시부모에 의해 팔릴 수 있으며, 여자의 존재이유는 오로지 남아의 출산을 통한 대(代) 이어주기와 가사노동에 있었다. 여자는 남편의 사랑을 받기는커녕 매를 맞으며 살았다.

둘째, 남아선호 여아천대의 모습이다. 딸에게 '섭섭이' 또는 '밉히'라는 이름을 지어준 데서, 그리고 그 아이가 죽자 무덤조차 마련해주지 않고 버리는 데서, 이 모습은 잘 나타났다. 딸을 사랑했던 어머니가 주변사람들의 눈들을 피해 집 밖으로 멀리 가서 얼음을 깨고 땅속에 묻어줌으로써 비로소 그 아이는 자신의 시체가 거리에 내던져지는 운명을 피하게 된다.

셋째, 생활의 많은 부분들에서 미신이 성행하던 모습이다. 득남을 기도하기 위해, 병자의 치유를 위해, 좋은 무덤자리를 얻기 위해, 가난한 사람들조차 빚을 내 무당이나 심령술사를 부른다. 그들의 말은 곧 법으로, 사람들은 그들이 하라는 대로 따라 하지 않으면 안 된다.

넷째, 관리들이 백성들을 착취하는 모습이다. 한 살인자를 처형한 뒤 이 지방의 행정관은 그의 시체를 매장하지 못하도록 명령하고 행인들이 다니는 길에 방치하게 한 결과 시체는 부패하면서 악취를 뿜어낸다. 주민들은 시체의 매장을 간청하지만, 그 행정관은 허용하지 않는다. 그는 주민들이 더 이상 견딜 수 없게 되면 돈을 모아 자신에게 바치면서 매장을 허용해달라고 청탁할 것으로 기대하는 것이다.[57]

---

57 Baird, *Daybreak in Korea*, p. 17.

5. 영국 기자 해밀턴의 『코리아』 및 『코리아: 역사·사람·상업』

객관성을 유지하고자 했던 『코리아』

저자 앵거스 해밀턴(Angus Hamilton)은 런던의 명문가에서 1870년께 태어났다. 영국과 프랑스 및 독일에서 공부한 그는 미국으로 건너가 『뉴욕 이브닝 선』(*New York Evening Sun*)의 기자로 사회생활을 시작했으며, 그 뒤 런던의 『더 타임스』와 『폴 몰 가제트』 등에서 종군기자로 활약했다. 그는 뒷날 영국 왕립지리학회 회원으로 그리고 아시아 전문가로 미국과 영국의 여러 도시들을 순회하며 강연에 몰두한다. 그러나 그는 재정의 압박을 받는 가운데 1913년 6월에 뉴욕시의 한 호텔에서 자살한다.[58]

그는 1903년에 코리아를 방문한 뒤 『코리아』(*Korea*)를 출판하면서, 이 나라의 역사 · 문화 · 교육 · 공업 · 정치 등을 자세히 설명했다.[59] 초판이 출판된 1904년 1월이면 러일전쟁의 개전이 임박한 때여서 코리아는 국제적 관심의 초점이 됐다. 자연히 이 책은 널리 읽히게 돼, 초판이 나온 때로부터 1개월 만에 2판이 나올 정도로 인기를 끌었다. 이러한 분위기 속에서, 독일어와 프랑스어 번역출판이 뒤따랐다.[60]

이 책에서, 저자는 코리아의 장점들과 단점들을 고르게 지적하려고 노력했다. 장점들로, 그는 이 나라의 뛰어난 아름다움과 광물자원의 풍부함 그리고 개혁을 지향하는 황제의 '진보적' 성향을 지적했다.[61] 많은 서양

---

58 *New York Times*, June 13, 1913.

59 Angus Hamilton, *Korea* (New York: Charles Scribner's Sons, 1904; London: William Heinemann, 1904). 이 책은 '근세동아세아서양어자료총서 40'(서울: 경인문화사, 2000)으로 재간됐다.

60 *Korea: Das Land des Morgenrots* (Leipzig: Verlag von Otto Spamer, 1904); *En Corée*, trans. by L. Bazalgett (Paris: Felix Juven, 1907).

인들이 지적한 이 나라의 '실정'(失政)에 관해, 그는 그 책임이 황제에 있는 것이 아니라 그의 관리들에 있다고 평했다. 반면에 단점들로, 그는 미신과 샤머니즘의 강력한 영향력, 전염병들의 만연, 관리들의 백성 '쥐어짜내기,' 무겁고 무자비한 세금부과, 그리고 백성들의 게으름과 더러움 등을 지적했다.[62] 종합적으로, 그는 이 나라에서 개혁이 서서히 이뤄지고 있으나 개혁운동이 응집성과 미래상을 보여주지 않았다고 평가했다. 그러나 "그 전망은 희망적이다"라고 보았다.

코리아의 일본과의 관계에 대해서도 설명하면서, 그는 코리언들의 반일감정을 적절히 대변했다. 일본이 이 나라에 단계적으로 침략해왔다고 지적하고, 특히 중국과의 전쟁에서 승리한 이후 일본인들은 '지나친 교만'을 나타냈으며 이에 따라 코리언들의 반일감정은 커졌다고 썼다. 결론적으로, 그는 "잘못은 전적으로 일본인들 스스로에게 있다"고 단언했다.[63]

이 책의 출판을 앞둔 시점에서 러시아와 일본 사이에 이 나라를 둘러싸고 전운이 짙어가자, 그는 급히 짧은 논평을 써서 추가했다. 여기서 그는 이 나라의 상황은 '희망이 없다'고 진단했다. 군대는 사기가 완전히 떨어졌다고 진단하면서, 그는 "러시아의 진출이나 일본의 영향력의 꾸준한 확산을 막기에는 이 나라의 정부는 무력하다"고 비관적으로 전망했다.[64]

일제의 조선병탄을 지지한 『코리아: 역사 · 사람 · 상업』

그는 대한제국이 일제에 강제로 '병합'된 직후 다른 영국인 및 일본인

61 Hamilton, *Korea*, pp. 7, 14, 65~66.
62 위와 같음, 93~119쪽, 260쪽.
63 위와 같음, 135쪽.
64 위와 같음, XXXIX.

과 함께 『코리아』를 공저해 출판했다.[65] 이 책 가운데 해밀턴이 집필한 「코리아에서의 생활을 흘끗 보기」(Glimpses of Life in Korea)는 적지 않은 부분을 이 나라의 지리와 역사 그리고 이 나라 사람들의 생활상과 관습들을 객관적으로 소개하고자 했다. 예컨대, 그는 이 나라 인구의 대부분을 차지하는 농민들은 자신들의 일들에 능란하다고 칭찬하면서도 그들은 미신에 사로잡혔고 단순하며 무지하다고 지적했다. 그는 농민들이 관리들의 억압과 잔인성에 복종하고 갖가지 불법적 과세를 견뎌내지만 가끔 항의운동을 벌이기도 한다고 지적했다. 그는 또 농민들이 크게 의존하는 소들의 노역에 대해서도 동정적으로 썼다. 그 역시, 많은 서양인들이 이미 지적했듯, 이 나라 사람들과 여관들은 더러우며 이 나라 사람들은 무엇이든 닥치는대로 먹어치우는 사람들이라고 썼다.[66]

그러나 이 책의 많은 부분들은 일본의 대한제국 '합병'을 최소한 묵인하거나 심지어 미화했다. 우선 『고요한 아침의 나라 조선』의 저자 퍼시벌 로웰은 「서문」에서 '합병'을 코리아라는 '번데기'가 일본이라는 '나비' 속으로 흡수된 '격렬한 변형'으로 평가했다.[67] 찰스 웰쉬(Charles Welsh)는 「편집자의 노트」에서 '합병'을 '불가피한 결과'라고 평가했다. 그의 논리는 독특했다. 코리아는 하나의 국가로 자위의 수단들이 없으며 따라서 러시아에 장악될 개연성이 큰데, 만일 그렇게 된다면 일본의 평화를 위험에 빠뜨릴 수 있다고 주장한 그는 일본은 자신과 코리아를 보호하기 위해 코리아를 합병했다고 변호했다. 그는 '외관상 희망 없는 이 나라를 건전한 기초 위에 재수립함에 있어서' 일본이 이룩한 진보는 눈에 두드러진다는

65 Angus Hamilton, Herbert H. Austin, and Masatake Terauchi, *Korea: Its History, Its People, and Its Commerce* (Boston and Tokyo: J. B. Millet Company, 1910).

66 위와 같음, 56~64쪽.

67 위와 같음, XIV.

말로써 코리아에서 일본에 의해 진보가 진행된 것같이 칭찬했다.[68]

해밀턴은, 비록 노골적인 표현들을 쓰지는 않았으나, 일본의 통치 아래 코리아가 빠르게 근대화되고 있음을 암시했다. 좁은 길들은 넓혀졌으며, 쓰레기들은 청소됐고, 많은 서양식 건물들이 세워졌으며, 교통 및 체신수단들이 현대화됐고, 은행들이 세워졌음을 그는 강조했다. 그는 특히 교육제도와 사법행정에서 현대적 방향으로 큰 변화들이 일어났음을 역설했다. 일본의 '이끌어주는 손'이 없으면, 이 나라는 그러한 성취를 계속 유지할 수 있을 것인지 의문시된다고 덧붙였다.[69]

이어 영국군 소령 허버트 오스틴(Herbert H. Austin)은 우선 일본의 코리아지배를 비판하는 사람들은 코리언들이 '게으른' 사람들이라는 사실을 외면한 채 단순히 '약한 인종'이라는 인식에 치우쳐 동정을 보낸다고 비판했다. 그는 이 나라 사람들은 아주 게으르고 노동하기를 싫어해 다른 나라의 경우 한 명이 할 일을 다섯 명이 나눠 한다고 흉을 보았다. 코리아는 자신의 문제들을 관리할 능력이 없으며 그대로 내버려두면 음모의 온상과 열강의 각축의 무대로 전락해버린다고 혹평하면서, 코리아가 이렇게 되면 그것은 인접국가인 일본의 미래의 진보와 안전을 해치게 된다고 주장했다. 따라서 일본이 이 나라를 다스리겠다고 자임한 것을 나무랄 수 있겠느냐는 말로써 일본이 코리아를 병탄한 것을 합리화했다.[70]

마지막으로, 이 책은 조선통감을 역임했으며 '합병'과 동시에 초대 조선총독으로 부임한 데라우치 마사다케(寺內正毅: 사내정의)가 쓴 「코리아에서의 개혁들과 진보」라는 긴 보고서를 게재함으로써 이 책이 근본적으로 일본의 정책들을 옹호하기 위해 출판된 것임을 드러냈다. 그는 물론 일본

68 위와 같음, XV~XVI.

69 위와 같음, 14~28쪽.

70 위와 같음, 173~179쪽.

의 목적이 조선을 수세기에 걸친 실정(失政)과 그것이 빚어낸 병폐들로부터 해방시켜 인민들이 행복하게 살게 하는 데 있다는 일본정부의 선전을 되풀이했다.[71]

6. 영국 풍경화가 켐프의 『만주 코리아 러시아터키스탄의 얼굴』

영국인 여성으로 풍경화가이며 왕립스코틀랜드지리학회 회원인 에밀리 조지아나 켐프(Emily Georgiana Kemp)는 1910년 2월부터 코리아와 만주 및 러시아터키스탄을 방문한 뒤 『만주 코리아 러시아터키스탄의 얼굴』(*The Face of Manchuria, Korea, and Russian Turkestan*)을 출판했다.[72] 코리아에 국한시켜 말한다면, 이 책은 약간의 정치적 의견들을 개진한 것을 제외하곤 전반적으로 순수한 여행기면서 풍물지다.

이 책에서 코리아와 관련해 저자가 제시한 관찰들은 그녀 이전의 서양인들이 제시한 관찰들과 거의 같다. 중국인 기자가 이 나라 최초의 왕국을 세웠다는 것, 이 나라의 종교는 악령숭배인 샤머니즘이었는데 그 뒤 유교와 불교에 의해 대체됐다는 것, 산천경개는 대단히 아름답다는 것, 특히 금강산의 아름다움은 뛰어나다는 것, 광물들의 매장량은 풍부하며 특히 금이 주요한 생산품이라는 것 등이 그 대표적 보기들이다. 다른 영국인들이 공통적으로 지적했듯, 그녀 역시 '러시아인들의 공격성'이 북

---

71 위와 같음, 215~322쪽.

72 Emily Georgiana Kemp, *The Face of Manchuria, Korea and Russian Turkestan* (London: Chatto and Windes, 1911). 이 책은 Putnam Weale, *The Truth about China and Japan* (London: George Allen and Unwin LTD., 1919)과 함께 '근세동아세아서양어자료총서 159'(서울: 경인문화사, 2004)에 합본되어 있다.

방에 존재한다고 썼다.[73]

"코리언들은 현명한 정부 아래서는 이상적인 국가를 만들어낼 것이다"

그러나 그녀는 자신만의 독특한 관찰들을 이 책에 제시했다. 첫째, 그녀는 거의 모든 서양인들이 코리언들은 게으르다고 비난한 것과 정반대로 코리언들이 부지런하다고 평가했다. 그녀는 그처럼 부지런한 사람들이 현명한 지배를 받게 된다면 이 나라는 이상적인 나라가 될 것이라고 보았다.[74] 둘째, 그녀는 코리언들이 더럽다는 비난을 자신 역시 많이 들었다고 시인한 뒤, 그러나 그 비난은 코리아의 상황을 유럽의 그것에 비교한 데서 생겨난 것이라는 말로써 코리언들을 옹호했다. 그녀는 "코리언들이 자신들의 옷들을 희게 하려고 또 잘 다리려고 많은 시간과 정력을 아낌없이 쓴다"는 사실을 상기시켰다. 동시에 그녀는 코리언들이 세탁과 관련해 쓰는 도구들이 '아주 원시적'이라는 사실도 상기시켰다.[75] 셋째, 그녀는 코리아의 여성들이 과거에는 가치가 많은 존재로 여겨지지 않았으나 오늘날에는 기독교의 영향 아래 책임감을 갖는 방향으로 각성하고 있다고 지적했다.[76]

그녀는 마지막으로 코리아에 대한 일본의 행태들을 제한적이나마 비판했다. 그녀는 우선 일본을 '우리의 동맹국'이라고 불렀으며, 일본인들이 많은 방면에서 코리아에 혜택이 되는 일을 많이 했다는 말로써 일본을 일단 긍정적으로 평가했다. 그러나 그녀는 일본인들이 일을 한 방식은 '무모했으며' '회유적'인 것이 아니라 '철저히 불쾌한' 것이었다고 썼다. 그

---

73 Kemp, *The Face*, p. 93.

74 위와 같음, 63쪽.

75 위와 같음, 71쪽.

76 위와 같음, 76쪽.

녀는 "일본인들이 코리언들의 귀중한 염원들을 짓밟고 코리아를 정복된 적으로 대접한다면" 코리아를 합병하겠다는 생각을 버려보았자 아무 소용이 없을 것이라고 직언했다.

그러나 그녀는 여러 서양인들이 그렇게 했듯 안중근 의사의 이토 히로부미 격살을 좋지 않게 평가했다. 이토를 조선인들의 '가장 좋은 친구'라고 부르면서 그의 피살로써 조선인들은 '가장 슬픈 손실'을 겪었다고 썼다.[77] 이것은 물론 그녀의 잘못된 평가였다.

7. 미국 목사 브라운의 「코리아 여행기」

어느 정도 중립적인 태도로써 조선과 일본을 설명한 또 한 사람의 미국인 교사가 아서 저드슨 브라운(Arthur Judson Brown)이다. 그는 1856년에 매사추세츠주 홀리스톤(Holliston)에서 태어나 1883년에 장로교목사가 된 뒤 선교와 집필에서, 그리고 교회통합 및 세계선교 운동에서, 뛰어난 능력을 발휘했다. 그는 1901년과 1909년에 각각 극동을 여행하는 가운데 그때마다 코리아를 방문했다. 그는 자신의 여행을 바탕으로 삼아 1905년에 「코리아 여행기」(A Reading Journey through Korea)를 출판했고, 두 번째 여행까지를 포함시켜 1919년에 『극동의 지배』(*The Mastery of the Far East*)를 출판했다.[78] 그는 1963년에 106세의 나이로 별세한다.

77 위와 같음, 95쪽 및 106쪽.

78 Arthur Judson Brown, "A Reading Journey through Korea," *The Chautauquan* (Chautauqua, N. Y.: The Chautauqua Press, August 1905), pp. 490~578; ———, *The Mastery of the Far East: The Story of Korea's Transformation and Japan's Rise to Supremacy in the Orient* (New York: Charles Scribner's Son's, 1919). 이 책은 '근세동아세아서양어자료총서 56'(서울: 경인문화사, 2001)으로 재간됐다.

조선과 조선인들을 옹호하다

브라운 목사가 제시한 관찰들은 거의 모두 그 이전의 서양인들이 제시한 관찰들과 같거나 비슷하다. 그러나 그의 관찰들 가운데는 코리언들에 대한 이해와 동정이 깔려 있는 것들이 적잖다. 첫째, 그는 서양인들이 대체로 깨끗하고 잘 정돈된 일본을 거쳐 코리아에 입국했기 때문에 자연히 그 대비 속에서 코리아의 '황량함'과 '더러움'을 더욱 강조하게 됐다고 보았다.[79]

둘째, 그는 서양인들이 대체로 "코리언들은 일본인들의 정력과 야심을 그리고 중국인들의 근면과 끈질김을 결여하고 있다"고 말하는데, 그것은 피상적인 관찰의 결과라고 비판했다. "한편으로는 호전적인 일본 그리고 다른 한편으로는 강력한 중국 사이에 위치한 비교적 작은 나라인 이 '조용한 아침의 나라'에서 살아온 사람들은 불가피한 것을 무기력하게 묵인해왔다"고 그는 변호했다.[80]

셋째, 그는 많은 다른 나라들에서 두드러진 악(惡)들이 이 나라에서도 존재하지만 뚜렷하지는 않다고 보았다. 예를 들어, 이 나라에서도 도박은 행해지지만 중국이나 태국에서만큼 심하지는 않다는 것이었다. 또 공공의 장소에서나 많은 사람들이 보는 앞에서 취한 모습을 드러내는 코리언들은 드물다고 그는 썼다. 코리언들은 술을 마셔도 밤에 집에서 마신다고 그는 덧붙였다.[81]

넷째, 그는 코리언의 장점들을 지적하는 데 결코 인색하지 않았다. 그는 코리언이 육체적으로 강건하며 용감하다고 평가했다. "조직과 유능한 리더십의 결여 그리고 무기들과 현대전의 방법들에 대한 무지가 그를 오

---

79 위와 같음, 46쪽.
80 위와 같음, 48쪽.
81 위와 같음, 51~52쪽.

늘날 일본인 앞에 무력하게 만든다"고 그는 썼다. 그는 또 코리언이 정신적으로 우수하다고 평가했다. "지능에 있어서 코리언에게 발전의 기회가 주어지기만 하면, 코리언은 어느 다른 인종에게도 떨어지지 않는다"는 한 서양인 관찰자의 의견에 동의했다.[82]

그의 이 지적은 그때 조선에서 생활한 한 미국인 의사의 관찰과 일치한다. 존슨(W. O. Johnson)이라는 의사는 코리아는 불결한 나라임을 인정했다. 그러나 그는 코리언들은 다른 사람에게 친절하며 다른 사람의 감정을 상하게 하지 않으려고 사려깊게 행동한다고 칭찬한 데 이어 정신적으로 코리언들은 우수해 서양학문을 빨리 흡수하고 있다고 덧붙였다.[83]

다섯째, 그는 "코리언이 공정하게 보수를 받고 대우를 잘 받으면 성실하고 지혜롭게 일할 수 있음을 보여주었다"고 썼다.[84] 그는, 비숍 여사가 관찰한 것과 마찬가지로, 연해주로 이주한 코리언들이 고국에서보다 훨씬 잘사는 현실을 지적했다.

이토 히로부미를 찬양하다

일본의 코리아 지배에 대한 찬반을 놓고 그는 자기 나름의 중립성을 유지하려고 노력했다. 한편으로, 그는 일본이 저지른 나쁜 짓들을 자세히 열거하면서 그것들을 비난했다. 그는 특히 일본이 아편과 마취제를 코리아에 사실상 공공연히 밀수출하는 것을 자세히 폭로했다. 다른 한편으로, 그는 일본의 지배가 코리아에 준 '혜택들'을 열거하고 그것들을 긍정적으로 평가했다. 거기에는 철도의 부설, 통신시설의 확장, 도로의 확장, 위

82 위와 같음, 53쪽.

83 W. O. Johnson, "In the Land of the Morning Calm," *Christian Herald* (New York, N. Y.), Vol. 27, No. 4 (January 27, 1904), pp. 74~75.

84 Brown, *The Mastery*, p. 56.

생시설의 설치, 식목과 조림, 토지조사를 통한 경계의 확정, 법질서의 확립 등이 포함됐다.

특히 그는 자신이 도쿄에서 이토 히로부미와 나눈 대화를 상기하면서, 이토가 자신의 통치가 코리아의 인민들이 결코 경험한 일이 없는 진정한 혜택이 되도록 열렬히 희망했다고 썼다. 이러한 맥락에서, 그는 이토를 코리아를 위한 '가장 강력한 친구'라고 불렀다. 그는 이러한 이토를 사살한 안중근 의사를, 그 이름을 적시하지는 않은 채, '광신자'라고 폄하하고 이토를 암살한 것은 코리아에 대해 할 수 있는 가장 나쁜 짓을 저지른 것이라고 매도했다.[85] 이것은 물론 그의 과오였다.

그는 1901년에 서울주재미국공사 알렌의 소개로 고종황제와 황태자를 알현했다. 고종에 대해, 그는 키가 작았고 수염을 길렀으며 미소를 띠울 때는 얼굴이 밝아졌다고 회상하면서 그때의 얼굴은 '매력적이지 않은 것은 아니었다'고 평했다. 그는 황제는 '안이'해서 국무에 아무런 주의를 기울이지 않았다고 덧붙였다. 황태자에 대해, "그는 아무런 말을 하지 않았으며 지능에서 아버지보다 많이 열등해보였다"고 회상했다.[86]

---

85 위와 같음, 356쪽.

86 위와 같음, 31쪽.

제6부

서양인 관찰들의 요약 그리고 그것들에 대한 평가

제14장
서양인 관찰들의 요약

우리는 이제까지 오늘날 우리가 한반도라고 부르는 강역에 존재했던 왕국들을 여행이나 생활을 통해 경험했던 서양인들이 남긴 관찰기록들을 살폈다. 우리는 특히 후기 조선을 관찰한 서양인들의 저술들을 통해 후기 조선의 모습들을 살폈다. 이것들을 요약하면 다음과 같다.

1

우선 한반도에 서양인들이 의도적으로 진출하기 시작한 1787년 이전의 시기에 한반도에 위치했던 왕국들에 관한 서양인들의 기록들을 살피기로 하자.

첫째, 서양인들의 기록들에 처음 등장한 왕국은 신라다. 신라와 교역하던 중동인들이 이 왕국에 대해 처음으로 언급했다. 그들의 언급은 짧았다. 이 왕국은 기후가 좋아 사람이 살기에 알맞으며 금을 많이 생산한다고 그들은 썼다.

둘째, 서양인들의 기록들에 두 번째로 등장한 왕국은 고려다. 고려를 관찰한 서양인들은 유럽의, 특히 프랑스와 이탈리아의, 예수회선교사들이었다. 그들은 그때 인류역사에서 처음으로 동서양을 연결한 제국을 형성했던 몽골제국을 통해 고려의 이름을 접했다. 따라서 그들은 고려를 몽골제국의 변방에 위치한 몽골제국의 속국으로 묘사했다.

셋째, 서양인들의 기록들에 세 번째로 등장한 왕국은 조선이다. 조선시대에, 관찰자들의 성격은 바뀌었다. 새로운 관찰자들은 '대항해시대'를 이끈 포르투갈과 스페인의 예수회선교사들이었으며, 그들은 자신들의 동아시아교역의 중요한 거점인 일본을 통해 조선에 접했다. 그들이 일본을 통해 조선에 접했기에 조선에 대한 그들의 지식은 왜곡됐거나 부정확했다. 조선을 맹수가 들끓고 추위가 극심하며 사막이 가로질러 존재하고 산악으로 막힌, 말하자면 불가촉(不可觸)의 땅처럼 묘사했다. 거기에는 포르투갈인들과 스페인인들이 조선과 교역의 문을 여는 것을 방해하려는 일본인들의 왜곡된 설명들이 부분적으로 개입됐다. 일본인들은 포르투갈인들과 스페인인들을 상대로 이 나라를 매력이 없을 뿐만 아니라 위험한 땅인 것처럼 묘사했던 것이다.

넷째, 이러한 인식에 변화를 가져온 것은 임진왜란이었다. 임진왜란은 유럽인들로 하여금 조선에 대해 훨씬 자세하고 정확하게 이해하도록 만들었다. 일본의 군인들이 일본으로 돌아가서, 또 포로가 돼 끌려간 조선인들이 일본에서, 조선에 대해 여러 형태로 진술했기 때문이다. 일본에서 활동하던 포르투갈과 스페인의 예수회선교사들은 그들의 진술들로부터 조선에 대한 지식을 넓힐 수 있었다. 그러나 그들의 조선에 대한 설명들에는 여전히 부정확한 점들이 남았다.

다섯째, 임진왜란에 이어 병자호란이 끝난 이후 조선에 표착한 네덜란드인 하멜의 『파선일지』는 이 나라에서 생활한 서양인의 첫 견문기였다.

조선왕국의 제17대 국왕 효종과 제18대 국왕 현종 시대를 묘사한 이 책은 유럽국가들에서 널리 읽혔기 때문에 서양인들의 조선에 대한 인식형성에 큰 영향을 미쳤다.

긍정적으로는, 이 책은 조선이 학문을 숭상하고 절대군주 아래 행정이 효율적으로 집행되는 나라라는 인상을 심어주었다. 여기에 연결된 또 하나의 인상은 조선인들은 관리가 되는 것을 최고의 목표로 삼고 생활한다는 것이었다. 이 책은 또 조선은 조상을 존중하는 나라이며 특히 부모에 대한 효도를 강조하는 나라라는 인상을 심어주었다. 그러나, 부정적으로, 이 책은 조선이 자신의 백성들을 가혹한 형벌로써 다스리는 야만적인 나라이고 미신을 따르는 미개한 나라이며 과학기술과 상공업을 발전시키지 못한 가난한 나라라는 인상을 심어주었다. 대외관계에 대해, 이 책은 조선은 먼 변방에 위치했으며 외국인들에 대해 매우 엄격하고 폐쇄적인 나라로 외국인 조난자들에게 구조를 베풀기는커녕 감금과 매질로써 괴롭혔다는 인상을 남겼다. 조선이 '은자의 나라'라는 인식은 이 책을 통해 굳어졌다.

여섯째, 하멜의 『파선일지』가 출판된 이후 조선에 대한 관심이 상대적으로 높아진 상황에서 프랑스의 신부들은 조선에 대한 글들을 썼다. 그러나 그들은 이 나라를 방문하고 그 결과를 쓴 것이 아니라 중국에서 시무하던 신부들이 프랑스의 예수회본부로 보낸 보고서들을 근거로 썼다. 따라서 조선은 중국의 속국이며 조선의 정부와 문화 및 관습은 중국의 그것들을 모방한 것이라는 중국인들의 인식을 반영한 것이 많았다. 그들은 특히 한반도에서의 최초의 왕국은 아득한 상고시대에 중국인 기자가 세웠다고 씀으로써 조선은 아주 오랜 옛날부터 중국의 속국이었다는 인상을 강화시켰다.

2

서양인들이 이 '은자의 나라'를 의도적으로 접근하기 시작한 것은 제22대 국왕 정조 때인 1787년 이후였다. 이 해부터 89년이 지나 제26대 국왕 고종이 통치하던 때인 1876년에 이 왕국은 결국 일본의 군사력에 제압돼 일본에 항구들을 열어주기에 이르렀다.

이 '쇄국'의 시기에 조선왕국에 대한 탐사를 시작한 나라들은 영국과 프랑스였다. 이 시기에 영국과 프랑스가 세계적 차원에서 해양탐험과 신대륙개척에 적극적으로 나서면서, 조선에 대해서도 해안탐사를 벌였던 것이다. 예컨대, 프랑스는 1787년에 라 페루즈의 함대를 통해 남해안과 제주도 해역을 탐사했으며 동해안을 탐사하다가 울릉도를 발견했다. 곧이어 1791년에 영국은 콜넷의 상선을 통해 남해안과 동해안을 탐사했으며 그 과정에서 제주도를 관찰했고 부산에 상륙했다.

1797년 이후 1800년대 초까지의 시기에 이르러, 조선에 대한 유럽열강의 관심은 미지의 세계에 대한 탐사의 수준을 넘어서서 정치적 · 군사적 성격을 갖추기 시작했다. 이 시기에 조선에 가장 적극적으로 진출한 나라는 영국이었다. 1797년에는 영흥만과 부산을 탐사했으며, 1816년에는 서해 5도와 남해안을 탐사했고, 1832년에는 다시 서해안을 탐사했다.

특히 중국이 아편전쟁에서 영국에 패배한 1842년 이후 서양열강은 조선이 중국의 이른바 종주권으로부터 풀리기 시작한 만큼 자신이 중국을 대신해 조선에 대한 영향력을 확보할 기회를 갖게 됐다고 계산하면서 이 나라에 대한 진출을 활발히 시도했다. 이 대열에는 프랑스와 러시아 및 독일도 참여했다. 이 나라들은 조선의 동해안 · 남해안 · 서해안을 샅샅이 살폈으며, 오늘날의 독도를 발견하기에 이르렀다. 그들은 현주민들과의 활발한 대화를 통해 조선의 실상을 비교적 정확히 파악했다.

1850년대가 되면서 조선을 둘러싼 서양열강의 각축이 그 전조를 드러내기 시작했다. 특히 영국과 프랑스는 러시아의 조선진출시도에 짙은 경계심을 나타냈다. 러시아에 대해 공포증을 갖게 하는 논리를 확산시킨 것이 이 시기였다. 그러면 이 시기의 조선을 서양인들은 어떻게 관찰했던가?

첫째, 서양인들은 앞에서 소개된 프랑스 신부들의 저술로부터 형성된 선입견들로써 조선을 대했다. 그리하여 그들은 한반도에서의 최초의 왕국은 중국인 기자가 세웠으며 그 이후에 출현한 왕국들은 모두 중국의 종주권 아래 놓인 중국의 속국들이었다고 믿었다. 그들이 이 나라에 대해 가진 이미지는 대체로 몽골과 티베트 및 타타르 등 '난폭한 야만인들이 사는 변방의 나라들'에 연결됐다. 조선의 몇몇 섬들과 해안의 마을들에서 원주민들을 만난 서양인들은 "조선인들은 외국인들을 내쫓으려고 하는 난폭한 야만인들이다"라는 인식을 강화했다.

둘째, 1800년대 초 이후 조선에 대한 서양인들의 관찰은 그 이전에 비해 훨씬 구체성을 띠기 시작했다. 서양의 방문자들은 우선 이 나라가 대외적 폐쇄와 외부세계에 대한 무지로 특징지어진다고 보았다. 그들은 또 이 왕국이 문(文)은 높은 수준이나 무(武)는 보잘것없는 나라라는 사실을 정확히 포착했다. 그러나 그것들에 못지않게 이 왕국의 심각한 병폐로 그들이 직시한 것은 지배계급의 피지배계급을 상대로 한 탐학과 착취였다. 이것은 지배계급과 피지배계급 사이의 간격을 넓혀 국가 전체의 분열을 낳았고, 피지배계급으로 하여금 노동의욕을 잃게 만들어 궁극적으로 이 나라를 궁핍하게 만들었다고 그들은 보았다. 1834년에 출판된 귀츨라프의 『항해일지』, 그리고 1874년에 출판된 달레의 『코레의 교회의 역사』가 그러한 인식을 서양인들에게 확산시켜준 대표적인 책들이었다.

셋째, 서양의 방문자들은 거의 예외 없이 이 나라의 해안들 그리고 그 주변의 마을들이 '쓸쓸하다'거나 '황량하다'는 인상을 받았다. 어떤 방문자는 조선인들이 게으르고 조야(粗野)하며 기구들을 발달시키지 못한 사람들이라는 인상을 받았다. 이러한 인상으로부터 그들은 이 나라가 문명과는 거리가 먼 미개국이라는 인식을 갖게 됐다.

넷째, 이러한 관찰로부터 서양인들은 조선의 국가적 장래를 비관적으로 보기 시작했다. 조선이 서양의 선진국들을 모델로 삼아 스스로를 '재교육'시켜야 한다는 논리, 조선은 결국 멸망하게 될 것이라는 전망, 그리고 어느 다른 서양국가가 조선을 점령하기에 앞서 자신의 국가가 이 나라를 점령해야 한다는 제의 등은 이러한 배경에서 나온 것이었다.

여기서 주목되는 것은 서양인들이 조선은 정부의 부패와 무능을 포함한 내부적 취약성으로 말미암아 독립을 유지하지 못할 것으로 분석했다는 사실이다. 바꿔 말해, 서양인들은 조선을 얕잡아보고 조선을 '뜯어먹는' 국제경쟁에 뛰어들기로 결심했던 것이다.

이상에서 요약한 서양인들의 관찰은, 우리가 앞으로 보게 되듯, 조선이 개항한 이후에 이 나라를 여행한 서양인들의 저술들에서 되풀이된다. 그리고 조선은 결국 러시아가 점령하기에 앞서 일본이 점령해야 한다는 논리 아래 일본에 강제로 병합된 채 멸망한다. 그리고 곤차로프가 『전함 팔라다호』에서 제시한 '재교육'론은 뒷날, 여러 단계들과 변형들을 거치면서, 종국적으로 '국제신탁통치'론으로 나타난다.

3

앞에서 지적됐듯, 조선왕국은 제26대 국왕 고종 때인 1876년에 개항을 했다. 이것을 계기로 서양열강은 이 작은 왕국에 밀려들어와 각축을 벌였으며, 그 각축은 일차적으로 1894년에 청일전쟁으로 폭발했다. 여기서 우선 지적돼야 할 것은 이 개항으로부터 청일전쟁 발발직전까지의 18년의 시기에 조선을 관찰하고 기록을 남긴 사람들은, 앞의 시기와는 달리, 대부분 외교관들이었고 그 다음이 선교사들이었다는 사실이다. 그렇지만, 그들의 기록들에 나타난 조선의 모습들은 우리가 앞에서 보았던 그것들과 크게 다르지 않았다.

첫째, 서양인들은 조선인들이 몽골인종과 아리안인종을 포함한 여러 인종들과 여러 민족들의 혼혈이라고 보았다. 그러나 서양인들은 조선인들이 중국인들과도 다르고 일본인들과도 다르며, 중국인들의 언어와도 다르고 일본인들의 언어와도 다른 고유의 언어를 사용하는 개별적 민족임을 인정했다. 몇몇 서양인들은 한글의 독창성과 효율성을 높이 평가했다. 그들은 예외없이 조선의 산천경개가 대단히 아름답다고 칭찬했다.

둘째, 서양인들은 때때로 중국인들의 역사책들과 일본인들의 역사책들에 근거를 두고 조선의 역사를 설명했다. 따라서 중국인 기자가 고조선의 첫 왕국을 세웠다는 설명과 일본 황후 진구가 신라를 정복하고 신라의 남부에 임나부를 세웠다는 설명과 같은 왜곡된 설명들을 되풀이했다. 1882년에 출판된 그리피스의 『코리아: 은자의 나라』가 그러한 설명들을, 특히 임나부경영설을, 서방세계에 확산시킨 대표적인 책이었다. 서양인들은 또 조선의 문화가 중국의 문화로부터 많은 영향을 받았다고 설명했다. 그러나 조선인들이 일본인들에게 지식을 전수했으며 일본의 문화에 큰 영향을 미친 사실을 인정했다.

셋째, 서양인들은 조선의 지정학적 위치를 강조했다. 이 나라가 대륙세력과 해양세력 사이에 위치함으로써 대륙세력과 해양세력 모두로부터 침략을 받거나 개입을 당했다고 보았다. 이러한 상황에 직면하고서도, 이 나라는 자신을 해양국가로 발전시키지 않았으며 국방력을 키우지도 않았다고 서양인들은 보았다. 그러한 견해는 그리피스가 『코리아: 은자의 나라』에서 제시하고 로웰이 『조선, 고요한 아침의 나라』에서 제시한 이후 여러 서양인들에 의해 되풀이된다.

서양인들은 조선에 대한 열강의 각축이 격화되고 있으며, 결국 일본과 중국 및 러시아 등 세 나라 각축의 결과에 따라 이 나라의 운명이 좌우될 것이라고 전망했다. 여기서 주목되는 것은 미국과 영국을 비롯한 해양국가들은 러시아를 경계하는 시각을 전파한 반면에 독일을 비롯한 대륙국가들은 일본을 경계하는 시각을 전파했다는 사실이다. 프랑스는 해군의 경우 러시아를 경계하는 견해를 나타냈다. 그러나 뒷날 영국을 견제하기 위해 러시아와 제휴하면서 일본을 경계하게 된다.

넷째, 서양인들은 조선을 서울중심적인 나라로 보았다. 특히 『코리아: 은자의 나라』는 "마치 파리가 프랑스인 것처럼 서울은 코레아 그 자체다"라고 썼는데, 이 구절은 로웰에 의해 되풀이되고 그 이후 거의 모든 서양인들의 저술들에서 이 책에 대한 언급이 없이 표현을 약간 달리한 채 되풀이된다.

다섯째, 서양인들은 조선을 극소수의 벼슬아치들이 대다수의 백성들을 '흡혈하고' '쥐어짜내는' 체제를 유지하는 나라로 인식했다. 1874년에 출판된 달레의 『코레의 교회의 역사』가 처음 사용한 '피를 빨아먹는다'는 용어 그리고 1879년에 출판된 로스의 『코리아의 역사』가 처음 사용한 '쥐어짜낸다'는 용어는 그 이후 조선에 관한 대부분의 책들에서 반복적으로 등장한다. 이러한 체제 아래서 대다수의 백성들은 수탈을 당하지 않기 위해 돈을 벌려고 하지 않고 그저 굶주림을 면할 정도의 생활에 만족했다고 서양방문자들은 보았다. 그리하여 이 체제가 백성들의 게으름을 낳았고, 이것이 상업천시의 사회풍조와 맞물려 이 나라를 가난하게 만들었다고 그들은 결론을 내렸다. 이 논지는 1897년에 출판된 비숍 여사의

『코리아와 그의 이웃나라들』을 통해 더욱 유명해졌으며, 그 이후 조선에 관한 거의 모든 저술들에서 되풀이된다. 조선에 대해 지극히 동정적이던 언더우드 목사와 아펜젤러 목사도 조선은 관리들의 백성착취로 망하게 될 것이라고 경고했다.

여섯째, 서양인들은 조선이 생산물들은 농업에 국한됐고 농업에서도 몇몇 품목들에 한정됐을 뿐인 빈곤한 나라라고 보았다. 전국적으로 도로와 수로는 발달되지 않았고 따라서 수송수단들이 미비하고, 생활환경은 불결하고 비위생적이며 그 결과 전염병들이 만연한다고 보았다. 특히 지배계급을 제외한 대부분의 백성들은 초라한 집에서 살며 남루한 옷을 입고 빈약한 식생활을 한다고 보았다.

특히 식생활에 대해, 조선인들은 어쩌다 개고기를 먹는 것을 빼놓고는 육식을 거의 하지 않으며 우유를 마실 줄 모르고 그 대신에 몇몇 생선들을 먹는다고 보았다. 1884년에 서울에 도착한 묄렌도르프가 이 나라의 사람들은 우유를 마실 줄 모른다고 지적한 이후 여러 서양인들이 이 사실을 확인하곤 했다. 이것은 결국 조선인들은 낙농업을 모르며 또 체력이 약하다는 간접적인 지적이나 다름없었다.

일곱째, 서양인들은 조선이 지도층의 부패와 무능 그리고 피지배층의 게으름이 겹쳐진 상태에 함몰돼 자활자립할 능력을 상실했으며 따라서 이 나라를 자활자립의 길로 인도할 '문명국'의 계몽과 도움을 받아야 한다고 판단했다. 대체로 서양인들은 그러한 역할을 수행할 수 있는 나라로 미국과 일본을 꼽았다. 다만 묄렌도르프, 그리고 『금단의 나라: 코레아 기행』을 출판한 오페르트는 러시아를 추천했다.

지도층의 통치능력과 관련해, 서양인들은 대체로 고종을 '호감은 주지만 심약할 뿐만 아니라 추진력과 결단력이 미흡한 통치자'로 보았다. 다만 미국인 데니는 고종이 결코 심약하지 않고 강건하고 진보적인 군주라고 옹호했다. 그러나 민비에 대해서는 고종보다 훨씬 좋게 보았다. 그들은 대체로 민비는 통찰력과 결단력을 지녔으며 정치적 술수에도 능한 담대한 통치자로 평가했다. 비숍 여사의 『코리아와 그의 이웃나라들』 그리고 밀른 여사의 『기이한 코리아』는 민비의 통치술을 높이 평가했으며 언더우드 부인 역시 같은 평가를 내렸다.

여덟째, 서양인들은 이 나라 사람들이 바다를 두려워해 해외로 진출하는 대신에 내륙으로 움츠러든 채 생활한다고 보았다. 달리 표현해, 서양인들은 이 나라 사람들이 진취적이지 못하다고 본 것이다. 이 지적은 로웰의 『조선』 이후 여러 서양인들의 저서들에서 되풀이됐다.

아홉째, 서양인들은 조선이 과학과 기술을 발달시키지 않은 대신에 미신과 주술에 크게 영향을 받는 나라라고 보았다. 그들은 또 조선이 인권을 전혀 고려하지 않는 전근대적 형사제도를 유지하고 남성에게는 중혼을 허용하면서 여성을 철저히 억압하는 나라라고 인식했다. 종합해, 그들은 조선을 미개하거나 야만에 가까운 나라로 인식했다. 미국 외교관 사예롱은 제주도를 관광한 뒤 이곳을 토착야만인들이 사는 중앙아프리카에 비유했다.

4

청일전쟁은 1895년에 일본의 승리로 귀결됐다. 이에 따라 조선에 대한 일본의 영향력은 증대됐다. 조선정부 안에서는 일본을 견제하기 위해 러시아를 끌어들이려는 세력이 나타났고, 러시아는 극동에 대한 영향력의 증대라는 목표 안에서 우선 조선에 대한 진출을 활발히 시도했다. 일본과 러시아는 결국 1904년에 조선에서 전쟁을 개시했으며 이 전쟁은 이듬해 일본의 승리로 매듭지어졌다. 그사이인 1897년에 조선왕국은 자신을 대한제국으로 바꾸면서 '개혁'을 시도했다.

청일전쟁의 종결로부터 러일전쟁의 종결까지의 이 10년 시기에 조선에는 외교관들과 선교사들 이외에 기자들과 학자들 그리고 전문여행가들이 찾아들었다. 물론 그들은 이 나라에 대한 저술들을 남겼다. 이 서양인들의 기록들은 대체로 앞에서 살핀 기존의 기록들과 흐름을 같이 한다. 반복의 위험성에도 불구하고, 그것들을 요약하면 다음과 같다.

첫째, 조선은 대륙국가들과 해양국가들 사이에 둘러싸여 열강의 침략을 자주 받았으며 오늘날에도 열강의 영향을 강하게 받는다. 조선족은 기본적으로 몽골족에 속하지만 혼혈민족이며, 중국인들이나 일본인들과 명백하게 구별된다. 조선족은 고유의 역사와 문화 및 문자를 가졌다. 그러나 조선의 문화는 중국의 영향을 많이 받았다.

둘째, 이 나라는 산천경개는 매우 아름답다. 특히 금강산과 한라산 그리고 한려수도는 세계 어느 곳에 내놓아도 손색이 없을 정도로 아름답다. 그렇지만 사람들이 사는 곳들은 매우 더럽다. 소수의 지배계급이 사는 집들은 기와집임에 비해 다수의 피지배계급이 사는 집들은 움막이나 다름없이 초라하며, 거기에서 사람들이 벌레들과 함께 산다. 다수의 피지배계급은 불결하며 비위생적인 생활을 한다. 특히 전 영국군장교 캐번디시가 이 점을 부각시켰다. 그리고 이러한 생활여건이 전염병들을 불러일으키는데, 천연두와 콜레라가 가장 대표적이다. 언더우드 부인을 비롯한 미국 의사들이 특히 이 점을 강조했다.

셋째, 이 나라 사람들은 대체로 고기와 우유를 먹지 않으며 생선을 많이 먹는다. 평민은 소고기 · 돼지고기 · 닭고기 등 고급의 고기를 먹을 기회가 없기 때문에 개고기를 즐겨 먹는다.

넷째, 조선은 서울중심적인 국가다. 서울은 조선의 단순한 수도가 아니라 조선 그 자체다. 지방에 사는 사람들은 소외감을 느끼며 서울에 사는 사람들을 선망한다.

다섯째, 조선은 부모들이 아들들의 교육에 힘을 쏟는 나라다. 교육의 일차적 목적은 과거시험에 합격시켜 관직을 얻게 하는 데 있다. 인재선발의 훌륭한 제도이던 과거시험은 이제 타락해서 합격여부는 정실과 돈으로 좌우된다.

여섯째, 조선은 왕실에서부터 천민에 이르기까지 미신이 성행하는 나라다. 종교라고 해야 사실상 샤머니즘이 전부라고 할 수 있다. 과학과 기술이 많은 부문에서 발달되지 않아, 질병에 대해 미신으로 대처하는 것이 통례다. 이러한 관습으로 말미암아, 왕실은 말할 것도 없고 백성들조차 빚을 얻어가면서까지 미신에 많은 돈을 쓴다.

일곱째, 조선에서 여성은 엄격한 격리와 통제 속에서 자신의 이름도 없이 산다. 특히 피지배계급의 여성은 고역의 생활을 하며 눈물과 한을 안고 산다. 지배계급의 여성이라 할지라도 남편의 축첩에 따른 사회적 · 심리적 제약 속에 산다.

여덟째, 조선은 양반이라는 말로 압축되는 소수의 지배계급이 다수의 피지배계급을 '흡혈하고' '쥐어짜내는' 부패한 나라다. 모든 관직들을 팔고 사며, 왕실 스스로 관직들을 팔아 왕실의 재정과 정치자금을 충당한다. 다수의 백성들은 관리들로부터 '흡혈'과 '쥐어짜냄'을 당하지 않으려고 처음부터 돈을 벌려고 하지 않으며, 최소한의 굶주림을 면할 수 있을 정도로만 일을 한다. 여기에 조선사회를 지배하는 노동천시사상이 겹쳐, 조선에서는 백성들 사이에 근로의욕이 사라졌으며, 그 결과 조선에서는 산업이 일어나지 않았다. 다양한 지하자원들과 수산자원들을 갖고서도 이 나라가 아주 가난한 나라로 굳어진 까닭이 거기에 있다.

아홉째, 조선은 형벌이 엄혹한 나라다. 거기서 한걸음 더 나아가, 조선의 범죄수사와 치죄(治罪)의 과정은 잔인하고 야만적이다.

열째, 조선은 지배층의 무능과 부패 그리고 국제사회의 변화를 제대로 읽고 대처할 수 있는 능력의 결여로 특정지어진다. 조선은 '후진적이며 미개하고 자활자립할 능력이 없는 나라'이므로 '문명개화된' 일본의 '보호와 지도'를 받아야 한다. (다만 헐버트와 매켄지를 비롯한 극소수의 서양인들만이 이러한 견해에 동조하지 않았다.) 고종은 인상도 좋고 마음도 착했으나 성격과 심지가 나약해 위기를 관리할 능력을 갖지 못했다. (다만 헐버트를 비롯한 극소수의 서양인들만이 고종을 평가절하해서는 안 된다고 반론했다.) 반면에, 민비는 담대하고 지혜로우며 용인술에 능한 실질적 통치자다. 그러나 그녀는 민씨척족에 지나치게 의지했다.

조선의 현실을 이렇게 진단한 서양인들은 이 나라의 장래를 어떻게 전망했던가? 이미 1880년대 말과 1890년대 초 사이 이후, 특히 청일전쟁에서 일본이 승리한 이후, 통찰력을 가진 서양인들은 이 나라가 일본의 '피보호국'이 되거나 일본 및 러시아의 '공동 피보호국'이 될 것이라고 예견했다. 러일전쟁이 일어나면서, 그들은 이 나라가 일본의 식민지가 될 것이라고 예견했다. 다수의 서양인들은, 특히 영국인들은, 이 나라가 일제의 식민지가 되는 것은 불가피할 뿐만 아니라 바람직하다는 견해까지 표명했다.

5

러시아와의 전쟁에서 승리한 일본은 미국과 영국의 공식적인 승인을 받아 1905년 11월에 대한제국을 자신의 '피보호국'으로 만들었다. 이때로부터 4년 9개월 뒤인 1910년 8월에 일본은 이 나라를 강제로 자신의 판도 안에 포함시켰다. 이 시기에 조선에 관해 저술들을 남긴 서양인들은 앞의 시기와 마찬가지로 대체로 외교관들 · 선교사들 · 기자들 그리고 전문여행가들이었다.

그들의 저술들에 나타난 조선의 모습들은 앞 시기들의 그것들과 거의 같다. 따라서 되풀이하지 않기로 한다.

그러나 이 시기의 저술들에 하나의 특징이 드러났음은 사실이다. 우선 조선이 일본의 '피보호국'이 됐는데도, 이 현실에 대해 사실상 완전히 침묵한 채 이 나라의 풍물과 습속에만 초점을 맞춘 저술들이 적잖았다는 사실이다. 저자들은 그 현실이 불가피한 결과라고 판단했거나 자신들이 이 나라를 위해 변호를 해도 효과가 없을 것이라고 체념했을 것이다. 또는 선교사들의 경우, 자신들의 '반일적' 언사는 자신들의 선교활동에 제약을 가져올 것이라고 계산하고 그것을 피했을 것이다.

반면에 일본의 조선지배를 적극적으로 지지하거나 반대하는 저술들 역시 나타났다. 계량적으로 따진다면, 지지하는 경우들이 훨씬 많았다. 그들은 조선을 실정(失政)과 부패의 나라이며 자치와 독립의 능력이 없는 '퇴행적인 나라'라고 매도했다. 그들은 '문명국' 일본이 이처럼 비참하고 희망 없는 '반개화국'(半開化國) 조선을 '보호'하고 심지어 '합병'해서 이 나라를 개혁해주어야 하고 그렇게 함으로써 이 나라 인민들을 지배계급의 폭정과 착취로부터 해방시켜 진정한 복리를 누릴 수 있게 해야 한다고 주장했다.

그들은 또 이 나라를 방치하면 러시아에 의해 장악될 것이며 그 경우 일본의 안전은 위협될 것이고 더 나아가 극동의 평화가 위태로워질 것이라는 논리를 전개했다. 그들은 이토 히로부미를 조선의 자주와 번영을 위해 그리고 동양의 평화를 위해 진정으로 노력하는 '위대한 정치가'로 묘사했다.

대체로 미국인들과 영국인들이 그러한 논리를 전개함에 있어서 적극적이었다. 특히 미국인 목사 그리피스와 미국인 교수 래드가 가장 적극적이었다. 이 논리는 일본이 조선을 '합병'한 이후에도 서양인들의 저술들에서 계속된다.[1]

그렇다고 해서 조선의 비운에 동정을 표시한 서양인들이 없었던 것은 아니다. 비록 소수에 지나지 않았으나, 그들은 일본의 대외침략성을 비판하고 조선인들 사이에 뿌리깊은 일본에 대한 경계심과 증오감을 상기시켰다. 이 약하고 작은 나라가 독립을 유지할 수 있도록 국제사회가 지원해야 한다고 제의한 그들은 일본의 '야욕'이 제지되지 않는다면 일본은 결국 만주와 중국을 침략하게 될 것이며 극동의 안전과 평화를 심각하게 위협할 것이라고 경고했다. 『대한제국의 멸망』을 출판한 헐버트, 그리고 『코리아의 비극』을 출판한 매켄지가 그 대표적 경고자들이었다.

---

1 예컨대, James Saxon Childers, *Through Oriental Gates: The Adventures of an Unwise Man in the East* (London and New York: D. Appleton and Company, 1930). 이 책은 '근세동아세아서양어자료총서 77'(서울: 경인문화사, 2001)에 H. J. Whigham, *Manchuria and Korea* (London: Isbister and Company, Ltd., 1904)와 합본되어 있다. 그는 "일본에게 코리아의 보유(possession)는 필수적이다"고 주장했다(136쪽); H. B. Drake, *Korea of the Japanese* (London: John Lane the Bodley Head Limited, 1930; New York: Dodd, Mead and Company, 1930). 이 책은 일본이 조선을 진보시키려는 이타심(altruism)에서 조선을 합병했다고 주장했다(4~5쪽). 이 책은 Poultney Bigelow, *Japan and Her Colonies: Being Extracts from a Diary Made Whilst Visiting Formosa, Manchuria, Shantung, Korea and Saghalin in the Year 1921* (London: Edward Arnold and Company, 1923)과 함께 '근세동아세아서양어자료총서 50'(서울: 경인문화사, 2000)에 합본되어 있다.

제15장
서양인 관찰들에 대한 평가: 조선과 조선인들을 위한 변호

이제까지 살핀 서양인들의 관찰들을 우리는 어떻게 평가할 수 있을까? 초점을 서양인들이 의도적으로 조선에 접근하기 시작한 1787년 이후의 관찰자들이 남긴 기록들에 맞추기로 한다.

1

서양관찰자들의 저술들을 평가함에 있어서 우리는 그들이 조선을 방문한 시기의 장단(長短)과 그것에 따른 관찰의 심도(深度)를 충분히 고려하지 않으면 안 된다. 그 기준에 따라 우리는 그들을 적어도 일곱 부류로 나눌 수 있다.

첫 번째 부류(部類)는 조선땅에 발을 디뎌놓은 일이 전혀 없이 이 나라에 대해 책을 쓴 경우다. 우선 『코레의 교회의 역사』를 출판한 달레를 지적할 수 있다. 외방전교회(外邦傳教會)의 본부가 위치한 파리에서 시무하던 그는 중국에서 시무하던 프랑스 신부들이 파리로 보낸 보고서들 가운데 조선에 관해 설명한 부분들을 토대로 삼았다. 따라서 이 책은 프랑스 신부들의 관찰들을 주로 반영하면서 동시에 중국적 관점들을 부분적으로 반영했다.

이어 『코리아: 은자의 나라』를 쓴 그리피스를 지적할 수 있다. 원래 친일적이던 그는 주로 일본인들의 저술들이나 영어와 일본어로 쓰여진 신문들과 잡지들의 기사들을 읽으며 참고자료들로 삼았다. 따라서 이 책은 친일적인 경향을 두드러지게 보여주었다. 특히 일본이 조선을 자신의 '피보호국'으로 만든 이후에는 일본의 정책을 적극적으로 옹호하는 입장에서 이 책의 개정판을 출판했다.

로스 역시 조선을 방문하지 않은 채 『코리아의 역사』를 썼다. 그러나 그에게는 앞의 두 사람과 다른 점이 있었다. 비록 조선 국내가 아닌 만주의 선양에서 중국역사가들의 저술들을 참고자료들로 삼아 집필한 것은 사실이지만, 그는 만주에서 생활하던 조선인들을 만나 그들로부터 많은 얘기들을 들었고 자료들을 얻었다. 따라서 그는 기자조선설을 소개하면서도 의문을 표시하는 등, 조선적 관점들을 전달하기 위해 상당한 노력을 기울였다. 한글이 우수하며 배우기 쉬운 문자라는 평가를 서방세계에 처음으로 전달한 사람이 바로 그였다.

두 번째 부류는 여러 대륙들과 대양들을 항해하는 과정에 조선의 해협들을 통과하면서 제주도와 울릉도를 관찰하며 매우 제한된 인상들을 받았을 뿐이다. 그들은 조선의 육지에 발을 디뎌본 일이 없었으며 조선인들과 한마디라도 대화를 나눠본 일이 없었다. 『항해기』를 쓴 라 페루즈가 대표적인 보기다.

세 번째 부류는 앞의 경우와 마찬가지로 여러 대륙들과 대양들을 항해하다가 며칠 정도 조선의 몇몇 섬들이나 해안의 몇몇 마을들에 상륙해 관찰한 사람들이다. 그들은 공통적으로 이 나라는 '가난하고' 산들은 '헐벗었으며' 농가들은 '초라하고' 농민들은 '불결하다'고 묘사했다. 그들은 또 이 나라에서 농기구들은 '조야(粗野)하고' 의복들은 '우스꽝스럽다'고 비웃었다. 그들은 또 공통적으로 조선인들을 '외국인들을 경계하며 심지어 배척하는 사람들'로 또는 '문명과는 거리가 먼 미개인들'로 묘사했다. 각각 자신들의 항해기들을 출판한 브로턴, 홀, 린지, 귀츨라프, 벨처, 그리고 곤차로프 등이 대표적인 보기들이다.

두 번째 부류와 세 번째 부류의 사람들이 관찰한 것들은 관찰의 시간과 공간의 한계로 말미암아 자연히 표피적이거나 제한적일 수밖에 없었다. 그러나 그들은 그러한 제약 아래서도 이 나라에서 소수의 지배계급은 잘 살지만 다수의 피지배계급은 그들에게 억압을 받으며 가난하게 살고 그러한 억압으로 말미암아 피지배계급은 노동의 의욕을 잃은 채 게으르게 생활한다는 사실을 간파했다. 그들은 또 자신들이 '발견'했다고 생각한 섬들이나 만(灣)들에 서양식이름들을 붙여줌으로써 그 이름들이 서양의 해도들에 정착되게 했다. 그들은 또 자신들의 항해에 기초해 이 나라 주변의 해도들을 보다 더 정확하게 만들어주었다. 오늘날 한반도 서해안의 중간에 위치한 전략적인 다섯 섬들, 이른바 서해 5도와 그 주변수역의 해도가 이때 만들어졌다는 것은 그들의 방문이 갖는 역사적 의미가 무엇이었던가를 말해준다.

네 번째 부류는 체류기간이 길지는 않았다고 해도 서울은 물론 지방의 여러 곳들을 여행한 사람들이다. 이들은 적어도 자신들이 직접 본 것들에 대해 자세하면서도 믿을 만한 기록들을 남겼다. 로웰의 『조선, 고요한 아침의 나라』, 새비지-란도의 『코리아 또는 조선: 고요한 아침의 나라』, 그리고 겐테의 『코레아 여행기』 등이 대표적인 보기들이다. 이들은 앞의 세 부류의 사람들이 결코 보지 못했던 조선의 모습들을 찾아냈다.

로웰의 경우, 조선인들은 본질적으로 외국인들을 포함한 다른 사람들에게 친절하며 이 친절함이 호텔 또는 여관의 발생과 성장을 가로막아온 사실을 포착했다. 그는 또 조선인들이 결코 야만인들이 아니라 상당히 높은 수준의 문화를 지닌 사람들임을 확인했다. 새비지-란도의 경우, 마부들의 정치적 · 사회적 역할을 읽어냈다. 그들이 비록 제한된 범위 안에서이지만 소식들과 의견들을 유통시키며 따라서 일종의 여론을 형성시키는 역할을 수행한다는 중요한 사실을 짚어낸 것이다. 그는 또 이 나라에는 노인을 존중하는 좋은 풍습이 있다는 사실 그리고 한글이 우수하다는 사실 등을 확인했다.

『코레에서의 여행』을 쓴 바라는 이 나라에는 문화유산이 풍부하다는 사실을 확인했다. 그는 또 이 나라에서 가족 사이의 연대감 그리고 이웃들 사이의 상부상조정신이 두텁다는 사실을 발견했다. 그는 이러한 정신적 자산들이 잘 활용된다면 이 나라 발전의 원동력이 될 것이라고 예언했다. 『기이한 코리아』를 쓴 밀른 여사는 코리아의 여성들은 아름답지 않다는 서양인들의 통설을 설득력 있게 반박했다. 가사(家事)를 비롯한 갖가지 노역에 시달리는 이 나라의 대부분의 여자들은 자신들의 얼굴을 가꿀 여유를 갖지 못한 탓에 예쁘지 않은 것처럼 보인다는 것이었다. 그녀는 또 이 나라 여성들의 교육수준이 낮다는 서양인들의 평가 앞에서 그들을 변호했다. 상류계급의 여성들은 중국의 고전에 밝으며, 하류계급의 여성들이 비록 공식적인 교육은 받지 않았다고 해도 가사와 육아에 능숙하다는 사실은 그들의 교육수준이 상당한 수준에 도달했음을 증명한다고 그녀는 역설했다.

조선을 네 차례 방문하고 서울은 물론 지방의 여러 곳들을 여행했으며 연해주의 조선인마을들을 순회한 뒤 『코리아와 그의 이웃나라들』을 출판한 비숍 여사는 조선인들에 대한 이해가 매우 깊었음을 보여주었다. 그녀는 조선인들은 억압과 착취가 있는 국내에서는 게으르고 불결하게 생활하지만 그것들로부터 면제된 국외에서는 부지런하고 청결하게 생활한다는 것을 깨달았던 것이다. 그 결과, 그녀는 조선인들이 '현명한 정부'를 만나게 된다면 훨씬 잘살게 되리라고 예언할 수 있었다.

가린–미하일로프스키 역시 비숍 여사가 제시한 관찰들과 동일한 관찰들을 제시했다. 그는 또 조선인들이 입은 옷들은 더럽다고 말한 대다수의 서양인들과는 달리 흰옷의 조선인들을 '백조들'에 비유했다. 겐테는 조선과 조선인들의 거의 모든 것들을 호평했다. 조선은 유구한 역사적 전통을 가진 나라이며 조선인들은 부지런하고 두뇌가 명석한 사람들이라고 칭찬했다. 조선인들이 개발한 구들 그리고 그것을 이용한 난방기술을 높이 평가했다.

이 네 번째 부류에 속하는 사람들은 대체로 조선인들은 극소수의 지배계급 사람들을 제외하고는 매우 불결하다고 썼다. 그러나 그들은 조선의 자연은 알프스산맥 일대에 비견될 만큼 아름답다고 썼다. 그들은 특히 금강산의 아름다움을 극찬했으며, 백두산과 더불어 한라산의 장엄함에 찬탄을 표시했다.

다섯 번째 부류는 외교관들 및 선교사들로 꽤 오래 체류하며 이 나라를 관찰한 사람들이다. 앞에서 살핀 네 부류 사람들의 관찰들과 비교할 때, 이 다섯 번째 부류 사람들의 관찰들이 훨씬 더 다면적이며 훨씬 더 정확하다. 무엇보다 그들의 관찰들에는, 몇몇 예외들이 있기는 하지만, 조선과 조선인들에 대한 애정이 배어 있다.

이 점은 특히 선교사들의 관찰들에서 두드러지게 나타났다. 예컨대, 조선인들은 게으르다는 일반적인 비난에 대해 아펜젤러는 그들이 천성적으로 게으른 사람들은 결코 아니며 좋은 정부를 만나게 되면 부지런히 일할 사람들이라고 변호했다. 길모어는 조선인들이 더럽다는 공통된 비난에 맞서 그들이 흰옷을 선호한 탓에 쉽게 더러워질 수밖에 없다고 변호했다.

기포드는 서양인들이 조선인들의 병폐들이라고 지적한 것들은 중국을 비롯한 다른 동아시아국가들의 그것들에 비교하면 훨씬 가볍다고 변호했다. 그들은 또한 온갖 노역을 감당하면서도 격리된 채 살아야 하는 조선 여성들에게 큰 동정심을 표시했다.

여섯 번째 부류는 청일전쟁과 러일전쟁의 발발을 계기로 이 나라를 방문한 종군기자들이다. 그들 가운데 어떤 이들은 일본군의 전황설명들에 의지해 기사들을 써서 결과적으로 일본에 유리한 인상들을 남겼으며, 반면에 조선인들은 겁이 많고 애국심이 없는 사람들이라는 인상들을 각인시켰다. 잭 런던이 그 대표적인 보기였다. 그러나 어떤 다른 이들은 일본의 침략성을 날카롭게 비판했다. 차벨과 매켄지가 그 대표적인 보기였다.

일곱 번째 부류는 러일전쟁에서의 일본의 승리를 계기로 조선의 국가로서의 운명이 각박해진 상황에서, 조선을 방문한 학자들과 선교사들 및 기자들이었다. 그들의 입장은 친일과 반일로 선명히 나뉘었다. 앞의 사람들은 사실상 일본정부의 입장을 대변하면서 조선은 일본의 지배를 받는 것이 자신을 위해 낫다고 썼다. 그들 가운데 어떤 사람들은 이토 히로부미에게 '매수'됐던 사람들이다. 반면에 뒤의 사람들은 조선의 독립을 옹호하면서 일본의 침략주의를 비판했다. 헐버트가 그 대표적인 보기였다.

그러면 친일적 논거와 반일적 논거는 무엇이었나? 친일적 논거의 핵심은 일본은 서양의 문물을 받아들여 자신을 문명화된 국가로 성장시켰음에 비해 조선은 여전히 반문명(半文明) 또는 반야만(半野蠻)의 수준에 머물러 있는 만큼 일본이 조선을 문명화시킬 사명을 수행해야 한다는 것이었다. 거기에 더해, 일본이 조선을 '보호'하지 못하면 러시아가 이 나라를 점령함으로써 동북아시아의 세력균형을 파괴할 것인 만큼 그것을 막아야 한다는 논지를 전개했다.

반면에, 반일적 입장을 취한 사람들은 대다수의 조선인들이 역사적 구원(舊怨)으로 말미암아 일본을 증오하고 일본의 '보호'를 결코 바라지 않는다고 단언했다. 그들은 또 일본에 의한 조선의 '보호'는 조선의 식민지화로 이어지고 그것은 일본의 만주침략 및 중국침략으로 확대되며 결국 일본의 동아시아침략으로 확대될 것이라고 경고했다.

2

서양관찰자들의 공통된 논점들을 어떻게 평가할 수 있을 것인가? 이 물음에 대답하기에 앞서 지적돼야 할 것은 그들이 기본적으로 의식적이건 무의식적이건 백인우월주의와 서양문명우월주의 그리고 사회진화론에 빠져 있었다는 사실이다. 백인종은 황인종보다 우월하며 백인종이 이룩한 서양문명은 황인종의 유교문명보다 우월하다고 그들은 믿었다. 거기에 더해, 그들은 우월한 인종이 열등한 인종을 지배하는 가운데 인류의 문명은 진화한다는 사회진화론을 수용함으로써 우월한 서양의 백인종이 열등한 동양의 황인종을 지배하는 것이 당연하다고 믿었다. 그 지배의 수단들로 무력침공이 사용되는 데 대해서도 그들은 죄책감을 전혀 갖지 않았으며 오히려 당연한 것으로 여겼다. 『극동의 문제들』을 저술한 커즌이 그 대표적인 서양인이었다. 『기이한 코리아』를 저술한 밀른 여사 역시 그러한 경향을 보였다.

이러한 인식을 지녔기에, 서양인들은 조선의 모든 것들을 열등하고 문명화되지 못한 나라의 병폐들로 파악했으며, 그들 가운데 친일적이거나 일본정부에 매수된 사람들은 거기서 한걸음 더 나아가 이 나라는 문명화된 일본의 지도와 보호를 받아야 한다고 주장하기에 이르렀다. 스티븐스 그리고 케넌이 그 대표적 사례들이었다.

그러나 백인종은 우월하고 황인종은 열등하며 서양문명은 우월하고 동양문명은 열등하다는 양분론적 발상은 결코 정당하지 않다. 프랑스의 세계적 철학자 클로드 레비-스트로스(Claude Lévi-Strauss)는 1955년에 출판된 『슬픈 열대』에서 문명과 야만의 이분법적 발상 자체를 부정했다. 같은 맥락에서, 중동계 미국의 문화인류학자 에드워드 사이드(Edward Said) 교수는 『오리엔탈리즘』(*Orientalism*: 1978)과 『문화와 제국주의』(*Culture and Imperialism*: 1993)에서 동양을 서양보다 문명이 뒤진 지역으로 간주한 서양인들의 편견을 비판했다. 비록 이러한 대가들의 이론들을 원용하지 않는다고 해도, 우리는 백인종이 황인종보다 우월하므로 무력을 써서라도 정복하고 지배해야 한다는 발상이 결코 정당하지 않다고 단언할 수 있다. 그것은 명백히 제국주의적 범죄에 속하는 것이다.

서양문명우월론 또는 동양문화열등론에 젖은 서양인들의 눈에 조선인들의 생활습성들 가운데 많은 것들이 '야만적'이거나 또는 의문의 대상이었다. 조선인들이 개고기를 먹는 습성에 대한 비웃음이 그 한 보기다. 겐테가 적절히 지적했듯, 육류(肉類)가 부족한 조선인들이 단백질을 취할 수 있는 사실상 유일한 원천은, 생선을 제외한다면, 개고기였을 것이다. 그러나 조선인들은 어떤 서양인들이 즐겨 먹는 말고기는 절대로 먹지 않았다. 조선인들은 말을 영물(靈物)로 여겼던 것이다. 그렇다고 해서, 오늘날까지도 조선인들은 말고기를 먹는 일부 서양인들을 조롱하지는 않는다.

서양인들은 또 조선인들이 우유를 마시지 않는 사실에 의문을 표시했다. 어떤 서양인들은 조선인들이 과학과 기술의 미발달로 소의 젖을 짤 줄 모르며 그래서 버터와 치즈 같은 유제품들을 발달시키지 못했다고 지적했다. 그러한 지적은, 우리가 제3부 제8장에서 이미 고증했듯, 부분적으로 사실에 어긋난다. 버터와 치즈를 발달시키지는 못했으나 소에서 젖을 짤 줄 알았으며 매우 제한된 지배계층에서는 우유를 마셨다.

조선인들이 소에서 젖을 짜지 않았던 까닭은 조선인들의 소에 대한 남다른 애정에서 찾을 수 있을 것이다. 러시아육군장교들의 현장조사에 따르면, 1896년 현재 경상도에서는 소 한 마리당 주민의 수는 95.3명이었다.[1] 그처럼 소는 귀했다. 특히 농사에서 소에 크게 의존하는 농민들의 경우, 자신의 가족이나 다름없는 귀중한 존재인 소의 젖을 송아지에 주지 않고 인간이 빼앗아 먹는다는 발상을 갖기 어려웠을 것이다. 고려 말기의 우왕(禑王)은 유우소(乳牛所)를 지나가다가 수척해진 소를 보고 더 이상 젖을 짜지 못하도록 지시했다. 조선 중기의 명현 율곡(栗谷) 이이(李珥)는 소가 인간을 위해 모든 것을 바쳐 일한 데 대한 감사의 표시로 일생동안 그 고기를 먹지 않았다. 그런데 어찌 젖을 빼앗아 마시겠다는 생각을 할 수 있었겠는가. 조선 후기의 영조 역시 소를 귀히 여기는 생각에서 젖을 짜지 못하도록 지시했다.

서양인들은 또 조선인들의 김치를 '역겨운 냄새를 발생시키는 배추덩어리'로 폄하했으며, 홍어회와 가자미식혜 그리고 젓갈을 '썩은 음식'으로 비하했다. 그러나 그들은 그것들이 뛰어난 발효식품이라는 사실을 몰랐다. 조선인들은 유제품들을 개발하지는 못했으나 김치와 젓갈 같은 발효식품을 개발했던 것이다. 오늘날 김치는 훨씬 개량된 형태로 서양의 많은 나라들에 수출되는 가운데 사랑받고 있다.

서양인들은 또 조선인들이 손수건을 쓰지 않는다고 흉을 보았다. 그러나 한 예외적 서양인은 조선의 상류층 사람들이 '작은 정방형으로 자른 비단종이'를 냅킨이나 손수건의 대용품으로 일회용(一回用)으로만 사용하는 사실을 목격했다. 그가 만난 조선의 한 관리는 손수건을 쓰는 서양인

1 카르네프 외 4인 지음, A. 이르계바예브, 김정화 옮김, 『내가 본 조선, 조선인』(서울: 가야넷, 2003), 57쪽.

들을 흉보았다. "우리 같으면 더러워서 몸에서 멀리 치워버릴 물건인데, 당신은 주머니에 다시 집어넣고는 하루를 넘긴 채 지니고 계십니다. 도대체 당신들에게 가장 확실한 청결의 개념은 무엇이요?" 라고 반문하더라는 것이었다.[2]

서양인들은 또 조선인들이 음식을 먹은 뒤 트림을 한다고 흉을 보았다. 이에 대해 겐테는 서양인들이 음식을 먹은 뒤 인공음료수를 마시는 것이 필수적이듯 조선인들에게는 음식을 먹은 뒤 트림을 하는 것이 필수적이라고 옹호했다.[3]

서양인들은 또 조선인들이 목욕을 하지 않는다고 흉보았다. 조선인들이 서양인들처럼 목욕을 자주 하지 않았던 것은 사실이다. 그러나 겐테가 목격했듯 조선인들은 때때로 목욕을 했다. 조선의 어떤 명절은 냇가에서 머리를 감고 몸을 씻는 일과 연관됐다. 또 조선의 어떤 설화들에는 목욕과 연관된 이야기들이 포함됐다. 서양인들은 조선인들이 목욕을 자주 하지 않았던 이유를 간과했다. 조선인들은 다른 사람들이 보는 앞에서 옷을 벗고 자신의 신체를 보여주는 것을 점잖지 않게 여기는 유교적 발상을 지녔던 것이다. 바로 이 발상이 조선에서는 공중목욕탕이 출현하지 못한 한 원인이 됐다.

기독교선교사들 가운데는 기독교화를 문명화와 동일시하는 사람들도 나타났다. 그러한 시각에서, 조선의 샤머니즘, 곧 전통적 무속(巫俗)들과 심지어 어떤 민속들은 모두 미신으로 비쳤다. 물론 이 나라에서 글자 그대로 미신에 속하는 행위들을 주관한 여러 종류의 역술가들은 민중을 기만하며 속박했다. 따라서 그 선교사들이 민중을 무당들과 판수들을 포함

2 김상희 · 김성언 옮김, 『프랑스외교관이 본 개화기 조선』(서울: 태학사, 2002), 57쪽.
3 권영경 옮김, 『독일인 겐테가 본 신선한 나라 조선, 1901』(서울: 책과함께, 2007), 109쪽.

하는 역술가들의 부당한 지배로부터 해방시키려는 충정을 가졌음은 인정된다.

그러나 이 나라의 민속들이 미신으로 단정될 수는 없다. 무속들이라고 해도 모두 예외 없이 미신으로 단정될 수는 없었다. 남한의 민속학자 이종철(李鍾哲) 교수가 지적했듯, 국토의 70%가 산과 강 및 바다로 이뤄졌기에 보이는 곳이라고는 하늘과 땅 그리고 산길과 뱃길이었을 조선인들은 하느님 곧 천신(天神) 그리고 땅님 곧 지신(地神)을 믿었다. 또 서낭제 · 장승제 · 솟대제와 같은 제례(祭禮)들은 촌락사회를 하나로 묶는 통합의 힘과 일체감을 심어준 문화기제(文化機制)였다.[4] 또 다른 민속학자 최준식(崔俊植) 교수는, 서양인들이 조선인들의 정신세계를 특징짓는 용어로 사용하는 샤머니즘에 해당되는 한국어를 무속(巫俗)이라고 부를 것이 아니라 무교(巫敎)라고 불러야 한다고 제의하면서, 무교는 한국인들에게 '기층문화(基層文化)의 핵'이라고 정의했다.[5] 이렇게 볼 때, 게일이 이 나라에서의 보편적인 조상숭배와 그것에 연결된 의례들을 종합해 이것은 분명히 종교라고 단언한 것은 정확했다.

3

서양관찰자들에게는 인종주의적 편견이 있었다는 전제 아래, 그들의 논점들 가운데 몇 가지 중요한 것들을 토론하기로 하자. 그 첫 논점은 조

4 이종철, 『한국민속신앙의 탐구』(서울: 민속원, 2009). 조선의 샤머니즘에 관한 저술들은 많다. 영어로 쓰여진 것들 가운데 최근의 것으로 다음을 지적할 수 있다. Chongho Kim, *Korean Shamanism: The Cultural Paradox* (Burlington, V. T.: Ashgate Publishing Company, 2003).

5 최준식, 『무교: 권력에 밀린 한국인의 근본신앙』(서울: 모시는사람들, 2009).

선이 자연을 개발하지 않은 것이 조선의 '미개' 또는 '비(非)문명'으로 폄하될 수 있느냐다. 돌이켜보건대, 조선의 정부와 지도자들은 민중의 삶을 개선시키고 향상시키기 위해 자연을 일정하게 개발했어야 마땅했다. 그렇게 하지 않고 자연을 감상과 관조의 대상으로 한정시킨 것은 적절하지 않았다. 이 점을 충분히 인정하면서도, 저자는 조선의 정부와 지도자들이 자연을 개발하지 않은 데는 그들 나름의 철학적 근거가 있었음을 상기시키고자 한다.

일찍이 독일의 세계적 사회과학자 막스 베버(Max Weber)는 자신의 명저들 가운데 하나인 『중국의 종교: 유교와 도교』(*The Religion of China: Confucianism and Taoism*: 1915)에서 서양인들은 자연을 '탈신비화'(脫神秘化)함으로써, 곧 개발함으로써, 자신들의 생필품들을 확보하고 재부(財富)를 축적한 반면에 중국인들은 자연을 개발하지 않은 사실을 지적했다.[6] 이 차이는 인간과 자연의 관계에 대한 서양인들과 중국인들의 인식의 차이를 반영했다. 서양인들은 대체로 자연을 인간이 활용하고 더 나아가 정복해야 할 대상으로 간주하는 심성을 지녔다. 대조적으로, 중국인들은 대체로 자연을 인간과 공존해야 할 대상으로 여기거나 인간을 자연의 한 작은 부분으로 여기는 심성을 지녔다. 중국의 산수화들에서 언제나 산과 내는 크게 그려져 있음에 반해 사람은 어느 구석에 보일 듯 말 듯 작게 그려져 있는 것이 바로 중국인들이 자연과 인간의 관계에 대해 지닌 인식을 반영한다.

관념적 철학이나 세계관에서 중국적 사고(思考)가 영향력을 발휘하던 조선시대에 사람들이 자연을 적극적으로 개발하지 않고 방치했다는 것이

6 Translated and edited by Hans H. Gerth with an introduction by C. K. Yang, and published by the Free Press, New York, N. Y., in 1964. 이 책에 포함된 C. K. Yang의 서문으로부터 많은 암시를 받았다.

꼭 이상한 일은 아니었다. 겐테가 이미 관찰했듯, 조선인들은 자연의 아름다움에 심취해 자연경관을 감상하는 가운데 인간의 삶 그 자체를 관조했던 것이다. 여기서 우리는 미국의 제26대 대통령 시어도어 루스벨트가 1903년 5월 6일에 아리조나주 그랜드캐니언(Grand Canyon)에서 행한 연설을 상기할 필요가 있다. 그는 그랜드캐니언을 관광한 뒤 "이것을 있는 그대로 놓아두자"(Leave it as it is)라고 말했다. 세월이 오랜 동안 손을 써온 이것에 사람이 개선시키겠다고 손을 대보았자 이것을 개선시키는 것이 아니라 망칠 뿐("You cannot improve on it. The ages have been at work on it, and man can only mar it")이라고 생각했기 때문이었다.[7]

자연과 벗을 삼으며 유유자적(悠悠自適)하게 생활하고자 했던 조선인들의 인생관이 반드시 조롱을 받았어야 할 것인가에 대해서는 깊이 있는 토론이 요청된다. 더구나 자연의 난개발로 환경이 파괴되고 심지어 지구온난화의 위험스런 현상이 세계적으로 우려되는 현실에 비춰, 자연의 개발을 자제한 조선인들의 자연관은 재조명될 만하다.

두 번째 논점은 조선에서의 과학과 기술의 미발달이다. 이 현상에 대해서도 우리는 막스 베버의 학설을 통해 접근을 시도할 수 있다. 베버는 공자가 제시한 군자불기(君子不器: "A cultured man is not a tool")의 명제가 중국사회에 미친 영향에 대해 설명했다. 공자가 '이상적으로 여긴 인간'(the ideal man)은 군자—이것이 영어로는 the gentleman 또는 the cultured man 또는 the princely man으로 번역됐다[8]—였으며 따라서 공자의 가르침들을 따르려는 중국인들은 누구나 군자가 되고자 했다. 그런데 공자에 따르면, 군자는 '모든 방면에 통달한 보편인'(the all rounded generalist or universalist)이

7 Excerpts from Theodore Roosevelt Association, Presidential Addresses and State Papers.

8 Translated and edited by Hans H. Gerth with an introduction by C. K. Yang, and published by the Free Press, New York, N. Y., in 1964, p. 160 and p. 246.

며 ‘한 특정화된 사용목적을 위한 도구’(a means for a specified useful purpose)가 되어서는 안 된다.[9]

바로 이 가르침의 영향으로, 중국에서는 ‘직업적 특수화’(professional specialization)가 이뤄지지 않았으며 ‘현대적 전문관료제’(modern expert bureaucracy) 및 ‘특별한 훈련’(special training)이 발전하지 않았다고 베버는 설명했다.[10] 그 결과들 가운데 하나로, 과학과 기술 분야에서 전문적 인재들이 배출되지 않았다. 과학자와 기술자는 ‘한 특정화된 사용목적을 위한 도구’로 간주됐으며, 따라서 군자가 되려는 사람이 지향해야 할 ‘공자적 이상인’(孔子的 理想人: the Confucian ideal man)이 아니었기 때문이다. 자연히 과학과 기술은 발달될 수 없었다. 베버는 조선에 대해서는 말하지 않았다. 그러나 중국에 대한 그의 설명이 조선에 대해서도 적용된다는 것은 물론이다.

과학과 기술이 발달하기 위해서는 기본적으로 수학이 발달해야 하고 물리학 · 화학 · 생물학 · 지질학 등 자연과학이 발달해야 한다. 또, 베버의 용어로, ‘기술적 실험’(the technical experiment)이 필수적이다. 베버가 지적했듯, 중국에서는 학교교육에서나 과거시험에서 수학과 자연과학은 사실상 배제됐으며 기술적 실험 역시 무시됐고[11] 이것이 과학과 기술의 발달을 저해했다. 이 점은 조선에서도 마찬가지였다. 세종의 통치시기를 제외하고는, 조선에서는 과학과 기술이 발달하지 못했다.

세 번째 논점은 조선에서의 상업의 미발달이다. 이것 역시 공자의 가르침에 연결된다. 베버가 지적했듯, 공자 스스로 군자불기론을 통해 ‘이익의 추구를 위한 경제학에서의 훈련’(training in economics for the pursuit of

9 위와 같음, xxxii 및 160쪽.

10 위와 같음, xxxii.

11 위와 같음, 150~152쪽.

profit)을 배척했다.[12] 다시 베버의 설명에 따르면, '법률사상의 형식논리'(formal logic of legal thought) 그리고 '엄격하게 형식을 갖춘 법과 법적 절차'(strictly formal law and legal procedure)가 확립되었을 때 사유재산권이 보장되고 사유재산권이 보장될 때 상업이 발달하게 마련이다.[13] 그런데, 조선에서는 '법률사상의 형식논리' 그리고 '엄격하게 형식을 갖춘 법과 법적 절차'가 결여됐으며, 법률가는 '군자'가 아닌 '한 특정화된 사용목적을 위한 도구'로 간주됐기 때문에 극소수를 제외하고는 배출되지 않았다. 이러한 여건 아래, 사유재산권은 보장될 수 없었으며, 이것은 자연히 조선에서 상업의 발달을 가로막았다.

중국에서와 마찬가지로, 조선에서 상업은 사농공상(士農工商)의 신분적 분별에서 최하위를 차지했다. 생산을 담당한 여러 산업들 가운데, 농자천하지대본(農者天下之大本)이라는 말이 증명하듯, 가장 중시된 것은 농업이었다. 베버가 자신의 첫 번째 대작 『프로테스탄트윤리와 자본주의의 정신』(*The Protestant Ethic and the Spirit of Capitalism*: 1904~1905)에서[14] 강조한 '자본주의의 정신'(the spirit of capitalism 또는 the capitalist spirit)은 이러한 사회적 분위기 속에서 성장할 수 없었고, 자연히 상업은 발달할 수 없었던 것이다.

서양의 관찰자들은 조선인들의 상거래관행에서 상품마다 가격이 미리 정해져 있지 않은 사실에 의아심을 품었다. 팔려는 상인은 높은 가격을 부르고 사려는 사람은 낮은 가격을 부르는 흥정이 여러 차례 교환된 뒤 비로소 가격이 결정되고 매매가 이뤄지는 시장에서의 모습을 조롱하기도 했다. 서양의 관찰자들은 이것이 조선에서 상업이 발달하지 않은 하나의

---

12 위와 같음, 246쪽.

13 위와 같음, 147~149쪽.

14 Translated by Talcott Parsons and published in 1930 by Allen and Unwin.

징표로 설명하곤 했다.

예일대학교 철학과 교수 노스롭(F. S. Northrop)이 지적했듯, 동양인들에게 "어떤 한정적 사물들은 모두 개인에 대해서나 여건에 대해서 상대적이며 일시적이다"(All determinate things are relative to the individual and to circumstance and are transitory). 이러한 생각은 물론 경제활동에도 적용된다. 다시 노스롭에 따르면, 동양인들에게 "경제적 가치의 개념은 한 사람으로부터 다른 사람에게 그리고 한 경우로부터 다른 경우에게 모두 상대적이다"(The concept of economic value became relative from person to person and also from occasion to occasion). 따라서, 동양의 전통적 상점들에서는 상품들에 고정된 가격표가 붙여지지 않으며 사려는 사람과 팔려는 사람 사이의 끈질긴 협상 끝에 결국 가격이 결정된다고 지적하면서, 이러한 방식으로 "정의(正義)는 성취된다"고 그는 결론을 내렸다.[15] 그의 이러한 결론은 조선인들의 상거래관습에 조선인 특유의 철학적 심성이 게재됐었음을 인정하게 만든다.

네 번째 논점은 조선에서의 양반계급의 수탈과 착취다. 중국에서는 자연의 개발을 사람들이 자신들의 생필품들을 확보하고 재부를 축적하기 위한 수단으로 간주하지 않았다. 그러면 중국에서는 그 목적을 달성하기 위해 어떤 방법을 썼던가? 관료집단이 지배하던 중국에서는 자연의 '착취'가 아니라 인간의 '착취'라는 방법을 썼다. 그러면 무엇을 갖고 인간을 '착취'했던가? 그것은 권력이었다. 따라서 인간 '착취'의 수단인 권력을 얻기 위해 중국에서는 누구나 과거시험에 합격해 관리가 되기를 꿈꿨다.

이것은 특히 후기 조선에서도 마찬가지였다. 관리가 되면, 그가 직업적

---

15 F. S. C. Northrop, *The Meeting of East and West: An Inquiry Concerning World Understanding* (New York: The Macmillan Company, 1946), pp. 389~390.

정직성과 공정성을 유지하지 않는 한, 그에게는 양반이 아닌 농민들 · 공인들 · 상인들을 골격으로 하는 평민들을 '착취'할 수 있는 권력이 주어진다. 우리가 살핀 서양관찰자들이 예외 없이 지적했듯, 지배계급에 속한 사람들은 재산을 가진 사람들을 불법적으로 감금하고 "네 죄를 네가 알렸다"라는 공갈협박과 함께 고문을 가해 그들의 재산을 탈취했던 것이다. 그러했기에 비숍 여사의 표현으로, 후기 조선에서 사람들은 '강도들과 강도를 당하는 사람들' 또는 '흡혈귀들과 흡혈을 당하는 사람들'로 나뉘었던 것이다.

이것은 다섯 번째 논점으로 이어진다. 서양관찰자들은 공통적으로 조선에서는 '공공'(the public)이라는 개념이 없으며 따라서 '공공의 정신' '공공의 복리'라는 개념들이 결여됐다고 지적했다. 확실히 후기 조선에서 '공공' 또는 '공중'(公衆)의 개념은 존재하지 않았다. 그러했기에 정부는 '공공선'(公共善)의 추구와 구현을 게을리 했으며 관리들은 '공공의 이익'의 실현보다는 자신들 가족과 가문의 이익을 앞세워 추구했다. 이 나라에서는 개인들이 조상의 묘지는 산림을 훼손하면서까지 넓게 마련하면서도, 많은 사람들이 함께 사용할 수 있는 도로 · 공원 · 극장 등을 발달시키지 않았다는 서양관찰자들의 지적은 그러한 의미에서 정확했다. 그러나 뒤늦게이지만 독립협회의 지도자들은 '공공'의 개념을 조선사회에 확산시키기 위해 노력했다.

여섯 번째 논점은 조선인들의 게으름에 대해서다. 소수의 예리한 관찰자들은 조선인들이 결코 게으르지 않다고 평가했다. 그들은 조선 인구의 대다수를 차지하는 농민들은 대단히 부지런하다고 평가했다. 반면에 다수의 관찰자들은 조선인들이, 특히 양반계급이, 대단히 게으르다고 혹평했다. 어떤 서양인들은 양반계급에 속한 사람들이 길게 기른 손톱을 게으름과 무노동의 상징으로 지적하면서 조선의 개혁은 그들이 그 긴 손톱을

깎고 노동을 시작하는 것으로부터 시작돼야 한다고 역설했다. 그 지적은 정확한 것이었으며 그들의 무노동과 게으름은 비판받아 마땅했다.

막스 베버가 강조했듯, 공자는 "군자는 재부를 추구해서는 안 된다"고 가르쳤다. 그러나, 베버가 시인했듯, 공자는 인간생활에 있어서 근로와 절약을 강조했다. 따라서 공자의 가르침들을 존중하던 조선사회에서 사람들은 근로와 절약의 정신을 버리지 않았다. 다만, 앞에서 살폈듯, 조선의 후기에 들어와 탐관오리들의 가렴주구가 극심해지면서 그것의 대상이 되는 평민들은 가렴주구를 피하기 위해 돈을 벌려고 하지 않았고 자연히 일을 열심히 하지 않게 됐던 것이다. 다른 한편으로, 길모어가 지적했듯, 육식을 하지 않고 초식에 의존해 생활하는 조선인들은 외견상 활력이 떨어져 보이고 그것이 게으름을 부리는 것으로 서양인들에게 비쳤을 것이다.

게으름과 맥을 같이 하는 것이 느림이었다. 서양의 관찰자들은 거의 예외 없이 조선인들이 느리다고 불평했다. 자본주의시대의 서양인들은, 미국 독립운동기의 지도자들 가운데 한 사람이던 벤저민 프랭클린(Benjamin Franklin)의 입을 통해 유명해진 "시간은 돈이다"(Time is money)는 관념을 내면화한 채 빠르게 행동하던 사람들이다. 베버가 지적했듯, 바로 이 관념이 서양에서 상업의 발달과 자본주의의 발달을 뒷받침했다.[16] 그러한 관념의 서양인들에게 조선인들의 행동은 느리고 게으른 것으로 비쳤을 것이다.

그러나 그때의 조선인들에게 시간을 돈으로 치환시켜 이해하는 사고는 천박한 것이었다. 그들에게 시간은 돈을 벌기 위한 시간으로서가 아니라 사색을 위한 시간으로서 이해됐다. 이러한 맥락에서, 느림은 하나의 미덕

16 Max Weber, *The Protestant Ethic and the Spirit of Capitalism*, trans. by Talcott Parsons, pp. 47~48.

이었다. 어떤 일이 벌어져도 당황하지 않고 서두르지 않으며 의연하게 행동하는 것이 선비의 또는 군자의 기본적 행동률이었다.

오늘날에는 조선인들의 느림을 조롱하던 서양인들 사이에서, 너무나 빠르게 움직이며 생활하는 속도주의에 대한 반발로 '느림의 철학,' 곧 '몸을 천천히 움직이며 살자'는 철학이 등장했다. 1999년에 이탈리아에서 '느리게 살기 운동'과 '느리게 먹기 운동'이 시작됐고, 이 운동은 '슬로 시티(Slow City) 운동' 곧 '느리고 조용히 사는 공동체운동'으로 발전했다. 이 운동을 이끄는 국제슬로시티연맹에 따르면, 2009년 10월 현재 17개 국가의 123개 도시가 슬로시티로 지정됐다. 남한에서는 충청남도 예산군을 비롯해 여섯 곳이 거기에 포함됐다.[17]

이러한 흐름 속에서, 프랑스의 철학자 피에르 쌍소(Pierre Sansot)는 2000년에 『느림이라는 좋은 처방에 대해』(*Du bon usage de la lenteur*)를 출판했다. 또 한국계 일본인으로 메이지가쿠인다이가쿠(明治學院大學: 명치학원대학) 문화인류학 교수인 쓰지 신이치(辻 信一: 십 신일) 박사는 2004년 이후 '느리게 사는 삶'(slow life)을 제창해 일본과 남한에서 좋은 반향을 불러일으켰다.

일곱 번째 논점은 조선이 남성우위 여성천시의 사회라는 명제에 대해서다. 확실히 조선은 남성우위 여성천시의 사회였다. 이것이 비판을 받은 것은 당연했다. 그러나 조선은 왜 그러한 사회가 됐던가 생각해볼 필요가 있다.

진보당부위원장과 국회의원을 역임한 의학박사 박기출(朴己出)은 사석에서 늘 조선은 상고시대 이래 주변민족들의 침략을 자주 받았기에 조선인들은 자신들의 생존은 물론 자손의 유지에 특별한 관심을 지녔다고 설

17 『한겨레』, 2009년 10월 6일, 13쪽.

명하면서, 조선인들이 '대'(代)의 유지에 민감한 배경에는 무수한 피침(被侵)의 아픈 기억들이 있음을 이해해야 한다고 강조했다. 저자는 그의 그 관찰이 조선이 남성우위의 사회가 된 이유를 설명함에 있어서 하나의 단서가 된다고 생각한다. "난리 속에서 나는 죽어도 대는 이어져야 한다"는 강박관념이 "대는 아들이 잇는 것이다"는 고정관념에 연결돼 아들선호 남성선호의 사회적 분위기를 형성했을 것이라는 뜻이다.[18]

무수한 피침의 아픈 기억들에 이어지는 것이 조선해안들의 '황량함'이다. 서양의 관찰자들은 모두 이 나라의 해안들이 쓸쓸했으며 적막했다고 회상했다. 이 나라의 통치자들은 이 나라의 외양을 매력이 전혀 없게끔 만들어놓으면 외국인들이 접근을 하지 않을 것이며 그렇게 되면 침략이 사라져 국가가 방위될 것이라고 기대를 했던 것이다. 도로를 넓게 개설하지 않은 까닭도 외국의 침략을 예방한다는 뜻에 있었을 것이다. 도로를 발달시켜놓으면 조선을 침략한 외국군이 빠르게 진격할 수 있다는 예단이 도로를 발달시키지 않게 만들었을 것이라는 추측이다.

여덟 번째 논점은 고종의 군주로서의 자질과 능력에 대해서다. 우리가 자주 읽었듯, 서양관찰자들 가운데 대다수는 고종을 심약하고 무능하며 부패했고 자신의 비(妃), 곧 민비에 의해 좌우된 암군(暗君)으로 묘사했다. 그리고 그들의 고종의 그러한 특성들이 조선왕조의 몰락을 재촉한 중요한 한 요인이었다고 주장했다. 다만 데니와 헐버트 두 미국인들만이, 우리가 이미 보았듯, 그러한 관찰에 동의하지 않고 정반대의 견해를 제시했다.[19]

---

18 그의 저서들 가운데 대표적인 것은 『한국정치사』(도쿄: 문화당출판부, 1976)다. 이 책은 한국어로 다음과 같이 출판됐다. 『한국정치사』(대전: 이화[梨花], 2004). 그의 또 다른 저서는 『내일을 찾는 마음』(대전: 이화, 2004)이다.

19 최근에 발굴된 한 자료는 고종을 긍정적으로 평가했다. 대한제국주재독일공사 잘데른(Saldern)이 1905년 11월 20일에 본국정부에 보낸 보고서에 따르면, 을사늑약 당시 "대한제국의 궁전은 일본 군인들과 헌병들에 의해 에워싸였고 대한제국 황제의 국새를 찍는 과정에

남한의 국사학계에서 이 논쟁을 전면적이면서 체계적으로 연구한 학자는 이태진 교수다. 그에 따르면, 고종은 결코 암군이 아니었으며 개명군주(開明君主)였다. 그러한데도 일본이 자신의 조선침략과 지배를 정당화하기 위해 고종은 암군이었고 암군의 통치 아래 조선은 내부적으로 망해갔다는 논리를 국제사회에 전파했다는 것이다.[20] 이 주장에 대한 반론이 김재호(金載昊) 교수에 의해 제기됐으며, 이것을 계기로 두 학자 사이에 논쟁이 전개됐다.[21]

고종에 대한 논쟁은 특히 그가 1897년 10월에 대한제국의 성립을 선언하고 스스로 광무황제를 일컬음과 동시에 추진한 광무개혁에 대한 평가를 둘러싼 논쟁으로 이어졌다. 우리가 살핀 서양인 관찰들에 이것이 분명히 드러나지는 않았다. 다만 로제티는 일정하게 제한된 범위 안에서 개혁들이 이뤄졌다고 썼다. 다른 한편으로, 영국외교관들은 1902~1904년께가 되면 대한제국은 스스로를 개혁할 기회를 아주 잃어버렸다고 평가했다.[22] 남한의 국사학계에서 강만길 교수는 광무개혁에 대해 일정한 범위 안에서 긍정적으로 평가했다.[23] 신용하(愼鏞廈) 교수는 반론을 통해 광무개혁은 '허구'였다고 주장했다.[24] 이태진 교수는 대한제국은 '근대화'에

서 일본 군인들이 개입했다." 12쪽 분량의 이 보고서는 고종이 이 조약에 대해 끝까지 반대했다고 강조했다. 고종에 대해서, 이 보고서는 "자신을 괴롭히는 적들을 두려워하지 않는 황제이다"라고 평가했다. 『조선일보』, 2009년 8월 5일, A18쪽.

20 이태진, 「고종황제 암약설 비판」, 이태진, 『고종시대의 재조명』(서울: 태학사, 2000), 95~134쪽.

21 이 논쟁은 다음에 포함됐다. 교수신문 기획 엮음, 이태진 · 김재호 외 9인 참여, 『고종황제역사청문회』(서울: 푸른역사, 2005).

22 박지향, 『일그러진 근대』, 186쪽.

23 강만길, 「대한제국의 성격」, 『창작과비평』, 통권 48호(1978년 여름), 298~315쪽. 이 논문은 그의 『분단시대의 역사인식』(서울: 창작과비평사, 1979), 118~141쪽에 포함됐다.

24 신용하, 「논쟁 '광무개혁론'의 문제점: 대한제국의 성격과 관련하여」, 『창작과비평』, 통권 49호(1978년 가을), 143~183쪽. 이 논문은 그의 『한국근대사와 사회변동』(서울: 문학과지성

서 '성과'를 냈다고 주장한 반면에, 김재호 교수는 그렇지 않다는 논리를 전개했다.[25]

아홉 번째 논점은 일본이라는 국가의 기본적 성격이다. 상당히 많은 서양인들은, 특히 영국의 언론인들은, 일본을 '개화된 국가' '문명화된 국가'로 간주했으며 조선을 '지도'하고 '보호'해서 '미개의 상태'로부터 '개화의 상태'로 이끌어갈 자격이 있다고 평가했다. 특히 이토 히로부미를 '정직하고 평화지향적' 정치인으로 묘사했다. 그러나 소수의 서양인들은 일본의 본질을 '잔인성'과 '침략성'이라고 보았고 이토를 그러한 일본의 대행자로 간주했다.

역사는 후자의 견해가 사실에 가까웠음을 증명했다. 그런데 여기서 주목해야 할 대목은 전자에 속한 서양인들이 일본정부의 선전에 현혹됐을 개연성이다. 일본정부는 자신의 조선지배를 정당화하기 위해 국제사회에 '조선낙후론'(朝鮮落後論)과 '조선정체론'(朝鮮停滯論)을 끊임없이 전파했다.[26] 우리는 앞으로 당시 일본정부가 자신과 자신의 정책들을 어떤 콘텐츠로 포장해 어떤 메커니즘을 통해 국제적으로 선전했던가, 그리고 그 과정에서 영국정부와 어떻게 협력했던가를 깊이 연구해야 할 것이다.

열 번째 논점은 조선이라는 한 국가를 망하게 한 기본적 원인이 무엇이냐에 관해서다. 서양의 관찰자들은, 조선에 대해 매우 동정적인 사람들까지도, 공통적으로 조선 지배계급의 부패와 무능을 지적했다. 서양관찰자들은, 달리 표현해, 조선의 지배계급의 핵심인 관료제가 근대적 관료제의 특성들인 직업적 염결성(廉潔性)과 전문성 위에 세워지지 못했음을 지적

사, 1980), 101~149쪽에 포함됐다.

25 교수신문기획 엮음, 『고종황제역사청문회』, 63~70쪽.

26 나가쓰카 아키라(中塚明) 지음, 성해준(成海俊) 옮김, 『근대일본의 조선인식』(서울: 청어람[靑於藍]미디어, 2005), 57~81쪽.

한 것이다.

예컨대, 매켄지는 일제의 조선침략을 맹렬히 비난하고 조선의 독립을 열렬히 지지하면서도 조선의 망국의 일차적 원인은 이 나라 지배계급의 부패와 무능에 있다고 단언했다.[27] 조선이 일본의 '피보호국'이 되자 자결로써 항의한 애국자 민영환마저, 살아 있을 때는 그때 조선정부의 재정고문으로 세관업무를 총괄하던 영국인 매클리비 브라운(McLeavy Brown)에 의해 '개인적 축재를 추구한 관리'로 묘사됐으며, 동학농민운동의 지도자 전봉준(全琫準)에 의해 민영준(일명 민영휘) 및 고영근과 더불어 중앙의 대표적 탐관오리 세 사람에 포함됐다.[28]

이렇게 볼 때, 조선의 망국의 원인을 지배계급의 부패와 무능에서 찾은 서양인 관찰의 타당성을 일정하게 인정하지 않을 수 없다. 그러나 조선에 대한 서양열강의 제국주의적 접근과 정책, 특히 조선의 마지막 단계에서의 미국과 영국의 일본에 의한 조선식민지화에 대한 승인은 조선의 멸망을 촉진했다.

열한 번째 논점은 조선사람들이 여러 인종 및 민족의 혼종인가 단일민족인가에 대해서다. 서양인들은 조선사람들이 혼혈의 산물이라고 보았다. 돌이켜보면, 조선사람들은 단일민족이라는 주장은 대한제국 말기에 제기됐다. 일본의 침략이 돌이킬 수 없을 정도로 매우 깊어져서 망국을 눈앞에 둔 시점에서 대한제국의 애국적 지식인들은 저항의 상징으로 '단일민족'이라는 감성적인 용어를 창안했으며 호소력이 큰 '단일민족'이라는 신화를 구심점으로 삼아 2천만 백성들을 결집시키고자 했다. 이 신화의 시대적 효용성은 긍정적이었으며 또한 컸다. 그러나 이제 세계화의 추

---

27 McKenzie, *The Tragedy of Korea*, p. 5.

28 박지향, 『일그러진 근대』, 181쪽.

세에 맞물려, 대한민국은 원래의 다혈통 국민들에 더하여 동남아시아를 비롯한 다문화국가로 바뀌고 있다. 이 땅에서 살고 태어나면 누구나 다 코리언이다. 남한사회에 이러한 인식이 확대되면서, 한국을 다른 언어 · 다른 민족 · 다른 문화에 대해 관용성을 지닌 나라로 발전시키자는 움직임이 나타나기 시작한 것은 다행스럽다.

4

서양의 관찰자들은, 이미 후기 조선의 시기에, 조선은 지정학적 영향을 강하게 받는 나라임을 거듭 강조하면서, 이 나라는 자신의 독립을 지키지 못하고 어느 한 강대국의 단독지배를 받거나 두 강대국들에 의해 공동지배를 받을 것이라고 예언했다. 불행히도 그 예언은 적중했다. 조선은 1910년 8월부터 1945년 8월까지 일본의 단독지배 아래 놓여졌으며, 1945년 8월에 제2차 세계대전에서 일본이 패전함에 따라 해양세력을 대표한 미국과 대륙세력을 대표한 소련에 의해 분할점령됐다. 그리고 1948년 8월에 미국의 점령지역에서 대한민국[남한]이 성립됐고 소련의 점령지역에서 조선민주주의인민공화국[북한]이 성립됐다.

남한과 북한은 일본식민지통치가 남긴 공동의 유산 위에서 출발했다. 남농북공(南農北工)의 정책을 추진한 일본식민통치의 결과, 남한에서는 농업이 산업에서 주류를 형성했고 쌀과 면화를 비롯한 농산물들을 주로 산출했으며 경공업이 성장했음에 반해, 북한에서는 남한에 비해 풍부한 지하자원들을 바탕으로 중공업이 성장했다. 이 일본식민통치의 유산에, 남한에서는 미국의 원조가 그리고 북한에서는 소련의 원조가 추가됐다. 남한과 북한의 개별적 · 분리적 국가건설은 그러한 토대 위에서 출발했다. 1950년 6월에 시작돼 1953년 7월에 멈춘 이른바 코리아의 전쟁은 남과 북의 성취를 오유(烏有)로 돌려놓았다. 그러나 남과 북은 각각 새로운 재생의 길을 걸어 오늘에 이르렀다.

그사이 남한과 북한이 걸어온 길들은 상반됐다. 그 길들을 짧게 대비하기란 어렵다. 그러나 단순화의 위험성을 무릅쓰고 대비하면 다음과 같다.

우선 남한을 살펴보면, 서양인 관찰들에 나타난 후기 조선의 모습들에 비해 현격하게 대조된다. 첫째, 산업의 측면에서, 남한은 농경국가에서 완전히 벗어나 2008년 현재 농가인구는 전국인구의 6.4%에 지나지 않는다. 대한민국 건국 직후인 1949년 현재 농가인구가 전국인구의 71.4%였음을 상기할 때, 이 수치는 농경국가로 출발한 남한이 농경국가에서 완전히 벗어났음을 단적으로 말해준다.

그 대신에 남한은 상업국가로, 동시에 무역국가로 자리를 잡았다. 2008년 현재, 남한의 국내총생산(GDP)에서 수출은 63.5%를 차지했으며, 세계무역에서 남한은 수출과 수입에서 각각 2.7%와 2.%를 차지했다. 남한은 오늘날 '선박 및 IT강국'으로 불린다. 서울의 한반도선진화재단이 2009년 8월 14일에 발표한 '대한민국의 종합국력 분석결과'[이하 '분석결과'로 약칭]에 따르면, 남한의 경제력은 '세계의 20대 주요 선진국들 및 산업화국가들(G20)' 가운데 11위에 이르렀다. 산업만을 놓고 볼 때, 국가의 성격 자체가 바뀐 것이다.

둘째, 남한은 더 이상 과학과 기술이 낙후한 나라가 아니다. 앞에서 인용한 '분석결과'에 따르면, 과학과 기술에서 남한은 세계에서 7위에 이르렀다. 셋째, 남한은 더 이상 '작은 군대'의 나라가 아니다. '분석결과'에 따르면, 남한은 국방력에서 8위에 이르렀다. 넷째, 남한은 더 이상 국제관계에서 완전히 소외된 채 주변열강의 처분에 자신의 운명을 맡긴 무기력한 나라가 아니다. '분석결과'에 따르면, 남한은 외교활동에서 7위를 차지한다. 이 모든 것을 종합해, 남한은 11위인 인도와 12위인 러시아에 다음가는 13위의 나라다.

국민성에 있어서도 커다란 변화가 나타났다. 후기 조선에서 보여진 '안으로 움츠러드는 성격'은 '밖으로 진출하려는 성격'으로 바뀌었다. 같은 맥락에서, '바다로 나아가기를 꺼려하는 성격'에서 벗어나 '원양으로까지 진출하는 성격'으로 바뀌었다. 오늘날 남한인들은 세계의 오대양·육대주 곳곳에서 활기차게 움직이고 있다. 그들의 국제사회에의 진출은 참으로 현저하다. 여기서 한걸음 더 나아가 우주로의 진출을 시도하고 있다.

그러면 무엇이 이처럼 커다란 변화를 가져오게 한 것일까? 이 물음에 대해 저자는 앞으로 다각적이면서도 깊이 있게 연구하고자 한다. 그러나 저자 스스로의 연구가 미흡한 현재의 시점에서, 저자는 우선 조선 후반기의 실학자들이 제시한 상공업발전론으로부터 대답의 실마리를 찾고자 한다. 농본주의(農本主義)와 억상주의(抑商主義)를 기본으로 한 조선왕조의 농업중심경제체제에 과감히 도전하면서 상공업발전을 위한 여러 구체적인 대책들을 제시한 그들의 사상이[29] 오늘날 대한민국에서 구현됐다고 보기 때문이다.

그 실학자들 가운데서도 우선 정조시대의 초정(楚亭) 박제가(朴齊家)에 초점을 맞추기로 한다.[30] 엄격한 신분제를 유지한 조선사회는 사농공상(士農工商)이라는 말이 보여주듯, 선비들 또는 유생(儒生)들에 관리들을 합친 통칭으로서의 사대부(士大夫)들, 곧 사족(士族)을 신분의 서열에서 가장

29 강만길, 「실학의 상공업발전론」, 강만길, 『한국민족운동사론』 증보판(서울: 서해문집, 2008), 307~326쪽.

30 박제가 지음, 박정주(朴貞柱) 옮김, 『북학의(北學議)』(서울: 서해문집, 2003); 박성순(朴性淳), 『박제가와 젊은 그들: 조선의 기남자(奇男子), 역사의 구각(舊殼)에 맞서다』(서울: 고즈윈, 2006).

윗자리에 앉혔다. 그 다음이, 농자천하지대본(農者天下之大本)이라는 구호에 상징됐듯, 농업에 종사하는 농민들이었고, 그 뒤를 공인(工人)들이 이었다. 상업에 종사하는 사람들은 상고배(商賈輩)라고 불리면서 사농공상의 사민(四民) 가운데 가장 천한 대접을 받았다. 사족에 속한 사람은 아무리 가난해도 상업에 종사하지 않았다. 박제가의 표현으로, 사족에 속한 사람은 상업에 종사하는 것 자체를 '부끄럽게' 여겼으며, "만일 그가 생계를 위해 상업에 종사하면 세상이 그를 우습게 여기며 혼인길마저 끊어놓는다."[31] 박제가는 조선사회의 이러한 제도와 정신을 혁명적으로 바꿀 것을 제의한 사상가였다.

박제가는 1778년에 정조가 청나라조정에 파견한 사은사(謝恩使)의 수행원으로 중국을 다녀와서 『북학의』(北學議)를 썼다. 그때 그의 나이는 29세였다. 그는 1786년 병오(丙午)년에는 관리들은 누구나 다 각자의 생각을 써서 올리라는 정조의 명령에 따라 「병오소회」(丙午所懷)를 작성해 바쳤다.[32] 1799년에는 역시 정조의 명령에 따라 「진북학의」(進北學議)를 작성해 상소문으로 올렸다.

이 글들의 출발점은 조선은 가난한 나라여서 온 백성이 고통을 겪는 만큼 정부는 가난의 극복을 국정의 최우선순위에 두어야 한다는 데 있다. 그러면 그의 표현으로 '오늘날 국가의 가장 큰 병폐인 가난'을 극복하는 최선의 방법은 무엇일까? 그는 우선 "조선은 땅이 작아서 농사를 열심히 지어야 만족할 만한 성과를 기대하기 어렵다"고 보았다.[33] 이 말에서 우리는 그가 '농자천하지대본'의 정신으로는 가난을 극복할 수 없다는 뜻을 지녔음을 읽게 된다.

---

31 박정주 옮김, 『북학의』, 103쪽.

32 이 글은 위와 같음, 174~185쪽에 수록됐다.

33 위와 같음, 239쪽.

그는 또 이 나라에는 노동을 하지 않으며 놀고먹는 사람들이 많은데 그들이 '나라의 큰 좀'이라고 비판하고, 사족이 바로 그러한 무리라고 단정했다. 그는 노동은 전혀 하지 않으면서 관직을 얻기 위해 과거시험에 합격하고자 매년 과거시험장으로 몰려드는 유생들을 도태시키고 사족들로 하여금 노동을 하게 해야 한다고 주장했다.[34] 이것은 사(士)를 사민(四民)의 으뜸으로 여기던 조선사회의 변혁을 요구한 대담한 발상이었다.

그는, 조선은 가난에서 벗어나기 위해 지금부터라도 상업을 진흥시켜야 하며 특히 중국과의 통상을 개시해야 한다고 제의했다. 상업과 무역을 통해 국내적으로나 국제적으로 유무상통(有無相通)을 실현하고 그렇게 함으로써 물자의 유통을 원활하게 할 뿐만 아니라 나라를 풍성하게 할 수 있다고 그는 믿은 것이다. 보다 구체적으로, 전체 인구의 10분의 3을 상업에 종사하도록 해야 하며, 지나치게 검약을 요구하면 상업이 일어날 수 없으므로 사치까지는 아니라 해도 상품의 활발한 사용을 권장해야 한다고 그는 제의했다.[35] 소비가 활발해야 생산이 활발해지고 그래야만 산업이 일어나 나라가 부유해질 수 있다고 믿었기 때문이다.

쉽게 말해, 박제가는 사족을 높이고 상업을 천시하던 전통적 사고의 틀에서 벗어나 상업을 앞세울 것을 건의한 것이다. 국가경영의 패러다임을 바꾸자는 그의 건의는 정조의 공감은 얻어냈으나 기성세력의 반발로 받아들여지지 않았다. 상업과 무역이 발달해 거기에 종사하거나 연관된 세력이 커지면 농업중심 경제체제에 기반을 둔 자신들의 권력은 근본적으로 흔들리게 될 것을 두려워했기 때문이었다.

비록 박제가를 비롯한 실학자들이 제시한 이론들이 집권세력에 의해

34 위와 같음, 178~179쪽.

35 위와 같음, 174~178쪽 및 219~220쪽.

받아들여지지는 않았으나, 후기 조선에서 상공업은 서서히 성장했다.[36] 특히 개항 이후 서양열강과의 교류가 확대되면서 상공업의 성장속도는 그 이전 시기에 비해 상대적으로 빨라졌다. 그리고 그 성장의 흐름은 일제의 조선식민지배 아래서도 지속됐다.

대한민국이 건국된 이후, 역대 정부들은 모두 상공업의 진흥을 통한 경제성장을 추구했다. 우선 초대 대통령 이승만은 대한민국의 경제성장의 원동력을 농업에서 찾지 않고 상공업에서 찾았다. 시대적 흐름을 '산업화시대'로 인식한 그는 여러 연설들을 통해 대한민국이 '한정된 토지'에 매달려서는 국민경제를 활성화시킬 수 없다고 역설하면서 공업과 상업의 동시적 발전을 지향해야 한다는 뜻을 분명히 했다. 이러한 취지에서, 그는 1950년 봄에 토지개혁을 실시해 토지자본이 산업자본으로 전환되고 대지주들이 산업자본가들로 전환될 수 있게 만들었다. 이로써 남한에서 1950년대에 추진된 산업화의 물적 기반이 마련됐다.[37]

남한에서의 탈농업화 및 상공업화는 1960년대 이후 더욱 빨라졌다. 달리 표현해, 1960년대 이후 남한에서 실학자들의 또는 박제가의 중상주의적 발상은 확실하게 현실화됐다. 이 점을 다음에서 부연하기로 한다.

1960년 4월 하순의 '시민혁명' 이후, 특히 1961년 5월 16일의 '군사정변' 이후, 남한의 역대 정부들은 수출입국(輸出立國)의 구호 아래 수출품목의 확대와 증산에 역점을 둔 관주도형(官主導型) 경제개발정책을 일관되

36 박평식(朴平植), 『조선 전기 교환경제와 상인 연구』(서울: 지식산업사, 2009). 이 책은 조선 전기에도 상업정책과 교환경제가 엄연히 존재했으며, 이것이 다양한 경로를 통해 발전했음을 밝혔다. 유교성리학을 바탕으로 농업을 본업(本業)으로 삼되 상업은 본업과 대비되는 말업(末業)으로 간주해 전업상인에게 맡기고 국가는 상업과 상인을 적극 통제하고 관장했다는 것이다. 이 책은 박평식, 『조선전기상업사 연구』(서울: 지식산업사, 1999)의 속편이다.

37 신기욱(申起旭), 「농지개혁의 역사사회학적 고찰」, 홍성찬(洪性贊) 편, 『농지개혁 연구』(서울: 연세대학교출판부, 2001), 41~42쪽.

게 추진했다. 그 흐름 안에서 1970년대 중반 이후 중화학공업이 육성되면서 산업과 수출품목의 성격 자체를 선진화시켰다. 그 정책은 자연히 과학과 기술의 진흥과 발전을 동반했다. 과학자들과 기술자들은 더 이상 공자가 말한 '특정한 사용목적에만 쓰이는 도구들'로 간주되지 않게 됐고 국가발전을 선도하는 중요하면서도 필수불가결의 인재들로 존중을 받게 됐다. 동시에 그 정책은 기업의 성장과 발전을 뒷받침했다. 이 과정에서 상업에 종사해 돈을 버는 것이 수치스러운 일로 여겨지지 않고 오히려 한 인간의 중요한 성취로 받아들여지는 사회적 분위기가 형성됐다. 남한에 기업가정신 그리고 더 나아가 자본주의정신이 광범위하게 확산된 것이다.

다른 한편으로, 불가피하게 해외지향적인 그 정책은 남한의 해외진출 및 국제교류를 넓혔으며, 국제사회에 깊이 개입되고 국제사회에 의해 깊이 '침투된' 남한을 개방사회로 바꾸어놓았다. 1960년대에 이뤄진 일본과의 국교수립 및 베트남 진출, 1970년대에 이뤄진 중동 진출, 그리고 1980년대 후반과 1990년 초기 사이에 이뤄진 북방권 진출은 그러한 전환에서 촉매제의 역할을 수행했다.

남한이 이처럼 상업국가 · 무역국가로 성장발전하면서 농업은 과거처럼 주된 산업의 지위를 더 이상 유지할 수 없었다. 농업이 국민총생산에서 차지하는 비율은 1950년대에 비교가 되지 않을 정도로 크게 줄어들었다. 1953년 현재 47.3%였던 것이 2008년 현재 약 2.5%로 격감한 것이다. 농업인구가 전체인구에서 차지하는 비율 역시, 앞에서 이미 살핀 것처럼, 1950년대에 비교가 되지 않을 정도로 크게 줄어들었다.[38] 자연히 과거의 지주계급은 힘이 크게 줄어드는 가운데 사실상 와해됐고 소작인계급 역

38 대한민국 통계청, 『통계로 본 대한민국 50년의 경제사회상(經濟社會相) 변화』(서울: 대한민국 통계청, 1998), 119쪽.

시 사실상 소멸됐다.

미국의 정치학자 배링턴 무어 2세(Barrington Moore, Jr.)는 지주계급과 소작인계급이 존속하는 사회는 결코 근대화된 사회가 아니며, 이 두 계급의 그리고 그들 사이의 봉건관계의 소멸 위에 근대국가가 성립되고 민주주의가 진전된다는 명제를 제시했다.[39] 남한이 농업국가로부터 상업국가 · 무역국가로 확실하게 바뀜에 따라 지주와 소작인 계급 및 그들 사이의 봉건관계가 소멸됨으로써, 남한에는 근대국가가 성립될 수 있었고 '자본주의적 민주주의'(capitalist democracy)의 토대가 마련될 수 있었다.

이 모든 과정에서, 서양의 관찰자들이 이미 후기 조선시대에서 발견했던 한국인 특유의 교육열에 바탕을 둔 우수한 인재들의 성취욕구가 크게 작용했다. 그것들이 모두 종합되면서 남한을 '제2차 세계대전이 끝난 이후 독립된 국가들 가운데 민주화와 산업화를 동시에 달성한 국가' 또는 '세계20대 대국그룹'에 진입시킨 것이다. 또한 원조를 받던 후진국에서 원조를 주는 선진국으로 도약한 것이다. 그리고 이러한 대전환(大轉換)이 남한으로 하여금 북한을 상대로 합리적인 통일정책을 힘 있게 추진할 수 있는 기반을 만들어놓은 것이다.

여기서 고려돼야 할 것은 남한이 그러한 지위에 올라설 때까지 여러 차례에 걸쳐 정변과 '혁명'을 경험했다는 사실이다. 여당이 야당이 되고 야당이 여당이 되는 수평적 정권교체도 두 차례에 걸쳐 실현됐다. '보수적' 또는 '우파적' 세력의 50년 장기집권에 뒤이어 '진보적' 또는 '좌파적' 세력의 집권도 10년에 걸쳐 실현됐다. 이러한 정치변동들이 남한의 발전과 도약에 어떤 영향을 미쳤는가에 대해서는 훨씬 더 면밀한 연구가

---

39 Barrington Moore Jr., *Social Origins of Dictatorship and Democracy: Lord and Peasant in the Making of the Modern World* (Boston, M. A.: Beacon Press, 1966).

뒤따라야 할 것이다. 그러나 그러한 연구의 결과가 나올 때까지 잠정적으로 말한다면, 그것들은 교정할 것들은 교정하고 청산할 것들은 청산하는 계기들을 만들면서 남한의 산업화와 민주화에 긍정적으로 작용했음이 확실하다.

또 하나 인정돼야 할 것은 남한이 그러한 지위에 올라설 때까지 부작용과 병폐가 뒤따랐다는 사실이다. 정경유착은 정치과정의 정상성(正常性)을 왜곡시켰고 건강성(健康性)을 훼손시켰으며, 공직세계는 흔히 부정부패로 표현되는 비리에 부분적으로 오염됐고, 지역 사이에 벌어진 발전격차와 계층 사이에 벌어진 소득격차는 국민통합을 가로막았다. 국가안보와 통치효율의 명분 아래 민주절차가 경시되고 인권이 억압되기도 했다.

그러나 남한은 이러한 문제점들 속에서 자기성찰을 거듭하는 가운데 개혁을 꾸준히 추진해 근대국가로 확실하게 자리를 잡았으며 선진국의 반열에 들어서기에 이른 것이다. 이 과정에서, 남한에는 막스 베버가 근대국가의 특성으로 간주한 '법적 · 합리적 지배'(legal-rational domination)가,[40] 비록 부분적으로는 미흡한 점들이 남아 있다고는 해도, 성립됐다.

북한은 남한이 걸어온 길에 정반대되는 길을 걸었다. 무릇 공산주의는 본질적으로 상업과 무역의 활성화를 북돋지 않고 오히려 억압했다. 상업과 무역의 활성화는 정치적으로 영향력을 지닌 시민세력을 탄생시키고 동시에 사회의 개방화와 국가의 국제화를 촉진시켜 일인지배체제 또는 일당독제체제를 심각하게 위협하게 되기 때문이다.

소련공산당의 역사를 읽어보면, '부농'(富農)을 포함한 이른바 부자(富

---

40 Richard Swedberg (ed.), *Max Weber: Essays in Economic Sociology* (Princeton, N. J.: Princeton University Press, 1999), pp. 99~108.

者)들 또는 상공인들은 대체로 '인민의 적'으로 간주되고 박해됐음을 알 수 있다. 예컨대, 너무 피폐해진 경제를 활성화시키기 위해 "인민들은 각자 부자가 되도록 힘써야 한다"고 주장했던 소련공산당의 정상급 이론가 니콜라이 부하린(Nicolai Bukharin)은 '우파 수정주의자'로 단죄됐다. 1985년에 소련공산당중앙위원회 총비서직에 취임한 미하일 고르바초프(Mikhail Gorbachev)가 개혁과 개방을 추구한 이후 비로소 소련에서는 비록 부분적이기는 해도 자본주의적 경영이 시도됐으며, 이것은 1991년에 소련이 해체되고 러시아가 소련의 계승국가로 등장한 이후 본격적으로 추진됐다.

중국공산당의 경우에도 마찬가지였다. 돈을 벌고 재부를 축적하려는 행위는 유산자계급을 지향하는 행위로, 이른바 주자(走資)의 길을 걷는 행위로 단죄됐다. 1978년 10월에, 중화인민공화국 부주석 겸 중국공산당중앙위원회 정치국 상무위원으로 중화인민공화국의 최고권력자인 덩샤오핑(鄧小平: 등소평)이 국가경영의 노선을 경제성장과 개방화의 방향으로, 그리고 홍(紅)이란 말로 요약되는 이데올로기에 의해서가 아니라 전(專)이란 말로 요약되는 '법적 · 합리적 지배'의 방향으로, 크게 바꾼 이후에야 비로소 대륙의 중국인들은 상업과 무역에 열정을 쏟았으며 빈국을 부국으로 탈바꿈시킨 것이다.

북한 역시 억상정책(抑商政策)을 썼으며, 동시에 대외적 폐쇄정책을 썼다. 서양의 관찰자들이 지적한 후기 조선의 정책들이 오늘날의 북한에서 재현된 것이다. 3대로 이어지는 세습적 권력승계는 조선왕조가 북한에서 재현됐음을 보여주었다. 그리고 이 모든 것이 겹쳐지면서, 북한은 결국 장기적인 대규모 기아(饑餓)와 인민의 탈북 그리고 국제적 고립으로 상징된 쇠퇴의 길을 걷게 됐다.

여기서 우리가 고려해야 할 사실은 국제환경의 혁명적 변화가 남북 각자에 미친 영향이다. 1980년대 말과 1990년대 초 사이에 유럽에서 소련을 비롯한 공산주의정권들이 잇따라 붕괴하면서 북한은 배후지원세력을 잃었다. 이에 비해, 미국을 비롯한 서방세계의 국가들과 우호협력을 유지해온 남한은 '자본주의의 승리'에 의해 고무됐다.

우리가 앞에서 보았듯, 서양의 관찰자들은 코리언들이 '나쁜 정부' 아래서는 일할 의욕을 잃고 생산에 종사하지 않으며 그것으로 말미암아 나라 전체는 가난해지면서 쇠망의 길에 들어서게 되지만 '좋은 정부' 또는 '현명한 정부' 아래서는 열심히 일해 잘사는 나라를 만들 것이라고 예언했다. 다른 요인(要因)들을 사상(捨象)시킨 채, 오로지 서양관찰자들의 이 명제에만 근거해 오늘날의 남북을 비교해보자.

남한의 한인들은 상대적 의미에서 '좋은 정부' 또는 '현명한 정부'를 만났거나 또는 스스로의 힘으로 만들어내 그 아래서 특유의 창의력과 추진력을 발휘했다. 게으름은 부지런함으로 대체됐으며 느림은 세계적으로 널리 알려진 '빨리빨리'로 대체됐다. 남한의 국민들이 발휘한 저력 그리고 감내한 희생이야말로 이른바 한강의 기적의 원동력이었다.

이것에 반해, 북한의 조선인들은 불행히도 '현명한 정부'를 만나지도 못했고 만들어내지도 못했다. 김일성과 그의 일가에 대한 무조건적 충성과 희생을 요구하기 위해 '인간중심주의'라는 외피로 포장시킨 채 만들어진 이른바 주체사상이라는 주술에 얽매여, 북한의 인민들은 진정으로 일할 의욕을 잃었다. 과학자들 역시 주체사상에 묶였기에, 과학과 기술을 발전시키지 못했다. 일인장기집권체제에 세습체제가 겹쳐지면서, 교정할 것은 교정하고 청산할 것은 청산하는 쇄신의 기회와 동력을 잃었다. '법적 · 합리적 지배'를 확립시킨 남한에 비해, 북한은 막스 베버가 말한 '전통적 지배' 또는 '카리스마적 지배'에 묶여 근대국가를 만들어내지 못했다. 그리고 이것들이 겹쳐 북한을 쇠락의 늪 가운데서 헤매게 만들었다.

단순화시켜 말해, 남한은 '베버적 모델'(Weberian model)을 지향해왔고 그 점에서 상당한 진전을 이뤘음에 반해 북한은 '비(非)베버적 모델'(non-Weberian model)을 지향해왔던 것이다.[41] 물론 이 '일반화'가 광범위하게 받아들여지기 위해서는 많은 요인들을 종합적으로 분석해야 할 것이다. 또 이처럼 서로 다른 길을 걸어온 남과 북이 하나가 될 수 있는 철학과 방법이 무엇인지에 대해서도 깊이 연구해야 할 것이다. 이 책은 그러한 종합적 분석과 깊이 있는 연구를 위한 예비작업들 가운데 하나로 쓰여졌다.

---

41 이 대비는 중국을 분석한 다음에서 암시받았다. Franz Schurmann, *Ideology and Organization in Communist China*, 2nd ed. (Berkeley, C. A.: University of California Press, 1968).

서양어 원전

A. W. D., *Notes on Korea: Reprinted from the "Star in the East"* (Shanghai: Shanghai Mercury Office, 1884).

Allen, Horace Newton, *Korean Tales: Being A Collection of Stories Translated from the Korean Folk Lore* (Together with Introductory Chapters Descriptive of Korea) (New York and London: G. P. Putnam's Sons, 1889). 이 책은 '근세동아세아서양어자료총서 138'(서울: 경인문화사, 2001)에 *Korea: Fact and Fancy* (Seoul: Methodist Publishing House, 1904)라는 제목 아래 포함되어 있다.

———, *Things Korean: A Collection of Sketches and Anecdotes, Missionary and Diplomatic* (New York: Fleming H. Revell Company, 1908). 이 책은 Horace Newton Allen, *Korea: Fact and Fancy* (Seoul: Methodist Publishing House, 1904), Horace Newton Allen, *A Chronological Index* (Seoul, 1901) 및 Robin L. Winkler (ed.), *The Horace Allen Manuscript Collection* (New York: Korean Research Associates, April 1, 1950)과 함께 합본돼 '근세동아세아서양어자료총서 138'(서울: 경인문화사, 2001)로 재간됐다.

Baird, Annie Laurie Adams, *Daybreak in Korea: A Tale of Transformation in the Far East* (New York: Fleming H. Revell Company, 1909). 이 책은 Herbert E. Blair, *Stewardship in Korea* (Seoul: Christian Literature Society of Korea, 1938) 및 Charles Allen Clark, *The Nevius Plan for Mission Work: Illustrated in Korea* (Seoul: Christian Literature Society of Korea, 1937)와 함께 합본돼 '근세동아세아서양어자료총서 64'(서울: 경인문화사, 2001)로 재간됐다.

Barr, Pat, *A Curious Life for a Lady: The Story of Isabella Bird, A Remarkable*

Victorian Traveller (Garden City, N. Y.: Doubleday and Company, 1970).

Belcher, Edward, *Narrative of the Voyage of H. M. S. Samarang During the Years 1843~46* (2 vols.: London: H. M. Admiralty, 1848). 이 책은 '근세동아세아서양어자료총서 15 · 16'으로 각각 서울의 경인문화사에서 2000년에 영인본으로 출판됐다.

Bishop, Isabella L. Bird, *Korea and Her Neighbors: A Narrative of Travel, with an Account of the Recent Vicissitudes and Present Position of the Country* (New York: Fleming H. Revell Company, 1897; London: John Murray Company, 1898). 이 책은 '근세동아세아서양어자료총서 32'(서울: 경인문화사, 2000)로 재간됐다.

Bourdaret, Emile, *En Corée* (Paris: Plon-Nourrit, 1904).

Brandt, Max von, *Ostasiatische Fragen: China, Japan, Korea* (Berlin: Verlag von Gebruder Paetel, 1897).

Brown, Arthur Judson, *The Mastery of the Far East: The Story of Korea's Transformation and Japan's Rise to Supremacy in the Orient* (New York: Charles Scribner's Son's, 1919). 이 책은 '근세동아세아서양어자료총서 56'(서울: 경인문화사, 2001)으로 재간됐다.

Burnett, Scott S. (ed.) (with an introduction), *Korean-American Relations: Documents Pertaining to the Far Eastern Diplomacy of the United States*, Vol. III (Honolulu: University of Hawaii Press, 1989).

Buys, Jean Paul, Hamel's Journal and A Description of the Kingdom of Korea, 1653~1666 (Seoul: Royal Asiatic Society, Korea Branch, 1994).

Carles, William Richard, *Life in Corea* (New York and London: Macmillan and Company, 1894). 이 책은 다음에 포함되어 있다. '근세동아세아서양어자료총서 86', *Life in Corea* by William Richard Carles and *A Forbidden Land* by Ernst Jakob Oppert(서울: 경인문화사, 2001).

Cavendish, Alfred Edward John, *Korea and the Sacred White Mountain: Being a Brief Account of a Journey in Korea in 1891* (London: G. Philip & Son, 1894). 이 책은 Constance J. D. Taylor, *Koreans at Home: The Impressions of a Scotswoman* (Paris: Cassel and Co., 1904) 및 Ellasue Wagner, *Korea: The Old and the New* (New York: Fleming H. Revell Company, 1931)와 함께 '근세동아세아서양어자료총서 145'(서울: 경인문화사, 2001)에 합본되어 있다.

Chaille-Long, Charles, *My Life in Four Continents* (2 vols.: London: Hutchison and Company, 1912).

Chay, Jongsuk, *Diplomacy of Asymmetry: Korean-American Relations to 1910* (Honolulu: University of Hawaii Press, 1990).

Cho, Soon Sung, *Korea in World Politics, 1940~1950: An Evaluation of American Responsibility* (Berkeley and Los Angeles, C. A.: The University of California Press, 1967).

Churchill, Awnsham (ed.), *A Collection of Voyages and Travels* (London: John Walthoy, 1732).

Claussen-Wunsch, Gertrude, *Arzt in Ostasien* (1976).

Cook, Herold F., *Korea's 1884 Incident: Its Background and Kim Ok-kyun's Elusive Dream* (Seoul: Royal Asiatic Society, Korea Branch in conjunction with Taewon Publishing Company, 1972).

Courant, Maurice, *Bibliographic Coréene, Tableau de la littérature coréene* (Paris: Ernest Lerous,1894~1896). 이 책은 '근세동아세아서양어자료총서 1~3'(서울: 경인문화사, 2000)로 재간됐다.

Curzon, George Nathaniel, *Problems of the Far East: Japan, Korea, China*, 2nd ed. (London: Longmans, Green, and Co., 1894). 이 책은 '근세동아세아서양어자료총서 87'(서울: 경인문화사, 2001)로 재간됐다.

Dallet, Père Claude Charles, *Histoire de l'Eglise de Corée* (Paris: Victor Palmé, 1874). 이 책은 다음과 같이 재간됐다. Reprinted ed., Seoul: Kyung-In Publishing Company, 1975.

Denny, O. N., *China and Korea* (Shanghai: Kelly and Walsh, Limited Printers, 1888).

Diosy, Arthur, The New Far East, 4th ed. (London, Paris and New York: Cassell and Company, Ltd., 1904), p. 102. 이 책은 '근세동아세아서양어자료총서 158'

(서울: 경인문화사, 2004)로 재간됐다.

Du Hald, Père Jean-Baptiste, *Description géographique, historique, chronologique et physique de l'Empire de la Chine et la Tartarie Chinoise* (A La Haye: Chez Henri Scheurleer, 1735). Translated by Richard Brookes, *The General History of China: Containing a Geographical, Historical, Chronological, Political and Physical Description of the Empire of China, Chinese-Tartary, Corea, and Tibet, Including an Exact and Particular Account of Their Customs, Manners, Ceremonies, Religion, Arts and Sciences* (London: J. Watts, 1736).

Ducrocq, Georges, *Pauvre et Douce Corée* (Paris: H. Champion, Libraire, 1904). 이 책은 '근세동아세아서양어자료총서 101'(서울: 경인문화사, 2001)에 포함됐다.

Duncan, Chesney, *Corea and the Powers: A Review of the Far Eastern Question* (Shanghai: The "Shanghai Mercury" Office, 1889).

Eastlake, F. Warrington and Yamada Yoshiaki, *Heroic Japan: A History of the War between China and Japan* (London: Sampson Low, Marston and Company, 1897). 이 책은 '근세동아세아서양어자료총서 161'(서울: 경인문화사, 2004)로 재간됐다.

Frandin, Madame Claire Vautier et Hippolyte, *En Corée* (Paris: Libraire C. H. Delagrave, n.d.).

Frazar, Everett, *Korea, and Her Relations to China, Japan and the United States* (Orange, N. J.: Chronicle Book and Job Printing Office, 1884).

Gale, James S., *Korean Sketches* (New York, Chicago, and Toronto: Fleming H. Revell Company, 1898).

———, *Korea in Transition* (Cincinnati, O. H.: Jennings and Graham, 1909). 이 책은 그의 *Korean Sketches*와 함께 '근세동아세아서양어자료총서 38'(서울: 경인문화사, 2000)에 합본되어 있다.

Gifford, Daniel L., *Every-day Life in Korea* (Chicago, New York and Toronto: Fleming H. Revell Company, 1898). 이 책은 Mary Viola Tingley Lawrence, *A Diplomat's Helpmate* (San Francisco, C. A.: H. S. Crocker Company Publishers, 1918) 및 Sidney Lewis Gulick, *The Winning of the Far East* (New

York: George H. Doran Company, 1923)와 함께 '근세동아세아서양어자료총서 185'(서울: 경인문화사, 2004)로 재간됐다.

Gilmore, George William, *Korea from Its Capital: With a Chapter on Missions* (Philadelphia: Presbyterian Board of Publication and Sabbath-School Works, 1892).

Griffis, William E., *Corea, Without and Within: Chapters on Corean History, Manners and Religion with Hendrick Hamel's Narrative of Captivity and Travels in Korea, Annotated* (Philadelphia: Presbyterian Board of Publication, 1885). 이 책은 서울의 경인문화사가 출간한 '근세동아세아서양어자료총서 96'에 포함됐다.

———, *Corea: The Hermit Nation*, 8th ed. (New York: Charles Scribner's Son's, 1907). 이 책은 '근세동아세아서양어자료총서 31'로 서울의 경인문화사에서 2000년에 영인본으로 출판됐다.

———, *A Modern Pioneer in Korea: The Life Story of Henry G. Appenzeller* (New York: Fleming H. Revell Company, 1912). 이 책은 서울의 경인문화사가 출간한 '근세동아세아서양어자료총서 96'에 포함됐다.

Gutzlaff, Karl Friedrich, *Journal of Three Voyages along the Coast of China, in 1831, 1832, and 1833, with Notice of Siam, Corea, and the Loo-Choo Islands* (London: R. Clay, Printer, Bread-Street-Hill, 1834). 이 책은 '근세동아세아서양어자료총서 14'(서울: 경인문화사, 2000)로 영인됐다.

Hall, Basil, *Account of a Voyage of Discovery to the West Coast of Corea and the Great Leo-choo Island* (London: John Murray, 1818). 이 책은 '근세동아세아서양어자료총서 11'로 서울의 경인문화사에서 2000년에 영인본으로 출판됐다.

Hamilton, Angus, *Korea* (New York: Charles Scribner's Sons, 1904; London: William Heinemann, 1904). 이 책은 '근세동아세아서양어자료총서 40'(서울: 경인문화사, 2000)으로 재간됐다.

Harrington, Fred Harvey, *God, Mammon, and the Japanese: Dr. Horace N. Allen and Korean-American Relations, 1884~1905* (Madison, WI.: University of Wisconsin Press, 1944). 이 책은 '근세동아세아서양어자료총서 84'(서울: 경인문

화사, 2001)로, William Franklin Sands, *Undiplomatic Memories: The Far East 1896~1904* (New York: Whittlesey House, McGraw-Hill Book Company, INC., 1930)와 합본되어 있다.

Hatch, Ernest F. G., *Far Eastern Impressions: Japan-Korea-China* (Chicago: A. C. McClurg and Company; London: Hutchinson and Company, 1905). 이 책은 T. M. Morris, *A Winter in North China* (London: The Religious Tract Society, 1892)와 함께 '근세동아세아서양어자료총서 139'(서울: 경인문화사, 2001)에 합본되어 있다.

Henderson, Gregory, *Korea: The Politics of the Vortex* (Cambridge, M. A.: Harvard University Press, 1968).

Hulbert, Homer B., *The History of Korea* (2 vols.: Seoul: The Methodist Publishing House, 1905). 이 책의 제1권과 제2권은 각각 '근세동아세아서양어자료총서 42 · 43'(서울: 경인문화사, 2000)로 재간됐다.

———, *The Passing of Korea* (Garden City, N. Y.: Doubleday, Page and Company, 1906). 이 책은 연세대학교출판부에 의해 1969년에, 그리고 '근세동아세아서양어자료총서 44'(서울: 경인문화사, 2000)로 재간됐다.

Inouye, Jukichi (comp.), *A Concise History of the War between Japan and China* (Osaka: Z. Mayekawa and Tokyo: Y. Okura, 1895).

———, *The Japan-China War: On the Regent's Sword; Kinchow, Port Arthur, and Talienwan* (Yokohama, Hong Kong, Shanghai and Singapore: Kelly and Walsh, Limited, 1895).

———, *The Japan-China War: The Naval Battle of Haiyang* (Yokohama, Hong Kong, Shanghai and Singapore, 1894).

Kemp, Emily Georgiana, *The Face of Manchuria, Korea and Russian Turkestan* (London: Chatto and Windes, 1911). 이 책은 Putnam Weale, *The Truth about China and Japan* (London: George Allen and Unwin LTD., 1919)과 함께 '근세동아세아서양어자료총서 159'(서울: 경인문화사, 2004)에 합본되어 있다.

Kim, C. I. Eugene and Han-kyo Kim, *Korea and the Politics of Imperialism, 1876~1910* (Berkeley and Los Angeles, C. A.: University of California Press,

1967).

Kim, Chongho, *Korean Shamanism: The Cultural Paradox* (Burlington, V.T.: Ashgate Publishing Company, 2003).

Ladd, George Trumbull, *In Korea with Marquis Ito* (London: Longmans, Green and Co., 1908; New York: Charles Scribner's Sons, 1908).

Lawrence, Mary V. Tingley, *A Diplomat's Helpmate: How Rose F. Foote, Wife of the First U. S. Minister and Envoy Extraordinary to Korea, Served Her Country in the Far East* (San Francisco: H.S. Crocker Company, 1918).

Ledyard, Gari, *The Dutch Come to Korea* (Seoul: Royal Asiatic Society, Korea Branch in Conjunction with Taewon Publishing Company, 1971).

Lee, Yur-Bok, *Diplomatic Relations Between the United States and Korea, 1866~1887* (New York: Humanities Press, 1970).

———, *West Goes East: Paul Georg von Möllendorf and Great Power Imperialism in Late Yi Korea* (Honolulu: University of Hawaii Press, 1988).

Lew, Young Ick, *Early Korean Encounters with the United States and Japan: Six Essays on Late Nineteenth-Century Korea* (Seoul: The Royal Asiatic Society Korea Branch, 2008).

Lindsay, H. H., *Report of Proceedings on a Voyage to the Northern Ports of China in the Ship Lord Amherst: Extracted from Papers, Printed by Order of the House of Commons, Relating to the Trade with China*, 2nd ed. (London: R. Clay, Printer, Bread-Street-Hill, 1834).

London, Jack, *La Corée en Feu* (Paris: Union Générale d'Éditions, 1982).

Longford, Joseph H., *The Story of Korea* (London: T. Fisher Unwin, 1911).

Lowell, Percival, *Chosön, The Land of the Morning Calm: A Sketch of Korea* (Cambridge, M. A.: Harvard University Press, 1885). 이 책은 '근세동아세아서양어자료총서 41'로 경인문화사에서 2000년에 출판됐다.

McKenzie, Frederick A., *From Tokyo to Tiflis* (London: Hurst and Blackett, 1905). 이 책은 '근세동아세아서양어자료총서 128'(서울: 경인문화사, 2001)로 재간됐다.

———, *The Unveiled East* (London: Hutchinson and Company, 1907).

———, *The Tragedy of Korea* (London: Hodder and Stoughton, 1908).

McLeod, John, *Voyage of His Majesty's Ship Alceste to China, Corea and the Island of Lewchew, with an Account of Her Shipwreck* (London: John Murray, 1819).

Millard, Thomas F., *The New Far East: An Examination into the New Position of Japan and Her Infiuence Upon the Solution of the Far Eastern Question* (New York: Charles Scribner's Sons, 1906).

Miln, Louise Jordan, *Quaint Korea* (London: Osgood, McIlvaine and Company, 1895). 이 책은 A. Henry Savage-Landor, *Corea or Cho-sen: The Land of the Morning Calm* (London: William Heinemann, 1895)와 함께 '근세동아세아서양어자료총서 33'(서울: 경인문화사, 2000)에 합본되어 있다.

Moellendorff, Paul G. von, *A Reply to Mr. O. N. Denny's Pamphlet entitled: China and Korea* (Leipzig: Otto Harrasowitz, 1930).

Moellendorff, Rosalie von, *P. G. von Moellendorff: Ein Lebensbild* (Leipzig: Otto Harrassowitz, 1930).

Moose, Jacob Robert, *Village Life in Korea* (Nashville, T. N.: Publishing House of the M. E.Church, South Smith & Lamar, 1911). 이 책은 '근세동아세아서양어자료총서 136'(서울: 경인문화사, 2001)에 Frederick Scheibler Miller, *Our Korean Friends* (New York: Fleming H. Revell Company, 1935)와 합본되어 있다. 이 책은 또 '근세동아세아서양어자료총서 172'(서울: 경인문화사, 2004)에 Elizabeth Keith and Elspet Keith Robertson Scott, *Old Korea: The Land of Morning Calm* (New York: Hutchinson & Co. LTD., 1946) 및 Il Han New, *When I Was a Boy in Korea* (Boston, M. A.: Lothrop, Lee & Shepard Co., 1928)와 합본되어 있다.

Northrop, F. S. C., *The Meeting of East and West: An Inquiry Concerning World Understanding* (New York: The Macmillan Company, 1946).

Oppert, Ernst Jakob, *Ein Verschlossenes Land: Reisen nach Korea* (Leipzig: 1880).

———, *A Forbidden Land: Voyages to the Corea, With an Account of Its Geography, History, Productions, and Commercial Capabilities* (New York:

G. P. Putnam's Sons, 1880) 및 (London: S. Low, Marston, Searle, and Rivington, 1880).

Parker, E. H., *China: Her History, Diplomacy, and Commerce* (London: Hazell, Watson and Viney, LD., 1901). 수정증보판은 1917년에 출판됐다. 이 책은 '근세동아세아서양어자료총서 26'(서울: 경인문화사, 2000)으로 재간됐다.

Ridel, Mgr, Ma Cativité dans Les Prisons de Séoul (Paris: Brouwer, 1901).

Ross, John, *History of Corea: Ancient and Modern with Description of Manners and Customs, Languages and Geography* (Paisley: J. and R. Parlane, 1879). 이 책은 1891년에 London: Elliot Stock에서 다시 출판됐다. 이 Stock판은 '근세동아세아서양어자료총서 30'(서울: 경인문화사, 2000)으로 영인됐다.

Rutt, Richard, *James Scarth Gale and His History of the People of Korea* (Seoul: Royal Asiatic Society, Korea Branch in conjunction with Taewon Publishing Company, 1972).

Sands, William Franklin, *Undiplomatic Memories: The Far East, 1896~1904* (New York: Whittlesey House, McGraw-Hill Book Company, INC, 1930).

Savage-Landor, Arnold Henry, *Corea or Cho-sen: The Land of the Morning Calm* (New York: Macmillan and Co., 1895).

Schurmann, Franz, *Ideology and Organization in Communist China*, 2nd ed. (Berkeley, C.A.: University of California Press, 1968).

Schwartz, Rudolph and Harold E. Hammond, *China · Japan · Korea: History, Culture, People* (Bronxville, N. Y.: Cambridge Book Compnay, INC., 1968).

Stoddart, Anna M., *The Life of Isabella Bird (Mrs. Bishop)*, (London: John Murray Company, 1906). 이 책은 '근세동아세아서양어자료총서 37'(서울: 경인문화사, 2000)로 재간됐다.

Swartout, Jr., Robert R., *Mandarins, Gunboats, and Power Politics: Owen Nickerson Denny and the International Rivalries in Korea* (Honolulu, H. I.: The University Press of Hawaii, 1980).

Swedberg, Richard (ed.), *Max Weber: Essays in Economic Sociology* (Princeton, N. J.: Princeton University Press, 1999).

Taylor, Constance J. D., *Koreans at Home: The Impressions of a Scotswoman* (London, Paris, New York and Melbourne: Cassell and Company, Limited, 1904).

Uden, Martin, *Times Past in Korea: An Illustrated Collection of Encounters, Events, Customs and Daily Life Recorded by Foreign Visitors* (London: Korea Library, 2003).

Underwood, Horace Grant, *The Call of Korea: Political, Social, Religious* (New York and London: Fleming H. Revell Company, 1908).

Underwood, Lillias Horton, *Fifteen Years Among the Top-Knots or Life in Korea* (Boston, New York, Chicago: American Tract Society, 1904).

———, *With Tommy Tompkins in Korea* (New York: Fleming H. Revell Company, 1905). 이 책은 Horace Grant Underwood, *The Religions of Eastern Asia* (London and New York: MacMillan and Company, 1910)와 함께 '근세동아세아서양어자료총서 60'(서울: 경인문화사, 2001)에 합본되어 있다.

———, *Underwood of Korea: An Intimate Record of the Life and Work of the Rev. H. G. Underwood, D. D., LL. D., for Thirty-One Years a Missionary of the Presbyterian Board in Korea* (New York: Fleming H. Revell Company, 1918). 이 책은 1983년에 연세대학교출판부에서 재간됐으며, 2000년에 '근세동아세아서양어자료총서 49'로 경인문화사에서 재간됐다.

Urquhart, E. J., *Glimpses of Korea* (Mountain View, C. A.: Pacific Press Publishing Association, 1923).

Varat, Charles and Chaillé-Long, *Deux Voyages en Coreé* (Paris: Kailash Éditions & Librairie Oriens, 1994).

Vladimir, *The China-Japan War: Compiled from Japanese, Chinese, and Foreign Sources* (London: Sampson Low, Marston and Company, 1896). 이 책은 '근세동아세아서양어자료총서 112'(서울: 경인문화사, 2001)로 재간됐다.

Weale, B. L. Putnam, *Manchu and Muscovite* (London and New York: Macmillan and Company, Limited, 1904).

———, *The Re-shaping of the Far East* (2 vols: London and New York: Macmillan and Company, Limited, 1905). 제1권과 제2권은 '근세동아세아서양어자료총서 174 · 175'(서울: 경인문화사, 2004)로 재간됐다.

———, *The Truce in the East and Its Aftermath* (London and New York: Macmillan and Company, Limited, 1907). 이 책은 '근세동아세아서양어자료총서 162'(서울: 경인문화사, 2004)로 재간됐다.

———, *The Coming Struggle in Eastern Asia* (London: Macmillan and Company, Limited, 1908). 이 책은 '근세동아세아서양어자료총서 168'(서울: 경인문화사, 2004)로 재간됐다.

———, *Truth about China and Japan* (London: George Allen and Unwin LTD., 1919). 이 책은 Emily Georgiana Kemp, *The Face of Manchuria, Korea and Russian Turkestan* (London: Chatto and Windes, 1911)과 함께 '근세동아세아서양어자료총서 159'(서울: 경인문화사, 2004)에 합본되어 있다.

Weems, Clarence Norwood, *Hulbert's History of Korea* (Seoul: Hillary House Publishers Ltd., 1962).

Whigham, H. J., *Manchuria and Korea* (London: Isbister and Company, Ltd., 1904). 이 책은 '근세동아세아서양어자료총서 77'(서울: 경인문화사, 2001)에 James Saxon Childers, *Through Oriental Gates: The Adventures of An Unwise Man in the East* (London: D. Appleton and Company, 1930)와 합본되어 있다.

White, Trumbull, *The War in the East: Japan, China and Corea* (Philadelphia and Chicago: P. W. Ziegler and Company, 1895).

Wilkinson, W. H., *The Corean Government: Constitutional Changes, July 1894 to October 1895* (Shanghai: The Statistical Department of the Inspectorate General of Customs, 1897). 이 책은 '근세동아세아서양어자료총서 150'(서울: 경인문화사, 2001)에 Chesney Duncan, *Corea and the Powers: A Review of the Far Eastern Question* (Shanghai: The "Shanghai Mercury" Office, 1889) 및 Valentine Chirol, *The Far Eastern Question* (London and New York: Macmillan and Company, LTD., 1896)과 함께 합본되어 있다.

Zabel, Rudolf, *Meine Hochzheitsruise durch Korea während des Russisch—japanischen Krieges* (Altenburg, S.—A.: Stephen Geibel Verlag, 1906).

한국어

강만길, 『분단시대의 역사인식』(서울: 창작과비평사, 1979).

강준식, 『우리는 코레아의 광대였다: 하멜의 조선기행』(서울: 웅진출판, 1995).

———, 『다시 읽는 하멜표류기: 350년 전 네덜란드와 코레아의 운명적인 만남』(서울: 웅진닷컴, 1995 초판, 2002년 재판).

곽차섭, 『조선청년 안토니오 코레아, 루벤스를 만나다』(서울: 푸른역사, 2004).

교수신문 기획 엮음, 『고종황제 역사청문회』(서울: 푸른역사, 2005).

국가보훈처, 『형제의 나라, 한국과 터키』(서울: 국가보훈처, 2007).

권혁희, 『조선에서 온 사진엽서』(서울: 민음사, 2005).

김기정, 『미국의 동아시아개입의 역사적 원형과 20세기 초 한미관계 연구』(서울: 문학과지성사, 2003).

김동노, 『근대와 식민의 서곡』(서울: 창비, 2009).

김병린 역, 『구한말의 사회와 경제: 부 열강과의 조약』(서울: 유풍출판사, 1983).

김상열 옮김, 『코레아 코레아: 이것이 조선의 마지막 모습이다』(서울: 미완, 1986).

김상희 김성언 옮김, 『프랑스외교관이 본 개화기 조선』(서울: 태학사, 2002).

김용구, 『거문도와 블라디보스토크: 19세기 한반도의 파행적 세계화 과정』(서울: 서강대학교출판부, 2008).

김원모, 『근대한미교섭사』(서울: 홍성사, 1979).

——— 편저, 『근대한국외교사연표』(서울: 단국대학교출판부, 1984).

——— 완역, 『알렌의 일기: 구한말 격동기 비사』(서울: 단국대학교출판부, 1991).

———, 『한미수교사: 조선보빙사의 미국사행편(1883)』(서울: 철학과현실사, 1999).

———, 『한미외교관계 100년사』(서울: 철학과현실사, 2002).

———, 『개화기 한미교섭관계사』(서울: 단국대학교출판부, 2003).

김윤희 · 이욱 · 홍준화, 『조선의 최후』(서울: 다른세상, 2004).

김장춘 엮음, 『세밀한 일러스트와 희귀 사진으로 본 근대조선』(서울: 살림출판사, 2008).

김재관 편저, 『묄렌도르프: 묄렌도르프를 통해서 보는 구한말 개화기의 한국사회상』(서울: 현암사, 1984).

김정현, 『John Ross: 한국의 첫 선교사』(대구: 계명대학교출판부, 1982).
김종대 옮김, 『고종의 독일인의사 분쉬』(서울: 학고재, 1999).
김종수, 『격동의 동아시아를 걷다: 독일외교관의 눈에 비친 19세기 조선 중국 일본』(서울: 살림출판사, 2008).
김지남 외 저, 이상태 외 역, 『조선시대 선비들의 백두산 답사기』(서울: 혜안, 1998).
김진영 외, 『코레야 1903년 가을: 러시아 학자 세로셰프스키의 대한제국 견문록』(서울: 개마고원, 2006).
김창수, 『조선의 비극』(서울: 을유문화사, 1984).
김철, 『언더우드 부인의 조선생활: 상투잽이와 함께 보낸 십오년세월』(서울: 뿌리깊은나무, 1984).
김호동 역주, 『마르코 폴로의 동방견문록』(서울: 사계절, 2000).
김훈, 『조선의 마지막 날』(서울: 미완, 1986).
꾸랑, 모리스 원저 이희재 번역, 『한국서지』수정번역판 (서울: 일조각, 1994).
나가쓰카 아키라 지음 성해준 옮김, 『근대일본의 조선인식』(서울: 청어람미디어, 2005).
나홍주, 『민비암살 비판』(서울: 미래문화사, 1988).
대한민국 통계청, 『통계로 본 대한민국 50년의 경제사회상 변화』(서울: 대한민국 통계청, 1998).
뒤 알드 지음, 신복룡 역주, 『조선전』(서울: 집문당, 1999).
라이퍼, 발터(Walter Leifer) 편, 『묄렌도르프』(서울: 정민사, 1983).
리델, 펠릭스 클레르 지음, 유소연 옮김, 『나의 서울 감옥생활 1878』(서울: 살림출판사, 2008).
문무홍 외 옮김, 『1900, 조선에 살다: 구한말 미국선교사의 시골체험기』(서울: 푸른역사, 2008).
문일평 저, 이광린 교주, 『한미50년사』(서울: 탐구당, 탐구신서 100, 1975).
문일평 지음 이한수 옮김, 『문일평 1934년: 식민지시대 한 지식인의 일기』(서울: 살림출판사, 2008).
민경배, 『알렌의 선교와 근대한미외교』(서울: 연세대학교출판부, 1991).
민영환 지음, 조재곤 편역, 『해천추범: 1896년 민영환의 세계일주』(서울: 책과함께, 2007).

박대헌, 『서양인이 본 조선: 조선관계 서양서지』(전2권: 서울: 호산방, 1996).
박윤희, 『하멜표류기: 조선왕국견문록』(서울: 삼중당, 1975).
박제가 지음, 박정주 옮김, 『북학의』(서울: 서해문집, 2003).
박지향, 『일그러진 근대: 100년 전 영국이 평가한 한국과 일본의 근대성』(서울: 푸른역사, 2003).
박천홍, 『악령이 출몰하던 조선의 바다: 서양과 조선의 만남』(서울: 현실문화연구, 2008).
박철, 『예수회신부 세스뻬데스: 한국방문 최초 서구인』(서울: 서강대학교출판부, 1987).
박평식, 『조선 전기 교환경제와 상인 연구』(서울: 지식산업사, 2009).
불레스텍스, 프레데릭 지음, 이향 · 김정연 옮김, 『착한 미개인 동양의 현자: 서양인이 본 한국인 800년』(서울: 청년사, 2001).
서울학연구소 역, 『꼬레아 꼬레아니』(서울: 숲과나무, 1996).
성귀수 역, 『조선기행: 백여 년 전에 조선을 둘러본 두 외국인의 여행기』(서울: 눈빛, 2001).
신복룡, 『하멜표류기』(서울: 집문당, 1999). 이 책은 뒤 알드 지음, 신복룡 역주, 『조선전』 및 홀 지음, 신복룡 · 정성자 역주, 『조선서해탐사기』와 합본되어 있다.
———, 『이방인이 본 조선 다시 읽기』(서울: 풀빛, 2002).
신복룡 · 장우영 역주, 『금단의 나라 조선』(서울: 집문당, 2000).
신복룡 · 정성자 역주, 『조선서해탐사기』(서울: 집문당, 1999).
신용하, 『한국근대사와 사회변동』(서울: 문학과지성사, 1980).
아펜젤러, 헨리 G. 지음, 노종해 옮김, 『자유와 빛을 주소서: H. G. 아펜젤러의 일기(1886~1902년)』(서울: 대한기독교서회, 1988).
안응렬 · 최석우 역주, 『한국천주교회사』(전3권, 서울: 분도출판사), 상권(1979), 중권(1980), 하권(1980).
오인동, 『꼬레아, 코리아: 서양인이 부른 우리나라 국호의 역사』(서울: 책과함께, 2008).
오인환, 『위기관리의 관점에서 본 고종시대의 리더십』(서울: 열린책들, 2008).
유영렬 · 윤정란, 『19세기말 서양선교사와 한국사회: *The Korean Repository*를 중심으로』(서울: 경인문화사, 2004).
유영분, 『구한말 러시아외교관의 눈으로 본 청일전쟁: 조선 땅에서 벌어진 서양문명과 동양문명의 충돌』(서울: 살림출판사, 2009).
윤미기 옮김, 『조선사람 엿보기: 1904년 러일전쟁 종군기』(서울: 한울, 1995).
이광린 역, 『개화기의 한미관계: 알렌박사의 활동을 중심으로』(서울: 일조각, 1973).
이노우에 가쿠고로 저, 신영길 역 · 저, 『조선조 망국 전야기』(서울: 지선당, 2008).
이만열, 『아펜젤러: 한국에 온 첫 선교사』(서울: 연세대학교출판부, 1985).
———, 『언더우드: 한국에 온 첫 선교사』(서울: 기독교문사, 1990).
———, 『한국기독교와 민족의식: 한국기독교사연구논고』(서울: 지식산업사, 1991).
이만열 · 옥성득 편역, 『언더우드 자료집』 I~IV(서울: 연세대학교출판부, 2005~2009).
이병도, 『란선 제주도 난파기: 부 조선국기』(서울: 일조각, 1954 및 1975).
이복기 옮김, 『서울을 걷다 1894』(서울: 살림출판사, 2009).
이상희, 『독일인 부부의 한국 신혼여행, 1904』(서울: 살림출판사, 2009).
이진명, 『독도, 지리상의 재발견』 개정증보판 (서울: 삼인, 2005).
이태진, 『고종시대의 재조명』(서울: 태학사, 2000).
정동찬 등, 『겨레과학기술조사연구: 수레』(대전광역시: 국립중앙과학관, 2000).
정성화, 『서양의 한국: 이미지의 탄생과 변화』(서울: 명지대학교출판부, 2005).
정성화 · 로버트 네프 공저, 『서양인의 조선살이, 1882~1910: 구한말 한국에서 체류했던 서양인들의 일상』(서울: 푸른역사, 2008).
정성화 · 양윤선 옮김, 『임진난의 기록: 루이스 프로이스가 본 임진왜란』(서울: 살림출판사, 2008).
정수일, 『문명교류사 연구』(서울: 사계절, 2002).
정진국, 『대한제국 최후의 숨결』(파주: 글항아리, 2009).
최두환, 『신 하멜표류기』(서울: 도서출판 우석, 2003).
최문형 외 저, 『명성황후시해사건』(서울: 민음사, 1992).
———, 『명성황후시해의 진실을 밝히다: 선전포고 없는 일본의 대러개전』(서울: 지식산업사, 2001).
최미경 옮김, 『가련하고 정다운 나라, 조선』(서울: 눈빛, 2001).
카르네프, V. P. 외 4인 지음, A. 이르계바예프 · 김정화 옮김, 『내가 본 조선 조선인』(서울: 가야넷, 2003).
프로이스, 루이스 지음, 강병구 옮김, 『포르투갈 신부가 본 임진왜란 초기의 한국: 「일본사」내 16세기 한국에 관한 최초의 세부적인 기술』(서울: 주한포르투갈문화원).
한국기독교역사박물관, 『푸른 눈에 비친 백의민족』(서울: 한국기독교역사박물관, 2008).
한상복, 『해양학에서 본 한국학』(서울: 해조사, 1988).
한영우, 『명성황후와 대한제국』(서울: 효형출판사, 2001).
한우근, 『금단의 나라 조선기행: 지리 · 역사 · 산물 · 상업상태 · 언어와 풍속 · 국법과 정체』(서울: 문교부, 1956).
———, 『조선기행』(서울: 일조각, 1974).
현광호, 『대한제국의 대외정책』(서울: 신서원, 2002).
혼마 규스케 지음, 최혜주 옮김, 『조선잡기: 일본인의 조선정탐록』(서울: 김영사, 2008).
홍경숙 옮김, 『존 로스의 한국사: 서양언어로 기록된 최초의 한국역사』(서울: 살림출판사, 2010).
홍순민 · 박현순 · 강명숙 외, 『서양인이 만든 근대 전기 한국 이미지』(전3권: 경기도 파주시: 청년사, 2009). 제1권(홍순민 외, 『서울 풍광』), 제2권(박현순 외, 『코리안의 일상』), 제3권(강명숙 외, 『침탈 그리고 전쟁』).

서양어 논문

Akifumi, Nagata, "Kennan, George," in James I. Matray (ed.), *East Asia and the United States: An Encyclopedia of Relations Since 1784* (2 vols.: Westport, C. T.: Greenwood Press, 2002).
Bass, Harold J., "The Policy of the American State Department toward Missionaries in the Far East," unpub. Ph. D. diss., Pullman, Washington State University, 1937.
Boot, W. J., "If You Were Birds, You Might Fly There: Hendrik Hamel in Japan, 1666~1667," in Vibeke Roeper and Boudewijin Walraven (eds.) with the collaboration of Jean-Paul Buys, *Hamel's World: A Dutch-Korean Encounter in the Seventeenth Century* (Amsterdam: SUN Publishers, 2003).

Bouchez, Daniel, "Un défricheur méconnu des tudes extrême-orientales: Maurice Courant (1864~1935)," *Journal asiatique*, Tome CCLXXI, 1983.

Brown, Arthur Judson, "A Reading Journey through Korea," *The Chautauquan* (Chautauqua, N. Y.: The Chautauqua Press, August 1905).

Campbell, C. W., "A Recent Journey in Northern Korea," *The Scottish Geographical Magazine*, Vol. 8 (1892).

Choi, Sungil, "John Ross (1842~1915) and the Korean Protestant Church: The First Korean Bible and Its Relation to the Protestant Origins in Korea," unpub. Ph. D. Thesis, University of Edinburgh, 1992.

Clark, Donald N., "Yun Ch'i-ho (1864~1945): Portrait of a Korean Intellectual in an Era of Transition," *Occasional Papers on Korea*, No. 4 (Seattle: University of Washington, 1975).

Cook, Herold F., "Kim Ok-kyun and the Background of the 1884 「meute," unpub. Ph. D. diss., Cambridge, M.A., Harvard University, 1968.

———, "Pak Yŏng-hyo: Background and Early Years," *Journal of Social Sciences and Humanities*, No. 31 (December 1969).

Hong, Soon C., "The Kapsin Coup and Foote: The Role of an American Diplomat," *Koreana Quarterly* 15 (Fall-Winter 1973).

Johnson, W. O., "In the Land of the Morning Calm," *Christian Herald* (New York, N. Y.), Vol. 27, No. 4 (January 27, 1904).

Kennan, George, "Korea, A Degenerate State," *The Outlook*, October 7, 1905.

Kim, Hyung-chan, "The Korean Kaleidoscope: American Views of Korea, 1882~1979," *Korea Journal*, Vol. 24, No. 6 June 1984.

———, "George C. Foulk in Korea: A Sailor on Horseback," *Korea Journal*, Vo. 26, No. 12 (December 1986).

Lee, James F., "Louise Jordan Miln and Her Unorthodox View of Korea," *Korean Culture*, Vol. 16, No. 2 (Summer 1995).

Noble, Harold J., "The Korean Mission to the United States in 1883," *Transactions of the Korea Branch of the Royal Asiatic Society 18* (1929).

———, "Korea and Her Relations with the United States before 1885," unpub. Ph. D. diss., University of California at Berkeley, 1931.

Shin, Yong-suk, "Late Chŏson Dynasty Korea in Contemporary French Newspapers," *Korea Journal*, Vol. 26, No. 6 (June 1986).

Shufeldt, Robert W., "The Opening of Korea: Admiral Shufeldt's Account of It," edited by Henry G. Appenzeller, *Korean Repository* 1 (February 1892).

Simbirteseva, T. M., "P. G. Fon Moellendorff's 'Pro-Russian' Activities in Korea (1882~1885): Opinions of Russian Historiographers," *Transactions* (Royal Asiatic Society, Korea Branch), Vol. 76 (2001).

Stevens, Durham White, "China and Japan in Korea," *North American Review*, Vol. 159, Issue 454 (September 1894).

Woo, Philip M., "The Historical Development of Korean Tariff and Customs Administration, 1875~1958," unpub. Ph. D. diss,, New York, N. Y.: New York University, 1963.

Yi, Tae-Jin, "Was Korea Really a 'Hermit Nation'?," *Korea Journal*, Vol. 38, No. 4 (Winter 1998). 이 논문의 국어본은 다음에 수록됐다. 이태진, 「근대 한국은 과연 '은둔국'이었던가」, 『고종시대의 재조명』(서울: 태학사, 2000).

한국어 논문

강만길, 「대한제국의 성격」, 『창작과비평』, 통권 48호(1978년 여름).

———, 「실학의 상공업발전론」, 강만길, 『한국민족운동사론』 증보판(서울: 서해문집, 2008).

고병익 역, 「목린덕의 수기」, 『진단학보』, 제24집(1963년 8월).

———, 「목린덕의 고빙과 그 배경」, 고병익, 『동아교섭사의 연구』(서울: 서울대학교출판부, 1970).

김기석, 「헐버트: 대한제국의 마지막 밀사」, 『한국사 시민강좌』 제34집 제1호(2004년 2월).

김동진, 「헐버트의 특사역할」, 이태진 외, 『백년 후 만나는 헤이그 특사』(서울: 태학사, 2008).
김성남, 「19세기 말 중국인들의 조선기행저술 연구」, 이규수 · 임경석 · 진재교 외, 『근대전환기 동아시아 속의 한국』(서울: 성균관대학교출판부, 2004).
김영정, 「영러위기와 거문도, 1885~1887」, 주영하 감수, 『19세기 후반의 한 · 영 · 러관계: 거문도사건』(서울: 세종대학교출판부, 1987).
김을한, 「헐벗 박사의 가방」, 김을한, 『여기 참 사람이 있다: 신문인이 본 현대사』(서울: 신태양사, 1960).
김정위, 「중세 중동문헌에 비친 한국상」, 『한국사연구』(한국사연구회), 제16집(1977).
민경배, 「길모어」, 기독교대백과사전편찬위원회 편, 『기독교대백과사전』(전16권: 서울: 기독교문사, 1981).
———, 「게일: 한국을 사랑하고 한국문화를 아낀 선교사」, 『한국사 시민강좌』 제34집 제1호(2004년 2월).
박노자 · 허동현 지음, 『열강의 소용돌이에서 살아남기』(서울: 푸른역사, 2005).
박태근 옮김, 「논픽션 1854년의 조선」, 『신동아』 1974년 8월호.
신기욱, 「농지개혁의 역사사회학적 고찰」, 홍성찬 편, 『농지개혁 연구』(서울: 연세대학교출판부, 2001).
신용하, 「논쟁 '광무개혁론'의 문제점: 대한제국의 성격과 관련하여」, 『창작과비평』, 통권 49호(1978년 가을).
아끼스끼 도시유끼, 「푸챠친과 일본의 개항」, 주영하 감수, 『19세기 후반의 한 · 영 · 러관계: 거문도사건』(서울: 세종대학교출판부, 1987).
이용주, 「문명론을 거쳐 탈아론에 이르는 길: 후쿠자와 유기치의 아시아 인식과 '문명화의 사명'」, 이규수 · 임경석 · 진재교 외, 『근대전환기 동아시아 속의 한국』(서울: 성균관대학교출판부, 2004).
이진명, 「프랑스 라페루즈 탐험대의 울릉도 탐사기」, 『신동아』, 1997년 6월호.
———, 「쿠랑: 유럽 한국학의 선구자」, 『한국사시민강좌』, 제34집 제1호(2004년 2월).
이희수, 「곤차로프의 여행기 『전함 팔라다』에 비친 한국」, 이규수 · 임경석 · 진재교 외, 『근대전환기 동아시아 속의 한국』(서울: 성균관대학교출판부, 2004).
이희재, 「모리스 꾸랑과 한국서지에 관한 고찰」, 『논문집』(숙명여자대학교) 제28집

(1988).

———, 「모리스 꾸랑과 한국서지」, 엘리자베트 샤바놀(Élisabeth Chabanol) 기획, 『서울의 추억(*Souvenirs de Séoul*)』(서울: 고려대학교박물관, 2006).

전수련, 「한국학의 선구자 모리스 쿠랑」, 『동방학지』(연세대학교 국학연구소), 제51집(1986년 6월).

전택부, 「숭실대학의 창설자 베어드」, 전택부, 『이 땅에 묻히리라: 양화진 외인 열전』(서울: 홍성사, 1986).

———, 「한국 선교의 아버지 언더우드」, 전택부, 『이 땅에 묻히리라: 양화진 외인 열전』(서울: 홍성사, 1986).

———, 「한국 양악의 개척자 에케르트」, 전택부, 『이 땅에 묻히리라: 양화진 외인 열전』(서울: 홍성사, 1986).

최기영, 「매켄지: 한국인의 독립의지를 세계에 알린 서양인」, 『한국사 시민강좌』 제34집 제1호(2004년 2월).

한철호, 「헐버트의 만국평화회의 활동과 한미관계」, 독립기념관 한국독립운동사연구소 편, 『헤이그특사와 한국독립운동』(서울: 도서출판 새미, 2007).

홍웅호, 「개항기 주한러시아공사관의 설립과 활동」, 하원호 등 공저, 『개항기의 재한외국공관 연구』(서울: 동북아역사재단, 2009).

찾아보기

* 조선 · 조선인들 · 일본 · 일본인들 · 중국 · 중국인들 등과 같이 본문 중 빈번하게 나오는 낱말은 '찾아보기' 항목에서 제외했다.

ㅂ

ㅇ

ㅊ

ㅎ